KB275503

# 사무엘서:
## 한계를 가진 인간과 무한한 하나님의 일하심

김정훈 지음

**사무엘서:**
**한계를 가진 인간과 무한한 하나님의 일하심**

지음        김정훈
편집        김덕원

발행처      감은사
발행인      이영욱
전화        070-8614-2206
팩스        050-7091-2206
주소        서울특별시 강동구 암사동 아리수로 66, 401호
이메일      editor@gameun.co.kr

**종이책**
초판발행    2024.10.31.
ISBN        9791193155677
정가        63,000원

**전자책**
초판발행    2024.10.31.
ISBN        9791193155684
정가        48,000원

이 저서는 2022년 대한민국 교육부와 한국연구재단의 인문사회분야 중견연구자지원사업의 지원을 받아 수행된
연구임(NRF-2022S1A5A2A01044227)

# Samuel:
# The Work of Infinite God in the Life of Finite Human

Kim, Jong-Hoon

**사무엘하 주석** ─────────────────────────────

서문

사무엘서 주석은 필자 개인적으로는 오랜 과제였다. 2002년에 독일로 유학을 떠나서, 5년 반 동안 머리를 싸매고 썼던 박사학위 논문이 사무엘-열왕기의 본문 역사에 관한 내용이었는데, 그때부터 언젠가는 사무엘서의 모든 본문을 꼼꼼히 읽고 주석해 보고 싶은 마음이 있었기 때문이다. 하지만, 특별한 계기가 없는 한 책 전체의 주석을 쓴다는 일은 여간 어렵지 않다.

그러던 가운데 두 번의 결정적인 계기가 있었다. 먼저 한국연구재단에서 2022년에 사무엘서의 본문과 관련한 연구 과제를 진행했다. 2년 동안 이어진 이 연구과제를 통해서 사실상 사무엘서 본문을 깊이 들여다보는 결정적인 힘을 얻을 수 있었다. 그리고 2023년 1월부터 5월까지 두란노서원에서 발행하는 『생명의 삶 플러스』에서 사무엘서 전체 주석을 연재했다. 이 주석은 당연히 그 전 해에 다 저술해야 했다. 원고 마감 기한은 주석의 진도를 나가는 데는 더할 나위 없는 채찍이었다. 그래서 이 책은 한국연구재단 연구과제의 연구와 『생명의 삶 플러스』의 주석 원고가 합쳐진 것이라고 말할 수 있다.

이 책에서 필자는 먼저 사무엘서 전체 본문을 좀 더 수월하게 읽을 수 있는 우리말로 번역했다. 이 과정에서 논란이 되는 주요 본문은 본문 비평을 거쳐서 새롭게 판단하였다. 사무엘서 본문 주석에서는 무엇보다 "한계를 가진 인간과 무한한 하나님의 일하심"에 초점을 맞추었다고 해도 되겠다. 사무엘서에 등장하는 주요 인물들, 특히 엘리와 사무엘, 사무엘과 이스라엘, 사울과 다윗, 다윗과 요압 등의 정치적이고 종교적이며, 사회적인 역학관계 속에서 그들의 적나라한 모습을 고스란히 드러내려 노력했다. 물론 이것은 이른바 "신명기계 역사가"의 의도였다고 해도 된다. 이를 통해서, 온고지신의 성찰을 하며, 하나님 앞에서 성경 본문의 독자들이 겸손해지기를 바랐다. 그리고 그런 사람들 가운데서도 묵묵히 선택하신 백성 이스라엘의 역사를 한 걸음씩 이끄시는 하나님의 모습을 되돌아보며 본문의 메시지를 끌어내려 노력하였다. 그리하여 독자들이 필자의 부족한 글을 읽으며, 되돌아보고 고백하며, 결단하기를 바랐다. 물론 사무엘서 본문을 둘러싼 여러 논의도 소개하고 토론하려고 노력하였다.

무엇보다 척박한 기독교 출판계의 현실에서 선뜻 사무엘서 주석 출간에 동의해 준 감은사 이영욱 대표님과 꼼꼼히 교정해 주신 김덕원 편집자께 감사를 전한다. 감은사가 이 땅에서 문서 사역에 크게 이바지하리라 믿어 의심치 않으며, 주님의 은총을 기원한다. 또한, 이 책이 꼴을 갖추기까지 필자의 연구과제를 돕고, 초고를 읽고 교정하며, 조언해 준 부산장신대학교 구약학 박사과정 박성현 목사의 노고를 잊을 수 없다.

아무쪼록 이 책이 사무엘서를 통해 독자들이 하나님을 만나는 데 도움이 되기를 바라는 마음이 간절하다.

2024년

김해에서 저자

# 서론

# 사무엘서 개요

## 1. 명칭과 저자

사무엘서는 구약성경이 그리는 이스라엘 역사에서 매우 중요한 전환기를 이룬다. 그러니까 사사 시대에 이어 지파 연맹 체제에 있던 이스라엘 백성의 왕정이 시작되는 데서 시작하여 그 왕정이 안정되기까지 복잡다단하고 치열한 역사의 현장을 고스란히 드러내 보여준다. 이런 사무엘서는 상하 두 권, 곧 상권 31장, 하권 24장으로 나뉘어 있다. 책 이름은 "사무엘"(שְׁמוּאֵל, '쉐무엘')인데,[1] 사실 마지막 사사였던 사무엘의 이야기는 사무엘상 전반부에서밖에 나오지 않는다. 나머지는 이스라엘 첫 임금이었던 사울의 등극에서부터 죽음, 그 사이에 등장한 통일왕국의 임금 다윗의 등극과 왕위 계승을 둘러싼 이야기가 이어진다. 아마도 사

---

[1] 사실 "사무엘"이라는 이름은 셈어의 어원에서 따지자면, "그분의 이름은 '엘'"로 새길 수 있다. 하지만 삼상 1:20에서는 이 이름을 '내가 여호와께 그를 구하였다'(מֵיהוה שְׁאִלְתִּיו, '메야훼 쉐일르티브')와 연관 짓는데, 이는 이 문장과 발음이 비슷하기 때문이라고 여길 수 있겠다.

무엘의 이야기에서 시작한다고 해서 이 이름이 붙여진 듯하다. 그래서 인지 헬라어 번역 구약성경이었던 칠십인역에서는 사무엘서와 열왕기를 뭉뚱그려 "왕국기"([βίβλος] Βασιλειῶν, '[비블로스] 바실레이온', "왕국들의 [책]")라는 제목을 쓴다.

사무엘서의 저자와 관련해서 탈무드의 전통에서는 사무엘이 죽기 전까지의 내용은 사무엘이, 그 이후의 내용은 예언자 나단과 갓이 지은 것으로 여겼는데, 이는 아마도 역대상 29장 29절에서 "선견자 사무엘의 글과 선지자 나단의 글과 선견자 갓의 글"을 다윗의 연대기와 관련해서 언급한 기록에 바탕을 둘 것이다(참조. Klein, *1 Samuel*, xxv). 하지만 사무엘서의 최초 기록은 기원전 10세기로 거슬러 올라갈 수 있더라도(참조. 삼상 27:6; Tsumura, *First Samuel*, 11), 최종 형태의 본문은 여러 복잡한 과정을 거쳐서 바벨론 포로기까지 이어진 이른바 '신명기계 역사서'(Deuteronomistic History)와 맥을 함께하며 완성되어 갔을 것이다.


## 2. 사무엘서의 본문과 그 역사


### 1) 마소라 본문(Masoretic Text; MT)

오늘날 우리가 쓰는 사무엘서 히브리어 본문은 '마소라 본문'(masoretic text; 𝔐/MT)이라고 일컫는다. 이 용어는 이 본문이 이른바 '마소라 학자들'(Masoretes)과 관련 있음을 뜻한다. 마소라 학자들의 역사는 기원후 2세기로 거슬러 올라간다. 그리고 이때부터 기원후 10세기 무렵에 이르기까지 마소라 본문의 전통은 여러 본문 형태 가운데 히브리어 본문의 고정화와 우위를 끌어냈다. 이 과정에서 본문의 고정, 본문 비평, 모음

화, 본문 읽기와 관련한 여러 정보 기입 등의 작업이 이루어졌다.

마소라 본문을 담은 필사본들 가운데 특히 가장 많은 범위의 본문을 가진 가장 오래된 필사본은 레닌그라드 사본(Codex Leningradensis B 19A; BHS/BHQ: Mᴸ)이다.[2] 이 필사본의 간기에 따르면 사무엘 벤 야콥이 모쉐 벤 아쉐르의 아들 아론 벤 아쉐르가 수정한 본문을 바탕으로 기원후 1008년에 필사하였다. '레닌그라드 사본'의 명칭은 이 필사본이 보관되어 있던 장소였던 레닌그라드(구 소련의 상트 페테르부르크)에서 비롯했다. 이 필사본은 러시아 국립도서관에서 B 19A로 표시되어 있었다. 이 필사본의 모음 체계는 벤 아쉐르 가문의 전통에 충실하게 따르며, 알렙포 사본과 매우 가까운 것으로 밝혀졌다. 더불어 현존하는 완전한 구약성경 필사본으로는 가장 오래된 것이다. 그래서 19세기 이후 히브리어 성경 고문서본(diplomatic edition)인 『비블리아 헤브라이카』(Biblia Hebraica; BHK, BHS, BHQ)의 기초 본문 구실을 해 왔으며, 오늘날까지 가장 높은 권위를 인정받는 마소라 본문의 필사본이다. 오늘날 사용하는 구약성경의 편집본은 키텔(Rudolf Kittel)이 편집한 히브리어 성경의 고문서본(diplomatic edition)인 『비블리아 헤브라이카』(Biblia Hebraica; BH[K]) 3판으로 거슬러 올라간다.[3] 지금은 그 뒤에 1977년에 나온 네 번째 개정본인 『비블리아 헤브라이카 슈투트가르텐시아』(Biblia Hebraica Stuttgartensia; BHS)를 기본으로 하며, 다섯 번째 개정본으로 출간 중에 있는 『비블리아 헤브

---

2.　이 필사본의 사진본은, Freedman/Beck/Sanders, The Leningrad Codex를 참조할 수 있다.

3.　키텔은 세 번에 걸쳐서 히브리어 성경을 펴냈다. 그런데 1판과 2판은 레닌그라드 사본이 아니라 랍비 성경(Rabbinic Bible; RB2⁺; "textus receptus")을 사용했다(1판: Leipzig: Heinrichs, 1906; 2판: Leipzig: Heinrichs, 1909-1913). 칼레(Paul Kahle)와 더불어 펴낸 3판에 가서야 레닌그라드 사본을 편집본의 주본문으로 사용하게 되었다: Kittel/Kahle, Biblia Hebraica(=BHK).

라이카 퀸타』(*Biblia Hebraica Quinta*; BHQ)가 몇몇 책에서 사용할 수 있다. 사무엘서의 BHQ는 아직 출간되지 않았으므로, 여전히 BHS가 가장 신뢰할 만한 편집본이다.

사무엘서의 마소라 본문은 전승 상태가 좋지 않은 것으로 널리 알려져 있다. 더러는 이해하기 어려운 본문이 전승되어 있기도 하고(삼상 2:24; 6:19; 삼하 15:7 등), 비의도적인 필사 오류가 그대로 남아 있기도 하다(삼상 4:13; 6:18; 삼하 11:1; 14:4; 17:3 등). 그런가 하면 긴 본문이 마소라 본문에만 빠져 있기도 하며(보기. 삼상 11:1), 본문이 훼손된 채 전해지기도 했다(삼상 4:16; 13:1 등). 그러므로 마소라 본문의 전통이 전반적으로 신뢰할 만하기는 하더라도, 개별 본문의 좀 더 정확한 역사 재구성을 위해서는 다른 본문 증거들과 면밀하게 비교하여 본문 비평을 해 보아야 한다.

### 2) 쿰란 히브리어 본문(BHS: 𝔔; BHQ: Q)

1947년에 한 베두인 젊은이가 여리고 남방 14㎞ 지점, 사해 서북쪽 2㎞ 해안의 이른바 "쿰란[4] 동굴"(Khirbet Qumran)에서 우연히 이천여 년 전의 필사본들이 든 항아리를 발견하였다. 그 이후로, 근처 열한 개의 동굴들과 유다 광야에서는 900여 개에 달하는 필사본 (단편)들이 이천 년의 어둠을 깨고 세상으로 쏟아져 나왔다.[5] 이 필사본들 대부분은 히브리어로 쓰인 구약성경 본문과 쿰란 공동체의 다양한 저작물들을 담고 있었다.

---

4. "쿰란"이라는 용어는 동굴이 위치한 와디(Wadi; "와디"란 아랍어로 겨울 우기 때에만 물이 흐르는 마른 강바닥 또는 계곡을 말한다)의 명칭에서 유래하였다. Shanks, *Understanding the Dead Sea Scrolls*, xvi.
5. 쿰란에서 발견된 문헌들의 전반적인 개관은, Fitzmyer, *A Guide to the Dead Sea Scrolls*를 참조하라. 그리고 쿰란 필사본에 대한 전반적인 특징은, Tov, *Scribal Practices*를 참조하라.

쿰란 동굴과 유다 광야에서 발견된 구약성경 필사본들이 히브리어 구약성경의 본문 비평에 끼친 영향은 이루 말할 수 없을 정도다.

'쿰란 본문'(Qumran text) 또는 '사해 사본'(Dead Sea Scrolls)이라고 일컫는 이 문헌들은 'Discoveries in the Judean Desert'(DJD) 시리즈로 출간되어 왔으며, 이는 2002년에 색인집인 39권으로 공식 마무리되었다.[6] 이들은 이제 디지털 데이터로 전환되어 온라인에서 자유롭게 찾아볼 수 있다(http://www.deadseascrolls.org.il/home). 이전에 쿰란 성경 본문들은 DJD 시리즈에서 개별 출간됐는데, 이제 다음과 같이 한데 모아 편집되고 수월하게 참조할 수 있게 되었다.[7]

사무엘서의 본문을 담은 쿰란 필사본은 제1동굴에서 단편 하나, 제4동굴에서 세 벌의 단편이 있는데, 다음과 같이 개관할 수 있다.

| 일련번호 | 약어 | 편집본 |
| --- | --- | --- |
| 1Q7 | 1QSam | DJD I |
| 4Q51 | 4QSam[a] | DJD XVII |
| 4Q52 | 4QSam[b] | DJD XVII |
| 4Q53 | 4QSam[c] | DJD XVII |

이 네 단편 가운데 1Q7의 단편은 몇 구절 남지 않은 4단편이고(삼상 18:17-18; 삼하 20:6-10; 21:16-18; 23:9-12),[8] 4Q52와 4Q53도 많은 본문이 남아 있지 않다(4Q52: 삼상 16:6-7, 19:12; 20:30-31, 36, 38, 21:3, 10;[9] 4Q53: 삼상 25:30-

---

6.   Tov, *The Text from the Judaean Desert*.

7.   Ulrich, *The Biblical Qumran Scrolls*.

8.   Barthélemy/Milik, DJD I, 64-65.

9.   Cross, DJD XVII, 221.

32; 삼하 14:7-21, 22-15:4; 15:4-15[10]). 그래서 본문의 형태를 가늠할 만하지 않다. 그에 비해 4Q51은 제4동굴에서 발견된 필사본 가운데 가장 많은 양의 본문을 간직하고 있으며, 사무엘상 13, 16, 19, 21, 23장을 빼고는 단편이더라도 모든 장의 본문이 조금씩은 다 남아 있다.[11] 기원전 1세기로 거슬러 올라가는 이 필사본은 사실상 마소라 본문의 형태는 물론, 칠십인역의 다양한 본문 형태(아래 3항 참조)의 흔적도 보여준다. 사무엘서의 이 쿰란 필사본을 통해서 알 수 있는 사실은 이 필사본이 유통되던 때는 어느 한 본문이 우세한 지위를 차지하지 않았으며, 유동적이고 다층적이었다는 사실을 알 수 있다.[12] 이 필사본은 더러 칠십인역과 달리 마소라 본문과 일치하기도 하고(보기. 삼하 15:1; 19:8 등), 그 반대이기도 하다(보기. 삼하 13:39; 17:3 등). 그러므로 사무엘서의 본문 역사를 재구성하는 데는 매우 중요한 동시에 자세히 분석하여 본문 형태를 판단해야 한다.

### 3) 칠십인역 본문(BHS: ⑤; BHQ: G)

칠십인역의 본문 가운데 사무엘서는 가장 복잡하고 재구성하기 어려운 역사로 유명하다. 히브리어 본문과 마찬가지로 그리스어 역본인 칠십인역도 첫 번역본이 남아 있지 않다. 그래서 첫 번역은 "원-칠십인역"(Ur-Septuaginta; Old-Greek)이라는 개념으로 부르면서도 실체를 규정할 수 없는 상태다. 필사본들 사이에 큰 차이가 없다면, 이 원-칠십인역의 재구성이 그리 어렵지 않겠지만, 사무엘서의 경우에는 이형(variants)의 차이가 필사본에 따라 너무 커서 원-칠십인역의 구성이 어렵다.

---

10.  Cross, DJD XVII. 247.

11.  Cross, DJD XVII. 3.

12.  이 필사본의 본문 형태에 관한 연구로는, Kim, Jong-Hoon, *Die hebräischen und griechischen Textformen*을 참조하라.

칠십인역 필사본은 글씨체에 따라 크게 두 가지로 나눌 수 있다. 그리스어는 원래 대문자(uncial) 글씨체밖에 없었다. 오늘날 알려진 그리스어 소문자(minuscule) 글씨체는 기원후 9세기 이후에야 생겨났다. 그래서 필사본들 역시 기원후 8세기까지는 대문자, 그 뒤에는 소문자로 기록되었다. 대문자 필사본들은 파피루스와 양피지에 기록되었고, 소문자 필사본들은 처음에는 양피지에 기록되다가 유럽에 종이가 보편화되면서부터는 대부분 종이가 사용되었다. 특히 사무엘서 칠십인역의 본문을 전하는 대문자 필사본들 가운데, 가장 대표적인 것은 다음 두 가지이다.

- 바티칸 사본; Codex Vaticanus (Cod. B); Vat. gr. 1209; 기원후 4세기[13]
- 알렉산드리아 사본; Codex Alexandrinus (Cod. A); MS Royal 1. D. V-VIII; 기원후 5세기[14]

그런데 알렉산드리아 사본의 사무엘서 본문은 기원후 2세기 알렉산드리아의 교부였던 오리게네스(Origenes)가 만든 여섯 단의 대조 성경인 『헥사플라』(*Hexapla*)의 영향을 받은 것으로 알려져 있다.[15] 반면에, 그보

---

13. 디지털 필사본은 http://digi.vatlib.it/view/MSS_Vat.gr.1209을 참조하라. 이 필사본의 영인본으로는 *Bibliotheca apostolicae vaticanae codex vaticanus graecus 1209*를 볼 수 있다. 이 영인본은 국내에서는 대한성서공회에서 소장하고 있다. 이 필사본에 대한 자세한 설명은 이 영인본과 함께 출간된 'Prolegomena'를 참고하면 된다.

14. 이 필사본의 영인본은 https://archive.org/details/CodexAlexandrinus에서 내려받을 수 있다. 여기서 내려받는 영인본은 Thompson, *Facsimile of the Codex Alexandrinus*이다. 그 이후에 다시 영인본이 나왔는데, Kenyon/Milne, *The Codex Alexandrinus*이 있다.

15. 이에 대한 연구로는 Bo Johnsen, *Die hexaplarische Rezension des 1. Samuelbuches der Septuaginta*를 참조하라.

다 오래된 바티칸 사본은 흥미롭게도 서로 다른 본문 형태가 교차하고 있다. 곧 원-칠십인역의 본문으로 여겨지는 부분과 기원전 1세기 무렵으로 거슬러 올라가는 유대주의 원어 중심 개정본을 일컫는 이른바 '카이게 개정본'의 본문이 다음과 같이 교차한다.[16]

| α<br>ββ | 삼상 1:1-31:13<br>삼하 1:1-11:1 | | |
|---|---|---|---|
| | | βγ | 삼하 11:2-왕상 2:11 |
| γγ | 왕상 2:12-21:43[17] | γδ | 왕상 22:1-왕하 25:30 |

그러므로 카이게 개정본을 담고 있는 부분에서는 원-칠십인역 본문을 재구성하기 위해서는 대안이 필요하였다. 그리하여 19세기 후반부터 이른바 '루키안-개정본'의 본문을 담고 있는 다음 다섯 개의 중세 필사본이 따로 시선을 끌었다.[18]

- b′ (Ra: 19), 로마, Biblioteca Vaticana; Chis. Gr. 30 (olim R. VI. 38); 11-12세기.
- b (Ra: 108), 로마, Biblioteca Vaticana; Vat. gr. 330; 13-14세기.
- o (Ra: 82), 파리, Bibliothèque Nationale; Coislin 3; 12세기.
- c₂ (Ra: 127), 모스크바, Synodal Bibliothek; Gr. 31; 10세기.
- e₂ (Ra: 93), 런던, British Museum; Royal 1 D. II; 13세기.

왜냐하면, 이후 연구에 따르면 이 필사본들에서 보여주는 사무엘서의

---

16. 좀 더 자세한 논의는 김정훈, 『칠십인역 입문』, 128-140을 보라.
17. 마소라 본문에서는 왕상 20:43이다. 칠십인역에서는 20장과 21장의 순서가 바뀌어 있다.
18. 이 본문 형태에 대한 자세한 논의는 위의 책, 165-187을 보라.

본문은 크리소스톰(Chrysostomus)이나 테오도렛(Theodoretus) 등과 같은 안디옥 교부들의 성경 인용은 물론, 요세푸스의 『유대 고대사』(*Antiquitates Iudaicae*)와 심지어 쿰란 성경 본문 등의 지지를 받으며 기원전 시대까지 거슬러 올라가는 본문 형태임이 밝혀졌기 때문이다. 그리하여 기원후 3세기의 순교자 루키아누스(Lucianus)가 개정한 이른바 루키안 본문(lucia-nic text)이 아니라, 그가 활동하던 안디옥 지역에 이전부터 존재하던 본문을 반영하고 있다는 뜻에서 '안디옥 본문'이라고 일컫게 되었다. 더구나 이 본문 형태가 카이게 개정본보다 원-칠십인역 본문에 더 가깝다고 여기는 경우가 많다. 그러므로 카이게 개정본이 바티칸 사본 등의 필사본에 보존된 부분에서는 안디옥 본문을 참조하여 본문을 재구성하는 것이 필수적이다. 이 본문은 스페인의 학자 페르난데즈-마르코스(N. Fernández-Marcos)가 편집하여 펴냈다.[19]

## 3. 사무엘서의 내용과 짜임새

### 1) 사무엘서의 주요 내용

사무엘서는 느슨한 지파 공동체였던 이스라엘이 어떻게 왕정 체제로 나아가게 되었는지를 보여주는 책이며, 그 가운데서 하나님께서는 왕정 체제로 바뀌는 이스라엘 백성들을 향하여 무엇을 바라시는지를 드러내 주는 책이라고 할 수 있겠다. 사무엘서의 내용을 잘 파악하려면 세 인물의 이야기를 주목해서 보아야 한다. 곧 마지막 사사였던 사무엘이 어떤 배경에서 등장했는지, 또 첫 임금이었던 사울은 어떤 모습이었고,

---

19.  Fernández Marcos/Busto Saiz, *El texto antioqueno de la Biblia griega I.*

무엇이 문제였는지, 그리고 다윗을 통한 통일왕국 건설의 이야기가 어떻게 진행되는지 등이다.

먼저 사무엘상 1장부터 8장은 마지막 사사 사무엘의 이야기다. 사무엘서는 사사 엘리 집안의 이야기와 사무엘의 이야기를 대조하면서 시작한다. 이때 이스라엘 백성들은, 그리스 지역에서 몰려와서 서쪽 해안 평야 지대에 정착한 해양 민족 블레셋에게 본격적으로 위협을 받고 있었다. 사사 시대의 삼손 때부터 다윗이 등장하는 때까지 블레셋은 이스라엘 백성들의 가장 주된 대적이었다. 사무엘서 초반부에서는 엘리 집안의 부패한 모습을 적나라하게 드러내 보여주는데(삼상 1:12-17), 이것은 독자들에게 이스라엘 백성들이 어떤 형태로든 달라져야 할 필요성을 느끼도록 해 준다. 이럴 때 등장한 사무엘은 이상적인 사사로 그려진다(삼상 3:19-21). "선지자"(נָבִיא, '나비'; 삼상 3:20)로 불린 사무엘은 영적인 측면에서 이스라엘 백성들의 신앙을 이끌어 주었고, 정치적인 측면에서는 블레셋과 효율적으로 대적하도록 이끌어 주는 지도자였다. 그런데도 이스라엘 백성들은 블레셋이라는 강한 대적 앞에서 다른 나라처럼 세습되는 왕정을 강하게 요구한다(참조. 삼상 8장). 이 장면은 하나님의 왕권과 현실 세계 임금의 왕권 사이의 대조와 절충의 과정을 잘 보여준다.

이에 따라 9장부터 15장까지는 이스라엘의 첫 임금 사울의 이야기가 등장한다. 사울은 누가 보아도 임금이 되기에 제격이라고 느낄 정도로 겉모습이 뛰어났다(삼상 9:2; 10:23). 그러나 사울은 두 가지 측면에서 올바로 임금 노릇을 할 수 없는 사람이었다. 먼저 구조적인 측면을 생각해 볼 수 있다. 사실 임금이라면 왕궁을 짓고 오로지 나라를 다스리는 일에만 몰두하는 것, 곧 중앙집권이 일반적이다. 그러나, 사울 시대에는 아직 어려움에 맞닥뜨렸을 때에야 비로소 지도자를 내세우던 사사 시대의 전통이 그대로 남아 있어서, 외적의 침입이 있을 때만 이스라엘의 임금 노릇을 하고, 평소에는 자기 고향 기브아에 초라한 궁에 머물면서 심지어 농사일까지 하는 것으로 묘사된다(참조. 삼상 11:4-5). 중앙집권이 이루어지지 않는 이상 올바른 왕정을 이어 갈 수가 없었다. 말하자면 사울은 과도기의 임금이었다. 둘째 사울의 한계는 사무엘상 16장부터 31장까지 길게 그려져 있다. 과도기 임금 사울을 대신할 다윗이라는 젊은 이가 등장하면서 사울의 심리적 불안과 정신 이상증세가 강조된다(삼상 16:23; 18:10-11; 19:9-10). 이것은 사울이라는 개인의 지도력과 신앙의 문제로 볼 수 있겠다. 어쨌거나 사울은 다윗에 대한 집착적 시기로 결국 여러 정치적, 군사적 무리수를 두는 바람에 결국 길보아산에서 블레셋의 칼에 처참하게 죽고 만다(참조. 삼상 31장). 그러는 사이 사무엘을 통해 기름 부음을 받은 다윗(참조. 삼상 16:1-13)은 점점 세력을 키워 가는 것으로 사무엘상의 이야기가 끝난다.

사무엘하는 크게 두 가지로 이야기를 정리해 볼 수 있다. 먼저 사무엘하 8장까지는 다윗이 어떻게 통일왕국을 이루었는지의 이야기이다. 다윗은 여러 정적과 주변의 세력들을 하나하나 정리해 가면서 통일왕국의 기틀을 다지고 결국 사무엘하 7장에서 하나님께서는 다윗에게 영원한 왕조까지 약속하신다. 하지만 사무엘하 9장부터는 이야기의 분위기가 완전히 달라진다. 다윗 임금은 통일왕국을 이루기까지 용맹스러운 군사적 지도자였는데, 이제 더는 군사 활동을 하지 않고, 심지어 부하 용병 헷 사람 우리아의 아내를 빼앗아 버리고 우리아마저 죽음으로 내몰아 버린다(참조. 삼하 11-12장). 그리고 그의 아들 암논은 이복누이 다말을 겁탈하였다가, 이복동생 압살롬에게 죽임을 당한다. 설상가상으로 그 압살롬은 아버지 다윗을 향해 반란을 일으킨다. 결국, 압살롬의 반란은 압살롬의 죽음으로 비극적인 끝을 맺는다(삼하 15:1-19:8). 그밖에도 사울의 잔당이라 할 수 있는 베냐민 지파의 세바라는 사람이 반란을 일으킨다(삼하 20장). 정치적으로 보자면, 이것은 한 번도 왕권을 세습해 본 적이 없는 이스라엘 백성들의 과도기적 현상이라 할 수 있다. 하지만 신앙적으로 볼 때, 역사가가 왜 이렇게 다윗 집안의 잘잘못을 이처럼 다 드러내는지는 생각해 보아야 할 문제다. 겉으로 보기에 이렇게 위대한 임금 다윗의 잘못된 점이 어째서 반이나 차지하는지를 생각해 보아야 한다는 것이다.

결국, 사무엘서는 느슨한 지파 공동체였던 이스라엘이 어떻게 왕정 체제로 나아가게 되었는지를 보여주는 책이며, 그 가운데서 하나님께서는 왕정 체제로 바뀌는 이스라엘 백성들을 향하여 무엇을 바라시는지를 드러내 주는 책이라고 할 수 있겠다. 이런 사무엘서에서 주목할 만한 점은 이야기를 이끌어 가는 주요 인물들의 이야기 묘사에서 대조 구조가 뚜렷하다는 사실이다. 이에 아래에서는 이 주요 인물들과 대칭되는 인물들의 대조 구조를 통해서 사무엘서의 신학적 주제를 관찰하려 한다.

## 2) 사무엘서의 짜임새

### (1) 사무엘상

#### 첫째 마당. 사무엘 이야기(1-8장)

1장. 사무엘의 출생

한나의 서원과 사무엘의 출생(1-20절)

한나가 서원을 행함(21-28절)

2장. 사무엘의 유년기와 엘리 집안을 향한 심판

## (2) 사무엘하

**첫째 마당. 다윗의 왕위 등극 이야기(1-5장)**

20장. 세바의 반란

세바의 반란 (1-22절)

다윗의 관리들(23-26절)

**넷째 마당. 다윗 임금 통치 에필로그(21-24장)**

21장. 기브온 주민 이야기와 다윗의 용사들

기브온 사람들의 소원을 들어준 다윗(1-14절)

블레셋의 거인들을 죽인 다윗의 용사들(15-22절)

22장. 다윗의 감사 찬송

23장. 다윗의 유언과 다윗의 용사들

다윗의 유언(1-7절)

다윗의 용사들(8-39절)

24장. 다윗의 인구 조사


# 4. 사무엘서 주요 인물들의 대조 구조

## 1) 엘리와 사무엘(삼상 1-4장)

사무엘서의 첫 부분은 이스라엘의 마지막 사사가 될 사무엘의 등장 이야기와 그 앞 사사 엘리의 모습이 선명하게 대조되어 그려진다. 사사는 세습되지 않는다는 점에서 근본적으로 왕정과 구분된다(참조. 삿 8:22-23). 그러니 사사 직분의 핵심은 구체적인 상황에서 하나님께서 주시는 사명을 감당하는 일이었다. 그런데 엘리의 모습은 그렇지 않았다. 본문은 먼저 사무엘의 특별한 출생 이야기로 시작한다. 고대 사회에서 영웅의 특별한 출생은 불임의 모티브에서 시작하는 것이 보통이다.[20] 그것이 그 인물의 신적 권위를 더해 주기 때문이다. 그에 따라 사무엘의 어머니 한나도 남편 엘가나의 사랑을 받는 아내였는데도 불임이었다는 데서 시작한다(삼상 1:1-8). 그리고 기도로 불임이었던 한나가 사무엘을 낳게 된다는 놀라운 이야기가 이어진다(1:9-18). 여기서 놀랍게도 한나와 사사 엘리의 만남이 이루어진다. 이를테면, 올바른 하나님의 지도자 사무엘과 그릇된 지도자 엘리의 대조가 시작된 것이다. 이어서 본문은 사무엘의 봉헌으로 이어진다(1:19-28). 에브라임 산지에 살지만 레위인이었던 것으로 추정되는 사무엘의 집안은 성전에서 직무를 수행할 수 있었는데(참조. 대상 6:28), 사무엘은 어려서부터 성전에 봉헌되어 성전에서 살게 되었다.

사무엘상 2장은 한나의 기도(2:1-11)로 시작하는데, 이 기도는 하나님의 전능하심과 약자를 보살피시는 은총에 핵심이 있다. 그런데 흥미롭게도 이 기도에 곧바로 이어지는 이야기는 엘리 아들들, 홉니와 비느하스의 나쁜 행실이다(2:12-17). 그들은 사사 제도의 특성상 아버지의 직무를 이어받을 수 없었다. 그런데도 그들은 성전에서 갖은 악행을 저질렀다. 반면에 기도로 사무엘을 낳은 한나는 복을 누린다(2:18-21). 이 이야기는 독자들에게 둘을 분명히 구분하여 다음 이야기를 예상하게 해 준다. 그에 걸맞게 이야기는 곧이어 엘리의 두 아들이 저지른 파렴치한 악행(2:22-26)과 하나님의 사람이 전한 신탁의 형태로 그 가족의 비참한 말로를 전하는 이야기(2:27-36)로 이어진다. 엘리의 두 아들은 성전 안에서 음행을 저지르는 악행을 서슴지 않았는데, 결국 그들이 맞닥뜨리게 될 비

---

20. 구약성경에서는 이삭의 출생(창 18:1-15; 21:1-7), 삼손의 출생(삿 13장) 등을 대표적인 보기로 들 수 있다.

참한 말로가 예언된다.

2장에서 하나님의 사람 입을 통해서 엘리에게 직접 전해진 이 신탁은 3장에서 사무엘의 소명 이야기와 겹쳐 다시 등장한다. 이 두 이야기의 시작은 "하나님의 말씀이 희귀한"(יָקָר, '야카르')[21](3:1) 엘리 시대 말기의 암울한 시대상에 대한 보도로 시작한다. 이럴 때 하나님의 선택을 대변하는 사무엘의 부름받음과 신앙적 타락을 대변하는 엘리 집안의 몰락 예언은 뚜렷이 대조된다. 그런 뜻에서 1절의 역할은 남다르다. 곧 말씀과 그 말씀이 가르쳐 주는 현실이 하나님의 선택과 구원을 기대하는 잣대가 된다는 뜻을 끌어낼 수 있다.

결국, 4장에서는 하나님의 말씀과 임재를 상징하는 언약궤를 블레셋에게 빼앗기고 엘리 집안은 몰락한다는 이야기가 전해진다. 이로써 독자들은 이제 무엇보다 귀하고 값진 말씀이 희귀해진 이 시대에 오로지 하나님께서 말씀으로 선택하신 지도자 사무엘을 통해서 이루어질 새로운 구원에 희망을 두게 된다.

엘리와 사무엘의 이야기가 겹치는 사무엘서의 첫 부분은 하나님의 말씀에 바탕을 둔 올바른 지도자상과 그렇지 않고 다음 세대를 준비하지 못하는 구세대의 지도자, 그리고 탐욕으로 일그러진 지도자에 대한 심판의 경고를 배우게 된다.

### 2) 사무엘과 이스라엘(삼상 8장)

이스라엘의 마지막 사사 사무엘의 시대는 이전 엘리 시대의 그릇된 신

---

21.　이 형용사는 원래 값비싼 것(욥 28:16, 삼하 12:30; 왕상 5:17[31] 등), 훌륭한 것(욥 31:26), 명예로운 것(시 49:12[13]) 등의 긍정적인 뜻이나 여기서는 역설적인 뜻으로 쓰였다. 아래 해당 본문 주석 참조.

앙을 씻어 내는 때였다고 평가할 수 있다. 말씀을 통해 부르심을 받고, 말씀에 따라 이스라엘을 다스린 마지막 사사 사무엘을 통해 빼앗겼던 언약궤를 되찾고, 미스바에 모여 하나님과 언약을 새롭게 하였다(7장).

그런데 8장 본문에서 이스라엘은 새로운 문제에 맞닥뜨린다. 곧 '왕정'의 필요성이 대두된 것이다. 사사 시대의 특징은 하나님의 다스리심을 중심으로 한 지파 연합체였다는 것이다(참조. 삿 8:22-23). 그래서 사사직은 다른 고대 왕국들과 달리 세습되지 않았다. 그만큼 지파 체제의 연맹은 왕정 체제보다는 느슨했다. 이스라엘을 둘러싼 주변 나라들의 위협, 특히 바다를 건너와 팔레스틴 해안 평야 지대에 자리 잡고 이스라엘을 위협하는 블레셋에 맞서 좀 더 강력한 지도력의 필요성을 절감하게 되었다. 물론 왕정 체제 전환은 분명히 대적들의 위협에 대처하는 데 효율적이다. 그러나 신앙의 관점에서 왕정 체제는 사사 시대의 전통이었던 신정 체제에서 벗어남을 뜻했다. 이는 현실과 이상 사이의 갈등과 그 해결 과정을 되새기게 해 주는 주제다.

사무엘상 8장은 바로 이런 점에서 주목해 볼 만한 본문이다. 8장의 첫 단락인 1-3절은 엘리 때를 생각나게 한다. 사사로서 사무엘은 이제 늙었다. 이 말은 지도자로서 임무를 수행하기에 적합하지 않음을 보여 준다. 더욱이 1후반절에서 사무엘의 아들들이 이스라엘의 사사가 되었다는 보도는 더 의아하다. 이는 사사 시대의 본질에서 벗어난 결정이다. 이미 현실적으로는 왕정의 모양을 갖추어 가고 있었다고 보아야 할 것이다. 그런데 사무엘의 아들 요엘(יוֹאֵל, "여호와가 하나님이시다")과 아비야(אֲבִיָּה, "내 아버지는 여호와시다")는 그 이름과는 달리 아버지 사무엘과 다르게 뇌물을 받고 그릇된 판결을 내린다. 사무엘의 마지막 시대도 엘리의 때와 그리 달라지지 않았다.

이에 이스라엘의 원로들은 엘리 때의 위기를 다시 느꼈던 듯하다. 그러나 이들은 하나님께 부르짖었던 사사 시대의 전통과 달리, 하나님의 이끄심을 기다리기보다 직접 문제를 해결하려 한다. 4-9절에서는 그런 이스라엘 원로들과 사무엘 사이에서 왕정을 두고 벌인 논쟁이 전해진다. 이스라엘 원로들은 라마에 있던 사무엘에게 찾아가 현실을 그대로 보고한 뒤, '모든 나라와 같이 우리에게 임금을 세워 우리를 다스리게 하소서'라고 간청한다(5절). 이 간청에 사무엘은 기뻐하지 않는다. 본문의 행간에서 생각해 보면, 사실 여기에는 두 가지가 작용했을 수 있다. 한편으로 사무엘은 사사 시대의 정신을 생각했을 것이고, 다른 한편으로는 자기 두 아들의 운명을 생각했을 수도 있다. 어쨌거나 사무엘은 하나님의 응답을 구한다. 하나님께서는 단호하게 사무엘의 두 아들보다 사사 시대의 정신, 곧 철저한 신정 체제를 강조하신다. 하나님께서는 이스라엘이 사무엘과 아들을 버리는 것이 아니라, 하나님을 버리려 한다고 말씀하신다(7절). 이는 이스라엘의 원로들을 향한 말이기도 했지만, 자기 아들들을 내심 걱정했을 수도 있던 사무엘을 향한 말이기도 하다.

어쨌거나 사무엘은 이스라엘 백성들에게 그들이 원하는 세상의 왕정이 빛을 부정적인 면을 역설한다(10-18절). 사무엘의 이 말에는 두 가지 강조점이 있다. 하나는 하나님을 임금으로 하여 서로 평등하던 이스라엘에 왕정을 통해 계급과 복종구조가 생길 것이라는 점이다. 다른 하나는 18절에서 보듯, 하나님이 이전처럼 직접 응답하여 개입하지 않으실 것이라는 점이다. 이를 통해서 하나님께서는 이스라엘 백성들에게 왜 굳이 왕정인가 하는 질문을 하시는 셈이다. 만약 사무엘이 늙고, 불법적으로 사사가 된 그의 아들들이 올바르지 않다면, 사사 시대의 전통에 따라 하나님께 새로운 지도자를 구해도 되었다. 그런데 세상 모든 나라에 임금이 있다고 해서, 하나님 통치의 이상향과 배치되는 왕정을 도입할 이유가 무엇인가? 이는 이스라엘 백성들 마음 깊이에 있는 하나님을 향한 불신을 문제 삼으시는 것이다. 이스라엘 백성들이 블레셋의 위압에 눌려 하나님의 능력을 의심하기 시작했다는 핵심을 짚으신 것이다. 그러나 이스라엘 백성들은 도무지 사무엘을 통한 하나님의 문제 제기를 들으려 하지 않고, 끝내 임금을 요구한다(19-22절).

여기서 우리는 하나님의 통치에 대해, 그리고 그분의 무한하심에 대해 과연 오늘 우리가 어떤 생각을 하고 있는지 깊이 되돌아보게 된다. 개인 신앙은 물론, 교회 공동체도 어디까지 세속화될 것인가? 복음의 본질보다는 합리성이나 효율성의 핑계로 하나님의 통치와 무한하심을 밀어내고 있지는 않은지 돌아볼 대목이다.

### 3) 사울과 다윗(삼상 15-31장)

신정 체제를 유지해 오던 이스라엘에 이제 왕정으로 전환할 시기가 도래한다. 사울은 이런 전환기의 첫 임금이었다. 그의 가장 중요한 임무는 이스라엘의 가장 시급한 당면과제인 블레셋의 문제를 해결하는 것이었다. 그래서 그는 등장에서부터 군사적 지도자에 걸맞은 외모가 강조된다. 곧 그는 준수한 소년이었으며, 모든 백성보다 어깨 위만큼 더 크다고 묘사된다(삼상 9:2; 10:23). 사울은 그동안 이어오던 사사 체제에서 전환하는 과도기였으므로 제비뽑기를 통해 등장하였다(10:20-22). 그러나 사사기에서 멸족의 위기에 몰렸던 베냐민 지파 출신이라는 점에서 왕권이 지나치게 비대해지는 것을 방지하려는 목적을 읽을 수 있다. 더욱이 그는 임금으로 기름 부음 받는 장면에서 임금이 아니라 '지도자'(נָגִיד, '나기드')[22]로 일컬어진다. 어쨌거나 사울의 첫 시험 무대는 길르앗 야베스를 침공한 암몬에 대처하는 것이었다. 임금으로 기름 부음을 받았음에도 그가 기브아 고향에서 여전히 밭에서 소를 몰고 있었다는 점(11:5)은 사울이 아직 완전한 왕정 체제를 구축하지 못했음을 짐작하게 해 준다. 어쨌거나 그는 첫 임무를 성공적으로 수행하여(11:6-11), 마침내 길갈에서 이스라엘 모든 지파의 추대를 받아 왕으로 등극하였다.

그러나 그는 왕으로 등극하자마자 거듭된 실수로 하락의 길을 걷게 된다. 우선 사무엘상 13장에서 그는 블레셋과 전투를 앞두고 사무엘을 기다리지 않은 채 성급하게 번제와 화목제를 직접 드렸으며, 15장에서는 아말렉과 치른 전투에서 진멸의 원칙을 어기고 아말렉 임금 아각을 사로잡고 값진 것들을 챙겼다. 이 일로 사울은 결국 하나님께 버림을 받고 만다(15:22-23). 결국, 사울은 하나님과 하나님의 사람 사무엘을 전적으로 신뢰하여 의지하지 않고 자신의 세력과 판단에 의지하였음이 강조되는 것이다.

사울이 버림받는 이야기는 다윗이 선택되는 이야기와 겹친다. 곧 16장에서 사무엘은 다윗에게 기름을 부어 새로운 지도자로 세운다. 그리고 흥미롭게도 다윗은 사울의 왕궁에 들어가 사울 측근에 있어서 이 지도자 교체의 이야기가 더욱 긴박감을 자아내는 효과를 얻는다. 특히 17장에 나오는 유명한 골리앗 제거의 이야기에서 다윗이 한 말은 사울이 하나님께 버림받은 이야기와 뚜렷한 대조를 이룬다. "너는 칼과 창과 단창으로 내게 나아오거니와 나는 만군의 여호와의 이름 곧 네가 모욕하는 이스라엘 군대의 하나님의 이름으로 네게 나아가노라"(17:45).

---

22. 이 낱말은 임금보다는 수령(욥 31:37), 우두머리(대상 27:6; 느 11:11 등) 등을 뜻하는 것이 보통이다.

여기서부터 사울과 다윗의 갈등이 시작한다. 우선 다윗은 사울의 아들 요나단의 마음을 사로잡았으며, 사울의 딸 미갈의 남편이 된다. 그리고 민심은 점점 더 다윗에게로 기울어 간다. 이런 정황에서 사울은 급기야 악령에 사로잡혀, 편집적 강박증에 시달리게 된다. 그리하여 사울은 거듭 다윗을 죽이려 하며(삼상 16:23; 18:10-11; 19:9-10), 다윗의 도피를 도와준 놉을 멸망시킬 정도로 잔혹한 일도 서슴지 않는다(삼상 22장).

여기서 우리는 다윗의 도피와 사울의 추격 과정에서 두 번 등장하는 비슷한 이야기에 주목해 볼 필요가 있다. 첫째 이야기는 24장에 등장하는데, 무대는 엔 게디 광야의 동굴이다. 사울은 이 동굴에 용변을 보러 들어가는데, 때마침 거기 있던 다윗은 사울을 제거할 절호의 기회를 얻는다. 그러나 그는 '내가 손을 들어 여호와의 기름 부음 받은 내 주를 치는 것은 여호와께서 금하시는 것'(24:6)이라고 말하며 겉옷 자락만 자른다. 사실 겉옷이 신분을 나타낸다는 점에서 다윗의 행동은 정치적으로 사울에게 굉장히 위협적인 경고였지만, 그래도 다윗은 사울을 살려 준다. 둘째 이야기는 26장이다. 십 광야 하길라산의 길가에서 사울은 이번에도 다윗을 추격하기 위해 진을 치고 잠을 잔다. 다윗와 그의 용사들은 이 진영에 침투하여 사울의 창과 물병만 가지고 나온다. 이번에도 다윗은 사울을 죽일 수 있었지만 살려주었다. 그런 뒤에 24장과 같은 말을 한다(26:11). 물론 다윗이 진영 한가운데로 가서 사울의 창과 물병을 들고 나온 것은 마찬가지로 사울의 지위를 위협하는 경고다. 그렇지만 다윗은 여전히 사울과는 다른 모습을 보여준다. 결국, 사울은 블레셋의 문제를 해결하지 못한 채 길보아산 전투에서 블레셋의 손에 죽고 만다(삼상 31장). 반면에 다윗은 점점 더 득세하여 사무엘하로 들어가면서 유다 지파의 임금으로 등극하고(삼하 2:4), 결국 온 이스라엘의 임금으로 등극한다(삼하 5:1-5). 하나님께서는 이 다윗에게 굳건한 왕조의 신학을 세워 주시고(삼하 7장) 이로써 다윗을 통해서 이스라엘에는 본격적인 왕조가 시작한다.

사울의 몰락과 다윗의 상승이 뚜렷이 대조되는 이 이야기에서 우리는 신앙적으로 하나님을 의지하고 하나님의 뜻에 머물러 있는 것이 얼마나 중요한 일인지를 배우게 된다.

### 4) 다윗과 요압(사무엘하)

사무엘하는 다윗 왕국의 상승과 하강을 뚜렷이 보여준다. 유다의 지도자였던 다윗이 이스라엘 통일 왕국의 왕으로 등극하고, 수도를 예루살렘으로 옮긴다(삼하 5-6장). 그리고 주변의 모든 세력을 제압하는데, 특히 그간 이스라엘 백성들을 결정적으로 위협하던 블레셋의 문제를 해결하였다(삼하 8:1). 그리고 이스라엘의 첫 임금이었던 사울이 끝내 이루지 못한 왕위 계승도 이루어 냈다. 그리하여 명실상부한 왕조의 기틀을 세우기에 이르렀다. 이스라엘 백성들의 역사에서 다윗은 여러모로 새로운 전환점을 이룬 위대한 임금으로 기억되었다.

그러나 그 과정에서 다윗은 여러 정적(政敵)을 제거해야 했다. 사울에게 있던 왕권을 가져오는 과정에서 그가 죽은 뒤에도 여전히 남아 있던 세력을 제거해야 했으며, 왕권을 확립하는 과정에서도 여러 반대 세력들을 잠재워야 했다. 그런데 흥미롭게도 이 과정에서 다윗은 고도의 정치술을 발휘한다. 곧 자신은 명분을 챙기고, 반대 세력 제거의 역할은 모두 요압이 담당하도록 하였다. 요압은 다윗의 누이 스루야의 아들이다(삼상 26:6; 삼하 2:13). 그래서 그는 다윗과 혈연적으로 연결되어 있다. 그런 그는 다윗에게 가장 신임받는 장수가 되었다. 그러나 성경에 명시적으로 언급되지 않았지만, 시간이 가면 갈수록 요압은 다윗과 정치적으로 갈등하는 상황으로 내닫게 된다.

갈등의 발단은 요압이 아브넬을 죽였을 때로 볼 수 있다(삼하 2-3장). 아브넬은 사울이 죽은 뒤 사울의 아들 이스보셋을 임금으로 추대하여 다윗에게 대항하였다. 그는 다윗의 군대와 전투하는 과정에서 아브넬이 요압의 동생 아사헬을 죽인다. 그 뒤에 그는 이스보셋을 배반하고 다윗 진영에 투항하였는데, 요압은 그런 그를 동생의 피를 갚기 위해 살해한다. 문제는 여기서 생긴다. 다윗은 뜻밖에도 요압을 꾸짖고 아브넬의 죽음을 애도한다(삼하 3:28-35). 물론 이것은 북쪽 지파들의 민심을 얻기 위한 정치적 행동이었겠지만, 동생을 잃은 요압에게는 적잖은 충격이었을 수 있다.

그 뒤에 다윗은 헷 출신의 용병 우리아의 아내 밧세바를 범하는 죄를 짓는다(삼하 11장). 이 사건에서 다윗은 요압에게 우리아를 제거하여 자신의 죄를 덮는 일을 시킨다. 성경에서는 요압이 묵묵히 이 일을 감당한 것으로 그려지지만, 본문의 행간에서 생각해 보면 내심 다윗의 도덕성에 대한 의문을 품기 시작했을 수 있다.

그러한 요압과 다윗의 갈등은 다윗의 아들 압살롬의 반란 사건에서 더 깊어진 것으로 보인다(삼하 15-19장). 압살롬이 자기 누이 다말을 겁탈한 이복형제 암논을 살해하고 추방당했을 때, 둘 사이를 중재한 것은 다름 아닌 요압이었다(삼하 14장). 그러나 결국 압살롬은 다윗을 대항하여 반란을 일으켰다. 결국, 반란을 제압한 것은 요압이었으며, 요압은 반란군의 수괴인 압살롬을 죽인다. 그러나 이번에도 다윗은 압살롬의 죽음만 애도하고 요압에게는 관심을 두지 않는다. 그러자 이번에는 요압이 불만을 다윗에게 드러낸다(삼하 19:4-6). 다윗의 후계 계승력에 의문을 품게 된 요압의 불만은 극에 달한다. 어쩌면 요압은 이 사건에서 본격적으로 왕위쟁탈전에 참여하겠다는 신호를 보낸 것일 수 있다.

압살롬의 반란을 겨우 무마한 다윗은 요압이 아니라 압살롬의 심복이었던 아마사를 군사령관을 세우려 한다. 이에 요압은 자신에게 가장 위협적인 존재가 될 수 있는 아마사를 죽인다(삼하 20:4-13). 이 사건으로 다윗과 요압 사이의 갈등은 최고조에 달하고, 더는 화해할 수 없는 지경에 이른다.

결국, 요압은 다윗이 지명한 밧세바의 아들 솔로몬이 아니라, 아도니야를 지지하여 임금으로 추대하는 반란을 일으킨다(왕상 1장). 이 반란은 실패로 돌아가고, 그는 비참한 최후를 맞게 되었다(왕상 2:34).

다윗과 요압 사이의 이런 갈등 관계는 사무엘하 본문에 드러나 있지 않지만, 직관적으로 감지할 수 있을 정도로 분명하다. 여기서 우리는 다윗을 또 다른 관점으로 바라보게 된다. 곧 다윗은 분명히 하나님께서 선택하시고, 기름 부으신 하나님의 종이고 일꾼이었지만, 인간 다윗은 결점이 없는 사람이 아니었다. 밧세바 사건에서 드러난 간통과 살인교사의 죄뿐 아니라, 정치적 목적을 위해서 조카 요압을 이용하고 끝내는 버린 인물이기도 했다. 그런데 그런 다윗을 통해서 하나님께서는 하나님 백성의 역사를 이어 나가셨다. 다윗은 부족하고 한계가 있는 정치인일 뿐이었지만, 하나님이 이루시는 구속사의 큰 흐름에 영향을 주지는 못했다. 하나님께서는 인간들의 한계와 죄를 무릅쓰시며 그분의 역사를 이어 가신다. 그러니 우리는 사람들에게 너무 큰 기대도, 지나친 실망과 좌절도 할 필요가 없다. 우리와 같이 한계가 있고, 죄가 많은 사람을 들어 쓰시는 하나님의 무한하심에 초점을 맞추어야 하겠다.

## 5. 인물 대조 구조로 본 사무엘서의 신학적 주제

우리는 사무엘서에 등장하는 인물들 사이의 관계를 통해서 하나님과 이스라엘 백성들 사이의 관계, 그리고 하나님의 백성들 사이의 관계를 살펴보았다. 이제 이 관계를 통해서 본문 이야기 자체의 세계를 넘어서는 신앙적이고 신학적인 통찰을 끌어낼 필요가 있다. 이제 앞서 언급한 네 관계를 바탕으로 구체적으로 살펴보기로 한다.

### 1) 분별의 신앙

삶은 선택의 연속이다. 마찬가지로 신앙도 언제나 선택의 문제와 잇닿아 있다. 성경을 훑어보아도 그렇다. 성경의 첫 인물 아담과 하와도 선택의 순간을 맞았었고, 가인도 아벨을 향한 갈등 상황에서 그랬다. 그 이후 모든 이스라엘의 역사 순간순간마다 신앙의 선택은 이스라엘 백성들에게 찾아왔다. 선택의 순간에는 올바른 기준이 있어야 한다. 그 기준을 분별이라 일컬을 수 있다. 사무엘서에서 묘사되는 엘리의 모습은 그런 분별이 아예 차단되어 있다. 그가 보지 못한다는 것(יָכוֹל לִרְאוֹת וְעֵינָיו קָמָה וְלֹא, '브에나브 카마[23] 블로 야콜 리르오트'; 삼상 4:15)은 그의 분별력 상실의 상징이라 할 수 있다. 게다가 엘리의 아들들이 종교적으로나 윤리적으로 수용할 수 없는 죄를 지었다는 이야기는 이런 분별력 상실을 강화한다. 그런 신앙적 분별력 상실은 사무엘상 3장 1절에서 "아이 사무엘이 엘리 앞에서 여호와를 섬길 때는 여호와의 말씀이 희귀하여 이

___
23. 이 낱말(קוּם, '쿰')의 원래 뜻이 '일어서다'이기 때문에, 이 문장이 무슨 뜻인지 새기기 쉽지 않지만, 이어지는 구절을 바탕으로 '눈동자가 고정되었다'로 새길 수 있다(참조. Klein, *1 Samuel*, 37). 이러면 시력을 잃어서 눈동자가 고정되어 있는 모습을 그리는 것으로 여길 수 있다.

상이 흔히 보이지 않았더라"라는 말씀에서 공동체 전체로 확대되며, 블레셋과 치른 전투에서 하나님의 임재를 상징하는 법궤를 빼앗긴 사건을 최고조에 이른다. 그들은 법궤만 있으면 전쟁에서 승리할 수 있을 것이라는 그릇된 신앙적 판단을 했다.

이와는 대조적으로 사무엘은 출생부터 하나님의 계시를 통해 이루어졌다. 그리고 어린 시절을 하나님의 임재와 더불어 성전에서 지냈으며, 말씀이 희귀하던 그 시절에 하나님의 신탁을 전해 듣는다. 그리하여 그의 말은 하나도 땅에 떨어지지 않고 이루어지고, 모든 이들이 그를 통해서 하나님께서 말씀하신다는 것을 알게 되었다(삼상 3:19-4:1). 사무엘은 고별사를 하는 순간(12장)까지 올바른 신앙적 분별력을 유지하는 데 힘썼음을 알 수 있다. 사무엘서에서 엘리와 사무엘이 대조되는 이 이야기에서 올바른 신앙의 분별력이 민족의 운명에도 얼마나 큰 영향을 미치는지 알 수 있는 대목이다.

## 2) 초월의 신앙

사무엘 시대 이스라엘의 체제는 고대 사회에서 보기 드문 느슨한 지파 연합체였다. 물론 이 체제는 출애굽 공동체의 신정 체제를 그대로 유지한다는 점에서 이스라엘의 신앙적이고 정치적인 고유성을 드러낸다. 그러나 가나안 땅에 정착한 이스라엘 백성들에게는 블레셋이라는 강력한 변수가 생겼다. 그들은 이스라엘 백성들의 생존을 위협하며 옥죄어 오고 있었다. 언제 어디서 블레셋의 공격이 들어올지 모르는 상황에서 느슨한 지파 연합체가 이스라엘 백성들 눈에는 부족해 보였던 듯하다. 그래서 그들은 자신들 눈에 가시적으로 보이는 강력한 왕정의 효과를 바라기 시작했다. 그리고 사무엘에게 이를 요구하고 들어왔다. 그런데 이것이 왜 하나님을 저버린 결과가 되는가? 여기서 우리는 신앙의 본질을 고려할 필요가 있다. 신앙은 비가시성에 대한 신뢰가 기본이다. 하나님의 초월성과 무한성은 유한한 세상의 가치와 시각으로는 드러나지 않는다. 신앙이란 그런데도 그분의 초월성과 무한성을 신뢰하고 유한한 세상의 가치를 극복하는 것이다. 이스라엘 백성들은 블레셋이라는 강력한 가시적 대적 앞에서 그 유한한 가시적 세계를 초월하는 데 실패한 셈이다. 왕정 자체가 문제가 아니라, 이스라엘 백성들이 왕정을 요구한 까닭이 문제다. 그들은 창조주이시고 통치자이시며 심판자이신 하나님의 구원 약속을 의지하기보다, 당장 블레셋이 쳐들어왔을 때, 자신들을 위해 전쟁을 치러 줄 군왕을 요구했다(삼상 8:20). 그래서 사무엘서 8장에서는 왕정에 대한 이중적인 입장을 다 읽을 수 있다.

이런 초월의 신앙을 향한 노력은 시편의 탄원시에서 잘 드러난다. 시편 탄원시의 시인들은 대개 하나님 앞에서 올바른 신앙의 삶을 살기 위해 노력하는 이들이었다. 그런데도 고난은 그들에게 느닷없이 닥쳐오며, 아무런 잘못이 없는데도 그들을 적대시하는 대적이 생긴다. 물론 그런 위기에 맞닥뜨렸을 때 시편의 시인들도 고민하고 걱정하며, 탄식한다. 그러나 초월의 신앙은 그 문제를 두고 유한한 세상의 가치로 판단하는 것이 아니라, 하나님 앞에서 모든 것을 쏟아 놓고 부르짖는 데서 시작한다. 그러다 보면 하나님의 무한하심 앞에서 세상 모든 것들의 유한성을 상대화하는 시각을 얻게 된다. 그것이 탄원시 한가운데서 분위기 급반전하는 원동력이다.

사무엘서에서 하나님께서 이스라엘 백성들의 왕정 요구에 실망하신 이유는, 바로 이런 초월 신앙을 향한 고민의 흔적이 보이지 않기 때문이었을 것이다. 더욱이 이것이 공동체 차원에서 이루어졌다는 점을 눈여겨보아야 한다. 집단지성은 때로 터무니없는 결정을 내리기도 한다. 비가시적이지만 무한한 하나님의 가치를 보기보다, 가시적이지만 유한한 것들에 대한 욕심은 때로 공동체 전체가 잘못된 선택을 하고 잘못된 길을 걸어가도록 한다. 이스라엘 백성들의 왕정 요구 이야기를 통해서 교회 공동체의 집단지성이 과연 어떤 선택을 하는지 돌아보아야 한다.

### 3) 순종의 신앙

사울과 견주었을 때, 다윗은 과연 완벽한 사람인가? 그렇다고 말하기는 어렵다. 다윗도 정치적 셈을 하고 술수를 부린다. 그도 죄를 짓고 악을 행한다. 그런데도 사울이 하나님의 버림을 받고, 다윗은 왕위에 올라 왕조 신학의 바탕 위에 왕조를 굳건히 할 수 있었던 까닭은 무엇인가?

사무엘서 본문에 따르면 전환기의 첫 왕이었던 사울은 자신의 입지를 굳히기 위해 스스로 권력 체제를 구축하려 했던 듯하다. 사울이 하나님께 버림받은 계기가 되었던 두 사건은 사울의 미숙함이라기보다는 권력 추구의 욕심에서 비롯한 산물이었다. 하나님의 사람 사무엘을 기다려야 하는 때, 사울은 자신의 판단에 따라 마음대로 제사를 지냈다. 그리고 하나님의 엄격한 명령인 진멸을 무시하고 자신의 판단에 따라 마음대로 취하고 살려 두었다. 이것은 진정한 왕이신 하나님의 왕권을 무시하고 그 자리에 자기가 앉고 싶은 욕망을 드러낸다고 볼 수 있겠다.

반면에 다윗은 수많은 약점과 잘못 가운데도 하나님의 뜻에 따르려 애쓰는 모습을 보인다. 그리고 속마음의 갈등이야 어떠했던 하나님의 뜻에 맞는 결정을 내리는 모습을 사무엘서에서 읽을 수 있다. 위에서 언급했듯, 첫 전투에서 골리앗에게 나아가는 소년 다윗은 객관적인 판단이 아니라, 하나님께 모든 것을 내맡겼다. 그리고 사울을 죽일 기회를 잡았을 때, 어떤 정치적 셈을 했든, 결국 하나님께서 왕으로 기름 부으신 사울을 죽이지 않았다. 사울과 요나단이 죽었을 때, 그 뒤에 여러 정적이 죽었을 때도 속으로야 어떤 감정이 있었든, 그들의 죽음을 애도했다. 이는 결코 결과 지상주의를 옹호하는 것이 아니다. 내적 감정을 곧바로 다스리기는 어렵다. 그러나 갈등의 과정 끝에 내적 감정을 다스리고 하나님의 뜻에 따르는 결정을 내리는 것은 진정한 신앙의 모습이다. 이런 생각은 다윗이 왕이 된 뒤에도 거듭 전장에 나갈 때, 하나님께 여쭈었다는 기록(삼하 2:1; 5:19 등)에서도 확인할 수 있다. 다윗은 사무엘서에서 이런 점이 사울과 극명한 대조를 이루어 그려진다.

신앙의 또 다른 중요한 측면은 자신의 판단보다 하나님의 뜻에 따르는 자세다. 그런 뜻에서 사무엘이 사울을 향해 한 질책은 순종의 신앙이 얼마나 중요한지를 잘 보여준다. "사무엘이 이르되 여호와께서 번제와 다른 제사를 그의 목소리를 청종하는 것을 좋아하심 같이 좋아하시겠나이까 순종이 제사보다 낫고 듣는 것이 숫양의 기름보다 나으니"(삼상 15:22-23).

## 4) 겸손의 신앙

정치적인 시각으로 다윗의 행보를 바라보면, 그는 지극히 정치적인 인물이다. 모든 말과 행동에는 정치적인 셈이 깔린 것으로 보인다. 실제로 그랬을 수도 있다. 결과만 놓고 보자면, 다윗의 손에는 피 한 방울 묻히지 않았지만, 다윗의 정적들은 모두 제거되었다. 대부분 그 역할은 요압이 했다. 그리고 끝내 요압도 제거되었다. 또한, 다윗이 선택한 솔로몬에게 왕위는 계승되었다. 그리고 후대에 다윗은 왕조를 시작한 인물로 존경을 받게 되었다. 수많은 시편이 그의 이름에 바쳐졌고, 후대의 성경 저자들도 하나님의 종에 대한 표상으로 다윗을 언급하였다(사 37:35; 55:3; 렘 23:5; 33:15, 17; 겔 34:23; 37:25 등). 그러나 그런 결과가 다윗의 정치적 속셈과 그가 저지를 갖가지 죄를 다 덮어 주지는 않는다. 그는 분명히 죄인이다. 사무엘서를 쓴 역사가는 이런 다윗의 양면적인 모습을 숨기지 않는다. 오히려 파악하기 쉽도록 버젓이 기록해 놓았다. 여기에는 분명한 의도가 있다. 역사가는, 아니 그 역사가를 통해서 하나님께서는 사람들이 하나님 앞에서 끝없이 겸손하기를 바라신다. 다윗이 훌륭한 용사였고, 뛰어난 왕이었으며, 영리한 정치가였더라도, 그는 하나님 앞에서 분명히 죄인이었다. 그리고 그 죄는 아들들 사이의 권력 암투에서, 아들의 반란에서, 아들에게 쫓겨 가는 과정에서, 그리고 사랑하는 아들들을 잃는 데서 값을 치를 수밖에 없었다.

하나님께서는 이런 죄 징벌을 통해서 교만을 경고하신다. 누구나 성공의 길을 걷고, 풍요로운 삶을 누리다 보면 교만해지기에 십상이다. 잠언에서 우리는 그런 교만에 대한 경계를 자주 접한다. "교만은 패망의 선봉이요 거만한 마음은 넘어짐의 앞잡이니라"(잠 16:18), "사람의 마음의 교만은 멸망의 선봉이요 겸손은 존귀의 길잡이니라"(잠 18:12), "사람이 교만하면 낮아지게 되겠고 마음이 겸손하면 영예를 얻으리라"(잠 29:23). 다윗의 양면적인 모습, 그리고 이어지는 이스라엘 백성들의 역사 서술에서 드러나는 갖가지 죄들과 그에 대한 하나님의 징벌은 바벨론 포로기의 독자들뿐 아니라, 오늘 우리에게도 여전히 반면교사요 온고지신의 대상이 된다.

사무엘상 주석

# 첫째 마당
## 사무엘 이야기(1-8장)

1장
사무엘의 출생

우리말로 옮긴 본문

### 한나의 서원과 사무엘의 출생(1-20절)

1 에브라임 산지의 라마다임소빔 출신인 한 사람이 있었다. 그 사람의 이름은 엘가나였는데, 그는 여로함의 아들, 엘리후의 손자, 도후의 증손, 숩의 현손이었고 에브라임 사람이었다.

2 그에게는 아내가 둘 있었다. 한 사람의 이름은 한나였고, 다른 사람의 이름은 브닌나였다. 브닌나에게는 자녀가 있었지만, 한나에게는 자녀가 없었다.

3 엘가나는 해마다 자기 성을 떠나 만군의 여호와께 예배드리고 제물을 바치러 실로로 올라갔다. 그곳에는 엘리의 두 아들 홉니와 비느하스가 여호와의 제사장으로 있었다.

4 엘가나가 제물을 바치는 날이면, 자기 아내 브닌나와 그 아들들과 딸들에게 제각각 몫을 나누어 주고,

5    한나에게는 「또 다른 몫」을 주었다. 비록 그가 한나를 사랑하였지만, 여호와께서 한나의 자궁을 닫으셨기 때문이다.

6    더구나 적수 브닌나는, 여호와께서 한나의 자궁을 닫으셨다고 해서, 그의 화를 돋우려고 심하게 괴롭혔다.

7    이런 일이 매년 한나가 여호와의 집에 올라갈 때마다 일어났다. 그렇게 브닌나는 한나를 괴롭혔다. 그러면 한나는 울며 아무것도 먹으려 하지 않았다.

8    남편 엘가나는 한나에게 말했다. "여보, 왜 우시오? 왜 아무것도 먹지 않으시오? 왜 그리 불쾌해 하시오? 내가 당신에게는 아들 열보다 낫지 않으시오?"

9    그렇게 실로에서 겨우 먹고 마신 뒤에 한나는 자리에서 일어났다. 그때 제사장 엘리는 여호와의 성전 문설주 곁에 있는 의자에 앉아 있었다.

10   한나는 마음이 괴로워 여호와께 기도하며, 흐느껴 울었다.

11   그가 서원하였다.

"만군의 여호와여, 주님께서 이 여종의 가련함을 눈여겨보시고 저를 기억하신다면,

주님의 여종을 잊지 않으셔서 주님의 여종에게 아들을 주신다면,
저는 그 아이가 사는 내내 그 아이를 여호와께 드리고,
아무도 면도칼을 그 아이의 머리에 대지 못하게 하겠습니다."

12   한나가 오래토록 기도하고 있는 동안 엘리가 한나의 입을 지켜보고 있었다.

13   한나는 속으로 기도하고 있어서 입술만 움직일 뿐, 소리는 들리지 않았다. 그래서 엘리는 한나가 술 취하였다고 생각하였다.

14  이윽고 엘리가 한나에게 말하였다. "언제까지 술 취해 있으려 하시오? 포도주를 좀 멀리 하시오."

15  한나가 대답하였다. "아닙니다. 어르신! 저는 마음이 괴로운 여자일 뿐, 포도주나 독주를 마시지는 않았습니다. 그저 제 심정을 여호와 앞에 털어놓았을 따름입니다.

16  그러니 저를 형편없는 여자로 여기지 마십시오. 정말로 제 불안과 화가 치밀어 올라서 여태껏 기도하고 있었습니다."

17  엘리가 대답하였다. "맘 편히 돌아가시오. 그러면 이스라엘의 하나님께서 당신이 구한 대로 원하는 것을 주실 것이오."

18  한나는 "여종이 당신에게서 은총을 봅니다"라고 인사말을 하고는 그 길로 가서 음식을 먹었다. 그리고 그 낯빛이 더 이상 이전 같지 않았다.

19  엘가나 가족은 다음 날 일찍 일어나 여호와께 예배드리고, 라마에 있는 그들의 집으로 되돌아갔다. 엘가나가 자기 아내 한나와 잠자리를 같이 하니, 여호와께서 한나를 기억해 주셨다.

20  날이 가고 한나가 임신하여 아들을 낳았다. 한나는 "내가 여호와께 그 아이를 구하였다" 하여 그 아이의 이름을 사무엘이라 지었다.

## 한나가 서원을 행함(21-28절)

21  남편 엘가나와 그의 온 가족이 여호와께 매년제사와 서원제사를 드리러 올라갈 때,

22  한나는 올라가지 않으며 남편에게 말하였다. "이 아이가 젖을 떼면, 제가 데리고 가겠습니다. 그러면 그 아이가 여호와께 자기를 보여드리고, 거기서 영원히 살게 될 것입니다."

23 그러자 남편 엘가나가 그에게 말하였다. "당신 보기에 좋을 대로 하시오. 그 아이가 젖을 뗄 때까지 머물러 있도록 하시오. 여호와께서 꼭 당신의 말대로 이루어 주실 것이오." 그리하여 한나는 집에 머물며 자기 아들이 젖떼기까지 젖을 물렸다.

24 아이가 젖을 떼자 한나는, 삼 년 된 황소에 밀가루 한 에바와 포도주 단지를 지우고, 그 아이와 함께 올라갔다. 그 아이를 실로에 있는 여호와의 집에 데리고 간 것이다.

25 사람들이 황소를 잡았고, 그 아이는 엘리에게 데려갔다.

26 한나가 말하였다. "접니다. 어르신! 어르신께 맹세합니다. 저는 여호와께 기도하려고 여기서 어르신과 함께 있었던 그 여자입니다.

27 이 아이를 두고 제가 기도했었지요. 그랬더니 여호와께서 제가 구한 대로 원하는 것을 주셨답니다.

28 그래서 저도 이 아이를 여호와께 드립니다. 이 아이는 사는 내내 여호와께 드린 사람이 되었습니다." 그리고 한나는 거기서 여호와께 예배드렸다.


## 본문 비평


### 5절 ㄱ-ㄱ. 또 다른 못

여기서 쓰인 히브리어(מָנָה אַחַת אַפָּיִם, '마나 아하트 아파임')이라는 표현이 쓰인다. 이 말을 직역하면 "한 분깃, 두 코"이다. 이해하기 어려운 이 표현에 대해 특별히 선택하여 두 마리를 쌍으로 희생제물로 드리는 고대 관습에서 왔다는 견해, 본문을 수정해야 한다는 견해 등 특별한 여러 논의가 있지만,[1] 정확한 의미는 알 수 없다. 대부분의 칠십인역 필사본은 אַפָּיִם('아파임')이 없는 본문을 전제하여 μερίδα μίαν('메리다 미안', "한 몫")으로 옮긴다. 아마도 이 번역은 이해하기 어려운 히브리어 본문을 해결하려는 시도였던 것으로 볼 수 있다. 또 다른 시도로는 기원후 8세기의 대문자 필사본(Cod. Coislinianus; M)은 오늘 우리가 보는 개역성경의 전통인 μερίδα διπλῆν('메리다 디플렌', "갑절의 몫")으로 옮겼다. 그러나 이 또한 본문을 이해하기 쉽게 고치려는 시도일 것이다. 다른 한편에서 칠십인역의 안디옥 본문 전통(the Antiochene Text)의 필사본들(boc₂e₂)은 이 부분을 μερίδα μίαν κατὰ προσώπον('메리다 미안 카타 프로소폰', "한 몫을 그 앞에")으로 옮기는데, 이는 אַפָּיִם('아파임')을 "얼굴, 면전"으로 이해하는 구약성경의 용례들을 염두에 둔 번역으로 보인다(참조. 게제니우스, 『사전』, 55). 이 번역은 그리스어에서 "개인적으로, 따로"를 뜻할 수 있다(참조. 신 7:10; 31:21; 수 6:5 등).[2] 우리는 히브리어 본문에 대한 이 이해를 바탕으로 옮긴다.

## 본문 주석

사무엘서는 사무엘 상권 전반부의 주인공인 사무엘 출생 이야기로 시작한다(1-3장). 사무엘은 마지막 사사로서 사사 시대를 마감하는 인물인 동시에, 이스라엘의 첫 왕인 사울과 이스라엘의 본격적인 왕정을 시작

---

1.    이에 대해서는, Dietrich, *1 Sam 1-12*, 38-39; Tsumura, *First Samuel*, 113-114 등을 보라.
2.    참조. Muraoka, *A Greek-English Lexicon of the Septuagint*, 601.

한 다윗에게 기름을 부어서 두 시대를 이어주는 중요한 역할을 한 인물이다. 이런 사무엘의 출생 이야기는 두 가지 점에서 주목할 만하다. 하나는 사사기의 사사 시대 서술에서 흔히 보듯이 이스라엘의 죄로 시작한다는 점이며, 다른 하나는 사무엘의 출생 이야기가 사사기도 공유하는 고대의 영웅 출생 이야기의 요소를 가지고 있다는 점이다. 그 요소는 어머니의 불임과 신적 도움에 따른 출생과 봉헌이다(비교. 삼손 이야기). 이 특징은 무엇보다 사무엘서의 역사서술이 사사기와 연관성을 가지고 있음을 알 수 있다.

### 한나의 서원과 사무엘의 출생(1-20절)

**1-2절: 사무엘의 아버지와 어머니.** 위대한 사사 사무엘의 출생 이야기는 사무엘의 아버지와 어머니 이야기로 시작한다. 아버지는 사무엘의 혈통적 배경을 설정하며, 어머니는 사무엘 출생의 신적 신비를 보여주는 배경이 된다. 1절에서는 먼저 아버지인 엘가나의 지역적 배경과 혈통적 배경을 알려 준다. "엘가나"(אֶלְקָנָה, '엘카나')라는 이름은 "하나님이 지으셨다"를 뜻한다(참조. 창 14:19, [개역개정]'천지의 주재'). 이 이름의 뜻으로 보나, 길게 이어진 그의 조상들 언급으로 보나, 또한 아내가 둘이라는 사실에서 보나 그는 에브라임에서 유력한 가문 사람임을 알 수 있다(Tsumura, 106). 엘가나는 여기서 에브라임 사람(אֶפְרָתִי, '에프라티')이라고 지역을 강조하여 언급되는데, 이는 역대기가 사무엘을 레위 지파의 혈통으로 소개하는 것과는 대조되는 진술이다(대상 6:26-27, 33-35; 본문 비교는 Klein, 6). 엘가나의 구체적인 출신지는 에브라임 산지의 "라마다임소빔"(הָרָמָתַיִם צוֹפִים, '하라마타임 초핌')이라고 소개한다. 이 말은 "숲의 두 언덕"라는 뜻이다. 19절에서는 이곳을 그냥 "라마"(언덕)라고 일컫는다.

2절에서는 사무엘의 어머니를 소개해서 출생 이야기의 복선을 내비친다. 엘가나는 한나와 브닌나라는 두 여성과 결혼했다. 이 구절에서 특별히 강조되는 것은 자녀의 유무다. 곧 브닌나에게는 자식이 있었지만, 한나는 불임이었다. 군사력이나 노동력의 근간이 되는 아들을 출산하는 여성의 능력은 고대 사회에서 분명히 여성의 기본권과 직결되는 중요한 문제였을 것이다(참조. 시 113:4-9). 그래서 구약성경에서도 불임의 모티브는 극적인 영웅의 탄생에 중요한 모티브가 되었다(히. עָקָר, '아카르'; 보기. 창 11:30; 25:21; 29:31; 출 23:26; 신 7:14; 삿 13:2; 삼상 2:5; 사 54:1; 욥 24:21).

**3절: 엘가나의 실로 성소 순례.** 엘가나는 매년 실로의 성소로 순례를 간다. 아마도 당시 이곳에 법궤가 안치된 성소가 있었기 때문이었을 것이다(참조. 삼상 3:3; 4:4). 오경의 율법에 따르면, 이스라엘 백성 가운데 남성은 1년에 세 번 하나님 앞에 나아가야 했다(참조. 출 23:14-17; 레 23:15-20). 그 관점에서 보면 1년에 한 번 성소에 올라간 것은 그와는 구분되는 또 다른 전승을 전제하는 것으로 보인다. 이런 매년제(זֶבַח הַיָּמִים, '제바흐 하야밈'; 참조. 21절)는 사무엘상 20장 6절과 29절에서 찾아볼 수 있으며, 실로에서 열렸던 매년제는 사사기 21장 19절의 보기를 찾아볼 수 있다. 어쨌거나 이 전승은 예루살렘 중심의 절기와 구분되는 지방 성소 전통을 반영한다고 여길 수 있다. 이 구절에서는 실로의 성소를 책임지던 제사장 엘리의 두 아들 홉니와 비느하스도 소개하는데, 이 또한 앞으로 벌어질 사건의 복선 구실을 한다. 특히 마지막 사사 사무엘 등장의 배경이 되는 이스라엘의 죄 고발과 연관될 것이다.

**4-8절: 한나와 브닌나 사이의 갈등.** 앞서 언급한 엘가나의 두 아내 한나

와 브닌나의 갈등 이야기가 이 단락에서 본격적으로 펼쳐진다. 4절에서 엘가나는 실로에서 제사를 드리는 매년제 날에 제물의 "몫"(מָנוֹת, '마노트'; 개역개정. "분깃")을 가족들에게 나누어 준다. 이것은 제사 후 공동 식사를 위한 희생제물의 고기 분배를 뜻할 것이다(참조. 삼상 9:23). 5절에서 이야기는 갈등의 요소를 본격적으로 드러낸다. 제물을 바치는 날 엘가나는 모든 이에게 제각각 받을 몫을 나누어 주면서, 한나에게는 개인적으로 "또 다른 몫"(참조. 위의 본문 비평)을 주었다. 엘가나의 이 행위가 결국 한나를 향한 브닌나의 해코지로 이어졌다는 데서(6절), 다른 이들의 분깃과 구분되는 것만은 틀림없다. 엘가나가 한나에게 이렇게 한 것은 일종의 보상인데, 여기에는 두 가지 이유가 있다. 하나는 그가 한나를 사랑하였다는 것이고, 다른 하나는 앞서 2절에서 밝힌 대로 한나의 불임(직역. "그분이 그녀의 자궁을 닫으셨다")이었다. 이것은 사무엘이라는 영웅 탄생을 이끄는 효과적인 극적 장치 구실을 한다. 특히 5절과 6절에서 두 번 되풀이하는 표현 "여호와께서 한나의 자궁을 닫으셨다"는 이런 상황을 더 강조한다.

7-8절은 두 아내 사이의 갈등이 결국 엘가나에게 드러났던 이야기를 전한다. 7전반절은 한나를 향한 엘가나의 보상과 브닌나의 해코지는 수년 동안 반복되었음을 밝힌다. 그리고 7후반절에서는 마지막 결정적인 해 한나의 행동을 보도한다. 한나는 울며 먹지 않는다. 우는 행위는 감정적인 표현이며, 먹지 않는 행위는 신체적인 표현이다. 따라서, 한나의 이 행동은 극단적인 내면의 표출을 드러낸다. 이것은 8절에서 "여보, 왜 우시오?"라는 엘가나의 말에서도 드러난다. 엘가나는 자신이 열 아들보다 낫지 않느냐고 묻는데, 이는 5절에서 한나를 향한 사랑과 한나의 불임에 대한 보상으로 분깃을 특별히 챙겨 주었던 자기 행동을 강조

한다. 여기서 말하는 "아들 열"은 실제 브닌나가 낳은 아들이라기보다는 많음을 강조하는 문학적 수사기법일 것이다(비교. 삼상 2:5).[3]

**9-11절: 한나의 기도.** 불임과 상관없이 변함없는 사랑을 고백한 엘가나의 위로 덕분에 한나는 9절에서 단식을 중단하고 먹고 마셨다. 여기서 한나는 드디어 앞서 소개된 제사장 홉니와 비느하스의 아버지인 엘리와 대면한다. 엘리는 실로의 성소 여호와의 전 문설주 곁 의자(כִּסֵּא, '킷세')에 앉아 있었다. 실로 성소의 구조물은 다윗 시대까지도 성막 형태의 성소로 있던 구조물과 구분되는 듯하다. 이 구조물은 성막 형태가 아니라 건축물 형태로 보인다(참조. "여호와의 집"[בֵּית־יְהוָה, '베트-야훼'], 24절). 아마도 이것은 후대의 관점이 투영된 진술이거나 성막과는 구분되는 건축물 형태의 실로 성소 전승을 전제할 것이다. 어쨌거나 엘리는 제사장의 권위를 상징하는 보좌 형태의 의자에 앉아 있었다. 이 구절은 사실 엘리를 등장시키기 위한 단편 단위로 앞서 그의 아들 홉니와 비느하스를 소개하는 대목과 함께 이야기에 끼어들어 와 있다. 더욱이 이 구절 첫머리에 한나가 "일어났다"라는 구절은 이어지는 기도 시작의 구절과 자연스레 이어진다는 점에서도 엘리를 소개하는 구절은 이야기의 흐름을 깨는 삽입 정보다.

10절은 기도하는 한나의 내면과 외연의 모습을 그려 준다. 먼저, 한나는 마음이 괴로웠다(מָרַת נָפֶשׁ, '마라트 나페쉬'). 이 표현은 분노보다는 고뇌와 슬픔에 가까운 내면의 감정을 표현한다(참조. 잠 31:6; 욥 3:20). 따라서 브닌나의 해코지에 대한 반응보다는 불임에 대한 슬픔이라고 할 수 있다. 한나는 이런 고뇌와 슬픔 가운데서 기도하고 통곡한다. 전체적

---

3.    이런 견해는 Tsumura, *First Samuel*, 115을 보라.

인 구조를 보면, 마음의 괴로움(A)-기도(B)-통곡(A')으로 내면과 외연의 모습 한가운데 기도가 자리 잡은 꼴이다. 따라서 한나는 괴로운 현실 가운데서 하나님께로 얼굴을 드는 성숙한 영성을 보여준다. 11절에서는 한나가 한 서원 기도의 내용이 직접화법으로 전해진다. 한나의 이 기도를 특별히 "그가 서원하였다"(וַתִּדֹּר נֶדֶר, '바티도르 네데르')로 표현한 것은 간구와 이에 대한 한나의 약속이 함께 있기 때문이다. 한나가 한 기도의 핵심은 두 가지다. 먼저 하나님의 돌보심과 기억이다. 이것은 앞서 한나의 자궁을 닫으신 것이 여호와시라는 진술에 대한 인정의 고백이겠다. 그리고 둘째 간구는 아들을 주심사 하는 것이다. 사실 아들은 일차적으로 상속자를 뜻하지만, 한나는 이 아들을 여호와께 다시 드리겠다고 서원한다. 구체적으로는 머리에 면도칼을 대지 않겠다고 하여 나실인 서원을 한다(참조. 삿 13:5; 민 6:1-21).

**12-14절: 엘리의 오해와 추궁.** 한나의 기도에 이어 본문에서는 엘리와 한나의 흥미로운 대화가 시작한다. 12절에서 엘리는 한나가 기도하는 동안 입을 주목하여 본다. 왜 엘리가 한나의 입을 주목해서 보았는지는 13절에서 설명한다. 한나는 기도를 남들이 들리지 않게 속으로 했는데, 이상한 것은 엘리가 그런 한나를 보고 술 취한 것으로 오해했다. 일반적으로 성전에서 기도할 때는 큰 소리로 기도하는 전통이 있었기 때문이었을 것이다(참조. 시 5:2-3; 18:6; 27:5-7; 28:2, 6; 77:1 등; 또한, 마 6:5; Dietrich, *1 Sam 1-12*, 46). 아마도 본문은 하나님과 맺는 관계를 관습적인 기도보다 더 중요하게 여기는 한나의 모습을 강조하려는 의도가 있을 것이다. 반면에 엘리의 모습은 그런 한나의 신앙을 분별하지 못하고, 그저 술주정뱅이로 치부해 버리는 것으로 그려진다. 이는 위대한 영웅 사무엘을 낳

을 어머니 한나와 매우 대조되는 모습이다. 심지어 14절에서 엘리는 사실관계를 따져 묻지도 않은 채, 한나를 술 취한 것으로 확신하고 꾸짖기까지 한다. 한나의 영성과 대조되는 엘리의 이런 영적 분별력 없는 모습도 독자들에게 앞으로 펼쳐질 이야기를 내다보게 하는 복선 구실을 한다. 종교와 정치의 지도자였던 엘리가 편견에 사로잡혀서 영적으로 구별하는 눈이 없는 모습은 사사기에서 흔히 보아 왔던 이스라엘의 죄를 생각나게 한다. 하나님과 올바른 관계를 맺기보다는 가시적인 가치들만 좇아 풍요제의에 거듭 빠져들었던 이스라엘 백성들의 지난 죄가 엘리의 이 모습에 그대로 투영되어 있다고 보겠다.

**15-16절: 한나의 자기변호.** 15-16절에서 한나는 제사장 엘리의 꾸짖음에 그가 해야 했을 사실관계 확인을 분명히 한다. 15절에서 한나는 자신의 겉모습과 내면을 분명히 밝힌다. 겉모습은 통상적인 기도 소리를 내지 않고 입만 움직이며 중얼거리니 술 취한 것 같으나 그렇지 않다고 엘리의 오해를 풀어 준다. 그리고 엘리가 겉모습만 보고 판단하여 미처 보지 못한 자신의 속마음을 전해 주는데, 여호와 앞에 자신의 "심정을 쏟아 놓고 있었다"(וָאֶשְׁפֹּךְ נַפְשִׁי, '바에쉬포크 나프쉬')는 것이다. 그것도 다른 누구도 아닌 "여호와 앞에"(לִפְנֵי יהוה, '리프네 야훼')라고 힘주어 말한다. 이는 한나가 얼마나 하나님과 맺는 관계에 깊이 집중했는지를 보여준다. 16절에서 한나는 두 가지를 진술한다. 먼저, 엘리가 자신을 어떻게 오해하고 있는지를 말하는데, "형편없는 여자"(בַּת בְּלִיָּעַל, '바트-벨리알')라는 표현으로 요약한다. 이 표현은 "무익한 여자"로 옮길 만한데, 엘리의 이 오해는 본문에서 역설적으로 엘리 자기 아들들에게 적용될 말이다(참조. 삼상 2:12; בְּנֵי בְלִיָּעַל, '브네 벨리알'; 참조. Klein, *1 Samuel*, 9). 그러니 이 표현도

앞으로 펼쳐질 이야기의 복선 구실을 한다. 그런 뒤 한나는 자신의 상황을 "제 불안과 화"(שִׂיחִי וְכַעְסִי, '시히 브카으시')로 표현한다. 이는 불임으로 인한 한나의 슬픈 감정에 엘리의 오해에 대한 억울함까지 덧붙여져서 전달된 말로 볼 수 있겠다.

**17-18절: 엘리의 축복.** 억울함으로 가득 찬 한나의 항변에 엘리는 17절에서 그제야 자신이 오해했음을 깨닫는다. 하지만 엘리가 한나의 사정에 엘리가 공감하고 있다는 흔적은 찾아볼 수 없다. 다만 그는 제사장들이 으레 쓰던 관용적 표현으로 한나를 축복한다. 특히 '구하다'(שָׁאַל, '샤알')라는 동사를 써서 기도의 응답을 기원하는 것은 사무엘서에서 제사장의 신탁과 관련해서 자주 쓰이는 관용적 표현이다(삼상 10:22; 14:37; 22:10, 13, 15; 23:2; 28:6, 16; 30:8; 삼하 2:1; 5:19, 23 등; 참조. Dietrich, *1 Sam 1-12*, 49). 하지만 엘리가 관용적 표현으로 쓴 이 동사는 20절에서 한나가 사무엘을 낳고 그 아이의 출생을 해석하는 데 쓰여서 복선 구실을 하기도 한다. 18절에서 한나는 엘리의 이 신탁을 진심으로 받아들인 듯하다. 그녀는 엘리에게 공손하게 인사한 뒤, 더는 근심하지 않았기 때문이다.

**19-20절: 사무엘의 출생.** 실로의 성소에서 한나가 간구와 서원 기도를 하고, 엘리를 통해서 축복을 받은 뒤, 19절에서 엘가나의 가족은 라마(참조. 1절, "라마다임소빔")의 자기 집으로 돌아간다. 이 구절을 시작하는 "엘가나 가족은 다음 날 일찍 일어나"(וַיַּשְׁכִּמוּ בַבֹּקֶר, '바야쉬키무 바보케르'; 직역. "그들이 아침에 [나귀에] 등짐을 지웠다")는 구약성경에서 여행의 출발을 알리는 관용구다(참조. 창 19:27; 20:8; 21:14; 출 8:16; 24:4; 수 3:1; 6:12; 7:16; 삿 19:5 등). 이 표현은 낮이 뜨거운 중동 지역의 기후적 배경과 짐을 노새나 나

귀에 등짐으로 지우던 관습에서 비롯했다. 집으로 돌아간 엘가나는 한나와 동침하였는데, 이때 여호와께서 그녀를 기억해 주셨다(כִּי זְכָרָהּ יְהוָה, '바이즈크레하 야훼')고 전한다. 이 표현은 한나가 앞서 성소에서 했던 기도의 응답이다(참조. 11절). 그러니 여호와의 기억은 한나가 구했던 아들을 주시는 것임을 독자들은 대번에 알 수 있다. 따라서, 20절에서는 우리말 개역개정의 번역어 순서와는 달리 "날이 가고"(לִתְקֻפוֹת הַיָּמִים וַיְהִי, '바여히 리트쿠포트 하야밈')라는 시작 구절로 시간의 흐름을 요약하여, 한나의 임신과 출산을 바로 이어 언급하는 것으로 사건을 빠르게 진행한다. 이로써 하나님의 응답하심의 즉각성이 강조된다. 아들의 이름은 한나가 지어 준다. 구약성경, 특히 포로기 이전의 전통에서 태어난 아기의 이름 짓는 일은 주로 어머니의 몫이었다(참조. Dietrich, *1 Sam 1-12*, 51). 그녀가 지어 준 이름은 "사무엘"(שְׁמוּאֵל)이었는데, 이 이름 자체의 뜻은 사실 논란거리다. 왜냐하면, 이 이름을 "듣다"는 뜻의 שָׁמַע('샤마')와 연관 짓는다면 뜻이 "하나님의 들으심" 정도가 될 수 있고, "이름"을 뜻하는 שֵׁם('쉠')과 연관 짓는다면, "그분의 이름은 하나님['엘']이다"가 될 수 있으며, 관계사 שֶׁ('쉐')와 연관 지으면 "하나님에게서 온 사람"으로 새길 수도 있기 때문이다.[4] 그런데 본문은 이런 어원적 접근과는 달리 이름의 뜻을 새긴다. 곧 17절에서 엘리가 한 말에서 쓰인 동사 "구하다"(שָׁאַל, '샤알')와 연관 지어 "내가 여호와께 그를 구하였다"(שְׁאִלְתִּיו, '쉐일티브')로 풀이한다. 이럴 경우, 중세 시대부터 제안된 것처럼 שָׁאוּל מֵאֵל('쉐울 메엘', "하나님께 구하여진 사람")과 연관될 것이다(Qimḥi; 참조. Dietrich, *1 Sam 1-12*, 51).

---

4.     이름을 둘러싼 여러 견해를 정리한 것으로는 Dietrich, *1 Sam 1-12*, 51; Tsumura, *First Samuel*, 127 등을 비교해 보라.

### 한나가 서원을 행함(21-28절)

**21-24절: 한나의 서원 이행.** 21절은 한나가 사무엘을 낳은 이듬해의 사건을 전제한다. 곧 한나가 임신하고 아이를 낳은 뒤 다시 매년제와 서원제를 위해서 온 식구가 실로에 갔음을 말하기 때문이다. 그런데 22절에서는 한나와 사무엘은 이 해에는 가지 않았다고 전한다. 그 까닭은 사무엘이 아직 젖먹이라는 것이다. 유대 전통에서 갓 태어난 아이가 어머니 젖을 먹는 기간을 고려하면, 아마도 3년 동안은 한나와 사무엘이 매년제 기간 동안 집에 머물렀을 것이다(2마카 7:27). 한나는 일찍이 사무엘을 임신하기 전에 서원한 대로 사무엘이 젖을 떼면, 실로의 성소에 가서 "거기서 영원히 살게" 하겠다고 말한다.

23절에서 가장인 남편 엘가나는 한나의 의견을 허용한다. 이 구절은 중앙집중형 구조로 구성되어 있다. 구절의 처음과 끝에는 매년제와 서원제를 위해 실로로 가는 대신에 집에서 한나가의 사무엘을 양육하는 것에 대한 엘가나의 허용(A)과 한나의 실행(A′)이 있다. 한가운데는 엘가나의 기원(B)이 자리 잡고 있는데, 이 구절에서는 이 기원문을 핵심으로 여길 수 있다. 엘가나는 "여호와께서 꼭 당신의 말대로 이루어 주실 것이오"라고 말하였다. 여기서 히브리어 성경의 "그의 말씀"(דְּבָרוֹ, '드바로')은 직관적으로 잘 이해되지 않는다. 사실 하나님은 한나에게 직접 말씀하신 적이 없으며, 여기서는 문맥상 한나의 서원을 가리키기 때문이다. 그 관점에서 쿰란 단편(היוצא מפיך, 4QSamª)과 칠십인역(τὸ ἐξελθὸν ἐκ τοῦ στόματός σου)은 "그대의 입에서 나온 말을 여호와께서 이루시기를"로 고쳐 읽었다. 더러 본문을 이렇게 고칠 것을 제안하기도

하지만,[5] 이것은 본문 비평 관점에서 보자면, 아마도 문맥을 고려한 후대의 수정 전통일 것이다. 히브리어 본문을 그대로 두고, 엘가나는 아마도 여기서 서원을 지키는 것을 포함해서 하나님의 말씀에 따른다면 무엇이든 한나가 판단하는 대로 하는 것에 동의하는 의미로 썼다고 이해하는 편이 좋겠다(비교. Tsumura, *First Samuel*, 129).

24절에서는 마침내 한나가 사무엘의 젖을 뗀 후에 예물을 가지고 "여호와의 집"(בֵּית־יהוה, '베트-야훼'; 참조. 위의 9절 주석)에 나아갔다고 전해 준다. 그녀는 수소 세 마리와 밀가루 한 에바, 포도주 한 가죽 부대를 가지고 갔는데, 본문에서는 이것들의 용도를 정확히는 설명하지 않는다. 어쨌거나 화목제(시 66:13-20)나 젖 떼는 날 베푸는 잔치(창 21:8)에 쓸 용도였을 것이다.

**25-28절: 사무엘을 하나님께 드림.** 25절에서 한나와 엘가나는 실로 성소에서 아마도 화목제의 희생제물로 수소를 잡았을 것이다. 그리고 사무엘을 엘리에게 데리고 갔다. 이는 한나가 했던 서원(11절)대로 사무엘을 나실인으로 성전에 드리기 위해서였다. 성소에 들어선 한나는 26절에서 먼저 자기가 할 말의 진정성을 확보하려는 듯 "어르신께 맹세합니다"(חֵי נַפְשְׁךָ אֲדֹנִי, '헤 나프쉬카 아도니'; 직역. "내 주님 당신 영혼의 사심으로 [맹세합니다]")라는 맹세 관용구로 시작한다.[6] 한나는 자신이 몇 년 전에 기도하던 여자라고 밝히는데, 맹세 관용구로 시작하여 혹시라도 있을 엘리의 오해를 불식시키려는 의도였을 수도 있겠다.

---

5.    이런 수정 읽기 제안은, McCarter, *I Samuel*, 56; Klein, *1 Samuel*, 2-3; Dietrich, *1 Sam 1-12*, 54 등을 보라.

6.    구체적인 용례들은, 게제니우스, 『사전』, 226-227을 보라.

27절에서 한나는 아들을 구했던 자신의 기도(11절)와 그 응답을 담백하게 서술한다. 그리고 28절에서는 간구에 이어 했던 자신의 서원을 이루고 있음을 밝힌다. 여기서도 엘리는 아무런 말도 하지 않는 것으로 그려진다. 독자들에게 이는 엘리에 대해 여전히 부정적인 인상을 심어주고 있어서 앞으로 이어질 사건들의 복선을 이어 간다. 그 대신 본문은 한나의 예배로 이야기를 마무리한다.

## 본문의 메시지

사무엘서의 첫머리를 장식하는 첫 주인공 사무엘은 그 부모의 이야기에서 시작한다. 특히 사무엘의 아버지 엘가나와 그의 두 아내인 브닌나와 한나의 이야기는 처음부터 인상적이다. 고대 사회에서 자녀 출산, 특히 아들의 출산은 결혼한 여성의 중요한 임무였다. 이것은 남성에게 노동과 전쟁이 중요한 임무인 것과 마찬가지였다. 그 관점에서 불임이었던 한나는 고대 관점에서는 기득권에서 소외될 수밖에 없었다. 그런데 그 불임을 본문에서는 '여호와가 그녀의 자궁을 닫으셨다'고 표현한다. 이는 독자들에게 과연 여호와의 의도는 무엇이셨을까 하는 궁금증을 불러일으킨다. 반면에 남편 엘가나는 그것에 대해 한나를 향한 사랑으로 보상해 준다. 비록 이것이 경쟁자인 브닌나의 해코지로 이어졌지만, 남편의 사랑과 더불어 한나에게는 다소간의 위로가 되어 주었을 것이다.

그런데도 본문을 읽는 독자들에게는 정작 궁극적인 사랑과 보상의 근원이라 여길 수 있는 여호와가 한나의 자궁을 닫으셨다는 진술에 혼란스러워진다. 어떻게 보면 징벌이라고 여길 수도 있는 이 상황에 한나의 남편 엘가나는 깊은 사랑으로 보상한다. 이런 역설적인 이야기 서술 장치로 독자들은 자연스레 한나를 향한 여호와의 일하심과 목적을 기대하게 된다. 이것이 사무엘이라는 영웅 출생으로 이어지는 결정적인 전승 구조가 된다. 곧 사람들의 보상으로는 해결할 수 없는 불임이라는 상황을 결정하고 푸는 권한은 오로지 여호와께 있으며, 그분이 이 문제를 사랑받는 아내 한나를 위해 풀어 주시고, 그렇게 출생한 사람은 하나님이 특별히 사랑하고 일꾼으로 쓰실 영웅이라는 출구를 향해 나아가는 것이다.

누구나 언제든 풀 수 없는 고난의 상황에 놓일 수 있다. 그런데 사무엘서 첫 부분의 이야기에서 그런 상황에 대해 두 가지 교훈을 얻게 된다. 하나는 그 모든 문제의 해결점은 하나님이며, 그분의 계획은 사람들이 기대하는 것을 분명히 초월할 것이라는 사실이다. 다른 하나는 불임과 상관없이 사랑에 초점을 맞추는 엘가나와 다산에 초점을 맞추고 시기하고 질투하는 브닌나의 모습을 통해서 다른 사람을 올바르게 대하는 자세를 배우게 된다는 점이다.

한편, 한나는 자신의 불임을 매우 심각하게 받아들였다. 사실 브닌나가 자신을 격분케 한 것은 그녀가 가진 슬픔에 본질적 요소가 아니었다. 남편 엘가나의 사랑이 아무리 크다고 해도, 아들을 낳아 노동력과 전투력에 보탬이 되지 않는다면, 더욱이 상속자가 없다면, 자신의 기본권은 보장할 수 없으며, 남편의 사랑도 부담으로 여겨질 것이기 때문이다. 사실 한나가 부닥친 상황은 절망적이었다. 이럴 때 한나는 두 가지 모습을 보여준다. 당연히 이런 현실에 마음속 깊이 괴로워하고, 그 괴로움을 통곡으로 표현한다. 한마디로 절망적인 현실을 외면하거나 거기서 도피하지 않았다. 또한, 그저 절망 자체에 빠져들지도 않았다. 본문의 구조에서 보듯이 한나의 이런 내면적이고 외연적인 슬픔의 근간에는 그의 신앙이 있었다. 그렇기에 그녀는 한 걸음 더 나아가서 하나님을 향해 눈을 들고 기도할 수 있었다. 그리고 비록 엘리의 판에 박힌 관용구를 통해서이기는 했지만, 자신이 구한 것을 들어주실 것이라는 기원의 신탁을 듣고 마음의 평안과 일상의 삶을 회복할 수 있었다. 이것은 오늘도 거듭 고통스러운 현실에 맞닥뜨리는 우리에게도 깊이 울리는 교훈이다.

반면에 당대 최고 종교 권력자였던 엘리의 모습은 우리에게 반면교사 역할을 한다. 엘리는 한나라는 개인의 사정을 듣고 공감하려고 시도하지 않았고, 그럴 마음도 없었던 것으로 보인다. 선입견에 빠져서 영적 분별력 없이 겉모습만 보고 잘못 판단하고 정죄하는 전형적인 타락한 지도자의 모습을 보여준다. 더욱이 자기 잘못을 인지했을 때, 진심으로 뉘우치고 사과하기는커녕 입에 발린 말로 상황을 모면하려는 시도도 한다. 그런 엘리의 모습은 그 가운데서도 신탁을 전해 주시는 하나님의 한없는 은총과 뚜렷한 대조를 이루며 반면교사로 교훈을 우리에게 전해 준다.

본문이 전하는 사무엘 출생의 사건은 사실상 사람들의 일반적인 기대를 초월하는 기적적인 내용이다. 곧 불임으로 고뇌하던 한나가 뜻밖에 임신하여 아들을 낳은 사건이다. 그런데 본문은 이 사건을 매우 담담하게 서술체 문장으로, 그것도 매우 빠른 사건 진행으로 서술한다. 한나는 성소에서 기도하며, 제사장 엘리와 이야기를 나눈 뒤 남편 엘가나와 집으로 돌아가서 일상생활로 복귀한다. 그리고 아무렇지도 않게 임신하고 아들을 낳는다. 만약 이 이야기를 극적으로 전한다면, 이때 한나가 얼마나 기뻐했는지, 엘가나는 그런 한나를 보며 얼마나 좋은 말로 자신의 사랑을 표현했는지, 더 나아가서 한나를 격분시켰던 브닌나와 관계가 어떻게 달라졌는지, 그리고 아들을 낳는 장면은 어땠는지 등을 기록할 수 있을 것이다. 하지만 본문에서는 "날이 가고 한나가 임신하여 아들을 낳았다"로만 담백하게 서술한다. 우리는 여기서 본문의 화자가 왜 이 기적적인 장면을 일상적인 문체로 서술했을지를 새겨볼 필요가 있다.

기적적인 이야기는 길면 길수록 그 기적 자체에 함몰될 우려가 크다. 정작 그 모든 기적을 이루신 분은 하나님인데, 이 본질이 가려질 수 있다. 아마도 화자는 응답의 주체이신 하나님과 그 응답의 즉각성을 강조하기 위해서 "여호와께서 그를 생각[기억]하신지라"라는 말로 시작하고, 이어서 한나와 엘가나가 나눈 대화의 주제도 그런 하나님께 드린 한나의 서원을 갚는 것이 주를 이루도록 했을 것이다.

우리 삶 가운데서도 보는 눈에 따라서 기적적인 사건들이 즐비하다. 신앙체험에서부터 일상의 여러 일 가운데서 우리는 하나님의 기적적인 응답하심을 경험하곤 한다. 그런데 그 현상 자체를 너무 강조하다 보면, 본질 자체, 그러니까 응답 자체의 주체이신 하나님의 역사하심이 뒷전에 밀릴 수 있다. 신앙은 현상보다 본질에 눈을 뜨는 일이 중요하다. 한나가 아들을 기적적으로 낳게 해 주신 하나님의 위대하심을 인정하고 서원을 곧장 이룬 것처럼, 우리의 신앙도 가시적인 현상보다는 비가시적이지만 무한한 하나님의 본질, 그분의 본성에 초점을 맞추어 가야 할 것이다.

# 2장
# 사무엘의 유년기와 엘리 집안을 향한 심판

## 우리말로 옮긴 본문

**한나의 기도(1-11절)**

1   한나가 기도하였다.

"제 마음이 여호와 때문에 기뻐 뛰고

제 뿔이 여호와 때문에 솟아오릅니다.

제 입은 원수들을 향해 크게 벌렸으니,

이는 제가 주님의 구원을 기뻐함입니다.

2   여호와와 같이 거룩한 분이 없으니

이는 주님 말고는 아무도 없음입니다.

우리 하나님과 같은 반석은 없습니다.


3   너희는 교만하게 말을 늘어놓지 마라.

너희 입에서 건방진 말이 나오게 하지도 마라.

이는 여호와는 다 아시는 하나님이시라서

　　못된 짓이 그분의 시험을 통과하지 못함이다.


4　　용사의 활은 꺾이고

　　넘어진 이들은 힘차게 무장하였습니다.

5　　배불렀던 이들은 먹을거리를 얻으려고 품팔이를 하고

　　배고팠던 이들은 음식으로 살쪘습니다.

　　아이 못 낳던 여자는 일곱을 낳았고

　　아들을 많이 둔 여자는 풀이 죽었습니다.


6　　여호와께서는 죽이기도 하시고 살리기도 하십니다.

　　저세상으로 내려보내기도 하시고 끌어올리기도 하십니다.

7　　여호와께서는 가난하게도 하시고 부유하게도 하십니다.

　　낮추기도 하시고 또한 높이기도 하십니다.

8　　그분께서는 가난한 이를 먼지에서 일으키시고

　　거름 더미에서 궁핍한 이를 높이십니다.

　　그리하여 그들을 귀족들과 함께 앉히시고

　　영광스런 자리를 차지하게 하십니다.

　　이는 땅의 기둥들이 주님의 것이며

　　그분께서 그 위에다 세상을 두셨음입니다.

9　　그분께서는 당신의 신실한 이들을 지키시지만

　　악한 자들은 어둠 속에서 멸망할 것입니다.

　　이는 사람 힘으로는 그분을 이길 수 없음입니다.

10　　여호와께서는 당신께 맞서는 자들을 부서뜨리시고

그들에게 하늘에서 벼락이 내리치도록 하실 것입니다.

여호와께서는 땅끝까지 심판하시고

그분의 왕에게 힘을 주시며

그분의 기름 부음 받은 이의 뿔을 높이십니다.”

11 엘가나는 라마의 자기 집으로 돌아갔다. 하지만 그 아이는 제사장 엘리 곁에서 여호와를 섬기게 되었다.

### 엘리의 부정한 아들들과 사무엘(12-26절)

12 그런데 엘리의 아들들은 타락한 자들이어서, 여호와를 알지 못했을 뿐 아니라,

13 백성들에게서 받는 제사장의 관습도 인정하지 않았다. 사람들이 제사를 드릴 때면 언제나 제사장의 시종이 고기를 삶는 동안 손에는 살이 세 개 달린 갈고리를 들고 온다.

14 그러고는 냄비나 솥이나 가마솥이나 옹기솥에 찔러 넣어서 무엇이든 갈고리에 걸려 나오는 것은 제사장에게 가져갔다. 그들은 실로에 오는 모든 이스라엘 사람에게 그렇게 하였다.

15 그뿐 아니라 기름을 태워 분향하기 전에 제사장의 시종이 와서는 제물을 바치는 사람에게 말한다. “제사장님께 구워 드리게 고기를 주시오. 그분은 삶은 고기를 받지 않으십니다. 날고기를 원하십니다.”

16 만약 그 사람이 시종에게 말하기를, “오늘은 반드시 기름을 태워 분향할 것이오. 그런 다음에 당신 좋을 대로 가져가시오”라고 하면, 시종은 그에게 말하였다. “아니오. 지금 당장 주시오. 그렇지 않으면

억지로 가져가겠소.”

17 그렇게 시종들의 죄가 여호와 앞에서 매우 커졌다. 그 사람들이 여호와께 바치는 제물을 업신여겼기 때문이다.

18 사무엘은 여호와 앞에서 섬기고 있었는데, 시종으로 아마포 에봇을 두르고 있었다.

19 겉옷은 그의 어머니가 매년제사를 드리려고 남편과 함께 올라올 때마다 만들어 주었다.

20 그러면 엘리는 엘가나와 한나에게 복을 빌며 말하였다. “여호와께서 당신의 이 아내에게서 당신에게 후손을 더 주시기를 바랍니다. 이는 당신의 아내가 여호와께 간청하던 것이기 때문입니다.” 그리고 엘리와 한나는 집으로 돌아갔다.

21 여호와께서 한나를 돌보셔서, 한나는 임신하여 세 아들과 두 딸을 더 낳았다. 그리고 어린 사무엘은 여호와 앞에서 자랐다.

22 ˹엘리는 매우 늙었지만,˺ 자기 아들들이 온 이스라엘에 저지른 모든 짓과 회막 어귀에서 섬기는 여자들과 잠자리를 같이한 사실도 들었다.

23 그래서 그가 아들들에게 말했다. “어째서 이런 짓들을 하느냐? 내가 이 백성들 모두에게서 너희가 저지른 나쁜 짓을 듣고 있다.

24 안 된다, 내 아들들아! 너희가 ˻여호와의 백성을 외면하여˼ 내가 듣고 있는 소문이 좋지 않구나.

25 한 사람이 다른 사람에게 죄를 지으면 하나님께서 그를 중재하시겠지만, 여호와께 죄를 지으면 누가 그 사람을 위해 변호하겠느냐?” 그러나 그들은 자기 아버지의 말을 듣지 않았다. 이는 여호와께서 그들을 죽이려고 결심하셨기 때문이다.

26 그러나 그 소년 사무엘은 점점 자라서 여호와와 사람들에게 좋았다.

**엘리 집안을 향한 심판(27-36절)**

27 하나님의 사람이 엘리에게 와서 말했다. "여호와께서 이같이 말씀하셨소. '나는 네 조상의 집안이 이집트에서 파라오 왕실에 종살이할 때, 그들에게 분명히 나타났었다.

28 이스라엘 온 지파 가운데 네 조상을 내 제사장으로 선택해서, 내 제단에 올라와 내 앞에서 향을 피우고 에봇을 입게 하였다. 그리고 나는 네 조상의 집안에 이스라엘 자손의 모든 제사를 맡겼다.

29 그런데 어째서 너희는 내가 성전에 두라고 명령한 제물과 예물을 업신여기고, 네 아들들을 나보다 더 소중히 여기느냐? 결국에는 너희가 내 백성 이스라엘의 모든 예물 가운데 으뜸인 것들로 살찌웠구나.'

30 '그러므로' 이스라엘의 하나님 여호와의 말씀이오. '네 집안과 네 조상의 집안이 영원히 내 앞에서 살아갈 것이라고 내가 분명히 말하긴 했다.' '그러나 이제는 그렇지 않다.' 여호와의 말씀이오. '나를 존중하는 이를 나도 존중할 것이고 나를 업신여기는 자는 내가 저주할 것이기 때문이다.

31 보라! 때가 되면 내가 네 후손과 네 조상의 후손을 잘라 버리겠다. 그러면 네 집안에는 늙은이가 없을 것이다.

32 너는 이스라엘을 복되게 하는 것에 반대하는 성전의 원수를 보았다. 그러니 네 집안에는 언제까지나 늙은이가 없을 것이다.

33 그러나 내가 너를 봐서 잘라 버리지 않고 한 사람은 내 제단을 섬기게 두는 듯하겠지만, 결국에는 네 눈이 어두워지고 네 목숨이 끊어

져 보지 못하게 할 것이다. 네 집안의 모든 식구는 사람들의 칼에 죽을 것이다.

34  네 두 아들 홉니와 비느하스에게 닥칠 일이 네게 표징이 될 것이다. 한날에 그 둘이 죽을 것이다.

35  내가 나를 위해 충실한 제사장을 세울 텐데, 그는 내 마음과 내 뜻에 맞게 일할 것이다. 나는 그를 위해 굳건한 집안을 세워 주겠다. 그는 언제까지나 내 기름 부음 받은 이 앞에서 살아갈 것이다.

36  그러면 네 집안에 남은 자는 은화 한 닢과 빵 한 덩이를 얻으려고 와서 그에게 절하며, 제사장직 한 자리에 끼워 주어서 빵 한 조각이라도 먹게 해 달라고 말할 것이다.'"

# 본문 비평

## 22절 ㄱ-ㄱ. 엘리는 매우 늙었지만

쿰란 본문(4QSamᵃ)은 구체적으로 그의 나이가 90세라고 덧붙인다(שָׁנָה בֶּן תִּשְׁעִים, '벤 티샤임 샤나'; 비교. 4:15 '98세'). 하지만 이 표현이 마소라 본문보다 더 오래되었을 것으로 보이지는 않는다.

## 24절 ㄴ-ㄴ. 여호와의 백성을 외면하여

여기서 쓰인 마소라 본문(מַעֲבִרִים עַם־יְהוָה; '마으비림 암-야훼')은 이해하기 쉽지 않다. 직역하면 "(너희는) 여호와의 백성을 지나치게 한다" 정도가 될 것이다. 이 표현을 우리말 성경 『개역개정』에서는 "너희가 여호와의 백성으로 범죄하게 하는도다"로 해석하여 옮겼다. 한편, 칠십인역은 "하나님의 백성을 섬기지 않기 때문에"(τοῦ μὴ δουλέυειν λαὸν θεῷ, '투 메 둘레우에인 라온 테오')로 옮겼는데, 이는 마소라 본문과 비슷한 히브리어 자음을 가진 동사 עבד('아바드')로 읽은 데서 비롯한 번역일 것이다. 하지만, 우리는 동사 עבר('아바르')가 어떤 이를 등지거나 피하는 행위를 뜻하는 데도 쓰인다는 점을 고려하여(전 11:10; 에 8:3), "여호와의 백성을 외면하다"로 새긴다.

# 본문 주석

### 한나의 기도(1-11절)

**1전상반절, 11절: 이야기 틀.** 이 단락은 1절에서 "한나가 기도하였다"(וַתִּתְפַּלֵּל חַנָּה וַתֹּאמַר, '바티트팔렐 한나 바토마르')로 시작하는 기도문이자 시문이 주를 이룬다. 그리고 11절에서 다시 이야기가 이어진다. 특히, 11절에서 진술하는 것처럼, "집으로 돌아갔다"는 진술은 어떤 이야기의 마무리를 언급하는 관형적인 표현이다. 또한, 아이가 제사장 엘리 앞에서 여호와를 섬겼다는 진술은 한나의 서원 성취를 마무리하는 구실을 한다.

**1전하반절-3절: 하나님의 주권1.** 틀을 이루는 한나의 배경과 달리, 기도문 자체는 한나의 이야기를 넘어서서 여호와의 주권 자체를 포괄적인 영역에서 찬양한다. 이 본문이 여호와의 주권 찬양(1후-3, 6-7, 8후-10전)과 그 가운데서 인생의 역전 고백(4-5, 8전)이 교차 구성되어 있다는 관찰은 흥미롭다(Tsumura, *First Samuel*, 141).

1전하반절은 먼저 기도자 내면의 감정을 "마음이 기쁘다"로, 외연적 상태를 "뿔이 솟아오르다"로 표현한다. 특히, "뿔이 솟아오르다"는 표현은 여러 상징적 의미를 고려할 수 있지만, 이 시문에서 인생 역전이 소재가 된다는 점을 고려하면, "승리"를 상징한다고 볼 수 있겠다(참조. 시 92:10; 89:17; Klein, *1 Samuel*, 15). 이런 승리의 근원을 두 구문 모두에서 "여호와"라고 말한다. 1후반절에서는 이런 승리의 분위기를 "원수" (אֹיֵב, '오예브')라는 표현에서 더욱 뚜렷이 해 준다. 이 승리는 여호와께서 주신 "구원"(יְשׁוּעָה, '예슈아')으로 표현된다.

2절은 그런 승리를 주신 하나님의 본성을 여호와처럼 거룩한 존재가 없다는 것, 여호와 외에는 신적 존재가 없다는 것, 그리고 하나님과 같은 반석이 없다는 것으로 강조한다. 여호와를 "거룩한 분"으로 견주는 것은 성전제의 전통과 연관이 있으며(사 6:3; 호 11:9 등), 하나님의 유일성과 반석의 비유는 하나님의 미쁘심, 보호하심 등을 상징한다(삼하 22:3, 32, 47; 시 28:1; 95:1; 144:1; 신 32:30; 사 44:8 등; 참조. Dietrich, *1 Sam 1-12*, 85). 3절은 2인칭 복수 청중을 향해서 진술하는 권고다. 그 내용은 승리를 주신 하나님 앞에서 교만해지지 말라는 것이다. 승리를 주시는 하나님이 모든 것을 다 아시고, 사람들의 행동을 측정하시는 심판주이기 때문이다. 이로써 이 구절이 제의를 전제하는 전통에서 비롯한다는 사실을 알 수 있다.

**4-5절: 인생 역전1.** 이 단락에서는 하나님의 승리를 가시적 세상의 가치가 역전되는 모습으로 그린다. 4절에서는 전쟁의 상황을 배경으로 한다. 일반적으로 전쟁에서 승리한다고 여기는 "용사"(גִּבֹּרִים, '깁보림')의 활은 쓸모없도록 꺾이고, 전쟁에서는 용사에게 일반적으로 힘없이 "넘

어진 이들"(נִכְשָׁלִים, '니크샬림')이 전쟁을 승리로 이끌 "힘"(חַיִל, '하일')으로 띠를 띤다. 5절에서는 두 부류가 견주어진다. 먼저 경제적으로 풍요로웠던 사람들과 주리던 사람들의 자리가 바뀐다. 그리고 "아이 못 낳던 여자"(עֲקָרָה, '아카라')가 많은 자녀를 뜻하는 자녀 "일곱"를 낳고, 많은 자녀를 둔 사람은 풀이 시들 듯 쇠약해질 것이다. 전자가 남성의 영역이라면, 후자는 여성의 영역이다(참조. 시 113:7-9). 특히, 후반절이 한나 이야기와 이 기도문을 엮어 주는 결정적인 단서가 된다. 어쨌거나 이 단락에서는 일상적으로는 불가능한 약자들의 인생 역전을 역설하는데, 이 모든 역전의 근원은 앞서 찬송한 여호와 하나님임이 틀림없다. 앞뒤 단락이 모두 하나님의 주권을 노래하고 있기 때문이다.

**6-7절: 하나님의 주권2.** 이 단락에서는 하나님의 주권 영역을 사람들과 맺는 관계에서 시간 영역을 바탕으로 다룬다. 먼저 6절에서는 삶과 죽음의 문제를 언급한다. 이 세상에 사는 사람들은 누구도 삶과 죽음은 관장할 수 없다. 기도자는 여기서 삶과 죽음의 근원이 하나님의 주권에 있음을 고백한다. 그리고 7절에서는 시간의 범위를 삶의 영역으로 좁힌다. 이 영역에서 모든 상황, 경제적으로 부유함과 빈곤, 사회적으로 낮음과 높음의 지위도 하나님의 영역임을 고백한다. 일반적으로 가시적 가치를 좇는 사람들은 이 영역이 사람들의 손에 달려 있다고 믿는다. 하지만, 기도자는 그런 가치관을 초월한다.

**8전반절: 인생 역전2.** 이 구절은 시편 113편 7-8절과 많은 부분을 공유한다. 곧 가난하고 궁핍한 사람들을 거름 더미에서 올려서, 귀족들과 동등한 지위를 누리게 하신다는 것이다. 물론 앞선 5절에서 언급한 것처럼 여기서 말하는 인생 역전의 영역은 남성 사회를 전제한다. 그러나 이 기도문에서는 성별에 초점이 맞추어져 있지 않고, 역전에 맞추어져 있으며, 이어지는 하나님의 주권 찬양과 대조된다.

**8후반절-10전반절: 하나님의 주권3.** 8후반절에서는 하나님의 주권을 창조 전통에서 끌어온다. 그러니까 가시적 세계의 가치의 우열을 가리는 데 안간힘을 다하는 인생과 천지를 창조하고 소유하시는 하나님의 주권을 더욱 뚜렷이 대조하는 셈이다. 9-10전반절에서는 결론으로 상식적이고 가시적인 세상의 유한한 가치로는 풀 수 없는 인생의 역전, 그러니까 약자를 돌보시는 하나님의 주권에 도전하지 않기를 권한다. 이 권면에는 9전반절에서는 하나님이 그분의 거룩한 자들을 지키시는 통치, 그리고 9후반절-10전반절에서는 악한 자들을 다 물리치고 잠잠하게 하시는 심판까지 아우른다.

**10후반절: 왕권의 신적 옹호.** 이 구절은 한나의 이야기와는 시대적으로나 내용으로나 어울리지 않는다. 심판주 여호와가 "왕"에게 힘을 주시고, 그 "그분의 기름 부음 받은 이"(מְשִׁיחוֹ, '므쉬호')의 뿔을 높여 주신다는 표현은 왕정 시대를 전제하여서, 이 시문 자체가 이야기와 별개로 한나의 기원과 더불어 결합하여 전승되다가 나중에 서사 본문에 포함되었을 가능성을 추정케 해 준다.

### 엘리의 부정한 아들들과 사무엘(12-26절)

본문의 두 단락(12-17, 18-26절)에서는 엘리 아들들인 제사장 홉니와 비느하스가 저지를 죄와 성소에서 여호와를 섬기는 사무엘의 모습이 뚜렷이 대조된다. 이는 사무엘이 태어나서 성소에 드려지기까지 이어 왔던 복선이 실제로 드러나는 대목이며, 이제 이후로 사무엘이 전면에 드러나도록 하는 전환기가 된다.

**12-17절: 엘리 아들들의 범죄.** 12절에서 홉니와 비느하스는 이 단락에서 이름도 밝혀지지 않은 채로 "엘리의 아들들"로 익명화된다. 이 또한 이들에게 가졌던 화자의 반감이 표현된 것으로 볼 수 있겠다. 이 구절에서 이들을 "타락한 자들이어서"(בְּנֵי בְלִיָּעַל, '브네 벨리알'; 직역. "무익한 아들들")로 옮기는데, 이것은 앞서서 엘리에게 술 취하였다고 오해받은 한나가 자기를 변호할 때 문학적 역설로 썼던 용어다(참조. 16절 주석). 이 용어는 종교적인 것뿐 아니라, 사회적이고 윤리적인 관점까지 아울러서 사람을 평가할 때 주로 쓴다.[1] 본문에서는 여기서 한 걸음 더 나아가서 "여호와를 알지 못했"다(יָדְעוּ אֶת־יהוה, '로 야드우 에트-야훼')라고까지 평가한다. 이것은 제사장으로서 이들의 근본적인 존재 자체를 부정하는 악평이다.

13절에서는 이들의 행위를 "제사장의 관습"(מִשְׁפַּט הַכֹּהֲנִים, '미쉬파트 하코하님') 측면에서 고발한다. 이 표현은 토지를 분배받지 못한 제사장의 권리, 또는 제물 가운데 제사장에게 주는 몫을 뜻한다. 이 표현이 쓰인 신명기 18장 3절에 따르면, 제사장들의 몫은 소나 양으로 드리는 제물의 "앞다리와 두 볼과 위"였다(비교. 레 7:28-34). 본문에서는 이 몫에 대해 엘리의 두 아들이 저지른 부정을 고발한다. 13후반절-14절에 따르면, 이들은 사환을 시켜서 율법이 규정하는 부위만이 아니라, 제물을 삶을 때(참조. 민 6:19) "살이 세 개 달린 갈고리"(הַמַּזְלֵג שְׁלֹשׁ הַשִּׁנַּיִם, '하마즈레크

---

1.    구체적인 용례들은, 게제니우스, 『사전』, 98을 보라.

쉘로쉬-하쉬나임')를 가지고 무작위로 찍어서 가져갔다. 15절에서는 또 다른 형태의 부정을 지적한다. 희생제물의 "기름"(חֵלֶב, '헬레브')은 원래 "여호와께 향기로운 냄새"(레 3:5)로 불태워야 했다(참조. 레 7:23-25, 31; 17:6). 그런데 이 두 아들의 사환은 기름을 태우려는 희생 제사를 드리는 사람에게 와서, 제단에서 삶은 고기가 싫다는 이유로 구워 먹을 가장 좋은 고기를 얻으려고 지방에 붙은 고기를 미리 달라는 어처구니없는 요구를 한다. 16절에서는 한 걸음 더 나아간다. 희생 제사를 드리는 사람이 율법을 지키기 위해서 기름을 먼저 태우거든 가져가라고 말하자, "억지로"(בְּחָזְקָה, '브하즈카')라도 빼앗겠다면서 으름장을 놓고 빼앗으려는 시도까지 한다. 이것은 제사장과 희생 제사를 드리는 사람 사이에 벌어지리라고 상상할 수 없는 역설적인 상황이다. 바로 이것이 앞서 화자가 이들이 여호와를 알지 못한다고 한 까닭이다.

17절에서는 다시 한번 화자가 엘리의 두 아들을 평가한다. 이들의 죄는 무엇보다 "여호와 앞에서"(אֶת-פְּנֵי יהוה, '에트-프네 야훼') 큰 죄였다. 앞선 이야기에서도 드러나듯, 그 까닭은 후반절에서 구체적으로 언급한다. 제사장으로서 가장 본질이 되는 "여호와께 바치는 제물"(יהוה מִנְחַת, '미느하트-야훼')를 멸시하였다는 것이다. 사실 엘리의 두 아들의 죄는 사무엘이 등장하기까지 고조되는 이스라엘 백성들의 죄 고발을 대표하는 구실도 한다.

**18-21절: 성소에서 여호와를 섬기는 사무엘.** 앞선 단락에서 엘리의 두 아들이 저지른 상상을 뛰어넘는 죄를 고발한 데 이어서, 본문은 성소에 드려져서 자라던 사무엘의 이야기를 한다. 독자들은 이 이야기를 읽으면서, 엘리의 두 아들과 구분되는 사무엘의 모습을 기대하게 된다.

18절에서는 사무엘이 어린 시절부터 "여호와 앞에서"(אֶת־פְּנֵי יהוה, '에트-프네 야훼'), 곧 성소에서 섬겼다고 말하는데, 이는 17절에서 엘리의 두 아들에게 썼던 것과 같은 표현이다. 이를 통해서 두 등장인물의 대조가 더욱 선명하게 돋보인다. 그리고 사무엘이 "아마포 에봇"(אֵפוֹד בָּד, '에포드 바드')을 입었다고 진술한다. 여기서 말하는 에봇은 근본적으로 겉옷을 일컫는데, 흉패가 달린 제사장 고유의 의복과는 구분되지만(출 25:7; 28:4, 6, 12, 15, 25-28; 35:9, 27; 39:2, 7-8, 18-22; 레 8:7), 아마포 에봇은 성소와 관련해서 입는 특별한 옷으로 여길 수 있겠다.[2] 이 옷이 그저 일상적인 의복으로만 볼 수 없는 것은 사무엘과 다윗(삼하 6:14; 대상 15:27) 이야기에서 성소와 관련해서 특별히 쓰이기 때문이다. 그래서 어린 사무엘의 이런 특별한 옷으로 시작하는 본문은 자연스레 그의 특별한 지위를 드러내 주는 동시에, 엘리 아들들의 죄와 더욱 뚜렷이 대조해 준다. 참고로, 구약성경에서 에봇은 이렇게 옷을 뜻하는 용례 말고도 신상을 뜻하는 드라빔과 함께 쓰여서 (주로 금으로 만들었을) 일종의 신상을 생각하게 하기도 하는데(삿 17:5; 18:14, 17; 호 3:4 등), 이것으로 점괘를 묻곤 했다(삼상 2:28; 14:3; 23:6, 9; 30:7 등; 참조. 게제니우스, 『사전』, 56). 19절에서는 아이가 성장해 가는 것에 맞추어 어머니 한나가 아들을 위해 이 겉옷을 해 주었다고 표현하여, 아들들에 대한 엘리의 방임과도 대조된다.

20절에서 한나는 다시 한번 엘리와 대면한다. 엘리는 한나와 엘가나에게 또 다른 자녀를 얻을 것을 축복한다. 그 근거는 한나가 여호와를 섬기도록 외아들을 성소에 바쳤기 때문이다. 물론 앞선 본문을 읽는 독

---

2.　이런 견해로는, Stoebe, *Das erste Buch Samuelis*, 113; McCarter, *I Samuel*, 83; Klein, *1 Samuel*, 25; Tsumura, *First Samuel*, 159-160. 반면에 디트리히는 이 옷이 제사장의 제의 직무를 위해 특별히 제작한 옷이라고 주장한다(Dietrich, *1 Sam 1-12*, 133).

자는 여기서도 엘리의 축복문 자체와 엘리를 구분한다. 아마도 엘리는 예배자들에게 으레 해왔던 관용적인 축복문을 읊었을 것이다(참조. Tsumura, *First Samuel*, 160). 그러나 21절을 보면, 그런 엘리의 축복문이 이번에도 그대로 이루어진 것을 볼 수 있다. 앞서 사무엘이 태어날 때는 "여호와께서 한나를 기억해 주셨다"(개역개정. 생각하신지라; 삼상 1:19)로 표현했는데, 이번에는 "돌보셨다"(פָּקַד, '파카드')는 동사를 쓴다. 이 동사는 하나님이 특별한 관심을 두고 마음을 쓰시는 것을 표현할 때 주로 쓴다.[3] 더욱이 이번에는 동사를 강조하는 불변화사 כִּי('키')와 함께 쓰이는데, 여기서는 "정말로", "참으로" 등으로 새길 수 있다. 그리하여 한나는 아들 셋과 딸 둘을 더 낳는다. 어쩌면 한나가 외아들 사무엘을 성소에 바쳤을 때 속으로 못내 아쉬웠을 수도 있다. 하지만 하나님은 그런 한나가 서원을 이행했을 때 상상하지 못한 보상을 채워 주셨다.

**22-25절: 엘리 아들들의 윤리적 범죄.** 22절은 "엘리는 매우 늙었지만"이라는 말로 시작한다. 이는 바로 앞 구절에서 "사무엘은 여호와 앞에서 자랐다"라는 구절과 뚜렷이 대조되어 독자들에게 엘리 가정의 쇠락해 가는 모습을 떠올리게 하는 효과가 있다. 더불어 그가 더는 아들들을 제대로 타이를 수 없을 만큼 쇠약해 있음도 강조한다(Klein, *1 Samuel*, 26). 그는 제사장인 자신의 두 아들이 앞선 단락에서 저지른 추악한 범죄, "온 이스라엘에 저지른 모든 짓"뿐 아니라, 심지어 회막 어귀에서 섬기는 여자들과 동침까지 했다는 소식을 전해 듣는다.[4] 이곳과 출애굽기 38장 8절에서만 등장하는 "섬기는 여자들"(הַנָּשִׁים הַצֹּבְאֹת, '하나쉼 하초브오트')

---

3. 구체적인 용례들은, 게제니우스, 『사전』, 656을 보라.
4. 이 표현은 쿰란 본문이나 칠십인역의 몇몇 필사본에는 없다.

이 구체적으로 누구였는지는 논란거리다(참조. Dietrich, *1 Sam 1-12*, 135-136). 이 여성들이 그저 허드렛일하는 사람들(민 4:23)이었을지, 고대 풍요제의와 관련한 신전 매춘부, 또는 여성 예언자들이었을지는 분명하지 않다. 어쨌거나 엘리의 아들들이 그런 여성들과 '성소'에서 성행위를 했다는 것은 도저히 이해할 수 없는 범죄인 것만은 틀림없다.

23-25절에서 엘리는 그런 아들들을 불러들여 타이른다. 23-24절에서는 제사장과 백성들 사이의 관계를 문제 삼는다. 자신이 듣는 소문에 따르면, 아들들이 여호와의 백성을 외면하는 것이라(참조. 위의 본문 비평) 좋지 않다(לוֹא־טוֹבָה, '로 토바', 24절)는 것이다. 그러니까 하나님의 백성들을 섬겨야 하는 제사장의 직무를 외면한 죄를 타이르는 것이다. 25절에서는 하나님 앞에서 저지는 범죄는 중재할 존재가 없다고 경고한다. 사람이 사람에게 범죄 하면 하나님께 기도할 수 있지만, 하나님께 죄를 지으면 누가 중재할 수 있겠느냐는 수사의문문을 쓴다. 이는 그들이 저지른 죄가 얼마나 엄중한지를 말하는 대목이다. 그러나 두 아들은 엘리의 말을 듣지 않는다. 22절에서 예견되었듯이 늙은 엘리는 아들들을 타이르거나 통제하기에는 이미 늦었다. 이로써 엘리 가문의 종말이 구체적으로 예견된다.

**26절: 올곧게 성장하는 사무엘.** 이 구절은 역접의 접속사를 써서 "그러나 그 소년 사무엘은"(וְהַנַּעַר שְׁמוּאֵל, '브하나아르 쉐무엘')으로 시작해서 앞선 단락과 시작부터 거리를 둔다. 그리고 "점점 자라서"(הֹלֵךְ וְגָדֵל, '홀레크 브가델')라는 점층법의 표현은 엘리 아들들의 죄가 점점 더 무거워지는 것과도 대조를 이룬다. 그 사무엘이 "좋았다"(טוֹב, '토브'; 개역개정. "은총을 더욱 받더라")라고 한 표현도 앞서 엘리의 입으로 자기 아들들에 대한 소문이 "좋지 않다"(לוֹא־טוֹבָה, '로 토바', 24절)라고 한 것을 곧바로 생각나게 한다. 그리고 그것은 "여호와와 사람들에게" 모두 해당한다. 이 또한 앞선 구절에서 엘리가 자기 아들들에게 사람들과 하나님께 모두 죄를 지었다고 타이른 것과 뚜렷이 대조된다. 엘리의 아들들은 하나님과 사람들 모두에게 점점 더 나빠지는 반면에, 사무엘은 하나님과 사람들 모두에게 점점 더 좋아진다.

### 엘리 집안을 향한 심판(27-36절)

**27-34절: 심판 신탁.** 여기서 "하나님의 사람"(אִישׁ־אֱלֹהִים, '이쉬-엘로힘')이 등장하여 엘리에게 사자전언양식(messenger formula; כֹּה אָמַר יהוה, '코 아마르 야훼'; 직역. "여호와가 이같이 말씀하셨다")으로 신탁을 전한다. 여기서 하나님의 사람은 예언자와 동의어로 볼 수 있다(참조. 삼상 9:6; 왕하 1:9; Tsumura, *First Samuel*, 165). 그는 엘리에게 먼저 세 가지 질문을 하며 다그친다. 첫째 질문은 27절에서 출애굽 전통을 되새긴다. 이것은 출애굽 전통과 시내산 전통을 통해 제사장이 주가 되는 제의 전통이 시작되었음을 말해 주는 것이다. 둘째 질문은 28절에서 범위를 좀 더 좁혀서 제의 전통에서 제사장의 구별된 역할을 강조한다. "에봇"(אֵפוֹד, '에포드')은 여기서 제의를 담당하는 제사장의 역할을, "제사"(אִשֶּׁה, '이쉐')는 제물을 아울러서 그들에게 하나님이 주신 보상을 의미한다. 셋째 질문은 29절에서 엘리 아들들의 죄를 되묻는다. 여기서 제물과 예물을 밟았다는 것은 앞서 희생제물과 관련해서 저지른 그들의 죄를 일컫는다(참조. 12-17절). 여기까지는 재판으로 치자면 검사의 기소에 해당한다고 볼 수 있겠다.

30절에서는 또 다른 사자전언양식인 "'그러므로' 이스라엘의 하나님 여호와의 말씀이오”(לָכֵן נְאֻם־יהוה, '라켄 느움-야훼')로 시작하여 판결문 형식의 신탁이 시작됨을 알린다. 먼저 제사장 집안을 향해서 하신 영원한 언약(참조. 출 28:1-3)을 엘리의 집안에 대해서는 파기한다. 그 대신 하나님은 “나를 존중하는 이”(מְכַבְּדַי, '므카브다이')를 존중히 여기시고, “나를 업신여기는 자”(בֹּזַי, '보자이')를 경멸하신다는 것이다. 이는 다분히 신명기의 말투이다(참조. 신 30:15-20). 31-33절은 엘리 집안 제사장을 향한 저주의 신탁이다. 한마디로 이 집안에 심판이 임하는 날 한꺼번에 죽임을 당해서 더는 나이 많도록 살아남을 사람이 없을 것이라는 말이다. 이 것이 어떤 사건을 염두에 두었는지는 분명하지 않지만, 엘리의 자손인 놉의 제사장들(참조. 14:3, 18; 22:9, 20)이 사울에게 학살당한 사건을 염두에 둘 수 있다(삼상 22:11-23; 참조. Klein, *1 Samuel*, 27). 34절을 보면, 홉니와 비느하스가 한날에 죽을 사건(4:11)이 앞으로 이어질 사건의 또 다른 표징이 된다는 신탁이다.

**35-36절. 충실한 제사장 예언.** 35-36절에서는 엘리의 집안과는 별개로 영원한 언약을 이어 갈 “충실한 제사장”(כֹּהֵן נֶאֱמָן, '코헨 네에만')을 하나님이 세우실 것이라고 말씀하시는데, 그는 하나님의 마음, 뜻을 받들 것이며, 앞으로 세워질 왕, “내 기름 부음 받은 이”(מְשִׁיחִי, '므쉬히') 앞에서 영원히 행하고, 엘리의 자손들 가운데 남은 이들은 그에게 구걸할 것이라고 한다. 앞선 구절의 문맥을 보면 이 제사장이 사무엘을 가리키지는 않는 것으로 보인다. 일반적으로 사무엘서의 전체 맥락에서는 다윗이 죽은 뒤에 엘리의 후손인 아비아달 대신에 제사장이 된 사독을 염두에 두었을 것으로 여긴다(삼하 20:25; 왕상 2:26-27, 35).

## 본문의 메시지

⑴ 본문의 이야기에 따르면, 한나는 사무엘이 젖을 떼자, 서원한 대로 실로의 성소에 찾아가서 사무엘을 나실인으로 드렸다. 그리고 이 모든 일을 이루신 하나님께 감사드리며 기도한다. 사무엘상 2장에 수록된 한나의 이 기도가 세심하게 살펴볼 때, 왕정 시대까지 내려가며 따로 전승된 흔적이 보이기는 하지만, 그래도 한나가 겪은 이야기와 잘 어울린다. 그래서 우리는 이 기도문의 기원을 한나까지 거슬러 올라갈 가능성을 열어 놓는다.

어쨌거나 이 기도문에서는 하나님의 주권적 섭리와 그분 백성의 인생 역전이 주된 주제다. 가시적인 세상의 유한한 가치에서는 소외되고 약자로 머물렀던 사람들이 하나님의 주권으로 역전된다. 이렇게 놀라운 일을 이루신 분은 창조주요 통치자이시며 심판주이신 여호와 하나님이다. 그분만이 이런 인생 역전을 이루실 수 있다. 여기에 이 기도가 주는 귀한 교훈이 있다. 인생 역전의 가시적 가치 전도 자체가 아니라, 그 근원에 대한 통찰을 준다. 사실상 인생 역전의 근본적인 주도권을 가지신 분의 무한한 주권에 초점이 맞추어져 있다. 이렇게 하여 가시적 가치들을 상대화하며, 그런 유한한 세상에 갇혀 발버둥 치는 이들을 비웃는다.

누구나 인생 역전을 꿈꾼다. 가난한 이는 부유함을, 기득권에서 소외된 이는 권력을 꿈꾸기도 한다. 그래서 보란 듯이 그럴듯한 삶을 살고 싶어 한다. 그러나 "그다음에는?"(*après cela*)라는 근본적인 질문에는 대답하지 못한다. 한나의 노래는 이런 인생 역전의 꿈 이전에 창조주요 통치자이시며 심판주이신 하나님과 그분의 본성적 가치, 사랑과 정의와 공평 등을 꿈꾸는 것이 참된 도리임을 분명히 해 준다.

(2) 엘리의 두 아들 홉니와 비느하스는 제사장이면서도 여호와를 알지 못하는 사람으로 그려진다. 본문 첫 단락에서 이들은 제사장의 본질적인 직무를 경시하고 직권을 남용한다. 하나님 앞에서 희생 제사를 드리는 사람들이 올바르게 제사를 드릴 수 있도록 충실히 도와주어야 할 제사장으로서 자신들의 욕심을 채우는 데만 관심을 두는 모습을 보인다. 처음에는 속임수에서 시작한 이런 행위는 점점 도를 넘어 대놓고 다른 사람들을 겁박하는 데까지 나아간다. "하나님 앞에서" 해야 할 직무를 가볍게 여기고 죄를 짓는 이들의 모습은 "하나님 앞에서" 자라나는 사무엘과 대조를 이룬다. 아버지 엘리에게 거의 방임되다시피 하는 홉니와 비느하스와는 달리 사무엘은 입는 옷 하나에 이르기까지 어머니 한나의 세심한 관심과 배려 가운데 있다. 본문에서 드러내 놓고 이야기하지 않지만, 분명히 부모의 신앙교육이 자녀에게 얼마나 큰 영향을 미치는지를 분명히 깨닫게 된다. 또한, 사무엘의 어머니 한나는 기도하여 얻은 외아들을 서원대로 하나님께 바쳤다. 아들이 있기는 해도 1년에 한 번밖에 볼 수 없게 되었다. 그러니 사실상 그녀는 원점으로 돌아간 셈이다. 그런데 하나님은 그런 한나가 상상하지도 못했던 3남 2녀를 더 낳는 보상을 해 주셨다. 하나님의 계획은 사람의 상상을 넘어선다. 언제나 유한성의 굴레 안에 있는 신앙인이 하는 기도와 서원을 다시금 돌아보게 하는 대목이다.

(3) 제사장이자 사사였던 엘리의 두 아들 홉니와 비느하스는 직무에서는 물론, 윤리적으로도 용납될 수도, 씻을 수도 없는 죄를 서슴지 않고

저질렀다. 그 때문에 이 집안에는 준엄한 심판이 선언되었다. 하나님은 종교적인 삶에서나 일상의 삶에서나 하나님을 존중하는, 곧 그분을 중심에 두는 삶을 살지 않는 사람은 용납하지 않으신다. 이는 이른바 신명기계 역사서를 꿰뚫는 가장 중요한 역사서술의 관점, 사관이기도 하였다. 그만큼 무한한 하나님의 가치를 중심에 두는 삶을 강조하는 셈이다. 모든 권력과 기득권을 모두 가진 이 두 아들은 결국 그것 때문에 제사장으로서 자신들의 직무는 물론, 하나님의 백성으로서 마땅히 가져야 할 삶의 기본자세마저 저버렸다.

엘리 아들들이 점점 더 나빠졌던 것과 뚜렷이 대조되게, 본문은 사무엘이 하나님과 사람들 앞에서 점점 더 좋아졌다고 보도한다. 사무엘은 기득권을 누리는 제사장 집안에 속한 사람이 아니었다. 그러니 홉니와 비느하스와는 출신 성분부터 대조된다. 더구나 어린 시절부터 나실인으로 성소에서 하나님을 섬기는 일에만 전념하는 삶의 모습도 뚜렷한 대조를 이룬다.

사실 가시적인 가치관으로 볼 때, 사무엘은 홉니와 비느하스 형제와는 견줄 수 없을 정도로 보잘것없었다. 하지만, 하나님의 평가는 그런 가시적인 것들이 아니라, 삶의 본질적인 모습에서 하나님의 무한하심에 얼마나 초점을 맞추고 있느냐에 있음을 배우게 된다.

# 3장
## 여호와를 만난 소년 사무엘

### 우리말로 옮긴 본문

1 어린 사무엘은 엘리 앞에서 여호와를 섬기고 있었다. 그러나 그때는 여호와의 말씀이 내리는 일이 드물고, 이상도 거의 보이지 않았다.

2 하루는 엘리가 자기 잠자리에 누워있었다. 그런데 그는 눈이 어두워지기 시작해서 잘 보지 못했다.

3 하나님의 등불이 아직 꺼지지 않았고, 사무엘은 하나님의 궤가 있는 여호와의 성전에 누워있었다.

4 그때 여호와께서 사무엘을 부르셨다. 그러자 사무엘은 "네, 여기 있습니다"라고 말하고는,

5 엘리에게 달려가서 말했다. "저 여기 있습니다. 저를 부르셨지요." 그러나 엘리는, "나는 너를 부르지 않았다. 돌아가서 눕거라"라고 말했다. 사무엘은 가서 자리에 누웠다.

6 여호와께서 다시 사무엘을 부르셨다. 사무엘은 일어나 엘리에게 가

서, "저 여기 있습니다. 저를 부르셨지요"하고 말했다. 엘리는 "나는 너를 부르지 않았다. 내 아들아, 돌아가서 눕거라"라고 대답했다.

7  사무엘은 아직 여호와를 알지 못했고, 아직 그에게 여호와의 말씀이 드러난 적이 없었다.

8  여호와께서 세 번째로 사무엘을 다시 부르셨다. 이번에도 사무엘은 일어나 엘리에게 가서, "저 여기 있습니다. 저를 부르셨지요"하고 말했다. 그러자 엘리는 여호와께서 그 아이를 부르셨다는 것을 알아챘다.

9  그래서 엘리가 사무엘에게 일러 주었다. "가서 누워있거라. 그리고 너를 부르시거든, '여호와여 말씀하소서! 종이 듣고 있습니다'라고 말하거라." 그리하여 사무엘은 잠자리로 가서 누웠다.

10  여호와께서 임하여 서서 이전처럼 "사무엘아, 사무엘아!"하고 부르셨다. 그러자 사무엘이 말했다. "말씀하소서! 종이 듣고 있습니다."

11  여호와께서 사무엘에게 말씀하셨다. "이제 내가 이스라엘에 어떤 일을 할 것인데, 그것을 들으면 누구나 두 귀가 먹먹해지도록 울릴 것이다.

12  그날이 되면, 엘리의 집안을 두고 말한 모든 것을 시작부터 끝까지 모두 그에게 이루겠다.

13  나는 그에게 내가 그의 집안을 영원히 벌하겠다고 말하였다. 그것은 자기 아들들이 스스로 저주받을 짓을 하는 것을 알고 있으면서도 그들을 나무라지 않은 죄 때문이다.

14  그래서 내가 엘리 집안에 맹세하기를, '엘리 집안의 죄는 제물로도 예물로도 영원히 속죄받지 못할 것이다'라고 하였다."

15  사무엘은 아침이 되기까지 누워있다가, 여호와의 집 문을 열었다.

그렇지만 사무엘은 그 환상을 엘리에게 말하기가 두려웠다.

16 엘리가 사무엘을 불렀다. "내 아들, 사무엘아!" 사무엘이 대답했다. "네, 여기 있습니다."

17 엘리가 말했다. "그분께서 네게 하신 말씀이 무엇이냐? 내게 숨기지 말거라. 네가 그분께서 네게 하신 모든 말씀 가운데 하나라도 내게 숨기면 하나님께서 벌에 벌을 더하여 내리실 것이다."

18 그래서 사무엘은 그에게 모든 말씀을 다 일러 주고 조금도 그에게 숨기지 않았다. 그러자 엘리가 말하였다. "그분은 여호와시니 그분 보시기에 좋은 대로 행하실 것이다."

19 사무엘이 자라는 내내 여호와께서 그와 함께하셔서, 그의 말은 한마디도 그냥 땅에 떨어지지 않았다.

20 그리하여 단에서부터 브엘세바까지 온 이스라엘은 사무엘이 충실한 여호와의 예언자라는 사실을 알게 되었다.

21 여호와께서 실로에서 나타나셨는데, 여호와께서는 사무엘에게 실로에서 여호와의 말씀으로 드러내셨다.

## 본문 주석

**1-3절: 성소의 사무엘과 엘리.** 이 단락은 성소에서 여호와를 섬기던 (מְשָׁרֵת, '므샤레트') 어린 사무엘이 하나님께 부르심을 받은 이야기의 배경을 제공해 준다. 여기서 말하는 섬김은 제의와 관련한 직무를 뜻한다 (신 10:8; 21:5; 겔 40:46; 43:19; 44:15, 16; 45:4; 대상 23:13; 대하 13:10; 29:11). 사무엘은 아마도 직접 제의 직무를 수행한 것이 아니라, "엘리 앞에서"라는 말

에서 보듯, 엘리의 수종을 드는 일에 더 치중했을 것이다. 1하반절은 시선을 넓혀서 이 당시 이스라엘의 영적 상황을 두 가지로 요약한다. 첫째, 여호와의 말씀이 내리는 일이 드물었다(יָקָר, '야카르'). 이 낱말은 보통 값비싸다는 뜻으로 쓰이는데,[1] 이를 통해 예언자를 통한 신탁이 세속화되어 종교 권력자들이 제의뿐만 아니라, 신탁도 독점하고 있어서, 이스라엘 백성들이 하나님의 말씀을 들을 수 있는 제한된 상황을 암시할 수 있다. 둘째, 이상(חָזוֹן, '하존')도 거의 보이지(נִפְרָץ, '니프라츠'; 직역. "널리 퍼지지") 않았다. 여호와의 말씀과 평행을 이루는 이상은 말씀과 구분되는 시각적 형태 예언 신탁을 일컫겠다. 이 표현에서도 신탁의 세속화에 따른 일부 계층을 위한 신탁의 독점화를 생각해 볼 수 있다.

2-3절은 두 가지 모습에서 심판의 신탁을 받은 엘리와 하나님과 사람 앞에서 점점 더 좋아지는 사무엘을 대조한다. 먼저 이 두 사람은 밤에 잠을 자려고 누웠다. 그런데 엘리는 "자기 잠자리"에 누워있었고, 사무엘은 "하나님의 궤가 있는 여호와의 성전"에 누워있었다(참조. Long, *1 and 2 Samuel*, 63). 여기서 벌써 사무엘이 하나님의 임재에 더 가까이 있었음을 뚜렷이 보여준다. 한 걸음 더 나아가서, 엘리는 눈이 점점 더 어두워져서 잘 보지 못하던 반면에, 사무엘이 있었던 성소에는 하나님의 등불(נֵר אֱלֹהִים, '네르 엘로힘')이 꺼지지 않았다. 이 또한 엘리와 사무엘의 상반되는 모습을 뚜렷하게 독자들에게 보여준다(비교. Dietrich, *1 Sam 1-12*, 178). 더불어 꺼지지 않고 성소를 밝히던 등불은 어두운 이스라엘의 현실이 사무엘을 통해 밝혀질 것이라는 희망을 독자들에게 전해주는 구실도 하겠다(참조. Long, *1 and 2 Samuel*, 64).

---

1.    용례는 참조, 게제니우스, 『사전』, 318.

**4-9절: 하나님의 세 번 부르심에 사무엘이 엘리를 찾아감.** 4절에서 본문은 "여호와께서 사무엘을 부르셨다"(וַיִּקְרָא יְהוָה אֶל־שְׁמוּאֵל, '바이크라 야훼 엘-쉐무엘')라고 아주 짧고 간단히 하나님의 부르심을 보도한다. 이 본문은 하나님이 어디서 구체적으로 어떻게 사무엘을 부르셨는지의 정보를 주지 않는다. 이것은 독자들과 사무엘의 거리를 더 좁혀주어 몰입하게 하는 효과가 있다. 곧 사무엘은 이 정체 모를(!) 부름에 "내가 여기 있나이다"(הִנֵּנִי, '힌네니')라고 대답한다. 이 대답은 특별한 의미가 있다기보다는 성소에서 엘리를 섬기는 사람으로서 으레 하는 대답이었을 것이다. 5절에서 사무엘은 엘리에게로 달려간다. 이 모습은 사무엘이 성실히 엘리를 섬겼던 모습을 보여주는 동시에, 사무엘이 하나님의 부르심을 알아듣지 못했음도 보여준다. 이는 앞선 1절에서 하나님의 신탁이 세속화되어 이스라엘에 널리 퍼지지 않았던 현실을 반영한다고 하겠다. 이어지는 구절에서 사무엘은 "저 여기 있습니다"라는 대답을 다시 한번 엘리에게 하면서, 자신이 들은 부름을 엘리의 것으로 알아들었다고 말한다. 엘리는 사무엘이 착각한 것으로 여기고 돌려보내고, 장면은 다시 2-3절의 상황으로 되돌아가서 두 사람은 자리에 눕는다.

6절에서 하나님은 다시 사무엘을 부르신다. 그런데 이번에도 독자들은 그 부르심에 대한 구체적인 정보보다는 간략한 서술로 듣는다. 이번에 본문은 사무엘이 일어나서, 엘리에게 갔다(וַיֵּלֶךְ, '바옐레크')고 전하는데, 앞선 구절보다 서사의 호흡이 조금 느려졌다. 엘리에게 간 사무엘은 앞선 구절과 똑같이 말하고, 이번에도 엘리는 부르지 않았다고 한다. 그런데 여기서 엘리는 앞선 구절과 달리 사무엘을 "내 아들아"(בְּנִי, '브니')라고 일컫는다. 엘리가 사무엘을 자기 친아들로 착각했다고 보이지는 않고, 제사장 직무에 충실하지 않은 아들들 대신 사무엘을 더 신뢰하고 있었다는 암시일 수 있다(참조. Long, *1 and 2 Samuel*, 65). 7절에서는 사무엘이 왜 하나님의 부르심을 알아듣지 못했는지 그 까닭을 밝혀준다. 사무엘이 성소에서 엘리를 섬겼지만, 여호와를 알지 못했고, 여호와의 말씀도 접해보지 못했다는 것이다. 이는 1절에서 배경으로 알려주었던 상황이 사무엘에게도 적용되었음을 보여주는 대목이다.

8절에서는 세 번째로 같은 사건이 되풀이된다. 7절에서 밝힌 대로, 영문을 알지 못했던 사무엘은 똑같이 행동한다. 하지만 엘리는 마침내 자신이 신뢰하던 시종 사무엘을 하나님이 부르셨음을 깨닫는다. 9절에서 엘리는 드디어 1절에서 세속화되어 자신이 독점하고 있었던 하나님의 계시에 대한 올바른 응답을 사무엘에게 공유한다. 그것은 "저 여기 있습니다"라는 수동적인 대답이 아니라 "여호와여 말씀하소서! 종이 듣고 있습니다"라는 능동적이고 의사소통이 가능한 대답이었다.

**10-14절: 하나님의 네 번째 부르심과 계시.** 앞서 "부르셨다"고만 했던 하나님의 임재를 10절에서는 이제 구체적으로 상술한다. 곧 "임하여 서서 부르셨다"는 것이다. 불명확했던 청각적 서술이 이제 시각적 심상으로 분명해졌다. 더불어 "부르셨다"고만 하였던 하나님의 부르심도 "사무엘아, 사무엘아!"라는 구체적인 음성으로 또렷해진다. 이것을 본문에서는 "이전처럼"(כְּפַעַם־בְּפָעַם, '크파암-브파암')이라고 말하는데, 이로써 사무엘은 물론 독자들도 알아듣지 못했던 부르심을 이제야 또렷이 듣는다. 이 부르심에 사무엘은 엘리에게 배운 그대로 응답한다.

11-14절에서 사무엘에게 나타나신 하나님은 신탁을 직접 전하신다. 11절에서는 여호와께서 행하리라고 말씀하실 일을 "들으면 누구나 두 귀가 먹먹해" 질 것이라고 표현한다. 이 표현은 재앙에 대한 두려움을

표현한다(참조. 왕하 21:12; 렘 19:3; Klein, *1 Samuel*, 33; Tsumura, *First Samuel*, 179). 12절에서는 사무엘에게 들려주시는 신탁을 벌써 말씀하셨음을 밝히는 데, 이는 앞선 장에서 엘리에게 직접 전했던 심판의 신탁을 일컫는다(삼상 2:30-34). 13-14절은 그 내용을 다시 요약한다. 엘리의 집안은 '그가 아는 죄악 때문에'(בַּעֲוֺן אֲשֶׁר־יָדַע, '바아본 아쉐르-야다') 심판을 받을 것이며, 그것은 그 아들들이 자청한 저주라는 말이다. 그 죄는 어떤 속죄 제물로도 용서받지 못할 것이라고 못 박으신다. 이는 엘리의 두 아들이 하나님의 제사장으로서 하나님의 이름을 더럽히는 죄를 지었기 때문에 율법 규정대로 심판받는 것이라고 하시는 말씀이다(참조. 민 15:30-31; 히 10:26; Tsumura, *First Samuel*, 180).

**15-18절: 엘리가 사무엘을 부름.** 하나님의 임재를 경험하고, 그분이 엘리 집안을 향해서 선포하신 심판의 신탁을 받은 사무엘은 15절에서 곧바로 엘리에게 그 사실을 알리지 않고, 자기 자리에 누워있었다. 아침이 밝았을 때, 사무엘은 늘 하던 대로 여호와의 집 문을 열었다. 본문은 여호와의 집 문을 열었을 때, 사무엘이 어떤 심경이었는지를 그대로 밝힌다. 자신이 있던 성소의 문을 열면, 엘리가 들어올 것이고, 그와 대면해야 함을 알고 있었을 것이다(참조. McCarter, *I Samuel*, 99). 자신이 받은 신탁이 엘리를 향한 심판이었기에, 그는 엘리에게 그것을 알리는 것을 두려워하고 있었다.

16절은 사무엘이 두려워하던 상황이 그대로 벌어졌음을 보여준다. 그러니까 사무엘이 성소의 문을 열자마자 엘리가 사무엘을 부른 것이다. 엘리는 다시 사무엘을 "내 아들 사무엘"(שְׁמוּאֵל בְּנִי, '쉐무엘 브니')이라고 일컫는다. 이 부름에 사무엘은 자신의 두려운 감정을 숨기며 늘 하던 대로 "네, 여기 있습니다"(הִנֵּנִי, '힌네니')라고 대답하였다.

17절에서 엘리는 사무엘이 하나님의 임재를 경험했고, 신탁을 받았을 것이라고 확신하며 "그분께서 네게 하신 말씀이 무엇이냐?"라고 묻는다. 그리고 "내게 숨기지 말거라"(אַל־נָא תְכַחֵד מִמֶּנִּי, '알-나 트카헤드 밈메니')고 덧붙인다. 엘리는 이 말도 부족했던지 저주의 맹세 관용구까지 써서 되풀이한다(참조. Klein, 33-34; 비슷한 관용구: 룻 1:17; 삼상 14:44; 20:13; 삼하 3:9, 35; 19:13; 왕상 2:23; 왕하 6:31). 아마도 엘리는 자신이 받은 심판 신탁을 기억하고, 사무엘이 받은 신탁을 이미 짐작하여서 불안한 심경을 이토록 드러내고 있을 것이다.

18절에서 사무엘은 엘리의 부탁대로 "모든 말씀을"(אֵת כָּל־הַדְּבָרִים, '에트-콜-하드바림'; 또는 "모든 일들") 낱낱이 말하였다. 엘리가 한 말 그대로 조금도 숨기지 않았다(וְלֹא כִחֵד מִמֶּנּוּ, '블로 키헤드 밈메누'). 엘리는 사무엘이 전하는 말을 들으면서, 그가 정말 여호와의 임재를 경험했음을 확신하였을 것이다. 엘리는 사무엘의 말을 듣고 먼저 "그분은 여호와시니"(יְהוָה הוּא, '야훼 후')라고 말한다. 이 고백은 사무엘이 들은 신탁이 여호와에게서 왔음을 인정한다는 인식 관용구로 볼 수 있겠다(참조. Dietrich, *1 Sam 1-12*, 186; 비교. 창 37:33; 삼상 28:14; 왕하 1:8). 그래서 엘리는 "그분 보시기에 좋은 대로"(הַטּוֹב בְּעֵינָיו, '하토브 브에나브') 행하실 것이라는 기원문을 덧붙인다. 이 기원문에서 엘리는 하나님의 "좋은" 본성을 인정하며, 지금까지 이어온 "좋은" 사무엘과 "악한" 자기 가문의 대조를 돋보이게 한다. 다음 장면에서 엘리가 등장할 때는 심판 신탁이 성취되는 때이다(참조. 삼상 4:11 이하).

**19-21절: 예언자로 성장한 사무엘.** 앞선 사건이 있고 난 뒤에, 시간이 제

법 흘렀다는 사실을 19절에서 "사무엘이 자라는 내내"로 대신한다(참조. 2:21, 26). 그리고 하나님의 임재를 경험하고, 하나님의 신탁 말씀을 받았던 사무엘의 성장 과정을 두 가지로 요약하는데, 원인과 결과로 구분해 볼 수 있다. 먼저, 여호와께서 사무엘과 함께 계셨다. 이는 하나님의 임재가 일회적인 사건이 아니라, 지속해서 사무엘과 동행하셨음을 강조한다. 이는 3장 1절의 배경에서 보았을 때, 종교적 변혁을 이룬 사건이었다. 종교적 관점에서 기득권이 아니었던 사무엘에게 한 번 임재하신 여호와는 '값비싼' 임재를 요구하는 분이 아님을 분명히 알 수 있는 대목이다(참조. 3:1 주석). 그러니 엘리 가문이 얼마나 이스라엘의 신앙에 걸림돌이 되었었는지를 분명히 알 수 있다. 둘째로, 사무엘의 말이 하나도 땅에 떨어지지 않게 하셨다. 사무엘의 말은 곧 그와 함께 계시는 여호와의 말씀을 뜻한다. 이는 이른바 신명기계 역사서에서 예언자 신탁의 성취를 뜻하는 전형적인 표현이다(참조. Klein, *1 Samuel*, 34; 수 21:45; 23:14; 왕상 8:56; 왕하 10:10).

20절에서는 그런 사무엘을 보는 이스라엘 백성들의 반응을 그려 준다. "단에서부터 브엘세바까지"는 약속된 땅 이스라엘의 북쪽과 남쪽 경계를 일컫는다(대조제유법, merism). 단은 헤르몬 산맥 근처의 북쪽에 자리 잡은 성읍이었으며, 브엘세바는 유다 지파의 땅에서 사람이 거주할 수 있는 최남단의 성읍이었기 때문이다. 이 표현은 언제나 다윗과 솔로몬 시대의 이스라엘 왕국의 초기 시대를 일컫는 본문에서만 쓰인다(참조. Dietrich, *1 Sam 1-12*, 187; 삿 20:1; 삼상 3:20; 삼하 3:10; 17:11; 24:2, 15; 왕상 4:25; 대상 21:2; 대하 30:5). 그러므로 이 표현은 이 시기의 전승에 기원을 두고 있다고 여길 수 있겠다. 어쨌거나 "온 이스라엘"이 사무엘이 "여호와의 예언자"(נָבִיא לַיהוה, '나비 르야훼')로 세워졌음을 알게 되었다. 이스라엘의 지도자로서 예언자의 칭호를 부여받았던 인물은 모세가 있었다(신 34:10; 호 12:13). 성경에서 사무엘은 이 칭호를 받은 두 번째 지도자이다. 이 두 인물에게 적용된 문맥에서 예언자(נָבִיא)는 종교적인 역할과 정치적인 역할을 동시에 수행하는 직무를 일컫는다(참조. Dietrich, *1 Sam 1-12*, 188). 잘 알려지지 않은 이 낱말의 어원과 의미를 추가해서 고려해 볼 만하다. 일반적으로 예언자는 하나님의 말씀을 대신 전하는 사람으로 알려져 있는데, 그 맥락이 종교적인 배경과 정치적인 배경을 동시에 아우름을 알 수 있다. 어쨌거나 사무엘은 온 이스라엘 백성들에게 공식적으로 하나님의 말씀을 대신 전하는 예언자로 인정받았다. 그리고 이것은 사무엘의 성장과 병행하는 일이었다.

21절에서는 다시금 성소가 있던 실로의 지리적 배경을 강조한다. 그리고 1절과 수미상관법(inclusio)을 이루며, 하나님의 현현과 그분 말씀의 임재를 언급한다(참조. Tsumura, *First Samuel*, 184). 여기서 하나님의 임재는 수동 또는 재귀를 뜻하는 "보이신다"(לְהֵרָאֹה, '르헤라오')로 쓴다. 사실 이 표현은 하나님의 임재 경험에 대한 완곡어법이다. 사무엘이 하나님"을 보는" 것이 아니라, 하나님이 사무엘"에게 보이"신다. 이것은 하나님 대면하기를 꺼리는 전통이 배경이 된다(참조. 출 33:20). 이런 하나님의 현현은 하나님 말씀의 형태로 구체화한다. 여기서 말하는 "말씀"(דָּבָר, '다바르')은 문맥의 관점에서 예언자를 통해 주시는 신탁을 뜻할 것이다(참조. 삼하 16:23; 렘 32:8; 대상 22:8 등). 이 구절은 앞서 7절과 비교되는 대목으로, 사무엘이 하나님과 이스라엘 백성들을 중재하는 예언자 역할을 신탁 전달을 통해 본격적으로 했음을 뜻하겠다.

## 본문의 메시지

어린 사무엘이 성소에서 엘리를 도와 섬겼지만, 여호와를 알지 못하고 그분의 말씀도 경험하지 못했다는 것은 역설이다(7절). 그것은 당시 이스라엘 종교 지도자들, 특히 엘리 집안의 부패와 연관이 있었다. 본문에서 추측할 수 있는 것처럼, 종교 지도자들은 제의는 물론, 하나님의 신탁마저 독점하여, 세속화시켰다. 그래서 사람들이 올바른 제의와 신탁에 접근할 수 있는 길을 막고 있었던 것으로 보인다. 이런 상황이 성소 안에 있던 사무엘에게까지 영향을 미쳐서, 정작 하나님이 사무엘을 부르셨을 때, 그는 그것을 올바로 알아듣지 못했다. 세 차례의 시행착오 끝에야 겨우 제대로 부르심을 알아듣게 되었다. 본문은 이런 상황을 엘리와 사무엘의 대조로 그려 준다. 엘리는 눈이 어두워 잘 보지 못했고, 자기 잠자리에 누워있었다. 반면에 사무엘은 하나님의 궤가 있는 성전에 누워있었으며, 그곳에 있는 하나님의 등불은 켜져 있어서 훤히 볼 수 있었다.

가시적 가치를 누리는 일은 일시적 편리함을 주겠지만, 엘리처럼 올바른 일에 눈이 어둡게 해버리기에 십상이다. 그런 눈 어두움은 자신은 물론, 다른 사람들이 하나님의 말씀으로 나아가는 길을 막아 버릴 수 있다. 특히 종교 영역에서 그렇다. 그리하여 다른 이들, 다음 세대들마저 정작 듣고 깨달아야 할 하나님의 말씀을 흘려보내게 할 수 있다. 신앙의 연차가 거듭할수록 경계해야 할 일이다.

이제부터 사무엘은 본격적으로 역사 무대의 전면에 등장한다. 하나님의 임재와 신탁을 본격적으로 경험한 사무엘은 성장해 가며, 엘리 가문과는 달리 온 이스라엘 백성에게 하나님의 신탁을 전해주었다. 그 이

전에 "값비쌌던"(개역개정. "희귀하여", 1절) 말씀이 이제 온 이스라엘이 다 알 수 있게 되었다.

엘리는 물론 그의 아들 홉니와 비느하스까지 성소에서 하나님의 일을 담당하며 지도자 노릇을 하였지만, 그들의 이야기 어디에도 하나님이 임재하셨다는 이야기나 그분의 말씀이 임하였다는 이야기를 찾아볼 수 없다. 반면에 3장에서 전하는 사무엘의 이야기는 온통 하나님의 직접 계시로 가득하다. 심지어 그의 입을 통해 전해진 말씀은 하나도 땅에 떨어지지 않았다고 할 만큼 무게감이 있었다. 본문의 화자는 그만큼 부패하고 무능력한 기득권층과 사무엘을 뚜렷이 대조하고 있다.

하나님의 말씀은 오늘날 우리 주위에 넘쳐 난다. 그런데 과연 우리 주위에서 사무엘과 같은 지도자가 얼마나 많은가? 또 사무엘의 말씀이 온 이스라엘에 널리 알려져 영향력을 미쳤던 것과 같은 상황이 오늘 우리 가운데서 벌어지고 있는가? 기독교인이 줄어들 뿐만 아니라, 영향력도 점점 미미해져 가는 이때, 우리 자신을, 우리의 교회 공동체를 겸허히 돌아보게 하는 대목이다.

## 4장
## 하나님의 궤를 블레셋에 빼앗김

우리말로 옮긴 본문

**하나님의 궤를 빼앗김**(1-11절)

1  그리하여 사무엘의 말이 온 이스라엘에 전해졌다.

그때 이스라엘이 블레셋 사람들에 맞서 싸우러 나가서 에벤에셀에 진을 쳤다. 그리고 블레셋 사람들은 아벡에 진을 쳤다.

2  블레셋 사람들은 이스라엘에 맞서 전선을 갖추고 전투를 벌여 이스라엘이 블레셋 사람들에게 패배하였다. 그리하여 블레셋 사람들은 벌판의 전선에서 이스라엘 사람들을 4천여 명 정도 죽였다.

3  백성들이 진영으로 오자 이스라엘의 장로들이 말하였다. "무엇 때문에 여호와께서 오늘 우리가 블레셋 사람들에게 패배하게 하셨겠습니까? 우리가 실로에서 여호와의 언약궤를 가져옵시다. 그러면 그분께서 우리 가운데 오셔서 우리를 적들의 손에서 구해 주실 것입니다."

4    그래서 백성들이 실로에 사람을 보내서 거기서 그룹 사이에 계신 만군의 여호와의 언약궤를 가져왔다. 그런데 엘리의 두 아들 홉니와 비느하스가 하나님의 언약궤와 함께 왔다.

5    여호와의 언약궤가 진영으로 들어왔을 때, 온 이스라엘이 큰 소리를 질러서 땅이 울릴 정도였다.

6    블레셋 사람들이 그 소란한 소리를 듣고는 말했다. "히브리 사람들의 진영에서 나는 이 크고 소란한 소리가 무엇이란 말인가?" 그러고는 여호와의 궤가 진영으로 왔다는 것을 알았다.

7    블레셋 사람들이 두려워하며 말했다. "신이 진영으로 도착했구나!" 또 말하기를, "우리는 이제 큰일 났다. 전날에는 이런 일이 없었다.

8    우리는 이제 큰일 났다. 누가 우리를 이렇게 강한 신의 손에서 구해 주겠는가? 이 신은 광야에서 온갖 살육으로 이집트를 쳤던 신이다."

9    "힘을 내어 사내다워져라, 블레셋 사람들이여! 그렇지 않으면 히브리인들이 그대들을 섬긴 것처럼 그대들도 그들을 섬기게 될 것이다. 사내답게 싸우러 나가라!"

10    그리하여 블레셋 사람들이 싸우러 나갔다. 그리고 이스라엘이 패배하여 각자 자기 천막으로 달아났다. 살육이 아주 대단하여서 이스라엘에서 보병 3만 명이 죽었다.

11    또 하나님의 궤를 빼앗기고 엘리의 두 아들 홉니와 비느하스는 죽었다.

## 엘리의 죽음(12-22절)

12    베냐민 지파 한 사람이 전선에서부터 그날에 실로로 달려갔다. 그의 옷은 찢어졌고 머리에는 먼지를 뒤집어쓰고 있었다.

13 그가 오고 있을 때, 엘리는 길옆ㄱ 자기의 의자에 앉아 살피고 있었다. 그의 마음이 하나님의 궤 때문에 불안하였기 때문이다. 그 남자가 와서 성안에 소식을 전하였다. 그러자 온 성이 부르짖었다.

14 엘리가 그 부르짖는 소리를 듣고 말하였다. "이 소란한 소리는 어찌된 일인가?" 그러자 그 남자가 급히 와서 엘리에게 소식을 전했다.

15 엘리는 98세나 되었고, 눈이 어두워져 ㄴ볼 수 없었다.ㄴ

16 ㄷ그 사람이 엘리에게 말했다. "저는 전선에서 왔습니다. 제가 오늘 전선에서 도망쳐 왔습니다." 그러자 엘리가 말했다. "내 아들아, 사정이 어떠한가?"

17 그 전령이 대답했다. "이스라엘이 블레셋에게 져서 달아났습니다. 또 엄청나게 큰 살육이 백성 가운데 있었을 뿐 아니라, 어르신의 아들 홉니와 비느하스도 죽었습니다. 하나님의 궤도 빼앗겼습니다."

18 그가 하나님의 궤를 언급하자, 엘리는 의자에서 뒤로 나자빠져 성문 옆으로 나뒹굴어 목이 부러져 죽었다. 엘리가 늙고 뚱뚱했기 때문이었다. 그는 40년ㄹ 동안 이스라엘을 사사로 다스렸다.

19 엘리의 며느리, 비느하스의 아내는 출산할 때가 가까운 임신부였다. 그가 하나님의 궤가 빼앗겼고 시아버지와 남편마저 죽었다는 소식을 듣고서는 몸을 구푸려 출산했다. 갑자기 진통이 왔기 때문이었다.

20 그가 산통으로 죽어가고 있을 때, 곁에 서 있던 여자들이 "두려워하지 마세요. 아들을 낳으셨어요"라고 말해 주었다. 그러나 그는 대답하지도 않고 마음에 두지도 않았다.

21 그러고는 그 아이에게 "이가봇"이라고 이름을 지어주며, "영광이 이스라엘에서 떠나갔구나!"라고 말하였다. 이는 하나님의 궤가 빼앗

졌고, 시아버지와 남편이 죽은 것을 두고 한 말이었다.

22  그러고는 "영광이 이스라엘에서 떠나갔구나! 이는 하나님의 궤가 빼앗겼기 때문이다"라고 말하였다.


# 본문 비평


### 13절 ㄱ. 길옆

오늘 우리에게 전해진 마소라 본문의 전통을 담은 레닌그라드 사본 (Codex Leningradensis)의 자음 본문 쓰기 전통(Ketib)은 여기서 יַךְ דֶּרֶךְ('야크 데레크', "그가 길을 쳤다"[?])로 되어 있어서 사실상 이해할 수 없다. 그래서 이 필사본의 읽기 전통(Qere)은 여기서 자음 본문이 훼손되었다고 보고 יַד דֶּרֶךְ('야드 데레크', "길옆")로 읽으라는 제안으로 표시한다. 그런데 칠십인역은 παρὰ τὴν πύλην σκοπεύων τὴν ὁδόν('파라 텐 퓔렌 스코페우온 텐 호돈', "성문 옆에서 길을 바라보며")로 옮겨서 히브리어 본문과 다소 다른 전통을 반영한다. 마소라 본문에는 없는 "성문"은 18절에서 다시 등장하는데, 칠십인역은 그 영향을 받은 의역으로 여길 수도 있다. 하지만, 마소라 본문의 불완전한 전승 상태를 고려하면, 칠십인역이 더 오래된 이전 본문을 반영하는 것으로 여길 가능성도 있다(יד שער מצפה דרך על; 참조. McCarter, *I Samuel*, 111). 그렇지만 우리는 읽기 전통(Qere)을 잠정적으로 수용한다.


### 15절 ㄴ-ㄴ. 볼 수 없었다 (-)

칠십인역에는 마소라 본문에 없는 구절이 더 있다. 곧 καὶ εἶπεν Ηλι

τοῖς ἀνδράσιν τοῖς περιεστηκόσιν αὐτῷ('카이 에이펜 엘리 토이스 안드라신 토이스 페리에스테코신 아우토')인데, "엘리가 자기 둘레에 선 사람들에게 말했다. '이 들리는 소리는 무엇인가?'"라는 뜻이다. 칠십인역의 이 본문이 두 전통을 합친 결과일지(McCarter, *I Samuel*, 111), 마소라 본문과 다른 전통을 반영할지는 결정하기 어렵다.

## 16절 ㄷ. (-) 그 사람이

칠십인역의 16절 첫머리에는 마소라 본문에 없는 구절이 더 있는데, 사실상 14절 마지막 부분에 있는 "그러자 그 남자가 급히 와서"와 같은 본문이다. 아마도 이 부분에서 본문 전승에 복잡한 훼손과 재구성의 과정이 있었음을 짐작하게 해 준다.

## 18절 ㄹ. 40년

칠십인역은 여기서 "20년"(εἴκοσι ἔτη, '에이코시 에테')으로 쓴다. 사사기에서 사사의 통치 연대는 40년과 20년 모두 등장한다. 과연 칠십인역이 엘리에 대해 부정적인 인상을 주려고 반으로 줄였을지는 의문스럽다(이런 견해는 Dietrich, *1 Sam 1-12*, 202을 보라).

# 본문 주석

사무엘상 4-7장은 새로운 이야기를 전한다. 앞선 1-3장에서 사무엘의 등장을 이야기했다면, 이제 본격적으로 사무엘이 이스라엘의 지도자로 활약하는 이야기가 전해진다. 특히 이 이야기에서는 블레셋과 이스라엘 사이에 있었던 분쟁이 본격적으로 등장하는데, 사무엘서에서 이 문제는 사사 체제에서 왕정 체제로 이행하는 핵심 원인이요 과제가 된다. 4장에서는 블레셋과 벌인 전투에서 패배하고 심지어 언약궤까지 빼앗긴 위기 상황을 전하는데, 이 언약궤가 7장까지 이야기 전개의 주요한 소재가 된다. 그리하여 5장에서는 블레셋 땅에서 이스라엘의 언약궤를 둘러싼 이야기가 이어지고, 6-7장은 언약궤가 다시 이스라엘로 돌아온 이야기와 더불어 사무엘이 순회 사사로 이스라엘을 다스린 것으로 이야기 단위를 마무리한다.

### 하나님의 궤를 빼앗김(1-11절)

**1-4절: 이스라엘의 블레셋 전투 패배와 궤의 이동.** 1전반절은 앞선 이야기 단위와 이어지는 단위를 이어주는 구실을 한다. "사무엘의 말", 곧 사무엘을 통해 전해진 하나님의 신탁이 온 이스라엘에 전파되었다는 것이다. 여기서 우리말 성경의 "전해졌다"라는 번역에 해당하는 히브리어 본문(וַיְהִי, '바여히')은 시간을 뜻하는 부사절로 이해할 수 있다(참조. Tsumura, *First Samuel*, 187). 이렇게 이해하면, 이 구절은 앞선 단락의 요약으로 볼 수 있다.

이어지는 1후반절에서 곧바로 블레셋과 벌이는 전투가 소개된다. 블레셋은 그리스 반도에서 미케네 문명을 꽃피웠던 민족으로 기원전 12세기 무렵 에게해를 거쳐서 지중해를 통해 이집트는 물론, 팔레스틴의 남부 해안 평야 지대까지 들어온 해양 민족을 일컫는다(비교. McCarter, *I Samuel*, 105; Dietrich, *1 Sam 1-12*, 221-222). 여전히 청동기에 머물러 있던 이스라엘에 비해 블레셋 사람들은 철기 문화로 진보하여 있어서(참조. 삼상 13:19-22), 이스라엘에는 위협적일 수밖에 없었다. 해안 평야에서 올라온 블레셋 군대와 산지에서 내려온 이스라엘 백성들은 제각각 에브라임 산지 끄트머리의 샤론 평야 지대 남쪽 끝부분에 진을 쳤다(참조. Dietrich, *1 Sam 1-12*, 223)

2절에서는 본격적인 전투의 시작을 알린다. 먼저 블레셋 군대가 이스라엘 군대에 대항해서 전열을 벌이고 공격을 시작하였다. 전투의 결과는 이스라엘의 참패였다. 전사자가 대략 4,000명이라고 보도하는데, 여기서 '1,000'으로 번역한 낱말인 אֲלָפִים('알라핌')이 번역대로 수사가 될 수도 있고, 군사 단위로 이해할 가능성도 있다. 군사 단위라면, 5-14명 정도를 한 단위로 여겨서 20-56명 정도로 규모가 줄어든다(참조. McCarter, *I Samuel*, 105, 107). 어쨌거나 중요한 것은 이스라엘 군대가 블레셋 군대에 패배하였다는 사실이다.

3절에서는 이 패배의 원인을 두고 이스라엘의 장로들(זִקְנֵי יִשְׂרָאֵל, '지크네 이스라엘')이 논쟁하는 장면을 보여준다. 이들은 지파의 지도자들로 구성된 집단이었을 것이다(참조. 민 11:16-17; 출 18:13-27; 신 1:9-13; Tsumura, *First Samuel*, 190; Dietrich, *1 Sam 1-12*, 226). 이들은 여호와께서 자신들이 패배하게 하셨느냐며 자조하는데, 이는 고대 사회에서 전쟁을 신들 사이의 대결로 여겼던 거룩한 전쟁(Divine/Holy War)의 개념이 전제되어 있다. 그래서 이들은 여호와께서 신으로서 직접 전투에 나갈 방법으로 실로에 있는 "만군의 여호와의 언약궤"를 가져오자고 결정한다(참조. 민 10:33-36; 수 3-4장; 6장). 그러나 3장을 지나온 독자들은 이 장로들의 결정에 '여호와의 말씀'이 빠져 있음을 느끼게 된다.

이 결정에 따라 4절에서 전투에 참여한 백성들은 곧바로 사람들을 보내어 실로에 있는 언약궤를 가져오도록 하였다. 여기서 언약궤는 "그룹 사이에 계신 만군의 여호와의 언약궤"로 소개되는데, 이는 성막 전통의 용어다(출 25:17-22; 민 7:89). 이 언약궤에는 잘 알려진 대로 십계명의 돌판(출 25:16 등)과 만나(출 16:32-34), 아론의 싹 난 지팡이(민 17:10)가 들어 있었다(참조. Long, 73). 신상이 금지된 이스라엘 백성들에게 이 언약궤는 보이지 않지만, 그 위 보좌에 계신 하나님의 발등상으로 여겨졌을 것이다(참조. 사 6:1, 5; 시 132:8; Dietrich, *1 Sam 1-12*, 228). 그래서 하나님의 임재와 동일시하여 전투가 벌어지는 곳으로 가져왔을 것이다. 엘리의 두 아들 홉니와 비느하스도 제사장이었으므로, 언약궤와 함께 왔다. 이들의 언급은 앞선 이야기를 아는 독자들에게는 불길한 징조가 된다(참조. Long, *1 and 2 Samuel*, 73).

**5-11절: 언약궤를 블레셋에 빼앗김.** 5절은 언약궤가 이스라엘의 진영으로 들어오는 장면을 보여준다. 온 이스라엘이 큰 소리를 지른다. 이 장면은 거룩한 전쟁의 배경에서는 전형적인 모습이기는 하다(참조. 수 6:5; 삿 7:20; 삼상 17:20, 52; 대하 20:21-22; Klein, *1 Samuel*, 42). 하지만, 하나님의 신탁이 없는 이 상황에서는 역설적이다. 본문의 화자는 이 역설적인 상황을 땅이 울렸다는 진술로 과장해서 표현한다.

6절에서 이 소리는 블레셋 진영에까지 들렸다고 말한다. 블레셋 군대가 이스라엘 진영에서 나는 큰 소리를 듣고 곧바로 여호와의 궤가 진영에 들어온 것을 깨달았다고 표현하는데, 그들은 적어도 "히브리 사람들의 진영"(מַחֲנֶה הָעִבְרִית, '마흐네 하이브리트')에서 패전한 이스라엘 군대의 사기를 올려주는 어떤 변화가 있음을 감지했을 것이다. 여기서 블레셋 사람들이 이스라엘 백성을 "히브리"로 지칭한 것은 외국인의 관점에서 하는 발언의 배경이며, 이는 인종 개념의 명칭으로 여길 수 있다(참조. 삼상 13:19; 14:11; 29:3; Tsumura, *First Samuel*, 193). 7-8절이 블레셋 군대의 반응은 더 상술된다. 그들은 "신이 진영으로 도착했구나!"라고 말하는데, 이는 정탐에 의한 정보일 가능성이 크겠다. 특히 그들은 언약궤를 보고 "신"(אֱלֹהִים, '엘로힘')과 동일시했다. 그리고 "전날"(אֶתְמוֹל שִׁלְשֹׁם, '에트몰 쉴르숌'; 직역. "어제와 그저께[사흘 전]")에는 이런 일이 없었다고 하는데, 이 말은 앞선 전투에서 블레셋 군대가 승리한 일을 가리킨다. 그러니까 그들은 자신들의 전투 승리를 거룩한 전쟁이라는 관점에서 자신들의 신이 승리한 것으로 여겼다는 말이다(비교. Dietrich, *1 Sam 1-12*, 233). 블레셋 군대는 이스라엘 군대에 '신상'이 왔다면 전쟁은 새로운 판세로 접어들 가능성이 있음을 직감하고, "우리는 이제 큰일났다"(אוֹי לָנוּ, '오이 라누'; 개역개정. "우리에게 화로다")라는 탄식한다. 이어서 출애굽과 연관 지은 하나님에 관한 설명을 하는데, 이는 독자를 위한 화자의 목소리로 여길 수 있다.

9절에서 블레셋 군대는 두 가지 말로 스스로 사기를 높이려 노력한다(참조. 수 10:25; 삼하 10:12; 13:28; 왕상 2:2 등). 왜냐하면, 이 구절에서 표현하듯, 패전은 곧 전쟁 노예가 되는 것을 뜻하기 때문이다. 10절에서 전하는 실제 전쟁의 결과는 뜻밖이다. 앞선 4절에서 드리운 불길한 징조대로, 여호와의 궤가 진영에 왔는데도 결국 이스라엘 군대는 패배하고 30,000명이나 죽었다고 보도한다. 여기서도 '1,000'으로 번역한 낱말인 אֲלָפִים('알라핌')은 2절에서와 마찬가지로 이해할 수 있다.

11절은 전쟁의 결과를 담담히 보도한다. 여호와의 궤는 블레셋 군대에 빼앗기고, 그 언약궤와 함께 있던 제사장 홉니와 비느하스는 살해되었다. 이는 이어지는 이야기를 위한 배경 구실을 한다.

**엘리의 죽음(12-22절)**

**12-14절: 베냐민 전령의 실로 도착.** 12절 본문은 앞선 이스라엘의 패전 "그날에"(בַּיּוֹם הַהוּא, '바욤 하후') 어떤 베냐민 사람이 진영에서 빠져나와 달려가는 모습을 그리는 것으로 시작한다. "달려갔다"(וַיָּרָץ, '바야로츠')는 동사로 시작하는 이 구절은 매우 급박한 인상을 독자들에게 안겨 준다. 여기서 굳이 베냐민 사람이라고 한 까닭은 직접 알려지지 않는다. 랍비 전통에서는 이 사람을 사울로 여기기도 하지만, 어쨌거나 앞으로 전개될 이야기에서 베냐민 지파 출신의 사울이 등장할 것을 넌지시 독자들에게 알리는 효과가 있기도 하겠다(참조. Klein, *1 Samuel*, 43). 그는 대략 30 ㎞를 달려(참조. Dietrich, *1 Sam 1-12*, 236), 실로에 도착했다. 이때 그는 자기 옷을 찢고 머리에 티끌을 덮어썼는데, 이는 슬픔을 표현하는 전통적인 방식으로 사무엘서에서도 자주 쓰인다(삼하 1:2, 11; 3:31; 13:19, 31; 15:32; 참조. Tsumura, *First Samuel*, 197). 그런데 이 구절과 거의 비슷한 표현이 사무엘하 1장 2절에서 사울의 전사 소식을 다윗에게 전하는 아말렉 사람의 이야기에 쓰이는 모습은 주목해 볼 만하다. 13절은 이 사람이 실로에 도착했을 때, 엘리의 모습을 그려 준다. 그는 "길옆 자기의 의자"에 앉아 있었다. 엘리가 앉아 있던 "의자"(כִּסֵּא, '키세')는 단순한 의자가 아니라 통치자로서 신분을 나타내주는 것이며, "길옆"(יַד דֶּרֶךְ, '야드 데레크')은 18절을 바탕으로 볼 때, 성문이나 성소의 문으로 들어가는 입구를 가리킬 것이다(참조. Dietrich, *1 Sam 1-12*, 237-239). 그는 이때 성소를 떠난 하나님의 궤 때문에 마음을 졸이고 있었다. 장면은 엘리에서 다시 전령이 도착한 곳에서 들리는 성읍 주민들의 부르짖음으로 바뀐다. 지금까지 시각적인 심상으로 묘사를 이어 가던 화자가 여기서 갑자기 청각적인 심상으로 전환한 까닭은 이어지는 15절에서 밝혀질 것이다. 어쨌거나 14절에서

그 소리는 엘리의 귀에도 들렸다. 마음을 졸이고 있던 엘리는 불행을 직감한 듯, 이 떠들썩한 소리의 정체를 묻는다. 이야기는 빠르게 진행되어, 엘리의 물음이 끝나자마자, 베냐민 사람 전령이 엘리 앞에 도착한 장면으로 건너뛴다.

**15-18절: 엘리의 죽음.** 15절은 앞서 말한 대로 시각 심상이 청각 심상으로 전환된 까닭을 밝혀준다. 곧 엘리의 나이는 98세이며, 노환으로 눈이 어두워서 보지 못하는 상태였다는 것이다. 그러니 엘리의 눈에는 베냐민 사람이 패전과 홉니와 비느하스의 죽음에 대한 슬픔의 표현으로 옷을 찢고, 재를 뒤집어쓴 것을 볼 수 없었으며, 소리만 들을 수 있었다.

16절에서 그 베냐민 사람은 자신이 진영에서 도망쳐 왔음을 밝힌다. 그러자 엘리는 다급하게 대답을 듣기 위해서 "내 아들아"라고 친근하게 부른 뒤 전쟁의 결과를 묻는다. 17절에서 그 전령은 이스라엘 군대가 블레셋 군대에 패전했다는 소식부터 전한다. 그리고 앞선 본문에서는 언급되지 않았던 백성 중에는 '엄청나게 큰 살육'(מַגֵּפָה גְדוֹלָה, '마게파 그돌라')이 있었던 사실을 말한다. 아마도 이 전령은 더 나쁜 소식을 전해야 하는 데 부담을 느꼈을 수 있다. 그래서 큰 사건부터 말하였을 것이다. 한숨 돌린 전령은 결국 홉니와 비느하스의 죽음과 하나님의 궤도 빼앗겼다는 사실을 알린다. 18절은 이 말을 들은 엘리의 반응과 그의 죽음을 묘사한다. 엘리는 아들들의 죽음보다 하나님의 궤가 빼앗겼다는 소식에 더 놀란다. 이는 13절에서 한 진술에서 벌써 예상되었다. 엘리는 한 대 얻어맞은 것처럼 의자에서 뒤로 떨어진다. 아마도 깜짝 놀라 일어서다가 중심을 잃었을 것이다. 그도 그럴 것이 본문은 엘리가 "늙고 뚱뚱했기 때문이었다"(כִּי־זָקֵן הָאִישׁ וְכָבֵד, '키-자켄 하이쉬 브카베드')라고 밝히기 때문이다. 엘리는 이렇게 뒤로 넘어지다가 곁에 있던 문에 부딪혀 목이 부러져 죽었다. 엘리의 죽음과 함께 본문은 흥미롭게도 엘리의 사사직이 40년이었다고 보도하는데, 이것은 엘리를 (소)사사로 다루고 있음을 밝히는 대목이다(참조. 삿 10:1-5; 12:8-15; 삼상 7:15; Klein, 44).

**19-22절: 이가봇의 출생.** 엘리의 죽음에 이어 장면은 19절에서 엘리의 아들 비느하스의 집으로 옮겨진다. 때마침 비느하스의 아내가 출산이 임박하였는데, 만삭의 그녀에게 하나님의 궤가 블레셋 군대에 빼앗겼다는 소식과 무엇보다 시아버지 엘리와 남편 비느하스가 죽었다는 소식이 전해진다. 이 소식에 충격을 받은 그녀는 갑자기 산통을 느끼고 몸을 구푸려 해산한다. 그녀가 만삭이기는 했지만, 분명히 충격으로 인한 조산이었던 것도 분명하다. 더구나 20절에서는 조산의 부작용으로 (아마도 하혈이 멈추지 않아) 죽어 간다. 이름도 알려지지 않은 비느하스의 아내에게 죽음이 임박했을 때, 산파들은 "두려워하지 마세요. 아들을 낳으셨어요"(אַל־תִּירְאִי כִּי בֵן יָלָדְתְּ, '알-티르이 키 벤 얄라드트')라고 그녀를 안심시키는 말을 한다. 이 말은 라헬이 베냐민을 낳다가 죽을 때도 산파들이 했던 말로(창 35:17-18) 산파들이 으레 하는 말이었을 것이다(비교. Tsumura, *First Samuel*, 200; Dietrich, *1 Sam 1-12*, 242). 하지만 죽어 가는 비느하스의 아내는 이 말에 대답하지도 않고, 신경 쓸 겨를도 없이 21절에서 자신의 마지막 말을 내뱉는다. 사실 이 구절은 아이 이름의 기원을 다루는 일종의 기원론(etiology)이다. 그런데 비느하스의 아내가 한 말, "영광이 이스라엘에서 떠나갔구나!"(גָּלָה כָבוֹד מִיִּשְׂרָאֵל, '갈라 카보드 미이스라엘')와 그녀가 지은 아이의 이름 "이가봇"(אִי־כָבוֹד, '이-카보드') 사이에 어떤 연관성이 있는지는 분명하지 않다(이 이름에 관한 상세한 논의는 Dietrich, *1

*Sam 1-12*, 242-243 참조). 물론 "영광"(כָּבוֹד, '카보드')을 공유하는 점은 분명하다. 이 낱말은 히브리어에서는 "영광"을 뜻하지만, 페니키아어나 우가릿어에서는 "왕자"를 뜻하기도 한다. 그리고 앞에 있는 접두어 '이'(אִ)가 무엇을 뜻하는지도 분명하지 않다. 히브리어로 "없다"를 뜻하는 '엔'(אַיִן)의 준말이라는 견해나, 의문사로 "어디?"를 뜻하는 '에'(אֵ)의 다른 발음, 또는 슬픔을 표현하는 히브리어 감탄사 '오이'(אוֹי)에서 왔다는 견해 등이 있지만, 어느 것 하나 명확하지는 않다. 어쨌거나 후반절에서 설명하는 대로 본문에서는 전해 들은 일련의 사건들과 연관하여 슬픔을 나타내는 이름인 것만은 틀림없다. 더구나 22절은 여기서 '카보드'가 하나님의 궤를 빼앗긴 사건과 연관하여, 언약궤를 "영광"으로 이해하였음을 다시 한번 분명히 말해 준다. 이는 언약궤가 하나님의 임재와 동일시되었으며, 에두른 표현으로 쓰인 전통에서 비롯했을 수 있다(참조. 겔 10:18; 호 10:5; Klein, *1 Samuel*, 45).


## 본문의 메시지


(1) 이스라엘은 블레셋과 벌인 첫 전투에서 참패했다. 전투에서 패배한 이스라엘 백성들이 패전의 원인을 찾아가는 대목은 그들의 신앙이 얼마나 본질에서 벗어나 있었는지를 잘 보여준다. 그들은 패전 이후 하나님을 찾기보다, 당시에 이방 민족들이 으레 하던 생각을 끌어들였다. 곧 전쟁터에 신상이 없어서 패전했다고 여긴 것이다. 그러나 이스라엘의 여호와 신앙에는 신상 자체가 없다. 그래서 그들은 신상을 대신할 것으로 성소의 언약궤를 가져온다. 여기에는 타락한 제사장 홉니와 비느하

스도 한몫한 것으로 보인다. 결국 누구도 하나님을 찾지 않은 이 상황에서 둘째 전투도 패전한 것은 언약궤 존재의 여부와는 상관없이 뻔한 결과였다. 다만 독자들은 과연 언약궤는 아무런 능력이 없었던 것인지 궁금하게 여길 텐데, 이는 앞으로 전개될 이야기의 복선이 된다. 이 단락에서는 이스라엘 군대의 그릇된 모습에 집중한다. 사실 이스라엘의 생각은 당시에는 합리적인 것으로 보였을 수 있다. 왜냐하면, 이스라엘을 둘러싼 모든 민족이 전쟁에 대해 그렇게 생각하고 있었기 때문이다. 하지만 출애굽에서부터 하나님은 그런 이방의 신앙을 근본적으로 부정하셨다. 이스라엘 군대는 바로 그 점을 간과하였다. 상황의 위급함과 값싼 합리성이 신앙의 본질을 훼손했던 이 모습은 면면히 교훈을 준다.

(2) 엘리 집안의 몰락은 벌써 엘리와 사무엘에게 두 차례 예언되었다(삼상 2:30-34; 3:10-14). 본문은 그 예언의 성취를 보여준다. 예언대로 홉니와 비느하스는 물론 엘리까지 같은 날 죽었다. 심판 예언의 성취는 거기서 머물지 않고, 비느하스의 아내까지 죽는 데까지 이어진다. 인간의 범죄와 그에 대한 하나님 심판의 엄중함은 본문의 첫 독자에게 분명히 뚜렷한 경고가 되었을 것이다. 그 첫 독자들은 아마도 널리 알려진 대로 포로기 때 이른바 신명기계 역사서를 처음 읽었을 유대인들이었으리라. 이들은 신명기계 역사서의 주된 메시지에 따라 이 본문을 읽으며, 자신과 선조들이 하나님 앞에서 지은 죄를 고백하고, 하나님 심판의 엄중함을 새삼 되새겼을 것이다. 더불어 회개를 통한 하나님의 용서와 구원을 바라며 간구하였을 것이다. 첫 독자들을 향한 이 메시지는 오늘 우리에게도 면면히 이어온다. 복과 안녕만 추구하는 세속화된 기독교, 그런 기독교인의 입맛에 맞추어진 강단의 말씀 선포, 홉니와 비느하스의 세속

화가 어찌 고대 이스라엘의 일이기만 하겠는가? 오늘날 엘리와 그 가문의 몰락을 읽는 독자들은 귀를 열어야 할 것이다. 하나님의 심판 경고는 오늘날에도 여전히 유효하다. 하나님은 죄의 길을 가는 사람들에게 기회를 주신다. 만약 사람들이 스스로 돌이켜 하나님께 돌아온다면, 어떤 죄든 하나님은 용서하시고 말끔히 씻어 없애 주실 것이다. 그러나 하나님께서 먼저 임하신다면 엘리 가문의 몰락처럼 상상치 못할 심판이 들이닥치게 될 것이다.

5장

# 블레셋 사람들에게 넘어간 하나님의 궤

## 우리말로 옮긴 본문

1 블레셋 사람들이 하나님의 궤를 빼앗아서 에벤에셀에서 아스돗으로 가지고 갔다.

2 블레셋 사람들은 하나님의 궤를 다곤 신전에 가져다가 다곤 신상 곁에 세워 두었다.

3 그들이 이튿날 일어나 보니 다곤 신상이 여호와의 궤 앞에 넘어져 있었다. 그들은 다곤 신상을 세워 제자리에 두었다.

4 그다음 날 아침 일찍 일어나 보니 또 다곤 신상이 여호와의 궤 앞 땅바닥에 넘어져 있었는데, 이제는 다곤의 머리와 두 손이 떨어져 문지방에 널브러져 있었고 다곤의 몸통만 남아 있었다.

5 그래서 다곤의 제사장과 다곤 신전에 들어오는 사람들은 누구나 오늘까지도 아스돗에 있는 다곤 신전의 문지방을 넘지 않는다.

6 여호와의 손이 아스돗 사람들에게 무겁게 내렸다. 그분께서는 종기

로[ㄴ] 아스돗과 그 지역 사람들을 치셨다.

7 아스돗 사람들이 그런 일이 일어나는 것을 보고 말했다. "이스라엘 신의 궤가 우리 가운데 있어서는 안 되겠습니다. 그분의 손이 우리와 우리의 신 다곤에게 이리 엄중하시니 말입니다."

8 그들은 사람을 보내서 블레셋의 모든 군주를 소집하여 말하였다. "우리가 이스라엘 신의 궤를 어떻게 해야 합니까?"[ㅁ]그러자 그들이 말하였다. "가드로 이스라엘 신의 궤를 옮겨야 합니다."[ㅁ] 그리하여 그들은 이스라엘 하나님의 궤를 가드로 옮겼다.

9 그들이 [ㅂ]그것을 가드로[ㅂ] 옮긴 뒤의 일이었다. 여호와의 손이 그 성에 아주 엄청난 공포를 몰고 오셔서 그 성의 사람들을 작은 자와 큰 자까지 다 치셨다. 그러자 그들에게 종기가[ㄷ] 생겨났다.

10 그래서 그들은 하나님의 궤를 에그론으로 보냈다. 하나님의 궤가 에그론에 도착했을 때, 에그론 사람들이 부르짖었다. "이스라엘 신의 궤를 우리에게 가져와서 우리와 우리 백성들을 죽게 할 참이오?"

11 그들은 사람을 보내서 블레셋의 모든 군주를 소집하여 말하였다. "이스라엘 신의 궤를 제자리에 돌려보내시오. 그래야 우리와 우리 백성이 죽지 않을 것이오." 왜냐하면 죽음의 환란이 온 성에 드리웠고, 하나님의 손이 거기에 매우 무겁게 내렸기 때문이다.

12 죽지 않은 사람들은 종기가[ㄹ] 나서 그 성의 부르짖음이 하늘에 사무쳤다.

# 본문 비평

### 3절 ㄱ. 여호와의 궤 앞에 (-)

여기서 마소라 본문은 "그분 앞 땅에"(לְפָנָיו אַרְצָה, '르파나브 아르차')로 읽
는다. 그런데 여기서 바티칸 사본(Codex Vaticanus; Cod. B)을 비롯한 일부
칠십인역 전통에서는 "땅에"에 해당하는 말 없이 "그분 앞에"(ἐπὶ
πρόσωπου αὐτοῦ)로만 되어 있다. 반면에 알렉산드리아 사본(Codex
Alexandrinus; Cod. A)이나 안티오키아 본문(the Antiochene Text; boc₂e₂) 등은
마소라 본문과 같은 전통을 보여준다(+ ἐπὶ τὴν γῆν). 본문 비평의 관점에
서 보면 더 짧고(*lectio brevior*), 상대적으로 정보가 더 부족한(*lectio difficilior*)
바티칸 사본의 읽기를 더 우선해서 판단할 수 있다. 마소라 본문과 알렉
산드리아 사본, 안티오키아 본문 등은 다곤 신상의 훼손을 더 선명하고
적나라하게 드러내기 위한 추가 본문의 전통이 이어진 것으로 판단할
수 있다.

### 6절 ㄴ, 9절 ㄷ, 12절 ㄹ. 종기

여기서 쓰인 히브리어 עֹפֶל('오펠')은 "혹, 치질, 종창" 등으로 이해되는
데(참조. 게제니우스, 『사전』, 610), 구약성경에서 이 문맥(삼상 5:6, 9, 12; 6:4)과
신명기 28장 27절에서만 쓰인다. 그래서 이 낱말의 뜻은 "부풀어 오르
다"는 동사 어원의 기본 뜻에서 비롯한 것으로 보인다. 하지만 마소라
본문의 이 쓰기 전통(Ketib)은 매번 읽기 전통(Qere)에서 "치질"을 일컫는
טְחֹרִים('트호림')이 제안된다. 아마도 이는 이 낱말이 등장하는 사무엘상
6장 11, 17절에 따른 수정으로 여길 수 있을 것이다. 그리하여 자음 본문
에 있는 모음은 기대되는 복수형 עֳפָלִים('오팔림')이 아니라 '트호림'의

모음이 표기되었다.


## 8절 ㅁ-ㅁ. 그러자 (…) 옮겨야 합니다

마소라 본문은 "그러자 그들이 말하였다"의 주어를 밝히지 않고, 이어지는 "가드"(גַּת, '가트')는 비인칭 주어로 쓰인 지시형(jussive) 동사 "옮겨야 합니다"(יִסֹּב, '이소브')에 대한 부사어로 이해했다. 그런데 칠십인역은 여기서 "가드"를 "가드 사람들"(οἱ Γεθθαῖοι, '호이 게타이오이')로 옮겨서 첫 동사의 주어로 이해하고, 문장의 마지막에 "우리에게"(πρὸς ἡμᾶς, '프로스 헤마스')를 덧붙였다. 이는 아마도 다른 히브리어 대본을 전제하기보다는 (비교. Dietrich, *1 Sam 1-12*, 255) 불분명한 히브리어 본문의 주술 관계를 명확히 하려는 번역자의 시도였을 것으로 볼 수 있다.


## 9절 ㅂ-ㅂ. 그것을 가드로

마소라 본문이 동사의 목적어를 쓰는 반면에, 쿰란 성경 본문(4QSam$^a$, נתה)과 안티오키아 본문(boc₂e₂; πρὸς τοὺς γεθθαίους)은 여기서 부사어 "가드로"를 쓴다. 사실상 두 본문 모두 불완전하기는 마찬가지다. 그러므로 둘 가운데 전자가 훼손된 본문 전통인지(McCarter, *I Samuel*, 120), 후자가 훼손된 본문인지를 판가름하기는 쉽지 않다. 우리는 발음과 자음 구성이 비슷한 본문 가운데 어느 하나가 빠진 본문이 제각각 다른 본문 전통에 반영된 것으로 여기고 본문을 אֹתוֹ גַּתָה ('오토 가타')로 재구성한다.

본문 주석

**1-5절: 아스돗의 다곤 신전에 간 하나님의 궤.** 이 단락에서 장면은 블레셋 땅으로 옮겨 간다. 그러니까 1절의 배경은 4장 11절에 이어진다. 하나님의 궤를 이스라엘 진영에서 빼앗은 블레셋 사람들은 전투가 벌어졌던 에벤에셀에서 해안 평야 지대의 블레셋 성읍 아스돗으로 가져갔다. 고대 거룩한 전쟁(Holy War/Divine War)의 배경에서 전투에서 이긴 적군의 신상을 가져가는 것은 자신들의 안위를 위해 으레 하던 관습이었다(참조. Tsumura, *First Samuel*, 203-204). 이들이 가장 먼저 간 곳은 아스돗이었다. 아스돗은 팔레스틴 남부 해안 평야 지대에 자리 잡은 성읍으로, 이 당시 블레셋 사람들의 중심지 역할을 했을 것이다. 2절에서 블레셋 사람들은 하나님의 궤를 아스돗의 다곤 신전으로 가져갔다. 아마도 그들은 이스라엘의 신이 자신들의 다곤 신에게 완전히 굴복되었다고 여겼을 것이다. 다곤(דָּגוֹן) 신의 이름은 히브리어로 "물고기"를 뜻하는 낱말 '다그'(דָּג)와 발음이 비슷하여서, 중세 유대 학자들(Rashi, Kimchi)은 다곤의 어원을 여기서 찾곤 했다. 그러나 최근에는 북서 셈어에서 이 낱말의 어근(דגן)이 "구름", "비"와 관련이 있는 것으로 밝혀져서, 이 신은 풍요의 신으로 여기는 것이 보통이다(참조. McCarter, *I Samuel*, 121-122).[1] 어쨌거나 블레셋 사람들은 하나님의 궤를 다곤 신상 옆에 두었는데, 이는 이들이 이스라엘의 신인 하나님은 이제 자기 백성을 저버리고 다곤 신의 권위와 능력을 인정한 것으로 여기고 다곤의 하위 신 정도로 취급하였음을 보여준다(참조. Klein, *1 Samuel*, 49).

---

1.   북서 셈어의 또 다른 어근을 들어 "곡식"을 뜻한다고 보기도 한다. 참조. Long, *1 and 2 Samuel*, 79.

그러나 블레셋 사람들의 기대는 3절에서 완전히 어긋나 버린다. 이튿날 아침 일찍 블레셋 사람들이 다곤 신전에 가 보니, 다곤 신상이 "여호와의 궤" 앞에 엎드러져 있었다. 여기서 앞선 구절과 달리 여호와 신명이 쓰인 것은 좀 더 포괄적인 하나님 신명보다 더 구체적으로 여호와를 다곤과 맞대려는 화자의 의도로 추측해 볼 수도 있다(참조. Tsumura, *First Samuel*, 205). 그리고 다곤 신상이 직역하여 '그 앞, 여호와의 궤 앞으로 땅에 떨어진' 것으로 표현한 마소라 본문은 여호와 앞에서 다곤의 낮음을 강조하는 상징적 장면이다(참조. 창 44:14; 삼하 19:19). 예상치 못한 장면에 놀란 사람들은 다곤 신상을 다시 일으켜 세우고 제자리에 두었을 것이다. 아마도 이들은 우연이라고 애써 생각하려 했을 테지만, 다음 날 아침에는 더 참담한 광경을 보게 된다. 4절은 3절과 거의 비슷하게 구성되어 있다. 다만 이번에는 한 걸음 더 나아가서 다곤 신상의 머리와 두 손목이 끊어져서 문지방에 팽개쳐져 있고, 몸뚱이만 남아 있었다. 이 장면은 앞선 구절의 장면과는 다른 심상으로, 패전한 군대의 장수에게 내려지는 처형의 모습이다(참조. 삿 7:25; 8:6; 삼상 17:54; 31:9; 삼하 4:12; Long, *1 and 2 Samuel*, 80). 그러니 이 모습은 다곤 신이 여호와 앞에서 얼마나 힘이 없는지를 뚜렷이 보여준다. 아마도 이 모습은 아스돗 사람들에게 굉장한 충격을 주었던 것이 틀림없다. 그래서 5절은 편집자의 주석으로 다곤 신전에 들어가는 사람은 "오늘까지"(עַד הַיּוֹם הַזֶּה, '아드 하욤 하제') 신전의 문지방을 밟지 않는다는 관습을 전해 준다. 여기서 말하는 "오늘"은 특정한 때를 가리키기보다는 관습의 지속성을 나타내는 관용적 표현으로 이해해야 한다.

**6-9절: 가드에 간 하나님의 궤.** 6절에서는 다곤 손의 무력함과 대조되는 "여호와의 손"(יַד־יהוה, '야드-야훼')의 강력한 모습을 대조해서 보여준다. 여기서 "무겁게 내렸다"로 옮긴 히브리어 표현(וַתִּכְבַּד, '바티크바드')은 앞서 비느하스의 아내가 "영광(כָבוֹד, '카보드')이 이스라엘을 떠났다"고 한 말을 떠올려 준다(4:21-22). 아스돗 지역에 "종기"의 재앙이 덮친다. 여기서 쓰기 전통인 케티브(Ketib)는 עֳפָלִים('오팔림')이다. 이 낱말은 "혹, 종기"의 뜻으로 쓰이지만(참조. 신 28:27), 원래는 "언덕"을 뜻하여서 피부에 난 종기를 에둘러서 표현하는 것으로 여길 수 있다(Tsumura, *First Samuel*, 208). 직관적이지 않은 이 표현을 읽기 전통인 케레(Qere)는 "치질"을 뜻하는 טְחֹרִים('트호림')으로 제안한다. 이 종기의 재앙은 아스돗 인근 지역에까지 퍼진다. 7절에 따르면, 아스돗 사람들은 이 재난을 "여호와의 손"이 보여주는 능력으로 이해하였다. 그래서 "이스라엘 신의 궤"를 옮겨야 한다고 주장한다. 그러고는 "그의 손이 우리와 우리 신 다곤을 친다"고 직접적으로 말한다.

그리하여 8절에서 블레셋 사람들의 모든 "군주"(סְרָנִים, '스라님'; 개역개정. "방백")가 모여 이 문제를 논의한다. 블레셋 백성들의 지도자를 일컫는 데만 쓰이는 "군주"는 사실 히브리어가 아니다.[2] 이 낱말은 해양 민족이었던 이들이 어디서 왔는지를 추측게 해 주는 단서 가운데 하나로, 일반적으로 "지배자"를 뜻하는 그리스어 τύραννος('튀라노스')에서 비롯한 것으로 여긴다(참조. Dietrich, *1 Sam 1-12*, 277-278). 그러므로 이들이 그리스 지역에서 온 사람들임을 추측할 수 있다. 이들은 모여서 이스라엘 신의 궤를 가드로 옮기자고 결의하고 실행한다. 가드의 정확한 위치는 논

---

2.    참조. 수 13:3; 삿 3:3; 16:5, 8, 18, 23, 27, 30; 삼상 5:11; 6:4, 12, 16; 7:7; 29:2, 6; 대상 12:9; 집회 46:19.

란이 되지만, 아스돗보다는 좀 더 내륙으로 들어온 곳에 있었을 것이다. 아마도 이들은 자신들이 겪고 있는 종기의 재앙이 해안보다는 내륙이 더 안전하다고 판단한 듯한데, 이는 그들이 해안 도시인 아스글론이나 가사로 보내지 않는 데서 추측할 수 있다(참조. Tsumura, *First Samuel*, 210). 하지만 9절에서는 "여호와의 손"이 더 강력한 힘을 발휘하여, 종기 재 앙이 줄어들기는커녕 더 심해져서, "작은 자와 큰 자"가 다 감염된다. 이 표현은 전형적인 대조제유법(merism)으로 '모든 사람'을 뜻한다.

**10-12절: 에그론에 간 하나님의 궤.** 10절에서 블레셋 사람들은 다시 한 번 언약궤를 좀 더 내륙이 있던 에그론으로 보낸다. 에그론은 예루살렘 남서쪽 35km에 있는 텔-미크네(Tel Miqne)인 것으로 여겨진다(참조. McCarter, *I Samuel*, 125; Tsumura, *First Samuel*, 210). 그러나 그것이 에그론에 도 착하자, 벌써 아스돗과 가드에서 벌어진 일들을 전해 들은 에그론 주민 들의 극렬한 반대에 부딪힌다. 그들은 "이스라엘 신의 궤"가 자신들의 성읍에 있으면 모두 종기 전염병으로 죽을 것으로 생각하여 두려워한 다. 11절에서 블레셋의 군주들은 다시 모여 논의한다. 더는 "이스라엘 신의 궤"를 블레셋이 감당할 수 없다는 판단에 "제자리에"(לִמְקֹמוֹ, '리므 코모') 돌아가게 하자고 뜻을 모은다. 이런 결정을 내리는 순간에 에그론 에는 벌써 온 성읍에 "죽음의 환난"(מְהוּמַת־מָוֶת, '므후마트-마베트'), 곧 전 염병이 퍼져서 많은 사람이 죽고 있었다. 여기서 다시 한번 여호와의 손 이 "매우 무겁게 내렸"다(כָּבְדָה מְאֹד, '카브다 므오드')라고 언급하여 언약 궤와 영광을 연관 짓는다. 12절에서는 종기 전염병이 퍼진 성읍의 혼란 한 모습을 다시 한번 묘사한다. 종기로 수많은 사람이 죽고, 죽지 않은 사람들도 전염병에 감염되어 크게 부르짖는 혼란을 겪는다. 독자들은

여기서 무언가 큰 결단과 조치가 필요함을 절감하며, 이는 이어지는 단락에서 해소될 것이다.

## 본문의 메시지

이스라엘 백성들은 하나님의 궤가 전쟁에서 큰 승리를 안겨다 줄 것이라고 기대했다. 이것은 하나님의 뜻이라기보다는 고대 사회에 널리 퍼져 있던 거룩한 전쟁의 개념을 그대로 받아들인 것이었다. 그러니까 이스라엘 백성들은 하나님께 간구하기보다는 관습에 따라 스스로 결정하였다. 결국 그들의 기대와는 달리 이스라엘 군대는 블레셋의 군대에 크게 패배했고, 하나님의 궤마저 빼앗겼다. 사실 거룩한 전쟁의 개념으로 보자면, 하나님은 블레셋의 다곤 신에게 패배한 셈이었다. 아마도 이스라엘이나 블레셋 군대 모두 그렇게 생각하고 있었을 것이다. 특히 블레셋 사람들은 하나님의 궤를 다곤 신전에 두어서 다곤 신의 하위 신 정도로 여겼다. 그런데 이스라엘의 기대를 저버리신 하나님이 블레셋의 다곤 신전과 백성들에게는 큰 재앙으로 능력을 발휘하신다. 그래서 블레셋 사람들은 그 궤를 이리저리 옮기며 어쩔 줄을 몰라 한다.

 이 사건은 역설적으로 보인다. 이스라엘의 하나님이 이스라엘의 기대는 저버리시고 정작 이방의 땅에서 능력을 발휘하셨다. 문제는 얼핏 보기에 역설적인 하나님이 아니라, 이스라엘에 있다. 하나님의 능력과 역사하심은 변함없었지만, 이스라엘은 그 하나님을 찾지 않았다. 그래서 이스라엘은 일종의 벌을 받았다고 볼 수 있다. 하지만, 이스라엘을 하나님이 벌하셨다고 해서 이방신에게 굴복하시지는 않는다. 그러므로 언제나 문제는 하나님이 아니라, 사람들에게 있음을 분명하게 알 수 있게 해 주는 본문이다.

언제나 문제는 하나님이 아니라, 사람들에게 있음을 분명하게 알 수 있게 해 주는 본문이다.

# 6장
## 여호와의 궤가 돌아옴

## 우리말로 옮긴 본문

**여호와의 궤 반환 준비(1-12절)**

1   여호와의 궤가 블레셋 사람들의 지역에 일곱 달 동안 머물렀을 때의 일이다.

2   블레셋 사람들이 제사장들과 점쟁이들을 불러서 물었다. "우리가 여호와의 궤를 어떻게 해야 합니까? 우리에게 알려주시오. 우리가 어떻게 그것을 제자리로 돌려보낼 수 있겠소?"

3   그러자 그들이 대답하였다. "이스라엘 신의 궤를¬ 돌려보내려거든 빈손으로 돌려보내지 마십시오. 그 신께 반드시 속건 제물을 바쳐야 합니다. 그래야 여러분의 병이 나을 것입니다. 그리고 왜 그분께서 여러분에게서 손을 거두지 않으셨는지도 알게 될 것입니다."

4   그러자 블레셋 사람들이 말하였다. "그러면 우리가 그분께 바쳐야 할 속건 제물은 무엇입니까?" 그들이 대답하였다. "블레셋 군주들

의 수대로 금으로 만든 종기 다섯 개와 금쥐 다섯 개입니다. 재앙이 똑같이 여러분 모두와 여러분의 군주에게 미쳤기 때문입니다.

5　그러니 여러분은 이 땅을 망치고 있는 여러분의 종기 모양과 쥐 모양을 만들도록 하시오. 그리고 이스라엘의 신께 영광을 돌려드리시오. 그러면 그분께서 손을 여러분과 여러분의 신들과 여러분의 땅에서 거두어 가실지도 모릅니다.

6　여러분이 이집트와 파라오처럼 고집부릴 이유가 있습니까? 그분이 그들을 손보셨을 때야 그들이 이스라엘 자손들을 보내주어, 그들이 나온 것 아닙니까?

7　그러니 이제 새 수레 하나를 만들어 가지고 오시오. 그리고 멍에를 매어보지 않은 암소 두 마리를 수레에 매시오. 송아지들은 암소에게서 떼어 집으로 돌려보내야 합니다.

8　그리고 여호와의 궤를 가져와서 수레에 싣고, 속건 제물로 드릴 금붙이들을 상자에 담아 그 곁에 두시오. 그런 뒤에 수레를 보내어 가게 하시오.

9　그리고 그 수레를 지켜보시오. 만약 수레가 그 궤의 원래 있던 지역의 길을 따라 벧세메스로 올라가면, 그분이 이 큰 재앙을 우리에게 내리신 것입니다. 그러나 만약 그렇지 않으면, 그분이 우리에게 손을 대신 것이 아니라 우연히 그 재앙이 우리에게 닥친 것입니다.”

10　그러자 사람들은 그대로 하였다. 암소 두 마리를 가져다가 수레에 맸고 송아지들은 제집에 가두어 두었다.

11　그러고는 여호와의 궤를 수레에 싣고, 금쥐와 종기 모양을 담은 상자도 그리하였다.

12　그랬더니 그 소들이 곧장 벧세메스로 가는 길을 잡았다. 울음소리를

내며 한길로만 걸어가고, 오른쪽으로나 왼쪽으로도 치우치지 않았다. 블레셋의 군주들은 벧세메스 경계까지 뒤따라갔다.

### 벧세메스에 도착한 여호와의 궤(13-21절)

13 벧세메스의 추수꾼들이 골짜기 밭에서 밀을 거두고 있었는데, 눈을 들어 궤를 보고 기뻐하였다.

14 수레가 벧세메스 사람 여호수아의 밭에 들어와서는 멈추어 섰는데, 거기에는 큰 바위가 있었다. 사람들은 수레의 나무를 쪼개어 장작으로 삼고 소를 여호와께 번제로 드렸다.

15 레위 사람들은 여호와의 궤와 금붙이가 든 상자를 내려서 그 큰 바위 위에 올려놓았다. 그리고 벧세메스 사람들은 번제를 드리고, 희생제물도 여호와께 드렸다.

16 블레셋의 다섯 군주가 그것을 보고, 그날로 에그론으로 되돌아갔다.

17 블레셋 사람들이 여호와께 드릴 속건 제물로 보낸 이 금종기들은 저마다 아스돗, 가사, 아스글론, 가드, 에그론 몫으로 하나씩 만든 것이었다.

18 금쥐들은 블레셋 다섯 군주의 성읍 수에 따른 것이었는데, 그 성읍들 가운데는 요새 성도 있었고 벌판의 촌락도 있었다. 여호와의 궤를 내려놓았던 ˹그 큰 바위는˼ 오늘까지도 벧세메스에 있는 여호수아의 밭에 있다.

19 그런데 벧세메스 사람들에게 재앙이 내렸다. 왜냐하면 그들이 여호와의 궤를 들여다보았기 때문이다. 백성들 가운데 70명이˹ 죽었다. 그래서 백성들은 여호와께서 자기들에게 엄청난 재앙을 내리셨다며 울었다.

20  벤세메스 사람들이 말하였다. "누가 이 거룩하신 하나님 여호와 앞에 설 수 있을까? 그리고 이분께서는 우리를 떠나 누구에게로 가서야 한단 말인가?"

21  그들은 기럇여아림 주민들에게 심부름꾼들을 보내서 전했다. "블레셋 사람들이 여호와의 궤를 되돌려 보냈습니다. 내려와서 모시고 올라가십시오."

# 본문 비평

### 3절 ㄱ. 궤를

"궤"(אֶת־אֲרוֹן, '에트-아론')만 쓰는 마소라 본문에 비해, 쿰란 성경 본문(4QSamᵃ; בְּרִית יהוה, '브리트 야훼')과 안티오키아 본문(boc₂e₂; διαθήκης κυρίου)은 이 표현 뒤에 "여호와의 언약"을 더 쓴다.[1] 이 전통은 궤의 정체성을 좀 더 분명히 하려는 이차적 첨가로 볼 수 있다.

### 18절 ㄴ-ㄴ. 그 큰 바위는

이 번역은 마소라 본문이 아니라 칠십인역(ἕως λίθου τοῦ μεγάλου)의 번역을 따랐다. 여기서 마소라 본문은 אָבֵל הַגְּדוֹלָה('아벨 하그돌라', "큰 애곡"[?], "큰 [성읍] 아벨"[?])을 쓰는데, 이는 14절의 관점에서 볼 때, 앞선 성읍 나열의 영향을 받은 필사 오류가 이어진 것으로 볼 수 있다.

---

1.  바티칸 사본(Cod. B)은 여기서 이어지는 신명과 순서가 바뀐 διαθήκης θεοῦ κυρίου('디아테케스 테우 퀴리우')를 제공하는데, 이는 이차적인 본문으로 여겨진다.

**19절 ㄷ. 70명이**

하나님의 치심으로 죽은 사람의 수는 마소라 본문의 히브리어 전통에서는 "백성들 가운데 70명, 50,000명"(שִׁבְעִים אִישׁ חֲמִשִּׁים אֶלֶף אִישׁ בָּעָם, '바암 쉬브임 이쉬 하미쉼 엘레프 이쉬')이라고 전하는데, 직관적으로 이해하기 어렵다. 이는 칠십인역의 대부분 필사본도 마찬가지다. 히브리어 중세 필사본들 가운데는 더러 50,000명이 없는 본문도 전한다. 추측건대 이 본문은 전승의 아주 초기부터 두 수가 나란히 전해졌을 것이지만, 둘 가운데 하나는 후대의 추가 본문으로 여길 수 있다. 만약 그렇다면 우리는 70명이 더 합리적인 수로 여길 수 있겠다.[2]

## 본문 주석

**여호와의 궤 반환 준비(1-12절)**

**1-2절: 여호와의 궤를 돌려보내기로 한 블레셋 사람들.** 1절은 앞선 장에서 블레셋 땅에 간 여호와의 궤를 통해 일어났던 재앙의 사건 진술에서 언급하지 않은 시간의 흐름을 알려주는 구절이다. 이 구절에서 먼저 "블레셋 사람들의 지역에"(בִּשְׂדֵה פְלִשְׁתִּים, '비스데 필히쉬팀'; 직역. "블레셋 사람들의 들판에")라는 표현이 흥미롭다. 여기서 쓰인 "지역[들판]"(שָׂדֶה, '사데')은 일반적으로 거주지나 성읍이 없는 들판을 가리키는 것이 보통이다. 하지만, 넓은 의미로는 어떤 백성이나 족속에 속한 영토를 뜻하기도

---

2.    이에 관한 자세한 논의는, 비교. Tsumura, *First Samuel*, 226-227; Dietrich, *1 Sam 1-12*, 291-292.

한다(창 14:7; 36:35; 민 21:20; 삼상 27:5, 7 등).[3] 그러니 앞선 장에서 있었던 사건의 장소를 일컫겠다. 그리고 본문은 여호와의 궤가 블레셋 땅에 있었던 기간을 7개월이라고 밝힌다. 이는 아마도 이스라엘과 전쟁이 끝나고 여호와의 궤가 아스돗에 도착한 때부터 가드와 에그론을 거쳐 가며 재앙을 일으켰던 때 모두를 가리킬 것이다. 그리고 7이라는 수는 재앙 때문에 겪는 블레셋 사람들의 고통이 극에 이르렀음을 암시할 수도 있다 (Tsumura, *First Samuel*, 213).

2절에서 드디어 블레셋 사람들은 이스라엘에게서 빼앗아 온 여호와의 궤 문제를 본격적으로 다루기 시작한다. 그들은 이 문제의 자문을 "제사장들과 점쟁이들"(לַכֹּהֲנִים וְלַקֹּסְמִים, '라코하님 블라코스밈')에게 맡긴다. 여기서 제사장들(כֹּהֲנִים, '코하님')은 다곤 신전에서 일어나는 모든 일을 주관하고 있었을 것이다. 그리고 점쟁이들(קֹסְמִים, '코스밈')은 초자연적인 통찰력을 통해서 미래의 일에 대한 신탁을 전해주는 사람들로 여겨졌을 것이다(참조. Dietrich, *1 Sam 1-12*, 280). 이들에게 블레셋 사람들이 요청한 핵심은 "어떻게"(בַּמֶּה, '바메') 여호와의 궤를 돌려줄 것이냐 하는 문제였다. 이 표현은 "무엇과 더불어"의 뜻으로도 새길 수 있는데(참조. 미 6:6; McCarter, *I Samuel*, 132), 이렇게 새기면, 되돌리는 데에 대한 보상을 포함하여서 이어지는 문맥에 더 어울린다.


**3-6절: 여호와의 궤에 대한 속건제.** 3절에서 조언해 주는 제사장들과 복술자들이 "속건 제물"(אָשָׁם, '아샴')을 언급하는 것은 흥미롭다. 레위기 5장 14-19절의 규정에 따르면 속건제는 여호와의 성물에 대한 범죄와 연

---

3.    이에 대한 논의로는, McCarter, *I Samuel*, 132; 또한, 용례들은 게제니우스, 『사전』, 781을 보라.

관이 된다. 아마도 블레셋 사람들은 자신들 때문에 이스라엘 백성들의 신이 화난 것으로 여겼던 듯하다. 자신들이 겪은 독종의 전염병도 그 진노의 결과로 여겼던 것 같다. 그래서 속건제만이 전염병에서 해방되고, 자신들 위에 영향력을 미치는 여호와의 손을 옮길 수 있다고 말한다. 4절에서는 이 관계를 더 직설적으로 진술하는데, 속건제로 블레셋 백성들을 괴롭히는 종기 전염병의 모양과 그 전염병을 옮긴 것으로 추정되는 쥐를 금으로 제각각 다섯 개씩 만들어야 한다고 말하기 때문이다(참조. 삼상 6:17-18).[4] 이 두 형상을 금으로 만드는 목적을 5절에서는 "이스라엘의 신께 영광을 돌려드리시오"로 설명한다. 여기서 "영광"(כָּבוֹד, '카보드')은 앞선 장에서 블레셋 땅에 임한 하나님의 손이 '무겁게 내렸다'고 했을 때(5:11) 쓰였던 낱말로 일종의 말놀이(wordplay)인데, 그 이전에 비느하스 아내의 입으로 했던 여호와의 영광이 이스라엘을 떠났다는 말까지 생각나게 한다(4:21-22). 결국 이스라엘의 죄 때문에 떠난 하나님의 영광이 블레셋 사람들의 인정을 거쳐서 다시 이스라엘로 돌아올 것을 예견하는 대목이다. 6절에서는 갑자기 출애굽 전통이 언급된다. 곧 이집트 사람들과 파라오가 '고집을 부려'(כִּבְּדוּ לִבָּם, '키브투 에트-립밤'; 직역. "마음을 무겁게 하다"; 참조. 출 10:1) 이스라엘을 보내지 않았다가, 재앙을 겪은 뒤에야 보냈던 것을 반면교사로 삼자는 말이다. 여기서도 같은 어근의 동사가 쓰여서 말놀이를 이어 간다.

**7-9절: 여호와의 궤 이송 준비.** 7절에서는 먼저 여호와의 궤를 실을 수레 준비를 지시한다. 수레를 준비하는 과정에서 블레셋 사람들이 보여준 조심성은 이 구절에서 두 가지로 진술된다. 먼저, "새 수레"(חֲדָשָׁה

---

4.    Long, *1 and 2 Samuel*, 85.

עֲגָלָה, '아갈라 하다샤')를 만들고 멍에를 메어 보지 않은 암소를 준비하라고 하는데, 이는 제의 관점에서 정결함을 확보하려는 것으로 이해할 수 있다(Tsumura, *First Samuel*, 217). 둘째로, 수레를 끌 암소 두 마리를 송아지와 분리하는 것이다. 이는 이송 과정에서 송아지들 때문에 암소들이 날뛰는 것을 막으려는 조치겠다. 8절에서 수레에는 여호와의 궤와 속건제로 만든 물건들을 상자(אַרְגַּז, '아르가즈')에 넣어 함께 실어야 한다고 말한다. 여기서 쓰인 상자는 이 문맥에서만 나와서(참조. 11, 15절) 정확한 뜻을 알기는 어렵지만, 시리아어나 아랍어의 비슷한 어근을 바탕으로 이해한 번역이다(참조. Klein, *1 Samuel*, 57). 아마도 블레셋 사람들은 속건 제물을 여호와의 궤 곁에 두어서 이송 과정에서 혹시라도 있을 여호와의 진노를 누그러뜨리려는 의도였을 것이다. 9절에서는 언약궤를 보낸 뒤에 주술적인 판단을 내리는 기준을 말해 준다. 여호와의 궤가 마지막으로 가 있던 에그론을 포함한 블레셋 사람들의 지역에서 이스라엘의 영토로 가는 가장 빠른 길은 소렉 골짜기를 지나는 길이었다. '태양의 집'이라는 뜻의 벧세메스(בֵּית שֶׁמֶשׁ, '베트 쉐메쉬')는 바로 이 소렉 골짜기에 있던 성읍이었으며, 예루살렘에서 서쪽으로 30km쯤 떨어진 오늘날의 텔 에르-루메일라(Tel er-Rumeilah)로 알려져 있다(Tsumura, *First Samuel*, 218). 만약 수레가 이스라엘 영토로 가는 벧세메스로 곧장 가면, 자신들에게 내린 재앙이 여호와에게서 비롯한 것이고, 그렇지 않으면 우연이라고 판단할 수 있다고 말하였다. 이런 식의 주술적 판단 전통은 힛타이트의 문헌에서도 찾아볼 수 있는 고대 사회의 관습이었다(참조. Dietrich, *1 Sam 1-12*, 285).

**10-12절: 여호와의 궤 반환 시작.** 이 단락은 앞선 단락에서 제사장들과

점쟁이들이 제시한 조언을 블레셋 백성들이 수행하는 모습을 전해주며, 여호와의 궤가 다시 이스라엘 땅으로 돌아가기 시작하는 이야기를 전해준다. 10절은 "그러자 사람들은 그대로(כֵּן, '켄') 하여"로 시작해서 조언이 그대로 수행되었음을 강조한다. 사람들은 먼저 암소 두 마리를 끌어와서 수레를 메우고, 그것들의 송아지와 분리하였다. 그런 뒤에 11절에서 그들은 그 수레에 여호와의 궤와 속건 제물로 만든 금제 물품을 실었다. 그리고 12절에서는 그 결과를 보여주는데, 수레를 멘 암소들이 곧장 벤세메스로 올라갔음을 전한다. 그런데 이 구절에서는 앞서 나오지 않은 "울음소리를 내며 한길로만 걸어가고, 오른쪽으로나 왼쪽으로도 치우치지 않았다"라는 구절을 덧붙여서, 하나님의 명령에 대한 순종과 관련한 표현을 생각나게 한다(참조. 신 2:27; 잠 4:27; McCarter, *I Samuel*, 136). 이렇게 강조해서, 직접 다시 언급하지 않더라도 9절의 주술적 판단이 이루어졌음을 깨닫도록 한다.

**벤세메스에 도착한 여호와의 궤**(13-21절)

**13-16절: 벤세메스로 간 여호와의 궤.** 13절에서 본문의 시선은 벤세메스로 옮겨 간다. 그래서 여호와의 궤가 오는 모습을 보는 벤세메스의 사람들을 그려 준다. 그들은 밀을 수확하고 있었는데, 그러면 이때가 대략 5-6월 정도였음을 짐작할 수 있다(참조. McCarter, *I Samuel*, 136). 우리말 성경에서 이들은 "골짜기"(עֵמֶק, '에메크')에 있었다고 말하는데, 번역과는 달리 히브리어의 낱말은 구릉지나 산 사이에 있는 평야 지대를 말한다. 블레셋 사람들의 땅에서 벤세메스로 가는 소렉 골짜기가 이런 지형이다. 흥미롭게도 이들은 송아지가 끄는 수레를 보고 바로 언약궤인 것을 알아보고 기뻐하였다. 아마도 이들에게 벌써 블레셋에서 7개월 동안 벌

어졌던 일들과 여호와의 궤 반환 이야기가 소문으로 전해졌던 것으로 보인다. 14절에서 수레는 "여호수아의 밭[직역. 들판]"에 있는 큰 돌에 이르러 멈췄다. 여기서 말하는 "여호수아"가 누구인지 어떤 의미에서 붙여진 이름인지는 알려지지 않았다. 아마도 화자 당대에 알려져 있던 인물로 보인다(참조. 18절). 수레가 멈춰 선 "큰 바위"(אֶבֶן גְּדוֹלָה, '에벤 그돌라')는 제의를 위한 용도였을 것이다(참조. Tsumura, *First Samuel*, 221). 왜냐하면, 사람들이 그 자리에서 곧바로 수레의 나무를 패고, 수레를 끌고 온 암소들을 번제물로 드렸기 때문이다. 일반적으로 번제물은 수소로 드리는 것을 고려할 때, 이는 이례적이다(참조. 레 1:3; 22:19). 15절에서도 이례적인 장면이 이어진다. 레위인들이 여호와의 궤를 내려서 제단 역할을 하였던 큰 바위 위에 둔 것은 이해할 만하다. 그런데 이방인들의 손에서 받은 물건들을 여호와의 궤와 함께 둔 것은 이해하기 어렵다. 아마도 그런 까닭에 여기서는 "금붙이"(כְּלֵי־זָהָב, '클리 자하브'; 직역. "금[으로 만든] 물건들")라 하여 중립적으로 표현했을 수 있다. 이 구절에서 다시 번제가 등장하는 것은 중복된 본문으로 여길 여지도 있다. 이 구절은 문헌비평 관점에서 앞 구절의 내용과 중복을 이루며, 레위인들 등장의 문맥적 개연성이 떨어진다는 이유로 후대의 삽입구로 보기도 한다(참조. McCarter, *I Samuel*, 136). 하지만 여호수아 시대 이후로 벧세메스가 레위인들의 성읍이었다는 데서 이상하지 않다는 주장도 눈여겨볼 만하다(참조. Long, *1 and 2 Samuel*, 88). 그리고 "희생제물"(זְבָחִים, '즈바힘')도 무엇을 가리키는지 명확하지 않은데, 수사적인 중복 표현일 수도 있다.

16절은 다시 시점이 블레셋 사람들에게로 옮겨간다. 블레셋 다섯 성읍을 대표하는 것으로 보이는 블레셋의 다섯 군주(סַרְנֵי־פְלִשְׁתִּים הַחֲמִשָּׁה, '하미샤 사르네 플리쉬팀')들은 여호와의 궤가 무사히 벧세메스에 도착하여 이스라엘 백성들이 받아들인 것을 확인한다.[5] 그리고 이들은 그 날 곧바로 에그론으로 돌아갔다. 이 표현은 어떤 이야기를 마무리하는 관용구 가운데 하나로, 앞선 1절에서 시작한 여호와의 궤 환송 이야기를 블레셋 관점에서 일단락하는 구실을 한다.

**17-18절: 금종기과 금쥐 해설.** 이 두 구절은 18후반절에서 언급하는 여호수아의 밭에 있는 큰 바위에 얽힌 기원론(etiology)으로서 부연 단위로 여길 수 있다(비교. McCarter, *I Samuel*, 136-137). 이렇게 보면 이 두 구절까지가 사실상 여호와의 궤가 블레셋에서 이스라엘 땅 벧세메스로 되돌아오는 이야기를 이룬다고 볼 수 있다. 그도 그럴 것이 앞서 4절에서 본문은 여호와의 궤에 대한 속건 제물로 금종기와 금쥐 형상을 제각각 다섯 개씩 만들라고 했는데, 그 구절에서는 왜 다섯인지 숫자에 대한 해설이 없었다. 그 해설이 이 두 구절에서 나오니 이 구절들이 전체 이야기에 포함된다고 보아야 하는 것이다. 그리고 달리 생각해 보면 이 두 구절은 원래의 본문에는 없었으며, 후대에 기원론의 진술과 더불어 삽입되었을 가능성을 열어준다.

17절에서는 금종기의 수가 다섯인 까닭이 블레셋의 다섯 성읍(아스돗, 가사, 아스글론, 가드, 에그론)을 대표하기 때문이라고 밝힌다. 사실 앞선 5장에서는 아스돗과 가드와 에그론에서 일어난 일만 서술하였는데, 여기서 다섯 성읍이 다 들어간 까닭은 아마도 이 부연 단위에서 여호와가 블레셋에게 완전한 승리를 거두셨음을 강조하려는 의도가 있었을 것이다(참조. Klein, *1 Samuel*, 59). 18전반절에서는 금쥐가 다섯인 까닭을 설명하는데, 사실상 17절과 같은 내용이다. 블레셋의 다섯 대표 성읍은 물론

---

5.  "방백"으로 번역된 낱말의 기원에 대해서는, 앞선 삼상 5:8 본문 주해를 참조하라.

그 성읍들이 관장하는 다른 모든 성읍도 다 아우른다고 달리 표현하였을 뿐이다(참조. Tsumura, *First Samuel*, 223-224). 18후반절에서 "오늘까지도 ~ 있다"(עַד הַיּוֹם הַזֶּה, '아드 하욤 하제')라는 말은 전형적인 기원론의 표현이며, 특정한 시기를 염두에 두기보다는 존재의 지속성을 나타내는 관용적 표현으로 이해해야 한다.

**19-21절: 벧세메스에서 일어난 사건.** 이 단락에서는 여호와의 궤가 블레셋에서 다곤 신상을 깨뜨리고, 블레셋 사람들에게 독종 전염병이 만연하게 한 것과는 또 다른 능력이 벧세메스에서 일어난 이야기를 전한다. 19절에서 그 사건이 진술되는데, 벧세메스 사람들이 여호와의 궤를 들여다보아서, 여호와께서 그들을 치신다. 앞선 단락에 비추어 보았을 때, 벧세메스 사람들이 여호수아의 밭에 있던 큰 돌 위로 올라가서 보았는지, 아니면 그 전의 일이었는지는 명확하지 않다. 하지만 "여호와의 궤를 들여다보았"(רָאוּ בַּאֲרוֹן יְהוָה, '라우 바아론 야훼')다라는 표현은 사람들이 아마도 호기심에 언약궤의 뚜껑을 열었을 것이라는 사실을 전제하는 것으로 보이며, 이는 상상하지 못할 정도로 충격적인 행동이다(참조. Tsumura, *First Samuel*, 226). 이 일 때문에 하나님의 치심으로 죽은 사람의 수를 전하는 마소라 본문 "백성들 가운데 70명, 50,000명"(אֶלֶף אִישׁ בָּעָם שִׁבְעִים אִישׁ חֲמִשִּׁים, '바암 쉬브임 이쉬 하미쉼 엘레프 이쉬'; 위의 본문 비평 참조)이라고 전하는데, 직관적으로 이해하기는 어렵다. 어쨌거나 이 사건 때문에, 벧세메스 전체에 애곡이 넘쳐났다. 20절에서는 벧세메스 사람들의 탄식 어린 말을 그대로 전한다. 이들이 한 "누가 이 거룩하신 하나님 여호와 앞에 설 수 있을까?"라는 말의 표현은 제사장이 성소에 들어가는 문맥에서 종종 쓰인다(참조. 신 10:8; 삿 20:27-28; 겔 44:15; 대하 29:11;

McCarter, *I Samuel*, 137). 그러니 이 탄식은 사실 잘못되었다. 이들은 자신들에게 미친 재앙의 원인을 아직 알지 못하고, 마지막 구절에서 그저 여호와의 궤를 자신들에게서 옮길 궁리만 한다. 21절에서 그들은 끝내 전령을 기럇여아림에 보내서 언약궤를 가져가라고 요청한다. 기럇여아림은 벧세메스에서 북동쪽으로 24km쯤 더 올라가서, 예루살렘 서쪽 13km에 자리 잡은 성읍이었다. 이 요청에서 독자들은 지금까지 여호와의 궤 앞에서 블레셋 사람들이 보여준 행동과 벧세메스 사람들의 행동을 기억하며 과연 어떤 변화가 있을지를 기대하게 된다.


## 본문의 메시지


⑴ 블레셋 땅에 간 여호와의 궤가 다시 이스라엘로 되돌아오는 이야기를 시작하는 이 단락에서 블레셋 사람들의 입에서 나온 말이지만 속건제가 강조되고, 또 여호와의 영광과 관련된 낱말이 거듭 말놀이로 등장하여 강조된다. 물론 이야기의 진행에서 블레셋 사람들의 말과 행동과 연관된 문맥이지만, 독자들의 뇌리에는 이 두 개념이 강하게 새겨지는 효과도 있다. 특히 이 본문을 처음 읽었을 이스라엘 백성들에게는 더 그러했을 것이다.

여호와의 궤에 대해 죄를 지었다는 깨달음에서 블레셋 사람들은 방식은 올바르지 않지만, "속건 제물"을 준비하고, 온갖 정성을 다해 여호와의 궤 반송을 준비하였다. 그리고 심지어 이스라엘의 신께 영광을 돌리라는 선포까지 하였다. 여호와를 참 신으로 섬기며 이 본문을 읽는 독자들에게 본문은 역설적인 방법으로 자신을 되돌아보도록 한다.

앞선 본문에서 이스라엘 백성들은 정작 전쟁을 앞두고 여호와께 구하지도 않았고, 그분을 의지하지도 않아서 패전의 징벌을 받았다. 하지만 여호와의 임재 상징인 여호와의 궤는 블레셋에서 변치 않는 능력을 발휘하셨고, 역설적으로 블레셋 사람들의 속건제를 끌어냈다. 이 역설적인 이야기는 오늘날 신앙의 본질을 추구하지 않는 그리스도인들에게도 거듭 자신을 되돌아보도록 요청한다.

⑵ 여호와의 궤는 우여곡절 끝에 블레셋 땅에서 이스라엘 땅 벧세메스로 되돌아왔다. 처음에 벧세메스 사람들은 번제를 드리고, 언약궤를 제단에 고이 모셔두었다. 그러나 사람들의 호기심은 여호와의 임재 앞에서 두려움과 떨림으로 겸손해지지 않고 해서는 안 될 행동까지 서슴지 않게 만들어 버렸다. 그들은 아마도 눈에 신상으로 보이지 않는 언약궤의 존재를 확인하고 싶었을 것이다. 강력한 블레셋 군대를 꼼짝 못 하게 만든 하나님의 실체를 확인하고 싶었을 것이다. 그래서 결국 그들은 언약궤의 뚜껑을 열고 들여다보고 말았다. 이것은 블레셋 사람들이 저지른 잘못보다 훨씬 더 큰 잘못일 수 있다. 그분의 능력보다는 그분 존재의 실체에 더 관심을 두고 있기 때문이다.

누구나 눈에 보이지 않는 실체에 대한 믿음을 갖기란 쉽지 않다. 그러나 고대 사회에 그 흔하디흔한 신상을 엄격히 금지하신 하나님은 그런 실체의 존재를 초월하는 창조주요 통치자요 심판주이신 그분의 본성에 대해 신뢰하기를 바라신다. 온갖 가시적 가치들로 넘치는 시대에 사는 사람들에게 오늘도 그분은 언약궤의 뚜껑을 열기보다 그분의 무한하심 앞에 엎드려 경배하기를 바라신다.

# 7장
# 사무엘의 승리와 사역

## 우리말로 옮긴 본문

1 기럇여아림 사람들이 와서 여호와의 궤를 들고 언덕에 있는 아비나답의 집으로 가져갔다. 그리고 그들은 아비나답의 아들 엘리아살을 성별하여서 여호와의 궤를 지키게 하였다.

2 궤가 기럇여아림에 머무른 뒤에 많은 날이 흘러 스무 해가 지나갔다. 온 이스라엘 족속은 여호와를 뒤따랐다.ㄱ

3 그러자 사무엘이 온 이스라엘 족속을 향하여 말하였다. "여러분이 온 마음을 다해 돌아오려거든 여러분 가운데 있는 이방신들과 아스다롯 여신상을 없애고, 여호와께로만 여러분의 마음을 굳혀 그분만 섬기십시오. 그러면 그분께서 여러분을 블레셋 사람들의 손에서 건져주실 것입니다."

4 그리하여 이스라엘 자손들은 바알 신상들과 아스다롯 여신상들을 없애고 여호와만 섬겼다.

5 사무엘이 말하였다. "온 이스라엘을 미스바에 모이게 하십시오. 그러면 제가 여러분을 위해 여호와께 기도드리겠습니다."

6 사람들이 미스바로 모였다. 그리고 그들은 물을 길어 여호와 앞에 부어드리고, 그날 금식하였다. 거기서 그들이 말했다. "우리가 여호와께˹ 죄지었습니다." 사무엘은 미스바에서 사사로 이스라엘 자손들을 다스렸습니다.

7 이스라엘 자손들이 미스바에 모여들었다는 소식을 블레셋 사람들이 듣자 블레셋의 군주들이 이스라엘로 진군해 올라왔다. 이스라엘 자손들이 이 소식을 듣고는 블레셋 사람들을 두려워하였다.

8 이스라엘 자손들이 사무엘에게 말하였다. "우리 하나님 여호와께 부르짖는 일을 우리 앞에서 멈추지 마십시오. 그분께서 우리를 블레셋 사람들의 손에서 구해 주셔야 하겠습니다."

9 사무엘은 젖 먹는 어린양 한 마리를 가져다가 여호와께 통째로 태워 번제를 드렸다. 그리고 사무엘이 이스라엘을 위해 여호와께 부르짖었다. 그러자 여호와께서 그에게 응답하셨다.

10 사무엘이 번제를 드리고 있을 때, 블레셋 사람들이 이스라엘과 전쟁하러 다가왔다. 그러자 여호와께서 그날 블레셋 사람들을 향해 우렁찬 우렛소리를 내시며 그들을 당황케 하셨다. 그래서 그들은 이스라엘에게 패배하였다.

11 그러자 이스라엘 사람들이 미스바에서 나와서 블레셋 사람들을 추격하며 벧갈 아래 골짜기까지 이르도록 그들을 쳤다.

12 사무엘은 돌 하나를 가져다가 미스바와 센 사이에 세우고 그 이름을 에벤에셀이라 불렀다. 그리고 말하였다. "여기에 이르기까지 여호와께서 우리를 도우셨습니다."

13 그리하여 블레셋 사람들이 항복하고 다시는 이스라엘의 경계를 침
　 범하지 않았다. 사무엘이 살아 있는 내내 여호와의 손이 블레셋을
　 막아주셨다.

14 또 블레셋 사람들이 이스라엘에게서 빼앗아 갔던 에그론에서 가드
　 까지에 이르는 성읍들도 이스라엘에게 되돌아왔다. 그리고 그 성읍
　 에 딸린 지역들도 이스라엘이 블레셋 사람들의 손아귀에서 빼내 왔
　 다. 그런가 하면 이스라엘과 아모리 사람 사이에도 평화가 찾아왔
　 다.

15 사무엘은 살아 있는 내내 사사로 이스라엘을 다스렸다.

16 그리고 해마다 벧엘과 길갈과 미스바를 돌아다니며, 그 모든 곳에서
　 사사로 이스라엘을 다스렸다.

17 그러고는 라마로 돌아오곤 하였는데, 거기에 자기 집이 있었기 때문
　 이었다. 그는 거기서도 사사로 이스라엘을 다스렸고 거기다 여호와
　 를 위해 제단을 쌓았다.

# 본문 비평

**2절 ㄱ. 뒤따랐다**

마소라 본문(וַיִּנְהוּ, '바인나후'<נהה>)은 구약성경의 일반적인 형태에 따르
면, "애도하다"를 뜻한다. 그런데 여기서는 이 뜻이 들어맞지 않는다. 그
래서 게제니우스는 필사 오류로 여기고, 칠십인역의 번역(καὶ ἐπέβλεψεν,
"그리고 바라보았다" BA; καὶ ἐπέστρεψεν, "그리고 돌이켰다" boc₂e₂)과 연관한 פָּנָה
וַיִּ("그리고 돌이켰다"), וַיִּשְׁוּ("그리고 그들이 기울였다"), 또는 וַיִּנְהֲרוּ("그리고 그들

이 밀려들었다") 등의 수정 읽기 제안을 소개하였다(게제니우스, 『사전』, 492). 한편, *HALAT*에서는 후대 히브리어와 유대-아람어의 용례들을 바탕으로 어근 נהה을 함께 쓰며 "향하다, 돌이키다"를 뜻하는 또 다른 동사를 추정한다(*HALAT*, 638). 우리는 여기서 이 낱말이 어떤 형태로든 하나님을 향하는 이스라엘 백성들의 마음을 표현한다고 보고 이렇게 옮긴다.

### 6절 ㄴ. 여호와께

칠십인역은 신명사문자(tetragrammaton; 여호와) 뒤에 "땅 위에서"(ἐπὶ τὴν γῆν)가 더 있다. 이것은 꼭 있어야 할 표현은 아니며, 칠십인역은 좀 더 명확히 하려는 해설의 전통을 반영하겠다(참조. Dietrich, *1 Sam 1-12*, 304).


# 본문 주석


**1-4절: 기럇여아림에서 머무른 여호와의 궤.** 1절은 사실 앞선 장의 마지막 구절과 연관되며 다음 내용과 이어주는 이행구로 여길 수 있다. 여호와의 궤를 들여다보려다 엄청난 재앙을 겪은 벧세메스 사람들의 요청에 기럇여아림 사람들이 와서 여호와의 궤를 옮긴다. 그리고 아비나답이라는 인물의 집에 여호와의 궤를 들여다 놓았는데, 이 인물은 여기서 처음 등장한다. 후대의 기록에 따르면, 이 아비나답의 두 아들 웃사와 아효는 제사장이었다(참조. 삼하 6:3-8; 대상 13:7-11; Tsumura, *First Samuel*, 228). 그러니 기럇여아림 사람들은 벧세메스 사람들과 달리 좀 더 여호와의 궤에 대해 조심스럽게 접근하였음을 알 수 있다. 그리고 개역개정 성경에서는 아비나답의 집이 "산"(גִּבְעָה, '기브아')에 있었다고 번역했는데, 이

것은 성읍과 상관없는 산속이라기보다는 성읍의 한 구역으로 다른 곳보다 높은 언덕을 가리킬 것이다(참조. McCarter, *I Samuel*, 137). 이 본문에서는 아비나답의 아들 엘리아살을 "성별하여서"(קִדְּשׁוּ, '키드슈') 여호와의 궤를 지키도록 했다고 전한다. 이로써 엘리아살이 종교적으로 성결한 상태에서 여호와의 궤 지키는 일에만 전념했음을 알 수 있는데, 이는 벧세메스 사람들이 저지른 불미스러운 일이 다시 벌어지지 않도록 하려는 조치였을 것이다.

2절은 본문 편집자의 해설구로 여길 수 있으며, 여기서는 장소의 이동은 없고, 20년의 세월을 건너뛴다. 그리고 이 20년을 "여호와를 뒤따랐다"라고 평가하는데, 이 평가는 곧바로 이어질 사무엘의 등장을 준비한다. 앞선 3장에서는 소년 사무엘이 등장하였는데, 20년의 세월을 지나면서 독자들은 사무엘도 함께 성장했을 것으로 여길 수 있다. 그리고 3장 19절-4장 1절에서 "예언자" 사무엘의 등장과 인정을 요약했는데, 이 구절의 평가를 통해 본문에서 다루지 않은 시간에 있었을 사무엘의 영향력을 간접적으로 진술하는 셈이다.

3절에서 드디어 성인이 된 사사 사무엘이 이스라엘 온 족속을 향해서 하는 말이 등장한다. 사실상 사무엘이 공식적으로 한 첫말이며, 문헌비평 관점에서 4장 1절을 이어받는다. 가장 먼저 사무엘은 이스라엘 백성들에게 여호와께 돌아오기를 권면하는데, "온 마음을 다해"(לְבַבְכֶם־בְּכָל, '브콜-르바브켐'; 직역. "너희의 온 마음으로")라는 표현을 쓴다. 사무엘이 쓴 이 표현은 신명기와 신명기계 역사서에 자주 찾아볼 수 있는 관용구다(참조. 신 6:5; 삼상 12:20; 왕상 8:23; 왕하 10:31 등; Dietrich, *1 Sam 1-12*, 317). 신명기계 역사서에서 으레 그렇듯, 이 구절에서 하나님이 블레셋 사람의 손에서 이스라엘을 건져내시는 데는 조건이 있다. 그것은 풍요제의를 멀리하고 오로지 여호와만 섬기는 것이다(참조. 신 30:15-20). 여기서 "이방신들"(אֱלֹהֵי הַנֵּכָר, '엘로헤 하네카르')과 더불어 특히 "아스다롯"(הָעַשְׁתָּרוֹת, '하아쉬타로트')이 언급되는데, 이 신은 다른 곳에서는 4절에서처럼 바알과 함께 등장하는 여신의 이름이다(참조. 삿 2:13; 10:6; 삼상 12:10). 물론 바알과 마찬가지로 복수형으로 쓰여서 다양한 신상과 연관되며, 가나안 땅의 풍요제의에 핵심이 되는 신들이다. 4절에서는 앞선 3장 19절을 되새기기라도 하듯, 사무엘의 말 그대로 이스라엘 백성들이 실행하였다는 사실을 전한다. 이 두 구절에서 우리가 눈여겨볼 것은 두 가지 사실이다. 첫째, 사무엘 당시 이스라엘 백성들은 벌써 혼합종교제의(syncretism)의 관습을 실행하고 있었다는 것이며, 둘째, 사사기에서 여러 번 등장한 것처럼 블레셋이 이스라엘 백성의 주적이 되어 있다는 사실이다.

**5-11절: 미스바에서 블레셋과 맞선 대결.** 5절은 새로운 사건을 시작하는데, 앞선 3-4절의 약술을 구체적인 사건으로 상술하는 역할을 하겠다. 사무엘은 온 이스라엘을 "미스바"(מִצְפָּה, 미츠파)로 모은다. 미스바는 예루살렘에서 북서쪽은 12㎞ 정도 떨어진 곳에 있는 성읍으로 오늘날의 텔 엔-나츠베(Tel en-Naṣbe)와 동일시된다(참조. Dietrich, *1 Sam 1-12*, 318). 이곳에서 사무엘은 이스라엘을 위한 중보기도를 자청한다. 6전반절에서는 사무엘의 소집에 이스라엘 백성들이 모여 함께 회개 기도하는 장면을 전한다. 먼저 그들은 여호와 앞에 물을 길어 붓는다. 이것이 구체적으로 어떤 행위였는지는 명확하지 않다, 어쩌면 회개를 위한 의식을 뜻할 수도 있겠고(참조. Tsumura, *First Samuel*, 234), 제2성전 시대 유대 전통에서 초막절에 성전에 물을 붓던 관습의 원형일 수도 있다(참조. Dietrich, *1 Sam*

*1-12*, 319-320). 어쨌거나 그들은 이어서 종일 금식하며 여호와께 회개하였다.

6후반절은 문맥을 깨는 해설구다. 사무엘이 바로 여기 미스바를 근거지로 이스라엘을 다스렸다(וַיִּשְׁפֹּט, '바이쉬포트')고 언급하기 때문이다. 여기서 쓰인 동사는 사무엘이 이스라엘의 사사였음을 알려주는 첫 언급이다(참조. 15절).

7절에서 이야기는 다시 이어져서, 이스라엘 백성들이 금식하고 회개하는 동안 이 소식이 블레셋 사람들에게 전해졌음을 전한다. 그리고 블레셋 사람들은 온 이스라엘이 모인 것을 군사적 행동으로 이해한 듯하다. 왜냐하면, 블레셋 사람들은 곧바로 이스라엘에 대항해서 진군해 왔기 때문이다. 블레셋 군대가 몰려온다는 소식은 이스라엘 백성들에게 두려움이 되었다. 8절에서 이스라엘 백성들은 사무엘에게 구원을 위한 중보기도를 요청한다. 이 사건은 앞서 엘리 시대의 이야기에서 장로들이 하나님께 기도하기보다는 머리를 써서 하나님의 능력을 이용할 방법을 짜냈던 것과 뚜렷한 대조를 이룬다. 이런 대조는 앞으로 벌어질 사건의 대조도 기대하게 하는 구실을 한다. 여기서 기도를 일컫는 "부르짖다"(זָעַק, '자아크')는 사사기에서 구원을 간청하는 기도에서 쓰이던 용어다(참조. 삿 3:9, 15; 6:6, 7; 10:10; 비교. צָעַק: 삿 4:3; 10:12; Klein, *1 Samuel*, 67). 그러므로 지금 이 사건에서 사무엘은 사사의 역할을 하고 있음이 분명해진다. 9절에서 백성들의 요청을 받은 사무엘은 어린 양으로 번제를 드리고 여호와께 중보기도를 한다(זָעַק, '자아크'). 본문은 곧바로 사무엘의 중보기도에 여호와가 응답하셨다고 전한다. 이 또한 독자들에게 엘리 시대의 전쟁과 견주도록 한다.

10절에서 여호와의 응답이 무엇이었는지 구체적으로 전한다. 사무엘이 번제를 드리고 있을 때, 블레셋 군대는 이스라엘을 기습하려고 접근해 왔다. 그런데 이때 여호와께서 큰 우레를 블레셋 사람들에게 발하셔서 군대의 전열을 어지럽히셨다. 엘리 시대에는 경험할 수 없었던 거룩한 전쟁(Holy War)을 통한 승리의 시작을 알리는 전형적인 대목이다.[1] 여호와께서 전쟁에 함께하신다는 확신을 가진 이스라엘 군대는 블레셋과 대전했고, 승리했다. 11절에서 이스라엘 백성들은 한 걸음 더 나아가서 패주하는 블레셋 군대를 미스바에서부터 벧갈(בֵּית כָּר, '벳 카르')까지 추격하였다. 벧갈이라는 지명은 여기서만 등장해서 정확한 위치를 알 수는 없지만, 아마도 미스바에서 블레셋 국경까지 가는 길에 있었던 성읍으로 여길 수 있겠다.

**12절: "에벤에셀".** 엘리 시대 이후 블레셋 군대와 치른 전투에서 처음으로 승전한 이스라엘 백성들은 사무엘과 함께 이 승리를 기념한다. 그 기념은 돌(אֶבֶן, '에벤')로 상징되는데, 이는 이들이 모여 있던 미스바와 "센"(שֵׁן, '쉔') 사이에 세워졌다. 이 지명이 구체적으로 어디인지는 밝힐 수 없지만,[2] '이빨'을 뜻하는 이름으로 보아 깎아지른 절벽 지대가 특징이었던 곳으로 보인다(참조. 삼상 14:4-5; Long, 96). 구약성경에서는 종종 어떤 사건을 기념하는 뜻으로 세운 돌을 자주 언급하는데(참조. 창 31:48; 수 7:26; 8:29; 10:27; 삼상 6:18; 15:12; 삼하 18:18 등; Dietrich, *1 Sam 1-12*, 324), 여기서 사무엘이 세운 돌은 승전비이자 경계석 구실을 함께 했을 것이다. 사무

---

1. 여호와의 거룩한 전쟁에서 승리하는 모습은 종종 자연 현상과 더불어 진술되는데, 번개(삼하 22:15), 우박(수 10:11), 홍수(출 15:21; 삿 5:21), 별(삿 5:20) 등이다. 참조. Dietrich, *1 Sam 1-12*, 323.
2. 맥카터는 이 지명이 여사나(대하 13:19), 오늘날 예루살렘 북쪽 27㎞쯤 위치한 부리 엘-이사네(Burj el-Isâneh)의 줄임꼴이라고 본다. 참조. McCarter, *I Samuel*, 146.

엘은 이 석비를 "에벤에셀"(אֶבֶן הָעָזֶר, '에벤 하아제르')이라는 이름으로 부르며, 그 뜻은 '도움의 돌'이다. 그리고 이어서 "여기에 이르기까지 여호와께서 우리를 도우셨습니다"(עַד־הֵנָּה עֲזָרָנוּ יהוה, '아드-헨나 아자라누 야훼')라고 뜻을 풀이한다. 일반적으로 승전비가 (신의 도움을 받은) 왕의 업적을 기리는 것이 주가 되는데, 사무엘은 승전비의 내용을 오로지 여호와의 도우심으로 채웠다. 이는 앞서 엘리 시대의 실수에 대한 철저한 성찰과 반성을 이스라엘 백성들은 물론, 독자들에게도 보여준다.

**13-14절: 평화의 시대.** 이 두 구절은 몇몇 부분에서 사사기의 역사서술 양식을 생각나게 한다. 13절은 먼저 블레셋 사람들이 이스라엘에 "항복하고"(וַיִּכָּנְעוּ, '바이칸느우')라고 서술하는데, 이는 사사기에서 쓰던 관용구를 사용한 것으로 보인다(참조. 삿 3:30; 8:28; 11:33). 그리고 이어지는 사무엘서 전체의 내용을 고려하면 한시적인 휴전으로 새겨야 할 것이다. 이런 서술은 블레셋 사람들이 "다시는"(עוֹד, '오드') 이스라엘 지역에 들어오지 못했다는 진술도 마찬가지다. 앞서 여호와의 궤가 블레셋 땅에 있었을 때와 마찬가지로 여호와의 손은 다시 심판의 의미로 블레셋 사람들 가운데 있었다(참조. 5:9, 11; 6:3, 5). 그래서 사사기에서 자주 쓰이던 표현대로, "사무엘이 살아 있는 내내"(כֹּל יְמֵי שְׁמוּאֵל, '콜 여메 쉐무엘') 블레셋의 침공을 막으셨다(참조. 삿 2:7, 18; 8:28). 14절에서는 사무엘 시대 때 회복한 영토를 언급한다. 그런데 에그론과 가드가 원래 이스라엘의 영토였다는 첫 언급은 논란거리다. 물론 이 두 성읍이 이스라엘의 영토에 가까이 있었지만, 이 언급은 아마도 여호와의 궤를 빼앗겼던 사건을 떠올려 주면서 대조하려는 의도에서 한 역사적 평가일 것이다(참조. Klein, 69). 특히 "에그론에서 가드까지"(מֵעֶקְרוֹן וְעַד־גַּת, '메에크론 브아드-가트')라

는 표현 자체의 의미도 불분명하다. 이 표현은 ⑴ 에그론과 가드 사이의 경계에 이르기까지, ⑵ 에그론과 가드 사이의 지역, ⑶ 에그론과 가드 모두 등을 뜻할 수 있다(참조. Tsumura, *First Samuel*, 239). 하지만, 핵심은 이어지는 진술 "그리고 그 성읍에 딸린 지역들도 이스라엘이 블레셋 사람들의 손아귀에서 빼내 왔다"에 있을 것이다. 후반절에서는 "아모리 사람"(הָאֱמֹרִי, '하에모리')이 등장하는데, 이 명칭은 특히 신명기의 영향을 받은 문헌에서 가나안에 거주하던 원주민을 일컫는 데 쓰였다(참조. McCarter, *I Samuel*, 147). 이 본문에서는 분명히 이들이 구체적으로 누구인지를 규명하는 것보다 사무엘 시대에 이스라엘과 주변 민족들 사이에 "평화"(שָׁלוֹם, '샬롬')가 있었다는 사실을 강조하는 데 초점이 맞추어져 있다.

**15-17절: 사무엘의 순회 사사직.** 이 단락은 7장에서 시작한 사사 사무엘의 활약을 마무리하는 구실을 한다. 15절에서는 그런 사무엘의 사사직에 대해 사는 날 동안 이스라엘을 "다스렸다"(וַיִּשְׁפֹּט, '바이쉬포트')고 표현한다. 6절에서도 등장했던 이 표현은 사사기에서 주요 행적만 간단히 언급한 이른바 소사사들에게 쓰인다(참조. 삿 10:1-5; 12:7-15; Dietrich, *1 Sam 1-12*, 326). 그러니 사무엘서의 이 본문 단락의 전통은 사무엘을 서술한 일차 기록에 기대고 있다고 볼 수 있겠다. 만약 본문에서 사무엘을 이렇게 소사사 가운데 한 명으로 보고 있다면, 그렇지 않더라도 사사 시대의 전통으로 본다면, 이 구절에서 말하는 "이스라엘"은 평시 사무엘의 사사 통치 범위를 나타내는 전체 이스라엘이 아니라, 이 단락에서 언급하는 지명들에 제한될 수 있다.

16절에서는 그런 사무엘의 사사직 수행이 이루어졌던 장소를 언급한다. 사무엘은 해마다 때가 되면 사사직 수행을 위해 길을 나섰다. 사사기의 배경에서 볼 때, 그는 아마도 여러 성읍에서 이런저런 민형사상의 사건들을 재판하는 일을 했을 것이다(참조. 삿 4:4-5). 이렇게 길을 나선 그는 여러 성읍을 "돌아다니며"(סָבַב, '사바브') 사사직을 수행하였다. 이 표현의 히브리어 낱말은 구문상 과거의 되풀이된 행위를 나타낸다(참조. McCarter, *I Samuel*, 148). 그러므로 사무엘은 이어 언급되는 여러 곳을 차례로 계속해서 방문하였다는 뜻이 된다. 먼저, 벧엘은 사무엘서에서는 여기서 처음 등장한다(10:3; 13:2; 30:27). 사사기 20장 27절에 따르면 언약궤가 한때는 벧엘에 있었으므로, 족장 시대부터 성소였던 이곳(창 35:15)은 여전히 성소로 여겨졌을 것이다. 그다음으로 언급된 성읍은 길갈이다. 길갈은 사무엘서에서 왕정 전환과 관련해서 종종 주요 장면들이 펼쳐지는 곳이 될 것이다(삼상 10:8; 11:14-15; 13:8-15; 15:12, 21, 33; 삼하 19:15, 40; Dietrich, *1 Sam 1-12*, 328). 정확한 위치는 알려지지 않았지만, 여호수아서에 따르면 "여리고 동편 지경"(수 4:19 등)에 있었던 성읍이었다. 그리고 사무엘은 앞서 블레셋과의 전투 장면에서 이스라엘과 함께 제의와 기도를 했던 미스바에서도 사사직을 수행했다.

17절에서는 마침내 사무엘의 고향 라마가 언급된다(참조. 1:1[라마다임소빔], 19). 그런데 라마에서는 앞서 언급된 성읍들과는 다른 모습을 보여준다. 15절과 16절에서 계속해서 사무엘이 이스라엘을 "다스렸다"(שָׁפַט, '샤파트')고 언급하였다. 17절에서도 이 문장이 등장하여 사무엘이 라마에서도 사사직 수행, 그러니까 정치적 지도자로서 재판을 수행했음을 짐작할 수 있다. 그런데 앞선 성읍들에서는 정지적 지도자 사무엘의 모습만 보였다면, 라마에서 사무엘은 여호와를 위하여 제단을 쌓았다. 이것은 앞서 블레셋과 전쟁을 치를 때 미스바에서 한 사무엘의 행동을 생각나게 한다(참조. 삼상 7:9). 이것은 사무엘의 종교적 지도자로서 모습이다. 이로써 앞으로 이어질 내용에서 사무엘이 정치적·종교적 지도자로서 할 역할을 모두 보여준다.

## 본문의 메시지

(1) 여호와의 궤가 이스라엘로 되돌아오고, 성인으로 성장한 사무엘이 사사로 다스리던 때는 앞선 엘리 시대와 모든 면에서 대조를 이루었다. 무엇보다 사사 사무엘과 이스라엘 백성들은 하나님을 중심으로 하는 원래 모습을 회복했다. 사무엘은 그사이 만연해 있었던 혼합종교제의를 경계하며, 오로지 하나님만 섬기는 신앙의 회복을 선포했다. 이것은 백성들의 신앙에 무심했던 엘리와 극도로 타락해서 백성들에게서 제물을 편취하고 윤리적으로 용납되지 않는 간통의 죄도 서슴지 않았던 그의 아들들과 완전히 다른 모습이었다. 더구나 블레셋 군대가 쳐들어왔을 때 대처하는 모습도 완전히 달랐다. 엘리 시대에는 다른 고대 근동의 나라들이 하던 관습을 흉내 내어 여호와의 궤를 전쟁터에 가지고 나와서 그것이 무슨 기적이라도 내기를 바랐다가 대패하고 궤마저 빼앗겼다. 그러나 지금 사무엘과 이스라엘 백성들은 전쟁을 코앞에 두고도 하나님과 맺는 관계 회복에 집중했다. 그러자 구하지도 않은 승전까지 맛볼 수 있었다. 사무엘 시대의 이런 모습, 말씀과 기도, 순종의 회복은 신앙의 본질로 돌아가는 것이 얼마나 중요한지를 오늘도 면면히 전해 주며, 교훈한다.

⑵ 사무엘은 블레셋과 벌인 전투에서 크게 승리하고 그 공을 오로지 여호와께 돌린다. 그래서 으레 왕의 업적을 기리는 데 쓰이던 돌에 "에벤에셀"이라는 이름을 붙인다. 곧 오로지 여호와의 도움이 모든 승전과 업적을 가능하게 했다는 말이다. 승전 이후 사무엘은 이스라엘에서 자신의 입지를 더 높이려 하지 않았다. 그는 왕이 되려 하지도 않았고, 전체 이스라엘을 자신의 통치권 아래 굴복시키려 하지도 않았다. 그는 지금까지 내려온 이스라엘의 사사 체제를 존중하고 받아들였다. 그래서 그는 승전 이후에 자신이 원래 있던 자리로 되돌아갔다. 자기 고향인 라마와 인근 지역들을 순회하며, 사사 직무를 충실히 계속했다.

이런 사무엘의 모습은 올바른 지도자상, 올바른 그리스도인의 표상이 된다. 사람들은 어떤 일에서 성공을 이루면, 으레 자신이 드러나기를 바란다. 겉으로 드러내지 않더라도 내심은 어디서든 자신이 이룬 일들을 다른 사람들이 알아주기를 바란다. 하지만 사무엘이 전통 가운데서 자신의 자리를 내내 잘 지켰던 모습은 어떤 자리에서건, 어떤 성공을 이루었건 그리스도인은 자신의 자리, 하나님 앞에서 겸손한 모습을 지키는 것이 얼마나 소중한지를 배울 수 있도록 해 준다.

8장
## 이스라엘 백성들의 왕정 요구

## 우리말로 옮긴 본문

**백성들이 왕을 요구하다**(1-9절)

1   사무엘이 늙어 자기 아들들을 이스라엘의 사사로 세웠다.

2   맏아들의 이름은 요엘이었고, 둘째 아들의 이름은 아비야였다. 그들은 브엘세바에서 사사로 다스렸다.

3   그러나 사무엘의 아들들은 그가 갔던 길을 따르지 않고, 잇속에 치우쳤다. 뇌물을 받고 불공정한 판결을 내렸다.

4   그러자 이스라엘의 모든 장로가 모여서 라마에 있는 사무엘에게 찾아왔다.

5   그들이 사무엘에게 말했다. "보십시오. 어르신께서는 나이가 많으시고, 어르신의 아들들은 어르신이 갔던 길을 따르지 않습니다. 그러니 이제 우리에게도 다른 모든 나라처럼 우리를 다스릴 임금을 세워 주십시오."

6 그들이 '우리를 다스릴 임금을 우리에게 주십시오'라고 한 그 말이 사무엘의 눈에 거슬렸다. 그래서 사무엘이 여호와께 기도드렸다.

7 여호와께서 사무엘에게 말씀하셨다. "백성들이 네게 하는 모든 말을 다 들어주어라. 이는 그들이 너를 버린 것이 아니라, 내가 그들의 임금이 되지 못하도록 저버린 것이기 때문이다.

8 이집트에서 올라오던 날부터 이제까지 나를 버리고 다른 신을 섬기며 그들이 저질렀던 그 모든 행위를 네게도 그대로 하고 있는 것이다.

9 그러니 이제 그들의 말을 들어주어라. 하지만 그들을 다스릴 임금의 권한을 분명히 일러주어 알게 하거라."

## 임금의 권한과 그것을 받아들이는 백성들(10-22절)

10 그리하여 사무엘이 자신에게 임금을 요구하는 백성들에게 여호와의 모든 말씀을 일러주었다.

11 그가 말하기를, "여러분을 다스릴 임금의 권한은 이렇습니다. 임금은 여러분의 아들들을 징집해서 자기 전차병과 기마병과 자기 전차 앞에서 뛸 보병으로 삼을 것입니다.

12 또 자기 천인 부대장과 오십인 부대장을 삼는가 하면, 자기 경작지를 경작하게 하거나 자기 곡식을 거두게 하기도 할 것입니다. 무기와 전차를 만들게도 할 것입니다.

13 그리고 여러분의 딸들은 뽑아서 향유를 만들게 하거나, 요리를 시키거나, 빵을 굽게 할 것입니다.

14 여러분의 밭들과 포도원과 좋은 올리브 농원들도 거두어 가서는 자기 내관들과 신하들에게 줄 것입니다.

15 그는 또한 여러분의 곡식과 포도의 십일조를 징수하여 마찬가지로 자기 내관들과 신하들에게 줄 것입니다.

16 그리고 여러분의 남종들과 여종들, 여러분의 좋은 소와 나귀를 가져갈 것이고, ˹그의 일을 하게 될 것입니다.˺

17 여러분의 양 떼 가운데서도 십일조를 징수할 것이고, 결국 여러분은 그의 종이 될 것입니다.

18 그날에는 여러분이 자기 자신을 위해 선택한 임금 때문에 부르짖겠지만, 그날에는 여호와께서 여러분에게 응답하지 않을 것입니다."

19 그러나 백성들은 사무엘의 말을 들으려 하지 않고서는 말하였다. "안 되겠습니다. 그래도 우리에게는 임금이 있어야 하겠습니다.

20 그래야 우리도 다른 모든 나라와 같아질 것입니다. 우리 임금이 우리를 다스리고, 우리 앞에 나서서 전쟁을 치를 것입니다."

21 사무엘은 백성들의 모든 말을 듣고서 여호와께 아뢰었다.

22 여호와께서 사무엘에게 말씀하셨다. "그들의 말을 들어주어라. 너는 그들에게 임금을 세워주어라." 그래서 사무엘은 이스라엘 사람들에게 말하였다. "다들 제 성읍으로 돌아가 있으십시오."

## 본문 비평

### 3절 ㄱ. 그가 갔던 길을

마소라 본문의 자음 본문 전통(Ketib)과 읽기 전통(Qere)이 여기서 서로 다르다. 자음 본문 전통에서는 בדרכו로 명사 "길" 단수형이다. 반면에 읽기 전통에서는 이것을 복수형으로 써서 בדרכיו로 읽어야 한다고 표시하였다. 사실상 두 형태 모두 어떤 이의 품행이나 성품을 나타낼 수 있는 상징적 표현이다(게제니우스, 『사전』, 166). 읽기 전통이 주로 중세 히브리어 필사본들이나 페쉬타, 타르굼, 불가타 등의 이차 역본들에 지지를 받는 반면에, 자음 본문 전통은 칠십인역(ἐν ὁδῷ αὐτοῦ)의 지지를 받으므로 단순한 필사 오류는 아님을 알 수 있다.

### 16절 ㄴ-ㄴ. 그의 일을 하게 될 것입니다

마소라 본문은 여기서 וְעָשָׂה לִמְלַאכְתּוֹ('브아사 리믈라아크토', "그의 일을 위해 그가 할 것입니다"[?])로 구문상 잘 이해되지 않는다. 그래서 이런 표현을 비인칭 수동형(impersonal passive)으로 이해하여 "will be made"로 번역하기도 한다(Tsumura, *First Samuel*, 254). 한편, 쿰란 성경 본문(4QSamª)은 복수형 동사형을 써서(ועשו), "그들이 그의 일을 하게 될 것입니다"가 된다. 칠십인역의 경우, ἀποδεκατώσει('아포테카토세이', "그가 십일조를 거둘 것이다")로 옮기는데, 이는 15절과 17절의 영향을 받은 본문 이형(ועשר)을 전제하는 것으로 보인다. 우리는 마소라 본문이 필사 오류에서 생긴 본문 훼손으로 여기고, 쿰란 본문을 따라 번역한다.

본문 주석

### 백성들이 왕을 요구하다(1-9절)

**1-3절: 사무엘의 아들들이 사사가 됨.** 1절은 "사무엘이 늙어"로 시작하여, 또 다른 상황이 전개될 시간적 배경을 마련해 준다. 앞서 소년 사무엘과 장년 사무엘의 이야기를 전해주었다면, 이제 노년 사무엘의 이야

기가 시작된다. 독자들은 자연스레 노년이 된 사무엘과 엘리를 기억하며 견주게 된다. 지금까지 본문 서술의 기조라면, 엘리와 달라야 할 것이다. 그런데 본문은 사무엘이 자기 아들들을 사사로 삼았다고 전한다. 사실 사사는 세습이 되는 직책이 아니었다(참조. 삿 8:22-23). 사사 체제의 핵심은 하나님을 왕으로 모시고, 신앙 공동체의 정체성을 유지하는 것이었다. 그런데 사무엘이 아들을 사사로 삼았다는 진술은 의외다. 엘리는 사사로 있었지만, 그의 아들들이 사사였다는 언급은 없었다(참조. Tsumura, *First Samuel*, 245). (사무엘을 포함해서) 하나님의 선택으로 임명되던 사사를 왜 사무엘이 직접 아들들에게 세습해 주었는지는 분명하지 않다. 그런데도 분명히 전통을 땐 사무엘의 행동에 독자들은 불안함을 떨칠 수 없게 된다. 2절에서는 사사가 된 사무엘의 두 아들이 소개된다. 흥미롭게도 엘리가 두 아들을 두었던 것과 일치하여 더더욱 비교된다. 사무엘의 맏아들은 이름이 "요엘"(יוֹאֵל)이었는데, "여호와가 하나님이시다"는 뜻이고, 둘째 아들은 "아비야"(אֲבִיָּה)였는데, "내 아버지는 여호와시다"라는 뜻이다. 여기서 다시금 독자들을 당혹스럽게 하는 정보가 전해진다. 이들이 브엘세바에서 사사가 되었다. 브엘세바는 유다 지파의 남쪽 경계를 이루는 성읍으로 사무엘은 한 번도 활동한 적이 없는 곳이다. 그사이에 사무엘이 활동 반경을 넓혔는지는 진술되지 않아서 알 수 없다. 하지만 바로 앞 장에서 사무엘이 원래 사사 활동을 하던 데서 영역을 확장하지 않았던 점을 고려한다면, 이 또한 긍정적이지 않다. 그러므로 노년의 사무엘 이야기는 시작부터 어둡다.

　3절에서 그 어두움은 정체를 드러낸다. 고향 본거지가 아닌 브엘세바에서 사사직을 수행하던 사무엘의 아들들은 아버지의 영향력에서 벗어나 방종했던지, 사무엘이 갔던 삶의 길을 따라 걷지 않았다. 이 말은 앞선 이야기에서 보여주었던 사무엘의 올곧은 신앙, 엘리와 뚜렷이 대조된 삶의 모습을 보이지 않았다는 뜻이다. 구체적으로 그들은 사사로서 가장 중요한 재판에서 문제를 일으켰다. 재판은 결코 한쪽으로 치우쳐서는 안 된다. 그러나 그들은 처음부터 사사로운 "잇속"(בֶּצַע, '베차')을 따라 치우쳐서, 서슴지 않고 뇌물을 받았다. 그리고 그 결과 "판결"(מִשְׁפָּט, '미쉬파트')마저 치우치게 했다. 엘리의 아들 홉니와 비느하스가 종교 활동에서 타락했었다면, 사무엘의 아들들은 정치 활동에서 타락해 버렸다. 이로써 독자들은 다시 한번 실망하게 된다. 타락했던 엘리의 가문과 달리 사무엘은 장년이 되기까지 올곧은 길을 걸어왔는데, 결국 아들 대로 넘어가면서 달라지지 않고 다시 원점으로 돌아갔기 때문이다.

**4-5절: 이스라엘의 왕정 요구.** 4절에서 급기야 "이스라엘 모든 장로"(כֹּל זִקְנֵי יִשְׂרָאֵל, '콜 지크네 이스라엘'), 그러니까 각 지파의 대표들이 모여 라마에 있던 사무엘에게로 갔다. 이 단체 행동은 앞서 본문에서 드러난 노년의 사무엘과 그 아들들의 정치 윤리에 대해 근본적인 문제 제기가 공식화되었음을 뜻한다.

5전반절에서 그들은 1-3절의 내용을 그대로 요약해서 전하며, 사무엘과 아들들의 문제를 지적하였다. 그리고 5후반절에서 핵심적인 요구 사항을 전한다. 곧 왕정 전환이었다. 그런데 그 임금은 사무엘도, 그의 아들들 가운데 한 사람도 아니었다. 왜냐하면, 그들은 자신들을 다스리도록(שָׁפַט, '샤파트')[1] "우리를 다스릴 임금을 세워주십시오"(לָנוּ מֶלֶךְ

______________

1.　여기서 쓰인 이 낱말은 사사의 직무에 쓰이는 전형적인 용어로, 왕으로 다스린다는 뜻의 מָלַךְ('말라크')와 구분된다. 이스라엘 백성들은 아직 본격적인 왕정보다는 최

שִׂימָה, '시마-라누 멜레크')라고 하여 인물을 특정하고 있지 않기 때문이다. 이들이 임금을 요구하는 근거는 "다른 모든 나라처럼"(כְּכָל־הַגּוֹיִם, '크콜-하고임')이었다. 물론 왕정 제도를 가르치는 신명기 17장 14-15절에서도 같은 표현을 찾아볼 수 있다. 하지만, 이 문맥에서는 좀 더 부정적인 평가가 들어 있다(참조. Klein, *1 Samuel*, 75). 하나님은 이스라엘을 특별히 자기 백성으로 선택하셔서 친히 임금이 되고자 하시는데, 이스라엘은 그런 체제가 아니라 다른 나라와 같은 왕정을 바라고 있기 때문이다.

**6-9절: 왕정 요구에 대한 하나님의 응답.** 6절에서 장로들의 요구를 들은 사무엘의 첫 반응은 '눈에 거슬림'이었다(וַיֵּרַע הַדָּבָר, '바예라 하다바르'; 직역. "그 말이 불쾌했다"). 사무엘이 눈에 거슬려 한 이유는 진술되지 않으며, 또 이어서 사무엘이 여호와께 기도했는데, 그 내용도 등장하지 않는다. 그래서 독자들은 사무엘의 심경을 추측할 수밖에 없는데, 다른 한편으로 이것은 빈자리로 작용하여 독자들의 독서 활동을 촉발하기도 한다. 그래서 문맥에 따라 추측해 보자면, 전통을 깨가며 사사직을 세습하려 했던 사무엘은 그 부작용을 감지했던지, 자기 아들들에게 상대적으로 중앙에서 멀리 떨어져 있는 브엘세바에서 사사로서 경험을 쌓도록 하였을 수 있다. 그러나 아들들은 사무엘의 뜻대로 경험을 쌓기보다는 타락해 갔다. 안 그래도 이 문제로 고심했을 사무엘에게 장로들의 요구는 정곡을 찌르는 말이었을 것이며, 사무엘은 자연스레 자기합리화의 과정을 거치며 불쾌하게 여겼을 수 있다. 어쨌거나 본문은 7-9절에서 곧바로 하나님의 응답을 전한다. 그런데 하나님의 응답은 7-8절과 9절의

---

소한의 왕권을 가진 왕이 사사의 자리를 대신해 전국을 다스리는 개선된 사사 체제를 바라고 있었을 가능성이 있다.

기조가 다소 다르다. 7-8절은 왕정의 요구를 반역과 배교로 여기는 반면에, 9절에서는 왕정의 제도를 가르치라는 다소 긍정적인 응답이 전해진다. 단절로 여길 수도 있지만, 이상과 현실 사이의 타협으로 연속성을 생각해 볼 수도 있다. 7절에서 여호와는 왕정의 요구가 하나님을 '버림'(מָאַס, '마아스')이라고 규정하신다. 이 낱말은 '경멸, 멸시, 업신여김' 등의 뜻을 품고 있는데, 여기서는 하나님의 왕권을 부정한다는 뜻으로 쓰였다. 이는 여호와를 임금으로 하는 정치 공동체인 이스라엘의 정체성을 말하는 것이다. 8절에서는 "저버림"(עָזַב, '아자브')으로 규정하는데, 출애굽 이후, 그러니까 여호와 하나님과 언약을 맺은 이후로 가나안 땅에 정착하여 계속해서 풍요제의의 이방종교에 유혹되었던 것과 매한가지라고 말씀하신다. 이는 여호와만을 섬기는 유일신앙의 종교 공동체로서 이스라엘의 정체성을 말하는 것이다. 이 두 구절은 사실상 이스라엘의 핵심적인 정체성을 역설적으로 강조하는 구실을 한다. 결국 이 두 구절은 어차피 사무엘의 세습으로 시작한 왕정의 실험은 피할 수 없으니 정체성을 분명히 한 왕정 체제를 가르치라는 9절을 강조하기 위한 역설의 수사법으로 작용한다고 볼 수 있다. 그래서 사무엘에게 이스라엘만의 "임금의 권한"(מִשְׁפַּט הַמֶּלֶךְ, '미쉬파트 하멜렉')을 제정하여 가르치라고 명령하시며, 그 제도는 이어지는 본문에서 밝혀질 것이다.

### 임금의 권한과 그것을 받아들이는 백성들(10-22절)

**10-18절: 임금의 권한.** 10절에서 사무엘은 임금을 요구하는 백성들에게 앞선 구절에서 여호와께서 말씀하신 "임금의 권한"(מִשְׁפַּט הַמֶּלֶךְ, '미쉬파트 하멜렉')을 알려주기 시작한다. 여기서 "요구하는"에 해당하는 히브리어 הַשֹּׁאֲלִים('하샤알림')의 어근 שָׁאַל('샤알')은 사무엘과 사울을 이어주

는 낱말로 볼 수 있다. 곧 이 낱말은 앞서 사무엘의 출생 이야기에서 사무엘의 이름과 연관하여 쓰였고(참조. 1:17-18), 이 과정을 거쳐서 세워질 첫 임금 사울(שָׁאוּל)의 어근이기도 하기 때문이다(참조. McCarter, *I Samuel*, 157-158; Klein, *1 Samuel*, 76). 일반적으로 왕정 체제에서 임금은 국가 방위와 통치의 의무를 지고, 백성들은 각종 군역과 세금, 부역의 의무를 지게 되는데, 여기서는 백성들의 의무를 먼저 제시한다. 아마도 왕정 체제에서 백성들이 져야 할 부담을 먼저 언급하여 부정적인 인상을 주려는 사무엘의 의도를 드러내 보이고 있을 것이다. 특히 사무엘은 왕정 체제 아래서 차출될 사람들이나 사물들에 "여러분의"라는 소유를 강조하는데(11, 13, 14, 15, 16, 17절), 이 또한 마찬가지의 효과를 노린 의도로 볼 수 있다.

**1) 남성의 군역과 부역 의무(11-12절).** 11절에서는 먼저 임금을 호위하는 군사로 백성들이 차출될 것을 언급한다. 임금은 "여러분의 아들들"(בְּנֵיכֶם, '브네켐'), 곧 남성들을 차출하여 자기 병거와 말을 몰게(개역개정. "어거하게") 할 것이다. 더불어 임금의 병거 앞에서 뛰게 할 것이라고 언급하는데, 이것은 고대 사회에서 일반적이었던 임금의 병거를 호위하는 보병들을 일컫는다(참조. 21:8; 22:17; 왕상 14:27//대하 12:10; McCarter, *I Samuel*, 158). 이어서 12절에서는 세 가지를 언급한다. 첫째, 천인 부대장과 오십인 부대장을 삼는다는 것은 남성들을 차출하여 군사 조직에 편입하는 일을 가리킨다. 둘째, 자기 밭을 갈고 추수하게 한다는 것은 왕실 소유의 농사일에도 남성들이 차출될 것임을 말하는데, 문맥상 이렇게 추수한 곡식은 군량미가 되었을 수 있다. 셋째, 임금의 무기와 병거의 장비를 만드는 일도 할 것인데, 이는 군수물자 생산을 뜻한다.

**2) 여성의 궁녀 차출(13절).** 임금의 차출은 남성에 제한되지 않고, "여러분의 딸들"(בְּנוֹתֵיכֶם, '브노테켐'), 여성들에게도 미칠 것임을 분명히 한다. 여성들이 왕실에 차출되어 할 일을 세 가지로 나열한다. 먼저, "향유 만드는 자"(רַקָּחוֹת, '라카호트')는 어떤 이들의 견해에 따르면 임금의 첩을 에두른 표현이라고도 하는데(참조. 느 3:8; Klein, *1 Samuel*, 77) 명확하지는 않다. 어쨌거나 향유를 제조하는 등의 왕실 사치품과 관련이 있는 것만은 틀림없어 보인다(참조. Dietrich, *1 Sam 1-12*, 367-368). 나머지 두 가지 일, '요리하는 자'와 '떡 굽는 자'는 왕실의 주방에서 여성들이 하는 전형적인 일로 여길 수 있다. 이런 일들은 왕정이 아니라면 필요치 않으므로, 이 진술의 배경에 있는 부정적인 어감을 충분히 느낄 수 있다.

**3) 세금의 의무(14-17절).** 이 단락에서는 백성들이 왕실에 내야 하는 여러 세금을 나열하는데, 여기서도 "여러분의"라는 소유 인칭 대명 접미어가 매 구절 강조되어 있다. 14절에서 언급하는 첫째 세금은 토지이다. 곡식을 경작하는 밭과 포도원과 감람원 가운데서 "좋은" 것을 임금에게 세금으로 내야 할 것이며, 왕은 그것을 신하들(עֲבָדָיו, '아브다브'; 직역. "그의 종들")의 녹봉으로 줄 것이다. 15절에서는 한 걸음 더 나아가서 "십일조"(יַעְשֹׂר, '야아소르')를 세금으로 걷어서 내관들(סָרִיס, '사리스')[2]과 신하들에게 줄 것이다. 여기서 말하는 십일조는 종교적인 십일조와는 구분되며, 왕실의 자산으로 편입될 것을 일컫는다(비교. 신 14:22-29; 26:12-15; 참조. McCarter, *I Samuel*, 158). 16-17전반절에서는 세금의 일종으로 노비와 가

---

2.    이 낱말은 아시리아에서 온 차용어로 "우두머리인 사람"을 뜻하며, 이들은 후궁들을 관리하는 사람들이었으며, 환관을 일컫는 용어로 거세가 필수는 아니었다. 참조. Klein, *1 Samuel*, 77.

축 차출을 언급한다. 이것도 십일조로 간주한다.

17후반절에서 본문은 지금까지 진술한 모든 임금의 권한을 말한 부정적 의도를 밝히는데, 한마디로 백성들은 임금의 종(עֲבָדִים, '아바딤')이 될 것이라는 사실이다. 이 낱말은 앞서 신하를 일컬었던 것과는 분명히 다른 의미다. 말 그대로 임금에게 예속된 노예 같아질 것이라는 부정적인 심상이 깔려 있다. 그러므로 사무엘이 전한 임금의 제도는 결국 왕정에 대한 부정적인 관점을 배경에 두고 있음이 틀림없다.

**19-22절: 백성들의 요구—임금의 의무.** 위에서 사무엘은 백성들에게 임금의 제도에서 백성들이 감당해야 할 의무를 부정적인 관점에서 강조했다. 아마도 사무엘은 이 정도면 백성들이 왕정을 거부할 것으로 예상했을 것이다. 하지만 19절에서 백성들의 반응은 그 반대였다. 백성들은 아예 사무엘의 말을 들으려 하지 않았다. 왜냐하면, 자신들이 바라는 임금의 제도를 사무엘이 말하지 않았기 때문이다. 백성들은 어쩌면 어떤 이유에서건 왕정을 바라지 않던 사무엘의 의도를 파악했을지도 모른다. 사무엘이 임금의 의무 대신 백성들이 감당해야 할 의무만 돋보이게 하는 것이 어떤 뒷배경이 있을 것이라는 추측이었겠다.

그리하여 20절에서 백성들은 자신들이 바라는 대답을 직설적으로 털어놓는다. 이들이 한 말은 세 가지이다. 첫째, 우리도 "다른 모든 나라와 같이"(כְּכָל־הַגּוֹיִם, '크콜-하고임'; 참조. 5절) 되어야 한다는 것이다. 이 표현은 백성들이 사무엘을 찾아왔을 때, 처음부터 주장했던 말이다(참조. 5절). 사사 체제로는 외국 군대의 세력에 맞설 효율적인 능력이 없음을 강조한 것이다. 둘째, "우리 임금이 우리를 다스리고(שְׁפָטָנוּ, '쉐파타누')"라고 하여 통치의 의무를 말한다. 5절과 여기서 쓰인 이 낱말은 사사의 직무에 쓰이는 전형적인 용어로, 임금으로 다스린다는 뜻의 מָלַךְ('말라크')와 구분된다. 이스라엘 백성들은 아직 본격적인 왕정보다는 최소한의 왕권을 가진 임금이 사사의 자리를 대신해 전국을 다스리는 개선된 사사 체제를 바라고 있었을 수 있다. 어쩌면 사무엘의 본래 의도를 꼬집어 말하고 있었을 수도 있다. 셋째, "우리 앞에 나서서 전쟁을 치를 것입니다"라고 하였는데, 이는 임금의 국가 방위 의무를 꼬집어 말한 것이다.

21절에서 백성들의 말을 다 들은 사무엘은, 백성들의 말이 틀리지 않았으므로 할 말이 없었을 것이다. 그래서 여호와께 그 말을 아뢴다. 22절에서 결국 여호와께서는 임금을 세울 것을 용인하신다. 그런데 여기서는 "우리를 다스릴 임금을 세워 주십시오"(שִׂימָה לָּנוּ מֶלֶךְ, '시마-라누 멜레크'; 5절)라고 했던 백성들의 요구와는 달리 완전한 전제군주제를 뜻하는 "그들에게 임금을 세워 주어라"(וְהִמְלַכְתָּ לָהֶם מֶלֶךְ, '브히믈라크타 라헴 멜레크')가 쓰였다.

## 본문의 메시지

노년의 사무엘은 노년의 엘리 이야기를 읽은 이들에게 궁금증을 일으킨다. 더구나 사무엘에게도 두 아들이 있어서 더욱 직접 비교가 된다. 통찰력도 없고, 실제로 앞도 보지 못하던 엘리와는 달리 사무엘은 여태껏 오로지 여호와 하나님께만 영광을 돌리며, 겸손히 자기 자리를 지키는 사람으로 그려졌다. 하지만 사무엘의 노년은 조금 다른 모습을 보인다. 전통적으로 하나님이 지명하시던 사사직의 관습을 깨뜨리고, 자신의 두 아들을 사사에 임명했다. 결국 사무엘도 자식의 미래 앞에서는 어쩔 수 없는 한계를 보인 것이라고 볼 여지가 있다. 그런데 엎친 데 덮친 격으로 멀리 브엘세바로 보낸 두 아들은 사사직을 수행하는 데 치명적인 죄를 짓고 만다. 이 때문에 결국 백성들의 반감을 사서 아예 왕정으로 전환해 달라는 요구에 직면하고 말았다. 여기서 우리는 아버지인 사무엘의 한계를 보며, 성찰할 필요가 있다. 끝까지 다음 세대를 위해서 올곧음을 유지하는 사무엘의 모습을 보려던 바람은 결국 독자의 과제가 되었기 때문이다.

고대 사회에서 왕정은 여호와 신앙과는 거리가 멀었다. 이스라엘 백성들은 출애굽 이후 지금까지 여호와를 임금으로 모시고 있는 신정 체제를 이어왔는데, 왕정 체제는 자칫 그런 정체성을 근본적으로 잃고 말 수 있다. 무엇보다 가시적인 왕권 앞에서 하나님을 저버릴 위험이 있다. 그래서 지금부터 이어지는 사무엘서의 긴 내용에서는 무엇이 하나님이 바라시는 왕정인지를 독자들에게 고민하게 할 것이다.

본문에서는 왕정 제도를 두고 노년의 사무엘과 이스라엘 백성들이 맞대결한다. 왕정 제도에서 임금은 백성들에게 국가 방위와 통치의 의무를 지고, 백성들은 각종 군역과 세금, 부역의 의무를 지게 된다. 사실 사무엘이 임금의 권한을 객관적으로 전해 주려 했다면, 양편의 의무를 모두 언급했어야 한다. 그런데 사무엘은 임금의 의무는 빼고, 백성들의 의무만 강조한다. 그것도 백성들이 임금의 종이 될 것이라는 부정적인 면만 도드라지게 한다. 이것은 누가 보아도 왕정에 대한 편향된 시각을 보여준다. 어쩌면 사무엘은 백성들이 자기 말을 듣고, "다른 임금"을 세워 달라는 요구를 철회하기를 바랐을 수도 있다. 하지만 백성들은 자신들이 원하던 임금의 의무를 듣지 못해서 사무엘의 말을 거부하고 임금의 권한을 자신들이 알고 있음을 강조했다. 그러나 백성들도 신정 체제를 거부했으니 하나님 보시기에는 사무엘이나 백성들 모두 매한가지였을 것이다. 결국 하나님은 사무엘의 바람과 달리 왕정 전환을 허락하셨으며, 느슨한 사사 체제의 연장선에서 최소한의 왕권을 가진 임금을 바랐던 백성들의 바람과는 달리 전제 군주의 왕정 체제를 허락하셨다. 누구나 자기주장에 빠지면 다른 주장을 듣지 않고, 다른 정보도 보지 않으며 자기합리화에 빠지기에 십상이다. 편향되지 않는 시각을 가지기는 그만큼 어려우며, 하나님과 사람 앞에서 거듭 겸손해지려는 노력이 필요함을 깨닫게 된다.

둘째 마당
사울 이야기(9-15장)

# 9장
## 사무엘과 사울의 만남

## 우리말로 옮긴 본문

1  베냐민 출신의 어떤 사람이 있었다. 그의 이름은 기스였는데, 아비엘의 아들이었고, 스롤의 손자였으며, 베고랏의 증손이었고, 아비아의 현손으로 베냐민 사람이었다. 그는 유력한 사람이었다.

2  그에게는 아들이 하나 있었는데, 이름은 사울이었고 준수한 젊은이였다. 이스라엘 자손 가운데 그보다 더 준수한 사람은 없었으며, 그는 모든 백성보다 어깨 위만큼 더 컸다.

3  그런데 사울의 아버지 기스의 암나귀들이 사라지자, 기스가 자기 아들 사울에게 말하였다. "너는 종들 가운데 한 명을 데리고 일어나 가서 암나귀들을 찾아보아라."

4  그래서 사울은 에브라임 산지를 두루 다니고, 살리사 땅도 두루 다녔지만 그것들을 찾아내지 못하였다. 또 사알림 땅을 두루 다녔지만 없었다. 그래서 베냐민 지방도 두루 다녔지만 그것들을 찾아내지 못

하였다.

5  그들은 숩 땅으로 갔다. 사울이 자기와 함께 갔던 종에게 말하였다. "자, 그만 돌아가자. 그렇지 않으면 내 아버지께서 암나귀들은 그만두고 우리를 걱정하시겠구나."

6  그러자 그 종이 사울에게 말하였다. "저, 이 성읍에는 하나님의 사람이 있습니다. 그 사람은 존경받고 있는데, 그가 한 말은 무엇이든지 다 이루어진답니다. 그러니 지금은 그리로 가시지요. 어쩌면 그가 우리에게 가야 할 길을 일러줄지 모르지 않습니까?"

7  사울이 그 종에게 말하였다. "그래, 그리로 가 보자. 그런데 우리가 그 사람에게 무엇을 가지고 가야 할까? 우리 짐에는 빵마저도 다 떨어지고 없으니, 하나님의 사람에게 가져갈 예물이 없구나. 내가 그에게 무엇을 드리지?"

8  종이 다시 사울에게 대답하였다. "찾아보니 제게 은 사분의 일 세겔이 있습니다. 이것을 제가 하나님의 사람에게 드리겠습니다. 그러면 그 사람이 우리에게 갈 길을 알려줄 것입니다."

9  (옛날 이스라엘에서는 누가 하나님께 여쭈러 갈 때는 '자, 우리가 선견자에게 가자'라고 말하였다. 왜냐하면 오늘날 예언자라는 말이 옛날에는 선견자라고 불렸기 * 때문이다.)

10  사울이 자기 종에게 말하였다. "네 말이 옳다. 자, 가자!" 그리하여 그들은 하나님의 사람이 있는 그 성읍으로 갔다.

11  그들은 성읍으로 가는 비탈길을 올라가다가 물을 길으러 나오는 젊은 여자들과 맞닥뜨렸다. 사울과 그의 종이 그들에게 말하였다. "이 성읍에 선견자가 있소?"

12  그러자 그 여자들이 그들에게 대답하였다. "예, 있습니다. 당신 앞

에ᵇ 계시지요. 지금 서두르십시오. 오늘 그분이 성읍으로 오셔서 산당에서 백성들을 위해 제사를 드리신답니다.

13 여러분이 성읍으로 들어가면 그분이 식사하러 산당에 올라가시기 전에 만날 수 있을 것입니다. 백성들은 그분이 오시기까지는 식사하지 않습니다. 그분이 제물에 축복하고 나서야 초대받은 이들이 먹게 됩니다. 그러니 지금 올라가십시오. 분명히 여러분은 그분을 오늘 만날 수 있을 것입니다."

14 그리하여 그들은 성읍으로 올라갔다. 그들이 그 성읍 안으로 들어설 때, 마침 사무엘이 산당으로 올라가기 위해서 그들 맞은편에서 나오고 있었다.

15 여호와께서는 사울이 도착하기 하루 전날 사무엘의 귓전에 일러주셨다.

16 "내일 이맘때쯤 내가 너에게 베냐민 땅 출신의 한 사람을 보내겠다. 그러면 너는 그에게 기름을 부어 내 백성 이스라엘의 지도자로 삼거라. 그가 내 백성을 블레셋 사람들의 손에서 구해 줄 것이다. 내가 내 백성의 부르짖음이 내게 이르는 것을 보았기 때문이다."

17 사울이 사무엘을 보았을 때, 여호와께서 그에게 말씀하셨다. "보아라, 내가 네게 말했던 그 사람이다. 이 사람이 내 백성을 다스릴 것이다."

18 사울이 성문에 있는 사무엘에게 다가와서 말하였다. "선견자의 집이 어딘지 제게 좀 가르쳐 주십시오."

19 사무엘이 사울에게 대답하였다. "내가 그 선견자랍니다. 먼저 산당으로 앞장서 올라가십시오. 당신들은 오늘 내 백성과 함께 식사하고, 내가 내일 당신을 보내겠습니다. 당신이 마음에 두고 있는 것도 내가 당신에게 다 일러주겠습니다.

20 사흘 전에 잃어버린 암나귀들은 벌써 찾았으니 마음 쓰지 마십시오. 그나저나 이스라엘의 소망이 누구에게 있는지 아십니까? 당신과 당신 아버지의 집안이 아니겠습니까?"

21 그러자 사울이 대답하였다. "하지만 저는 이스라엘 족속 가운데서도 가장 작은 베냐민 사람이고, 제 집안은 베냐민 지파의 모든 집안 가운데서도 보잘것없지 않습니까? 그런데 어째서 당신은 제게 그런 말씀을 하십니까?"

22 사무엘이 사울과 그의 종을 방으로 데리고 들어갔다. 그러고는 초대받은 이들 가운데 으뜸가는 자리를 내주었다. 그들은 서른 명쯤 되었다.

23 사무엘이 요리사에게 말하였다. "내가 따로 보관해 두라고 말하며 자네에게 주었던 몫을 가져오게."

24 요리사는 넓적다리 부분을 들고 와서는 사울 앞에 두며 말하였다. "이것이 남겨 놓은 부분입니다. 앞에 두고 드십시오. 이 모임을 위해 선견자께서 '내가 백성들을 불렀네'라고 말하실 때까지 당신 몫으로 둔 것입니다." 그리하여 사울은 그날 사무엘과 함께 식사하였다.

25 그런 다음 그들은 산당에서 성읍으로 내려왔다. 그리고 사무엘은 사울과 함께 지붕 침소에서 이야기를 나누었다.

26 그들이 이튿날 일어났을 때는 동이 틀 무렵이었다. 사무엘이 옥상 침소에 있던 사울을 불러서 말하였다. "일어나십시오. 내가 당신을 보내드립니다." 그러자 사울이 일어났고, 그와 사무엘 두 사람은 바깥으로 나갔다.

27 그들이 성읍 끝자락으로 내려갔을 때, 사무엘이 사울에게 말하였다. "저 종에게 우리 앞서 지나가라고 말하시오. 그리고 그가 지나가면,

당신은 잠깐 서 있으십시오. 내가 당신에게 하나님의 말씀을 들려주겠습니다."

## 본문 비평

### 9절 ㄱ. 불렸기

마소라 본문은 니팔(Niphal)형(יִקָּרֵא)으로 읽는다. 그런데 칠십인역은 여기서 ἐκάλει ὁ λαός('에칼레이 호 라오스', "백성이 불렀다")로 능동형으로 옮긴다. 칠십인역은 본문을 명확히 하려는 의도로 변형된 이형일 것이다.

### 12절 ㄴ. 당신 앞에

마소라 본문은 단수형 인칭 대명 접미어를 쓴다. 하지만, 칠십인역은 "당신들 앞에"(κατὰ πρόσωπον ὑμῶν, '카타 프로소폰 휘몬')로 복수형으로 읽는다. 아마도 이것은 문맥상 사울과 그의 종을 염두에 둔 의역일 것이다.

## 본문 주석

**1-2절: 기스의 아들 사울.** 앞서 이스라엘 백성들의 왕정 요구와 하나님의 허락 이야기에 이어 이 단락에서는 드디어 사울이 등장하는데, 1절은 베냐민 지파를 언급하는 데서 시작한다. 그것도 구절 처음과 끝에 두 번이나 나와서 매우 강조하고 있다. 이는 사실 놀랍다. 왜냐하면, 사사기를 거치면서 베냐민 지파는 이스라엘의 지파 가운데서 멸족의 위기

를 겨우 넘긴 가장 약한 지파이기 때문이다(참조. 삿 19-21장). 그런데 그런 베냐민 지파 출신의 "기스"(קִישׁ, '키쉬')라는 인물에 대해 두 가지 정보를 준다. 먼저 이 가문의 족보인데, 이 족보에 나오는 이름들은 역대상 8장 33절과 9장 39절 말고는 전해지지 않는다(참조. McCarter, *I Samuel*, 172). 그리고 기스는 "유력한 사람"(גִּבּוֹר חָיִל, '깁보르 하일')이었다고 소개한다. 이 말은 "재산이 있는 사람"(참조. 룻 2:1; 왕하 15:20), 또는 "힘센 장수"(참조. 삿 6:12; 11:1) 두 가지 모두의 뜻이 될 수 있다(Klein, *1 Samuel*, 86). 하지만 본문에서 이 둘 가운데 어느 뜻인지는 확정하기 어렵지만 어떤 의미로든 영향력 있는 사람(a powerful man; McCarter, *I Samuel*, 173)이었던 것만은 틀림없어 보인다. 기스의 소개가 그 자신을 위한 것이 아님은 2절에서 밝혀진다. 그의 아들 "사울"(שָׁאוּל)을 소개하기 위한 배경으로, 족보가 제시된 가문의 정통성과 지역에서 영향력 있는 집안 출신임을 밝힌다. 이어서 본문은 사울의 모습을 그려 준다. 그를 묘사하는 "준수한 젊은 이"에 해당하는 히브리어 본문을 직역하자면, '젊고 좋은'(בָּחוּר וָטוֹב, '바후르 바토브')이다. 젊다는 개념이 성인에 접어든 나이를 언급한다면, 좋다는 것은 외모의 훌륭함을 나타내겠다. 본문은 한 걸음 더 나아가서 이스라엘 자손들 가운데 가장 훌륭하다고 평가하며, 키도 백성들보다 어깨 위만큼 더 크다고 묘사한다. 이렇게 배경은 물론 젊음과 신체 조건을 강조하는 것은 독자들에게 자연스럽게 백성들이 바라던 왕의 모습을 갖추었다는 인상을 받게 한다. 그러나 그는 가장 작은 지파 베냐민 출신이라는 점도 여전히 독자의 뇌리에서 떠나지 않는다. 더구나 사무엘에게서 보았던 하나님의 함께하심이 언급되지 않은 점도 의아하게 여겨진다(비교. Long, *1 and 2 Samuel*, 108).

**3-4절: 아버지의 잃은 암나귀를 찾아 나선 사울.** 3절에서 사울의 이야기는 사울 아버지의 암나귀들이 사라진 사건을 다루는 일화로 시작한다. 기스는 사울에게 종 하나(אַחַד מֵהַנְּעָרִים, '아하트 메하느아림')를 데리고 그 암나귀들을 찾아오라고 말한다.[1] 나귀는 아직 말을 탈것이나 운송 수단으로 쓰지 않았던 이 당시에는 귀족들의 탈것(Klein, *1 Samuel*, 86)으로 중요한 자산이었을 것이다. 4절에서 아버지의 명령을 받은 사울은 북쪽으로 올라가서 에브라임 산지와 "살리사"(שָׁלִשָׁה, '샬리샤') 땅과 "사알림"(שַׁעֲלִים, '샤알림') 땅을 두루 다니며 찾았다. 이 두 지명은 여기만 나와서 정확한 위치를 알기 어렵다. 하지만 문맥상 베냐민 지파의 땅 북쪽에 있었을 가능성이 있다. 이곳에서 나귀를 찾지 못한 사울은 다시 베냐민 땅으로 돌아와서 두루 찾았지만 찾지 못했다.

**5-10절: 하나님의 사람을 만나려는 사울.** 베냐민 땅에 돌아와서도 나귀를 찾지 못한 사울은 5절에 "숲"(צוּף, '추프') 땅으로 갔다. 이곳은 사무엘상 1장 1절과 19절을 바탕으로 보면, 사무엘의 고향인 라마 근처로 여길 수 있다(참조. 해당 구절 주석). 여기서 사울을 수행하던 종이 사울에게 기스의 염려를 되새겨 준다. 이들이 암나귀를 찾으러 다닌 시간이 본문에 정확히 나타나 있지 않지만, 며칠이 지났을 수 있다(3일; 참조. 9:20). 그러므로 암나귀는 고사하고 찾으러 간 사울의 안부도 걱정할 수 있으니 돌아가자는 제안이었다. 6절에서 종은 돌아가기 전에 마지막으로 이들이 할 수 있는 일을 하나 더 제안한다. 종이 어떤 경로로 알게 되었는지는 밝혀지지 않았지만, 숲 땅에 있는 성읍(아마도 라마)에 존경받고 예언의 말

---

1.    여기서 말하는 종은 집안 일을 돌보는 종을 일컬을 것이다. 참조. 창 18:7; 삿 19:9; 삼상 30:17; 느 6:5; 게제니우스, 『사전』, 514.

에 능력이 있는 "하나님의 사람"(אִישׁ־אֱלֹהִים, '이쉬-엘로힘')이 있으니 그가 어디로 갈지를 알려줄 수 있으리라고 말한다. 하나님의 사람은 엘리야나 엘리사처럼 하나님의 선택을 받아 예언은 물론, 기적을 일으키기도 하고, 백성들을 지도하기도 하는 사람을 일컫는 것이 보통이다(참조. McCarter, *I Samuel*, 174). 그런데 여기서는 사무엘상 2장 27절에서처럼 예언자를 염두에 둔 것으로 볼 수도 있다(참조. Tsumura, *First Samuel*, 268). 7-8절은 흥미롭다. 사울은 하나님의 사람에게 예언을 청하는데, 예물이 없어서 걱정한다. 이에 대해 사환은 자신이 가지고 있던 여비 "은 사분의 일 세겔"을[2] 제시한다. 여기서 우리는 예언자가 대가로 예물(תְּשׁוּרָה, '트슈라')을 받았던 관습을 확인할 수 있다(참조. 왕상 14:3; 왕하 5:5, 15; 8:8; Tsumura, *First Samuel*, 269).

9절은 이야기의 진행과는 무관하게 들어온 편집자의 해설이다. 이 구절은 용어를 설명하는데, "선견자"(רֹאֶה, '로에')는 예전의 용어이고 "예언자"(נָבִיא, '나비')는 당대의 용어인데,[3] 둘이 같은 개념임을 설명한다. 여기서는 사무엘을 "하나님의 사람"으로 일컬어서, 이는 이어지는 구절(11절)에 나오는 용어를 미리 설명해 주는 구실을 한다. 10절에서 사울은 사환의 말에 동의하여, 두 사람은 함께 그 성읍으로 간다.

**11-14절: 사울과 사무엘의 만남.** 11절에서 두 사람은 하나님의 사람이 있는 성읍으로 가는 "비탈길"(מַעֲלֶה, '마알라'; 또는 '계단')을 올라가다가 물

---

2.    대략 2.8그램 정도의 무게로, 시대에 따라 가치가 변하여서 많은 양인지 적은 양인지 판가름하기는 어렵다. 비교. McCarter, *I Samuel*, 176; Tsumura, *First Samuel*, 270.

3.    이 낱말의 어원은 명확하지 않지만, 출 7:2을 바탕으로 볼 때, 하나님의 신탁을 대신 전하는 존재를 일컫는 데 쓰인 것만은 틀림없다.

길으러 나오는 소녀들을 만난다. 이런 만남은 성읍의 정보를 얻는 사건에 흔히 쓰이는 모티브다(참조. 창 24:15-20; 29:2-12; 출 2:15-19 등). 이들은 이 소녀들에게 하나님의 사람을 가리키는 "선견자"(רֹאֶה, '로에')가 그 성읍에 있는지 묻는다. 12-13절에서 소녀들은 때마침 그 사람이 성소를 일컫는 "산당"(בָּמָה, '바마')에서 제사 지내려고 막 도착했으며, 빨리 가면 저녁 식사 전에 만날 수 있을 것이라는 정보를 준다. 일반적으로 산당은 가나안의 풍요제의, 또는 그와 혼합된 제의를 배경으로 하는 장소를 일컫어서 부정적으로 여겨지지만, 여기서는 그런 부정적인 어감 없이 성곽과 분리된 높은 지대에 지어진 성소 건물을 일컫는다(참조. Dietrich, *1 Sam 1-12*, 416-417). 14절에서 두 사람은 소녀들이 일러준 대로 서둘러 성읍으로 올라갔는데, 그때 때마침 사무엘이 소녀들이 말한 대로 산당으로 가려고 이들 맞은편에서 오고 있었다.

**15-17절: 사무엘을 향한 여호와의 사전 계시.** 15절에서 본문의 화자는 독자들을 하루 전으로 되돌린다. 이 구절에서 하나님의 계시는 직역하자면 '여호와께서 사무엘의 귀를 여셨다'로 표현된다. 이 표현은 하나님이 사람과 의사소통하는 모습이나(참조. 삼하 7:27; 욥 33:16; 36:10, 15), 사람들 사이에서 정보를 제공해 주는 모습(삼상 20:2, 12, 13; 22:8, 17)을 그리는 관용구다(참조. Klein, *1 Samuel*, 88). 16절에서는 사무엘이 들은 계시의 말씀을 전한다. 여호와께서는 사무엘에게 벌써 베냐민 출신의 한 사람을 그에게 보내실 것이며, 사무엘은 그에게 "지도자"(נָגִיד, '나기드')로 기름 부으라고 명령하셨다. 흥미롭게도 하나님은 사울을 왕이 아니라 지도자로 기름 부으라고 하셨다. 이 낱말은 왕을 뜻하기도 하지만(왕하 20:5; 대상 29:22 등), 대제사장(단 9:25)이나 지휘관(대상 13:1), 관리(대상 26:24), 귀족(잠

8:6; 개역개정. "선한 것"으로 옮김) 등 넓은 의미 영역을 아우르는 용어이기도 하다(참조. 게제니우스, 『사전』, 486). 그러므로 여기서 굳이 이 용어를 쓴 것도 사울이 진정한 전제군주로서 왕이 될 수 없을 것이라는 복선이 될 수 있다. 하나님의 계시에서는 사울의 임무가 블레셋의 위협 해결임을 분명히 한다. 백성들의 "부르짖음"(צְעָקָה, '츠아카')을 하나님이 들으시고 돌보셨다는 표현은 사사기의 전형적인 관용구를 생각나게 한다(삿 3:9, 15; 4:3; 6:6; 10:12, 14; 삼상 12:8, 10; Klein, *1 Samuel*, 89).

17절에서 화자는 다시 시간을 원래 자리로 돌려놓는다. 사울이 다가오는 것을 사무엘이 보았을 때, 여호와께서 사무엘에게 바로 이 사람이 어제 말씀하신 그 사람이라고 하신다. 그리고 여기서는 "이 사람이 내 백성을 다스릴 것이다(יַעְצֹר, '야으초르')"라고 말씀하신다. 앞선 구절에서 '왕'이라고 표현하지는 않아서, 독자들의 궁금증을 일으켰던 본문은 다시금 여기서도 왕정을 일컫는 말로는 용례를 달리 찾아볼 수 없는 '힘을 보유하다, 보호하다'는 뜻의 동사 עָצַר('아차르')를 쓴다(참조. 게제니우스, 『사전』, 614-615).

**18-21절: 사무엘과 사울의 첫 만남.** 18절에서 사무엘과 달리 사울은 사무엘을 보고서도 그가 누구인지 알아보지 못한다. 그래서 그는 사무엘에게 선견자의 집이 어디인지 물어본다. 여기서 사울이 선견자의 집을 물어보았다는 것은 이곳이 사무엘의 고향 라마임을 짐작하게 해 주는 대목이기도 하다(Klein, *1 Samuel*, 89). 19절에서 사무엘은 사울에게 자신의 정체를 밝히고, 먼저 산당에 가 있으라고 말한다. 그리고 함께 식사하겠다는 말도 한다. 더불어 다음 날 아침에 사울을 보내겠다고 하여 하룻밤 지내도록 초대하기도 하였다. 이 정도만 해도 사울은 벌써 이 사람이 예

사롭지 않음을 눈치챘을 것인데, 마지막에 사무엘은 "당신이 마음에 두고 있는 것도 내가 당신에게 다 일러 주겠습니다"라고 하여, 사울이 제대로 하나님의 사람을 찾아왔다고 안심하게 해 준다. 그런데 20절에서 사무엘은 지금까지 독자에게 소개되지 않은 놀라운 말을 한다. 사무엘은 사울의 아버지 기스가 사흘 전에 암나귀들을 잃은 사건을 알고 있다. 더구나 그토록 사울과 종이 찾아 헤매고도 찾지 못한 암나귀들을 벌써 찾았다고 말한다. 그런 뒤에 사무엘은 사울이 잃어버린 암나귀들을 찾는 것처럼 이스라엘이 정작 찾아야 할 "이스라엘의 소망"(חֶמְדָּה, '헤므다', "소원", "열망", "진귀한 것")은 사울과 그 가문이라고 수사의문문(rhetorical question)을 써서 힘주어 말한다. 사울은 사무엘의 이 말이 무슨 뜻인지 알아듣지 못했겠지만, 독자들은 알고 있다. 21절에서 사울은 사무엘의 말에 의아하여 자신이 이스라엘 지파 가운데 가장 작은 지파 베냐민 사람이며, 그 가운데서도 보잘것없는 집안 출신일 뿐이라고 말한다. 여기에는 두 가지 어감이 포함되어 있다고 여길 수 있다. 베냐민 지파 출신이라는 말에는 이 지파 사람들의 기본적인 열등감이 전제되어 있을 수 있다. 그리고 보잘것없는 집안 출신이라는 말은 겸양의 표현으로 받아들일 수 있다. 이런 겸양의 표현은 모세(출 3:11)나 기드온(삿 6:15)에게서도 찾아볼 수 있었다(참조. Tsumura, *First Samuel*, 277). 어쨌거나 사울이 "어째서 당신은 제게 그런 말씀을 하십니까?"라고 말한 것도 그런 점에서 양면적으로 해석할 수 있다. 곧 영문을 모르겠지만, 모든 것을 알고 있는 이 선견자에게서 나올 말에 대한 기대도 섞여 있을 것이다.

**22-24절: 사무엘의 주객이 된 사울.** 22절에서 사무엘은 사울과 종을 데리고 산당에서 제의 후 식사하는 용도로 썼을 객실로 들어가서 30여 명

의 손님 가운데 "으뜸가는 자리"(מָקוֹם בְּרֹאשׁ, '마콤 브로쉬', "첫머리의 자리")에 앉도록 한다. 23절에서는 다시금 독자들에게 알려지지 않은 이야기가 전해지는데, 사무엘은 벌써 사울을 위해 음식까지 미리 마련해 두었으며, 그것을 가져오라고 명령한다. 24절에서 사무엘의 명령을 받은 "요리사"(טַבָּח, '타바흐'; 어원. "도살하다")가 음식을 가져온다. 그가 가져온 음식은 "넓적다리 부분"(הַשּׁוֹק וְהֶעָלֶיהָ, '하쇼크 브헤알레하'; 개역개정. "넓적다리와 그것에 붙은 것")이었다. 이 음식들은 제의법에 따르면, 제사장과 그 가족을 위한 것이었다(참조. 출 29:27; 레 7:34; 10:14, 15; 민 6:20; McCarter, *I Samuel*, 180). 그래서 사무엘이 왜 이 음식을 사울에게 주었는지는 분명하지 않다. 어쨌거나 이 모임은 단순한 제의 후 식사 모임이라기보다는 임금으로 기름 부음을 받을 사울을 공식적으로 성소에서 인준하는 자리였을 것이다(참조. Klein, *1 Samuel*, 90). 그도 그럴 것이 사무엘은 사울을 맞이할 모임을 위해 특별히 손님들을 초대했고, 사울이 오기를 기다렸다고 말하였다. 그리고 그들은 함께 식사한다. 그런데 이 모든 과정이 진행되는 동안 본문은 사울의 반응에 대해서는 침묵한다. 사울의 생각을 추측하는 것은 독자의 몫이 된다.

**25-27절: 사울이 사무엘과 하루를 지냄.** 25절에서 식사를 끝낸 사무엘과 사울은 함께 사무엘의 집으로 간다. 그리고 옛 이스라엘의 가옥 구조상 평평한 "지붕"(גָּג, '가그')에서 그들은 함께 대화를 나누는데, 아무리 사적인 이야기라 하더라도 그들이 무슨 대화를 나누었는지를 본문은 전해 주지 않아서 의아하다. 칠십인역이 여기서 '그리고 사람들이 지붕 위에 사울을 위해 잠자리를 펴 주었다'(καὶ διέστρωσαν τῷ Σαουλ ἐπὶ τῷ δώματι, '카이 디에스트로산 토 사울 에피 토 도마티')라고 번역한 것은 그 때문일 것이

다. 26절에서는 이튿날 일찍 사무엘이 사울을 불러 길을 떠나도록 해준다. 그리고 27절에서 사무엘은 성읍 끝까지 사울과 사환을 배웅한다. 그리고 사환을 먼저 떠나보낸 뒤에 처음 만났을 때 했던 말을 다시 한다. 곧 하나님의 말씀을 들려주리라는 것이다.

## 본문의 메시지

⑴ 본문은 앞선 단락에서 이스라엘 백성들이 사무엘에게 국가 방위와 통치를 담당할 임금을 요구한 사건을 배경으로 한다. 따라서 독자들은 자연스레 이 장에서 소개하는 사울이 과연 그럴 만한 인물인지를 눈여겨보게 된다. 본문에서는 크게 사울의 세 가지 조건이 제시되었다. 첫째는 가문의 배경이었다. 그는 꽤 유서 깊은 가문의 유력한 집안 출신이었다. 둘째는 그의 신체적 조건이었다. 그는 젊고 건장하며, 다른 사람들보다 월등하게 키도 컸다. 셋째는 그의 지파 배경이었다. 그는 베냐민 지파 사람이었다. 첫 두 조건은 국가 방위와 통치에 적당한 조건으로 긍정적인 인상을 줄 수 있었다. 하지만, 본문에서 제시하는 그의 지파 배경은 독자들을 의아하게 한다. 열두 지파를 다스리게 될지도 모르는 인물로 소개되는 사울이 이스라엘에서 가장 미약한 베냐민 지파 출신이다. 이는 앞으로 전개될 이야기에 대한 불안한 기운을 조장한다. 결정적으로 아버지의 잃어버린 암나귀를 찾는 데서 그는 아무런 지혜를 발휘하지 못하는 모습을 보인다. 더구나 그는 예언자에게 의존할 만큼 하나님의 신탁과 거리가 멀어 보인다. 일반적으로 성경에서 하나님의 선택받은 사람에게 하나님의 임재가 강조되는 것과는 대조된다. 이 또한 과

연 사울이 하나님의 선택을 받은 인물인지 의심하면서 시작하게 한다.

누구나 어떤 일을 하든 첫 단추를 잘 끼워야 한다. 하나님의 일을 할 사람이라면 더욱 그렇다. 바로 이 결정적인 정보가 빠진 사울의 소개는 독자들에게 삶과 신앙의 근본을 되새기게 해 준다.


(2) 사무엘은 하나님의 계시를 받고 사울이 올 때를 치밀하게 준비하고 있었다. 이 모든 과정이 독자들에게마저 비밀에 부쳐졌다. 그래서 독자들은 사울과 마찬가지로 본문의 이야기가 진행되는 매 순간 같이 놀라게 된다. 사무엘은 하나님의 계시로 사울이 올 것을 알고 그를 왕으로 세워야 함도 알고 있었다. 그래서 그는 산당에서 사울을 소개하는 모임을 마련하고 손님들도 미리 시간에 맞춰서 초청해 두었다. 그리고 사울을 위한 음식도 미리 준비해 두었고, 식사 후 잠자리까지 마련해 두었다. 그런데 사울의 반응은 처음에 사무엘을 만났을 때 놀란 것 말고는 한마디도 전해지지 않는다. 독자들은 복잡하다. 사울은 과연 이스라엘의 가장 중요한 인물이 자신이라는 사무엘의 말과 성읍에서 받은 과분할 정도의 대접에 대해 어떤 생각을 하였을까? 두 가지로 추측해 볼 수 있다. 하나는 그동안 이스라엘에서 가장 작은 지파 출신으로 살아오면서 겪었을 열등감이 다시 떠올랐을 수 있겠다. 그러면서 그간의 열등감을 설욕할 기회를 기대할 수 있었을 것이다. 둘째로는 두려웠을 수 있다. 한 번도 생각해 보지 못한 대접에 앞으로 자신에게 펼쳐질 일에 대해 자신이 과연 감당할 수 있을지 두려움에 사로잡혔을 수 있다. 이렇게 본문이 침묵하는 빈자리를 통해서 성경을 읽는 독자들은 제각각 자기 삶의 자리를 투영하여 사울이 되어서 본문에 들어가 보는 것도 좋은 방법이겠다.

# 10장
## 사울이 임금으로 선출됨



1 사무엘이 기름병을 가져다 사울의 머리 위에 붓고, 그에게 입 맞춘 뒤에 말하였다. "이제 여호와께서 당신을 택하셔서 지도자로 기름 부은 것입니다.

2 오늘 당신이 나를 떠나가다가 베냐민 지역의 셀사에[ㄱ] 있는 라헬의 무덤 근처에서 두 사람을 만나게 될 것입니다. 그러면 그 사람들이 당신에게 "우리가 당신이 찾아 나선 암나귀들을 찾았습니다. 하지만 보십시오, 당신의 아버지는 암나귀들의 일은 그만두고서라도 '내 아들을 어쩌누' 하며 당신들을 염려하십니다"라고 말할 것입니다.

3 그리고 그곳을 지나 더 가서 다볼의 상수리나무에 다다르면, 거기서 벧엘로 하나님을 뵈려고 올라가는 세 사람을 만나게 될 것입니다. 한 사람은 새끼 염소 세 마리를 들고, 또 한 사람은 떡 세 덩이를 들고, 다른 한 사람은 포도주 한 부대를 들고 있을 것입니다.

4   그들이 당신에게 안부를 묻고, 떡 두 덩이를 줄 테니 그것을 받으십
    시오.

5   그런 뒤에 당신은 하나님의 산에 이르게 될 것입니다. 거기에는 블
    레셋 사람들의 초소가 있습니다. 당신이 거기에 있는 성읍에 들어가
    면, 산당에서 내려오는 예언자들의 무리와 맞닥뜨릴 것입니다. 그들
    은 비파와 소고와 피리와 수금을 앞세우고 그들은 신들린 채 예언
    하고 있을 것입니다.

6   그러면 여호와의 영이 당신을 덮쳐서 당신도 그들과 함께 신들려
    예언할 것이니, 당신은 전혀 다른 사람으로 변하게 될 것입니다.

7   이 표징들이 당신에게 닥치게 되거든 손길 닿는 대로 하십시오. 하
    나님께서 당신과 함께하시기 때문입니다.

8   그리고 나보다 앞서 길갈로 내려가십시오. 나도 당신에게 내려가서
    번제물을 올려 드리고 화목 제물을 바치겠습니다. 내가 당신에게 이
    르기까지 이레 동안 기다리십시오. 그러면 내가 당신이 할 일을 알
    려주겠습니다."

9   사울이 사무엘을 떠나가려고 몸을 돌이킬 때였다. 하나님께서 그를
    변하게 하셔서 이전과 다른 마음을 주셨다. 이 모든 표징이 그날 다
    이루어졌다.

10  사울과 그의 종이 산에 다다르자, 예언자들의 무리가 그들 맞은편에
    서 오고 있었다. 그러자 하나님의 영이 사울을 덮쳐서, 그도 예언자
    들 사이에서 신들려 예언하였다.

11  이전부터 사울을 알던 모든 사람이 그가 예언자들과 함께 신들려
    예언하는 것을 보았다. 그러고는 서로 말하기를, "기스의 아들에게
    무슨 일이 일어났단 말인가? 사울도 예언자들과 함께 있는가?"라고

하였다.

12 그러자 거기 있던 어떤 사람은 묻기를 "그러면 저 사람들의 아버지
는 누구란 말인가?"라고 하였다. 이리하여 '사울도 예언자들과 함께
있는가?'라는 속담이 생기게 되었다.

13 신들려 예언하기를 마치고 사울은 산당으로 갔다.

14 사울의 삼촌이 사울과 그의 종에게 말하였다. "어디에 갔었느냐?"
그러자 사울이 말하였다. "암나귀들을 찾으러 갔다가 찾지 못하고,
사무엘에게 갔었습니다."

15 사울의 삼촌이 말하였다. "내게 일러다오. 사무엘이 너희에게 뭐라
고 말하더냐?"

16 사울이 자기 삼촌에게 말하였다. "그는 우리에게 암나귀를 찾았다
고 일러줄 뿐이었습니다." 하지만 사울은 사무엘이 말해 준 왕권에
관한 이야기는 자기 삼촌에게 일러주지 않았다.

17 사무엘이 백성들을 여호와께로 불러 미스바로 모이게 했다.

18 그리고는 이스라엘 자손들에게 말하였다. "이스라엘의 하나님 여호
와께서 이같이 말씀하십니다. '내가 이스라엘을 이집트에서 끌어내
고 너희를 이집트 사람들의 손과 너희를 억누르던 모든 나라들의
손에서 구해냈다.

19 그런데도 너희는 오늘, 모든 재앙과 고난 가운데서 너희에게 구원자
가 되신 너희 하나님을 버렸다. 그러고는 그 하나님께 말하기를, '제
발 임금을 우리 위에 세워 주십시오'라고 하였다. 그러니 이제 지파
와 집안별로 여호와 앞에 나서라.'"

20 사무엘이 이스라엘의 모든 지파를 가까이 오게 하였더니 베냐민 지
파가 뽑혔다.

21 그래서 그는 베냐민 지파를 집안별로 가까이 오게 하였더니 마드리의 집안이 뽑혔고 기스의 아들 사울이 뽑혔다. 그런데 사람들이 그를 찾아보았지만, 찾아내지 못하였다.

22 사람들은 다시 여호와께 여쭈어보았다. "그 사람이 여기에 와 있습니까?" 여호와께서 말씀하셨다. "보아라, 그는 짐 보따리들 사이에 숨어있다."

23 그러자 사람들이 달려가 거기서 그를 데려와서 백성들 한가운데 세웠다. 그랬더니 그는 모든 백성보다 어깨 위만큼 더 컸다.

24 사무엘이 모든 백성에게 말하였다. "여호와께서 선택하신 이 사람을 보십시오. 모든 백성 가운데 이만한 사람은 없습니다." 그러자 모든 백성이 큰 소리로 "임금님 만세!" 하며 외쳤다.

25 사무엘이 백성들에게 임금의 권한을 말해 주고 책에 기록하여 여호와 앞에 두었다. 그리고 사무엘은 모든 백성을 각자 제집으로 돌려보냈다.

26 사울도 자기 집 기브아로 갔다. 그런데 몇몇 유력한 자들도 그와 함께 갔는데, 하나님께서 그들의 마음을 움직이셨다.

27 하지만 몇몇 불량배들은 "어떻게 이 사람이 우리를 구하겠는가?"라고 말하면서, 그를 업신여기고 그에게 예물도 가져오지 않았다. 그러나 사울은 잠자코 있었다.

본문 비평

**2절 ㄱ. 셀사에**

여기 쓰인 지명 '셀사'(צֶלְצַח, '첼차흐')는 구약성경에서 여기서만 등장한다(*hapax legomenon*). 몇몇 중세 필사본에는 צלצל로 쓰는데, 이는 윙윙거리며 날아다니는 곤충(신 28:42)을 뜻하거나, 고기를 찔러 잡는 작살(욥 40:31[41:7])을 뜻하기도 하지만, 이 또한 지명으로는 어울리지 않는다. 칠십인역은 "실로"(Σηλω)로 음역했는데, 이 또한 문맥에는 어울리지 않는다. 알려지지 않은 조그마한 지명이었을 수 있다(아래 주석 참조).

본문 주석

**1절: 사무엘이 사울에게 기름 부음.** 1절에서 사무엘은 사울과 단둘이 남게 되자 "기름병"(פַּךְ הַשֶּׁמֶן, '파크 하쉐멘'; 참조. 왕하 9:1, 3)을 꺼내서 사울의 머리에 기름을 붓고 입을 맞추었다(비교. "기름이 든 뿔" קֶרֶן הַשֶּׁמֶן, '케렌 하쉐멘']; 참조. 삼상 16:1, 13; 왕상 1:39). 여기서 쓰인 기름은 식물성 기름으로 출애굽기 30장 22-25절에 따르면 액체 몰약, 육계(=계수나무 껍질), 창포, 계피 등을 함께 섞어서 만들었다. 이 의식에 이어 사무엘은 수사의문문(rhetorical question)을 써서 하나님이 사울을 "지도자"(נָגִיד, '나기드'; 참조. 위의 9:16 주석)로 세우셨음을 강조하였다.

**2-6절: 사무엘의 예언.** 이 단락에서 사무엘은 사울이 이제부터 겪게 될 일을 예언한다. 2절에서는 사울이 베냐민 경계 지역에 있는 셀사(צֶלְצַח,

'첼차흐')의 "라헬의 무덤" 곁에서 두 사람을 만나게 될 것이라고 예언한다. 셀사라는 지명은 여기만 등장에서 정확한 위치를 알 수 없지만, 창세기 35장 16-20절과 48장 7절에 따르면, 야곱이 벧엘에서 에브랏(=베들레헴)으로 가는 길에 라헬이 죽었으며, 이곳은 기럇여아림에서 멀지 않은 베냐민 땅의 에브랏이었을 것이다(참조. 6:21; McCarter, *I Samuel*, 181). 사무엘은 그 두 사람이 사울이 찾던 암나귀들을 찾았으며 그의 아버지가 아들 걱정을 하고 있다는 소식을 전해 줄 것이라고 말한다. 3-4절에서 사무엘은 사울이 "다볼의 상수리나무"(אֵלוֹן תָּבוֹר, '엘론 타보르')에 이를 것이라고 예언한다. "다볼"과 관련된 지명이 더 있지만,[1] 정확한 위치는 알기 어렵다. 다만 이어지는 문맥에서 이곳이 벧엘과 멀지 않음을 추측할 수 있다. 여기서 사울은 이번에는 벧엘로 올라가는 세 사람을 만나게 될 것인데, 이들은 제각각 염소 새끼 셋과 떡 세 덩이, 그리고 포도주 한 가죽 부대를 가졌을 것이다. 사울은 그들에게서 떡 두 덩이를 받게 될 것이다. 5절에서 사무엘은 사울이 "하나님의 산"(גִּבְעַת הָאֱלֹהִים, '기브아트 하엘로힘')에 이르게 될 것을 예언하였다. 이곳은 아마도 베냐민 땅에 있던 성읍 기브아의 긴 명칭이었을 것이다(참조. 10절; McCarter, 182). 이곳까지 "블레셋 사람들의 초소"(נְצִבֵי פְלִשְׁתִּים, '느치베 플리쉬팀', "블레셋의 수비대"; 참조. 13:3)이 있다고 언급하는데, 이는 아마도 왕으로 기름 부음 받은 사울이 해야 할 국가 방위의 중요한 의무가 이스라엘 땅 턱밑까지 쳐들어와 있는 블레셋의 문제 해결임을 암시할 것이다(비교. Tsumura, *First Samuel*, 286). 사울은 기브아 성읍에 들어갈 때, 이번에는 산당에서 악기들을 앞세우고 예언하며(מִתְנַבְּאִים, '미트나브임') 오는 예언자(נְבִיאִים, '느

---

1.    "기슬롯 다볼"(수 19:12), "아스놋 다볼"(수 19:34); 참조. Tsumura, *First Samuel*, 285.

비임')의 무리를 만나게 될 것이다. 여기서 말하는 예언은 이후의 문맥에서 볼 때, 황홀경에 드는 현상을 가리킬 것이다. 3-5절까지 사무엘의 예언에서 숫자는 점점 커져서(2-3-다수) 긴장을 고조시키는 구실을 할 것이다. 6절에서 사무엘은 사울에게 "여호와의 영"(רוּחַ יהוה, '루아흐 야훼')이 크게 임할 것이라고 예언한다. 사무엘서에서 이 표현은 여호와께 기름부음을 받은 사울과 다윗에게만 쓰인다(참조. 16:13, 14; 19:9; 삼하 23:2). 그리하여 이 문맥에서는 하나님이 기름부으신 사람이 하나님의 대리인으로서 사명을 감당할 능력을 주신다는 뜻으로 이해할 수 있다(참조. Tsumura, *First Samuel*, 287). 이어지는 사울이 변하여 "다른 사람"(אִישׁ אַחֵר, '이쉬 아헤르'; 개역개정. "새 사람")이 될 것이라는 표현도 마찬가지의 뜻이겠다.

**7-8절: 사무엘의 지시.** 7절에서 사무엘은 지금까지 한 예언이 이루어지는 것을 "표징"(הָאֹתוֹת, '하오토트')이라고 일컫는다. 이것은 하나님이 임금으로 세워 기름 부으신 사울에게 함께 계신다는 것을 알 수 있게 해주는 증거라는 말이다. 그러니 사무엘은 사울에게 "손길 닿는 대로 하십시오"(עֲשֵׂה לְךָ אֲשֶׁר תִּמְצָא יָדֶךָ, '아세 르카 아쉬르 티므차 야데카'; 직역. "네 손이 발견하는 대로 행하라")라고 말한다. 이 말은 문맥상 왕으로 기름 부음을 받고 여호와의 영이 임한 사울이 자신을 입증할 기회를 활용하라는 뜻으로 새길 수 있다(참조. Tsumura, *First Samuel*, 289). 8절에서 사무엘은 사울에게 "길갈"로 먼저 내려가라고 지시한다. 길갈은 요단강 서편 계곡 지대에 있던 성읍으로 사무엘이 순회 사사로 다스리던 곳이고(7:16), 앞으로 사울에게 정치적으로 중요한 역할을 할 곳이었다(참조. 11:14; 13:4). 사울은 거기서 사무엘이 와서 희생 제사를 드리고 그 이후 할 일을 지시할 때까지 7일을 기다려야 했다.

**9-13절: 사울이 예언함.** 이 단락에서는 사무엘에게 기름 부음 받은 사울과 관련한 흥미로운 이야기를 또 한 가지 전한다. 9절에서 사울이 사무엘과 헤어질 때 하나님은 사울에게 "다른 마음"(לֵב אַחֵר, '레브 아헤르'; 개역개정. "새 마음")을 주셨다. 이 말은 앞서 6절에서 사무엘이 했던 예언의 성취를 뜻한다. 지금까지 사무엘이 했던 모든 예언의 성취는 "이 모든 표징이 그날 다 이루어졌습니다"라는 말로 대신하고, 이야기는 새로운 주제로 이어간다. 10절에서 사울은 사무엘의 예언대로 한 무리의 선지자를 만나는데, 그 자리에서 사울에게 "하나님의 영"이 임하고 사울도 선지자들과 함께 황홀경에 사로잡혀 예언하였다. 11-12절에서는 이 사건과 관련한 속담의 기원론(etiology)을 전한다. 그 속담은 부정정 답을 기대하는 수사의문문(rhetorical question) 형태의 "사울도 예언자들과 함께 있는가?"(참조. 19:24)인데, 이 속담의 기원이 이 사건이라고 전한다(참조. Dietrich, *1 Sam 1-12*, 437-438). 이 속담에는 예언자에 대한 긍정적인 심상과 사울에 대한 부정적인 심상이 함께 전제되어 있어서 앞으로 펼쳐질 사울 이야기에 대한 복선이 된다.

**14-16절: 사울이 숙부를 만남.** 이 짧은 일화는 사울이 그의 숙부(דּוֹד, '도드')를 만난 이야기를 전한다. 사울의 숙부는 벌써 사무엘이 사울을 만난 일을 알고, 자세히 알고자 한다. 아마도 가문과 지파의 정치적 운명이 새로워질 것을 기대했을 것이다. 그러나 사울은 그에게 암나귀들에 대한 말만 하고 "왕권에 대한 이야기"(דְּבַר הַמְּלוּכָה, '드바르 하플루카')는 말하지 않는다.

**17-19절: 사무엘이 백성들을 미스바에 소집함.** 17절에서 이야기는 다시 백성들이 왕을 요구하던 8장의 배경으로 돌아간다. 바로 그 배경에서 사무엘은 백성들을 다시 모은다. 그가 미스바에 백성들을 모은 것은 왕을 선출하는 데 정치적 차원의 승인을 얻으려는 목적이었을 것이다. 그곳은 예전 장년의 사무엘 시절에 블레셋과 치를 전투를 위해 온 이스라엘이 모였던 곳이고, 승전비가 있는 곳이기 때문이다(참조. 7:5-12; Tsumura, *First Samuel*, 297). 18-19절에서 사무엘은 8장에서와 마찬가지로 이스라엘의 왕정 요구를 부정적으로 판단한다. 특히 사사 시대까지 이스라엘의 왕이셨던 여호와의 출애굽 역사를 들어서 설명한다. 그래서, 그분은 이스라엘을 이집트에서 "끌어내고"(הֶעֱלֵיתִי, '헤엘레티'; 직역. "내가 데리고 올라왔다"), 그러니까 왕으로서 통치하셨으며, 이집트와 압제하는 나라들에서 "구해 내"(אַצִּיל, '아칠')셨다, 곧 왕으로서 국가 방위를 하셨다고 전한다. 19절에서는 그런데도 왕정을 요구하는 이스라엘 백성들을 하나님을 "버렸다"(מְאַסְתֶּם, '므아스템', "거부하였다")고까지 혹평한다. 왕이신 여호와의 업적을 드러내는 18절이 하나님의 말씀을 1인칭으로 직접 인용하는 반면에, 19절은 사무엘의 판단으로 서술하여, 왕정에 대한 반감에 사무엘의 개인적인 감정이 더 많음을 추측할 수 있게 한다(참조. 8:7). 그렇게 불편한 심기를 드러낸 사무엘은 지파별로 1,000명씩[2] 여호와 앞에 나아오라고 명령하는데, 이는 왕을 선출하는 과정의 공정성을 담보하려는 조치로 이해할 수 있다.

---

2.    여기서 히브리어 본문의 번역은 달리 이해할 수 있다. 히브리어 본문을 직역하면, "너희의 지파대로, 너희의 '알라핌'대로"(לְשִׁבְטֵיכֶם וּכְאַלְפֵיכֶם)이다. 여기서 쓰인 '알라핌'은 1,000이라는 숫자도 되지만, 씨족의 단위도 된다. 그러므로 후자로 이해하면, 지파와 그 하위 단위인 씨족의 분류를 언급한 것으로 볼 가능성도 있다. 참조. 게제니우스, 『사전』, 42.

**20-24절: 사울이 왕으로 제비 뽑힘.** 이 단락에서는 온 이스라엘 지파가 모인 가운데서 사울이 뽑히는 과정을 보여준다. 그 과정은 일정 집단이 사무엘 앞으로 나아오고(קָרַב, '카라브'), 더 작은 집단 또는 개인이 결정되는(נִלְכַּד, '닐카드') 형태다. 하지만 정확히 이 결정이 어떻게 이루어지는지는 성경의 다른 용례들에서도(참조. 수 7:15-18; 삼상 14:41) 명확하지 않다. 이것이 제비뽑기인지, 아니면 우림과 둠밈 등을 통한 "예, 아니오" 신탁 형태의 결정인지는 논란거리다(비교. Tsumura, *First Samuel*, 297; Dietrich, *1 Sam 1-12*, 463). 하지만 본문의 의도는 분명하다. 지파의 규모나 영향력을 배제하고, 하나님의 뜻에 따라 공정하게 선출하는 과정을 보여주려는 것이다. 이리하여 20-21절에서 이스라엘의 모든 지파 가운데서, 베냐민 지파가 뽑히고, 베냐민 지파에서는 마드리의 가족(מִשְׁפַּחַת, '미쉬파하'), 그 가운데서 기스의 아들 사울이 뽑혔다. 그런데 정작 나서야 할 사울이 보이지 않는다. 이야기는 여기에서 독자들에게 다시 한번 혼란을 준다. 사울은 벌써 사무엘에게 기름 부음을 받았고, 하나님의 영까지 임재하였는데, 왜 정작 선출 과정에서 사라졌을까? 그는 어디에 있을까?

22절에서 독자들의 궁금증은 다소 당혹스럽게 해소된다. 여호와 앞에서 왕이 될 사람의 선출과정을 거친 이스라엘 백성들은 정작 선출된 사람이 보이지 않자, 그가 이 자리에 왔는지를 여호와께 묻는다. 그는 "짐 보따리들"(הַכֵּלִים, '하켈림') 사이에 숨어있었다. 이스라엘의 첫 왕이 될 사람이 선출 사실을 알고도 숨어있는 이 장면은 우스꽝스러우면서도 독자들의 궁금증을 자아낸다. 그가 부끄러워서 숨었을까? 그렇지는 않을 것이다. 아마도 사무엘에게 기름 부음을 받고, 여호와의 영이 임재하는 것도 경험했지만, 강력한 블레셋 군대의 위협을 감당하고, 열두 지파를 다스려야 하는 임무의 중압감은 사울이 주저하도록 만들었을 것이다(참조. Tsumura, *First Samuel*, 298). 23절에서 사람들은 여호와 앞에서 공정하게 선출된 사울을 짐보따리들 사이에서 데려온다. 그리고 백성들 가운데 세운다. 그러자 앞서 언급한 그대로(9:2) 그의 출중한 신체 조건이 돋보인다. 곧 그는 다른 사람들보다 어깨 위만큼 더 컸다. 어쩌면 숨어 있다가 나와서 이 신체 조건이 더 극적으로 드러났을 수도 있다. 24절에서 사무엘은 왕이 될 사람 사울을 두 가지로 소개한다. 첫째, 그는 여호와께서 선택하셨다. 둘째, 그는 모든 백성보다 더 출중하다. 이것은 사울이 왕으로서 국가 방위와 통치에 적격자임을 공표하는 대목이다. 그러자 사람들은 드디어 "임금님 만세"(יְהִי הַמֶּלֶךְ, '예히 하멜레크')를 부른다. 이로써 정치적 차원에서 사울은 온 이스라엘 앞에서 왕으로 공인되었다.

**25절: 사무엘이 임금의 제도를 기록함**. 사무엘은 앞서 부정적으로 언급했던 왕정 제도(8:11-18), "임금의 권한"(מִשְׁפַּט הַמְּלֻכָה, '미쉬파트 하믈루카')을 백성들에게 다시금 공표한다. 그리고 그것을 책으로 기록하였다(참조. 신 17:18). 사울이 임금이 되었는데도, 백성들의 해산은 여전히 사무엘이 담당한다. 이는 여전히 사무엘이 권력의 핵심에 있었으며, 왕정이 완전히 정착하지 않았음을 짐작게 한다.

**26-27절: 불완전한 사울의 왕권**. 26절에서 사무엘의 명령에 따라 임금이 된 사울도 자기 집이 있는 기브아로 갔다. 이 부분도 왕정 체제로서는 의아하다. 임금이라면 왕궁에서 살아야 하지만, 사울은 계속 기브아의 자기 집을 왕궁 삼아 있었던 것으로 보인다. 이것은 이스라엘 백성들이

여전히 사사 체제에서 완전히 벗어나지 못했음을 짐작하게 한다. 하지만 임금이 된 사울에게 달라진 점도 있었다. 자기 집으로 가는 사울을 "유력한 자들"(הַחַיִל, '하하일')이 함께 따라갔다. 이 낱말은 정치적으로나 군사적으로나 경제적으로 능력과 영향력이 있는 사람들을 일컫는데(참조. 게제니우스, 『사전』, 230), 이들은 사울의 후견인이자 신하, 호위 부대 등의 역할을 담당했을 것이다. 본문은 이들을 '마음이 움직인 사람들'로 평가한다. 이 평가는 27절과 대조하기 위한 장치다. 사울이 임금으로 기름 부음을 받고, 공식적으로 백성들 앞에서 임금으로 뽑혔지만, 왕궁에서 보듯 아직 이스라엘 전체에 전제적인 영향력을 미치지는 못했다. 본문에서 "불량배"(בְּנֵי בְלִיַּעַל, '브네 블리야알'; 직역. "쓸모없는 사람들")로 평가한 반대파도 있었다. 이들은 사울을 반대한다기보다는 "어떻게 이 사람이 우리를 구하겠는가?"라는 의문을 품고 있었다. 그리고 그들은 임금에게 바치는 예물(מִנְחָה, '민하')도 바치지 않았다(참조. 삿 3:15). 이것은 아마도 아직 사울이 국가를 방위할 능력이 있는지 검증을 거치지 않았기 때문일 것이다. 그래서 사울도 이들에 대해 아무런 반응을 하지 않았다.


## 본문의 메시지


(1) 사무엘이 기름을 붓고, 예언한 뒤에 드디어 하나님의 영이 사울에게 임하여서 그는 다른 사람이 되고 다른 마음을 가지게 되었다. 여기서 말하는 다른 사람과 다른 마음은 그가 스스로 마음을 먹어서 이전과 다른 사람이 되었다기보다는 하나님이 임금으로 세우셨으므로, 그분의 영을 통해서 그 임무를 잘할 수 있도록 자격을 주신 것으로 이해해야 한다.

그 상징적인 행위로 사울의 예언을 들 수 있다. 사울은 스스로 예언자들의 무리에 들어가서 황홀경에 들어가는 예언을 할 생각을 전혀 하지 않았다. 그러나 하나님의 영이 강렬히 임하시니 그를 알던 사람들은 전혀 상상도 하지 못할 그런 일을 한 것이다. 그래서 "사울도 예언자들과 함께 있는가?"라는 속담까지 나왔다고 본문은 전한다.

  하나님의 일을 하는 데 사람의 결심은 얼마나 작용하는가? 그리고 그 사람의 개인적인 능력은 어떤 역할을 하는가? 물론 하나님은 개인의 결심과 능력 가운데서 일하신다. 그러나 개인이 그런 결심과 능력에만 의지하는 것은 하나님의 일을 하는 데 순서가 거꾸로 된 것이다. 사울은 사실 본문에서 암나귀들을 찾거나 사무엘 앞에서 한 말과 행동을 볼 때, 우수한 신체적 조건에도 불구하고 그리 대단한 인물로 보이지는 않는다. 하나님의 영이 그를 임금으로 이끌어가신다. 본문을 읽는 독자들도 모든 일의 이루심은 하나님의 전권에 있음을 인정하고(잠 16:1, 9), 그분 앞에서 다시금 겸손해질 필요가 있다.

(2) 사무엘에게서 기름 부음을 받고, 여호와의 영이 임재하는 경험까지 한 사울은 정작 백성들 앞에서 임금으로 뽑혔을 때, 짐 보따리들 사이에 숨었다. 한 나라의 임금으로 뽑힌 사람의 모습으로는 전혀 어울리지 않는다. 우스꽝스럽기까지 하다. 어쩌면 본문의 화자는 독자들에게 처음부터 사울에 대한 부정적인 인상을 심어 주려 했는지도 모른다. 하지만 화자의 의도가 어떠하든, 사울의 마음이 어떠하든 그는 하나님이 이스라엘의 요구를 들어주신 응답의 왕이다. 그의 가장 주된 임무는 블레셋 문제의 해결이다. 그에 걸맞게 그는 다른 사람들보다 월등히 뛰어난 신체 조건이 강조되어 있다.

이런 사울의 앞에는 여러 의미에서 선택의 길이 놓여있다. 먼저 블레셋 문제 해결에서 그가 보여준 두 모습 가운데 선택해야 한다. 짐 보따리에 숨는 사울과 다른 사람들보다 어깨 위만큼 큰 용맹스러운 임금의 모습 사이에서 선택해야 한다. 그리고 둘째, 그를 따르는 이들과 그의 능력을 의심하는 이들을 어떻게 아우를지를 선택해야 한다. 그는 임금이지만 아직 열두 지파를 다 아우를 만한 지도력을 발휘하지 못하는데, 그가 자신을 반대하는 이들을 어떻게 대하는지에 따라 그 지도력은 달라질 것이다. 이 두 선택 모두 하나님이 세우신 임금으로서 그분에 대한 신뢰와 자기 확신이 전제된다. 앞으로 전개될 이야기에서 사울이 이 문제에 어떻게 대처하는지 지켜볼 대목이다.

# 11장
## 암몬과 싸워 이긴 사울

### 우리말로 옮긴 본문

1 ᵀ암몬 사람 나하스가 올라와서 길르앗의 야베스 앞에 진을 쳤다. 그러자 야베스의 모든 주민들이 나하스에게 말하였다. "우리와 조약을 맺읍시다. 그러면 우리가 당신을 섬기겠습니다."

2 그러나 암몬 사람 나하스는 그들에게 말하였다. "이 조약을 내가 너희와 맺기는 하겠지만, 너희의 오른쪽 눈을 모두 빼낸 뒤에 하겠다. 그래서 온 이스라엘의 수치로 만들어 버리겠다."

3 야베스의 장로들이 그에게 말하였다. "우리에게 이레 동안만 말미를 주십시오. 그러면 우리가 이스라엘 온 지방에 사람을 보내서 우리를 구해 줄 사람이 있는지 알아보겠습니다. 그런 뒤에 우리가 당신에게 항복하겠습니다."

4 그리하여 전령들이 사울이 있던 기브아로 와서 상황을 백성들의 귀에 말해 주었다. 그러자 온 백성이 소리 높여 울었다.

5  그때 사울은 소를 몰고 들에서 돌아오고 있었다. 사울이 말하였다. "백성들에게 무슨 일이 있기에 울고 있습니까?" 그들은 그에게 야베스 사람들의 일을 이야기해 주었다.

6  사울이 이 말을 듣자, 하나님의 영이 그를 덮쳐서 그의 분노가 매우 심하게 불타올랐다.

7  그래서 그는 소 두 마리를 잡아서 조각을 내고 전령들의 손에 들려서 이스라엘 온 지방에 보내며 전했다. "사울과 사무엘을 뒤따르지 않는 자의 소는 그렇게 만들어 버릴 것이오." 백성들은 여호와를 두려워하여 모두들 하나같이 따라나섰다.

8  그들은 베섹에 모였다. 이스라엘 자손이 300,000명이었고 유다 사람이 30,000명이었다.

9  그들이 야베스에서 온 전령들에게 말하였다. "길르앗의 야베스 사람들에게 이렇게 전하시오. '내일 햇볕이 뜨거워질 때쯤 여러분은 구원될 것이오.'" 전령들은 가서 야베스 사람들에게 그대로 일러주니 야베스 사람들이 기뻐하였다.

10  야베스 사람들이 암몬 사람들에게 말하였다. "내일 우리가 당신들에게 항복하겠습니다. 그러니 우리를 당신들 눈에 보기에 좋을 대로 하십시오."

11  이튿날이 되자 사울은 백성들을 세 무리로 나누었다. 그러고는 이른 새벽녘에 암몬의 진으로 쳐들어가서 날이 뜨거워질 때까지 암몬 사람들을 물리쳤다. 살아남은 자들도 다 흩어져서 그들 가운데 두 사람도 함께 모이지 못했다.

12  백성들이 사무엘에게 말하였다. "'사울이 우리 위에 임금 노릇을 할 수 있겠느냐?'고 말하던 자가 누구입니까? 그 사람들을 내주십시오.

우리가 죽여버리겠습니다."

13  그러자 사울이 말하였습니다. "오늘은 아무도 죽이지 마시오. 오늘 여호와께서 이스라엘에 구원을 베푸셨기 때문이오."

14  사무엘이 백성들에게 말하였다. "자, 길갈로 갑시다. 거기서 사울의 왕위를 새로 다집시다."

15  그리하여 온 백성이 길갈로 갔다. 그들은 거기서 사울을 여호와 앞에서 임금으로 세웠다. 그러고는 여호와 앞에서 화목제물을 바쳤다. 거기서 사울과 모든 이스라엘 사람들은 크게 기뻐하였다.

## 본문 비평

### 1절. ㄱ.

오늘 우리가 보는 히브리어 본문(=마소라 본문)과는 달리 기원전 1세기의 쿰란 성경 본문(4Q51)은 1절 앞에 긴 본문이 더 있다. 그 본문은 "[그리고 나]하스는 암몬 자손의 임금이었는데, 그가 갓 자손과 르우벤 자손을 폭력으로 압제하였다. 그리고 그들의 오른눈을 모두 빼버렸다. 그러나 [이]스라엘에는 [구원]자가 주어지지 않았다. 그래서 [요단강 건너]에는 [암]몬 자손의 [임금] 나하[스]가 오른눈을 빼지 않은 이스라엘 자손이 한 명도 남지 않았다. 그래서 [보]라! 7,000명이 암몬 사람들에게서 [도망쳐서] [야]베스 길르앗으로 왔다"(개인 번역)이다. 그 대신 2절은 언약을 맺자는 내용만 있고, 히브리어에 있는 오른눈을 빼겠다는 위협은 없다. 흥미롭게도 이 본문은 기원후 1세기 요세푸스의 『유대 고대사』(*Ant.* 6. 5)의 지지를 받는다.[1] 따라서, 적어도 기원후 1세기에는 마소라 본문의 짧은 형태와 쿰란의 긴 형태가 공존했음을 알 수 있다.

## 본문 주석

**1-3절: 암몬의 야베스 침공.** 임금으로 뽑힌 사울은 이제 임금으로서 전투력과 지도력을 입증해야 할 과제를 안게 되었다. 그리고 이 단락은 그 이야기를 전해주는데, 암몬과 벌인 전투이다. 요단 동편의 이스라엘 백성들은 암몬의 침공으로 위기에 부닥쳤다. 3절에서 야베스의 장로들은 암몬의 임금 나하스에게 일주일의 말미를 요청하였다.

**4-10절: 사울의 이스라엘 군대 소집.** 4절에서 나하스에게 일주일의 말미를 얻은 야베스 장로들은 새롭게 임금으로 선출된 사울에게 전령을 보냈다. 전령들은 요단강을 건너 사울이 살던 기브아로 가서, 먼저 백성들에게 요단 동편의 상황을 전했으며, 이 소식에 백성들은 이스라엘의 전쟁 위기 때문에 소리 높여 울었다. 여기서 독자들은 전령들이 왜 사울에게 먼저 가지 않았을지 의문스러워진다. 그 까닭은 5절에서 밝혀진다. 아마도 전령들은 기브아에 가서 사울의 집(=왕궁)으로 갔을 것이다. 여기서 사울을 만나지 못한 까닭은 사울이 그곳에 없었기 때문이며, 그래서 다급했던 전령들은 백성들에게 소식을 전했을 것이다. 흥미롭게도 임

---

1.  쿰란 본문은 적어도 마소라 본문과 대등한 가치를 가진다고 볼 수 있다. 만약 쿰란 본문이 더 오래되었다면, 우리가 보는 히브리어 본문은 이스라엘 백성들의 피해를 드러내지 않으려는 수정으로 볼 수도 있겠다(비교. Dietrich, *1 Sam 1-12*, 501-504).

금이었던 사울은 밭에서 "소를 몰고 오다가" 백성들의 우는 소리를 들었다. 임금이 왜 밭에서 소를 몰고 왕궁으로 오는가? 이 표현은 그가 밭을 갈았다는 것을 뜻하며, 임금으로 뽑힌 이후에도 여전히 그는 농부였다. 아마도 이스라엘 백성들은 여전히 사사의 전통에서 왕정을 이해하였거나, 아직 사울이 국가 방위 능력의 관점에서 이스라엘의 전제군주로 인정받지 못했을 것이다. 지금이 바로 기회인 셈이다. 그는 백성들이 울고 있는 까닭을 물었고, 그들은 다시 전령들을 통해 들은 야베스의 상황을 사울에게 전해주었다.

6-7절은 국가 방위의 책임을 진 임금 사울의 첫 모습을 보여준다. 그는 야베스의 상황을 전해 듣는 가운데 하나님의 영에 크게 감동되었다(וַתִּצְלַח רוּחַ־אֱלֹהִים עַל־שָׁאוּל, '바티츨라흐 루아흐-엘로힘 알-샤울'; 직역. "하나님의 영이 사울에게 꿰뚫고 들어왔다"). 이 모습은 사울이 처음 사무엘에게 임금으로 기름 부음을 받을 때를 생각나게 한다(참조. 10:6, 10). 달리 말하면, 그때 사울이 보인 모습이 이 본문에서 보이는 모습을 예견한 것이라고 여길 수 있다. 사울은 이스라엘 백성의 위기 앞에서 의분을 터뜨린다. 그리고 자신이 몰고 오던 소 두 마리(צֶמֶד, '체메르', "한 쌍")를 그 자리에서 잡아 각을 떠서, 모든 지역에 두루 보내며 출전을 명령하였다. 이 행위는 언약 관계를 전제하며, 조건부의 상징적 저주로 여길 수 있다(참조. McCarter, 203; 삿 19:29; 20:6). 곧 본문에서 진술되듯 이스라엘 백성의 출전 거부에 대한 경고인 셈이다. 그러자 온 이스라엘에 '여호와의 두려움'(פַּחַד־יהוה, '파하드-야훼')이 임해서 온 이스라엘이 일제히 출전에 응하였다. 이 두려움은 전쟁의 배경에서 종종 쓰이는데, 여기서는 백성들의 출전과 승전의 고취를 뜻한다(참조. Dietrich, *1 Sam 1-12*, 509). 8절에서 사울은 길르앗 야베스 건너편 요단 서쪽의 성읍 베섹(בֶּזֶק, '베제크')에서 이

스라엘 군대를 사열하였다. 소집된 군사는 이스라엘 자손이 300,000명이었고, 유다 사람이 30,000명이었다. 이스라엘과 유다가 따로 언급되는 것은 이 본문의 형성 단계가 분열 왕국 이후임을 추정할 수 있으며(참조. Klein, *1 Samuel*, 108), 330,000(히. 300×1,000+30×1,000)이라는 수는 여기서 쓰인 1,000에 해당하는 낱말 אֶלֶף('엘레프')를 수사가 아니라 군사 단위로 여기면, 수천 명으로 줄어든다(참조. Dietrich, *1 Sam 1-12*, 510). 9절에서 군사들은 길르앗 야베스의 전령들에게 자신들의 승전을 약속하여 안심시켜 주었다. 그리고 10절에서는 길르앗 야베스 백성들이 사울을 중심으로 한 이스라엘의 군사 작전에 동의한다.

**11-13절: 사울의 승전.** 11절에서 사울은 드디어 암몬에 대항한 군사 작전을 감행하였다. 여기서 사울은 군대를 세 부대로 나누고 유인과 매복을 통한 양동작전을 쓴 것으로 보인다. 이런 군사 작전은 구약성경에서 성공한 전쟁의 전술 전형으로 묘사되며(삿 7:16; 9:43; 삼상 13:17; 삼하 18:2; 욥 1:17), 고대 근동의 문헌들(마리 문헌 등)에서도 찾아볼 수 있다(참조. Tsumura, *First Samuel*, 311). 모압 임금 메사의 비문에서도 보듯, 고대의 전쟁은 주로 동틀 무렵 시작해서 한낮에 열기가 뜨거워지기 전에 마무리했다. 이 전쟁에서도 암몬은 오전에 이스라엘의 군대에 완패했다. 이로써 사울의 국가 방위 능력 검증은 마친 셈이다. 12절에서는 사울의 작전이 성공한 뒤에 백성들이 사울의 능력을 의심하고 따르지 않았던 사람들(참조. 10:27)을 처형하자고 나선다. 사실 이것은 사울의 국가 통치 능력에 대한 일종의 시험으로 볼 수 있다. 곧 백성들을 화합하고 이끌어 갈 수 있는 지도자로서 그 능력을 입증해야 하는 순간이었다. 물론 반대파의 숙청이 당장은 사울의 지도력에 문제가 될 수 없겠지만, 길게 보면 열두 지

파의 화합을 끌어내야 하는 데는 걸림돌이 될 수 있을 것이었다. 그래서 13절에서 사울은 반대파의 숙청을 허락하지 않고 화합을 도모하는 지도력을 보여주었다.

**14-15절: 길갈에서 사울이 임금이 됨.** 앞서 사울은 미스바에서 정치적 차원에서 이스라엘의 임금으로 선출되었다. 이제 이 두 구절에서 사울은 국가 방위와 통치의 능력도 입증하여 종교적 차원에서 이스라엘 백성들의 임금으로 공식 인준받는다. 이 의식은 앞서 사무엘이 예고한 대로 (10:8) 길갈에서 이루어진다. 여기서 백성들과 사울은 함께 화목제를 드리는 것으로 즉위식을 마무리한다. 이제 사울은 모든 면에서 이스라엘의 임금으로 인정받게 되었다.

# 본문의 메시지

사울은 벌써 두 차례 하나님께서 자신을 임금으로 선택하셨음을 경험하였다. 그런데도 그는 여전히 임금으로서 그 능력을 보여주어 온 이스라엘 백성들에게 검증받아야 했다. 사실 가만히 생각해 보면, 이상한 일이다. 이스라엘 백성들은 거세게 왕정을 요구했고, 하나님은 그들의 요구대로 왕정을 시작할 임금으로 사울을 선택해 주셨다. 그런데 왜 그들은 사울이 암몬과 치른 전투에서 승리하고, 반대파에 대한 관용을 베풀고 나서야 하나님 앞에서 사울을 임금으로 인정하고 화목제를 올렸던가? 어찌 생각해 보면, 이스라엘 백성들은 하나님의 선택에도 불구하고 여전히 사울의 자격을 의심하고 있었을 수 있다. 왜냐하면, 그들은 사람들보다 어깨 위만큼 더 큰 사울의 외모만 보았을 뿐, 가시적으로 사울의 능력을 직접 본 적이 없기 때문이다. 하나님이 선택해 주셨는데도, 사울이 여전히 임금으로서 그 자격을 입증해야 했던 이 본문은 이스라엘 백성들의 신앙뿐 아니라, 독자들 자신의 신앙도 돌아보게 한다. 가시적인 세계에 제한된 인식론으로 하나님의 무한하심을 판단하려는 한계가 드러나기 때문이다.

# 12장
## 사무엘의 고별사

우리말로 옮긴 본문

1  사무엘이 온 이스라엘에게 말하였다. "나는 여러분이 내게 하는 모든 목소리를 듣고 여러분 위에 임금을 세웠습니다.

2  이제는 임금이 여러분을 이끌 것입니다. 나는 늙어 백발이 성성해졌지만, 보다시피 내 아들들은 여러분과 함께 있습니다. 나는 젊어서부터 이날까지 여러분을 이끌어 왔습니다.

3  이제 여호와와 그분의 기름 부음 받은 이 앞에서 내게 대답해 보십시오. 내가 누구의 소 한 마리라도 가져가거나, 누구의 나귀 한 마리라도 가져간 적이 있습니까? 내가 누구를 속이거나 누구를 학대한 일이 있습니까? 내가 누구의 손에서 뇌물을 받고 ⌐그를 눈감아 준 일은 있습니까?⌐ 만약 그렇다면 내가 여러분께 되돌려 주겠습니다."

4  그러자 백성들이 말하였다. "아닙니다. 저희를 속이신 일도, 학대하

신 일도 없습니다. 그리고 어떤 사람의 손에서 아무것도 가져가신 적이 없습니다.”

5    사무엘이 그들에게 말하였다. “여러분이 내 손에서 아무것도 찾아내지 못하였다는 사실에 대해 오늘 여호와께서 증인이시고 그분의 기름 부음 받은 이도 증인이 됩니다.” 그러자 백성들이 말하였다. “증인이 됩니다.”

6    사무엘이 백성들에게 말하였다. “모세와 아론을 세우시고 여러분의 조상들을 이집트 땅에서 올라오게 하신 분은 여호와십니다.

7    그러니 이제 여러분은 그대로 서 있으십시오. 내가 여호와 앞에서 여러분과 여러분의 조상들에게 베푸신 여호와의 의로운 일들에 대해 여러분과 담판을 지어야 하겠습니다.

8    야곱이 이집트로 간 뒤에 여러분의 조상들은 여호와께 부르짖었습니다. 그러자 여호와께서는 모세와 아론을 보내셔서, 여러분의 조상들을 이집트에서 구해내시고, 이곳으로 그들을 돌아오게 하셨습니다.

9    그러나 그들은 자기들의 하나님 여호와를 잊어버렸습니다. 하나님께서는 그런 그들을 하솔의 군대 장관 시스라와 블레셋 사람들과 모압 임금의 손에 파셨습니다. 그래서 그들이 여러분의 조상들에게 전쟁을 걸어왔습니다.

10    여러분의 조상들은 여호와께 부르짖었습니다. ‘여호와를 저버리고 바알들과 아스다롯들을 섬겼으니 우리가 죄를 지었습니다. 그러니 이제 우리 원수들의 손에서 우리를 구해 주십시오. 그러면 우리가 당신만 섬기겠습니다.’

11    여호와께서는 여룹바알과 베단과 입다와 사무엘을 보내셔서, 에워

싼 원수들의 손에서 여러분을 구해 주셨습니다. 그래서 여러분이 안전하게 살고 있는 것입니다.

12 그런데 여러분은 암몬 사람들의 임금 나하스가 쳐들어왔다고 내게 말하기를, '안 되겠습니다. 그래도 임금이 우리를 다스려야 하겠습니다'라고 했습니다. ˹여러분의 하나님 여호와께서 여러분의 임금이신데도 말입니다.˺

13 이제 여기 여러분이 선택하고, 여러분이 요구한 임금, 여호와께서 여러분 위에 주신 임금이 있습니다.

14 여러분이 여호와를 경외하고 그분을 섬기며, 그분의 음성을 듣고, 여호와의 말씀을 어기지 않으면, 여러분과 여러분을 다스리는 임금은 여러분의 하나님 여호와를 뒤따르게 될 것입니다.

15 그러나 여호와의 음성을 듣지 않고 여호와의 말씀을 어기면, 여호와의 손이 여러분 조상에게와 마찬가지로 여러분도 치실 것입니다.

16 또한 이제 여러분은 그대로 서서 여호와께서 여러분 눈앞에서 하실 이 큰일을 보십시오.

17 지금은 밀 추수기가 아닙니까? 내가 여호와께 외치면 그분께서 천둥과 비를 내리실 것입니다. 그러면 여러분을 위해 임금을 구한 것이 여호와 보시기에 얼마나 큰 잘못이었는지 보고 알아차리십시오.”

18 그리고 사무엘이 여호와께 외치자, 여호와께서 그날에 천둥과 비를 내리셨다. 그리하여 모든 백성이 여호와와 사무엘을 크게 두려워하였다.

19 모든 백성이 사무엘에게 말하였다. “어르신의 종인 우리를 위해 어르신의 하나님 여호와께 기도해 주셔서 우리가 죽지 않게 해 주십

시오. 우리가 정말 우리 모든 죄에 우리를 위해 임금을 구하는 잘못을 더 하였습니다."

20 사무엘이 백성들에게 말하였다. "여러분은 두려워하지 마십시오. 여러분이 이 모든 악을 저질렀지만, 여호와에게서 떠나지 말고 여러분의 온 마음으로 여호와를 섬기십시오.

21 유익하지도 않고 구원하지도 못하는 헛된 것을 따르려고 떠나지 마십시오. 정말 그것들은 헛된 것들입니다.

22 여호와께서는 그분의 크신 이름을 위해서라도 그분의 백성을 절대로 내버려두지 않으십니다. 여호와께서는 여러분을 그분의 백성 삼기로 작정하셨기 때문입니다.

23 나 또한 여호와께 여러분을 위해 기도드리기를 멈추는 죄를 짓는 일은 없을 것입니다. 그리고 여러분에게 좋고 올곧은 길을 가르쳐 주겠습니다.

24 오직 여호와를 경외하며 그분을 성실하게 온 마음으로 섬기십시오. 그리고 그분께서 여러분에게 큰일을 행하셨음을 분명히 보십시오.

25 그러나 여러분이 계속해서 잘못을 저지른다면, 여러분은 물론 여러분의 임금도 망하고 말 것입니다."

## 본문 비평

### 3절 ㄱ-ㄱ. 그를 눈감아 준 일은 있습니까?

칠십인역(Codd. BA)은 여기에 "그리고 샌들을! 내게 대답해 보십시오!"($\kappa\alpha\grave{\iota}$ $\dot{\upsilon}\pi\acute{o}\delta\eta\mu\alpha$ $\dot{\alpha}\pi o\kappa\rho\acute{\iota}\theta\eta\tau\epsilon$ $\kappa\alpha\tau$' $\dot{\epsilon}\mu o\hat{\upsilon}$, '카이 휘포데마 아포크리테테 카트 에무')

가 더 있다. 이것은 번역자의 의역이라기보다는 נעלים ענו בי('느알라임 아누 비')를 번역대본으로 생각하게 한다. 아마도 마소라 본문과 구분되는 더 긴 히브리어 본문 전통을 반영할 것이다.

**12절 ㄴ-ㄴ. 여러분의 하나님 여호와께서 여러분의 임금이신데도 말입니다**
히브리어(와 쿰란) 본문에서 확인할 수 있는 이 본문이 칠십인역 바티칸 사본(B)에는 없다. 한편, 안디옥 본문과 알렉산드리아 사본에는 "우리 하나님 여호와께서 우리 임금이신데도 말입니다"로 인칭이 달리 쓰였다. 물론 이것이 히브리어 대본을 전제하겠지만(Dietrich, *1 Sam 1-12*, 525), 이차적인 수정으로 여겨야 할 것이다.

## 본문 주석

**1-5절: 사사로서 사무엘의 은퇴.** 앞선 단락의 길갈 행사에서 직접 언급되지 않았던 사무엘이 이 단락에서 등장하여 담화를 이어간다. 이 단락에서 사무엘은 사사로서 자신의 직위를 공식 은퇴하면서, 사사 시대의 종결과 왕정의 시작 사이의 분수령을 이룬다(참조. McCarter, *I Samuel*, 220). 1절에서 사무엘은 온 이스라엘을 향해 자신이 그들의 요구대로 왕을 세워주었음을 분명히 한다. 2절에서 사무엘은 사사 시대의 종결과 왕정의 시작을 이제는 그 왕이 이스라엘 백성들 앞에서 이끌 것이고(מִתְהַלֵּךְ, '미트할레크'), 자신은 지금까지 그들 앞에서 이끌어 왔다(הִתְהַלַּכְתִּי, '히트할라크티')고 말하는데, 이 동사 변화형은 타인을 위한 임무를 수행하는 것을 뜻한다(참조. 2:30; McCarter, *I Samuel*, 212). 이 두 진술 사이에 사무엘은

자신과 자기 아들들을 언급한다. 곧 자신은 늙었고, 자기 아들들은 여전히 직무를 수행하고 있다는 것이다. 이 진술의 의도가 아들들을 자기 대신 추천하는 것인지, 부정한 아들들과 거리를 두려는 것인지는 명확하지 않다(참조. Dietrich, *1 Sam 1-12*, 536).

3절에서 사무엘은 여호와와 그분의 선택으로 백성들을 다스릴 "그분의 기름 부음 받은 이"(מְשִׁיחוֹ, '므쉬호') 사이에서 자신을 평가하라고 말한다. 이 진술은 전체적으로 만약 사무엘이 어떠어떠한 일을 저질렀다면, 갚겠다는 형식의 문장으로 이루어져 있다. 여기 조건절에는 크게 세 가지 사항이 있다. 사무엘은 권력을 이용해 다른 사람의 소나 나귀와 같은 재산을 빼앗지 않았고, 속이지도 않았으며, 뇌물을 받지도 않았다고 말한다. 어떤 직무를 수행한 사람이 자기를 변호하는 이런 형태의 문장은 구약성경은 물론(민 16:15; 욥 29:12-16; 31:13), 고대 근동의 문헌과 이집트에서도 찾아볼 수 있다(참조. Dietrich, *1 Sam 1-12*, 537-538). 4절에서는 하나님과 임금 앞에서 증인 역할을 하는 백성들이 그렇지 않았음을 증언한다. 이로써 사무엘은 사사의 직무를 공식적으로 마무리할 수 있는 자격을 얻게 된 셈이다. 그리고 5절에서는 여호와와 왕의 증언까지 끌어와서 백성들의 동의를 받아 낸다.


**6-12절: 이스라엘의 역사 회고.** 이 단락에서 사무엘은 출애굽과 땅 차지, 사사시대의 역사를 회고한다. 이 역사 회고의 핵심은 이스라엘의 배역과 부르짖음, 여호와의 구원을 대조하는 것이다. 이 회고는 이스라엘의 왕정 요구로 이어진다. 그러므로 이 발언에서 사무엘은 여전히 이스라엘의 왕정 요구에 대해 부정적인 관점을 그대로 드러내며, 이는 이 본문의 최종 편집자의 손에서 마무리된 의도이기도 하겠다. 이 본문에 담긴

기본적인 사상은 이스라엘의 범죄에서 비롯한 징벌, 그리고 회개를 바탕으로 한 구원을 기조로 하는 신명기계 역사의 역사관과도 잇닿아 있다(참조. McCarter, *I Smauel*, 214).

6-8절은 출애굽 전통을 언급한다. 6절에서 사무엘은 이스라엘의 지도자로 모세와 아론을 먼저 드는데, 이 둘은 하나님이 세우신 사람임을 강조한다. 7절은 본격적으로 역사 회고를 통해 "담판"(וְאִשָּׁפְטָה, '브이샤프타', "그리고 내가 소송을 일으키겠다")지으려는[1] 사무엘의 선언이다. 그러니 이 구절에서 사무엘은 이스라엘 백성에 대한 불만을 드러내 놓고 표현하는 셈이다. 8절에서는 야곱이 이집트에 들어간 뒤 파라오의 압제로 이스라엘이 부르짖은(וַיִּזְעֲקוּ, '바이즈아쿠') 이야기에서 시작한다. 여호와께서 모세와 아론을 통한 출애굽을 이루시고, 가나안 땅에 들어와 살게 하신 것은 바로 그 부르짖음에 대한 응답이라고 말한다.

출애굽과 땅 차지 전통을 한 절로 요약한 데 비해, 사사시대는 9-11절의 세 구절로 요약한다. 이 이야기에서 대적과 사사들은 사사기의 사건과 다음의 표와 같이 다르게 언급된다(참조. Dietrich, *1 Sam 1-12*, 540).

| 사사기의 대적 | 사사기의 구원자 | 삼상 12:9의 대적 | 삼상 12:11의 구원자 |
| --- | --- | --- | --- |
| 아람 | 옷니엘 | (-) | (-) |
| 가나안 | 바락 | 가나안(하솔) | (-) |
| 모압 | 에훗 | 모압 | (-) |
| 미디안 | 기드온 | (-) | 기드온(='여룹바알') |
|  | (-) | ? | 베단[2] |

---

1. 여기서 쓰인 동사는 수동재귀형(Niphal)으로 "소송을 일으키다, 재판을 걸다"는 뜻으로 쓰이는 것이 보통이다(사 59:4; 시 109:7 등). 자세한 용례들은 게제니우스, 『사전』, 858 참조.
2. 칠십인역에서는 이 인물을 '바락'(barak)으로 읽는다.

| 암몬 | 입다 | (-) | 입다 |
|---|---|---|---|
| 블레셋 | 삼손 | 블레셋 | (-) |
|  |  |  | 사무엘 |

사사기와 차이를 보여주는 것은 사무엘서의 저자가 구별되는 고유한 전승을 보유하고 있었다기보다는 나름의 해석을 위한 재편집으로 여길 수 있다. 신명기 신학의 관점에서 여호와를 잊음(וַיִּשְׁכְּחוּ, '바이쉬크후'; 참조. 신 6:12; 8:11, 14, 19) 때문에 징벌로 생긴 이방 민족의 압제(9절)와 이스라엘의 부르짖음(וַיִּזְעֲקוּ, '바이즈아쿠')과 회개(10절), 그리고 하나님의 구원은 앞선 출애굽 전통과 마찬가지로 등장한다. 11절에서 사무엘은 자신의 시대를 하나님이 모든 원수의 손에서 이스라엘을 건져내셔서 "안전하게"(בֶּטַח, '베타흐') 살고 있다고 요약하며 변호한다. 또한, 그는 이 말에서 왕정의 불필요성을 역설하는 것일 수 있다.

지금까지 신명기계 역사서의 사관에 기댄 서술의 기조로 보면 이제 다시 나올 것은 이스라엘의 범죄다. 그런데 바로 12절에서 사무엘은 이스라엘의 왕정 요구를 언급한다. 여기서도 독자들은 사무엘이 얼마나 마음속 깊이에서 왕정에 대한 반감을 품고 있는지를 엿볼 수 있다.

**13-15절: 왕정에 대한 권고.** 앞선 단락에서 그토록 왕정에 대한 부정적 견해를 밝힌 사무엘은 13절에서 사울을 다시 소개한다. "너희가 구한 왕, 너희가 택한 왕"이라고 하여 왕정 전환과 거리를 둔다. 그러나 후반절에서는 자신의 견해와 다시금 대조를 이루는 표현으로 여호와께서 이스라엘 백성을 위해 왕을 세우셨다고 말한다. 이로써 본문은 시작은 이스라엘의 유한한 한계에 갇힌 신앙에서 시작했지만, 이스라엘의 역

사에서 보았던 것처럼 하나님의 개입하심으로 왕정이 출발했음을 역설적으로 보여주는 효과를 낼 수도 있다(비교. Dietrich, *1 Sam 1-12*, 544-545).

14-15절은 앞으로 펼쳐질 왕정에서도 하나님과 임금의 올바른 관계, 임금과 백성들의 올바른 관계가 말씀 순종과 여호와 신앙의 성패가 달려있다고 하여 끝까지 신명기계 역사관을 내보여 준다.

**16-19절: 천둥과 비.** 16절에서 사무엘은 7절에서 했던 말을 다시 하며, 백성들의 주의를 집중시킨다. '그대로 서서 보라'(הִתְיַצְּבוּ וּרְאוּ, '히트야츠부 우르우')로 시작하는 사무엘의 이 말은 홍해가 갈라지는 사건에서 했던 모세의 말을 떠올려 준다(출 14:13, 31). 그리고 여호와가 내리시는 표적(הַדָּבָר הַגָּדוֹל, '하다바르 하가돌', "큰 일"; 참조. 신 4:32; 왕하 8:4; Klein, *1 Samuel*, 118)을 언급한다. 17절에서 사무엘은 먼저 표징의 정체를 알린다. 그는 지금이 밀 수확기임을 강조한다. 이때는 아마도 5-6월 무렵이었을 것이며, 여름이 시작하는 이 밀 수확기에는 폭우가 내리지 않는다(참조. McCarter, *I Samuel*, 216). 그런데 사무엘은 이 시기에 여호와께서 "천둥과 비"(קֹלֹת וּמָטָר, '콜로트 우마타르'; 직역. "목소리와 비")를 보내실 것이라고 말한다. 이런 폭우는 팔레스틴에서 보통 11-12월이나 3-4월에 집중된다. 그러므로 사무엘이 말한 "큰일"은 이례적인 기상 현상이다. 천둥은 고대 사회에서 신의 임재와 그 음성을 뜻한다(참조. Tsumura, *First Samuel*, 325). 이어서 사무엘은 그 표징의 목적을 밝힌다. 곧 이스라엘이 왕정을 요구한 것이 여호와 앞에서 큰 죄라는 것이다. 앞선 단락의 배경에서 보면, 이것은 여전히 사무엘의 개인적 생각으로 여겨질 수 있다. 하지만, 사무엘의 말대로 여호와께 그가 아뢰고 정말 팔레스틴의 일상적인 기후 조건에서 벗어난 우레와 비가 내린다면, 왕정 요구가 죄라는 사무엘의 판

단은 사무엘 개인의 생각을 넘어서게 될 것이다. 18절에서는 앞선 구절에서 사무엘이 공언한 것이 그대로 실현되는 모습을 서술한다. 그리고 모든 백성은 사무엘이 공언한 대로 이루어지자, 천둥과 비를 내리신 여호와와 그것을 아뢴 사무엘을 크게 두려워했다. 이 시점에서 그간 백성들에게도 다소 미심쩍었던 예언자 사무엘의 직무는 다시금 권위를 가지게 되었다. 19절에서 백성들은 두려운 마음으로 사무엘에게 다급하게 말한다. 왜냐하면, 밀 수확기에 폭우가 계속된다면, 농사에 치명적인 영향을 미칠 것이기 때문이다. 그래서 그들은 사무엘이 여호와께 아뢰어서 온 천둥과 비이므로, 자신들이 죽지 않도록, 다시 기도해 주기를 요청한다. 이 장면은 출애굽 당시에 하나님의 임재를 경험한 이스라엘이 모세에게 했던 말(출 20:19)과 백성들이 금송아지 형상을 만들고 섬긴 죄를 지었을 때 모세가 한 말(출 32:11-13)도 생각나게 한다(참조. Tsumura, *First Samuel*, 327). 어쨌거나 이것은 중재자로서 사무엘의 지위와 역할을 인정하는 대목이다. 그리고 이어서 백성들은 다른 죄들과 더불어 왕을 구하는 "악"(רָעָה, '라아')을 저질렀다고 고백한다. 앞서 했던 사무엘의 말과 백성들의 이 고백은 직관적으로 이해되지 않는다. 지금 이들은 사울을 임금으로 세웠고, 더구나 그 임금이 승전하고 하나님 앞에서 공식적으로 왕정을 선포한 직후이기 때문이다. 과연 이들은 왕정을 다시 취소하려는 의도인가, 아니면 무슨 의도로 이런 고백을 하는가? 그래서 이 구절을 신명기계 역사가의 삽입구(interpolation)로 보기도 한다(참조. Mc-Carter, *I Samuel*, 216). 하지만 이 본문은 백성들이 느닷없이 쏟아지는 폭우와 무섭게 땅을 뒤흔드는 천둥소리 때문에, 하나님이 진노하셨다고 여기고 겁에 질려서 다급히 하는 말이라고 여기는 것이 더 나을 것이다(참조. Dietrich, *1 Sam 1-12*, 548).

**20-25절: 사무엘의 권고.** 이제 독자들은 사무엘의 입에 주의를 집중하게 된다. 개인적으로도 왕정 전환을 싫어했고, 신탁도 그러하였는데, 과연 사무엘은 이제 이스라엘 백성들에게 어떤 말을 할 것인가? 20절에서 사무엘은 먼저 "두려워하지 마십시오"라고 말하여서 이스라엘 백성들을 안심시킨다. 그리고 그는 백성들이 고백한 "악"은 사실이지만, 앞 문장을 제한하며 역접시키는 불변화사 אַךְ('아크', "비록 그럴지라도")를[3] 써서 천둥과 비를 통한 표징의 진정한 목적을 일러준다. 그 목적은 왕정의 취소가 아니라, 여호와 유일신관(Monotheismus)을 강조하기 위함이었다. 이어지는 사무엘의 권고에서 쓰인 표현들은 모두 신명기와 신명기계 역사서의 전형적인 관용구들이다(참조. McCarter, *I Samuel*, 216-217). 따라서 "여호와를 따르는 데에서 돌아서지 말고"(왕하 18:6), "온 마음으로 여호와를 섬기라"(수 22:5; 신 10:12; 11:13; 삼상 7:3, 4; 대하 34:33) 등의 표현은 최종 형태의 사무엘서 본문을 완성한 신명기계 편집자의 손길이 배어 있다고 볼 수 있겠다. 21절에서 사무엘은 계속해서 우상숭배를 경계한다. 우상은 "유익하지도 않고 구원하지도 못하는", "헛된 것"(תֹּהוּ, '토후')이다. 이 낱말은 일반적으로 혼돈이나 무질서함을 뜻하지만,[4] 제2이사야 본문에서 우상을 가리키는 낱말로 쓰인 점은 흥미롭다(참조. 사 41:29; 44:9). 이것은 최종 형태 본문의 형성이 포로기와 연관이 있음을 조심스레 짐작할 수 있게 해 주는 단서다(참조. McCarter, *I Samuel*, 217). 22절에서 사무엘은 죽을까 두려워하는 백성들의 염려와는 달리 여호와는 결코 그 백성을 버리지 않으실 것임을 약속한다. 여기서 쓰인 "여러분을 그분의 백성 삼기

---

3.    참조. 삿 10:15; 삼상 29:9; 렘 12:1; 욥 13:15; 게제니우스, 『사전』, 32.
4.    구체적인 용례들은 게제니우스, 『사전』, 871 참조.

로 작정하"신 것이라는 표현도 앞선 20절의 표현들과 마찬가지로 신명기와 신명기계 역사서의 관용구 가운데 하나다(참조. 신 28:9; 29:12; 삼하 7:24). 여기서 여호와께서 그 백성을 버리시지 않는 까닭으로 백성들의 어떠함이 아니라 "그분의 크신 이름을 위해서라도"라고 진술하는데, 이는 성경에서 구원하시는 하나님의 은혜를 표현하는 관용구다(참조. 수 7:9; 왕상 8:42; 렘 44:26; 겔 36:23; 대하 6:32; Tsumura, *First Samuel*, 329).

23절에서 사무엘은 사뭇 다른 주제를 들고나온다. 사무엘은 여기서 향후 자신의 역할을 기도를 통한 중재자와 선하고 의로운 길을 가르치는 선생으로 규정한다. 이 두 역할은 예언자이자 사사였던 자신의 역할을 그만두지 않겠다는 선언이다(비교. Dietrich, *1 Sam 1-12*, 550-551). 지금까지 여호와 유일신관을 강조하며, 왕정 이후 신앙을 권고한 사무엘의 모습과는 사뭇 다르다. 물론 중재하는 예언자와 토라를 가르치는 선생인 사무엘의 역할이 왕정을 위협하지 않을 수 있으며, 본문의 사건에서 보듯 그의 영향력은 지대하므로 정당성도 있어 보인다. 하지만, 하나님과 백성들 사이의 관계가 올바르게 이어지는 데 사무엘이 과연 긍정적인 역할만 할지 왕정을 뒤흔들 영향력을 계속해서 미치려 할지에 대한 막연한 염려가 독자들에게 생긴다.

24-25절에서 사무엘은 다시 앞선 구절에서 말하던 주제를 이어간다. 24절에서는 앞서 20절에서 썼던 불변화사 אַךְ('아크')를 다시 쓰는데, 여기서는 "오직"의 의미로 새겨야 한다. 이 낱말은 여호와를 두려워하고, 그분만 섬기는 일이 왕정의 유일한 목적이 되어야 함을 강조한다. 그리고 사무엘은 오늘 백성들이 보았던 천둥과 비의 표징을 통해 보여 주고자 했던 진정한 목적도 그것이었음을 강조한다. 하지만 25절에서는 다시금 19절에서 백성들이 언급했던 "악"을 동사 형태로 언급하며,

경고하는 것을 잊지 않는다.

## 본문의 메시지

⑴ 이 본문은 마지막 사사였던 사무엘이 한 마지막 공식 발언을 보여준다. 독자들은 아마도 사사시대를 마무리하고 왕정을 시작하는 분수령에 있는 발언으로서 긍정적인 권고를 기대할 것이다. 그러나 앞서 이스라엘의 왕정 요구에서도 그러했듯이(8장), 노인 사무엘은 끝까지 왕정에 대해 거부감을 드러낸다. 사무엘이 어떤 마음이었는지 본문에서 직접 드러나지 않기 때문에 정확히 알 수는 없다. 하지만 역사를 회고하면서까지 왕정 요구를 부정적으로 언급하는 것으로 보아서 사무엘이 적어도 왕정 전환에 대해 불쾌감을 여전히 가지고 있음을 충분히 짐작할 수 있다. 사무엘은 자신이 가지고 있던 권력에 대한 미련이 있었던 것일까?

사무엘서에서 유년기와 장년기, 노년기의 사무엘이 보여주는 모습은 여러모로 교훈을 준다. 말씀이 희귀하던 시대에 여호와의 말씀을 잘 듣고 올바르게 전했던 유년기의 사무엘, 하나님을 향한 굳건한 신앙으로 블레셋을 물리치고 이스라엘을 다스리던 장년기의 사무엘은 분명히 본받아야 할 신앙인의 모습이다. 그러나 노년기의 사무엘은 본문에서 에둘러 묘사하지만, 분명 권력을 향한 노욕을 버리지 못한 모습이다. 욕심은 하나님의 은혜와 사랑을 가린다. 그러므로 노년기의 사무엘은 오늘 우리에게 반면교사가 된다.

⑵ 하나님은 사무엘의 기도를 통해서 팔레스틴에서 한겨울에나 경험할 수 있는 천둥과 비를 밀 수확기에 퍼부으셨다. 왕정이 무엇이기에 이런 표징까지 필요했을까? 이스라엘 백성들은 지금까지 한 번도 전제군주를 경험해 보지 못했다. 전제군주는 앞서 사무엘이 부정적으로 경고한 것처럼(삼상 8:11-18) 많은 부분에서 백성들의 삶을 제한하게 될 것이다. 이것은 사무엘의 개인적인 관점과 상관없이 왕정을 시작한 이스라엘 백성들이 분명히 부닥쳐야 할 일이었다. 그런데 지금 당장 블레셋의 위협에서 그간 여호와를 임금으로 삼고 있던 사사 체제의 지파 연맹 공동체를 왕정으로 전환한 뒤에, 전제군주제의 불편함을 체감하게 되면 이스라엘 백성들은 사사시대를 다시 그리워하고, 국가의 혼란이 올 수 있을 것이다. 여호와께서 내리신 천둥과 비는 그런 각오를 새롭게 하라는 표징이었다. 어지간한 각오가 아니면, 전제군주 체제 아래서, 하나님을 향한 유일신관이 흔들릴 수 있다. 왜냐하면, 당시 이스라엘 주위의 모든 전제군주는 신과 특별한 사이를 강조하면서, 신이 될 사람처럼 굴었기 때문이다. 이런 체제는 분명히 풍요제의로 이어질 수도 있고, 다른 한편으로 왕정을 인정하지 않아서 체제 전복이나 쿠데타의 우려도 있기 때문이다. 여러 면에서 하나님의 선택받은 백성으로서 그 정체성에 위기가 올 수 있다. 그래서 하나님은 사무엘을 통해 이스라엘 백성들에게 독특한 교육을 하신 것이다. 신앙을 위한 각오를 다지는 효과와 본질, 곧 여호와 신앙을 기억하도록 하는 표징이라는 말이다.

# 13장
# 사울의 버림받음 (1)

## 우리말로 옮긴 본문

**불법적인 번제로 버림받은 사울(1-15절)**

1 ⌐(…?) 살에⌐ 사울은 왕위에 올랐다. 그리고 2년 동안 이스라엘을 다 스렸다.

2 사울은 이스라엘 가운데서 3,000명을 뽑았다. 그 가운데 2,000명은 사울과 함께 믹마스와 벧엘 산지에 있었고, 나머지 1,000명은 요나단과 함께 베냐민 땅의 기브아에 있었다. 나머지 백성들은 제각각 집으로 돌려보냈다.

3 그런데 요나단이 게바에 있던 블레셋 사람들의 수비대를 공격하자, 블레셋 사람들이 그 소식을 들었다. 사울은 온 이스라엘에 ㄴ"히브리인들은 들으시오"ㄴ 하며 나팔을 불었다.

4 온 이스라엘은 "사울이 블레셋 사람들의 수비대를 공격하였으며, 이스라엘은 블레셋 사람들의 미움을 사게 되었다"는 소식을 들었

다. 그러자 백성들은 사울을 뒤따라 길갈로 모였다.

5 블레셋 사람들도 이스라엘과 전쟁하기 위해 전차 30,000대와 기병 6,000명과 바닷가의 모래같이 많은 보병이 모여들었다. 그들이 올라와서는 벧아웬 동쪽에 있는 믹마스에 진을 쳤다.

6 이스라엘 사람들은 전세가 불리해져서 자신들이 위급해졌음을 보고서는 저마다 동굴이나 숲이나 바위틈이나 구덩이나 웅덩이로 숨어들어 갔다.

7 그리고 히브리 사람들은 요단강을 건너서 갓과 길르앗 땅으로 갔다. 그러나 사울은 여전히 길갈에 있었는데, 그를 따르던 백성들은 모두 떨고 있었다.

8 사울은 사무엘이 정한 기한대로 이레 동안을 기다렸다. 그래도 사무엘이 길갈로 오지 않자 백성들이 사울에게서 흩어지기 시작했다.

9 사울이 말하였다. "번제물과 화목제물을 내게 가져오시오." 그러고는 번제를 드렸다.

10 그가 번제 드리기를 마쳤을 때, 사무엘이 도착하였다. 사울이 사무엘을 맞으러 나가서 인사하였다.

11 그러나 사무엘은 말하였다. "무슨 일을 벌인 것입니까?" 사울이 말하였다. "백성들은 내게서 흩어지기 시작하였고 당신은 약속한 기한대로 오지 않으셨습니다. 그리고 블레셋 사람들은 믹마스에 모여들었습니다.

12 그래서 나는 이제 곧 블레셋 사람들이 길갈로 내려올 것 같은데, 여호와께 은혜를 간구하지도 않았다는 생각이 들어서, 용기를 내어 번제를 드렸습니다.

13 그러자 사무엘이 사울에게 말하였다. "어리석은 짓을 저질렀습니다.

당신의 하나님 여호와께서 내리신 명령을 지키지 않았습니다. 그렇지 않았더라면 야훼께서는 이제 당신의 왕조를 이스라엘 위에 언제까지나 굳건하게 해 주셨을 것입니다.

14 그러나 이제 당신의 왕조는 일어서지 못할 것입니다. 여호와께서는 마음에 드는 사람을 찾으시고, 여호와께서는 그를 그분의 백성 위에 지도자로 명하십니다. 당신이 여호와의 명령을 지키지 않았기 때문입니다."

15 사무엘은 일어나 길갈에서 ᵈ자기 길을 떠났다. 그러자 나머지 백성은 사울 뒤에서 올라가서, 그들의 군사들을 뒤따라 길갈에서부터 베냐민 땅의 기브아에 도착했다.ᵈ 사울이 자기와 함께 남아있던 백성들을 사열해 보니 600명쯤이었다.

**믹마스 전투(16-23절)**

16 사울과 그의 아들 요나단과 그들과 함께 남아있던 백성들은 베냐민 땅의 게바에 머물렀고, 블레셋 사람들은 믹마스에 진을 쳤다.

17 블레셋 사람들의 진영에서는 공격 부대가 세 부대로 나누어 나왔다. 한 부대는 수알 땅으로 가는 오브라 길로 향하고,

18 또 다른 한 부대는 벧호론 길로 향하였으며, 나머지 한 부대는 광야의 스보임 계곡이 내려다보이는 지역 길로 향하였다.

19 그런데 온 이스라엘 땅에 대장장이가 없었는데, 이는 블레셋 사람들이 "히브리 사람들이 칼이나 창을 만들게 하면 안 된다"고 말하였기 때문이었다.

20 그래서 온 이스라엘은 저마다 자기 쟁기나 괭이나 도끼나 낫을 벼리려면 블레셋 사람들에게로 내려갔다.

21 쟁기와 괭이를 벼리는 값은 삼분의 이 세겔이었고, 쇠스랑과 도끼를
벼리거나 멍에에 쇠못을 끼워 고정시키는 데는 삼분의 일 세겔이었
다.

22 그래서 전쟁이 나는 날이면, 사울과 요나단의 백성들 아무에게도 칼
이나 창이 없었고, 사울과 요나단에게만 있었다.

23 블레셋 사람들의 수비대가 믹마스의 좁은 골짜기로 나왔다.


# 본문 비평


### 1절 ㄱ-ㄱ. (…?) 살에

히브리어 본문의 첫 부분을 직역하면, '사울이 왕이 될 때는 한 살이었
다(בֶּן־שָׁנָה, '벤-샤나')'이다. 이것은 상식적으로 이해할 수 없는 정보인데,
아람어 역본인 타르굼은 "사울이 왕이 되었을 때는 죄가 없어서 한 살
아이 같았다"로 옮겨서 이 훼손된 본문을 이해하려 했다(참조. McCarter, *I
Samuel*, 222). 반면에, 이 본문의 의미를 해결하지 못한 칠십인역의 어떤
필사본(Codex Vaticanus; B)은 아예 이 본문을 생략했으며, 중세 소문자 필
사본 전통에서는 30세로 고치기도 했다. 우리말 개역성경 전통에서 옮
긴 40세는 일부 영어 역본(NASB)의 영향을 받은 것으로 보인다. 하지만,
사무엘서 히브리어 본문 전체 전승의 상태가 썩 훌륭하지 않은 점을 고
려한다면, 이 본문은 훼손되어 알 수 없는 상태로 여기는 편이 낫겠다.
후반절의 '그리고 2년 동안 이스라엘을 다스렸다'라는 구절도 사울 통
치 기간 전체를 언급하는지, 우리말 개역성경의 전통대로 사건의 배경
을 말하는지는 명확하지 않다. 더구나 2년이라는 기간도 다른 한편으로

사도행전 13장 21절이나 요세푸스의 『유대 고대사』(vi. 14. 9)는 40년으로
읽기도 한다.

### 3절 ㄴ-ㄴ. "히브리인들은 들으시오"

여기서 칠십인역은 "종들이 반역했다"(ἐθετήκασιν οἱ δοῦλοι, '에테테카신 호
이 둘로이')로 옮기는데, 둘째 표현은 분명 "히브리인들"(הָעִבְרִים, '하이브
림')과 비슷한 הָעֲבָדִים('하아바딤')를 대본으로 전제할 것이다. 둘은 비슷
한 모양의 자음 혼동에서 비롯한 것이다.

### 15절 ㄷ-ㄷ. 자기 길을 (…) 도착했다

이 번역은 칠십인역에 따른 것이다(καὶ ἀπῆλωεν ἐκ Γαλαλων εἰς ὁδὸν
αὐτοῦ καὶ τὸ κατάλειμμα τοῦ λαοῦ ἀνέβη ὀπίσω Σαουλ εἰς ἀπάντησιν ὀπίσω
τοῦ λαοῦ του πολεμιστοῦ αὐτῶν παραγενομένων ἐκ Γαλγαλων εἰς Γαβαα
Βενιαμιν). 마소라 본문에는 이 부분이 없는데, 아마도 히브리어 본문은
두 번 나오는 "길갈" 가운데 하나를 건너뛴 필사 오류(Haplography)의 결
과일 것이다(Dietrich, *1 Sam 13-26*, 27).

# 본문 주석

**불법적인 번제로 버림받은 사울(1-15절)**

**1-4절: 사울의 블레셋 전투 준비.** 1절은 이야기의 시간적 배경을 전해주
는데, 히브리어 본문이 훼손된 채 전승된 것으로 여기는 것이 보통이다
(위의 본문 비평 참조). 나이와 통치 기간을 떠나 이 본문의 배경과 목적은

분명하다. 사울은 이스라엘의 왕이 되었고, 그의 통치 기간에 벌어진 일을 도입하는 구절이다.

2절에서는 사울이 블레셋 군대를 대항해 조직한 군대 편성을 언급한다. 사울은 3,000명의 군대를 소집하였다. 그리고 이 가운데서 2,000명은 자신과 함께 믹마스와 벧엘 산지에 배치하였다. 믹마스는 예루살렘과 벧엘 사이에 있는 성읍이었다. 이곳은 해안 평야 지방에 있던 블레셋 군대가 구릉지인 쉐펠라 지역의 골짜기를 거쳐서 산지로 오는 길목을 막을 수 있는 곳이었다. 이를테면 사울의 군대 2,000명은 전진 부대였다. 반면에, 사울은 처음으로 등장하면서도 아무런 소개가 없는 아들 요나단과 군사 1,000명을 자기 궁이 있던 기브아에 남겨 두어 후방을 맡겼다.[1] 사울 통치의 첫 이야기가 군사 조직인 것은 왕으로서 사울의 가장 주된 임무를 강조하는 구실을 할 것이다.

3절에서 장면은 사울의 아들 요나단 군대로 돌려진다. 사울의 뒤편을 받쳐주던 요나단이 독단적으로 게바(참조. 10:5; '기브아')에 있던 블레셋 군대의 수비대(נְצִיב, '나치브'; 참조. 10:5)를 공격했다. 이 공격에는 결정적으로 왕이었던 아버지 사울의 명령이 빠져 있다. 요나단의 이 공격은 두 가지 측면에서 굉장히 위험했다. 첫째, 정치적으로 아버지의 왕권에 도전하는 것으로 비칠 수 있다. 둘째, 본문에서 언급하듯, 블레셋에 이 사실이 전해지면, 전면전으로 번질 우려가 있다. 더불어 사울과 다른 노선을 걷는 요나단의 행위는 앞으로 전개될 이야기의 불안한 조짐을 독자들에게 안겨주기도 한다. 사울은 곧바로 전쟁 시작을 알리는 나팔을 불고(참조. 삼하 2:28; 18:16; 20:1, 22; Long, 144) "히브리 사람들"(참조. 4:6)에게 알

---

1.    요나단과 관련한 이야기의 단편(fragment)이 여기에 들어와서 자세한 설명이 없다고 여길 수도 있겠다.

렸다.

4절에서는 이스라엘 백성들의 첫째 반응을 전한다. 그들은 요나단이 아니라, 사울이 블레셋 사람들의 수비대를 친 것으로 전해 들었다. 물론 사울이 조직한 군대이니 요나단의 공격은 곧 사울의 공격이다. 하지만, 분명히 사울은 독단으로 공격을 감행한 요나단을 전면에 의도적으로 드러내지 않았을 것이다. 그리고 전면전의 우려를 블레셋 사람들의 "미움을 사게 되었다"(נִבְאַשׁ, '니브아쉬')고 표현하였다. 어쨌거나 이 말을 전해 들은 이스라엘 백성들은 지난 암몬 전쟁을 떠올리며, 다시금 길갈로 모여 사울의 지휘를 받게 되었다.

**5-7절: 이스라엘 군대의 두려움.** 5절에서 장면은 블레셋 진영으로 옮겨진다. 우려했던 대로 블레셋 군대는 이스라엘과 전면전을 위해 진군하고 있었다. 산지에 매복하고 있던 이스라엘 군대와 달리 블레셋 군대는 제대로 편성된 정규군의 모습이었다. 그들은 30,000대의 전차, 6,000명의 기병을 거느렸고, 보병은 "바닷가의 모래같이"(참조. 수 11:4; 삿 7:12; 삼하 17:11) 많았다고 전한다. 마지막 표현에서 보듯, 블레셋 군대의 규모는 다소 극적으로 과장된 듯하다. 더구나 그들이 진을 친 곳은 사울의 군대가 있던 벧아웬(=벧엘; 참조. 호 4:15; 5:8; 10:5) 동쪽 믹마스였는데, 이곳의 지형적 여건을 고려하면 현실적이지 않은 군대 규모다(참조. Klein, *1 Samuel*, 126). 블레셋 군대의 이 규모를 과장한 까닭은 6-7절에서 밝혀진다. 곧 이스라엘의 두려움을 강조하기 위함이다. (아마도 믹마스에 배치되었던; 참조. 2절) 이스라엘 군대는 블레셋의 정규군을 보고, 이곳저곳에 닥치는 대로 숨었다. 심지어 요단강을 건너서 길르앗 땅으로 도망치기까지 했다. 이때 사울은 여전히 길갈에서 군대를 소집하며 사무엘을 기다리

고 있었는데, 사울과 함께 있던 군대도 두려움에 떨게 되었다.

**8-12절: 사울의 불법적인 희생 제사.** 8절에서는 블레셋 군대와 이스라엘 군대의 대치가 일주일이나 지속되었다고 하면서 시간을 건너뛴다. 이 일주일은 10장 8절에서 예언으로 한 사무엘의 지시로 볼 수도 있다(참조. McCarter, *I Samuel*, 228). 일주일 동안 별다른 공수 없이 대치만 이어지자, 상대적으로 전력이 약세에 있던 이스라엘 군대의 두려움은 점점 커졌다. 급기야 군대가 흩어지기 시작했다. 군사들의 사기가 꺾이고 전열이 흐트러지면, 전세는 걷잡을 수 없이 불리해질 것이다. 전열이 흐트러지기 시작하는 모습을 보고 다급해진 사울은 끝내 돌이킬 수 없는 실수를 저지른다. 9절에서 사울은 번제와 화목 제물을 가져오라고 명령하여 번제를 드린다. 이것은 10장 8절에서 사무엘이 하리라고 했던 것이고, 사울도 이를 알고 있었다. 아마도 사울은 희생 제사가, 앞서 4장에서 궤를 전쟁터에 가져갔던 것과 마찬가지의 기대를 충족시켜 줄 것이라고 믿었을 것이다. 그러나 사울은 사무엘의 신탁을 지키지도 않았고, 제사장도 아니면서 희생 제사를 드린 두 가지 치명적인 실수를 저지르게 되었다. 10절에서 사울이 번제를 마치자마자 기다렸다는 듯이 사무엘이 도착하였다. 사울은 아무 일 없다는 듯이 사무엘을 맞이했다.

11절에서 사무엘은 "무슨 일을 벌인 것입니까"(מֶה עָשִׂיתָ, '메 아시타') 라고 물었다. 이 물음은 분명히 '그렇게 해서는 안 되는 일이었습니다' 라고 말하는 질책이었다. 그러나 사울은 모른 척하고 자초지종을 길게 늘여 설명한다. 여기서 사울의 둘째 실수가 이어진다. 사울은 아직 믹마스에 그대로 진 치고 있는 블레셋 군대가 길갈로 내려올 것 같았다고 말한다. 아마도 이것은 이스라엘 군대 내부에 돌던 소문이었을 것이다.

사울은 지금 그 소문으로 자기 행동을 정당화하려 한다. 그리고 자신이 여호와께 은혜를 간구하지 못해서 "용기를 내어"(וָאֶתְאַפַּק, '바에트아파크'; 직역. "그리고 크게 마음을 먹고") 번제를 드렸다고 말하였다. 사무엘이 앞선 본문에서 예언자이자 제사장으로서 자신이 하나님과 백성들 사이의 중재자 역할을 한다고 분명히 말했는데(12:23), 사울은 그것을 왕의 직무에 편입하려 시도하였다.

**13-14절: 사울을 향한 사무엘의 심판 선언.** 13절에서 사무엘은 앞선 단락에서 한 사울의 행동을 두고 "어리석은 짓을 저질렀습니다"(נִסְכָּלְתָ, '니스칼타')고 일축하였다. 이 말은 어리석은 행동(참조. 대하 16:9) 또는 그 결과가 죄로 이어지는 행동(참조. 삼하 24:10; 대상 21:8)을 일컫는다(게제니우스, 『사전』, 546). 그러니 이 말은 질책인 동시에 심판 선언의 시작인 셈이다. 사무엘은 사울이 자신을 기다리지 않은 것은 자신의 권위에 대한 도전이 아니라 "여호와께서 내리신 명령"(מִצְוַת־יהוה, '미츠바트 야훼')을 지키지 않은 것이라고 말한다. 그런데 여기서 말하는 것이 어떤 명령인지는 앞선 본문에서 언급된 적이 없어서 분명하지 않다.[2] 이것이 10장 7-8절을 전제한다면 더욱 이해하기 어렵다. 왜냐하면, 그것은 여호와의 명령이라기보다는 사무엘의 지시였기 때문이다. 아마도 본문에 명시적으로 언급되지는 않았지만, 사무엘이 이스라엘 백성들에게 말하고 기록한

---

2.    상세한 논의는 Dietrich, *1 Sam 13-26*, 45-47 참조. 대략 세 가지 주장이 있다. 첫째, 사울이 10:8의 지시 순서를 잘못 이해했다는 견해다. 10:8에서는 희생 제사가 전투 전이 아니라, 11:15에서처럼 전투 이후에 승전 의식으로 치러져야 했다는 것이다. 둘째, 율법의 특정 조문을 의미하였으며, 그것을 사울이 거슬렀다고 본다(신 20:1-9 등). 셋째, 사무엘이 사울을 질책한 "어리석게 행함"을 어리석은 죄가 아니라, 의도하지 않은 규범 위반으로 이해하는 것이다. 세 견해 모두 일면 가능하나, 전반적인 동의를 끌어내기에는 충분하지 않다.

"임금의 권한"(8:11; 10:25)에 포함된 규정을 뜻할 수도 있겠다. 사무엘은 여호와의 명령을 지켰더라면 사울의 왕위가 계속 이어졌을 것이라고 말하고, 14절에서는 사울의 왕정이 오래가지 못할 것이라고 선포하였다. 이는 "어리석"게 행한 죄의 결과로 따르는 심판으로 이해할 수 있다. 하나님은 벌써 사울을 버리고 "마음에 드는 사람"을 구하여 "지도자"(נָגִיד, '나기드')로 삼으셨다고 말한다. 여기서 동사들이 모두 완료형으로 쓰인 것은 아직 본문에서 소개되지 않았으므로, 확실히 일어날 미래의 일을 전하는 예언자의 완료형(prophetic perfect)으로 이해할 수 있겠다.

**15절: 사무엘과 사울의 결별.** 사무엘은 사울에게 심판을 선언한 뒤 길갈에서 베냐민의 기브아로 올라갔다. 사무엘이 자기 고향이 아니라 사울의 궁이 있는 기브아로 간 것은 블레셋 군대가 진 치고 있는 곳들을 피하여 베냐민 땅으로 갈 수 있는 안전한 경로였기 때문일 것이다(참조. Tsumura, *First Samuel*, 349). 사무엘이 떠나자 사울은 군사를 점호한다. 사무엘의 심판 선언은 사울의 심경을 더 절박하게 하였을 것이다. 여기서 계수된 군사는 겨우 600명이다. 앞서 암몬 전투에서 330,000명의 군사가 소집되었고(11:8), 더구나 지금 사울이 맞닥뜨려야 할 블레셋 군사의 수(13:5)와는 비교도 안 될 소규모 군사다. 이 본문을 읽는 독자들에게도 이 정보는 사울에 대해 매우 불안함을 느끼도록 하는데, 이야기 속의 사울이 얼마나 절박했을지는 충분히 짐작할 수 있다.

### 믹마스 전투(16-23절)

**16-18절: 이스라엘과 블레셋의 대치.** 16절에서 사울은 앞서 진을 쳤던 최전방의 믹마스까지 갈 엄두를 못 내고, 요나단이 진 치고 있던 베냐민

땅의 게바(=기브아; 참조. 13:3)에 합류했다. 반면에 블레셋 군대는 여전히 믹마스에서 꼼짝하지 않고 진을 벌이고 있었다. 17절에서 블레셋의 진영에 움직임이 먼저 포착된다. "노략꾼들"(מַשְׁחִית, '마쉬히트')이 진영에서 나와서 이동하였다. 이들의 정체는 낱말의 어근에서 짐작할 수 있다. 이 낱말은 "파괴하다"를 뜻하는 동사(שחת)에서 파생하였다. 그러므로 이들은 전차를 포함하는 돌격대로 여길 수 있겠다(참조. 14:15, 21; Tsumura, *First Samuel*, 351). 이 돌격대는 세 부대로 나눠서 이동하였다. 이들의 이동은 아마도 사울의 부대를 압박하려는 심리전의 목적이었을 것이다(참조. Long, *1 and 2 Samuel*, 149). 왜냐하면, 이들의 이동은 별다른 전투로 이어지지 않았기 때문이다. 첫 부대는 오브라 길을 따라서 수알 땅으로 갔다. 맥카터에 따르면 오브라는 믹마스 북쪽 베냐민 땅의 에브론(참조. 수 18:23; 대하 13:19; 삼하 13:23)과 같은 곳이며, 수알은 "사알림"(삼상 9:4)일 것이라고 여긴다(McCarter, *I Samuel*, 238). 18절에서는 나머지 두 부대의 이동을 언급하는데, 한 부대는 유다 산지에서 블레셋으로 내려가는 길의 쉐펠라 지역에 있던 벧호론으로 향하였고, 다른 한 부대는 동쪽 광야지대를 향해 이동했는데, 스보임 골짜기는 아마도 믹마스 남동쪽에 있었을 것으로 여긴다(참조. McCarter, *I Samuel*, 238). 그러니 사실상 사울 군대를 가운데 두고 사방에서 압박해 오는 형세였다.

**19-23절: 블레셋의 철공 기술 독점.** 사실 18절의 이야기는 23절로 이어진다. 그런 뜻에서 19-21절은 본문의 이야기와는 독립된 단편이 삽입된 짜임새다. 이 단락은 블레셋의 철공 기술 독점을 전하는데, 이 단락이 여기에 삽입된 것은 앞서 사울이 점호한 군대의 수와 마찬가지로 철공 기술이 없었던 이스라엘과 철기로 무장한 블레셋의 군사력 비교에 그

목적이 있을 것이다(비교. Dietrich, *1 Sam 13-26*, 49).

19절은 이때 이스라엘 온 땅에는 "대장장이"(חָרָשׁ, '하라쉬')가 없었다는 진술로 시작한다. 이 낱말은 대장장이를 뜻하기도 하지만,[3] 목공이나 석공, 또는 금속 가공자를 뜻하기도 한다(참조. 게제니우스, 『사전』, 266). 철기 시대인 이때 이스라엘에 왜 철공이 없었는지는 이어서 설명한다. 곧 블레셋 사람들이 철공 기술을 독과점하면서, 이스라엘에 그 기술이 전수되지 않은 듯하다. 그런데 본문의 편집자는 블레셋 사람들의 말을 빌려, "히브리 사람들이 칼이나 창을 만들게 하면 안 된다"라는 구절을 덧붙인 것으로 보이는데, 이 추측은 이어지는 20-21절까지의 단편은 무기의 생산과는 관련이 없이 농기구 수리 이야기만 하기 때문이다. 더구나 이스라엘 백성들이 블레셋 땅에 농기구를 "벼리러"(לִלְטוֹשׁ, '리르토쉬'; 어원. "때리다, 두드리다") 자유롭게 드나들었던 모습을 보여준다. 이는 군사적인 대치 상황에 있는 본문 앞뒤의 문맥과는 다르다. 따라서, 이스라엘과 블레셋 사이가 전쟁으로 얼룩져 있다는 사무엘서 본문의 전체적인 서술과는 달리, 이스라엘과 블레셋이 서로 평화롭게 왕래하였던 시기가 상당 기간 있었음을 추측게 하는 대목이다. 여기서 등장하는 농기구는 고랑을 파는 데 쓰이는 쟁기(מַחֲרֵשָׁה, '마흐레샤')나, 무언가를 자르는 데 썼을 삽(אֵת, '에트'), 도끼(קַרְדֹּם, '카르돔'), 세 대의 발이 달린 쇠스랑(שְׁלֹשׁ קִלְּשׁוֹן, '쉘로쉬 킬르숀'), 막대기에 쇠못이 달린 황소 모는 막대기(דָּרְבָן, '다르반') 등이다. 21절은 다시 편집자의 삽입구로 여길 수 있다. 철공 기술이 없었던 이스라엘에는 철기 무기도 없었으며, 사울과 요나단에게만 칼과 창이 있었다고 진술한다. 바로 이 진술을 위해서 앞선 단편을 삽입하여, 전세의 불리함을 강조하였을 것이다. 23절에서 다시 이야기는 원래

---

3.    참조. 왕하 24:14, 16; 사 40:19; 41:7; 54:16; 렘 10:9; 24:1; 29:2 등.

의 장면으로 돌아간다. 드디어 블레셋의 본진이 출정하여 믹마스의 좁은 골짜기(מַעֲבָר, '마아바르'; 개역개정. "어귀")로 들어선다. 이제 분위기는 전쟁 직전으로 긴장감이 고조된다.

## 본문의 메시지

(1) 사울은 이 본문에서 왕위에 오른 지 얼마 되지 않아서, 결정적인 실수를 저지른다. 예언의 신탁과 제의를 담당하고 있던 사무엘을 기다리지 못하고, 전쟁을 위한 신탁을 생략한 뒤 제의를 대신 실행해 버렸다. 이 둘 다 단순히 사무엘의 영향력에서 벗어나 전제군주로서의 면모를 보이려는 욕구를 넘어서는 실수다. 물론 사울은 사무엘을 기다리지 않은 것이 문제가 될 줄 알았을 것이다. 하지만, 전열이 흐트러지고, 군사들이 뿔뿔이 달아나기 시작한 상황은 그에게 "용기를 내어"라는 면죄부를 주었다. 이토록 다급한 상황이면, 신탁이나 제의보다 전열을 가다듬는 것이 더 중요하다고 판단했을 것이다. 사실 전황을 보면, 사울의 판단도 이해가 될 수 있다. 군사를 이끄는 사령관으로서 사기 진작의 다급함은 현장에서 가장 잘 보일 것이다. 그러나 사울이 보지 못한 것은 본질이었다. 벌써 사사시대의 많은 전쟁에서 군사의 수보다는 여호와 하나님을 향한 신뢰가 중요함을 보았을 것이다(보기. "기드온의 전쟁", 삿 7-8장). 현실에 매몰되어 신앙인으로서 기본을 잊은 것이 사울의 가장 큰 잘못이었다. 이것은 사울뿐 아니라, 오늘 우리에게도 큰 울림을 주는 교훈이다.

⑵ 사울에게 이제 상황은 긴박하게 돌아간다. 사무엘은 왕으로서 월권한 사울에게서 사실상 왕권을 박탈한다. 더구나 새로운 지도자를 하나님이 선출하실 것이라고 하였는데, 사울에게 이것은 최후통첩이나 다를 바 없었다. 그리하여 사울은 사무엘과 결별하고, 독자적으로 블레셋과 맞서기 위한 준비에 들어간다. 그러나 그에게는 너무나 초라하게도 군사가 600명밖에 없었다. 더구나 믹마스에 진 치고 있던 블레셋 군대의 돌격대가 사울을 에워싸며 이동하기 시작했다. 사울과 그의 군대에 블레셋 군사들의 이동은 엄청난 심리적 압박감과 두려움을 주었을 것이다. 게다가 여전히 청동기 시대에 머물러 있던 사울의 군대와 달리 블레셋은 철공 기술의 독점으로 우위를 차지하고 있었다. 사실상 사울에게는 더는 희망이 보이지 않는 나락이었다.

사울이 이런 파국으로 내리닫지 않을 기회가 있었을까? 사실 사무엘이 처음 사울을 질책했을 때가 마지막 기회였을 것이다. 그때 사울이 자기 잘못을 시인하고 하나님께 용서를 구했다면, 상황은 반전되었을 수 있다. 그러나 그 한순간 자신을 겸허히 돌아보고, 실수를 인정하지 않고, 합리화하며 핑계를 둘러댄 것이 돌이킬 수 없는 상황으로 만들어 버렸다. 누구나 실수를 할 수 있다. 그러나 자기 실수를 인정하지 못하는 것은 언제나 사울처럼 상황을 악화시킨다. 이것은 신앙생활에서도 다르지 않다.

# 14장
# 신앙심 있는 요나단과 경솔한 사울

## 우리말로 옮긴 본문

### 믹마스 전투에 나선 요나단(1-23절)

1   어느 날, 사울의 아들 요나단이 자기 무기를 든 부하에게 말하였다. "자, 우리가 저쪽 어귀에 있는 블레셋 사람들의 수비대로 건너가자." 그러나 자기 아버지에게는 말하지 않았다.

2   사울은 기브아 변두리에 있는 미그론의 한 석류나무 아래 머무르고 있었다. 그와 함께한 백성들은 600명쯤이었다.

3   그리고 이가봇의 형제 아히둡의 아들이고, 비느하스의 손자이며, 실로에서 여호와의 제사장이었던 엘리의 증손인 아히야가 에봇을 입고 있었다. 그런데 백성들은 요나단이 나간 것을 알지 못하였다.

4   요나단이 블레셋의 수비대로 건너가려고 했던 어귀 양쪽에는 암벽이 있었는데, 한쪽 암벽의 이름은 보세스였고, 맞은편의 암벽은 세네였다.

5  한쪽 암벽은 북쪽으로 믹마스를 바라보고 기둥처럼 우뚝 솟아있었고, 다른 쪽 암벽은 남쪽으로 게바를 바라보고 있었다.

6  요나단이 자기 무기를 든 부하에게 말하였다. "자, 우리가 이 할례 받지 않은 자들의 수비대로 건너가자. 여호와께서 우리를 위하시겠지. 여호와의 구원에는 수가 많고 적음이 문제가 되지 않기 때문이다."

7  그러자 요나단의 무기를 든 부하가 말하였다. "무엇이든 뜻하신 대로 하십시오. 보십시오. 저는 당신과 뜻을 함께하겠습니다."

8  요나단이 말하였다. "자, 우리가 저 사람들에게 건너가서 그들에게 우리를 내보여주자.

9  만약 그들이 우리에게 '우리가 너희에게 다다를 때까지 그대로 있거라'라고 말하면, 우리는 그 자리에 그대로 있으면서 그들에게 올라가지 않을 것이다.

10  그러나 만약 그들이 '우리에게 올라와 보아라'라고 말하면, 우리가 올라갈 것이다. 분명히 여호와께서 그들을 우리 손에 넘겨주실 것이다. 이것이 우리에게 주시는 표징이다."

11  그리하여 두 사람은 블레셋의 수비대에 모습을 드러냈다. 그러자 블레셋 사람들이 말하였다. "저기 히브리 사람들이 숨어있던 굴에서 나온다."

12  수비대 사람들이 요나단과 그의 무기든 부하에게 대거리하였다. "우리에게 올라와 보아라. 알려 줄 것이 있다." 그러자 요나단이 자기 무기를 든 부하에게 말하였다. "내 뒤를 따르라. 정말로 여호와께서 그들을 이스라엘의 손에 넘겨주셨구나."

13  요나단은 두 손과 두 발로 기어서 올라갔고, 그의 무기를 든 부하가

그를 뒤따랐다. 블레셋 사람들이 요나단 앞에서 쓰러졌고, 요나단의 무기를 든 부하는 그 뒤에서 그들을 죽였다.

14 이 첫 공격에서 요나단과 그의 무기를 든 부하는 밭고랑 한가운데서 반나절 갈이 땅 안에서 블레셋 사람 스무 명가량을 죽였다.

15 그러자 들판의 진영과 모든 백성이 두려움에 휩싸였다. 수비대와 공격 부대도 두려움에 떨었다. 땅이 뒤흔들리고 하나님이 내리신 떨림이 감돌았다.

16 베냐민 땅 기브아에 있던 사울의 파수꾼들이 보니, 블레셋 사람들의 진영이 소란해지고 사람들이 갈팡질팡하고 있었다.

17 사울이 자기와 함께 있던 백성들에게 말하였다. "가서 우리 가운데 누가 나갔는지를 살펴보시오." 사람들이 살펴보았더니 요나단과 그의 무기를 든 부하가 없었다.

18 사울이 아히야에게 말하였다. "하나님의 궤를 가지고 오시오." 그때에는 하나님의 궤가 이스라엘 백성들과 함께 있었기 때문이었다.

19 사울이 제사장에게 말하고 있는 동안에도, 블레셋 사람들의 진영의 소란은 점점 더 심해졌다. 그러자 사울이 제사장에게 말하였다. "그만두시오."

20 사울은 자기와 함께 있던 백성들과 함께 함성을 지르며 진군해서 보니, 제 편을 칼로 죽이며 엄청난 난장판이 되어 있었다.

21 이전에 블레셋 사람들의 편에서 그들과 함께 사방에서 진영으로 올라왔던 히브리 사람들도 이제는 사울과 요나단과 함께 있던 이스라엘 편이 되었다.

22 그러자 에브라임 산지에 숨어들었던 모든 이스라엘 사람도 블레셋 사람들이 도망쳤다는 소식을 듣고, 그들 또한 합류하여 블레셋 사람

들을 뒤쫓아 전쟁터에 나섰다.

23 그리하여 여호와께서 그날 이스라엘을 구해 주셨다. 그리고 전쟁은 벤아웬 너머로 건너갔다.ㄱ

## 사울의 경솔한 서원과 그 결과(24-46절)

24 이스라엘 사람들이 그날 전세가 밀리고 있었을 때, 사울은 백성들에게 저주의 맹세를 하였다. "내가 저녁이 되기까지 원수를 갚기 전에 음식을 먹는 사람은 누구든지 저주를 받을 것이오." 그래서 백성들은 아무것도 먹지 못하였다.

25 그들은 온 땅을 누비다 산지로 들어갔다. 그런데 그곳 밭에는 벌꿀이 있었다.

26 백성들이 산지로 들어가서 벌꿀이 있는 곳으로 갔지만, 손으로 집어 입에 대는 사람이 없었다. 이는 백성들이 그 맹세를 두려워했기 때문이었다.

27 그런데 요나단은 백성들에게 했던 자기 아버지의 그 맹세를 듣지 못하였다. 그래서 손에 들고 있던 막대기 끝을 내밀어 산속 밭에 있던 그 꿀을 찍은 뒤 손에 묻혀서 입에 갖다 대었다. ㄴ그러자 그의 눈이 번쩍 뜨였다.ㄴ

28 백성 가운데 한 사람이 말했다. "당신 아버지는 백성들에게 '오늘 음식을 먹는 사람은 저주받을 것이오'라고 힘주어 맹세했습니다. 그래서 백성들은 지쳐있습니다."

29 요나단이 말했다. "내 아버지께서 이 땅을 불행하게 만드셨군요. 보십시오. 나는 이 꿀을 조금 맛만 보았는데도 눈이 번쩍 뜨였습니다.

30 하물며 백성들이 오늘 적들에게서 빼앗은 탈취물을 먹기만 했더라

면 지금쯤은 블레셋 사람들을 더 많이 무찌르지 않았겠소?"

31 그들은 그날 믹마스에서부터 아얄론에 이르기까지 블레셋 사람들을 무찔렀다. 그래서 백성들은 몹시 지쳐있었다.

32 그래서 백성들은 탈취물에 달려들어서, 양과 소와 송아지를 가져다가 맨땅에서 도살했다. 그러고는 백성들이 그것을 피째 먹었다.

33 사람들이 사울에게 말하였다. "보십시오. 백성들이 피째 먹어서 여호와께 죄를 짓고 있습니다." 그러자 그가 말하였다. "여러분은 배신한 것이오. 당장 큰 바위 하나를 내게 굴려 오시오."

34 사울이 말하였다. "백성들에게로 흩어져 가서, 모두들 자기 소와 양을 내게로 끌고 와 여기서 잡아먹으라고 전하시오." 그러자 온 백성이 그날 밤에 저마다 자기가 가지고 있던 소를 끌고 와서 거기서 잡았다.

35 그리고 사울은 여호와께 제단을 쌓았는데, 이것이 그가 여호와를 위하여 쌓은 첫 제단이었다.

36 사울이 말하였다. "우리가 밤에 블레셋 사람들을 뒤쫓아 내려가서 동이 트기까지 약탈해 한 명도 남겨 두지 맙시다." 그러자 백성들이 말하였다. "무엇이든 당신 보기에 좋으신 대로 하십시오." 그러나 제사장은 "여기서 하나님께 나아가 여쭈어봅시다"라고 말하였다.

37 그래서 사울은 하나님께 여쭈었다. "제가 블레셋 사람들을 뒤쫓아 내려가도 되겠습니까? 그들을 이스라엘의 손에 넘겨주시겠습니까?" 하지만 하나님께서는 그날 그에게 대답하지 않으셨다.

38 그러자 사울이 말하였다. "백성의 우두머리들은 이리로 나오시오. 오늘 이 죄가 누구에게 있는지 알아보시오.

39 이스라엘을 구원하시는 여호와께서 살아계심을 두고 분명히 맹세

하겠소. 그가 내 아들 요나단이라고 하더라도 반드시 죽을 것이오.” 그러자 온 백성 가운데 누구도 그에게 대꾸하지 않았다.

40 그가 온 이스라엘에게 말하였다. “여러분은 이쪽에 서시오. 나와 내 아들 요나단은 저쪽에 서겠소.” 그러자 백성들이 사울에게 말하였다. “당신 보기에 좋으신 대로 하십시오.”

41 사울이 이스라엘의 하나님 여호와께 말씀드렸다. “올바로 알려 주십시오.” 그런데 요나단과 사울이 제비 뽑히고, 백성들은 뽑히지 않았다.

42 사울이 말하였다. “나와 내 아들 요나단을 두고 제비를 뽑으시오.” ᴸ“여호와께서 누구를 뽑으시든, 그는 죽을 것이오.” 백성들은 사울에게 말하기를, “그것은 옳지 않습니다”라고 했다. 그러나 사울이 백성들을 채근하여서, 그들이 그와 의의 아들 요나단을 두고 제비를 뽑았다.ᴸ 그러자 요나단이 제비 뽑혔다.

43 사울이 요나단에게 말하였다. “내게 말해 보거라. 네가 무슨 짓을 한 것이냐?” 요나단이 그에게 대답하였다. “제가 손에 들고 있던 막대기 끝으로 꿀을 조금 맛보았습니다. 그러니 제가 죽겠습니다.”

44 사울이 말하였다. “요나단아, 네가 죽지 않으면 하나님께서 벌을 내리시고 또 내리실 것이다.”

45 그러자 백성들이 사울에게 말하였다. “이스라엘에 이토록 큰 구원을 안겨다 준 요나단이 죽어서야 되겠습니까? 그래서는 안 됩니다. 여호와의 살아계심을 두고 맹세합니다. 그의 머리카락 한 올이라도 땅에 떨어져서는 안 됩니다. 그가 오늘 하나님과 함께했기 때문입니다.” 그리하여 백성들이 요나단을 구해주었고, 그는 죽지 않았다.

46 그리고 사울은 블레셋 사람들을 뒤쫓던 길을 돌이켜 올라갔고, 블레

셋 사람들도 제 곳으로 되돌아갔다.

### 사울의 업적과 집안에 대한 기록(47-52절)

47 사울은 이스라엘의 왕위에 올라서 주변의 모든 적들, 곧 모압과 암 몬 자손들과 에돔과 소바의 왕들과 블레셋 사람들과 맞서 싸웠다. 그리고 맞닥뜨린 모든 적들을 무찔렀다.

48 그는 힘을 키워서 이스라엘을 약탈하던 아말렉을 쳐서 이스라엘을 그들의 손에서 구하였다.

49 사울의 아들은 요나단과 이스위와 말기수아였다. 그리고 그에게는 딸이 둘 있었는데, 큰딸의 이름은 메랍이었고, 작은딸의 이름은 미 갈이었다.

50 사울의 아내는 아히마아스의 딸 아히노암이었고 그의 군대 장관은 사울의 삼촌 넬의 아들 아브넬이었다.

51 그리고 기스는 사울의 아버지였고, 아브넬의 아버지 넬은 아비엘의 아들이었다.

52 사울이 사는 내내 블레셋 사람들과 격렬한 전쟁이 있었다. 사울은 누구든 용감한 사람이나 힘센 사람을 보면 자기에게로 불러들였다.

## 본문 비평

### 23절 ㄱ. (-)

여기서 칠십인역은 다음과 같은 긴 구절이 덧붙어 있다. "그리고 10,000명 정도 되는 모든 백성이 사울과 함께 있었고, 전쟁은 에브라임 산지에 있는 온 도시로 퍼져 갔다.” 이 본문은 해설 투의 추가 구문으로 보인다.

### 27절 ㄴ-ㄴ. 그러자 그의 눈이 번쩍 뜨였다

우리말 성경에서는 히브리어 본문의 읽기 전통인 케레(Qere)에 따라 “그의 눈이 번쩍 뜨였다”(וַתָּאֹרְנָה עֵינָיו, ‘바타오르나 에나브’)고 옮긴다. 하지만, 히브리어 본문의 쓰기 전통인 케티브(Ketib)에 따르면, “그의 눈이 보게 되었다”(וַתִּרְאֶנָה עֵינָיו, ‘바타로나 에나브’)인데, 칠십인역이 이에 따른다(καὶ ἀνέβλεψαν οἱ ὀφθαλμοί αὐτοῦ, ‘카이 안에블렙산 호이 오프탈모이 아우투’). 두 전통은 음위 전환(metathesis)에서 비롯한 본문의 차이인데, 둘 가운데 어느 편이 더 오래된 본문 전통인지는 판가름하기 쉽지 않다. 다만, 케레 전통이 문맥에서 더 쉬운 읽기여서, 칠십인역이 지지하면서 좀 더 어려운 읽기인 케티브 전통이 둘 가운데서는 더 오래되었다고 잠정적으로 판단할 수 있다.

### 42절 ㄷ-ㄷ. 여호와께서 (⋯) 뽑았다

이 번역은 칠십인역을 따른다(ὃν ἂν κατακληρώσηται κύριος ἀποθανέτω καὶ εἶπεν ὁ λαός Σαουλ οὐκ ἔστιν τὸ ῥῆμα τοῦτο καὶ κατεκράτησεν Σαουλ τοῦ λαοῦ καὶ βάλλουσιν ἀνὰ μέσον αὐτοῦ καὶ ἀνὰ μέσον Ιωναθαν τοῦ υἱοῦ αὐτοῦ). 마소라 본문은 비슷하게 끝나는 두 문장을 잘못 보아 둘째 것을 빠뜨린 채 전승된 것으로 보인다(Dietrich, *1 Sam 13-26*, 66).

본문 주석

## 믹마스 전투에 나선 요나단(1-23절)

**1-5절: 요나단의 기습공격 계획.** 1절에서는 이스라엘 군대와 블레셋 군대가 대치하던 가운데[1] 앞서 언급되었던 사울의 아들 요나단이 다시 등장한다(참조. 13:2). 여기서는 사울의 아들이라고 분명히 밝힌다. 요나단은 자신이 가장 신뢰할 수 있는 측근이었던 자기의 무기를 든 소년에게 기습공격 계획을 알린다. 그런데 이 기습공격 계획을 왕인 아버지 사울에게는 알리지 않았다. 본문은 그 까닭을 알리지 않는다. 그러나 앞선 요나단의 행동과 이 행동은 분명히 왕에 대한 왕자의 불신을 추측하게 한다(비교. Dietrich, *1 Sam 13-26*, 78). 2-3절에서 사울은 기브아 변두리에 600명의 군사와 그대로 진 치고 있었으며, 엘리의 증손이었던 아히야가 에봇을 입고 사울과 함께 있었다고 전한다. 아마도 사울은 사무엘과 결별한 상태에서 신탁과 희생 제사의 임무를 사사이자 제사장 가문이었던 엘리 증손에게 부탁하였을 것이다. 아히야가 입있던 에봇에는 아마도 신탁을 묻기 위한 우림과 둠밈이 있었을 것이다(참조. 출 28:30; 레 8:8; 스 2:63; 느 7:65; 신 33:8; 민 27:21; 삼상 28:6; Tsumura, *First Samuel*, 358).

4-5절에서 요나단은 자기의 무기를 든 소년과 단독으로 기습을 감행한다. 블레셋 군대가 있던 믹마스와 자신들이 있던 게바 사이에는 양쪽에 "암벽"(שֵׁן־הַסֶּלַע, '쉔-하셀라'; 직역. "바위의 상아"=상아처럼 생긴 암벽)으로 이루어진 협곡이 있었다. 두 암벽의 이름은 "보세스"(בּוֹצֵץ, '보체츠', "빛나는 것")와 "세네"(סֶנֶּה, '세네', "가시덤불")였다(참조. Tsumura, *First Samuel*, 359).

---

1.   "하루는"(וַיְהִי הַיּוֹם, '바여히 하욤')이라는 말에서 두 진영 사이의 대치가 적어도 하루 이상은 지속되었음을 짐작할 수 있다.

이렇게 이름이 붙여질 정도로 험하기로 유명하다고 여길 수 있겠다.

**6-7절: 요나단의 신앙.** 6절에서 요나단은 기습공격에 앞서 자기 무기를 든 소년을 설득한다. 여기서 요나단은 블레셋 사람들을 "할례받지 않은 자들"(הָעֲרֵלִים, '하아렐림')이라 일컫는다. 이 낱말은 종종 블레셋 사람들을 모욕하는 명칭으로 쓰인다(참조. 삿 14:3; 15:18; 삼상 17:26, 36; 31:4; 삼하 1:20; 대상 10:4; 렘 9:25; 참조. 게제니우스, 『사전』, 621). 그리고 이 말을 쓴 데는 그들이 하나님이 언약에 포함되지 않음을 강조해서(참조. 창 17:14; 출 12:48; 삿 15:18 등; Long, *1 and 2 Samuel*, 151), 거룩한 전쟁의 대상이 된다는 뜻이겠다. 그리고 요나단은 하나님의 능력에 전적으로 기대지 않았던 아버지 사울과 달리 "여호와의 구원에는 수가 많고 적음이 문제가 되지 않기 때문이다"라고 말해서, 긍정적인 신앙의 모습을 보여준다. 이는 앞으로 펼쳐질 전쟁의 경과와 결과를 기대하게 해 준다. 7절에서 요나단의 무기를 든 소년은 요나단과 한마음으로 동행하겠다고 하며 블레셋 수비대 기습에 동의한다.

**8-15절: 요나단 공격의 성공.** 8-10절에서 요나단은 고대 전쟁에서 으레 그렇듯, 표징을 공격 신호로 제시한다. 요나단은 자신들을 블레셋 군대가 보고 출격한다면 공격하지 않고, 출격하지 않고 자신들을 기다린다면 "여호와께서 그들을 우리 손에 넘겨주실 것이다"는 표징(אוֹת, '오트')이 되어서 공격할 것이라고 말한다. 이 구절에서는 요나단이 그것을 여호와께서 보여주시는 표징으로 여긴다는 점을 강조한다. 사실 이것은 전술의 관점에서도 이해할 수 있다. 험한 바위를 올라가서 공격해야 하는 처지에서 적군이 자신들을 향해 내려오며 공격한다면 더 어려워질

것이다. 반면에 자신들을 보고서도 공격하지 않고 그대로 있다면, 바위를 올라가기도 수월할 뿐만 아니라, 심리전에서도 유리할 것이기 때문이다. 11-12절에서는 요나단이 계략대로 블레셋 사람들에게 자신들을 노출하였고, 요나단이 미리 기습공격의 표징으로 삼은 대로 블레셋 군대는 공격해 오지 않았다. 그래서 요나단은 "여호와께서 그들을 우리 손에 넘겨주"셨음을 확신한다. 전형적인 거룩한 전쟁(Holy War)의 모습이다.

13-14절에서 요나단과 그 무기를 든 소년은 손발로 험한 바위를 기어 올라가서 블레셋 수비대를 공격했다. 이들은 "반나절 갈이 땅 안에서"(כְּבַחֲצִי מַעֲנָה צֶמֶד שָׂדֶה, '크바하치 마아나 체메드 사데')[2] 20명 정도를 죽였다. 두 명이 거둔 성과로서는 거룩한 전쟁답게 대단하다 할 수 있다. 15절에서 이 소식은 이스라엘 주위에 진군했던 블레셋 수비대(מַצָּב, '마차브'; 개역개정. "노략꾼"; 비교. 13:17)뿐만 아니라, 들에 진 치고 있었던 블레셋의 본진에도 전해져서 공포의 대상이 되었는데, 이 구절의 마지막에서는 그것이 "하나님이 내리신 떨림"(חֶרְדַּת אֱלֹהִים, '헤르다트 엘로힘')이라고 진술하여 거룩한 전쟁임을 명확히 한다.

**16-19절: 사울이 요나단의 공격을 알게 됨.** 16절에서 장면은 이스라엘 진영으로 전환된다. 사울 진영의 파수꾼은 수많은 블레셋 군인이 쓰러지며, 진영이 어지럽게 흩어지는 모습을 보고 블레셋 진영에서 전투가 벌어졌음을 알게 된다. 17절에서 아마도 이 소식을 보고받았을 사울은 자신이 공격을 명령한 적이 없었기 때문에 군대 점호를 명령한다. 점호를

---

2.    직역. "밭고랑의 절반 정도, 한 겨리 소들이 하루에 갈 수 있는 땅"; 참조. 게제니우스, 『사전』, 687.

명령한 사울은 더욱 불안해졌을 것이다. 군사가 흩어질 위기일 뿐 아니라 명령체계도 무너지고 있었기 때문이다. 점호한 뒤에야 요나단과 그의 무기를 든 소년이 없어진 것을 알게 되었다.

18-19절에서 사울은 아히야에게 하나님의 궤를 가져오라고 명령했다. 여기서 두 가지 사실이 의문이다. 먼저 사울의 진영에 하나님의 궤가 있다고 한 것은 여기가 처음이기 때문이다. 아마도 이 때문에 본문의 최종 편집자는 후반절에서 이 점에 대한 해설을 덧붙였을 것이다. 둘째, 사울은 왜 하나님의 궤를 가져오라고 했는지가 의문스럽다. 하나님의 신탁을 바랐다면, 아히야가 입고 있던 에봇에 우림과 둠밈이 있었으므로, 그것으로도 충분했을 것이다. 그러니 사울은 어떻게 해서든 이것이 거룩한 전쟁인지를 빨리 알고 싶어 한 듯하다. 여기서 사울의 성급함이 매우 도드라지게 된다(참조. McCarter, *I Samuel*, 240). 그러나 블레셋 진영에서 전세가 더욱 격해지는 것을 보고서 사울은 다급히 신탁 의뢰마저 철회한다.

**20-23절: 이스라엘 군대의 승전.** 20절에서 사울과 이스라엘 군대는 블레셋 진영으로 갔다. 그곳에서 그들은 혼란한 가운데 적군과 아군 구분도 하지 못하고 서로 공격하는 블레셋 군대를 보았다. 21-22절에서는 흩어졌던 히브리 사람들, 심지어 블레셋에 투항했던 사람들까지 이스라엘 군대에 합세하여 블레셋 사람들을 공격하여 승전하였다. 23절에서는 이날 전쟁이 여호와께서 이스라엘을 구원하신 것이라고 하여 거룩한 전쟁이었음을 분명히 밝히는데, 이는 사울이 아니라 요나단에게 공이 돌아가게 될 것이었다. 이스라엘 백성들은 앞서 블레셋이 진 치고 있던 벧아웬까지 회복하였다(13:5).

## 사울의 경솔한 서원과 그 결과(24-46절)

**24-26절: 사울의 금식령.** 24절에서 위기에서 벗어나 승리를 경험한 사울은 성과를 더 내고자 욕심을 내기 시작한다. 우리말 개역성경에서는 군사들이 "피곤하였다"(נִגַּשׂ, '니가스')고 옮겼다. 그런데, 사실 여기서 쓰인 낱말은 우리말 번역처럼 몸이나 마음이 지친 것을 묘사하는지는 분명하지 않다. 13장 6절에서는 전세가 불리해지는 모습을 그리는 데 썼다. 한편, 칠십인역은 여기서 "사울은 그날에 아무것도 몰랐다"(καὶ Σαουλ ἠγνόησεν, '카이 사울 에그노에센')로 옮겨서 또 다른 본문 전통을 보인다.[3] 어쨌거나 사울은 그날 저녁까지 블레셋을 완전히 몰아내고자 군사들을 채근하였다. 더구나 사울이 전투를 끝내기까지 아무도 음식을 먹지 못하게 하는 금식령을 내렸다. "저주를 받을 것이오"(אָרוּר, '아루르')라는 저주 맹세 관용구까지 쓴 사울은 아마도 이제야 금식을 통한 자기 부정(self-denial)이라는 거창한 표현으로 이 전쟁을 거룩한 전쟁으로 삼고자 하는 절박한 마음을 드러냈다고 볼 수 있겠다(참조. McCarter, *I Samuel*, 249). 그리하여 군사들은 불리한 전세를 무릅쓰고, 음식도 먹지 못한 채 전투를 이어갔다. 25-26절에서 군사들은 숲속에서 꿀을 발견하였지만, 사울의 저주 맹세 때문에 선뜻 그 꿀을 입에 대지 못하고 있었다.

**27-30절: 요나단의 금식령 거부.** 27절에서 새로운 판세가 펼쳐진다. 사울의 진영과 독립되어 전투에 임하고 있었던 요나단은 당연히 사울의

---

3. 칠십인역의 히브리어 대본에 대한 다양한 견해 소개는 Dietrich, *1 Sam 13-26*, 89 참조.

저주 맹세를 듣지 못했다. 군사들과 마찬가지로 격한 전투 가운데 피곤해 있던 요나단은 벌집의 꿀을 발견하고 자기 손에 들고 있던 지팡이로 찍어 먹었다. 꿀을 보고 먹지 못한 이스라엘 군사들이나 그것을 맛본 요나단이나 이 당시 영양 부족으로 저혈당 상태였을 것이다. 요나단은 꿀의 당분 섭취로 이내 원기를 회복했다(본문 비평 참조). 그러나 요나단은 뜻하지 않게 또다시 아버지 사울의 명령을 거스르는 결과가 되었다. 사울의 저주 맹세와 이스라엘 백성, 요나단의 모습을 보는 독자들은 과연 어느 편이 더 옳은지 고민하게 된다. 요나단은 기습공격을 시작하면서부터 하나님께 모든 것을 맡기고 있었다. 그런데 사울은 신탁을 구하는 것조차도 성급한 마음에 생략했다. 어쨌거나 전투는 성공적이었고, 거룩한 전쟁이 되었지만, 사울이 명령한 금식령이 옳으냐는 고민이다.

28절에서 요나단이 꿀을 먹는 모습을 본 한 군사가 요나단에게 다급히 사울이 금식령을 저주 맹세로 내렸다는 사실을 전해주었다. 하지만 마지막에 "그래서 백성들은 지쳐있습니다"라는 말은 사울의 명령에 대한 의문을 던지는 것으로 여길 수도 있다. 이 말을 더러 후대의 주석으로 여기기도 하지만, 군사들도 사울의 정당성에 의문을 품고 있었다고 여길 수 있다.

29-30절은 그 군사에게 요나단이 대답하는데, 사실상 왕자로서 부왕의 결정에 반기를 드는 발언이다. 그는 아버지의 행동을 "이 땅을 불행하게 만드셨군요(עָכַר, '아카르')"라고 평가한다. 그도 그럴 것이 이스라엘 군대가 블레셋 군대의 진영을 차지하였고, 적이 물러갔으면 전쟁을 멈추고 군사들의 사기를 올려주는 것이 상식이다. 그런데 사울은 한 걸음 더 나아가서 전세가 조금씩 불리해지는데도 전투를 멈추지 않고 군사들을 몰아붙였기 때문이다. 요나단 자신은 꿀을 조금만 맛보고도 원

기를 회복했는데, 사울이 군사들에게 전리품 가운데 음식을 먹게 했더라면, 훨씬 더 전과(戰果)가 컸을 것이라고 말했다. 이는 실용주의적인 관점이다. 사울은 금식을 통한 명분을 내세웠지만, 군사들의 사기를 보지 못했다는 판단이겠다. 그러고 보면, 요나단은 처음부터 아버지의 지도력에 동의하고 있지 않았다고 판단할 수도 있다. 과연 그런지는 독자들의 궁금증으로 남아 지켜볼 일이다.

**31-35절: 군사들이 저지른 죄.** 31절에서 사울이 군사들을 이끌고 어디까지 갔는지를 밝힌다. 그는 블레셋 군대가 진 치고 있던 믹마스를 지나 블레셋 해안 평야 지대와 완충 역할을 했던 쉐펠라 지역의 아얄론 골짜기까지 진군했다. 대략 서쪽을 32㎞ 더 진군한 셈이다(참조. Tsumura, *First Samuel*, 374). 빠른 걸음으로 가더라도 6-7시간은 걸릴 길이다. 아무것도 먹지 못하고 그 먼 길을 진군한 군사들이 본문대로 매우 피곤했던 것은 당연한 일이다.

32절에서 새로운 사건이 벌어진다. 사울이 아얄론 골짜기에서 진군을 멈추자, 군사들은 전리품으로 득달같이 달려들었다. 그리고 양과 소와 송아지 가릴 것 없이 잡아먹었는데, 본문에서는 "피째"(עַל־הַדָּם, '알-하담') 먹었음을 강조한다. 그러니까 땅바닥에서 짐승을 도살하여 피가 뒤범벅된 짐승을 그대로 먹었다는 말이다. 왜냐하면, 짐승의 피를 빼지 않고 먹는 행위는 생명의 근원과 관련해서 율법에서 엄격히 금지하는 행위이기 때문이다(참조. 창 9:4; 레 17:11; 19:26; 신 12:23). 33절에서 이 장면을 본 일부 군사들이 사울에게 이 사실을 알리면서 "여호와께 죄를 짓고"(חֹטְאִים לַיהוה, '호티임 르야훼') 있다고 판단한 근거도 그것이다. 사울은 성급하게 전리품을 잡아먹은 군사들을 위로하기보다는 배신하였다

(בְּגַדְתֶּם, '브가드템'; 개역개정. "너희가 믿음 없이 행하였도다")고 책망하였다. 사울은 군사들의 상태보다는 통제에만 관심을 두고 있었던 셈이다. 하지만, 율법을 거슬렀다는 이유로 승전의 동지들인 군사들을 처벌할 수는 없었다. 따라서, 사울은 큰 돌을 굴려 와서, 율법대로 짐승을 잡아서 먹으라고 명령하였다. 곧 율법대로 짐승들을 제단 구실을 하는 돌 위에서 도살하고 피를 완전히 빼서 뿌린 후, 고기를 먹도록 해 준 것이다(참조. 레 17:6, 11). 사울이 승전을 위해 함께해 준 군사들을 위해 베푼 최소한의 배려였다. 35절에서 사울은 그 자리에서 여호와를 위해 처음으로 제단을 쌓았다. 사울이 여호와를 위한 제단을 쌓은 것은 자기 행동을 거룩한 전쟁을 마무리하는 의식으로 여겼다고 볼 수 있다.

**36-37절: 출전 신탁에 응답받지 못함.** 36절에서 사울의 전과에 대한 욕심은 다시 이어진다. 그는 밤이 되었는데도, 밤새 동이 틀 때까지라도 블레셋을 추격하여 전투를 벌여서 끝장내려 한다. 물론 사울에게는 거룩한 전쟁의 진멸(חֵרֶם, '헤렘')이라는 명분이 여전히 있었다(참조. Klein, *1 Samuel*, 139). 그러나 상식적으로 밤길에 적군을 추격하는 것은 매우 위험한 일이었다. 길을 잃을 우려는 물론, 적의 매복에도 대처하기 어렵기 때문이다. 사울의 측근 군사들은 이 명령에 아무 반대를 하지 못한다. 그러나 제사장 아히야가 신탁을 구하자는 제안을 하여 사울을 한숨 돌리게 한다.

37절에서 사울이 하나님의 신탁을 구하는데, 그가 한 질문은 두 가지였다. 하나는 자신이 블레셋을 뒤쫓아 내려가도 되느냐였고, 다른 하나는 그들을 이스라엘의 손에 넘기시겠느냐였다. 이런 신탁의 물음은 관용적인 표현이었을 것이다(비교. 삼하 5:19). 또한 제사장 아히야의 에봇에 있던 우림과 둠밈을 통한 신탁 확인이었을 것으로 생각할 수 있는데, 긍정적이거나 부정적인 답을 뜻하는 징조가 아니라, 본문은 하나님이 아무런 응답을 하지 않으셨다고 전한다. 이것은 아예 하나님과 관계가 단절된 것을 뜻하므로 부정적인 답보다 더 나쁜 징조다(참조. Dietrich, *1 Sam 13-26*, 97).

**38-42절: 요나단이 제비 뽑힘.** 아마도 무응답은 출정 자체가 잘못되었다는 응답으로 해석할 수 있다. 그러나 사울은 그런 뜻을 감지할 생각이 없었다. 38절에서 신탁을 구하는 데 실패한 사울은 자신이 아니라 다른 사람에게 무응답의 원인이 있을 것으로 여겼던 듯하다. 그래서 지휘관들을 불러 모으고 "이 죄가 누구에게 있나 알아보자"고 제안한다. 39절에서 사울은 요나단을 향해 있던 무의식적인 적개심을 표현하는데, 무응답의 원인이 요나단에게 있다고 할지라도 "반드시 죽을 것이오"(יוּמַת מוֹת, '모트 유마트')라고 사형을 선고했다(참조. 출 21:12-18). 물론 처벌의 단호함을 보이는 것으로 이해할 수 있지만, 지금까지 요나단의 독단적인 행동에 대한 반감이 은연중에 드러났다고 여길 수도 있다. 40절을 보면, 사실상 사울이 요나단을 지목하고 있음을 짐작하게 한다. 왜냐하면, 사울이 지목한 용의자는 백성 전체와 요나단과 자신이기 때문이다. 41절에서 사울은 하나님의 신탁을 구한다. 그는 "올바로"(תָּמִים, '타밈') 알려달라고 간구하였다. 그런데 여기서 쓰인 히브리어 낱말은 이해하기가 쉽지 않다. 이 낱말은 "온전한, 흠 없는, 완전 무결한, 순결한" 등을 뜻하는 형용사이다(참조. 게제니우스, 『사전』, 881). 하지만 이 문맥에서는 제사장의 에봇에 있던 "둠밈"(תָּמִים, '툼밈')을 뜻한다고 보아야 할 것이다(참조. Dietrich, *1 Sam 13-26*, 99-100). 그리하여 사울은 제사장에게 신탁을 구

한 것으로 이해할 수 있다. 그 결과는 (아마도 벌써 사울이 예상한 대로) 사울과 요나단이 뽑혔다. 이제 사울과 요나단 가운데 한 사람만 뽑으면 되는데, 42절에서는 (역시 사울이 예상했을 대로) 요나단이 뽑혔다. 이 과정에서 임금이든 왕자든 희생을 바라지 않던 백성들의 만류에도 불구하고, 사울의 고집을 꺾지 못했다(본문 비평 참조).

**43-45절: 백성들이 요나단을 살림.** 43절에서 사울은 요나단에게 사실 확인을 한다. 그러자 요나단은 아버지 사울의 금식령을 어기고 꿀을 찍어 먹은 사실을 말했다. 실제로 요나단은 사울의 금식령을 알지 못한 채 꿀을 먹었는데, 그 사실을 말하지 않는다. 어쨌거나 그는 금식령을 듣고도 그 금식령에 반대하는 발언을 했기 때문이다. 여기서 요나단이 "그러니 제가 죽겠습니다"(הִנְנִי אָמוּת, '힌느니 아무트')라고 말한 것은 아버지 앞에서 승부수를 던진 셈이다. 그가 사울의 지도력을 교정하려 했는지, 그에 도전하려 했는지는 여기서 분명하지 않다. 하지만, 요나단의 이 도발은 군사들의 민심을 확인하려는 의도가 있었을 것이다. 44절에서 사울은 요나단에게 "네가 죽지 않으면 하나님께서 벌을 내리시고 또 내리실 것이다"라고 맹세하며 사형을 선고한다. 과연 사울이 요나단을 정말 죽이려 했는지 그저 자기 지도력을 확보하려 했는지, 사울의 의도도 본문에서 명확하지 않다. 그러나 일반적으로는, 맹세까지 한 상황에서 사울은 요나단을 사형시킬 것이다. 어쨌거나 45절에서 군사들은 요나단의 전과 때문에 그의 사형을 반대한다. 사울이 한 맹세를 받아서 군사들도 "여호와의 살아계심을 두고 맹세합니다"라고 맹세하며 반대하였는데, 이는 이들이 요나단의 편에 서서 사울에 대항할 수도 있음을 내비치는 것으로도 보인다. 그리고 거기에는 요나단이 사울에게는 없었던 "하

나님과 함께했"(כִּי־עִם־אֱלֹהִים עָשָׂה, '키-임-엘로힘 아사')다는 명분도 있었다. 사울은 요나단이 하나님과 동역하였다는 백성들의 주장에 반박할수 없었다. 그것이 사실이기 때문이다. 그리하여 요나단은 (어쩌면 승부수를 던지며 예상한 대로) 목숨을 건질 수 있었다.

**46절: 전투가 끝남.** 이 구절에서 드디어 사울은 블레셋 군대 추격을 멈춘다. 지금까지 그는 군사들의 상황을 살피지도 않고, 자신의 출전을 거룩한 전쟁으로 합리화하는 데만 몰두하고 있었다. 그런데 정작 군사들이 자기가 합리화를 위해 내세운 금식령보다, 아들 요나단의 실용주의에 더 동의하고, 정작 거룩한 전쟁의 공은 요나단에게 돌리는 모습을 보며, 더는 명분이 없음을 깨달았을 것이다. 이리하여 전쟁은 이스라엘은 다시 산지로 올라가고, 블레셋 군대는 평지의 자기네 성읍으로 돌아가는 것으로 일단락되었다.

### 사울의 업적과 집안에 대한 기록(47-52절)

**47-51절: 사울의 통치 요약.** 이 단락은 신명기계 역사서에서 일반적으로 한 왕의 통치 이야기를 마무리할 때 쓰는 관용적 표현과 비슷하다(비교. Klein, *1 Samuel*, 134, 141). 47절에서는 지금까지 본문에서 소개되지 않은 사울의 전적을 요약한다. 그는 왕위에 오른 뒤에 동부의 모압, 암몬, 에돔, 북부 안티 레바논 산맥의 아르메니아 도시 국가였던 소바(참조. Tsumura, *First Samuel*, 383; 삼하 10:6 이하), 서부의 블레셋과 전쟁을 하였고, 승전했다고 전한다. 48절에서는 남부의 아말렉과 싸워 승전하였다고 말하여서, 사실상 모든 방향을 다 언급한다.

49-51절은 사울 통치를 마무리하며 전하는 정보들이다. 49절에서

는 사울의 세 아들(요나단, 이스위, 말기수아)과 두 딸(메랍, 미갈)을 전하고, 50-51절에서는 사울의 아내 아히노암과 군대 장관인 사촌 아브넬을 소개한다.

**52절: 마무리.** 52절에서는 사울의 통치 기간 내내 블레셋과 군사적 충돌이 있었고, 그래서 사울이 계속해서 군사를 모집했음을 밝히며 마무리한다.

## 본문의 메시지

⑴ 본문에서는 사울에게 설상가상인 일이 또 벌어졌다. 아들 요나단이 자신에게 아무런 보고도 하지 않고, 블레셋 수비대를 기습공격하였다. 게다가 그 공격은 매우 성공적이어서, 땅에 떨어진 이스라엘 군대의 사기를 올리고, 흩어졌던 군대를 규합하는 계기가 되었으며, 코앞까지 들어와 있던 블레셋 군대를 몰아내기까지 하였다. 심지어 요나단은 자신과 달리 공격의 시작을 전적으로 여호와께 맡겨 거룩한 전쟁의 명분도 얻어냈다. 그런데 사울은 요나단이 공격을 시작한 뒤에야 요나단이 진영을 이탈한 것을 알게 되었고, 블레셋 진영에서 벌어진 전투의 소요를 보면서 다급히 아히야에게 신탁을 재촉하였지만, 그 잠시도 기다리지 못하고, 신탁 없이 전쟁터로 갔다. 비록 승전했지만, 이 전쟁은 사울에게는 아무런 이득이 되지 않았다. 본문은 하나님의 뜻을 먼저 구하는 요나단의 모습과 그것에 또 한 번 실패한 사울을 보여주면서, 독자들에게 교훈을 준다.

⑵ 명분을 따르다 보면, 관계와 사람을 놓치는 수가 많다. 본문에서 그리는 사울의 모습이 그렇다. 사울은 요나단이 무단으로 블레셋 수비대를 기습공격하는 것과 또 그 공격이 성공한 모습을 보고 신탁도 구하지 않고, 황급히 전쟁에 참여하였다. 사울은 이때 마음에 걸리는 것이 두 가지가 있었을 것이다. 우선 언급한 대로 신탁을 구하지 않고 전투에 나서는 일이 마음에 걸렸을 것이다. 고대의 전쟁은 언제나 거룩한 전쟁으로 여겨졌기 때문에, 신탁 없이 전투에 나가는 것은 승전을 담보할 수 없었기 때문이다. 둘째로, 요나단의 독단적인 행동도 마음에 걸렸을 것이다. 안 그래도 자신의 실수 때문에 하나님의 선택이 철회된 상황에서 기습공격의 주도권을 아들 요나단에게 빼앗겨 버린 사울은 자기 지도력에 대한 사람들의 의구심이 못내 마음에 걸렸을 것이다.

이런 상황에서 사울은 금식령을 통해서 자기 행동을 합리화하려 했다. 곧 자신은 거룩한 전쟁을 수행하고 있다고 정당화하려는 것이었다. 그러다 보니 정작 자기 군사들의 현실을 보지 못했다. 그동안 블레셋 군대의 위력에 마음고생하다가, 치열한 전투를 치르느라 피로감이 극에 이르렀던 군사들에게 금식령은 현실적인 명령이 아니었다. 그들에게는 거룩한 전쟁의 더 큰 전과보다 당장 피로를 풀어줄 음식이 필요했다. 결국 사울의 명분 쌓기가 군사들이 율법을 어기고 피째 고기를 먹는 죄를 짓게 만들어 버렸다. 이 시점에서 사울은 알지 못했지만, 요나단이 꿀을 먹은 사건은 명분 쌓기에만 골몰하고 있는 아버지에게 반기를 든 행동이었다.

⑶ 신앙인은 기도한다. 그리고 그 기도에 대한 응답을 기대한다. 과연

무엇을 기도의 응답이라고 여기는가? 혹시 개인적인 욕심이 이루어지는 것을 응답이라고 생각하지는 않는가? 또는 하나님이 자기대로 움직이시는 것을 응답이라고 여기지는 않는가?

사울은 요나단이 독자적으로 벌인 기습공격에서 성공하자 그 성과를 자신에게 돌리고 싶어 했던 듯하다. 그래서 군사들이 지치도록 온종일 전투를 벌이고 위험한 지역에서 블레셋 군대를 몰아냈는데도 멈추려 들지 않았다. 오히려 이 전쟁을 온전히 자기가 주도한 거룩한 전쟁으로 만들고 싶은 욕심에 신탁을 구한다. 그런데 정작 신탁은 주어지지 않았다. 사실, 이 순간은 사울이 무엇을 잘못했는지 뒤돌아보고 반성할 마지막 기회였다. 그러나 그는 여기서 본능적으로 그간 자기 지도력에 도전해 온 요나단을 암묵적으로 지목하여 희생양으로 삼고 싶어 한 듯하다. 물론 사울도 자기 잘못은 감지했을 것이다. 그러나 자기합리화의 방어기제는 자신의 승전을 자신의 전공(戰功)으로 돌리고, 요나단의 도전을 제압하여서 지도력을 강화하려 했다. 이런 자기합리화는 사람들과 맺는 관계는 물론, 무엇보다 하나님과 맺는 관계를 깨뜨려, 이제 사울은 처참한 몰락의 길을 걷게 될 것이다. 이것은 모든 신앙인에게 마찬가지로 적용되는 경고다.

## 우리말로 옮긴 본문

1  사무엘이 사울에게 말하였다. "여호와께서는 나를 보내셔서 당신을 그분의 백성 이스라엘의 왕으로 기름 부으셨소. 그러니 이제 ⌐여호와의 음성을⌐ 들으시오.

2  만군의 여호와께서 이같이 말씀하셨소. '내가 아말렉이 이스라엘에게 한 짓, 곧 이집트에서 올라올 때 그 길을 막아선 일을 벌한다.

3  이제 가서 아말렉을 치고, 너희는 거기에 있는 모든 것을 완전히 파괴하여라. 그들을 불쌍히 여기지 마라. 남자든 여자든, 젖먹이든 갓난아기든, 소나 양이나, 낙타나 나귀나 할 것 없이 모조리 죽여라.'"

4  사울이 백성들을 불러 모으고 들라임에서 사열해 보니 보병이 200,000명이었습니다. 유다 사람은 10,000명이었다.

5  그리하여 사울은 아말렉 성읍까지 진군했다. 그리고 골짜기에 매복시켰다.

6 그리고 사울이 겐 사람들에게 말했다. “자, 당신들은 물러나 아말렉 사람들에게서 떠나가십시오. 자칫 내가 당신들을 그들과 함께 없애 버릴까 염려됩니다. 당신들은 이집트에서 올라오던 모든 이스라엘 사람에게 친절을 베풀었습니다.” 그러자 겐 사람들이 아말렉 사람들에게서 물러났다.

7 사울은 하윌라에서부터 이집트에 인접한 수르에 이르기까지 아말렉을 쳤다.

8 그리고 사울은 아말렉의 왕 아각을 산 채로 잡았고, 모든 백성을 칼날로 모조리 죽였다.

9 그러나 사울과 백성들은 아각뿐 아니라, 양 떼와 소 떼 가운데 좋은 것과 기름진 것들, 어린 양과 모든 귀한 것이 아까워서, 모조리 죽이고 싶지 않았다. 그래서 가치 없고 쓸모없는 것들만 모조리 죽였다.

10 그러자 여호와의 말씀이 사무엘에게 내렸다.

11 “내가 사울을 왕으로 세운 것을 후회한다. 그가 내게서 돌아서고, 내 말을 지키지 않았기 때문이다.” 사무엘은 화가 치밀었지만, 온밤 내내 여호와께 부르짖었습니다.

12 아침 일찍 일어난 사무엘은 동틀 무렵 사울에게 갔습니다. 그런데 어떤 사람이 전해주었습니다. “사울은 갈멜로 갔습니다. 거기다 자기를 위해 승전비를 세우고, 돌이켜 길갈로 내려갔습니다.”

13 ˪그런데 보라! 사울이 아말렉에게서 빼앗은 전리품 가운데 여호와께 만물을 번제로 드리려고 가지고 갔다.˪ 사무엘이 사울에게로 오자, 사울이 그에게 말하였다. “여호와께 복 받으시기 바랍니다. 제가 여호와의 말씀을 지켰습니다.”

14 사무엘이 말하였다. “그러면 내 귀에 들리는 이 양 떼의 소리는 무엇

이오? 또 내가 듣고 있는 소 떼의 소리는 무엇이오?"

15 그러자 사울이 말하였다. "아말렉 사람들에게서 빼앗은 것입니다. 백성들이 양 떼와 소 떼 가운데 좋은 것들이 아까워서 당신의 하나님 여호와께 제물로 드리려는 것이었습니다. 나머지는 모조리 죽였습니다."

16 사무엘이 사울에게 말하였다. "그만하시오. 내가 당신에게 지난밤 여호와께서 내게 하신 말씀을 전해주겠소." 그러자 사울이 그에게 말하였다. "말씀하십시오."

17 사무엘이 말하였다. "당신이 보기에는 당신이 보잘것없어 보여도 당신은 이스라엘 지파의 우두머리 아니시오? 그리고 여호와께서 당신을 이스라엘의 왕으로 기름 붓지 않았소?

18 그리고 여호와께서 당신을 떠나보내시면서 '너는 가서 죄지은 아말렉 사람들을 모조리 죽여라. 그리고 그들 모두를 무찌를 때까지 싸워라'라고 말씀하셨지요.

19 그런데 어째서 당신은 여호와의 목소리를 듣지 않고, 전리품에 달려들어 여호와께서 보시기에 악한 일을 저지르셨소?"

20 사울이 사무엘에게 대답하였다. "저는 여호와의 목소리를 들었습니다. 그래서 저는 여호와께서 보내신 대로 길을 떠났습니다. 그리고 아말렉 왕 아각을 끌고 왔고 아말렉 사람들을 모조리 죽였습니다.

21 다만 백성들이 모조리 죽여야 했던 전리품 가운데 으뜸가는 양 떼와 소 떼를 길갈에서 당신의 하나님 여호와께 제물로 바치려고 가져왔을 따름입니다."

22 사무엘이 말하였다.

"번제나 제물이 여호와의 목소리를 듣는 것보다 여호와를 더 기쁘게 해 드릴 수 있겠소?

들는 것이 제물보다 더 낫고,

귀 기울이는 것이 숫양의 기름보다 더 낫습니다.

23 거역하는 것은 점쟁이들을 통해 점치는 죄와 다를 바 없고, 반항하는 것은 드라빔으로 점치는 악과 다를 바 없습니다. 당신이 여호와의 말씀을 싫어했기 때문에, 그분께서도 당신이 왕으로 있는 것을 싫어하십니다."

24 그러자 사울이 사무엘에게 말하였다. "제가 백성들을 두려워하고, 그들의 목소리를 들어주려고 여호와의 명령과 당신의 말을 거역하였으니, 제가 죄지었습니다.

25 그러니 이제 제 죄를 용서해 주십시오. 저와 함께 돌아가십시다. 그러면 제가 여호와께 경배드리겠습니다."

26 사무엘이 사울에게 말하였다. "나는 당신과 되돌아가지 않겠소. 당신이 여호와의 말씀을 싫어해서 그분께서도 당신이 이스라엘의 왕으로 있는 것을 싫어하시기 때문이오."

27 그러고는 사무엘이 떠나려고 돌아섰는데, 사울이 그의 옷자락을 잡자, 그것이 찢어졌습니다.

28 사무엘이 그에게 말하였다. "여호와께서 오늘 이스라엘 왕국을 당신에게서 찢으셔서 당신보다 더 나은 다른 사람에게 주셨소.

29 또한 이스라엘의 지존자께서는 거짓말을 하지도 않으시고 뜻을 바꾸지도 않으십니다. 그분은 사람이 아니시기 때문이 뜻을 바꾸지 않으십니다."

30 그러자 사울이 말하였다. "제가 죄지었습니다. 그러니 이제 내 백성의 장로들과 이스라엘 앞에서 제 체면을 세워 주십시오. 저와 함께

돌아가십시다. 그러면 제가 당신의 하나님 여호와께 경배드리겠습니다.”

31 그제야 사무엘이 사울을 뒤따라 되돌아갔다. 그리고 사울은 여호와께 경배드렸다.

32 사무엘이 “아말렉 왕 아각을 자기에게 데려오시오”라고 말하였다. 그러자 아각은 한숨 돌리며 그에게 오면서 “이제야 죽음의 고통은 지나갔구나”라고 말하였다.

33 그러나 사무엘은 말하였다. “네 칼이 여인들에게서 자식을 잃게 한 것처럼, 여인들 가운데서 네 어머니도 자식을 잃을 것이다.” 그러고는 사무엘이 길갈에 있는 여호와의 성소 앞에서 아각을 난도질하여 죽였다.

34 그리고 사무엘은 라마로 가고, 사울은 사울 기브아에 있는 자기 집으로 올라갔다.

35 사무엘은 죽는 날까지 다시는 사울을 보지 않았다. 그가 사울에게 마음이 상했기 때문이다. 그리고 여호와께서는 사울을 이스라엘 왕으로 삼은 것을 후회하셨다.


# 본문 비평


## 1절 ㄱ-ㄱ. 여호와의 음성을

히브리어 본문은 “여호와 말씀의 소리”(קוֹל דִּבְרֵי יְהוָה, ‘콜 디브레 야훼’)이다. 구문론 관점에서 이것은 어색하며, 칠십인역이 “여호와의 소리”(τῆς φωνῆς κυρίου, ‘테스 포네스 퀴리우’)로 옮긴 것을 고려하면 “말씀”은 후대에 삽입된 낱말로 여길 수 있다(참조. 사 6:9; 미 6:9).

### 13절 ㄴ-ㄴ. 그런데 보라 (…) 가지고 갔다

번역은 칠십인역을 따른다(καὶ ἰδοὺ αὐτὸς ἀνέφερεν ὁλοκαύτωσιν τῷ κυρίῳ τὰ πρῶτα τῶν σκύλων ὧν ἦν ἔγκεν ἐξ Αμαληκ). 마소라 본문은 아마도 비슷하게 끝나는 두 문장을 잘못 보아 둘째 것을 빠뜨린 채 전승된 것으로 보인다(참조. McCarter, *I Samuel*, 262f; 비교. Dietrich, *1 Sam 13-26*, 135f).

## 본문 주석

**1-3절: 사울을 향한 아말렉 진멸 명령.** 이 단락에서 사울의 실패와 관련한 새로운 이야기가 시작한다. 1절에서 사무엘은 사울에게 와서 여호와의 신탁을 전한다. 히브리어 본문에서 사무엘은 "나를"(אֹתִי, '오티')을 문장 맨 앞에 두어 도치하여 강조하였다. 이로써 하나님과 사울 사이의 중재자로서 기름을 부어 왕('멜레크'; 비교. נָגִיד, '나기드'; 삼상 9:16; 10:1)으로 삼은 자신의 특권(prerogative)을 강조한다(참조. McCarter, 265). 아마도 사무엘은 사울의 독단적인 왕권 확립 욕심을 제어하려는 의도를 내보이고 있을 것이다. 이어서 2절은 이른바 사자전언양식(messenger formula; יהוה כֹּה אָמַר, '코 아마르 야훼', "여호와께서 이같이 말씀하셨소", 2:27)으로 시작하여 사무엘을 예언자로 돋보이게 한다. 여기서는 신명에 "만군의 여호와"(יהוה צְבָאוֹת, '야훼 츠바오트')가 쓰였는데, 이 신명은 특히 거룩한 전쟁의 배경에서 쓰인다(참조. 1:3, 11; 4:4; 17:45; 삼하 5:10; Klein, *1 Samuel*, 148). 신명은 아말렉을 완전히 파괴하라는 것(진멸)이다. 그런데 그 까닭이 출애

굽 시절 아말렉이 이스라엘 백성들을 대적했던 이야기로 거슬러 올라간다(출 17:8-16; 신 25:17-19). 3절에서는 특히 그들을 '진멸'(וְהַחֲרַמְתֶּם, '브하흐라므템')하라는 명령이 사울에게 주어진다. 이 진멸(חֵרֶם, '헤렘')은 고대의 거룩한 전쟁에서 신전에 바칠 전리품 외에는 그 자리에서 다 죽이고 불태워서 신에게 바치는 의식이다(참조. 신 20:10-18). 왜냐하면, 사람들은 신을 대신해서 전쟁을 치렀으며, 승전의 공도 신에게 돌려져야 했기 때문이다. 이 구절에서는 아말렉의 모든 소유, "남자든 여자든, 젖먹이든 갓난아기든, 소나 양이나, 낙타나 나귀" 등 모든 것을 포함하였다. 하나님의 명령은 아무것도 "불쌍히 여기지 마라"(לֹא תַחְמֹל, '로 타흐몰'; 개역개정. "남기리 말라")는 것이다. 이 아말렉 진멸의 명령은 왕으로 벌써 몇 차례 실수한 사울에게 주어진 마지막 시험이자 기회일 것이다.

**4-5절: 사울의 군대 소집.** 4절에서 사울은 곧 군대를 "들라임"(טְלָאִים, '틀라임')으로 소집하였다. 일반적으로 들라임은 여호수아 15장 24절의 델렘과 같은 곳으로, 헤브론 남쪽 51㎞ 정도의 십 광야에 있던 성읍으로 여긴다(참조. McCarter, *I Samuel*, 266). 이번 출정에는 이스라엘의 보병이 20만 명, 유다의 군사가 1만 명이 소집되었다. 앞서 암몬 전쟁의 출정 때와 마찬가지로 이스라엘과 유다가 구분된 것은 최종 형태 본문의 생성 연대가 분열 왕국 이후임을 추측하게 한다(비교. 11:8). 그런데 비록 바로 앞서 블레셋 전쟁 때보다는 훨씬 더 많아졌지만(13:2, 15), 임금이 되어 암몬과 치렀던 첫 출정 때보다는 군사가 삼분의 일로 줄었다. 5절에서 사울은 군사를 이끌고 아말렉 성에 이르러서 골짜기에 매복시켰다. 여기서 말하는 "골짜기"(נַחַל, '나할')는 겨울 우기에만 물이 흐르는 건천(Wadi)를 뜻한다. 그러므로 이때는 건기임을 추정할 수 있다.

**6절: 겐 사람 피란 권유.** 아말렉 공격 준비를 마친 사울은 그 지방에 거주하던 "겐 사람"(קֵינִי, '케니'; 참조. 민 24:20-22)에게 피란을 권유한다. 구약 전통에서 겐 족속은 늘 긍정적으로 묘사된다(참조. Dietrich, *1 Sam 13-26*, 157). 겐 사람은 모세의 장인 이드로의 출신 족속으로, 특히 사사기 1장 16절에서는 유다 지파와 함께 거주한 것으로 묘사된다. 그리고 드보라 시절에는 겐 사람 헤벨의 아내 야엘이 하솔의 장수 시스라를 죽이는 데 결정적인 공헌을 했다(삿 4:11, 17, 21; 5:24). 겐 사람에 관한 호의는 장차 다윗에게서도 찾아볼 수 있을 것이다(참조. 삼상 27:10; 30:29; Klein, *1 Samuel*, 150). 본문에서 사울이 말하는 이스라엘이 이집트에서 올라오던 때 보여 준 겐 사람의 선대는 사사기 1장 16절을 전제할 것이다(참조. McCarter, *1 Sam 13-26*, 266). 사울의 권고에 겐 사람들은 아말렉 사람들에게서 떠났다.

**7-9절: 사울이 진멸 명령을 어김.** 7절에서는 사울이 아말렉과 치른 전투를 요약한다. 전술이나 전투 장면의 묘사 없이 "하윌라"(חֲוִילָה, '하빌라')에서부터 "이집트 앞 수르(שׁוּר, '슈르')"에 이르기까지 아말렉과 전투를 치르고 승전하였다고 전한다(참조. 창 25:18). 앞서 블레셋 군대와 벌인 전투에서 여러 어려움에 부닥쳤던 사울의 이야기와 달리 이 전투에서 사울은 아무런 어려움을 겪지 않고, 이집트 국경 근처까지 아말렉 군대를 따라가면서 큰 전과를 이루어 냈다. 그런데도 전투 장면이 이렇게 짧게 요약된 것은 사울의 승전 자체가 이 이야기의 목적이 아님을 분명히 말해 준다.

이야기의 목적에 가장 중요한 단서는 8절에서 제시된다. 사울은 진멸을 명령받았는데, 모든 백성을 죽이면서도 정작 아말렉 임금 아각을 생포했다. 사울은 왜 아각을 생포했는가? 본문에서는 그 까닭을 밝히지 않는다. 하지만, 지금까지 이어온 사울 이야기의 배경에서 보면, 사울이 자신의 전공을 가장 잘 드러내는 전리품으로 살아 있는 아각을 데리고 가서 백성들에게 보여주려 했을 수 있다. 하지만, 독자들은 분명히 진멸을 명령받은 사울의 임무를 알기에 이 시점에 벌써 불길한 징조를 깨닫게 된다. 9절에서는 그 징조가 독자들에게 더 분명하게 드러난다. 이 구절에서는 사울이 전리품을 어떻게 처리하였는지를 두 가지로 요약해 준다. 먼저 그가 '아까워서 남겨 둔'(וַיַּחְמֹל, '바야흐몰') 것들부터 나열한다. 이 동사는 3절의 진멸 명령에서 분명히 금지한 것이다. 여기에는 아말렉의 임금 아각은 물론, 가축들 가운데서는 "좋은 것"(מֵיטַב, '메타브')을 남겼다. 사울과 군사들이 이런 전리품들을 다 죽이고 불태우는 진멸을 "하고 싶지 않다"(לֹא אָבוּ, '로 아부')라는 말은 그들이 이것들에 욕심을 냈음을 추측하게 해 준다. 물론 그가 나중에 어떤 핑계를 댈지 독자들에게는 아직 알려지지 않는다. 그들이 진멸 명령에 따른 것들은 "가치 없고 쓸모없는 것들"이었다. 사울은 여기서 군사들과 한통속이 되어 하나님의 명령을 거슬렀다.

**10-12절: 하나님의 말씀이 사무엘에게 임함.** 10절은 예언서에서 주로 찾아볼 수 있는 이른바 말씀 사건 관용구("여호와의 말씀이 사무엘에게 내렸다")로 시작한다. 이 말은 예언자에게 하나님의 신탁이 임할 때 주로 쓰는 관용구로, 본문에서는 계속해서 사무엘을 예언자로 여기고 있다는 뜻이다. 11절에서 여호와의 신탁은 사울을 왕으로 세운 것에 대한 후회(נִחַמְתִּי, '니함티')로 시작한다. 35절에도 다시 한번 더 나오는 심판 배경

에서 하나님의 후회는 창세기 6장 7절과 견줄 만하다(Tsumura, *First Samuel*, 395-396). 신인동감동정(anthropopathy)의 관점인 이 표현은 하나님의 실수를 뜻하는 것이 아니라, 하나님이 하실 일에 대한 의지를 강조하는 수사적 효과를 감당한다고 보아야 할 것이다. 곧이어 사울이 하나님의 명령을 따르지 않고 어긴 행동이 그 근거로 제시되는데, 이는 후회의 까닭이 아니라, 심판의 근거이기 때문이다. 더불어 이것이 심판 선고임을 깨달은 사무엘은 온밤을 하나님께 부르짖는다. 본문이 밝히지 않아서 사무엘이 무엇을 부르짖었는지는 알 수 없다. 하지만 그 또한 사울의 행동에 동의하지 않을 것임을 고려해 볼 때, 사울의 용서가 아니라, 예언자로서 하나님의 후회에 대한 공감에서 비롯한 현실 개탄의 부르짖음이었을 수 있다. 12절에서 사무엘은 아침 일찍 사울을 만나러 간다. 가는 길에 그는 새로운 소식을 듣는다. 사울이 갈멜에 "승전비"(יָד, '야드'; 직역. "손"; 참조. 삼하 18:18; 사 56:5)를 세웠다는 것이다. 여기서 말하는 갈멜은 북부 이스르엘 평원에 있는 지명이 아니라, 헤브론 남쪽 11km 정도에 있던 유다 땅 마온 근처의 조그마한 성읍을 일컬을 것이다(참조. McCarter, *I Samuel*, 267). 그리고 사울은 정치적 회합의 장소였던 길갈로 갔다고 전해 듣는다. 이 소식을 전해 들은 사무엘의 반응은 나타나지 않지만, 아마도 그는 사울의 어리석음과 만용에 기가 찼을 것이다.

**13-15절: 사울의 변명.** 13절에서 사무엘과 사울이 드디어 대면한다. 사울은 먼저 자랑스럽게 사무엘에게 "여호와께 복 받으시기 바랍니다"라며 인사말을 건넨다. 그리고 곧이어서 자신이 여호와의 명령을 행하였다고 말한다. "여호와의 말씀"은 이 장에서 핵심 어구 구실을 한다(참조. 10, 19, 22, 23절; Tsumura, *First Samuel*, 398). 그러니 독자들은 자연스레 사울의 승

전보다는 여호와의 말씀이 더 중요하다는 인상을 받게 되는데, 본문에서 사울이 승전을 내세우는 것과 역설적인 대조를 이루게 한다. 결국 사울은 여호와의 말씀을 행하였다고 하지만, 실제로는 그렇지 않다는 말이다. 14절에서 사무엘은 이를 확인하듯, 양과 소를 사울이 살려둔 사실을 추궁한다. 15절에서 사울은 승전의 전리품 가운데 가장 좋은 것을 하나님께 제사하려 남겨 두었고, 나머지를 진멸하였다고 정당화한다. 그러나 이것은 하나님이 사무엘을 통하여 사울에게 하신 말씀과 다르다 (15:3).

**16-21절: 사무엘의 추궁과 사울의 변명.** 16절에서 사무엘은 변명하고 정당화하는 사울을 "그만 하시오"라고 말하며 가로막는다. 이 말은 사무엘이 벌써 사울의 속내를 꿰뚫고 있음을 짐작하게 한다. 그러면서 사무엘은 예언자로서 사울에게 "여호와의 말씀"을 전하기 시작한다. 17절에서 사무엘은 수사의문문으로 말을 시작한다. 이 구절의 개역개정은 과거를 되새기는 것으로 여기게 한다(참조. 9:21). 그런데 히브리어 본문을 직역하자면, "당신이 보기에는 당신이 보잘것없어 보여도 당신은 이스라엘 지파의 우두머리 아니시오? 그리고 여호와께서 당신을 이스라엘의 왕으로 기름 붓지 않았소?"로 새길 수도 있다. 이렇게 새기면 왕으로서 사울의 책임감을 강조하는 말로 이해할 수 있다(참조. Long, *1 and 2 Samuel*, 164). 18절에서 사무엘은 여호와의 명령을 다시 되새겨 주는데, 진멸할 아말렉이 어떤 족속인지, 앞선 명령에서는 나오지 않았던 "죄인"(הַחַטָּאִים, '핫타임')이라는 말을 덧붙인다. 사무엘서에서는 이 낱말이 여기서만 쓰이고, 주로 하나님과 맺는 관계에서 짓는 죄를 뜻하므로, 이 방인에게 이 낱말을 쓴 것은 이례적이다(참조. Tsumura, *First Samuel*, 400).

278   사무엘서: 한계를 가진 인간과 무한한 하나님의 일하심

이 문맥에서는 아말렉 족속이 다 진멸되어야 했던 까닭을 강조한다. 19절에서는 사울의 정당화 변명과는 달랐을 속내를 "전리품에 달려들어"로 표현한다. 곧 전리품 자체에 욕심을 내었다는 말이다. 그것이 여호와 보시기에 악하지 않느냐며 다시 한번 수사의문문으로 다그친다.

20절에서 사울은 여전히 변명하기에 급급하다. 자신은 '여호와의 명령'에 따라 아말렉과 전투하였고, 승전의 표시로 아말렉 임금 아각을 생포했다고 말한다. 그리고 21절에서는 앞서 15절에서 한 변명을 다시 되풀이한다. 결국 사울은 여전히 자신이 무슨 잘못을 저질렀고, 또 저지르고 있는지 전혀 깨닫지 못한다. "모조리" 진멸하라는 것이 여호와의 명령이었는데, 사울은 아말렉과 전투에서의 승전을 명령으로 알고 있었다. 그러니 사무엘과 사울의 대화는 접점을 찾을 수가 없었다.

**22-23절: 사울이 버림받음.** 22절에서 사무엘은 사울이 깨닫지 못한 본질을 힘주어 말한다. 사울은 계속해서 자신이 진멸하지 않은 양과 소는 여호와께 제사 지내려는 목적이었다고 주장했다. 그러나 그것은 허울 좋은 핑계일 뿐이었다. 왜냐하면, 앞선 본문에서 사울은 아말렉과 싸운 전투에서 승리하고 전리품을 취할 때, 제사에 관한 언급은 하지 않았을 뿐만 아니라(9절), 자신의 전공을 기리기 위해서 승전비까지 세웠기 때문이다(12절). 분명히 사울은 전리품을 탐냈고, 왕으로서 자신의 권위를 세우려 했다. 그래서 사무엘은 여호와께서는 번제나 다른 제사보다 그분의 목소리에 "귀 기울이는 것"을 더 좋아하신다고 본질의 문제를 들고 나온다. 핵심은 "순종"(שְׁמֹעַ, '쉐모아'; 직역. "듣는 것")이다. 23절에서는 한 걸음 더 나아가서 순종하지 않고 거역하며(מְרִי, '메리'), 반항하는(הַפְצַר, '하프차르') 죄를 우상숭배에까지 견준다. 그만큼 하나님을 저버리는 극단

적인 죄라는 것이다. 사무엘은 사울이 여호와의 말씀을 순종하지 않고 버렸으므로, 여호와께 버림을 받아 왕이 되지 못한다고 결정적인 심판을 전한다. 아마도 이것이 사무엘이 전한 신탁의 핵심이었을 것이다.

**24-26절: 군사들을 향한 사울의 책임 전가.** 24절에서 사울은 여호와께 버림받았다는 사무엘의 말에 다급해졌다. 그는 얼른 "제가 죄지었습니다"(חָטָאתִי, '하타티')라고 고백한다. 이 고백을 읽는 독자들은 사울이 진멸의 명령을 어기고 욕심을 내었으며, 자기 전공을 과시하려 한 속마음 회개를 기대한다. 그러나 이어지는 죄 고백의 내용은 독자들의 기대를 빗나간다. 사울은 앞서 군사들과 의기투합하여 전리품을 챙겼던 사실을 들고나온다. 그러면서 자신은 "제가 백성들을 두려워하고", 그러니까 왕이 군사들을 두려워하여 진멸 명령을 어겼다고 말한다. 사실상 여기서 사울은 두 가지 잘못을 더 드러낸 셈이다. 먼저, 진멸 명령을 어기게 된 출발점이 군사들의 요구라고 말하면서, 자신의 욕심을 더 깊이 숨긴다. 그리고 백성들을 두려워하여, 그들의 말을 들었다고 함으로써, 여호와의 명령에 순종하지 않았던 자기 행동을 전혀 반성하지 않음을 보여주었다. 결국 다급해서 한 사울의 회개는 회개가 아니라 책임을 전가하는 또 다른 자기합리화에 지나지 않았다. 25절에서 사울은 한 걸음 더 나아간다. 그런 자신의 죄를 용서해 달라고 말하고는, 자신과 함께 돌아가서 여호와께 경배하자고 말한다. 사울은 여기서 사무엘이 자신과 함께 백성들에게 돌아가서 승전의 감사 제의를 드리자고 말하는 것이다. 이는 결국 자기 잘못을 끝까지 숨기려는 사울의 의도가 그대로 드러나는 대목이다. 그래서 26절에서 사무엘은 사울의 요구를 한마디로 잘라 거절한다. 사울이 어떤 변명을 늘어놓더라도 여호와께서 사울을

버리셔서 왕이 되지 못하는 것은 변하지 않기 때문에 자신은 사울과 함께 갈 수 없다는 말이었다.

**27-31절: 사울을 대신할 임금 예고.** 27절에서는 더욱 극적인 장면이 벌어진다. 사무엘은 사울에게서 돌이켜 자기 갈 길을 떠나려 하였다. 그러자 더욱 다급해진 사울은 사무엘의 겉옷 자락을 붙잡고 늘어졌다. 고대 사회에서 이 행동은 자비를 청하는 뜻이었다(참조. Tsumura, *First Samuel*, 406). 그러나 본문에 명확히 드러나지는 않지만, 사무엘이 사울의 요청을 거절하는 과정에서 사무엘의 옷이 찢어지고 만다. 이는 이 두 사람 사이의 관계가 마지막 파국으로 내리달았음을 보여주는 복선 구실을 할 것이다. 28절에서 사무엘은 사울에게 더욱 치명적인 선언을 하는데, 사울이 이제 왕이 되지 못할 뿐만 아니라, 여호와께서 이스라엘 나라(מַמְלָכוּת, '마믈쿠트', "왕권"; 참조. 삼하 16:3)를 사울에게서 떼어 "더 나은 다른 사람"(רֵעַ, '레아', 직역. "이웃")에게 주셨다고 말한다. 이 사람이 누구인지는 밝히지 않는다. 다만 여기서 아들이 아니라 이웃이라고 했기 때문에 사울의 왕위가 요나단에게 계승되지 않을 것이라는 사실은 분명하다.

29절에서 사무엘은 사울이 왕권을 완전히 포기하도록 하려는 뜻에서 하나님의 "뜻을 바꾸지도 않으"심을 강조한다. 하지만 여기서 쓰인 동사는 직역하면 '후회하다'(נָחַם, '니함')이다. 이 낱말의 사용은 문헌비평의 관점에서 앞뒤의 문맥과 모순을 이루는 것으로 보인다. 왜냐하면, 이 낱말은 11절과 35절에서도 쓰이는데, 이 두 구절에서는 여호와께서 사울을 임금으로 세우신 것을 후회하신다고 말하는 데 쓰였기 때문이다. 그래서 많은 주석자는 이 구절이 후대의 첨가 구절로 보기도 한다(참조. McCarter, 268). 하지만, 최종 형태의 본문을 그대로 두고 보자면, 앞뒤의 이 동사 사용과 견주어 하나님의 후회하심과 사울을 버리신다는 뜻을 변개하지 않으심이 역설적으로 강조된다. 이 구절에서 쓰인 신명은 "이스라엘의 지존자"(נֵצַח יִשְׂרָאֵל, '네차흐 이스라엘')인데, 이런 신명은 역대상 29장 11절에서 찾아볼 수 있다. 그래서 이 신명 또한 이 구절을 후대의 첨가 구절로 여기는 근거로 삼기도 한다(참조. McCarter, *I Samuel*, 268).

30절에서 사울은 25절에서 했던 요청을 다시 사무엘에게 한다. 곧 자신이 잘못했으니, "내 백성"(עַמִּי, '암미')의 장로들과 이스라엘 앞에서 자신을 높여달라는 것이다. 그러니 사울은 사무엘의 말을 거의 듣지 않은 것으로 보인다. 오로지 자신의 성과가 조금이라도 사람들 앞에서 낮춰지지 않기만을 바랄 뿐이다. 31절에서 흥미롭게도 사무엘은 사울의 이 요청을 들어준다. 그래서 사울을 따라 백성들에게로 돌아가서 여호와께 경배하였다. 사울은 아마도 내심 안도했을 것이다. 사무엘에게 호되게 심판의 신탁을 들었지만, 거의 들리지도 않았을 뿐만 아니라, 자신의 관심은 백성들 앞에서 승전의 제의를 진행하는 것이었기 때문이다. 그러니 이제는 큰 문제는 해결했으리라 생각했을 것이다. 하지만 본문에서 사무엘이 사울을 용서했다는 말이 없었기 때문에, 사무엘이 과연 사울의 생각대로 동행했을지는 의문스럽다.

**32-33절: 사무엘의 아각 처형.** 32절에서 여호와께 경배드리기를 끝낸 사무엘은 아말렉 사람의 임금 아각을 끌어오라고 명령하였다. 본문은 아각이 사무엘에게 "한숨 돌리며"(מַעֲדַנֹּת, '마아다노트'; 더러는, "묶인 채로"; 참조. 욥 38:31) 오면서, 사망의 괴로움이 지나갔다고 말했다고 전한다. 아마도 아각은 사울과 사무엘이 함께 와서 승전의 제의를 하는 모습을 보면

서, 처형의 시기가 지나간 것으로 여긴 듯하다. 이 생각은 아마도 사울도 마찬가지였을 것이다. 사무엘이 기왕에 자신을 따라와 승전의 감사제의까지 한 상황에서 돌발 행동을 벌이지는 않을 것이라고 여겼을 것이다. 그러나 33절에서 사무엘은 단호하다. 그는 여호와께 경배했던 그 자리에서 아각을 "난도질"했다(וַיְשַׁסֵּף, '바여샤세프'). 이 동사는 구약성경에서 여기서만 쓰이는데, 의미로 보자면 "여호와의 성소 앞에서"와 함께 쓰여서 인신 제사의 어감을 준다(참조. Dietrich, *1 Sam 13-26*, 176). 그러니 사무엘은 사울이 했어야 할 진멸을 대신 보여주고 있다고 여길 수 있겠다.

**34-35절: 사무엘과 사울의 결별.** 사무엘은 사울의 기대와는 달리 아각을 처형하는 것으로 여호와의 진멸 명령을 어긴 사울에 대한 자기 입장을 분명히 밝혔다. 34절은 전형적으로 이야기의 결말을 보여주는 관용구다. 사무엘과 사울은 제각각 자기 집, 그러니까 라마와 기브아로 돌아갔다. 35절에서는 둘 사이의 결별을 사무엘이 죽는 날까지 사울을 보지 않았다는 말로 극대화한다. 그리고 11절과 29절에 나온 '후회하다'(נִחַם, '니함')라는 동사를 여호와께서 사울을 왕으로 삼으신 것에 대한 후회의 문맥에서 다시 써서 수사적 효과를 극대화하였다.

## 본문의 메시지

⑴ 본문에서는 사울의 두 번째 실수를 전한다. 여기서는 사울이 거룩한 전쟁에서 승리한 뒤, 하나님의 진멸 명령을 어기고 전리품에 욕심을 내

는 모습을 볼 수 있다. 욕심은 가치관의 문제다. 그 가치관이란 가시적이지만 유한한 세상의 가치를 우선하는 태도에서 비롯한다. 사울은 아말렉의 왕을 죽이지 않고, 생포했다. 적군의 왕은 자신의 권력 확보를 위한 전시 효과를 극대화할 수 있을 것이라는 생각에서 비롯했을 것이다. 사울은 하나님이 왕으로 선택하여 기름부어 주셨음을 알고 있었지만, 당장 눈에 보이는 권력을 좀 더 누리려는 욕심에 그분의 명령을 어겼다. 그도 그럴 것이 이 일에는 군사들도 함께해서, 그들 앞에서 사울이 자신의 권위를 내보이기에 좋은 기회였을 것이다. 둘째로, 사울은 가축들 가운데 가장 좋은 것들을 진멸하고 싶어 하지 않았다. 분명히 하나님은 아무것도 남겨 두지 말라고 명령하셨는데, 사울은 그 명령을 대놓고 어기며 그것들을 남겨 두었다. 그 대신 아무 쓸모없어 보이는 것들만 진멸했다. 이것은 사울이 세속적인 부 축적의 욕심을 부린 것으로 볼 수 있다. 하나님의 시험은 하나님의 통치권과 그분의 가치를 그런 것들보다 먼저 인정하라는 것이었는데, 사울은 이에 실패했다. 하나님의 무한한 가치는 세속적이고 가시적인 가치들을 버릴 때 비로소 눈에 들어온다.

(2) 사람들은 언제 하나님을 저버리는 죄를 지을까? 가만히 보면, 고난 가운데서 신앙을 저버리는 사람들은 잘 없다. 더욱 간절히 하나님께 매달린다. 하지만, 모든 것이 잘 되고, 성공할 때가 신앙을 저버리기 쉬운 때다. 성공 가운데 자신의 노력이 돋보이고, 자신의 성과가 눈에 더 들어와서 그것을 내보이고 싶은 욕심이 생기기 때문이다.

사울은 아말렉 전투에 앞서 분명히 하나님의 신탁을 전해 들었다. 그의 임무는 블레셋 전투 때와는 달리 단순한 승전이 아니었다. 거룩한 전쟁으로 하나도 남김없이 진멸해야 했다. 사울이 처음부터 전리품에 욕심내지는 않았을 것이다. 그러나 승전하고 아말렉 임금 아각을 생포하면서, 자신의 전공을 내세우려는 욕심이 났을 것이다. 그리고 수많은 양 떼와 소 떼를 전리품으로 얻었을 때, 그것들을 그 자리에서 죽이고 불태우는 것이 아깝다는 욕심이 생겼을 것이다. 이때부터 사울은 모든 것을 합리화했다. 이 모든 것이 여호와께 드리려는 순수한 마음이었다고 스스로 믿기 시작했다.

사울이 버림받은 이 이야기를 통해 독자들은 분명히 성공과 성과 앞에서 누구도 자기과시와 욕심에서 벗어나 있지 않음을 분명히 알아야 할 것이다.

(3) 아말렉과 벌인 전투에서 전리품에 욕심을 내고 자신의 전과를 드러내고 싶어 했던 사울은 사무엘의 계속된 추궁에 또 다른 핑계를 댄다. 곧 군사들에게 책임을 돌린 것이다. 이로써 사울은 자신의 욕심을 더 깊이 숨기려 했지만, 여호와의 명령을 어긴 사실만 더 선명하게 드러나고 말았다. 이 과정에서 사울은 하나님이 자신을 버려 임금이 되지 못하게 하시고, 자신도 자기 아들이 아닌 다른 사람에게 왕국을 넘겨주실 것이라는 사무엘의 말을 거의 듣지 않는다. 그 대신 사람들 앞에서 자신의 체면을 차리게 해 달라는 요구만 한다. 이렇게 한번 시작된 핑계와 거짓말은 끝없이 꼬리에 꼬리를 물고 상황을 악화시킬 뿐이다.

결국 사무엘은 사울의 요청대로 길갈로 함께 가지만, 승전을 함께 축하해 줄 것이라는 사울의 기대와는 달리 아각을 처형하여 사울이 하지 않은 진멸을 상징적으로 시행하였다. 본문에서 우리는 이때 사울의 반응을 읽을 수 없다. 그러니 그것은 독자들의 몫이다. 추측건대 사울은 이때도 지금 자신의 눈앞에서 벌어지는 일이 무엇인지 정확히 파악하고, 반성하지 않았을 것이다. 그 대신 이 상황에서도 자신을 본능적으로 정당화했을 것이다. 아마도 그는 아각의 처형은 사무엘이 했으므로, 자신과는 상관없는 일로 신경 쓰지 않고, 백성들의 반응만 살폈을 것이다. 사울의 이런 모습은 거짓과 자기합리화가 얼마나 사람을 망가뜨리는지를 반성하며 보게 한다.

**셋째 마당**

**다윗의 등극과 사울의 몰락 이야기**(16-31장)

# 16장
# 다윗의 기름 부음 받음

## 우리말로 옮긴 본문

**기름 부음 받은 다윗(1-13절)**

1    여호와께서 사무엘에게 말씀하셨다. "어째서 너는 사울 때문에 마음이 상하여 있느냐? 나는 그가 이스라엘의 임금으로 있는 것을 싫어한다. 그러니 네 뿔에 기름을 채워라. 그리고 이제 내가 너를 베들레헴에 있는 이새에게 보낸다. 내가 그의 아들 가운데서 나를 위한 임금을 보아두었기 때문이다."

2    사무엘에 대답하였다. "제가 어떻게 갈 수 있겠습니까? 그러면 사울이 듣고 저를 죽일 것입니다." 그러자 여호와께서 말씀하셨다. "어린 암소 한 마리를 네 손으로 끌고 가서" 말하기를, '여호와께 제물을 바치러 왔소'라고 말해라.

3    그리고 너는 제물을 바칠 때 이새를 불러라. 그러면 내가 할 일을 알려주겠다. 너는 내가 일러주는 사람에게 나를 위해 기름 부어라."

4 사무엘이 여호와께서 말씀하신 대로 하였다. 그가 베들레헴으로 갔다. 그러자 그 성읍의 장로들이 그가 오는 것을 보고 떨면서 물었다. "평화로운 일로 오시는 것입니까, 선견자여?"

5 사무엘이 말하였다. "평화로운 일이오. 여호와께 제물을 바치러 온 것이오. 여러분은 자신을 성결케 하고 나와 함께 제물을 바치러 가십시다." 그리고 그는 이새와 그의 아들들도 성결케 하여 제물을 바치는 데 불렀다.

6 그들이 올 때, 사무엘이 엘리압을 보고 말하였다. "정말로 여호와 앞에서 기름 부음 받을 이로구나."

7 그러나 여호와께서는 사무엘에게 말씀하셨다. "너는 그의 외모와 큰 키만 주목해서는 안 된다. 내가 그를 싫어하기 때문이다. 절대로 사람들이 보는 것을 보아서는 안 된다. 사람들은 눈으로만 보지만, 여호와는 마음으로 보기 때문이다."

8 이새는 아비나답을 불러 사무엘 앞을 지나가게 했다. 그러나 사무엘은 "이 사람도 여호와께서 선택하지 않으셨소"라고 말하였다.

9 그러자 이새는 삼마를 지나가게 했지만, 사무엘은 이새에게 "이 사람도 여호와께서 선택하지 않으셨소"라고 말하였다.

10 이새가 자기의 일곱 아들을 사무엘 앞에 지나가게 했지만, 사무엘은 이새에게 "이 가운데서는 여호와께서 아무도 선택하지 않으셨소"라고 말하였다.

11 사무엘이 이새에게 물었다. "이 아이들이 전부요?" 그러자 이새가 대답하였다. "아직 막내 아들이 남았는데, 그 아이는 지금 양 떼를 돌보고 있습니다." 사무엘이 이새에게 말하였다. "사람을 보내 그를 데려오시오. 그 아이가 여기로 올 때까지 우리는 식탁에 앉을 수 없

소.”

12  그리하여 이새가 사람을 보내 그를 오게 하였다. 그는 아름다운 눈
    빛을 가진 발그레한 소년이었고, 외모가 준수하였다. 여호와께서 말
    씀하셨다. “일어나서 그에게 기름 부어라. 이 사람이 내가 말한 그이
    기 때문이다.”

13  사무엘이 기름병을 가져와 형제들 앞에서 그에게 기름 부었다. 그러
    자 여호와의 영이 그날부터 줄곧 다윗에게 내렸다. 사무엘은 일어나
    서 라마로 돌아갔다.


### 사울에게 간 다윗(14-23절)

14  여호와의 영이 사울에게서 떠났다. 그리고 여호와께서 보내신 악령
    이 그를 덮쳤다.

15  사울의 신하들이 그에게 말하였다. “보십시오. 하나님께서 보내신
    악령이 임금님을 덮쳤습니다.

16  임금님은 이 신하들에게 이 자리에서 분부를 내리셔서 수금을 탈
    줄 아는 사람을 찾게 하십시오. 그가 하나님께서 보내신 악령이 당
    신에게 왔을 때, 손으로 수금을 연주하게 하십시오. 그러면 임금님
    의 기분이 좋아질 것입니다.”

17  사울이 자기 신하들에게 말하였다. “나를 위해서 수금을 잘 타는 사
    람 하나를 찾아 내게 데리고 오너라.”

18  그러자 신하들 가운데 한 사람이 대답하였다. “제가 베들레헴에 사
    는 이새의 아들을 보았습니다. 그는 수금을 탈 줄 알고, 용사이자 전
    사이며, 말을 지혜롭게 하고, 용모도 준수한 사람입니다. 그리고 여
    호와께서 그와 함께 계십니다.”

19  그리하여 사울은 사자를 이새에게 보내서 "양 떼를 돌보고 있는 당신 아들 다윗을 내게 보내시오"라고 전하였다.

20  그러자 이새는 나귀, 떡과 포도주 한 부대와 숫염소 한 마리를 가져다가, 자기 아들 다윗 손에 들려서 사울에게 보냈다.

21  다윗이 사울에게 와서 그 앞에 섰다. 그러자 사울은 그를 매우 좋아하여 자기 무기를 드는 사람으로 삼았다.

22  그리고 사울은 이새에게 사람을 보내서, "다윗은 내 앞에 있을 것이오. 내 눈에 들었기 때문이오"라고 전하였다.

23  그리하여 하나님께서 보내신 악령이 사울을 덮치면, 다윗이 수금을 가져와서 손으로 그것을 탔다. 그러면 사울이 편안해지고 다시 좋아져서, 악령이 그에게서 떠나갔다.

# 본문 비평

## 2절 ㄱ. 끌고 가서

여기서 마소라 본문은 지시형(jussive) 의미가 있는 2인칭 미완료형(תִּקַּח, '티카흐')을 쓴다. 그런데 쿰란 본문(4QSamª)에서는 칠십인역(λαβε,, '라베')과 마찬가지로 קַח('카흐')로 2인칭 명령형을 찾아볼 수 있다. 마소라 본문은 이어지는 바브 연속 완료형(Waw consecutive perfect)인 וְאָמַרְתָּ('브아마르타')를 염두에 두고, 수정했을 수 있다.

## 4절 ㄴ. 선견자여!

쿰란 본문(הָרֹאֶה, '하로에')과 칠십인역(ὁ βλέπων, '호 플레폰')에는 마소라 본문에는 없는 이 표현이 더 있다. 마소라 본문은 어떤 이유에서건 이 호격이 누락된 채 전승되었다.

## 본문 주석

**기름 부음 받은 다윗(1-13절)**

**1-3절: 여호와께서 사무엘을 이새에게 보내심.** 1절에서 여호와께서는 사무엘에게 언제까지 사울을 위하여 슬퍼하고 있을 것이냐고 물으신다. 이 말은 그가 사울이 왕위에서 거절된 데 대해 슬퍼하고 있었음을 암시한다. 여호와께서는 사무엘에게 뿔에 기름을 채우라고 명령하신다(비교. 9:16; 10:1). 여호와는 사무엘을 베들레헴 사람 이새에게 보내시는데, 이새는 유다 지파 사람으로 베레스의 후손이고 보아스와 룻의 손자이다(대상 2:3-12; 룻 4:12, 17, 22). 베들레헴은 유다 남쪽 10㎞ 정도 떨어진 성읍이었는데, 라마에서는 16㎞ 정도의 거리였다(참조. Klein, *1 Samuel*, 160). 여호와는 그의 아들들 가운데서 왕을 보았다고 말씀하신다. 여기서 사울 때(נָגִיד, '나기드', "지도자"; 9:16)와는 달리 바로 "임금"(מֶלֶךְ, '멜레크')이라는 낱말이 쓰인 것은 차이점이다. 2절에서 사무엘은 하나님의 명령을 거절한다. 그 까닭은 현재 왕위에 있는 사울의 보복이 두렵다는 것이었다. 그도 그럴 것이 자신이 기름 부어 세운 임금을 두고서, 또 다른 사람을 임금으로 기름 붓는 행위는 반역을 뜻하기 때문이다. 자칫 사화로 이어질 수도 있었기 때문에 사무엘은 그 상황을 두려워하였다. 이에 여호와께서는 새로운 임금을 기름 부어 세우는 것이 표면적으로 드러나지 않을 계략을 제시하신다. 곧 여호와께 제사하러 가는 것으로 위장하라는

명령이었다. 이것은 반은 진실이므로, 거짓말은 아니었으며, 사무엘이 움직이는 데 명분을 주기에 충분했다. 한 걸음 더 나아가서 3절에서 여호와는 이새를 그 자리에 청하라고 명령하신다. 그다음은 모든 주도권을 여호와가 잡겠다고 말씀하신다.

**4-5절: 사무엘이 이새와 아들들을 제사에 청함.** 4절에서 그제야 안심한 사무엘이 여호와의 말씀대로 길을 나선다. 베들레헴에 도착한 사무엘을 맞은 것은 그 성읍의 장로들이었다. 이들은 "떨면서"(וַיֶּחֶרְדוּ, '바예헤르두') 그를 맞이하였는데, 이들이 사무엘을 보고서 왜 두려움에 사로잡혔는지는 분명하지 않다. 그러나 사울과 사무엘이 결별했다는 소식을 이들도 알고 있었을 것이며, 그렇다면 임금인 사울과 대척점에 서 있는 사무엘의 방문은 사무엘이 두려워했던 것과 마찬가지로 베들레헴 사람들의 두려움을 일으켰을 것으로 추측할 수 있다(비교. Dietrich, *1 Sam 13-26*, 223). 이는 후에 사울에게 쫓기던 다윗이 놉의 제사장 아히멜렉에게 갔을 때 그가 보인 같은 반응을 보면(21:1) 충분히 짐작할 수 있다. 그래서 그들은 사무엘에게 "평화로운 일로 오시는 것입니까?"(שָׁלוֹם בּוֹאֶךָ, '샬롬 보에카')라고 물었다. 쿰란과 칠십인역의 본문에 따르면(본문 비평 참조), 이들은 사무엘을 굳이 "선견자여"라고 부르는데, 이는 사무엘의 방문에 혹시라도 있을 정치적 의도의 구설수를 사전에 차단하려는 의도가 있겠다. 5절에서 기밀이 중요했던 사무엘은 이들을 안심시키며, "평화로운 일이오"라고 대답하였다. 그러고서 여호와의 명령대로 제사하러 왔다고 말하고, 이들을 제사에 초대하면서 되도록 자연스럽게 이새와 그의 아들들도 초대하였다.

**6-10절: 이새의 아들들이 거듭 거절됨.** 6절에서부터 사무엘은 이새의 아들들을 한 명씩 보고 판단하려 한다. 맏아들 엘리압(참조. 대상 2:13)이 오자 사무엘은 속으로 이 사람이 새로운 임금으로 기름 부음을 받을 사람이라고 확신한다. 아마도 사무엘은 여호와께서 당연히 맏아들을 세우실 것으로 여겼기 때문이었을 것이다. 하지만 7절에서 여호와는 사무엘에게 경고하신다. "외모와 큰 키"는 겉모습뿐만 아니라, 맏아들이라는 그의 조건도 포함할 것이다. 더불어 "내가 그를 싫어하기 때문이다"(מְאַסְתִּיהוּ, '키 므아스티후')라는 여호와의 말씀은 거절된 임금 사울을 생각나게 한다(비교. Long, *1 and 2 Samuel*, 171). 이어서 사람들은 외모를 보지만, 여호와는 "마음"을 보신다고 하시는데, 이 또한 전쟁을 위해 겉모습을 보고 사울을 왕으로 세웠던 일을 되새기는 말이다. 8절에서는 둘째 아들 아비나답(참조. 대상 2:13), 9절에서는 셋째 아들 삼마(שַׁמָּה; '샴마'; 비교. 대상 2:13, '시므아' [שִׁמְעָא])가 여호와의 택하심(בָּחַר, '바하르')을 받지 못하였다.[1]

10절에서는 나머지 네 아들을 사무엘이 본 과정을 생략한다. 그런데 사무엘이 일곱 아들을 다 보고 이새에게 한 말은 흥미롭다. 그는 "이 가운데서는 여호와께서 아무도 선택하지 않으셨소"라고 말하였는데, 여기서 말하는 여호와의 선택은 문맥에서 단순히 가족 내부 차원의 선택을 뜻하지 않는다(비교. Dietrich, *1 Sam 13-26*, 227). 따라서 이 말에는 사무엘과 이새는 이 일이 무엇을 뜻하는지 공감대가 있었음을 암시할 수도 있다.

**11-13절: 다윗이 기름 부음을 받음.** 11절에서 사무엘은 이새에게 자기가

---

1. 이 차이는 아마도 구두 전승 과정에서 비슷한 발음의 혼동에서 생겼을 것이다.

그의 아들들을 다 보았는지 묻는다. 그리고 이새는 "막내"(הַקָּטָן, '하카탄')가 남았다고 말한다. 그런데 이새에게 여덟째 아들이 있다는 사실은 조금 의아한 정보다. 이 막내는 다윗을 뜻하는데, 역대상 2장 15절에서는 그가 이새의 일곱째 아들이라고 전하기 때문이다. 여기서는 구약성경을 포함한 고대 문학에서 "일곱과 여덟째"라는 표현이 "완전에 더하여"를 뜻하여 절정을 나타내는 관용구라는 견해가 눈에 띈다(참조. 미 5:5; 계 17:11; 우가릿 문헌 등; Tsumura, *First Samuel*, 420-421; Dietrich, *1 Sam 13-26*, 229-230). 어쨌거나 이 막내에게서 이야기는 절정에 이를 것이다. 이새는 막내 다윗에게 양을 지키게 하였는데, 이는 새로운 왕으로 기름 붓는 의식이 있을 것을 알고 있었을 이새도 맏아들을 기대했음을 암시하는 대목이다. 11절에서 사무엘의 요청으로 이새는 다윗을 데려오게 하였다. 이 구절에서 다윗은 세 가지로 특징지어진다. 첫째, 그는 "발그레한 소년"(אַדְמוֹנִי, '아드모니')이었다. 이 낱말은 에서를 묘사하는 데도 쓰였는데(창 25:25), 고대 사회에서 붉은색은 남성다움의 표시로 여겨졌던 점에 비추어 이 뜻을 새겨봄 직하다(참조. Tsumura, *First Samuel*, 423). 둘째, 그는 "아름다운 눈빛을 가"졌다(יְפֵה עֵינַיִם, '여페 에나임'). 요셉의 모습 묘사에서 보듯(창 39:6) 이 표현이 고대 근동에서 행복한 왕의 모습을 그리는 데 쓰인 점은 흥미롭다(참조. Tsumura, *First Samuel*, 423). 셋째로, 그는 "외모가 준수하였다"(טוֹב רֹאִי, '토브 로이'). 이 평가가 여호와의 평가였는지, 사무엘의 평가였는지는 명확하지 않다. 어쨌거나 화자는 앞서 여호와의 입을 통해 마음가짐이 왕의 중요한 덕목임을 전했고, 여기서는 다윗이 용모도 뛰어났음을 전했다. 여호와는 곧바로 사무엘에게 다윗에게 기름을 부으라고 명령하셨다. 13절에서는 사울의 경우와 마찬가지로 사무엘이 기름을 부었다. 본문은 "그러자 여호와의 영이 다윗에게 내렸다"(יְהוָה-

וַתִּצְלַח רוּחַ, '바티츨라흐 루아흐-야훼')고 전한다(비교. 10:10; 11:6). 이 이야기는 사무엘이 라마로 돌아갔다는 말로 마무리된다.

## 사울에게 간 다윗(14-23절)

**14절: 악령에 시달리는 사울.** 이 단락은 사무엘에게서 새로운 왕으로 기름 부음을 받은 다윗이 역설적으로 사울의 왕실에 들어가서 그의 총애받는 신하가 된 이야기를 전한다. 이 구절에서 그 시작은 "여호와의 영"(רוּחַ יְהוָה, '루아흐 야훼')이 사울에게서 떠났다는 진술로 시작한다(비교. 10:10; 11:6). 앞선 구절에서 새롭게 왕으로 기름 부음을 받은 다윗에게 여호와의 영이 임하였다는 진술을 바탕으로 볼 때, 당연한 결과이기는 하다. 그런데 본문에서는 한 걸음 더 나아가서, 여호와의 영이 떠난 사울에게 "여호와께서 보내신 악령"(רוּחַ־רָעָה מֵאֵת־יְהוָה, '루아흐-라아 메에트-야훼')이 그를 덮쳤다. 사실 여호와께서 악령을 보내셨다는 말은 논란거리가 되어 왔다. 곧 이것이 다신론적 표현인지, 아니면 여호와에게서 비롯한 영이 악하다면 여호와의 본성에 악이 존재하는지 등의 문제였다(참조. Tsumura, *First Samuel*, 427; Dietrich, *1 Sam 13-26*, 257-258). 하지만 "영"을 꾸며 주는 형용사 "악한"(רוּחַ־רָעָה, '라아')은 사울이 이후 보여준 정신 병리적인 증상들, 그러니까 피해망상과 편집증 등의 현상들을 일컫는 고대식 표현으로 여겨야 할 것이다. 왜냐하면, 구약성경에서 이 표현은 대개 사람들의 이해할 수 없거나 부당한 결정의 원인을 일컫는 데 쓰이기 때문이다(참조. 삿 9:23-24; 삼상 18:10-12; 19:9-10; 왕상 22:19-23; 왕하 19:7[=사 37:7]; 사 19:13-14; 29:9-10; 호 4:12; 5:4; 9:7; 12:2[1]; 욥 4:12-21 등).

**15-17절: 수금 타는 사람을 구하는 사울.** 15-16절에서 사울의 신하들은

악령에 시달리는 사울에게 조언한다. 그런데 15절에서 이들은 14절과 달리 사울에게 덮친 것이 "하나님께서 보내신 악령"(רוּחַ־אֱלֹהִים רָעָה, '루아흐-엘로힘 라아'; 직역. "악한, 하나님의 영")으로 표현하였다. 신명과 어순이 달라졌지만, 뜻하는 바는 다르지 않으므로, 표현의 차이에 너무 깊은 의미를 둘 필요는 없다(참조. Tsumura, *First Samuel*, 429). 16절에서 사울의 신하들은 "수금 잘 타는 사람"(אִישׁ יֹדֵעַ מְנַגֵּן בַּכִּנּוֹר, '이쉬 요데아 므나겐 바키노르')을 구하라고 조언한다. 이 말을 직역하자면, 수금 연주하는 방법을 아는 사람이다. 고대 사회에서 음악은 이런 경우에 액막이의 힘이 있다고(apotropaic) 널리 알려져 있었다(참조. McCarter, *I Samuel*, 281). 그러므로 사울의 신하들도 그런 뜻에서 악령에 시달리는 사울에게 이런 조언을 했을 것이다. 그들은 수금 연주가 왕의 증상을 좋게 할 것이라고 말하였다(טוֹב לָךְ, '토브 라크'). 17절에서 사울은 신하들의 조언을 따라 수금 연주자를 구해 오라고 명령한다. 그런데 여기서 사울은 신하들이 수금 연주법을 아는 사람을 구하라는 데 더해서 "잘 타는 사람"(הֵיטִיב לְנַגֵּן, '헤티브 르나겐')을 데려오라고 하였다. 이 말에서 사울의 조급함을 다시 엿볼 수 있다. 사울은 수금 연주의 실력이 더 좋으면 좋을수록 치료 효과도 더 나을 것이라고 여겼을 수 있다.

**18-23절: 사울의 신하가 된 다윗.** 18절에서 마치 미리 준비하고 있었다는 듯 한 신하(אֶחָד הַנְּעָרִים, '에하드 하느아림'; 개역개정. "소년 중 한 사람")가 나서서 이새의 아들을 추천한다. 물론 이새의 이 아들이 수금 연주로 전국에 유명했을 수도 있지만, 그렇지 않다면 이 신하는 다윗이 기름 부음을 받은 뒤에 이새와 미리 정보를 주고받았을 가능성도 추정할 수 있다(비교. Long, *1 and 2 Samuel*, 175). 어쨌거나 그는 이 사람이 "수금을 탈 줄 알

고”라고 소개하여, 사울의 요구에 충족함을 제시하였다. 그런데 그는 이 사람에 대해 다섯 가지를 더 소개한다. “용사”(גִּבּוֹר חַיִל, ‘깁보르 하일’)는 처음 사울이 등장하던 때, 그의 아버지 기스를 소개하던 말이다(참조. 9:1; ‘유력한 사람’). “전사”(מִלְחָמָה, ‘이쉬 밀하마’)을 직역하면 ‘전쟁의 사람’이다. 그리고 “말을 지혜롭게 하는 사람”(נְבוֹן דָּבָר, ‘느본 다바르’; 직역. “말을 분별하는 사람”)은 말을 잘하는 사람을 뜻한다. “준수한 자”(אִישׁ תֹּאַר, ‘이쉬 토아르’)는 사울이 왕이 되었을 때 보였던 준수한 신체 조건을 떠올려 준다(비교. 10:23-24). 마지막으로 다른 무엇보다 “여호와께서 그와 함께하신”(יהוה עִמּוֹ, ‘야훼 임모’)다라고 평가한다. 이 다섯 가지를 가만히 살펴보면, 과연 이 신하가 사울에게서 악령을 떠나게 해 줄 수금 연주자를 천거하는지, 여호와의 영이 떠난 사울을 대신할 새로운 임금을 추천하는지 헷갈릴 정도다.

19절에서 사울은 이런 사실을 전혀 개의치 않고 전령들을 이새에게 보내서 그 아들을 데려오게 한다. 그의 전갈은 “양 떼를 돌보고 있는 당신 아들 다윗을 내게 보내시오”였는데, 이는 앞선 구절에서 신하는 전하지 않은 정보이지만, 생략된 이야기에 들어 있을 것이다.

20절에서 사울의 전갈을 받은 이새는 자기 아들 다윗을 사울의 왕실로 보내는데, 예물을 함께 들려 보낸다. 이새가 보낸 예물은 떡과 포도주 한 부대와 숫염소 한 마리였다. 이것은 사울이 사무엘에게 기름 부음을 받던 때를 생각나게 한다(참조. 10:2-4; Long, *1 and 2 Samuel*, 176). 21절은 이를테면 사울의 다윗 면접이라고 볼 수 있는데, 이야기 진행이 매우 빠르다. 다윗은 사울의 신하들 가운데서 그를 모셔 서고, 사울은 다윗을 보고 “그를 매우 좋아”했다(וַיֶּאֱהָבֵהוּ מְאֹד, ‘바예에하베후 므오드’)고 표현한다. 분명히 다윗을 데리러 올 때는 수금을 타게 하려는 목적이었는데,

사울은 대번에 다윗을 자기 '무기 드는 자'로 삼았다. 이는 그만큼 사울이 다윗을 마음에 들어 했다는 뜻이다. 아마도 유다 지파의 유력한 사람이었을 이새가 자신의 정치적 후견인이 되어 줄 수 있으리라는 정치적 기대감도 작용을 했을 수 있다. 사무엘과 결별한 사울이 정치적으로 고립되어 있었을 것은 분명하며, 사울에게는 사무엘에 비길 만한 정치 세력이 필요하였을 것이기 때문이다. 하지만, 사울은 이새와 사무엘, 그리고 추정컨대 다윗을 천거한 자기 신하 사이에 있었던 교감은 눈치채지 못했다. 22절은 말하자면, 합격 통지이겠다. 사울은 이새에게 사람을 보내서 다윗이 왕실에서 일하게 될 것을 통보했다.

23절에 가서야 다윗이 원래 왕실에 불려 가게 된 임무가 언급된다. 사울의 정신 질환이었을 우울증이 심해졌을 때, 다윗은 수금을 연주해 주었다. 그러면 사울이 "편안해지고"(רָוַח, '라바흐')[2] 악령이 떠나고 회복되었다. 이 낱말은 어원에 '넓다'는 뜻이 있어서(참조. 렘 22:14), 우울증 때문에 답답한 마음이 해소된 상태를 생각하게 해 준다.


## 본문의 메시지


(1) 관습과 선입견은 종종 올바른 선택을 하는 데 걸림돌이 되는 경우를 본다. 사무엘은 하나님의 지시에 따라 사울을 대신할 임금에게 기름을 붓기 위해서 라마에서 베들레헴으로 갔다. 본문에 명확히 나오지는 않지만, 철저한 기밀을 유지해야 하는 이 엄청난 일에 적어도 이새는 정보

---

2.    이 낱말은 이 구절에서 반복하는 "영"(רוּחַ, '루아흐')에 대한 대조의 말놀이 구실을 하고 있다고 여길 수도 있다(참조. Tsumura, *First Samuel*, 432).

를 가지고 있었고 공감하고 있었던 것으로 추정할 수 있다. 이 두 사람에게는 새로운 임금이 될 사람을 생각하는 데 관습과 선입견이 분명히 큰 역할을 했다. 임금은 당연히 일곱 아들 가운데 맏이가 되어야 할 것이라고 두 사람 다 판단했던 듯하다. 그러나 하나님은 그런 관습과 선입견이 아니라, 마음을 보신다고 분명히 말씀하신다. 사울이 선택되었을 때도, 사무엘을 포함한 모든 이스라엘 백성은 그의 건장한 신체 조건을 보았다. 임금은 군대의 수장으로서 전쟁을 치러야 하는 사람이므로, 건장한 신체가 필수 조건이었기 때문이다. 그러나 그런 좋은 신체 조건을 가졌던 사울의 마음이 어떻게 임금의 자질에서 벗어났는지를 본문에서 분명히 보았기에 사무엘과 이새는 여호와의 선택을 기다릴 수밖에 없었다. 그리고 여호와의 선택은 앳된 소년이었던 막내 다윗에게로 갔다. 사실 겉으로 보기에 그는 임금이 될 만한 모습이 아니었을 수 있다. 그러므로 더 여호와께 전적으로 기대는 임금의 모습을 보일 수 있었을 것이다.

⑵ 본문에서는 사울과 다윗의 첫 대면을 소개한다. 이 둘의 만남은 악령에 시달리는 사울을 치료하려는 목적이 계기가 되었다. 하지만 본문에서 생략하는 이면에는 복잡한 정치적 계산들이 깔려 있었을 것이다. 앞선 본문에서 볼 수 있듯이 사무엘과 이새는 벌써 사울을 대신할 새로운 임금으로 다윗에게 기름 부었다. 그리고 기름 부음을 받은 다윗이 왕실에 들어갈 수 있도록 연결해 주는 사울의 신하도 한몫했다. 이들 모두는 사울의 왕권을 이을 새로운 임금을 세우려는 계획을 하나씩 이어가고 있었다. 사울은 그 나름대로 정치적 계산을 했을 것이다. 사무엘과 결별한 상황에서 유력한 유다 지파의 가문과 손을 잡는 것은 분명 새로운

국면을 여는 계기가 될 것이다. 사울은 그런 점에서 한 번도 보지 못했던 다윗을 보자마자 자기 무기를 드는 측근으로 삼았다. 다윗의 어떤 점이 마음에 들었는지조차 설명하지 않아서 이 행보의 정치적 목적을 추측하게 한다.

흥미로운 것은 이 모든 일 가운데 다윗의 반응이 한 마디도 기록되지 않았다는 점이다. 다윗의 마음가짐은 독자들의 몫이다. 본문에서는 다윗이 이 모든 정치적 계산법에 개입되어 있지 않음을 분명히 암시한다. 그러므로 본문에서 그리는 다윗은 하나님의 선택에 순종하고, 그분의 영에 따르는 초심에 충실한 모습이다. 바로 이 모습을 독자들은 유의해서 새길 필요가 있다.

# 17장
# 골리앗을 물리친 다윗

## 우리말로 옮긴 본문

**이스라엘 백성들을 위협하는 골리앗(1-11절)**

1 블레셋 사람들이 전쟁을 하려고 군대를 모아서, 유다의 소고에 모여 들었습니다. 소고와 아세가 사이에 있는 에베스담밈에 진을 쳤다.

2 그러자 사울과 이스라엘 사람들도 모여서 엘라 골짜기에 진을 쳤습니다. 블레셋에 맞서 전열을 가다듬었다.

3 그리하여 블레셋은 이쪽 산에 서 있었고, 이스라엘은 저쪽 산에 서 있었습니다. 그들 사이에는 계곡이 가로놓여 있었다.

4 블레셋 진영에서 투사 한 명이 나섰는데, 그의 이름은 골리앗으로 가드 사람이었습니다. 그 사람의 키는 6암마 1제렛`이나 되었다.

5 청동 투구를 머리에 썼고, 비늘 갑옷을 입었는데, 그 갑옷의 무게는 청동 5,000세겔이나 되었다.

6 다리에는 청동 정강이 보호대를 찼고, 어깨에는 청동 단창을 메고

있었다.

7　그의 창 자루는 베틀 채 같았고, 그의 쇠 창날의 무게는 600세겔이
나 되었다. 그는 방패 든 사람을 앞세우고 있었다.

8　그가 서서 이스라엘 진영에 대고 소리쳤다. "너희가 무엇 때문에 나
와서 전열을 가다듬었느냐? 나는 블레셋 사람이고 너희는 사울의
신하들이 아니냐? 너희 가운데 한 사람을 뽑아서 내게 내려오게 해
라.

9　만약 누구든 나와 싸워서 나를 쓰러뜨릴 수만 있다면 우리가 너희
에게 종이 되겠다. 하지만 만약 내가 그를 쓰러뜨리면 너희가 우리
의 종이 되어 종노릇을 해야 할 것이다."

10　그 블레셋 사람이 계속해서 말하였습니다. "내가 오늘 이스라엘의
군대를 비웃으니 내게 한 사람을 보내 나와 겨루어 보게 해라."

11　사울과 온 이스라엘이 블레셋 사람의 이 말을 듣고 놀라서 매우 두
려워했다.

### 전쟁터로 온 다윗(12-31절)

12　다윗은 유다 베들레헴 출신의 에브랏 사람의 아들이었는데, 그 이름
은 이새였다. 그에게는 여덟 명의 아들이 있었으며, 그 사람은 사울
의 때에 이미 나이가 많아 늙었다.

13　이새의 큰 아들 셋은 사울을 따라 전쟁터에 나갔다. 전쟁터에 나간
그의 세 아들 이름은 맏아들 엘리압과 둘째 아들 아비나답과 셋째
아들 삼마였다.

14　다윗은 막내였고, 큰 아들 셋만 사울을 따라 나섰다.

15　다윗은 사울이 있는 곳에 갔다가 베들레헴에 아버지의 양 떼를 돌

보러 되돌아오곤 하였다.

16 그 블레셋 사람은 아침저녁으로 나와 서기를 40일 동안이나 되풀이 하였다.

17 이새가 자기 아들 다윗에게 말하였다. "네 형들을 위해 볶은 곡식 한 에바(약 22ℓ)와 떡 열 덩이를 가지고 네 형들이 있는 진영으로 서둘러 가거라.

18 또 이 치즈 조각 열 덩이는 1,000인 대장에게 가져다 주거라. 그리고 네 형들의 안부를 살펴보고 그 증표를 가져오너라.

19 사울과 네 형들과 온 이스라엘은 엘라 골짜기에서 블레셋 사람들과 싸우고 있단다."

20 다윗은 나귀에 짐을 지우고 양 떼를 양치기에게 맡기고는 이새가 일러준 대로 길을 나섰다. 그가 진영에 이르렀을 때, 군대는 전선으로 나가서 전쟁을 치르려고 함성을 지르고 있었다.

21 그리하여 이스라엘과 블레셋은 전열을 가다듬어 서로 대치하고 있었다.

22 다윗은 자기가 가지고 온 그릇들을 그릇 지키는 이에게 맡기고 전선으로 달려갔다. 그리고 형들의 안부를 물었다.

23 다윗이 형들과 이야기하고 있을 때, 마침 가드 출신의 블레셋 사람 골리앗이라는 투사가 블레셋 진영에서 올라와 이전과 같은 말을 했습니다. 다윗도 그것을 들었다.

24 온 이스라엘 사람들이 그 사람을 보자, 그를 피해 도망치고는 매우 두려워했다.

25 어떤 이스라엘 사람이 말하였다. "저기 올라오는 저 사람을 보았는가? 또 이스라엘을 비웃으러 올라오고 있어. 그를 죽이는 사람은 임

금님께서 큰 부자가 되게 해 주시고, 따님도 그에게 주신다지. 또 그 사람 아버지의 집안은 이스라엘에서 세금도 면제해 주신다네.”

26 다윗이 자기와 함께 서 있던 사람들에게 말하였다. “저 블레셋 사람을 죽여 이스라엘에서 치욕을 없애 버린 사람에게 어떻게 해 주신다고요? 도대체 저 할례받지 않은 블레셋 사람이 누구기에 살아계신 하나님의 군대를 비웃습니까?”

27 그러자 백성들이 그에게 그를 죽이는 사람은 이러이러하게 될 것이라는 그 말을 일러주었다.

28 다윗의 맏형 엘리압이 사람들에게 그 이야기를 듣고, 다윗에게 화를 내며 말하였다. “너는 어쩌자고 여기까지 내려왔느냐? 광야에 있는 몇 마리 안 되는 양 떼는 누구에게 맡겨두었느냐? 내가 네 교만함과 네 완악함을 안다. 네가 전쟁을 구경하러 내려왔구나.”

29 그러자 다윗이 말하였다. “제가 무얼 했습니까? 말 한마디 했을 뿐 아닙니까?”

30 그리고는 형에게서 몸을 돌이켜 다른 이에게 가서 같은 것을 물어보았다. 백성들은 이전과 같은 말을 그에게 전해주었다.

31 다윗이 한 말이 퍼져서 사울에게까지 전해지자, 사울이 그를 데려오게 하였다.

## 골리앗을 이긴 다윗(32-58절)

32 다윗이 사울에게 말하였다. “저 사람 때문에 아무도 낙심할 필요가 없습니다. 당신의 종이 가서 저 블레셋 사람과 싸우겠습니다.”

33 그러나 사울이 다윗에게 말하였다. “너는 저 블레셋 사람에게 가서 그와 싸울 수 없다. 너는 소년이고 그 사람은 어려서부터 전사이기

때문이다."

34 다윗이 사울에게 말하였다. "당신의 종은 아버지의 양 떼를 돌보는 양치기입니다. 사자나 곰이 와서 가축 떼 가운데 한 마리라도 물어 가면,

35 제가 그것을 뒤따라 나가서 죽이고, 그 입에서 새끼를 구해냈습니다. 그런데 그것이 일어나 제게 덤비면, 저는 그것의 턱수염을 거머쥐고 쳐 죽였습니다.

36 사자와 곰도 당신의 종이 죽였으니, 저 할례받지 않은 블레셋 사람도 그것들 가운데 하나처럼 될 것입니다. 그가 살아계신 하나님의 군대를 비웃었기 때문입니다."

37 다윗이 말하였다. "저를 사자의 발톱과 곰의 발톱에서 구해주신 여호와, 그분께서 저 블레셋 사람의 손아귀에서 저를 구해주실 것입니다." 그러자 사울이 다윗에게 말하였다. "가거라. 여호와께서 너와 함께 계시길 바란다."

38 그리고 사울은 다윗에게 자기 군복을 입히고, 자기의 청동 투구를 머리에 씌워주었다. 또 그에게 갑옷도 입혔다.

39 다윗은 군복 위에 칼을 차고 걸어 보았지만 익숙하지 않았다. 그래서 다윗이 사울에게 말하였다. "이래서는 제가 제대로 걷지 못하겠습니다. 제가 익숙지 않기 때문입니다." 그러고는 그것들을 벗어 버렸다.

40 그는 손에 막대기를 쥐고 시냇가에서 반들반들한 돌멩이 다섯 개를 골라 자기 양치기 주머니에 집어넣었다. 그리고 자기 물매를 손에 들고 그 블레셋 사람에게 다가갔다.

41 그러자 그 블레셋 사람도 방패 든 사람을 앞세우고 나서서 다윗에

게로 가까이 왔다.

42 그 블레셋 사람이 다윗을 둘러보고는 발그레한 소년이었고 외모가 준수함을 보고는 업신여겼다.

43 그 블레셋 사람이 다윗에게 말하였다. "네가 막대기를 들고 내게 나오다니, 그러면 내가 개란 말이냐?" 그러고는 그 블레셋 사람이 자기 신들의 이름으로 다윗을 저주하였다.

44 그 블레셋 사람이 다윗에게 말하였다. "내게로 오너라. 내가 네 살점을 하늘의 새와 들짐승에게 주겠다."

45 그러자 다윗이 그 블레셋 사람에게 말하였다. "너는 내게 칼과 창과 투창을 들고 왔지만, 나는 네가 모욕하는 이스라엘 군대의 하나님, 만군의 여호와 이름으로 네게 왔다.

46 오늘 여호와께서 너를 내 손에 넘겨주실 것이니 내가 너를 죽여 네 머리를 베고, 오늘 블레셋 군대의 시체를 하늘의 새와 땅의 짐승에게 주겠다. 그러면 온 땅이 이스라엘의 하나님이 계시다는 사실을 알게 될 것이다.

47 그리고 여호와의 구원은 칼이나 창을 통해서가 아니라는 사실을 여기 모인 모든 사람들이 알게 하겠다. 전쟁은 여호와께 달려 있다. 그러니 그분께서 너희를 우리 손에 넘겨주실 것이다."

48 이윽고 그 블레셋 사람이 일어나서 다윗을 마주보고 가까이 오자, 다윗도 재빨리 그 블레셋 사람을 마주 보고 전열을 향해 달려갔다.

49 그리고 다윗은 손을 주머니에 넣어 거기서 돌멩이 하나를 꺼내 무릿매로 던졌다. 돌멩이는 그 블레셋 사람의 이마에 맞았다. 돌멩이가 이마에 박히자 그는 땅바닥에 고꾸라졌다.

50 그리하여 다윗이 그 블레셋 사람을 물매와 팔맷돌로 이겼다. 다윗이

그 블레셋 사람을 쳐 죽였지만, 칼 한 자루도 다윗의 손에는 없었다.

51 다윗은 달려가서 그 블레셋 사람 위에 서서 그의 칼을 칼집에서 잡아 뺐다. 그러고는 그를 죽이고 칼로 머리를 베었다. 블레셋 사람들은 자기네 용사가 죽은 것을 보고서는 달아났다.

52 그러자 이스라엘과 유다 사람들이 일어나 함성을 지르며 블레셋 사람들을 계곡을 지나 에그론 성문에 이르기까지 뒤쫓았다. 블레셋의 사상자들이 사아라임에서 가드와 에그론까지 가는 길에 쓰러져 갔다.

53 이스라엘 자손들은 블레셋 사람들을 맹렬히 쫓다가 되돌아와서 그 사람들의 진영을 약탈하였다.

54 다윗은 그 블레셋 사람의 머리를 예루살렘으로 가져가고, 그 사람의 무기는 자기 천막에 두었다.

55 사울은 다윗이 그 블레셋 사람을 맞서러 나가는 것을 보았을 때, 군대 장관 아브넬에게 말하였다. "저 아이는 누구의 아들이오, 아브넬?" 아브넬이 말하였다. "임금님의 살아계심을 두고 맹세하건대 저는 모르겠습니다."

56 그러자 왕이 말하였다. "그대는 저 청년이 누구의 아들인지 알아보시오."

57 다윗이 그 블레셋 사람을 죽이고 돌아오자, 아브넬은 그를 사울에게 데려왔다. 다윗의 손에는 그 블레셋 사람의 머리가 들려 있었다.

58 사울이 그에게 말하였다. "얘야, 너는 누구의 아들이냐?" 다윗이 말하였다. "당신의 종은 베들레헴 사람 이새의 아들입니다."

## 본문 비평

### 4절 ㄱ. 6암마 1제렛

1암마(אַמָּה)는 팔꿈치에서 손끝까지의 길이(약 45cm)이고 1제렛(זֶרֶת)은
한 뼘 길이(약 22cm)이다. 골리앗의 키에 대해서 필사본마다 다른 전통을
보여주어 유동적임을 말해 준다. 쿰란 본문(4QSamᵃ)과 요세푸스와 칠십
인역의 바티칸 필사들은 4암마 1제렛(202cm), 칠십인역 중세 필사본들
(N⁺)은 5암마 1제렛(247cm), 마소라 본문과 알렉산드리아 사본은 6암마 1
제렛(292cm), 중세 히브리어 필사본은 심지어 16암마 1제렛(742cm)의 전
통을 전한다(참조. Dietrich, *1 Sam 13-26*, 342).

## 본문 주석

사울의 등극 때와 마찬가지로 이 장에서는 다윗이 전면에 등장하는 계
기로 블레셋과 치른 전투 이야기가 펼쳐진다. 그런데 히브리어 본문은
우선 앞선 단락과 내용의 모순이 있어 논란거리가 된다. 앞서 다윗은 사
울의 자기 무기를 드는 자가 되었었는데, 사울이 그를 알지 못하는 것으
로 그려진다(17:55). 이 문제는 문헌 비평의 관점에서 앞선 본문과는 독
자적으로 전승된 이 이야기가 편집자에 의해 이 자리에 삽입되었다고
여길 수 있을 것이다. 한편, 칠십인역에서는 히브리어 본문에는 있는 몇
몇 구절들(17:12-31, 41, 48후, 50, 55-58)이 빠져 있는데, 이 짧은 본문을 두고
위에서 이야기한 의문을 해결하려는 의도로 한 편집적 삭제로 여기기
도 하지만, 히브리어 본문이 서로 다른 두 전승을 합쳤다고 보기도 한다

(참조. Tsumura, *First Samuel*, 434-435).[1]

## 이스라엘 백성들을 위협하는 골리앗(1-11절)

**1-3절: 이스라엘과 블레셋의 대치.** 1절에서 무대는 베들레헴 서쪽 23㎞쯤 떨어진 쉐펠라 지역으로 옮겨 간다. 블레셋 군대가 소집되어 소고와 아세가 사이의 에베스담밈(אֶפֶס דַּמִּים; 직역. "피의 끝자락")에 진을 쳤다. 이곳은 다윗의 용사들 가운데 한 사람인 엘르아살의 업적 소개에 나오는 바스담밈(פַּס דַּמִּים; 직역. "피[로 물든] 옷")과 같은 곳으로 여겨진다(참조. 대상 11:13; 삼하 23:9; Tsumura, *First Samuel*, 438). 2절에서는 이에 대응해서 사울과 이스라엘 군대가 소고와 아세가를 마주 보는 엘라 골짜기(הָאֵלָה עֵמֶק, '에메크 하엘라')에 진을 치고, 전열을 벌였다. 여기서 말하는 골짜기는 우리말 번역어의 의미와는 달리 양편에 산을 두고 있는 평지를 말한다. 그러므로 블레셋과 이스라엘 군대는 평지 전투를 벌이기 직전인 셈이다. 3절에서는 두 진영이 평지에 있는 골짜기(הַגַּיְא, '하가이')를 사이에 두고 산 위에 전열을 벌이고 있었음을 말해 준다.

**4-7절: 골리앗의 등장.** 4절에서 전투 직전의 적막을 깨고 블레셋 진영에서 "투사"(אִישׁ הַבֵּנַיִם, '이쉬 하베나임')가 등장한다. 이 용어는 직역하면 "두 [진영] 사이의 사람"이다. 이 문맥에서는 전면전을 하여서 양편 진영 모두가 상당한 피해를 보는 것을 막기 위해서 대표로 상징적인 일대일 전투를 벌이는 전사를 뜻한다. 이런 모습은 사무엘서는 물론(참조. 삼하 2:15-16; 21:15-22; 23:20-23), 고대 사회에서도 흔히 볼 수 있는 장면이다(참조. Dietrich, *1 Sam 13-26*, 339-340). 그러니 이 일대일 전투에 누가 나가느냐는

---

1. 본문의 성장 역사 추정은 Dietrich, *1 Sam 13-26*, 330-334을 참조하라.

전투의 승패를 좌우할 결정적인 선택이다. 블레셋에서는 가드 출신의 "골리앗"(גָּלְיָת, '골르야트')이라는 전사가 나온다. 이 이름은 셈어가 아니라, 아나톨리아의 언어에 기원을 둔 것으로 보인다(참조. McCarter, *I Samuel*, 291). 더욱이 이 장에서 이 이름은 이곳과 23절, 두 군데서만 나온다. 그래서 이 이름은 사무엘하 21장 19절을 바탕으로 거꾸로 들어온 이름이라고 여기기도 한다(참조. Klein, *1 Samuel*, 175). 그런데 그의 키가 "6암마 1제렛"(שֵׁשׁ אַמּוֹת וָזָרֶת, '쉐쉬 암모트 바자레트')이라고 전한다. 이것은 거의 3m여서 과장으로 보이기도 하는데(참조. McCarter, *I Samuel*, 291; 위의 본문 비평), 그 진위보다 중요한 것은 본문에서 이 키가 주는 어감이다. 일대일 전투를 위해 나온 사람이 이 정도면 분명히 위압적일 것이다.

5-7절에서는 그가 무장한 갑옷과 무기를 위에서 아래로 그려준다. 투구는 청동으로 만들었고, 비늘 갑옷(שִׁרְיוֹן קַשְׂקַשִּׂים, '쉬르욘 카스카심')을 입었다. 물고기 비늘처럼 청동 조각이 가죽 갑옷에 붙은 형태의 이런 갑옷은 메소포타미아에서 주로 볼 수 있는 갑옷이며, 한 판으로 된 그리스식 갑옷보다 격렬한 움직임이 더 수월하였다(참조. Dietrich, *1 Sam 13-26*, 343). 그 무게는 청동 5,000세겔로 거의 60kg에 이른다. 다리에는 청동 각반을 차서 보호하였고, 어깨에는 근접 전투에서 쓰는 청동 단창(נְחֹשֶׁת כִּידוֹן, '키돈 느호쉐트')을 메고 있었다. 여기까지는 골리앗이 몸에 지닌 무기들이며, 7절에서 그리듯, 그는 여기에 원거리에서 달려오는 적에게 던질 600세겔, 그러니까 6.8kg 정도 무게의 철제 창도 가지고 있었다. 더구나 골리앗 앞에는 방패를 든 사람이 서 있었다. 사실 청동과 철제 무기로 중무장한 골리앗의 모습은 위압적이기는 하다. 그런데 본문에서는 그가 가진 무기들의 무게를 강조한다. 이는 그의 약점을 드러내는 것으로 보이기도 한다. 곧 그가 어지간한 공격에는 전혀 영향을 받지 않

고, 또 거구인 그의 공격은 상대에게 치명적일 수 있지만, 거구인 골리 앗이 이토록 무거운 무기로 중무장한 상태에서는 빠른 움직임이 불가 능할 뿐만 아니라, 넘어지면 치명적일 수 있다는 것이다.

**8-10절: 골리앗의 도발.** 8절에서 골리앗은 전면전이 아니라 일대일 전투 를 벌이자는 제안을 한다. 그래서 블레셋에서는 자신이 나왔으니, 이스 라엘도 한 사람을 택해서 내보내라고 하였다. 9절에서는 일대일 전투의 결과로 진 쪽이 이긴 쪽의 "종"이 되리라는 합의안도 내놓는다. 그러니 까 일대일 전투의 결과로 전체 전투를 대신하고, 서로 받아들이자는 것 이다. 이 제안은 어찌 보면, 합리적으로 보일 수도 있지만, 사실상 협박 에 가까워 보인다. 10절에서는 골리앗의 이름이 아니라 "그 블레셋 사 람"(הַפְּלִשְׁתִּי, '하플리쉬티')이라고 일컫는다. 여하튼 그는 자신이 이스라 엘 군대를 "비웃었다"(חֵרַפְתִּי, '헤라프티')고 말한다. 이 낱말은 이 장에서 거듭 나오며 주된 주제 구실을 한다(참조. 25, 26, 36, 45; Tsumura, *First Samuel*, 445). 골리앗이 이스라엘 군대를 향해 한 모욕이 무엇일까? 이후에 나오 는 용례를 바탕으로 보면, 여기서 말하는 모욕은 이스라엘 군대와 벌인 전투 자체를 뜻한다고 보아야 할 것이다. 곧 먼저 일대일 전투를 제안한 것이 이스라엘 군대에게는 도발이고 모욕이 되는 셈이다. 그는 거듭 일 대일 전투를 할 전사를 내보내라고 독촉한다.

**11절: 이스라엘 군대의 두려움.** 골리앗을 보고 그의 말을 들은 사울과 이 스라엘 군대는 "놀라서 매우 두려워하였다"(וַיֵּחַתּוּ וַיִּרְאוּ מְאֹד, '바예하투 바이르우 므오드'). 이 반응은 분명히 이스라엘 군대가 거구인 골리앗의 외 모와 그의 무기만 보았지, 그의 약점은 보지 못했음을 보여준다.

## 전쟁터로 온 다윗(12-31절)

**12-16절: 다윗의 등장.** 12절에서 본문은 시간을 조금 앞으로 거슬러 올라가며, 장소도 전쟁터에서 베들레헴으로 옮겨 간다. 이새는 여기서 유다 지파의 땅 베들레헴에 살던 에브랏 사람(אֶפְרָתִי, '에프라티')이라고 소개한다. 이 낱말은 사무엘의 아버지 엘가나에게 쓰였던 것과 같은 낱말이기는 하지만(1:1), 여기서는 베들레헴 근처에 있던 성읍 에브라다를 뜻하는 것으로 보아야 할 것이다(참조. 룻 4:11; 미 5:2; 대상 2:50; 4:4; McCarter, *I Samuel*, 303). 여기서 이새는 다시금 두 가지로 더 소개된다. 하나는 그에게 여덟 아들이 있다는 사실이고(비교. 16:10-11; 대상 2:15), 다른 하나는 사울 시대에 "나이가 많아 늙은"(זָקֵן בָּא בַאֲנָשִׁים, '자켄 바 바아나쉼') 사람이었다는 것이다. 이것은 이새가 그 성읍의 장로였다는 뜻이기보다는 어린 다윗과 대조되는 나이를 강조하고 있을 것이다(참조. Klein, *1 Samuel*, 177). 13절에서는 16장에서 나왔던 첫 세 아들의 이름, 엘리압과 아비나답과 삼마가 다시 등장하는데, 이번에는 이들이 사울과 함께 전투에 나갔다고 전한다. 14절에서는 16장에서와 마찬가지로 나머지 네 아들의 소개를 생략하고 막내인 다윗을 소개한다. 전쟁터에 나간 세 아들이 장성하였다는 언급은 암시적으로 다윗은 아직 전쟁터에 나갈 나이가 되지 않았음을 뜻한다.

15절과 16절은 일반적으로 본문을 오늘날 우리가 보는 꼴로 다듬은 사람이 앞선 이야기와 조화를 이루도록 하려고 보충한 본문으로 여긴다(참조. Dietrich, *1 Sam 13-26*, 349). 15절은 앞선 16장에서 다윗이 사울의 무기 드는 자로 왕실에 등용된 점과 이 본문의 원래 이야기에서 양을 돌본다는 이야기의 단절을 이어주는 구실을 한다. 곧 왕실과 베들레헴을 오가며, 사울에게 수금도 연주해 주고, 집에서 양 떼도 쳤다고 하여 16

장 21절의 시간으로 되돌려 놓는다. 그리고 16절은 블레셋 사람 골리앗의 일대일 전투 도발이 40일 동안 이어졌다고 하여 앞선 단락과 연결해 준다.

**17-19절: 이새가 다윗을 전쟁터에 보냄.** 17절에서 14절의 이야기가 다시 이어진다. 이새는 막내 다윗에게 전쟁터에 나간 형들에게 음식을 가져다주라고 한다. 그 음식은 "볶은 곡식 한 에바"(אֵיפַת הַקָּלִיא, '에파트 하칼리'; 22ℓ 정도)와 떡 열 덩이였다. 이것은 결코 많은 양도 아니었고, 호화로운 음식도 아니었다. 그러나 이것이 다윗과 그 가족의 비천함을 뜻하기보다는(비교. Klein, *1 Samuel*, 177; "human insignificance of David and his family"), 목적지가 전쟁터임을 생각한다면, 전투 식량으로 쓰였을 간편식으로 여길 수 있겠다. 18절에서 이새는 전쟁터에 있는 자기 아들들의 상관인 1,000인 대장(שַׂר־הָאָלֶף, '사르 하알레프')에게 줄 선물로 "치즈"(חָלָב, '할라브') 열 덩이도 함께 준다. 다윗이 해야 할 일은 그들이 무사한지를 살피고 "증표"(עֲרֻבָּה, '아루바')를 가져오는 것이었다. 이것이 무엇에 대한 어떤 증표인지는 분명하지 않다. 그래서, 이새가 보낸 물품들이 잘 전달되었다는 영수증을 추측하기도 하지만, 문맥상 다윗의 형들이 무사함을 밝힐 무언가(참조. Tsumura, *First Samuel*, 450)로 그들이 어떤 형태로든 서명했을 오스트라콘(ostracon) 형태의 증표를 생각해 볼 수도 있겠다.[2]

19절은 다시금 장면을 전쟁터로 돌리는데, 이 장 첫머리에 배경으로 제시되었던 엘라 골짜기에서 사울이 이끄는 이스라엘 군대와 블레셋 군대가 대치하는 장면을 보여준다. 이는 다윗이 가야 할 곳이 어떤 상황

---

2. 고대 이스라엘에서는 토기에 글을 적은 오스트라콘이 흔히 영수증이나 짧은 편지 등으로 종종 사용되었다.

인지를 말해 주어서 이야기의 긴장감을 고조시키는 구실을 한다.

**20-21절: 전쟁터에 도착한 다윗.** 20절에서 아버지의 명령을 받은 다윗은 아침 일찍 나귀에 짐을 지워(וַיַּשְׁכֵּם, '바야쉬켐') 길을 나섰다. 여기서 본문은 다윗의 성품을 드러내는 구절을 더 소개한다. 형들의 안부를 물으러 가는 길은 빠른 걸음으로 가더라도 대여섯 시간은 걸리므로(23㎞ 정도), 다녀오려면 적어도 온종일이 걸릴 것이다. 이 시간 동안 양들을 방치할 수 없어서 양 지키는 자에게 맡겨두는 세심함과 꼼꼼함을 보여준다. 그도 그럴 것이 28절에서 양 떼를 걱정하며 엘리압이 다윗에게 화를 내는데, 이에 대한 대비도 된 셈이다(참조. Long, *1 and 2 Samuel*, 180). 다윗이 전쟁터에 도착했을 때, 양 진영의 군사들은 제각각 사기를 돋우려고 상대를 향해 고함치고 있었다. 21절은 이 장 첫머리(1-3절)의 장면으로 되돌아온다. 그러므로 본문은 12절부터 이 구절까지의 시간을 되돌렸던 셈이다.

**22-27절: 다윗이 골리앗을 봄.** 22절에서 다윗은 가져온 짐을 맡겨두고 먼저 형들에게로 달려간다. 그리고 아버지의 명령대로 그들의 안부를 물었다. 23절은 골리앗의 등장이 바로 이때였다고 전한다. 여기서는 4절에서 나왔던 정보가 그대로 되풀이된다. 곧 "투사", "블레셋 사람 골리앗", "가드 출신"이다(참조. 4절 주석). 본문의 화자는 이 구절에서 앞서 4-10절의 이야기를 요약한다.

앞선 구절에서 이야기를 요약했던 반면에, 이 두 구절에서는 앞서 전하지 않았던 이스라엘 군대 내부의 이야기를 확대해서 말해 준다. 24절은 11절과 대응하는 구절인데, 여기서는 두려움과 더불어 이스라엘 군인들이 도망치는 모습을 전해주는데, 이로써 긴장은 앞선 이야기보다 훨씬 더 고조된다. 25절은 11절에서는 하지 않았던 이야기로, 이어지는 다윗의 이야기에 복선 구실을 한다. 군사들이 두려움에 휩싸여 골리앗을 보고 있던 가운데 사울 임금이 그를 죽이면 많은 보상을 할 것이라는 말이 전해진다. 그 보상은 많은 재물과 딸과 결혼함, 그리고 세금 면제였다. 여기서 히브리어 본문은 이 말을 한 것이 "어떤 이스라엘 사람"(אִישׁ יִשְׂרָאֵל, '이쉬 이스라엘')이라고 전한다. 이 사람은 분명히 사울이 보낸 전령이었을 것이다(참조. Klein, *1 Samuel*, 178). 왜냐하면, 왕의 뜻을 이렇게 함부로 소문을 바탕으로 구체적으로 전하기는 어려웠을 것이기 때문이다.

26절에서 다윗은 이 말을 멀리서 잘 듣지 못했는지 옆 사람에게 골리앗을 죽이는 사람에게 주어질 보상을 다시 묻는다. 그러면서 골리앗을 죽이는 일을 이스라엘의 "치욕"(חֶרְפָּה, '헤르파')을 제거하는 것이라고 말한다. 그 치욕은 할례받지 않은 블레셋 사람이 일대일 전투를 제안하여 "살아계신 하나님의 군대"를 모욕했다는 사실임을 말한다. 이스라엘 군대를 이렇게 일컬은 것은 다윗이 처음이며, 본문에서 이 점이 돋보인다. 27절에서 사람들은 다윗에게 보상을 다시 알려주는 것으로 장면이 일단락된다.

**28-30절: 엘리압과 다윗.** 28절에서 다윗의 맏형 엘리압이 등장한다. 그는 다윗이 앞선 구절에서 한 말을 듣고 화를 낸다. 이 구절은 다윗 이야기 전체에서 다윗이 가족들에게서 압박받았다고 전하는 유일한 용례다 (참조. McCarter, *I Samuel*, 304). 그는 다윗에게 양 떼를 지켜야 할 임무가 있는 다윗이 왜 전쟁터에 왔느냐고 질책하는데, 사실 이는 앞 구절과 들어

맞지 않는다. 다윗은 이새에게서 형들의 안부를 묻고 오라는 명령을 받았고, 양 떼는 잘 맡겨두고 왔으며, 실제로 앞 단락에서 형들과 인사를 나누었기 때문이다. 아마도 엘리압은 여기서 다윗을 질투하거나 미워해서라기보다는 어린 동생의 철없는 행동이 귀찮기도 하고, 짜증 나기도 해서 다른 사람들 앞에서 상황을 부풀려서 한 이야기일 것이다(참조. Tsumura, *First Samuel*, 455). 더구나 다윗은 전쟁터에 이제 막 왔으므로, 잘 알지 못한다고 여겨서 그가 교만(זָדוֹן, '자돈')하고 마음이 완악(רֹעַ, '로아') 하다고까지 말하였다. 그는 철없는 어린 동생이 전쟁을 구경거리 정도로 여긴다고 가볍게 생각하였다.

그러나 29절에서 다윗은 맏형에게 혼날 이유가 없다고 당당하게 말한다. 우리말 개역성경에서 "어찌 이유가 없으리이까"라고 옮긴 본문을 직역하면 개역개정의 각주에서 보듯 "말 한마디 했을 뿐 아닙니까?" (הֲלוֹא דָּבָר הוּא, '할로 다바르 후')이다. 말 한마디 한 것을 두고 자신을 지나치게 질책하는 엘리압을 향해 거침없이 직언한 다윗은 30절에서 보란 듯이 사람들과 같은 대화를 한 번 더 나누었다.

**31절: 다윗이 사울을 만남.** 맏형 엘리압과 논쟁하는 동안 31절에서 다윗이 한 말이 사울에게도 전달되었다. 이 소식을 들은 사울은 다윗을 불러들였다.

## 골리앗을 이긴 다윗(32-58절)

**32-33절: 다윗의 출전을 허락하지 않는 사울.** 32절에서 다윗과 사울이 만난다. 다윗과 사울이 나눈 대화는 이곳이 처음이다. 본문의 문맥상 사울은 아직 다윗을 자기 무기 드는 자로 삼기 전으로 보인다. 다윗은 사울

에게 두 가지를 말하였다. 먼저, 그는 "저 사람 때문에 아무도 낙심할 필요가 없습니다"라고 했는데, 이것은 3인칭을 썼지만, 사울을 향해서 하는 완곡어법(euphemism)으로 여겨야 할 것이다(참조. Tsumura, *First Samuel*, 457). 그다음으로 그는 사울에게 자신이 나가서 일대일 전투를 하겠다고 제안한다.

33절에서 사울은 다윗에게 일대일 전투를 허락하지 않는다. 그 까닭은 다윗은 아직 전쟁터에 차출되지도 않은 "소년"(נַעַר, '나아르')이고, 골리앗은 어려서부터 "전사"(אִישׁ מִלְחָמָה, '이쉬 밀하마')라는 것이었다. 이것은 물론 전사의 일대일 전투의 결과가 곧 패전으로 이어지기에, 임금으로서 당연한 반응이라고 볼 수 있다. 그러나 본문의 문맥은 사울이 이 전쟁을 거룩한 전쟁으로 보고 있지 않으며, 표면적인 전세의 불리함만 보고 있음을 자연스레 독자들에게 떠오르게 한다. 그것은 다윗이 앞서 한 말 때문이다.

**34-37절: 다윗의 자기변호와 사울의 출전 허락.** 다윗이 전쟁에 어울리지 않는 소년이라고 한 말을 받아 다윗은 34-35절에서 양 떼를 치던 자기 경험을 바탕으로 겉보기와 다른 전사의 모습이 있음을 변호한다. 이것은 사무엘이 이새의 집에 갔을 때, 엘리압을 보고 기름 부으려던 사무엘에게 하셨던 여호와의 말을 생각나게 하는 대목이다(참조. 16:7). 들판에서 양 떼를 방목하면, 당연히 맹수들의 습격을 맞닥뜨리게 된다. 다윗은 그 경험을 든다. 그는 양 떼를 노리던 맹수로 "사자"(אֲרִי, '아리')와 "곰"(דּוֹב, '도브')을 든다. 오늘날에는 이런 야생 맹수들을 팔레스틴에서 더는 찾아볼 수 없지만, 구약성경에 거듭 등장하는 것으로 보아, 맹수들이 양 떼를 사냥하는 것이 성경 시대에는 흔히 볼 수 있는 장면으로 여

길 수 있다. 맹수들은 상대적으로 약하고 움직임이 느린 새끼들을 공격한다. 다윗은 이때 주저하지 않고, 그 맹수들을 따라가 "죽이고"(וְהִכֵּתִין, '브히키티브'; 직역. "치고") 물어간 새끼를 구했다고 말한다. 하지만 먹잇감을 빼앗긴 맹수가 순순히 물러났을 리 없다. 당연히 다윗까지 공격하려 하였을 것이며, 그때 다윗은 "그 턱수염"(בִּזְקָנוֹ, '비즈카노')을 잡고 쳐 죽였다고 말한다. 이 표현은 직관적으로는 수사자를 떠올린다. 왜냐하면, 암사자나 곰은 그만큼 수염이라고 할 만한 것이 적기 때문이다. 그렇다고 여기서 다윗이 수사자와 벌였던 싸움만 일컫고 있다고 여길 수는 없다. 아마도 수사자와 싸웠던 것을 대표로 이야기했거나, 맹수들의 가죽을 뒤덮은 털을 과장해서 표현한 것으로 볼 수도 있다(비교. Dietrich, *1 Sam 13-26*, 358). 36절에서 다윗은 수사의문문으로 자신이 골리앗과 일대일 전투를 할 자격이 있음을 역설한다. 여호와께서 자신을 사자와 곰도 죽일 수 있게 하셨으니 "살아계신 하나님의 군대"를 모욕한 할례받지 않은 골리앗을 어찌 죽이지 못하겠느냐는 것이다. 이 표현은 다윗이 줄곧 해 온 표현으로 이 전쟁이 거룩한 전쟁임을 분명히 하는 말이다. 이 점은 사울이 한 번도 입 밖으로 내지 않은 사실이어서 사울 앞에서 한 다윗의 이 말은 더욱 돋보인다. 다윗은 계속해서 골리앗이 자신이 죽인 짐승과 같이 될 것이라며 자신감을 내보인다. 이런 다윗의 자신감에 사울은 여호와께서 함께하시기를 축복하며 출전을 허락한다.

**38-40절: 다윗이 군복 대신 막대기와 물맷돌을 취함.** 38절에서 사울은 다윗을 골리앗과 같이 보병으로 중무장시켜 준다. 아마도 자신의 무기 든 자였을 다윗에게 자기 군복을 입히고, 청동 투구와 "갑옷"(שִׁרְיוֹן, '쉬르욘'; 비교. 골리앗의 "비늘 갑옷", 5절)을 입혀주었다. 39절에서는 그 중무장

한 갑옷 위에 칼까지 찼다. 이 무장 장비는 이스라엘 백성들보다 어깨 위로 더 큰(10:23) 사울의 장비이니 다윗에게 컸을 것이 뻔하다. 게다가 갑옷 자체가 골리앗의 비늘 갑옷과는 달리 판으로 가슴을 보호하도록 제작되었을 것이기 때문에 자유롭게 움직일 수 없었을 것이다. 이런 보호 장구와 공격 무기를 다윗이 거절한 것은 단순히 몸에 맞지 않기 때문만은 아니었을 것임을 40절에서 짐작할 수 있다. 다윗은 사울의 모든 장비를 벗어던지고, 자신이 양 떼를 몰며 맹수를 대적했던 "막대기"(מַקֵּל, '마켈')를 챙겼다. 그러고는 건기라 물이 마른 시냇가(נַחַל, '나할', 직역. "건천")에 가서 매끄러운 돌 다섯을 골라서 주머니에 넣고, "물매"(קֶלַע, '켈라')를 들었다. 이것은 고대 전쟁에서도 흔히 쓰던 투석기로, 천이나 가죽을 반으로 접어서 그 사이에 돌을 넣고 돌리다가 돌을 날리는 기구다(참조. Dietrich, *1 Sam 13-26*, 361의 설명과 그림). 어쨌거나 이 모습은 전사가 아니라 목자다. 다윗이 어떤 생각으로 이렇게 일대일 전투에 나섰는지 독자의 궁금증을 더한다.

**41-44절: 골리앗이 다윗을 무시함.** 이 단락은 드디어 다윗과 골리앗이 제각각 이스라엘 군대와 블레셋 군대를 대표해서 벌이는 결전의 시작을 보여준다. 41절에서는 먼저 블레셋 사람, 골리앗이 엘라 골짜기의 평지로 나오는 장면을 그려준다. 그는 점점 "가까이" 나아갔는데(וַיִּקְרַב הֹלֵךְ, '홀레크 브카레브'), 이 모습은 그의 속도가 빠르지 않음을 그려준다 (참조. Dietrich, *1 Sam 13-26*, 363). 그리고 그는 앞에 방패 든 사람을 앞세웠다. 이것은 일대일 전투에서 첫 공격으로 상대편이 던질 수 있을 창 공격을 막기 위함이었을 것이다. 반면에, 42절에서는 골리앗이 본 다윗의 모습을 묘사한다. 여기서 본문은 그가 "둘러보다"(וַיַּבֵּט, '바야베트'), "보았

다"(וַיַּרְא, '바이르에')라고 동사를 두 번 쓴다. 이 표현은 무언가를 의도적으로 살피는 모습을 그리는 관용구다(참조. 사 63:15; 시 80:14; 142:4; 애 5:1; 대상 21:21; 게제니우스, 『사전』, 482). 그러므로 골리앗은 다윗이 과연 자신과 싸울 만한 상대인지를 살폈다는 뜻이 될 것이다. 그러고는 다윗을 "업신여겼다"(וַיִּבְזֵהוּ, '바이브제후'). 그 까닭이 이 구절 마지막에 세 가지로 언급된다. 그가 보기에 다윗은 "소년이었고"(נַעַר, '나아르'; 개역개정. "젊고"), "발그레하고"(אַדְמוֹנִי, '아드모니'), "외모가 준수" 했다(יְפֵה מַרְאֶה, '여페 마르에'). 골리앗에게는 이 모든 특징이 혈기 왕성한 젊은이의 미숙함으로 보였을 것이다(비교. 16:12). 사실 골리앗과 같은 전사에게는 이런 풋내기와 일대일 전투를 치르는 것 자체가 수치스럽게 느껴졌을 것이다. 그래서 43절에서 그는 전투를 앞두고 상대편의 기선을 제압하기 위해 으레 하는 연설에서 화를 낸다. 그는 "네가 막대기를 들고 내게 나오다니, 그러면 내가 개란 말이냐?"라고 말하였다. 개는 구약성경에서 종종 욕설로 쓰인다(참조. 삼상 24:14; 삼하 3:8; 9:8; 16:9; 왕하 8:13). 그러므로 골리앗은 다윗을 내보낸 것이 자신을 모욕하는 것으로 여겨졌을 것이다. 흥미롭게도 칠십인역은 여기서 다윗의 응답을 확장한 본문을 제공한다. 곧 "그러자 다윗은 '아니다. 개보다 더 나쁘다'라고 말했다"(καὶ εἶπεν Δαυιδ οὐχί ἀλλ᾽ ἢ χείρω κυνός, '카이 에이펜 다윗 우히 알 에 헤이로 퀴노스'). 이렇게 하면 골리앗의 흥분을 더 고조시키는 꼴이 된다. 골리앗은 계속해서 자기네 신의 이름으로 다윗을 저주했다. 다신교였던 블레셋의 문화에서 골리앗이 어떤 신의 이름을 댔을지는 분명하지 않다. 다곤 신이었을 수도 있고(5:2-5), 아스다롯이었을 수도 있다(31:10; 참조. Dietrich, *1 Sam 13-26*, 365). 44절에서 골리앗이 한 말은 일대일 전투에서 으레 하는 마지막 말로 여길 수 있다. 그는 다윗을 죽여서 그 살을 공중의 새들과 들짐승에게 주리라고 위협한다. 이것은 파멸과 저주를 상징하는 일반적인 모티프이다(참조. 31:8-13; 삼하 21장; 시 79:2-3; 사 34:2-3; 66:24; 렘 7:33; 8:1-2; Tsumura, *First Samuel*, 462).

**45-47절: 골리앗을 향한 다윗의 대답.** 골리앗은 중무장한 거구의 전사인 자기 모습과 경험을 다윗의 앳된 모습과 견주어 위협했다. 이 단락에서 다윗은 그에 대해 답한다. 45절에서 다윗은 골리앗의 겉모습과 자기 내면을 견준다. "칼과 창과 투창"은 골리앗의 공격 무기뿐 아니라, 중무장한 그의 겉모습 자체를 대신하는 제유법이다. 반면에 다윗은 그런 무기가 아니라 "만군의 여호와, 이스라엘 군대의 하나님의 이름"(יִשְׂרָאֵל מַעַרְכוֹת אֱלֹהֵי צְבָאוֹת יהוה שֵׁם, '쉠 야훼 츠바오트 엘로헤 마아르코트 이스라엘')으로 무장하였다고 말한다. 이것은 다윗이 이 전쟁을 거룩한 전쟁으로 여기고 있다는 사실을 분명히 하는 말이다. 더욱이 이 하나님의 이름을 "네가 모욕하"였다(חֵרַפְתָּ, '헤라프타'; 참조. 17:10, 26, 36)고 해서, 긴장을 고조시킨다. 물론 골리앗도 자기네 신의 이름으로 다윗을 저주하였으니, 그 또한 마찬가지로 거룩한 전쟁을 명분으로 내세웠을 수 있다. 하지만, 골리앗과 다윗의 대조되는 모습은 신들의 거룩한 전쟁을 대신하는 전사로서 얼마나 자신의 무기나 기량, 힘이 아닌 신의 능력에 기대고 있는지를 분명히 대조해 준다. 46절에서 다윗은 골리앗이 했던 것과 마찬가지로 파멸과 저주의 위협을 하는데, 여기서는 골리앗이 하지 않았던 말이 더 덧붙어서 교차대구(chiasmus)를 이룬다. 먼저 다윗은 "여호와께서 너를 내 손에 넘겨주실 것이니"(בְּיָדִי יהוה יְסַגֶּרְךָ, '여사케르카 야훼 브야디')라고 말하는데, 이는 거룩한 전쟁의 성격을 강조하는 말이다(A). 그리고 다윗은 골리앗을 쳐서 목을 베겠다고 말하는데, 사실 이것은 거룩한 전

쟁의 승리를 위해 다윗이 세운 전략이라고 할 수 있다(B). 무거운 공격 및 방어 무기로 온몸을 뒤덮은 골리앗은 먼저 쓰러뜨려 못 일어나게 한 뒤, 재빨리 목을 베는 것이 승산 있는 방법이라는 말이다. 다윗은 이어서 마찬가지로 골리앗의 시체를 새와 들짐승에게 줄 것이라는 파멸과 저주의 모티프를 언급한다(B′). 그리고, 그 목적이 "이스라엘의 하나님이 계시다는 사실을 알게 함"이라고 마지막으로 강조하는데, 이 또한 이 전투는 거룩한 전쟁임을 강조하는 말이다(A′). 47절은 전체가 거룩한 전쟁을 강조하는 말이다. 여호와의 구원하심(יְהוֹשִׁיעַ, '예호쉬아')이 칼이나 창과 같은 무기에 있지 않음을 알게 하려는 목적이라는 진술은 앞선 구절의 거룩한 전쟁 개념을 좀 더 상세히 말하는 것이다. 이어서 "전쟁은 여호와께 달려 있다"(לַיהוה מִלְחָמָה, '르야훼 밀하마')라는 말로 좀 더 직설적으로 표현하였다. 다윗의 마지막 말은 "여호와께서 너를 내 손에 넘겨주실 것이니"라고 했던 첫말(46절)과 대응을 이루어 "그러니 그분께서 너희를 우리 손에 넘겨주실 것이다"라고 말한다. 이 말은 골리앗이 처음에 했던 일대일 전투 제안에도 들어 있었다(9절).

**48-49절: 다윗이 골리앗을 쓰러뜨림.** 이 단락에서는 다윗과 골리앗 사이의 일대일 전투 묘사가 빠른 호흡으로 묘사된다. 48절에서는 처음부터 계속 본문에서 암시되었던 대로 두 사람의 속도 대조를 강조한다. 먼저 골리앗의 모습을 그린다. 그는 일대일 전투를 위해 먼저 출발하는 단계가 필요했다(קָם, '캄'; 직역. "그가 일어났다"). 이것은 중무장한 거구의 골리앗이 비늘 갑옷의 쇳소리를 요란하게 내면서, 성큼성큼 걸어오는 모습을 그리게 해 준다. 그리고 앞서 41절에서와 같은 표현으로 골리앗의 느린 걸음을 "가까이 온다"(וַיֵּלֶךְ וַיִּקְרַב, '바옐레크 바이크라브')고 묘사한다.

반면에 다윗의 움직임에는 "재빨리"(וַיְמַהֵר, '바예마헤르')와 "달려갔다"(וַיָּרָץ, '바야로츠')는 동사를 써서 그의 민첩함을 강조한다. 49절에서 둘 사이의 전투는 결국 다윗의 한 번 공격으로 끝나 버린다. 다윗은 골리앗이 창을 던질 기회를 주지 않기 위해서 달려가면서 돌을 꺼내 물매를 던졌다. 결국 그 돌은 골리앗의 이마에 명중하여, 박히고, 그는 쓰러졌다. 거구의 골리앗은 아직 죽지 않았더라도 쓰러진 이상 이내 일어나기는 어려웠을 것이다.

**50절: 전투의 요약.** 이 구절은 앞 구절과 이어지는 구절 사이에 끼어들어서 이야기의 흐름을 깬다(참조. Tsumura, *First Samuel*, 465). 이 구절은 전체 이야기를 요약하는 어감을 준다. 그도 그럴 것이 이 구절은 "다윗이 그 블레셋 사람을 이겼다"(וַיֶּחֱזַק דָּוִד מִן־הַפְּלִשְׁתִּי, '바예흐자크 다비드 민-하플리쉬티')는 말로 시작한다. 이 동사는 전투의 결과를 요약하는 데 쓰인다(참조. 왕상 16:22; 대하 8:3; 27:5 등). 다윗이 어떻게 골리앗을 이겼는지는 "물매와 팔맷돌"이라는 부사구로 표현된다. 여기까지가 앞선 이야기의 요약이라면, 이어지는 문장은 이어질 이야기를 예고한다. 곧 그가 "그 블레셋 사람을 쳐 죽였"(וַיַּךְ אֶת־הַפְּלִשְׁתִּי וַיְמִיתֵהוּ, '바야크 에트-하플리쉬티 바예미테후')다는 것이다. 왜냐하면, 49절에서는 아직 골리앗이 죽었다는 말이 없으며, 이어지는 51절에서 다윗이 쓰러진 그를 죽일 것이기 때문이다. 마지막 문장은 시간을 거슬러 올라가서 처음 골리앗을 맞서던 다윗의 모습을 손에 칼이 없었다는 말로 강조하여 그려준다. 다윗이 골리앗을 죽인 것은 칼로 목을 베면서였기 때문이다. 왜 급박한 순간에 이처럼 이야기를 끊고 편집자의 해설 구절이 들어오게 되었을지는 여러 추측이 가능하다. 서로 다른 이야기 단위가 합쳐진 것으로 여길 수도 있다

(참조. McCarter, *I Samuel*, 305). 그렇다고 하더라도 이 구절은 앞서 살핀 것처럼 분명히 앞뒤 이야기를 이어주는 고리 구실을 한다.

**51-54절: 다윗이 골리앗을 죽이고 이스라엘 군대가 승리함.** 이 단락에서 이야기는 다시 49절 장면으로 되돌아간다. 그러니까 다윗이 물매를 던져서 날아간 돌이 골리앗의 이마에 박히고, 그가 땅바닥에 넘어진 직후다. 여전히 이야기 전개의 호흡은 매우 빠르다. 이 장면에서 다윗은 여전히 골리앗을 향해 달려가고 있었다. 골리앗이 다시 정신을 차리고 일어서기 전에, 다윗은 쓰러진 골리앗을 밟고 그 위에 섰다. 그리고는 재빨리 골리앗의 칼집에서 칼(חֶרֶב, '헤레브')을 빼서 그를 죽였다.[3] 이어서 예고했던 대로 골리앗을 참수했다(46절). 이 장면을 지켜보던 블레셋 군대는 두려움에 사로잡혀서 도망치기 시작했다. 왜냐하면, 이 일대일 전투는 곧 자신들의 패배를 뜻하였고, 처음에 골리앗이 공언한 대로 그냥 있다가는 이스라엘의 종이 될 것이기 때문이다(9절). 사실 일대일 전투가 약속된 전쟁은 전면전으로 확산하여서는 안 된다. 일대일 전투의 결과를 전쟁 결과로 인정한다는 약속이 있었기 때문이다. 그러나 블레셋 군사들은 지금 그 약속을 어기고 도망을 치기 시작했다. 그래서 52절은 이스라엘과 유다 군인들이 도망치는 블레셋 군대를 따라가며 전면전을 벌였다. 전투는 엘라 골짜기에서부터 가이(גַּיְא, '가이'; 직역. "협곡")와 에그론 성문까지 이르렀다고 보도한다. 여기서 말하는 '협곡'이 어디를 뜻하는지 분명하지 않아서, 후반절의 진술과 칠십인역의 음역(Γεθ, '게트')을

---

3.   여기서 쓰인 낱말이 5-7절에서는 쓰이지 않았다. 아마도 이 낱말은 골리앗이 어깨에 차고 있던 '놋 단창'(참조. 6절, '키돈')을 일컬을 것이다(참조. McCarter, *I Samuel*, 294).

고려하여 블레셋의 성읍인 가드(גַּת, '가트')가 잘못 전승된 것으로 볼 수도 있다(참조. McCarter, *I Samuel*, 290). 후반절에서는 전면전 가운데 블레셋 군대의 부상자들이 엘라 골짜기 북쪽 언덕 위의 성읍이었던 사아라임(שַׁעֲרַיִם, '샤아라임'; 직역. "두 성문")에서부터 가드와 에그론까지 쓰러져 있었다고 하여 블레셋 군대의 피해를 강조한다.[4] 53절에서 블레셋 군대를 그들의 땅까지 몰아낸 이스라엘 군대는 다시 전쟁터로 돌아와서 블레셋 군대가 주둔해 있다가 미처 정리하지 못하고 떠난 진영을 약탈하여(וַיָּשֹׁסּוּ, '바야쇼수'; 참조. 삿 2:14; 렘 30:16; 시 89:42) 전리품을 챙겼다.

54절에서는 다윗이 챙긴 전리품을 언급한다. 본문은 다윗이 참수한 골리앗의 머리를 챙겨서 그것을 예루살렘으로 가져갔다고 전하는데, 이는 시대착오적인 편집자의 추가 본문으로 보인다. 왜냐하면, 이때 예루살렘은 아직 여부스 족속이 점유하고 있던 산성이었으며, 다윗은 훨씬 뒤에 가서야 이 산성을 점령했기 때문이다(참조. Dietrich, *1 Sam 13-26*, 371-372). 그리고 골리앗의 비늘 갑옷을 자기 장막에 두었다는 표현도 분명하지 않다. 그런 까닭에 이 구절도 후대 편집자의 요약 삽입 구절로 여길 수 있다.

**55-58절: 다윗을 못 알아보는 사울.** 55절에서 본문은 사울이 골리앗을 맞으러 나가는 다윗을 보았다고 시작하여서, 다시 전투 직전으로 시간을 거슬러 올라간 것으로 보인다. 그런데 이어지는 본문은 직관적인 독

---

4. 이 지명을 통해서 성문이 두 개였을 성읍을 추정할 수 있는데, 이 성읍 유적지(키르벳 케이야파)가 2010년 이후 엘라 골짜기 북쪽 언덕 위에서 발견되었으며, 이 터에는 북쪽과 서쪽 두 곳에 성문터도 발견되었다. 그리고 이곳에서 나온 탄화된 올리브 씨앗의 탄소동위원소 연대 측정이나 오스트라콘의 글씨체 등을 고려할 때, 다윗 시대인 기원전 10세기로 거슬러 올라가는 것이 밝혀졌다.

서로는 이해되지 않는다. 사울이 자기 군사령관인 아브넬에게 "저 아이는 누구의 아들이오?"라고 묻고 있기 때문이다. 사울은 16장에서 다윗을 자신의 정신 질환을 위해 수금 연주자로 고용하였고, 심지어 가장 신뢰할 수 있는 사람으로 여겨서 자기 무기를 드는 자로 삼았다고 언급했기 때문이다. 그래서 이 단락에서 사울이 다윗을 전혀 알아보지 못하는 것으로 보이는 장면은 독자들에게 생경하게 보인다. 이 문제를 어떻게 이해할지는 두 가지 방향으로 제시되어 왔다. 첫째, 사울이 다윗을 수금 연주자요, 무기 드는 자로는 알고 있었지만, 골리앗을 물리치는 용사로서의 모습에 놀란 모습을 그린다는 공시적 접근 방법이고, 둘째는 영웅이 블레셋의 장수와 일대일 전투를 벌인 두 가지 이야기를 친-다윗계 편집자가 합쳐 놓은 꼴이라는 통시적 접근 방법이다(참조. Dietrich, *1 Sam 13-26*, 372-374). 둘 다 가능하다. 분명히 다윗과 관련한 이야기는 여러 구두 전승 형태로 전해 왔을 것이고, 최종 편집자는 그것을 우리가 읽는 본문으로 편집했을 것이다. 그렇지만, 최종 형태 본문 자체의 내재 구조는 공시적 접근 방법의 이해와 같은 독서 과정을 불러일으키는 것도 사실이다. 어쨌거나 아브넬도 다윗의 모습에 놀라며, 알지 못한다고 맹세까지 한다. 어쩌면 사울은 다윗이 누구인지를 알고 싶어 했다기보다는 '내가 알던 사람이 맞느냐?'는 질문을 한 것이고, 아브넬은 자신도 도무지 이해하지 못한다는 뜻에서 '알지 못한다'(참조. 시 81:6[5]; 욥 37:16; 잠 30:18 등)고 대답했을 수 있다. 이런 뜻에서 56절은 이런 수사적 표현을 알지 못했던 편집자의 첨가 구절로 이해할 수 있다. 여기서 다윗을 "청년"(עֶלֶם, '엘렘')이라고 일컬은 것은 그의 젊음을 강조하려는 목적이 있겠다(참조. Klein, *1 Samuel*, 181). 57절은 55절의 이야기를 이어간다. 일대일 전투에서 골리앗을 이기고 그를 참수한 다윗이 손에 골리앗의 머리를 들고 이스라엘 진영으로 돌아온다. 아마도 이때는 아직 51절에서 말한 블레셋 군인들이 도망쳐서 전면전으로 전투가 전환되기 전으로 보인다. 아브넬이 다윗을 사울에게 데려왔다. 58절에서 사울이 다윗에게 "얘야, 너는 누구의 아들이냐?"라고 물은 것은 55절의 배경에서 사울이 다윗에게 '너는 내가 알던 그 다윗이 맞느냐?'라는 질문을 돌려서 한 것으로 이해할 수도 있다. 그래서 다윗은 "당신의 종은 베들레헴 사람 이새의 아들입니다"라고 대답했다. 이 말은 '저는 임금님이 아시던 신하 맞습니다'라고 한 것과 같은 뜻이겠다.

## 본문의 메시지

⑴ 이 이야기는 다윗의 등장을 준비하는 배경이 된다. 고대 전쟁에서 흔히 볼 수 있던 일대일 전투를 블레셋 진영의 거구 골리앗이 먼저 제안한다. 본문에 따르면, 그는 일반인들은 상상할 수 없을 정도로 엄청난 거구에 고대 사회에서 생각할 수 있는 가장 뛰어난 무기들로 중무장을 하고 있었다. 그는 멀리 있는 적들도 제압할 수 있는 엄청난 크기의 창을 들고 있었고, 근접전에서 위협적인 칼도 가지고 있었다. 더구나 그의 앞에는 방패를 든 사람이 있어서, 웬만한 공격은 뚫을 수 없었다. 그렇다 하더라도 그는 온몸을 청동으로 감싸고 있어서 승산이 없어 보였다. 실제로 사울과 이스라엘 백성들은 골리앗의 이 모습을 보고, 아연실색했다. 그러나 골리앗에게는 치명적인 단점이 있었다. 그는 절대로 민첩할 수 없었다. 거구인 그의 신체 조건은 빠른 공격을 할 수 없었으며, 중무장한 그의 무기들 무게는 그가 쓰러졌을 때 다시 일어나는 것을 방해

하기에 충분했다. 만약 사울과 이스라엘 군대가 이 점을 보았다면, 놀라기는 해도 두려워할 필요는 없었다. 하지만, 한 번 골리앗의 체구에 놀란 이들은 그의 약점을 보는 데 실패했다. 누구나 무엇을 보느냐에 따라 결과는 크게 달라질 것이다. 앞으로 전개될 다윗의 행보는 이스라엘이 무엇을 보지 못했으며, 보아야 했는지를 보여주며 그 교훈으로 독자들을 초대한다.

(2) 본문에서 독자들은 과연 다윗이 신앙 하나만으로 거구의 골리앗에 대해 이토록 자신감을 보였을까 하는 궁금증이 생긴다. 사실 다윗은 맹수들을 죽인 경험을 신앙과 상관없이 이야기했기 때문이다. 다윗이 맹수들의 수염을 잡은 것은 맹수들의 약점을 파악하는 전술을 썼음을 강조하였을 수도 있으므로, 다윗이 사울이나 이스라엘의 군대들은 보지 못한 골리앗의 약점을 파악했다고 여길 수도 있다. 골리앗은 거구여서 움직임이 날쌜 수 없을 뿐만 아니라, 넘어지면 일어서기 어려울 정도로 무거운 장비들을 차고 있었다. 아마도 다윗은 이 점을 보고, 자신이 더 날쌔게 움직이려고 사울이 제공한 장비들을 거절했을 수 있다.

　하지만, 그런데도 본문은 분명히 이런 다윗의 전략적 판단을 가능하게 했을 신앙을 강조한다. 다윗은 맹수들과 싸워서 살아남은 것에 대해 하나님이 살려 주셨다고 분명히 말하고, 골리앗과 치러야 할 일대일 전투도 단순한 전략의 문제가 아니라 거룩한 전쟁임을 강조하였다. 이 모습은 전략적 판단으로 실의에 빠져 있던 사울의 모습과 뚜렷이 대조되면서 독자들에게 교훈을 준다.

(3) 다윗과 골리앗의 일대일 전투는 얼핏 보기에는 상대가 되지 않는 싸

움이었다. 이것은 골리앗은 물론 사울과 이스라엘 군대도 마찬가지의 생각이었다. 하지만, 다윗은 줄곧 이 전쟁이 거룩한 전쟁임을 되새기고 있었다. 그리고 치밀하게 전략을 짰다. 둔한 골리앗을 이기는 유일한 방법은 재빠른 공격이라는 적의 허를 찌르는 것이 다윗의 전략이었다. 그리고 그것은 보란 듯이 성공했다.

그런데 이 전투를 그리는 본문에서는 정작 싸우는 장면은 매우 빠르게 묘사된 반면에, 지금까지 한 번도 없었던 다윗의 긴 연설이 강조되어 있다. 다윗은 이 연설에서 거듭 전쟁은 하나님의 것이며, 그분이 주도하시는 거룩한 전쟁이 핵심임을 강조한다. 그것은 그의 말뿐만 아니라, 골리앗과 대조되게 아무런 무장을 하지 않은 그의 모습에서도 강조된다. 과연 이 모습과 이 말이 골리앗만을 향하는 것이었을까? 사울과 이스라엘 군대는 한 번도 거룩한 전쟁의 개념으로 이 전쟁을 바라본 적이 없다. 그러므로 다윗의 말과 모습은 사울과 이스라엘을 향한 것일 수도 있다. 그리고 이 본문을 읽는 독자를 향하기도 한다. 신앙에서 마음가짐이 나오고, 신앙의 마음가짐에서 현명한 전략이 나온다.

(4) 본문에서 우리는 세 부류의 사람들을 볼 수 있다. 먼저, 이스라엘 군대의 군인들이다. 그들은 앞서 골리앗이 일대일 전투를 제안하며, 자신들을 얕잡아 볼 때는 두려움에 사로잡혀 있었다. 그들은 골리앗의 외모와 엄청난 무기만 보았기 때문이다. 그런데 그들은 다윗이 골리앗을 죽이고, 블레셋 군대가 도망치기 시작하자 갑자기 기세등등해서 그들을 뒤쫓으며 전리품을 취했다. 이스라엘 군대는 겉모습만 보고 부화뇌동하는 사람들의 모습을 대변한다.

둘째는 사울과 아브넬이다. 이들은 분명히 다윗을 잘 알고 있었다.

그들이 알고 있었던 다윗은 나이 젊고 경험도 없는 목동이었다. 그래서 그들은 정작 골리앗을 보고 두려워하면서, 그 목동이 본 골리앗의 약점은 전혀 보지 못했다. 오히려 다윗이 그 약점을 공격하자 아연실색하고 만다. 이들이 다윗을 전혀 몰랐던 사람 보듯 하는 모습에서 사람을 제대로 파악하지 못하고 판단하는 사람들의 모습을 본다.

셋째는 다윗의 모습이다. 그는 무엇보다 이 전쟁을 거룩한 전쟁으로 규정하고, 정확히 통찰하는 눈을 가지고 있었다. 그래서 골리앗이 아무리 거대하고 두려운 전사라도 뚫을 수 있는 약점이 있음을 갈파하고는 정확히 그것을 공략하여 성공하였다. 일대일 전투에서 승리한 뒤에도 다윗은 이스라엘의 군사들처럼 흥분하여 전리품을 탐내지 않고, 묵묵히 있던 자리로 되돌아온다. 이 전쟁은 거룩한 전쟁으로 하나님께 영광을 돌려야 마땅했기 때문이다. 이 모습에서 참 신앙인의 자세를 배울 수 있다.

# 18장
## 다윗을 시기하는 사울

우리말로 옮긴 본문

1 다윗이 사울과 이야기를 끝마쳤을 때, 요나단은 다윗에게 마음이 끌렸다. 그래서 요나단은 그를 자기 목숨만큼이나 사랑하게 되었다.

2 사울은 그날 다윗을 데려와서는 자기 아버지의 집으로 돌아가지 않게 하였다.

3 요나단은 다윗을 자기 목숨만큼이나 사랑하여 다윗과 언약을 맺었다.

4 요나단이 자기가 입고 있던 겉옷을 벗어서 다윗에게 주었다. 그리고 자기 군복뿐 아니라 자기 칼과 활과 허리띠까지도 주었다.

5 다윗은 사울이 보내는 곳이면 어디든 나가서 이겼다. 그래서 사울은 그를 군사령관으로 삼았다. 다윗은 모든 백성은 물론 사울의 신하들이 보기에도 훌륭하였다.

6 ⌐다윗이 그 블레셋 사람을 죽이고 다른 이들과 돌아올 때,⌐ 이스라

엘 온 성읍의 여인들이 사울 왕을 맞아 소고를 치고 환호성을 지르
며 삼각형 비파에 맞추어 노래하고 춤추었다.

7 여인들은 노래하고 춤추며 말하였다.

"사울은 수천 명을 죽였지만,

다윗은 수만 명이라네."

8 그러자 사울이 매우 화내며 그 말을 싫어하였다. 그리고 말하였다.
"그들이 다윗에게는 수만 명을 돌리고, 내게는 겨우 수천 명을 돌리
다니. 앞으로는 그에게 왕국이라도 돌리겠구나."

9 그리하여 사울은 그날부터 줄곧 다윗을 눈여겨보게 되었다.

10 그 이튿날의 일이었다. 하나님께서 보내신 악령이 사울을 덮쳤다.
그러자 사울은 집안에서 정신없이 떠들어 대었다. 다윗은 여느 날
처럼 그날도 손에 수금을 들고 있었고 사울의 손에는 창이 들려 있
었다.

11 사울이 창을 던지며, "내가 다윗을 벽에 박아 버리겠다"라고 말하였
다. 다윗은 두 번이나 그에게서 몸을 피하였다.

12 사울은 다윗을 두려워하였다. 여호와의 영이 그와 함께 계셨고, 사
울에게서는 떠났기 때문이다.

13 사울은 다윗을 자기에게서 떠나게 하여 1,000인 대장으로 삼았다. 그
래서 다윗은 백성들 앞에서 드나들었다.

14 다윗은 가는 데마다 승리하였으니, 여호와께서 그와 함께하셨음이
다.

15 사울은 다윗이 크게 승리하는 것을 보자 그를 더 두려워했다.

16 하지만 온 이스라엘과 유다는 다윗을 사랑하였는데, 그가 그들의 선
봉에 나섰기 때문이었다.

17 사울이 다윗에게 말하였다. "여기 내 맏딸 메랍을 내가 그대에게 아 내로 주겠다. 그러니 그대는 분명히 나의 장수가 되어 여호와의 전 쟁에서 싸워야 한다." 그러나 사울은 속으로 '내 손은 그에게 대지 않을 것이다. 그를 블레셋 사람들이 손보겠지'라고 생각하였던 것이 다.

18 다윗이 사울에게 말하였다. "제가 누구고 제 아버지의 집안이 이스 라엘에서 무엇이라고 제가 임금님의 사위가 되겠습니까?"

19 그런데 사울의 딸 메랍을 다윗에게 주기로 하였던 때쯤에 그 여자 는 므홀랏 사람 아드리엘의 아내가 되어 버렸다.

20 하지만 다윗의 다른 딸 미갈이 다윗을 사랑하였다. 누가 사울에게 그 사실을 알리자, 그것을 그가 좋게 여겼다.

21 사울이 속으로 생각하였다. '내가 미갈을 그에게 주어서 덫이 되게 해야겠다. 그러면 블레셋 사람들이 그를 손보겠지.' 그러고는 사울 이 다시금 다윗에게 말하였다. "오늘은 내 사위가 되어 주게."

22 사울이 자기 신하들에게 명령하였다. "그대들은 다윗에게 은밀히 '임금님께서 당신을 좋아하시고, 그분의 모든 신하도 당신을 사랑합 니다. 그러니 이제 왕의 사위가 되십시오'라고 말하여라."

23 사울의 신하들은 다윗의 귀에 이 말을 그대로 전하였다. 그러자 다 윗이 말하였다. "당신들의 눈에는 임금님의 사위가 되는 것이 작은 일이오? 나는 가난하고 보잘것없소."

24 사울의 신하들이 다윗이 한 말을 그대로 사울에게 전하였다.

25 그러자 사울이 말하였다. "그대들은 다윗에게 이렇게 말하여라. '임 금님께서는 신붓값을 원하는 것이 아닙니다. 다만 임금님의 원수를 갚아드린다는 뜻에서 블레셋 사람들의 포피 100개면됩니다.'" 하지

만 사울은 다윗을 블레셋 사람들의 손에 죽게 하려는 속셈이었다.

26 사울의 신하들이 다윗에게 이 말을 그대로 전하였다. 그리하여 왕의 사위가 되는 것을 다윗이 좋게 여겼다. 그리고 날이 다 차지도 않아서,

27 다윗은 자기 부하들과 일어나 가서 블레셋 사람 200명을 죽였다. 다윗은 그들의 포피를 가지고 와서, 왕의 사위가 되기 위해 그것들을 왕에게 빠짐없이 다 주었다. 그리하여 사울이 그에게 자기 딸 미갈을 아내로 주었다.

28 그러자 사울은 여호와께서 다윗과 함께하신다는 것을 보고 알았다. 더구나 사울의 딸 미갈마저도 다윗을 사랑하였다.

29 사울은 다윗을 점점 더 두려워하였고, 내내 사울은 다윗의 원수가 되었다.

30 블레셋의 장수들이 싸우러 나왔지만, 그때마다 사울의 모든 신하들 가운데 다윗이 승리하였다. 그리하여 다윗은 더욱 유명해졌다.


# 본문 비평


### 6절 ㄱ-ㄱ. 다윗이 (…) 돌아올 때

칠십인역 바티칸 사본(Cod. B)에는 이 부분이 없다. 하지만, 루키안 본문(L)에는 있어서, 마소라 본문의 고대성을 뒷받침해 준다.


### 10절 ㄴ. 집안에서

칠십인역의 본문은 3인칭 단수 소유대명사('그의')가 있어서 본문을 더

명확히 해준다. 만약 이것이 히브리어 대본을 전제한다면 자음 '바브'(ו)가 더 있는 셈인데, 이어지는 낱말이 접속사 '바브'(ו)로 시작한다는 점을 고려하면, 마소라 본문의 중자탈락(haplography)이거나 칠십인역 대본의 중복오사(dittography)로 여길 수 있다.

## 본문 주석

**1-4절: 다윗과 요나단의 우정.** 앞서 사울의 지도력에 도전했던 요나단이 여기서 다시 등장한다. 그런데 사울과의 관계 가운데서가 아니라, 다윗과 맺는 우정의 배경에서 나온다. 1절에서 사울과 이야기를 마친 다윗은 요나단을 만난다. 이때 본문은 요나단의 마음(נֶפֶשׁ, '네페쉬', "목숨")이 다윗에게 "끌렸다"(נִקְשְׁרָה, '니크쉬라')고 표현한다. 이 동사는 여기서 수동재귀형(Niphal)으로 쓰였는데, 이 동사의 단순형(Qal)은 이 문맥에서처럼 연결된다는 뜻과 함께 어떤 권력에 대항해서 반역한다는 뜻도 있음은 주목할 만하다.[1] 그러니 이 동사를 읽는 독자들은 두 가지 어감을 동시에 갖게 되며, 이는 앞으로 사울의 왕실에서 벌어질 일들의 전조가 되기도 한다. 한 걸음 더 나아가서 요나단은 다윗을 자기 목숨만큼 사랑했다(אָהֵב, '아하브')고 전한다. 이 낱말은 대부분 남녀 사이의 사랑을 뜻하지만(창 29:18; 삼상 1:5; 아 1:7), 이스라엘을 향한 하나님의 사랑(호 11:1; 신 7:13)은 물론 주인과 노예 사이의 관계(출 21:5), 추상명사에 대한 애착(시

---

1.    참조. 삼상 22:8, 13; 왕상 15:27; 16:9; 왕하 10:9; 15:10, 25; 21:23; 암 7:10; 대하 24:21; 33:24 등; 게제니우스, 『사전』, 734. 또한, 이와 비슷한 견해는, McCarter, *I Samuel*, 305; Dietrich, *1 Sam 13-26*, 413 등도 참조하라.

45:8[7]) 등 광범위하게 쓰인다. 그러므로 이 문맥에서 다윗을 향한 요나단의 사랑은 포괄적인 의미가 있겠다.[2] 이 사랑은 친구로서 깊은 우정도 뜻할 수 있다(왕상 5:15[1]; 잠 18:24; 에 5:10, 14). 하지만, 사울의 지도력에 대항하는 정치적 결탁을 뜻할 가능성도 있다(참조. 애 1:19; 호 8:9). 특히 두 사람의 목숨이 서로 하나로 이어졌다는 표현이 정치적 생명을 생각나게 한다.

2절에서 요나단과 다윗의 이야기는 잠시 흐름이 깨진다. 사울은 다윗을 자기 왕궁에 머무르게 하는데, 이는 앞선 16장 22절을 생각나게 한다. 어쨌거나 다윗은 사울의 왕궁에 거주하며, 사울을 섬기는 신하가 되었다.

3절에서 다시 1절의 이야기가 이어진다. 이 구절에서는 한 걸음 더 나아가서 다윗과 요나단이 언약을 맺었다고 한다(כָּרַת בְּרִית, '카라트 브리트'). 이 용어는 단순히 친구 사이에 쓸 수 있는 성격이 아니라, 정치적인 맹약일 가능성이 크다(참조. McCarter, *I Samuel*, 305). 그렇다면 둘 사이의 언약은 어떤 내용이었을까? 4절에서 우리는 그 가능성을 엿볼 수 있다. 먼저 요나단은 자신의 겉옷(מְעִיל, '므일')을 다윗에게 주었다. 이 옷은 일반적으로 신분을 나타내는 구실을 한다. 그러니 요나단이 입었던 겉옷은 군주와 왕자만 입을 수 있는 옷이었다(참조. 삼상 24:5, 12[11]; 겔 26:16; 대상 15:27). 그러니 요나단의 왕자인 자신의 지위를 다윗에게 상징적으로 이양해 준 셈이다. 더불어 자기 군복과 칼과 활과 허리띠로 주어서 군사 지휘권도 넘겨주었다. 독자들은 이 시점에서 요나단이 왜 자신에게 우

---

2.　더러 요나단의 사랑을 두고 동성애적 관점에서 보려 하는 시도들이 있으나(이런 논의에 대한 개관은 Dietrich, *1 Sam 13-26*, 414-417 참조), 이는 문맥을 과도하게 주관적으로 해석하는 일이다.

선권이 있는 왕위 계승권을 굳이 다윗에게 넘겨주었을지 궁금해진다. 다윗에게 기름을 부은 사건을 요나단이 알고 인정했을까? 앞서 왕실에서 다윗을 천거한 신하(16:18)와 교감이 있었을까? 본문은 이 문제에 대해서 답을 하지 않는다. 하지만 본문 자체에서 요나단과 다윗의 언약 관계가 단순한 친구로서의 친밀감은 아님을 분명히 알 수 있다.

**5절: 사울 군대의 장이 된 다윗.** 이 구절은 앞뒤 문맥과 구분되는 요약적 진술이다. 앞에서는 다윗과 요나단의 이야기를 하며, 뒤에서는 골리앗과 전투를 치른 뒤에 귀환하는 장면인데, 이 구절은 그 이후의 이야기를 전하기 때문이다. 사울은 완전히 불리해 보이던 일대일 전투에서 블레셋 거인 전사 골리앗을 보란 듯이 죽인 다윗을 여러 곳에 보낸다. 사울이 보내어 다윗이 나간(יֵצֵא, '야차') 곳이 어떤 곳인지 본문에서 명확히 설명하지는 않는다. 그러나 이 낱말이 출전을 뜻하는 용어로 쓰이며(참조. 신 20:1; 21:10; 삼상 8:20; 사 42:13; 슥 14:3; 욥 39:21), 이어서 쓰인 결과의 동사 הִשְׂכִּיל('히스킬')이 우리말 번역 "지혜롭게 행하다"와 더불어 지도력이나 전략의 성공을 뜻하는 데도 쓰이는 점(참조. 수 1:7, 8; 삼상 18:14, 15; 왕상 18:7; 렘 10:21; 50:9)을 고려할 때, 군사행동으로 여길 수 있다. 그래서 사울은 다윗을 "군사령관"으로 삼았고, 신하들의 반대도 없었다.

**6-7절: 다윗의 승전과 백성들의 환호.** 이 단락에서 장면은 다시 17장의 마지막에 이어진다. 그러니까 다윗이 골리앗을 물리치고 이스라엘 군대가 승전한 뒤에 귀환하는 장면이다. 왜냐하면, 6절에서 다윗이 "그 블레셋 사람"(הַפְּלִשְׁתִּי, '하필리쉬티')을 죽이고 돌아올 때를 말하기 때문이다. 승전 후 귀환할 때, 으레 등장하는 장면으로 모든 성읍에서 여성들

이 나와서 군인들을 환영하며 악기 연주에 맞추어 춤추고 노래한다(참조. 출 15:20; 삿 11:34). 여기서 여성들의 춤과 노래에 반주하는 악기를 일컫는 표현이 흥미롭다. 히브리어 본문을 직역하면, '소고들을 가지고, 기쁨으로, 경쇠들[3]을 가지고'(בְּתֻפִּים בְּשִׂמְחָה וּבְשָׁלִשִׁים, '브투핌 브심하 우브샬리쉼')이며, 본문의 형태를 보면 '악기1(A)/감정(B)/악기2(A')'의 꼴이다. 이 본문의 구성은 악기 연주에 들어 있는 기쁨의 감정을 본문으로 시각화하는 효과가 있다. 어쨌거나 이 여성들은 지금 전쟁의 수장인 사울을 환영하였다. 7절에서는 여성들이 한 노래가 전해진다. 그들은 "사울은 수천 명을 죽였지만"(בְּאַלְפָיו, '브알라파브'[케레][4])이요 "다윗은 수만 명이라네"(בְּרִבְבֹתָיו, '브리브보타브')라고 노래했다. 고대 근동 문학의 배경에서 볼 때, 사실 이 표현은 사울과 다윗이 죽인 수를 비교하는 뜻보다는, 두 사람이 엄청나게 많은 대적을 물리쳤다는 점층적 표현이다(참조. McCarter, *I Samuel*, 311-312). 그러므로 당시 언어 관습에서 보면 이 여성들이 사울보다 다윗을 더 높이 평가하고 있다고 직접적으로 판단하기는 쉽지 않다. 하지만, 문자적으로 이 문장을 이해한다면, 그렇게 볼 여지가 충분하다.

**8-9절: 다윗을 향한 사울의 시기.** 8절에서 사울은 승전을 축하하러 나온 여성들이 부른 노랫말이 매우 거슬렸다. 사울은 여성들이 "사울은 수천 명을 죽였지만, 다윗은 수만 명이라네"라는 노래를 문자 그대로 받아들

---

3.  이 악기가 정확히 무엇인지는 분명하지 않다. 다만 어원에서 숫자 3과 연관이 있는 것으로 보이므로, 삼각형의 비파로 여기기도 한다(참조. 게제니우스, 『사전』, 836).
4.  여기서는 읽기 전통인 케레(Qere)를 따랐다. 마소라 본문의 쓰기 전통인 케티브(Ketib)는 이어지는 대구와 달리 수 1,000을 단수형으로 읽는다(אלפו). 이 쓰기 전통은 아마도 자음 탈락에서 비롯한 필사 오류일 것이다.

였다. 그래서 사울은 매우 불쾌해하며 화를 냈다. 더욱이 노래를 부른 것은 여인들인데(וַתְּעַנֶּין, '바토마르나'; 7절), 사울은 그 주체를 일반화해서 "그들이 돌렸다"(נָתְנוּ, '나트누')로 확장한다. 이것은 그가 정보를 왜곡해서 받아들이고 있음을 말해 준다. 그리하여 그는 자신의 왕권에 대한 도전의 위협으로 해석하고, "앞으로는 그에게 왕국이라도 돌리겠구나"라는 수사의문문으로 비꼰다. 이 사건으로 사울은 다윗을 정적으로 여기고 주목하여 보기[5] 시작했다.

**10-11절: 다윗이 사울의 공격을 피함.** 10절에서 시간은 하루 흘러 이튿날이 되었다. "하나님께서 보내신 악령"(רוּחַ אֱלֹהִים רָעָה, '루아흐 엘로힘 라아')이 갑자기 또 덮쳤다. 사실 하나님이 악령을 보내셨다는 말은 논란거리가 되어왔다. 곧 이것이 다신론적 표현인지, 아니면 하나님에게서 비롯한 영이 악하다면 여호와의 본성에 악이 존재하는지 등의 문제였다 (참조. Tsumura, *First Samuel*, 427; Dietrich, *1 Sam 1-12*, 257-258). 하지만 "영"을 꾸며주는 형용사 "악한"(רָעָה, '라아')은 사울이 보일 정신 병리적인 증상들, 그러니까 피해망상과 편집증 등의 현상들을 일컫는 고대식 표현으로 여겨야 할 것이다. 이 표현으로 이야기의 상황은 16장 14절 이하에서 언급한 사울의 상태와 왕궁의 배경과 이어진다. 그가 보인 증상은 "정신 없이 떠들어 대는"(וַיִּתְנַבֵּא, '바이트나베') 것이었다. 사실 이 낱말은 예언자의 예언 행위를 가리킨다. 하지만 이 문맥에서는 제정신이 아닌 상태에서 끝없이 말하는 행위를 일컫겠다. 한편으로 조울증 증상으로도 보

---

5.　여기서 마소라 본문의 쓰기 전통인 케티브(Ketib)는 '부당함'(עָוֹן)인데, 이는 구문에 들어맞지 않는다. 아마도 읽기 전통인 케레(Qere)의 "흘겨보는, 시기하는"(עוֹיֵן, '오옌')의 필사 오류에서 비롯했을 것이다. 사실 이 낱말도 구약성경에서 여기서만 쓰여서(*hapax legomenon*) 어렵기는 마찬가지다.

인다(비교. Dietrich, *1 Sam 13-26*, 424). 본문은 16장에서 다윗이 사울의 정신 병리적인 증상을 완화하려고 고용된 수금 타는 자였다는 정보를 이어 간다. 그래서 그는 "여느 날처럼"(כְּיוֹם בְּיוֹם, '크욤 브욤') 손으로 수금을 타고 있었다. 여느 때 같으면, 다윗의 수금 소리는 사울의 증상을 누그러뜨렸을 것이다(참조. 16:23). 하지만, 본문은 앞선 단락의 사건과 함께 사울의 손에 창이 있었다는 말로 불길한 조짐을 내비친다.

11절에서는 아니나 다를까 사울이 혼잣말을 하는데, "내가 다윗을 벽에 박아 버리겠다"라고 한다. 사울의 열등감과 시기심이 결국 피해망상과 공격적인 편집 증상으로 이어져서 다윗을 살해하려고 마음먹는 데까지 갔다. 그리고 그는 결국 다윗을 향해 두 번이나 창을 던졌다. 하지만, 골리앗과 치른 일대일 전투에서 보았듯이 다윗은 매우 동작이 빠른 사람이었다. 그래서 사울의 창 공격을 두 번이나 피하였다.

**12-14절: 사울이 다윗을 1,000인 대장으로 임명함.** 12절에서 사울은 피해망상과 편집 증상은 물론, 불안 증세까지 보인다. 사울은 다윗을 두려워한다. 다윗은 사울을 향해 구체적으로 아무런 공격을 하지도 않았고, 음모를 꾸미지도 않았다. 그러니 사울의 두려움은 구체적인 근거가 없는 막연한 불안으로 볼 수 있다. 사실 후반절에서 근거로 제시하는 문장 "여호와의 영이 그와 함께 계셨고, 사울에게서는 떠났기 때문이다"는 신학적 근거로 편집자의 추가 본문으로 여길 수 있다(참조. Klein, *1 Samuel*, 188; 또한, 14절). 이 편집자는 아마도 다윗이 왕으로 기름 부음을 받고, 여호와의 영이 함께하는 사람임을 강조하려는 의도에서 이 구절을 삽입했을 것이다. 사울은 이런 불안에 시달리는 데서 벗어나고자, 13절에서 다윗을 왕궁에서 내보내는 결정을 내렸다. 그리고 그를 1,000인 대장(ㄱ

שַׂר־אֶלֶף, '사르 알레프')에 임명했다. 사실상 이것은 좌천이다. 다윗은 가장 가까운 거리에서 사울을 보좌하는 왕실 관리였는데, 1,000인 대장은 야전 장수에 불과하기 때문이다. 이것이 사울의 의도였을 것이다. 다윗이 점점 더 백성들의 신임을 얻어간다고 여기던 사울은 왕실에서 다윗이 계속해서 사람들의 눈에 띄는 것보다 전쟁터에 묻혀서 전투를 치르는 것이 자신에게 더 유리하다고 판단했을 것이다. 다윗이 "나가서"(וַיֵּצֵא, '바예체') 백성들 앞에 "들어갔다"(וַיָּבֹא, '바야보')는 표현은 전쟁터에서 군대를 지휘했다는 표현이다(참조. 8:20; 29:6; 삼하 3:25; 5:2, 24; 민 27:17; 수 14:11; Tsumura, *First Samuel*, 480). 여기서 다윗이 군대의 선봉에 서서 전투를 치르는 모습은 독자들에게 사울의 기대와는 다른 모습을 보여준다. 14절에서 그 모습이 무엇인지 구체화한다. 다윗은 자기에게 주어진 일에 성공한다(מַשְׂכִּיל, '마스킬'; 개역개정. "지혜롭게 행함"; 참조. 5절 주석). 여기서 말하는 일은 분명히 전투 수행의 임무일 것이다. 그러니 다윗은 왕실에서 야전으로 좌천되었는데도, 자신에게 주어진 임무에 묵묵히 최선을 다하며 전투와 승전의 경험을 쌓고 있었다. 사울은 다윗을 좌천시키면서, 두 가지 기대를 했을 것이다. 하나는 다윗이 좌천에 좌절하고 실의에 빠져서 더는 전공을 세우지 못하는 무능력한 사람이 되는 것일 수 있다. 또 다른 하나는 야전으로 다윗이 사라져서 백성들의 기억에서 지워지는 일이었을 것이다. 만약 그렇다면 사울의 기대는 완전히 빗나갔다. 다윗이 어떤 마음으로 야전 지휘관의 임무를 이토록 충실하게 하였는지는 전해지지 않았기에 독자의 몫이다. 하지만 분명한 것은 사울의 기대와는 점점 멀어지고 있다는 사실이다.

**15-16절: 다윗을 향한 사울과 백성들의 상반된 반응.** 이 단락에서는 먼저

15절에서 1,000인 대장으로 삼은 다윗에 관한 소식을 들은 사울의 반응을 전한다. 아마도 사람들은 다윗의 연이은 승전보를 사울에게 전했을 것이다. 여기서도 다윗은 사울에게 아무런 해를 끼치지 않았다. 사실 1,000인 대장 다윗이 거둔 승리는 곧 왕인 사울에게 실리를 가져다주는 것이었다. 하지만, 편집적인 피해망상에 빠져 있었을 사울에게는 이 실리가 보이지 않았다. 다윗에 대해 막연히 가지고 있던 불안 증세만 더 심해졌을 뿐이다. 본문에서는 다윗의 성공에 "크게"(מְאֹד, '므오드')를 덧붙였는데, 이는 앞선 구절에는 없던 말이다. 정도를 심화하는 이 부사는 사울이 이 사안을 어떻게 받아들였는지를 짐작하게 해준다. 또한, 이 구절에서 사울의 두려움은 히브리어로 גּוּר('구르', 민 22:3; 신 1:17; 욥 19:29)를 썼는데, 사실상 앞선 12절의 낱말과 동의적 평행을 이루기는 한다(참조. 시 33:8; 22:23). 그렇지만, 이 문학적 변형 또한 사울의 불안 증세가 더 심해졌음을 뜻하는 것으로 새길 수 있다(참조. Tsumura, *First Samuel*, 480).

16절에서는 사울의 반응과 대조되는 온 이스라엘과 유다의 반응을 그리는데, 곧 그들이 다윗을 사랑했다고 전한다. 여기서도 먼저 이스라엘과 유다를 구분한 것이 눈에 띄는데, 이는 본문의 형성 단계가 분열 왕조 이후임을 드러내 주는 단서가 될 수도 있다. 하지만, 본문을 그대로 두고 보더라도, 충분히 수긍할 수 있다. 유다는 다윗의 출신 지파니 당연히 다윗을 사랑하지만, 다른 모든 지파를 가리키는 이스라엘도 다윗을 사랑했다는 말은 다윗의 영향력이 점점 커졌다는 뜻이 되겠다. 그 까닭으로 본문에서는 다윗이 야전 지휘관으로 전투에 앞장서서 연승을 거두었기 때문이라고 전한다. 이는 사울의 반응과 뚜렷한 대조를 이루는 구실을 한다.

**17-19절: 사울의 맏딸 메랍과 다윗의 결혼 결렬**. 흥미롭게도 사울은 17절에서 다윗에게 자기 맏딸 메랍(참조. 14:49)을 아내로 주겠다는 약속을 한다. 이것은 1,000인 대장이었던 다윗이 다시 왕실로 들어가는 기회가 됨을 뜻하는 약속이었다. 그 조건으로 사울은 다윗이 "그대는 분명히 나의 장수가 되"라(אַךְ הֱיֵה־לִי לְבֶן־חַיִל, '아크 헤예-리 르벤-하일'; 개역개정. "오직 너는 나를 위하여 용기를 내어")고 하였다. 물론 사울은 이어서 다윗에게 "여호와의 전쟁"(מִלְחֲמוֹת יהוה, '밀하모트 야훼'), 곧 거룩한 전쟁을 하라고 하였다. 그러나 이 말은 거룩한 전쟁을 중요하게 여기는 다윗을 이용하려는 수단으로 여길 수 있다(참조. Tsumura, *First Samuel*, 483). 이어서 본문의 화자는 사울의 내심을 독자들에게 그대로 전해준다. 곧 자신이 그를 제거하려 애쓰기보다, 전쟁터에 나가서 블레셋 사람들의 손에 다윗이 죽기를 바란다는 것이었다.

18절에서는 다윗이 사울에게 대답한다. 다윗이 사울의 내심을 알았는지에 대해서는 본문이 침묵한다. 그러나 다윗은 사울의 사위(חָתָן, '하탄')가 되기를 거절한다. 그 근거로 내세운 것은 자기 자신의 가치(חַיַּי, '하야이'; 직역. "내 생명"; 개역개정. "내 친속")나 집안 배경이 왕실과 결혼할 만큼 대단하지 않다는 점이었다. 이 말은 사울이 왕으로 기름 부음 받던 때 했던 말을 생각나게 한다(참조. 9:21).

19절에서 화자는 독자들에게 사울과 다윗의 표면적인 대화 너머에 있던 내막을 알려준다. 사울이 다윗에게 맏딸 메랍과 결혼할 것을 제안했을 때, 그녀는 벌써 므홀랏 사람 아드리엘과 결혼한 사이였다는 사실이다.[6] 이 충격적인 정보는 사울은 애초에 다윗을 사위로 삼을 생각이 없었음을 알려준다.

---

6.    이 본문의 구문 이해 문제는 Tsumura, *First Samuel*, 483 참조.

**20-27절: 사울의 딸 미갈과 다윗의 결혼.** 20절에서 사울은 다윗에게 한 첫 제안이 결렬된 뒤 둘째 딸 미갈이 다윗을 연모한다는 사실을 알게 되었는데, 이 사실을 좋게 여겼다. 그 까닭은 21절에서 밝혀진다. 본문은 다시금 사울 내면의 말을 전한다. 곧 자기 딸 미갈을 다윗과 결혼시켜서 그에게 "덫"(מוֹקֵשׁ, '모케쉬')이 되게 하자는 것이었다. 이 낱말은 원래 "돌 혹은 그와 비슷한 것을 버티고 있다가 짐승이 걸리면 무너지게 하는 덫의 막대기"를 일컫는다(참조. 게제니우스, 『사전』, 409). 하지만 상징적으로는 다른 사람을 해치려고 고안한 함정을 뜻하는 데 쓰인다. 그러니 이 결혼도 결국 사울이 정적으로 규정한 다윗을 제거하기 위한 함정일 뿐이라는 뜻이다. 이어지는 문장은 메랍 때도 생각했던 것으로 블레셋과 벌이는 전투에 내보내서 죽게 하려는 뜻을 품었는데, 이것이 다윗을 미갈과 결혼시키려는 사울의 본심이었다. 하지만 사울은 다윗에게는 "오늘은 내 사위가 되어 주게"라고만 말한다. 22절에서 사울은 신하를 시켜서 다윗에게 "은밀히"(בַּלָּט, '바라트') 말을 전하게 시킨다. 그 말은 왕과 신하들의 신임을 받고 있으니, 임금의 사위가 될 기회라고 언질을 주는 것이었다. 사울은 아마도 '모든 신하의 사랑'을 언급하여서, 다윗을 또다시 떠보려 했을 것이다. 모든 신하의 사랑을 받는다는 말에 다윗이 사울의 사위 되는 것을 수락한다면 그의 권력욕을 확인할 수도 있을 것이기 때문이다.

23절에서 신하들이 전한 말을 들은 다윗은 단호하다. 그는 임금의 사위가 되는 것이 "작은 일"(נְקַלָּה, '느칼라')로 보이냐며 신하들에게 반문하였다. 그리고 다시금 자신이 "가난하고 보잘것없는" 사람(רָשׁ וְנִקְלֶה אִישׁ, '이쉬 라쉬 브니클레')이라는 이유를 대며 사울의 신하 되기를 거절한다. 여기서 다윗이 "작은 일"('느칼라')과 "보잘것없는"('니클레') 사이에서 쓴 말놀이는 대조의 구실을 하며 다윗의 거부 의사를 강조한다.

24절에서 신하들은 다윗의 말을 다시 사울에게 전하였다. 이에 사울은 25절에서 신하들에게 더 구체적인 제안을 전하도록 한다. 곧 다윗이 자신의 신분과 처지를 거부의 이유로 대는 것을 "신붓값"(מֹהַר, '모하르'; 개역개정. "아무것"; 창 34:12; 출 22:16)을 걱정하는 것으로 해석하였다. 그리하여 블레셋 군인들의 "포피"(עֲרָלוֹת, '오를로트') 100개를 가져오면 그것이 신붓값을 대신할 것을 제안한다. 고대 사회 가운데 전쟁에서 적군을 죽인 전과를 증명하는 데 머리나 손가락을 자르는 것은 일반적이었다. 여기서 블레셋 군대의 포피가 언급된 것은 그들이 할례받지 않았음을 강조하여 거룩한 전쟁 개념이 도드라지게 한다(참조. Tsumura, *First Samuel*, 486). 그러니 다윗의 거절을 신붓값 걱정으로 구체화했고 거룩한 전쟁의 명분까지 받았으므로, 이제 다윗이 더는 거절할 수 없을 것이다. 여기서 화자는 다시 한번 사울이 다윗을 전쟁터에서 블레셋 사람의 손에 죽게 하려 하였다는 내심을 전한다.

26-27절에서 다윗은 결국 거절할 수 없는 제안을 받고, 결혼할 날이 되기 전에 신붓값으로 블레셋과 전쟁을 치러야 하는 명령을 받은 셈이다. 여기까지 보면, 다윗은 사울의 계략에 말려든 것으로 보인다. 그런데 다윗은 사울의 그 계략을 빠져나가는 방법을 알고 있었다. 사울이 요구한 포피의 두 배인 블레셋 사람의 포피 200개를 가져다주는 것이었다. 여기서 사울이 주목하지 못한 것은 다윗에게 충성하는 "자기 부하들"(אֲנָשָׁיו, '아나샤브')이었다. 아마도 사울의 기대와 달리 다윗의 부하들은 다윗을 위해 충성을 다해서 전투에 임했을 것이다. 달리 말하자면, 사울은 자신의 권력을 지키려는 데만 애썼지, 민심이 다윗에게 점점 기

울어 가던 것까지는 파악하지 못했고, 다윗은 바로 그 점을 알고 있었다는 것이다. 결국 사울은 계획했던 함정을 제대로 써 보지 못하고, 미갈을 다윗과 결혼시킬 수밖에 없었다. 그리고 다윗은 왕의 사위가 되어 입지가 더 넓어졌으며, 블레셋 전투에서 성과를 올려서 민심도 더 얻게 되었다.

**28-30절: 사울의 불안과 다윗의 상승.** 28절에서 본문은 여호와께서 다윗과 함께 계심을 사울이 보고 알았다고 전한다. 물론 이 진술이 사울이 그 사실을 인정했다는 뜻은 아니었다. 더구나 미갈이 다윗을 진심으로 사랑한다는 점은 사울에게 더 치명적이었다. 그래서 29절에서는 사울의 불안 증세가 더 심해졌다는 사실을 "다윗을 점점 더 두려워하여"(וַיֹּאסֶף שָׁאוּל לֵרֹא מִפְּנֵי דָוִד, '바요세프 샤울 레로[7] 미프네 다비드')라는 더 심화한 표현으로 전한다. 30절에서는 계속되는 블레셋 전투에서 다윗이 사울의 신하들보다 더 큰 성공(שָׂכַל, '사칼'; 개역개정. "지혜롭게 행하매"; 참조. 5, 14절)을 거두어 점점 명성을 떨치는 모습으로 다윗의 상승을 심화한다.

<h2 style="text-align:center">본문의 메시지</h2>

(1) 이 본문에서 독자는 다윗을 둘러싼 인물을 주목하게 된다. 곧 사울과

---

7.  일반적이지 않은 이 부정사 연계형은 수 22:25에서도 찾아볼 수 있는데, 일반적인 불완전 서법(*scriptio defectiva*)에서 자음 '요드'가 빠진 것이 아니라, 고대의 대안적 읽기가 반영된 형태로 볼 수 있다. 참조. Tsumura, *First Samuel*, 488.

요나단이다. 요나단은 이때 왕세자였다. 사울이 사무엘을 통해 하나님께 버림을 받았다면, 왕정에서 당연히 왕위는 자신에게 돌아올 것이다. 그런데 본문에서 요나단은 자신의 신분과 지위를 상징하는 겉옷을 다윗에게 주고 언약까지 맺는다. 이 행동은 어떻게 보아도, 자기 신분과 지위를 넘겨주는 행동이다. 아마도 요나단은 하나님이 다윗을 선택하셨음을 벌써 알고 그것을 인정하는 행동을 했을 수 있다.

반면에 사울은 승전가를 부르는 여인들의 말꼬리를 잡아 다윗을 정적으로 만들었다. 사울은 처음부터 하나님의 버림을 왜 받았는지 성찰하지 않았고, 그럴 생각도 없었다. 그러니 어떻게든 잡은 권력을 놓지 않으려 애썼다. 그러다 보니 다윗의 용맹함도, 여인들의 승전가도 모두 자신을 공격하는 것으로 여기게 되었다. 자신의 욕심 앞에서 눈이 멀어가는 사울과 하나님의 참된 선택을 볼 수 있는 눈이 있던 요나단의 모습은 독자들이 자신을 성찰하도록 해준다.

(2) 이 단락에서는 사울의 하강과 다윗의 상승이 뚜렷이 대조된다. 사울은 오로지 다윗을 향한 시기와 질투, 자신의 속에서 똬리를 틀고 있던 열등감 등으로 모든 상황을 왜곡해서 받아들인다. 다윗이 자신을 위해 연주하는 수금 소리도, 1,000인 대장으로 자기 왕국을 위해 승전보를 울려주는 것도 모두 불안 증세로 이어졌다. 반면에 다윗은 사울이 자신을 죽이려고 창을 던질 때도, 왕실에서 야전으로 내쫓을 때도 묵묵히 자신의 임무를 충실히 이행했다.

사울의 불안 증세 심화와 다윗을 향한 백성들의 사랑 심화는 뚜렷한 대조를 이루면서, 다윗의 상승을 돋보이게 해준다. 그러면서 본문은 독자들에게 다윗이 상승하는 가운데 어떤 생각을 했으며, 해야 했는지를 곰곰이 생각하도록 촉발한다. 본문은 거듭 다윗에게 하나님이 함께하셨다는 사실을 강조한다. 다윗에게 그것이면 충분했을 것이다. 사울의 왕실에 있든지, 야전에서 목숨을 걸고 전투를 치러야 하는 상황이든지 본문은 하나님이 다윗과 함께하셨으며, 그것이 다윗이 상승한 비결임을 힘주어 말하고 있다.

(3) 사울은 다윗을 제거하는 데만 모든 관심이 집중되어 있었다. 그래서 얼핏 보아도 눈치챌 수 있을 함정을 거듭 다윗에게 놓는다. 먼저 그는 벌써 결혼한 맏딸 메랍을 다윗과 결혼시킬 테니, 왕의 신하로서 블레셋과 치르는 전쟁터에 나가라고 말했는데, 이 계략은 다윗에게 단번에 거절되었고, 사울은 더 설득할 명분이 없었다. 그다음으로 사울은 둘째 딸 미갈을 이용해서 결혼을 함정 삼아 전쟁터에서 다윗을 제거하려고 했다. 하지만 이 또한 다윗은 자신의 신분과 처지를 이유로 거절했다. 그러자 사울은 신붓값과 거룩한 전쟁을 명분으로 다윗을 다시금 전쟁터로 내몬다. 하지만 다윗은 이 계략도 자신을 따르는 사람들과 함께 힘을 모아 두 배로 사울에게 갚아 주었다. 결국 권력욕에 눈이 먼 사울의 계략은 모두 실패했다.

본문에서는 다윗을 전쟁터에서 죽이고자 하는 사울의 계략과 함께 여호와께서 다윗과 함께하심을 뚜렷이 대조하여 독자들에게 교훈을 준다. 욕심에 눈이 먼 계략은 결코 여호와께서 함께하시는 사람을 넘어뜨릴 수 없다.

# 19장

# 요나단과 미갈의 도움으로 위기를 모면한 다윗

## 우리말로 옮긴 본문

**다윗을 살려 준 요나단과 미갈**(1-17절)

1  사울이 자기 아들 요나단과 자기의 모든 신하에게 다윗을 죽이라고 말하였다. 그러나 사울의 아들 요나단은 다윗을 매우 좋아했다.

2  그래서 요나단은 다윗에게 일러주었다. "내 아버지 사울이 자네를 죽이려고 노리고 있으시니, 이제 아침이 되면 조심해서 은신처에 들어가 숨어 있도록 하게.

3  그러면 나는 자네가 있는 들판으로 나가서 내 아버지 곁에 서 있다가 아버지께 자네에 대해서 말씀드리겠네. 내가 무엇을 보면 자네에게 일러주겠네."

4  그리고 요나단은 자기 아버지 사울에게 다윗에 대해 좋게 말해주었다. 요나단이 사울에게 말하였다. "임금님께서는 당신의 종 다윗 때문에 죄짓게 되지 않으시기를 바랍니다. 그도 아버지께 죄짓지 않았

을 뿐 아니라 그의 행동은 아버지께 매우 유익하기 때문입니다.

5　그는 목숨을 걸고 블레셋 사람들을 쳤고, 여호와께서는 온 이스라엘에게 큰 구원을 이루셨습니다. 아버지께서도 보고 기뻐하셨습니다. 그런데 무엇 때문에 아버지께서는 이유 없이 다윗을 죽여서 죄 없는 피를 흘리는 죄를 지으려 하십니까?”

6　사울이 요나단의 말을 듣고 맹세하였다. “여호와의 살아계심을 두고 맹세하건대 그는 죽지 않을 것이다.”

7　그러자 요나단은 다윗을 불렀다. 그리고 요나단은 그에게 이 모든 말을 전해주었다. 요나단은 다윗을 사울에게 데리고 갔다. 그리하여 다윗은 이전처럼 사울 앞에 있게 되었다.

8　또다시 전쟁이 일어나자, 다윗이 나가서 블레셋 사람들과 싸워서 크게 무찔렀고, 블레셋 사람들은 다윗 앞에서 달아났다.

9　여호와께서 보내신 악령이 사울에게 내렸다. 그때 그는 왕궁에 앉아 있었는데, 그의 손에는 창이 들려 있었다. 그리고 다윗은 손으로 수금을 타고 있었다.

10　사울이 창으로 다윗을 벽에 박으려 하였지만, 다윗이 사울 앞에서 피하여서 그 창만 벽에 박혔다. 다윗은 달아나서 그날 밤에 탈출하였다.

11　그러자 사울은 다윗의 집에 부하들을 보내서 다윗을 지켜보다가 아침에 죽이라고 명령하였다. 그러나 다윗의 아내 미갈이 다윗에게 그 사실을 전해 주었다. “당신이 오늘밤에 당신 목숨을 건지지 않으면, 내일 당신은 죽을 거예요.”

12　그리고는 미갈이 창문을 통해서 다윗을 내려보냈다. 그리하여 다윗은 피신하여 가서 목숨을 건졌다.

13 미갈은 드라빔을 가져다가 잠자리에 두고 염소 털로 엮은 것을 그 머리에 씌운 뒤에 이불로 덮었다.

14 사울이 다윗을 잡으라고 부하들을 보냈을 때, 미갈은 그가 아프다고 말하였다.ㄱ

15 그러나 사울은 다윗을 확인하라고 부하들을 보내며 말하였다. "그를 잠자리째로 내게 들고 오너라. 내가 그를 죽여 버리겠다."

16 부하들이 가서 보았지만, 잠자리에는 머리에 염소 털을 씌운 드라빔만 있었다.

17 사울이 미갈에게 말하였다. "어째서 너는 이렇게 나를 속였느냐? 너는 내 원수를 내보내어 목숨을 건지게 하였구나." 미갈이 사울에게 말하였다. "그가 제게 말하기를 자기를 내보내지 않으면 저를 죽이겠다고 했어요.

**사무엘에게 간 다윗(18-24절)**

18 다윗은 피신하여 목숨을 건졌다. 그리고 그는 라마에 있는 사무엘에게 갔다. 그들은 나욧에 가서 살았다.

19 사람들이 사울에게 다윗이 라마의 나욧에 있다고 전해주었다.

20 사울이 다윗을 잡으라고 부하들을 보냈을 때, 그들은 신들려 예언하고 있는 한 무리의 예언자들을 보았다. 그들 가운데 사무엘이 서 있었다. 그런데 사울의 부하들에게 하나님의 영이 내려 그들도 신들려 예언하였다.

21 그 사실이 사울에게 전해지자, 그는 다른 부하들을 보냈다. 그러나 그들도 신들려 예언하였다. 사울이 다시금 세 번째로 부하들을 보냈지만, 그들도 신들려 예언하였다.

22 그래서 이번에는 사울이 직접 라마로 갔다. 그가 세구에 있는 큰 우물에 이르렀을 때, 사람들에게 물어보았다. "사무엘과 다윗은 어디에 있소?" 사람들이 대답하였다. "라마의 나욧에 있습니다."

23 사울이 라마의 나욧에 갔을 때, 그에게도 하나님의 영이 내려서 라마의 나욧에 이르기까지 걸어가는 내내 신들려 예언하였다.

24 그도 자기 옷을 벗고 사무엘 앞에서 신들려 예언하며 그날 온종일과 온밤을 알몸으로 쓰려져 있었다. 그래서 사람들이, "사울도 예언자들과 함께 있는가?"라고 말하였다.


# 본문 비평


## 14절 ㄱ. 말하였다

칠십인역의 필사본 대부분은 여기서 3인칭 복수 동사형(καὶ λέγουσιν, '카이 레구신', "그리고 그들이 말한다")을 쓴다. 이렇게 할 경우, 미갈이 직접 말한 것이 아니라, 비인칭 주어로 사울의 부하들에게 말을 전한 것이 시종들이 된다. 하지만 루키안 본문(L)은 마소라 본문을 지지하여, 칠십인역 대부분 필사본의 본문이 수정되었을 가능성을 보여준다.


# 본문 주석


## 다윗을 살려 준 요나단과 미갈(1-17절)

1절: 다윗을 향한 사울과 요나단의 태도. 본문은 사울의 왕실을 보여준다. 사울은 아들 요나단과 모든 신하가 모인 자리에서 "다윗을 죽이라"(לְהָמִית אֶת־דָּוִד, '르하미트 에트 다비드')는 명령을 내린다. 여기서 동사는 사역형(Hiphil)으로 쓰였다. 이 말은 사울이 다윗 제거를 공론화했다는 뜻이 된다. 왜냐하면, 지금까지 사울이 자기 손이 아니라 블레셋의 손으로 다윗을 제거하려 했던 계략이 실패하여, 이제는 자기 신하들에게 다윗을 죽이라고 직접 명령했기 때문이다. 그런데, 그 까닭이 본문에는 나와 있지 않다. 이러면 아무리 왕이라도 신하들의 절대복종을 끌어낼 수 없다. 신하 가운데 한 사람, 그것도 자기 사위를 아무런 근거 없이 죽이려는 왕을 누가 따르겠는가? 그러니 피해망상에 빠져 있던 사울은 이제 합리적인 판단력을 상실해가고 있음을 뚜렷이 보여준다. 후반절은 역접 접속사 '그러나 요나단은'(וִיהוֹנָתָן, '비호나탄')으로 시작하여,[1] 사울의 이런 비상식적이고 비합리적인 모습과 요나단의 모습을 대조한다. 앞선 장의 모든 사건 가운데서도 요나단은 여전히 다윗을 매우 좋아하고 있었다(חָפֵץ, '하페츠'). 이 호감은 앞선 장에서 드러났듯(18:1-4) 개인적 호감을 넘어 정치적 연대를 말할 수도 있었다. 이런 사실을 알 리 없었던 사울이 요나단이 있는 곳에서 다윗 살해를 공공연하게 말한 것은 또 한 번의 실수로 여길 수 있다.

**2-3절: 다윗을 피신시킨 요나단.** 2절에서 요나단은 독자들이 충분히 예상할 수 있는 것처럼, 사울의 다윗 살해 계획을 듣자마자 다윗에게 그

---

1.　여기서 전반절의 יוֹנָתָן('요나탄')이 아니라, יְהוֹנָתָן('예호나탄')이 쓰인 것은 흥미롭다. 하지만, יו('요')와 יהו('예호')는 모두 신명사문자(Tetragrammaton; 여호와)의 줄임꼴로 사실상 같은 이름이다. 다만 '요'보다는 '예호'가 더 오래된 읽기의 경향이기는 하다. 그렇더라도 이 구절이 서로 다른 전승이 합쳐졌다고 볼 수도 없다. 필사 전통에서 자음 '헤'가 더 들어갔을 가능성이 커 보인다.

사실을 알린다. 히브리어 본문에서 요나단은 다윗에게 "아침이 되면 조심해서"(הִשָּׁמֶר־נָא בַבֹּקֶר, '히샤메르-나 바보케르')라고 조언하는데, 칠십인역은 여기서 "내일 아침에 조심하여"(φύλαξαι οὖν αὔριον πωΐ, '퓔락사이 운 아우리온 프로이')로 옮긴다. 이 번역이 히브리어 본문과 구분되는 본문 형태를 반영할지는 확신할 수 없다(비교. McCarter, *I Samuel*, 321). 하지만 히브리어 본문도 다음 날 아침이 밝을 때 무슨 일이 일어날 것이라는 사실을 넌지시 말하는 것만은 틀림없어 보인다. 아마도 1절에서 밝히지 않은 살해 계획을 암시할 수도 있겠다. 어쨌거나 요나단은 다윗에게 "은신처에"(בַסֵּתֶר, '바세테르') 숨어 있으라고 알려준다. 사울 임금의 편집적 집착의 성격을 잘 알고 있었을 요나단은 일단 다윗을 찾는 데 혈안이 되어 흥분한 상태를 피할 것을 권고한 셈이다. 하지만, 이는 사실상 임금인 아버지의 뜻을 대놓고 반대하는 반역 행위에 해당한다. 이 행위는 목숨을 걸어야 하며, 요나단이 단순히 친구 사이의 우정으로 이렇게 위험한 일을 했을 법하지는 않다. 그는 지금 자신이 인정하고 언약을 맺은 차기 왕을 지키려는 정치적 행위를 하고 있다.

3절에서 요나단은 "자네가 있는 들판" 그러니까 다윗이 숨어 있는 곳 근처로 사울과 함께 가서 상황을 알려주겠다고 약속한다. 사실 요나단이 "무엇을 보면"(וְרָאִיתִי מָה, '브라이티 마')이라고 말한 것은 단순한 사울의 의중 파악을 넘어선다. 표면적으로 보자면, 요나단에게는 아무런 근거 없이 신하이자 사위를 죽이라고 한 명령의 철회를 설득한다는 명분이 있으므로, 그 설득 과정을 암시할 수 있겠다. 하지만, 그 이면에는 자신이 차기 왕으로 인정한 다윗을 보호하려는 의도가 있다.

**4-5절: 요나단의 다윗 변호.** 4절에서 장면은 요나단이 말한 그 들로 시

간과 장소를 건너뛴다. 그는 아버지인 사울 임금에게 다윗을 "좋게 말해 주었다." 여기서 그는 마치 다윗의 변호인으로 나선 듯한 모습이다. 요나단은 사울이 신하인 다윗에게 "죄짓지" 말라(אַל־יֶחֱטָא, '알 예흐타')고 직언한다. 이것은 근거 없이 살해 명령을 내린 것에 대한 고발이다. 그런 뒤에 요나단은 다윗을 변호하기 시작한다. 먼저 요나단은 다윗이 사울 임금에게 실제로 아무런 죄(חָטָא, '하타')를 짓지 않았으며, 임금에게 선한(טוֹב, '토브') 일을 했다고 말하였다. 이는 다윗이 블레셋을 상대로 거둔 전승들을 가리킬 것이다. 사울은 이런 승전이 자기 지도력에 도전이 된다고 여겼지만, 실제로는 사울의 신하이므로 임금에게 좋은 일이라는 말이다. 5절에서 요나단은 다윗을 계속 변호한다. 다윗이 블레셋 사람들과 전투를 벌이면서 생명을 아끼지 않았다는 점을 강조한다. 그리고 계속해서 요나단은 그 모든 승전이 거룩한 전쟁임을 분명히 한다. 곧 다윗의 승전은 여호와께서 이스라엘을 위해 이루신 큰 구원이라고 말하였다. 그러니 사울이 자기 신하로서 전쟁터에서 목숨을 걸고 싸운 다윗을 죽이는 일은 신하에 대한 도리가 아닐 뿐만 아니라, 거룩한 전쟁을 부정하는 일이라고 역설한 셈이다. 이 논리는 사울이 반박할 수 없을 것이다. 게다가 사울이 그 모습을 보고 기뻐했던 점도 되새겨 준다. 그러니 마지막으로 다윗을 죽이는 것은 "이유 없이"(חִנָּם, '힌남') "죄 없는 피"(דָּם נָקִי, '담 나키')를 흘리는 죄라고 주장하였다. 구약성경에서 "죄 없는 피"는 결백뿐만 아니라, 부당함을 함께 호소하는 상징적 표현으로 널리 쓰인다(참조. 신 19:10, 13; 21:8; 27:25; 왕하 21:16; 24:4; 사 59:7; 렘 7:6; 19:4; 22:3, 17; 26:15; 욜 4[3]:19; 욘 1:14; 시 94:21; 106:38; 잠 6:17 등). 그러므로 요나단은 사울이 다윗을 죽인다면, 그것은 하나님 앞에서나 사람들 앞에서 부당한 일이 되어 지도력을 상실할 것이라는 점을 암시하고 있을 것이다.

**6-7절: 다윗이 다시 사울 앞에 섬.** 6절에서 사울은 요나단의 변호 논리를 이기지 못하였다. 여호와를 두고 다윗을 죽이지 않겠다고 맹세한다. 히브리어 본문을 직역하면, "여호와께서 살아계시니, 만약 그가 죽는다면"(חַי־יְהוָה אִם־יָמוּת, '하이-야훼 임-야무트')이다. 이것은 당연히 "여호와의 살아계심을 두고 맹세하건대 그는 죽지 않을 것이다"라는 뜻의 관용구다. 사울의 이 맹세는 법적 효력이 있어서 다윗의 살해 명령이 철회되었음을 뜻한다(참조. Dietrich, *1 Sam 13-26*, 474-475).

다윗을 변호하고 살해 명령 철회의 맹세를 받아낸 요나단은 7절에서 3절의 약속대로 다윗에게 이 사실을 알렸다. 그리고 변호인이자 중재자였던 요나단이 다윗을 사울에게로 데려갔다. 그리고 다윗은 "이전처럼"(כְּאֶתְמוֹל שִׁלְשׁוֹם, '크에트몰 쉴르숌'; 직역. "어제, 사흘 전처럼") 사울 측근에서 사위이자 신하로서 지위를 회복하였다.

**8절: 다윗의 승전.** 사울의 왕궁에 다시 돌아온 다윗은 다시 전쟁이 일어나자 출전한다(וַיֵּצֵא, '바예체'). 다윗은 블레셋 군대에 맞서서 전투를 치르고, 그들을 크게 쳐 죽였으며, 블레셋 군대는 패배하여 도망쳤다. 이 구절은 앞선 단락이나 이어지는 단락과 직접적인 연계성이 없는데, 편집자는 앞서 요나단에게 한 맹세를 지킬 지 궁금하게 만들려는 목적으로 다윗의 승전 구절을 이 자리에 삽입했을 것이다.

**9-10절: 사울의 다윗 살해 시도와 다윗의 도피.** 9절에서 장면은 다시금 왕궁으로 전환된다. 이 구절은 18장 10-11절과 비슷한 본문을 전한다.

이 구절은 "여호와"를 써서, "하나님"을 썼던 것과 차이가 난다. 그리고 앞선 구절에서 사울은 정신없이 떠들어댔었는데, 여기서는 그냥 왕궁에 앉아 있었다고 전한다. 그러니까 겉으로 보이는 증상은 좀 더 나아졌다. 가장 큰 차이점은 사울의 손에 든 창의 언급이 앞서는 다윗이 수금을 탔다는 언급 다음에 왔는데, 이 구절에서는 창을 먼저 언급하고 다윗이 수금을 탔다고 언급한다. 이로써 독자들을 향한 긴장감이 더 높아진다. 앞서는 사울이 다윗을 벽에 박겠다는 생각을 먼저 하는데, 10절에서는 그런 생각 전달 없이 곧바로 사울이 단창을 다윗에게 던진다. 피해망상에서 온 사울의 공격성이 한층 더 심해진 것을 알 수 있다. 이번에도 다윗은 사울이 던진 창을 간신히 피하였다. 앞서 요나단의 권고로 피신했던 것과 달리 이번에 다윗은 그날 밤에 곧바로 그 자리를 빠져나와 피신하였다(וַיִּמָּלֵט, '바이말레트').

**11-12절: 미갈이 다윗을 피신시킴.** 11절에서 사울은 다윗을 죽이려는 의지를 꺾지 않고 전령들을 다윗의 집에 보내서 살해를 지시한다. 이 구절은 19장 1절을 생각나게 한다. 그는 전령들에게 다윗을 지켜보다가 "아침에"(בַּבֹּקֶר, '바보케르') 다윗을 죽이라고 명령했다. 이 또한 19장 2절에서 요나단이 다윗에게 했던 충고를 생각나게 한다. 해 뜨기 직전의 미명은 방어에 가장 취약한 시간이라는 점을 고려해서(참조. 삿 16:1-3; Klein, *1 Samuel*, 196-197) 내린 명령이었을 것이다. 결국 사울은 다윗을 죽이지 않겠다고 요나단에게 한 맹세를 깨뜨린 것이다. 어쩌면 사울은 맹세 약속을 지킬 생각이 처음부터 없었을 수도 있다. 어쨌거나 사울의 딸 미갈은 이런 상황을 다윗에게 알린다. 이어지는 12절에서 사울의 딸 미갈은 남편 다윗을 아버지에게서 구하려고 날이 밝기 전에 피신시켜 준다. 미갈

은 사울의 전령들 눈을 피해 다윗이 창에서 줄을 타고 내려가도록 해준
다. 이 사건은 여호수아 시대에 여리고 성의 라합이 정탐꾼들을 피신시
켰던 장면을 떠올려 준다(참조. 수 2:15; 비교. 행 9:24-25; 참조. Tsumura, *First
Samuel*, 494). 앞서는 사울의 왕자 요나단이 다윗을 살려주고, 이번에는
사울의 딸이 다윗을 살려준 점은 역설적이다. 다만 차이점이라면, 요나
단은 다윗에게 피신할 곳과 다음 상황도 알려주었는데, 미갈은 그렇게
까지는 하지 않았다는 점이다. 그리하여 다윗은 이제 피할 곳을 직접 찾
아야 하는 상황이 되었다.

**13-16절: 미갈의 계략.** 13절에서 미갈은 다윗이 도피할 시간을 벌기 위
해서 계략을 세운다. 아침이 밝아올 무렵이면 분명히 사울이 보낸 전령
들이 들이닥칠 것이고, 그들을 한동안 집에 붙들어 두어야 다윗이 더 멀
리 도피할 수 있을 것이기 때문이다. 먼저 미갈은 "드라빔"(הַתְּרָפִים, '하
트라핌')을 가지고 왔다. 이 낱말은 구약성경에서 언제나 복수형으로 쓰
이지만, 하나의 신상을 가리킨다(참조. McCarter, *I Samuel*, 326; Dietrich, *1 Sam
13-26*, 483-484). 주로 씨족 단위의 수호신으로 신탁을 구하는 데 쓰였을
것인데(참조. 겔 21:21; 슥 10:2), 그 크기는 다양했던 듯하다. 왜냐하면, 라반
의 드라빔은 리브가가 깔고 앉을 수 있을 정도였던 데 비해서(창 31:34),
이 본문에서는 실제 사람 모양과 크기였던 것으로 보이기 때문이다. 미
갈은 이 우상을 다윗의 침상에 뉘었다. 그리고 사람처럼 보이게 하려고
"염소 털로 엮은 것"(כְּבִיר הָעִזִּים, '크비르[2] 하이짐')을 머리에 씌웠다. 그리

---

2. 이 낱말은 여기서만 나와서 그 뜻이 명확하지 않지만, 우리말 개역개정의 번역은
   이 낱말의 어근(כבר)의 기본 뜻이 '엮다'인 점을 고려한 것으로 보인다. 참조. 게제
   니우스, 『사전』, 338.

고 옷으로 덮어서 사람이 누워있는 것처럼 만들었다.

　14절에 시간이 나와 있지는 않지만, 아마도 그때는 사울이 명령했던 아침 무렵이었을 것이다. 사울이 보낸 부하들이 들이닥쳤다. 아마도 이들은 밤에 사울이 보낸 부하들과는 다른 인물들이었을 것이다. 이들은 다윗을 죽이러 온 것이 아니라, "잡으러"(לְקַחְתּוֹ, '하카하트') 왔다. 밤사이에 사울의 생각이 바뀐 것일까? 어쨌거나 사울의 부하들을 보고서 미갈은 계획한 대로 침상에 눕혀 놓은 우상을 가리키며, 다윗이 아프다고 핑계를 댄다. 만약 이 부하들이 다윗을 죽이러 왔다면, 다윗이 아파서 누워있는 것에 개의치 않았을 것이다. 이 추측은 이어지는 15절에서 좀 더 명확해진다. 사울은 세 번째로 부하들을 다윗의 집에 보냈다. 아마도 그러는 사이에 미갈이 한 말을 누군가 사울에게 전했을 것이다. 사울은 세 번째 부하들에게 다윗이 정말 아픈지 살피라고 명령하였다. 그리고 만약 아픈 것이 사실이라면 침상째 들고 오라고 명령하였다. 둘째 부하들을 보내면서 사울이 다윗을 체포해 오라고 했던 까닭이 이어지는 문장에서 밝혀지는데, 그는 "내가 그를 죽여 버리겠다"(לַהֲמִתוֹ, '라하미토'; 직역. "그를 죽이도록")라고 말하였다. 사울이 이 말에서 다윗을 직접 죽이려 했는지는 히브리어 본문으로는 명확하지 않다. 다만 자기 눈앞에서 다윗이 죽는 모습을 보려 한 것은 틀림없다. 사울이 이렇게 세 차례에 걸쳐서 부하들을 보낸 것은 그만큼 그가 밤새 불안에 시달리며, 전전긍긍했음을 암시한다. 마침내 16절에서 세 번째로 보낸 부하들이 다윗의 침상을 확인하고서야 그것이 미갈이 만든 가짜 우상이었음을 알게 되었다.

**17절: 사울의 미갈 질책.** 장면은 시간과 공간을 건너뛰어 이제 왕궁에서 미갈이 사울 앞에 서 있음을 보여준다. 이 건너뜀은 다윗의 도피 시간을 독자들에게 상상하게 해주는 효과가 있을 것이다. 사울은 다윗을 도피시킨 딸 미갈을 질책하는데, 다윗을 "내 원수"(אֹיְבִי, '오예비')라고 표현한다. 이 표현은 앞서 요나단 앞에서 다윗을 아무런 까닭 없이 죽이려 했던 행동과 다를 바 없이 부당하다. 요나단이 아버지 사울에게 조목조목 반박하며 논리적으로 굴복시켰던 것과는 대비되게, 미갈은 궁색한 변명을 한다. 곧 다윗이 죽이려 해서 어쩔 수 없이 도피시켰다는 것이다. 이 점은 고대 사회에서 딸의 아버지에 대한 충성을 가장 근본으로 여겼던 관습을 고려한다면 이해할 만하다(참조. Long, *1 and 2 Samuel*, 191).

### 사무엘에게 간 다윗(18-24절)

**18절: 라마에서 사무엘을 만난 다윗.** 아내 미갈의 도움을 받은 다윗은 사울의 암살 시도를 벗어나 도피한다(בָּרַח וַיִּמָּלֵט, '바라흐 바이말레트'; 직역. "도망쳐서 탈출했다"). 앞서 요나단은 다윗이 몸을 숨길 곳을 지시해 주었고, 상황을 살펴서 알려주겠다고 했지만, 아내 미갈은 그런 도움까지는 주지 않았다. 그래서 다윗은 스스로 어디로 피할지를 결정해야 했다. 다윗은 자신을 왕으로 기름 부어준 사무엘을 찾아가기로 하고, 그의 고향 라마로 갔다. 라마는 사울의 왕궁이 있던 기브아에서 2-3km 정도밖에 떨어지지 않은 곳이었다. 그러므로 거리로 볼 때는 다윗이 그리 좋은 도피처를 선택한 것으로 보이지 않을 수 있다. 그러나, 다윗이 라마로 간 것은 정치적으로 대단히 큰 사건이다. 사울은 바로 앞 구절에서 별다른 근거 없이 다윗을 "원수"라고 일컬었는데, 다윗이 사무엘과 결탁한다는 말은 실제로 사울의 원수가 되겠다는 뜻을 표현하는 셈이기 때문이다. 다윗은 저간의 정황을 모두 사무엘에게 말하였고, 그와 함께 라마 나욧에서 함께 지내기 시작했다. 사무엘의 아무런 대답도 본문에 기록되지 않았지만, 이 말은 그가 다윗에게서 상황을 전해 들은 뒤에 정치적 상황을 파악하고, 마음의 준비를 했다는 뜻이 된다. 이제 본격적으로 사울과 다윗-사무엘은 정적이 되어 왕권 다툼을 본격적으로 하게 될 것이라는 말이다. 다윗을 받아들임으로써 그 일에 사무엘도 직접 개입하게 되었다.

**19-21절: 라마로 전령을 보낸 사울.** 19절에서 다윗이 사무엘에게 이르자마자 사울에게 다윗의 행보가 전해졌다. 누가 왜 이 소식을 전했는지, 본문은 전해주지 않는다. 하지만 사울의 정보 수집 체계가 잘 작동하고 있었음을 짐작하게 해 준다(참조. Dietrich, *1 Sam 13-26*, 487). 20절에서 첩보를 들은 사울은 이내 전령들을 라마로 보냈다. 사울은 이미 극단적인 결정을 내린 것으로 보인다. 그렇지 않아도 다윗을 제거하려고 혈안이 되어 있었는데, 다윗이 자신과 결별한 사무엘에게로 갔다는 것은 기름에 불을 붙인 꼴이 되었다. 사울은 이제 수단과 방법을 가리지 않고 정적 다윗을 제거할 명분이 생긴 셈이다. 사울이 보낸 전령들은 라마에 이르러 본 장면은 예언자들이 예언하는 것(הַנְּבִיאִים נִבְּאִים, '하느비임 니브임') 이었다. 여기서 수동재귀형(Niphal)으로 쓰인 동사는 예언자들이 하나님의 신탁을 전하는 것을 뜻하지 않고, 신적 황홀경에 빠져든 상태를 일컫는다(참조. 삼상 10:11; 슥 13:3). 이 예언자들 한가운데에 사무엘이 서 있었다. 사울의 전령들이 이 광경을 보았을 때, 하나님의 영이 그들에게 임하여 그들도 함께 예언했다고 본문은 전한다. 여기서 하나님의 영이 부하들에게 임한 것이 구체적으로 어떤 과정을 거친 어떤 형태였는지는 분명하지 않다. 하지만 분명한 것은 이 전령들이 사울에게서 받은 임무를 수행하지 못한 것은 분명하며, 독자들은 이 이야기에서 하나님의 영

이 사울의 다윗 살해 시도를 막기 위해 부하들에게 임하였다는 사실을 알게 된다. 그런데도 이 황홀경이 부하들에게 어떤 영향을 미쳤는지는 계속해서 의문점으로 남는다. 20절에서 이 사실도 사울에게 보고된다. 사울은 하나님의 영이 부하들에게 임했다는 이야기를 듣고도 두 번이나 부하들을 더 보낸다. 하지만 그 시도는 모두 같은 현상으로 실패하고 만다.

**22-24절: 라마에 간 사울.** 이야기는 22절에서 사울이 직접 라마로 가는 장면에서 절정에 이른다. 그는 먼저 세구(שֶׁכוּ, '쉐쿠')에 도착한다. 이는 라마 북쪽 인근 오늘날의 키르벳 슈베이카(Khirbet Shuweikah)로 여겨진다 (참조. Long, *1 and 2 Samuel*, 196). 그런데 칠십인역은 여기서 '세피'(Σεφι)라는 음역을 보여주는데, 이는 물이나 식물이 없는 민둥산을 뜻하는 שֶׁפִי('쉐피')를 대본으로 여길 수 있다(참조. 사 41:18; 49:9; 렘 3:21; 14:6 등). 히브리어 본문과 칠십인역의 대본이 되는 본문은 둘째 자음에서 차이가 나는데, 이는 둘 가운데 어느 하나가 비슷한 모양을 잘못 쓴 필사 오류 전통을 내보이는 것으로 여길 수 있다. 하지만, 어느 것이 더 오래되었을지는 판가름하기 쉽지 않다. 칠십인역을 선호하는 이들은 여기서 말하는 우물은 보통 타작마당 근처 땅을 파서 물을 저장해 놓는 형태로, 민둥산이 더 어울린다고 본다(참조. McCarter, *I Samuel*, 328, 329). 어쨌거나 사울은 여기서 큰 우물가에 있는 사람들과 만나서, 사무엘과 다윗의 행방을 묻는다. 이 우물가에 있었던 사람들이 누구인지 본문은 전하지 않는다. 그러나 여기 우물가에 있었던 사람이 누구였든 임금의 이 질문은 위협으로 느꼈을 것이다. 그래서 사람들은 곧장 사울에게 사무엘과 다윗이 라마 나욧에 있다고 일러주었다.

23절에서 사울은 사람들이 일러준 대로 라마 나욧으로 갔다. 그런데, 앞서 세 차례 사울의 부하에게 임했던 하나님의 영이 사울에게도 임한다. 사울에게 이런 황홀경은 첫 경험도 아니었다(참조. 10:10-11). 그는 이제 라마 나욧으로 걸어가면서 예언하였다. 사울이 걸어가면서 황홀경에 빠져든 것은 흥미롭다. 전령들은 사무엘과 예언자들이 있는 자리에 가서야 이런 현상을 체험했는데, 사울은 도착하기 전부터 황홀경에 들었다.

이윽고 24절에서 사울은 라마 나욧에 도착하였다. 점점 더 깊은 황홀경에 빠져든 사울은 지금까지 본문에서 전하지 않은 현상을 보인다. 그가 자기 옷마저 벗어버린 것이다(וַיִּפְשַׁט גַּם־הוּא בְּגָדָיו, '바이프샤트 감-후브가다브'). 사울이 이렇게 왕의 옷을 벗고 사무엘 앞에서 예언하는 모습은 단순히 사울의 황홀경 현상만 전하는 것은 아니다. 황홀경에 빠진 사울의 모습은 사무엘에게 처음 기름 부음 받던 때를 떠올려 주며(10:10-11), 임금의 옷을 벗은 사울과 그 앞에 서 있는 사무엘의 모습은 앞서 사무엘이 사울의 버림받음을 전하던 장면을 생각나게 한다(15:28). 그러니 이 장면은 사울과 사무엘의 회한이 함께 드러나는 극적인 모습이다. 더불어 지금까지 세 차례 부하들이 이 현상 때문에 다윗 체포에 실패했던 것처럼, 사울도 이 예언 때문에 다윗을 체포하지 못하게 되었다. 사울은 그렇게 "벗은 몸"(עָרֹם, '아롬')으로 하루 밤낮을 황홀경에 드러누워 있었다. 아마도 이 낱말은 사울이 알몸으로 누워 있었다기보다는, 왕의 신분을 드러내는 겉옷을 벗고, 살갗 위에 입었던 아마 속옷만 입고 있었다는 말로 여겨야 할 것이다(참조. 사 20:2; 미 1:8; McCarter, *I Samuel*, 329). 여기서 다시 "사울도 예언자들과 함께 있는가?"라는 속담을 기원론(etiology)으로 든다.

## 본문의 메시지

⑴ 요나단은 다윗을 개인적으로나 정치적으로나 매우 친밀하게 여기고 있었다. 그런 다윗이 살해의 위기에 부닥치자, 요나단은 목숨을 걸고 이 사실을 다윗에게 알렸다. 사실 요나단은 여기서 아무 행동을 하지 않더라도, 직접적인 책임은 없었다. 그렇지만 그는 다윗을 적극 보호하고, 한 걸음 더 나아가서 아버지 사울에게 다윗을 변호했다. 아무도 요나단에게 이렇게 할 것을 권하지 않았다. 본문에서는 요나단이 다윗을 심히 좋아했기 때문이라고 전한다. 물론 이 행동을 정치적 셈법으로 이해할 수도 있다. 그러나 단순히 정치적 셈법으로만 이해하기에는 요나단의 행동이 훨씬 더 헌신적이다. 추정컨대 다윗과 요나단은 분명히 정치적인 행보를 하였을 것이고, 또 그들의 행동은 무엇이든 그렇게 해석될 여지가 충분했다. 그런데도 우리에게는 이 두 사람의 모습이 단순한 정치인의 행보로 보이지는 않는다. 정치는 하되, 이들은 결코 정치적이지 않기 때문이다. 게다가 요나단이 다윗을 변호하는 대목에서도 강조되었지만, 이 둘은 모두 여호와의 선택을 가장 우선에 두고 있었으며, 그분의 뜻에 따르려 애썼다는 점은 분명하다. 누구나 정치적인 선택을 할 수 있고, 또 그런 상황에 휘말려 들 수 있다. 하지만, 다윗과 요나단처럼 본질에 충실하다면, 어떤 선택이 되었든 선한 영향력을 미칠 수 있을 것이다.

⑵ 이 단락에서 우리는 두 인물을 견주어 볼 필요가 있겠다. 먼저 다윗의 아내 미갈이다. 사울에게 부당한 미움을 받고 죽을 위기에 부딪친 남편 다윗을 미갈은 영리한 계략으로 피신시켰다. 그녀는 오빠 요나단과

마찬가지의 행동을 한 셈이다. 하지만, 우리는 그녀가 요나단처럼 정치적 목적까지 가지고 다윗을 피신시켰다는 인상을 받지는 못한다. 그렇지만 적어도 미갈은 아버지에 대한 절대적 충성을 어기면서까지 남편을 살릴 정도로 남편의 억울한 심정에는 공감한 것으로 보인다. 반면에, 이 단락에서도 사울은 피해망상으로 자신이 하나님을 두고 했던 맹세까지 어기고 다윗을 죽이려 한다. 이튿날 아침에 다윗을 죽이라고 전령을 보냈던 사울은 아마도 밤새 자기 망상을 부풀렸을 것이다. 끝내 아침이 오기 전에 그는 전령을 다시 보내서 다윗을 체포해 오라고 했고, 다윗이 아프다는 미갈의 전갈을 받고는 더욱 흥분하여 침상째 들고 오라고 다시 전령을 보냈다. 그는 심지어 다윗을 원수로 규정하기에까지 이른다. 다윗을 둘러싼 이 두 사람을 보면서 독자들은 비록 완전하지는 않지만, 미갈이 다윗에게 보여준 공감력을 보며, 자신을 들여다보게 된다.

(3) 본문에서 두 사람이 사무엘을 만난다. 먼저 다윗은 자신을 정적으로 여기고 죽이려는 사울을 피해 사무엘에게로 왔다. 사무엘은 다윗에게 기름 붓던 때부터, 정치적인 행보를 되도록 드러내려 하지 않았다. 그래서 사실상 사울과 결별하기는 했어도 정치적으로 대척점에 서서 드러내 놓고 반기를 들지는 않았었다. 그런데 다윗이 사무엘에게 찾아오면서, 더는 그런 정치적 중립을 지킬 수 없게 되었다. 이것은 사실상 사무엘에게도 매우 위험한 순간이었다. 아무리 하나님의 신탁을 전하는 예언자라고 하더라도, 임금이 정적으로 여기는 사람 편에 서는 것은 반역의 명분을 사울에게 주는 일이 될 것이기 때문이다. 그렇지만 사무엘은 다윗을 하나님이 선택하셨다는 사실을 분명히 알았기에 이번에는 목숨을 걸고 다윗을 지키는 일에 나섰다. 그러자 하나님의 영이 사무엘과 다

윗을 지켜주셨다. 반면에 사무엘을 만난 사울은 매우 초라한 모습으로 그려진다. 그는 사무엘을 만나기 전부터 벌써 이성을 잃고 황홀경에 빠져 있었다. 그래서 다윗을 체포하고, 사무엘의 옳고 그름이나 잘잘못을 따지기는커녕 아무 행동도 하지 못하고, 사무엘 앞에 누워있었다. 그것도 임금의 신분을 상징하는 겉옷마저 벗은 상태였다. 이 사건은 사울이 더는 임금으로 위신도 지도력도 내세울 수 없을 정도로 나락으로 떨어지도록 만들었다.

## 20장
## 다윗과 요나단의 언약

### 우리말로 옮긴 본문

1   다윗이 라마의 나욧에서 피신하여, 요나단에게 와서 말하였다. "내가 무엇을 했단 말인가? 내가 무슨 죄를 지었단 말인가? 내가 자네 아버지께 무슨 잘못을 저질렀기에 내 목숨을 노리시는가?"

2   요나단이 다윗에게 말하였다. "자네는 절대로 죽지 않을 걸세. 내 아버지께서는 큰일이든 작은 일이든 내게 귀띔해 주지 않고서는 하지 않으신다네. 왜 내 아버지께서 내게 이 일을 숨기시겠나? 그런 일은 없을 걸세."

3   그러자 다윗은 도리어 맹세까지 하며 말하였다. "자네 아버지께서는 분명히 내가 자네와 사이가 좋다는 것을 알고 계실 걸세. 그러니 속으로 생각하시길 '이 일은 요나단에게 알려서 슬프게 만들지 말아야지'라고 하실 걸세. 여호와의 살아계심과 자네의 목숨을 두고 맹세하지만, 나와 죽음 사이는 한 걸음 차이일 뿐이라네."

4  요나단이 다윗에게 말하였다. "자네가 말하는 것이면 무엇이든 내가 자네를 위해 그리해 주겠네."

5  그러자 다윗이 요나단에게 말하였다. "내일은 초하루이니, 나는 분명히 임금님과 함께 식사해야 하네. 하지만 사흘날 저녁까지 내가 들에 나가 숨어 있도록 보내주게.

6  만약 자네 아버지께서 나를 찾으신다면, '다윗이 제게 자기 성읍인 베들레헴으로 가게 해 달라고 애원했습니다. 매년 제사를 온 집안이 거기서 드리기 때문입니다'라고 말씀드리게.

7  만약 자네 아버지께서 '네 종이 평안히 다녀와도 좋다'라고 말씀하시면 좋겠지만, 만약 심하게 화를 내신다면 이미 나를 해칠 결심을 하신 것으로 알게나.

8  자네는 내게 부디 신의를 지켜주게나. 자네는 여호와 앞에서 내가 자네와 언약을 맺게 하였음이네. 내게 잘못이 있다면 자네가 나를 죽이게. 굳이 자네 아버지께 나를 데려갈 필요가 없지 않겠나?"

9  요나단이 말하였다. "자네에게 그런 일은 결코 없을 걸세. 만약 내 아버지께서 자네를 해칠 결심을 하셨다는 사실을 내가 알게 되면, 어떻게 내가 자네에게 와서 그 사실을 알려주지 않겠나?"

10  다윗이 요나단에게 말하였다. "자네 아버지께서 최악의 대답을 하신다면 누가 내게 알려 주겠나?"

11  요나단이 다윗에게 말하였다. "자, 들로 나가세." 두 사람은 들로 나갔다.

12  요나단이 다윗에게 말하였다. "ㄱ여호와, 이스라엘의 하나님을ㄱ 두고 맹세하겠네. 내가 사흘 뒤 이맘때까지 다윗에 대해 좋은 마음을 내비치시는지 내 아버지의 뜻을 알아보겠네. 만약 그렇다면 어떻게

내가 자네에게 사람을 보내 귀뜸해 주지 않겠나?

13 내 아버지께서 자네를 해치려 한다는 사실을 자네에게 귀뜸해 주지 않고, 자네를 안전하게 보내주지 않는다면, 여호와께서ᴸ 나 요나단에게 벌에 벌을 내리실 것일세. 여호와께서 내 아버지와 함께하셨듯이 자네와도 함께 하실 걸세.

14 내가 살아있는 동안, 자네는 여호와 앞에서 나와의 신의를 지켜주게. 하지만 내가 죽더라도,

15 여호와께서 다윗의 원수들을 땅위에서 끊어버리실 때, 내 집안에 대한 자네의 신의를 영원히 끊지 말아 주게.”

16 그리고 요나단은 “여호와께서 다윗의 원수를 갚아주실 것이다”라며 다윗의 집안과 언약을 맺었다.

17 요나단은 다시금 다윗에게도 자기와의 사랑으로 맹세하게 하였다. 요나단이 자기 목숨을 사랑하듯 다윗을 사랑하였기 때문이었다.

18 요나단이 그에게 말하였다. “내일은 초하루이니, 내 아버지께서는 자네 자리가 비기 때문에 자네를 찾으실 것일세.

19 사흘날에는 ᴸ자네를 몹시 찾을 걸세.ᴸ 그러니 지난번에 숨어 있었던 곳으로 가게. 그리고 에셀의 바위 곁에 머무르게나.

20 그러면 내가 과녁을 맞히듯 화살 셋을 그 곁에 쏘겠네.

21 그러고는 내가 아이 하나를 보내며 ‘가서 화살을 찾아 보거라’라고 말하겠네. 내가 그 아이에게 ‘화살이 네 주위에 있으니 집어 와라’라고 말하면, 자네는 무사할 걸세. 여호와의 살아계심을 두고 맹세하지만 아무 일이 없을 걸세.

22 하지만 내가 그 아이에게 ‘화살이 네 앞쪽에 있다’라고만 말하면, 떠나가게. 여호와께서 자네를 보내셨기 때문이라네.

23 나와 자네가 나누는 이 이야기에 대해서는 여호와께서 자네와 나 사이에 영원히 증인이 되실 걸세.”

24 그리하여 다윗은 들에 숨어들었다. 초하루가 되어 왕이 식사하러 자리에 앉았다.

25 왕은 여느 때처럼 벽 쪽에 있는 자기 자리에 앉았다. 그리고 요나단은 왕의 맞은편에 있었고, 아브넬은 사울의 옆에 앉았다. 그러나 다윗의 자리는 비어 있었다.

26 하지만 사울은 그날은 아무 말도 하지 않았다. 사울은 속으로 ‘우연이겠지. 그는 정결하지 못한 게야. 그는 정결하지 못한 일이 생겼겠지’라고 생각했기 때문이었다.

27 초하루 절기 이튿날, 그달 둘째 날이 되었다. 그날도 다윗의 자리는 비어 있었다. 그러자 사울이 자기 아들 요나단에게 말하였다. “무엇 때문에 이새의 아들은 어제도 오늘도 식사하러 오지 않았느냐?”

28 요나단이 사울에게 대답하였다. “다윗이 제게 베들레헴으로 가게 해 달라고 애원했습니다.

29 그러면서 말하기를, ‘나를 좀 보내주게. 제사를 온 집안이 거기서 드리기 때문이네. 내 형님이 내게 오라고 했다네. 그러니 이제 은총을 베풀어서 내가 몰래 가서 내 형을 만나게 해 주게’라고 했습니다. 그래서 그가 임금님의 식탁에 오지 못한 것입니다.“

30 그러자 사울이 요나단에게 화를 내며 말하였다. “이 몹쓸 계집의 자식아! 네가 이새의 아들과 작당했다는 것을 내가 모를 줄 아느냐? 그것은 네 수치이고 네 어미가 벌거벗는 수치란 말이다.

31 이새의 아들이 이 땅에 살아있는 동안에는 절대로 너와 네 나라가 든든히 서지 못한다. 그러니 이제 사람을 보내서 내게 잡아들여라.

그는 죽어야 할 사람이다.”

32 요나단이 자기 아버지 사울에게 대답하였다. “왜 그가 죽어야 합니까? 그가 무슨 짓을 했단 말입니까?”

33 그러자 사울이 요나단에게 창을 던져서 죽이려 했다. 요나단은 자기 아버지가 다윗을 죽일 결심을 하였다는 사실을 알게 되었다.

34 그래서 요나단은 화가 나서 식탁에서 일어났다. 그는 초하루 절기 둘째 날 식사를 하지 않았다. 자기 아버지가 다윗을 욕하여서 슬펐기 때문이다.

35 아침이 되자 요나단은 다윗과 약속한 만남을 위해 들로 나갔다. 그는 작은 아이 하나를 데리고 갔다.

36 요나단이 그 아이에게 말하였다. “달려가서 내가 쏘는 화살을 찾아라.” 그 아이가 달려가자 요나단은 그 아이 너머로 화살을 쏘았다.

37 그 아이가 요나단이 화살을 쏜 곳에 이르자 요나단이 그 아이 뒤에다 대고 외쳤다. “화살이 네 앞쪽에 있지 않느냐?”

38 요나단이 그 아이 뒤에다 대고 또 외쳤다. “서둘러 움직여라! 머뭇거리지 마라!” 그러자 아이는 화살을 주워서 제 주인에게 돌아왔다.

39 하지만 그 아이는 아무것도 알지 못하고, 요나단과 다윗만 그 일을 알고 있었다.

40 요나단이 자기 무기를 함께 온 아이에게 주며 말하였다. “성읍으로 되돌아가거라.”

41 아이가 떠나자, 다윗이 남쪽의 바위에서 일어나서, 땅바닥에 엎드려 세 번 절하였다. 그런 뒤 두 사람은 서로 입 맞추고 함께 울었는데 ᵋ결국 다윗이 더 크게 울었다.ᵋ

42 요나단이 다윗에게 말하였다. “평안히 가게. 우리 둘은 ‘여호와께서

나와 자네 사이뿐 아니라 내 자손과 자네 자손 사이에 영원히 함께
계실 것이네'라고 여호와의 이름을 두고 맹세한 사이가 아닌가."
[21:1]' 그런 뒤 요나단은 일어나 자기 성읍으로 되돌아갔다.

# 본문 비평

### 12절 ㄱ-ㄱ. 여호와, 이스라엘의 하나님

여기서 히브리어 본문은 "여호와, 이스라엘의 하나님"(אֱלֹהֵי יִשְׂרָאֵל
יהוה, '야훼 엘로헤 이스라엘')만 있어서, 직관적으로 그 뜻을 이해하기가 어
렵다. 칠십인역은 여기서 "주님, 이스라엘의 하나님이 아신다"(Κύριος ὁ
θεὸς Ισραηλ οἶδεν, '퀴리오스 호 테오스 이스라엘 오이덴')로 써서, 마지막에
יָדַע('야다', "알다")가 더 있는 본문을 전제한다. 맹세 관용구의 관점에서
마소라 본문은 구체적인 말이 생략된 채 쓰이는 '더 어려운 읽기'(lectio
difficilior)로 더 오래된 본문으로 여길 수 있겠다.

### 13절 ㄴ. 여호와께서

칠십인역 대부분 필사본은 여기서 "하나님"(ὁ θεός, '호 테오스')을 쓰는데,
이는 비슷한 구문이 쓰인 3장 17절의 영향으로 보인다.

### 19절 ㄷ-ㄷ. 자네를 몹시 찾을 걸세

마소라 본문은 여기서 "자네는/그녀는 빨리(?) 내려가서"(תֵּרֵד מְאֹד, '테

---

1.    개역개정판 등 우리말 성경 역본 42절의 마지막 문장은 히브리어 본문에서는 21:1
      로 들어가 있다. 그래서 히브리어 성경 21장은 우리말 성경과 절 구분이 다르다.

레드 므오드')로 전한다. 하지만 여기서 쓰인 부사어가 어울리지 않는다. 부사 מְאֹד는 정도를 나타내는 뜻이지, 시간을 뜻하지 않기 때문이다(참조. 게제니우스, 『사전』, 394). 그래서 주어를 "해"로 보고 3인칭 여성 단수로 해석하기도 한다(Tsumura, *First Samuel*, 512f). 그래서 "충분히 어두워지거든"이라는 해석을 내놓는다. 그러나 앞뒤에서 해가 주어가 될 문맥이 충분히 뒷받침되지는 않으며, 여전히 이어지는 부사와 잘 들어맞지 않는다. 칠십인역에서는 동사를 καὶ ἐπισκέψῃ('카이 에피스켑세', "자네는 매우 관찰될 걸세"="자네를 몹시 찾을 걸세")로 옮긴다. 이 번역어는 פקד('파카드', "찾다, 방문하다")를 옮기는 데 주로 쓰인다. 일찍부터 원래 본문이 תפקד였는데, 마소라 본문에서 תרד로 잘못 전승되었다는 견해가 우세했다(참조. Dietrich, *1 Sam 13-26*, 508).

### 41절 ㄹ-ㄹ. 결국 다윗이 더 크게 울었다

히브리어 본문을 직역하면, "다윗이 커질(?) 때까지"(עַד־דָּוִד הִגְדִּיל, '아드-다비드 학딜')가 될 것이다. 이 히브리어 본문에서 문제는 목적어 없이 쓰인 사역형(Hiphil) 동사이다. 그런데 칠십인역은 여기서 "크게 끝날 때까지(=매우 오래토록, 넘치도록)"(ἕως συντελείας μεγάλης, '헤오스 쉰텔레이아스 메갈레스')로 옮겨서 또 다른 대본으로 추정하게 하지만, 이 또한 본문 비평적 우월성을 확보하기는 어렵다.

## 본문 주석

**1-4절: 요나단을 찾아간 다윗.** 1절에서 다윗은 라마 나욧에서 사울을 피

해 도망쳐서 다시 요나단에게로 간다. 사실 이 행동은 매우 위험하다. 앞선 단락에서 보았듯이 사울의 정보망은 잘 작동하고 있어서, 자칫 이내 체포될 수도 있었기 때문이다. 어쨌거나 다윗은 요나단을 만나는 데 성공하고, 자신이 무슨 죄를 지었기에 사울이 여섯 번이나 암살자를 보내면서 다윗을 잡으려 하느냐고 별 의미 없는 질문을 한다. 더러 이 본문의 시간적 순서는 이곳이 아니라 그 이전이었을 것으로 추측하기도 한다(참조. Klein, *1 Samuel*, 205). 하지만 다윗과 요나단이 정치적으로 서로 동맹 관계였다는 점을 생각하면(18:1-4), 지금이 다윗에게는 요나단의 정치적 도움이 가장 절실히 필요한 때라 이 자리가 적합하다고 볼 수 있다. 2절에서 요나단은 다윗에게 일단 안심시키는 것으로 대답을 시작한다. "절대로 (⋯) 없다"(חָלִילָה, '할릴라')라는 말은 강한 부정을 나타낸다. 그리고 다윗은 죽지 않을 것이라고 단언하는데, 그 까닭은 왕자인 자신에게 어떤 결정을 하든지 다 말한다는 것이다. 그러므로 다윗을 죽이려고 결정하고 실행한다면, 사전에 알 수 있으리라는 말이다. 3절에서 다윗은 다시 한번 맹세로 시작한다(וַיִּשָּׁבַע עוֹד דָּוִד, '바이샤바 오드 다비드'). 과연 이 단락에서 다윗이 맹세를 앞서 했던가? 그래서 이 본문에 의문시하기도 하는데, 대체로 1절에서 다윗이 "무엇"(מֶה, '메')이라는 의문사를 세 번이나 써가며 요나단에게 다그쳐 물은 것이 맹세와 다름없다고 여긴다(참조. Tsumura, *First Samuel*, 503). 다윗은 요나단과 다윗이 가까운 사이임을 아는 사울이 요나단이 슬퍼할까 염려하여 다윗을 죽이려는 구체적인 계획을 알리지 않을 수 있다는 사실을 의심한다. 흥미롭게도 다윗은 또 다른 형태의 맹세를 또 한다. 곧 "여호와의 살아계심과 자네의 목숨을 두고 맹세하지만"(חַי־יְהוָה וְחֵי נַפְשֶׁךָ, '하이-야훼 브헤 나프쉬카'; 직역. "여호와의 살아 계심과 네 목숨의 살아 있음")이라고 표현한다(참조. 삼상 25:26; 왕하 2:2, 4, 6; 4:30). 그 맹세의 내용은 자신과 죽음 사이에는 "한 걸음"(כְּפֶשַׂע, '크페사')뿐이라는 사실이다. 이 표현은 구약성경에서 여기서만 쓰인다(참조. 동사형 사 27:4). 그래서 칠십인역의 본문(καθὼς εἶπον ἐμπέπλησται, '카트호스 에이폰 엠페플레스타이'; 직역. "내가 말했듯이, 그는 맹세했다")을 바탕으로 כִּי אָמַרְתִּי נִשְׁבַּע('키 아마르티 니스바')로 본문을 수정하기도 한다(참조. McCarter, *I Samuel*, 335). 이러면 맹세의 주체는 다윗을 죽이려 했던 사울이 된다. 어쨌거나 그만큼 다윗의 죽을 위기가 강조되는 표현인 것만큼은 틀림없다. 4절에서 요나단은 다윗과 언약을 맺은 정치적 동맹자답게 자신의 도움을 약속한다. 그는 히브리어 본문에서 "자네가 말하는 것이면 무엇이든 내가 자네를 위해 그리해 주겠네"(וְאֶעֱשֶׂה־לָּךְ מַה־תֹּאמַר נַפְשְׁךָ, '마-토마르 나프쉬카 브에으세-라크')라며 단 두 문장으로 간략히 표현했다. 비록 간략하지만, 요나단의 이 말은 매우 단호하다. 정치적 동반자로서 신뢰를 주기에 충분한 발언이다.

**5-8절: 다윗의 제안.** 5절에서 다윗은 요나단의 말에 따라 자신의 마음에 있던 제안을 내놓는다. 다윗은 이튿날 초하루(חֹדֶשׁ, '호데쉬')를 기회로 삼으려 한다. 그믐이 지나고 새로운 달이 시작하는 이틀은 전통적으로 축제로 여겨졌다(참조. 호 2:13; 암 8:5; 사 1:13; 왕하 4:23; 민 28:11-15; Dietrich, *1 Sam 13-26*, 530-531). 이 본문에 따르면, 이 초하루에는 왕과 신하들이 한데 모여 만찬을 즐겼던 것으로 보인다. 하지만 다윗은 이 만찬 이틀을 지난 셋째 날 저녁까지 한적한 들에 숨어 있겠다고 제안한다. 6절에서 다윗은 요나단이 할 일을 제안한다. 다윗을 죽이려던 사울은 이 축제 만찬에 다윗이 오지 않은 것을 당연히 정치적 문제로 삼을 것이다. 그때 요나단은 다윗이 온 가족을 위한 매년제를 드리러 베들레헴으로 갔다고 대답

할 것을 요청했다. 이것이 사울의 의중을 살필 기회가 될 것이다. 7절에서 그 판단 기준을 다윗이 제시한다. 그럴 가능성은 희박하지만, 만약 사울이 "좋다"(טוֹב, '토브')라고 허락을 하면, 다윗에게는 "평안히"(שָׁלוֹם, '샬롬') 아무 일이 없을 것이다. 여기서 다윗은 요나단에게 자신을 "네 종"(עַבְדְּךָ, '아브드카')이라 일컫는데, 이것은 왕자인 요나단의 신분과 지위를 여전히 다윗이 인정하고 있다는 뜻이다. 하지만 더 가능성이 크기는 사울이 다윗의 부재를 공식적으로 문제 삼고 화를 내면, 당연히 그가 다윗을 해하려 한다는 뜻이라고 말한다. 8절에서 다윗은 자신의 제안을 마무리하면서, 두 가지를 다시금 분명히 한다. 첫째, 요나단 앞에서 자신을 다시 한번 "네 종"이라고 일컬으며, 요나단의 정치적 영향력을 인정한다. 그리고 둘째, 요나단과 맺었던 언약을 다시 되새기며(18:3), 둘 사이의 관계를 명확히 한다. 더불어 자신에게 어떤 죄라도 있다면, 직접 죽여 달라고 하며 결백을 강조하였다. 다윗이 이 구절에서 한 말은 구절 첫머리에서 말한 "신의"(חֶסֶד, '헤세드')를 풀어 놓은 것이다.

**9-11절: 다윗을 확신시키는 요나단.** 9절에서 요나단은 다시 한번 다윗을 안심시키며, "자네에게 그런 일은 결코 없을 걸세"(חָלִילָה לָּךְ, '할릴라 라크')라고 말하는데, 앞서 한 말(2절)에 "자네"(לָךְ, '라크')를 덧붙여서 강조의 수위를 더한다. 그리고 수사의문문으로 아버지 사울의 의중을 알게 되면, 반드시 다윗에게 일러주겠다고 강조해서 대답하였다. 요나단은 한결같이 다윗을 향한 자신의 '헤세드'(חֶסֶד)를 강조한다. 이 낱말은 관계 가운데서 정의되는 올바른 도리를 뜻할 텐데, 요나단은 왕자로서 얻을 수 있는 정보를 언약 관계의 상대자인 다윗에게 올바르게 알려주겠다고 약속하고 있다.

하지만 10절에서 다윗은 여전히 좀 더 명확한 안전을 확보하고자 한다. 물론 이것은 다윗이 요나단을 믿지 못해서가 아니라, 사울의 집요함을 염려해서 일 것이다. 이 구절에서 다윗은 누가 다윗에게 요나단의 정보를 알려줄 수 있을지를 묻는다. 이 물음은 사울의 체계적인 정보망을 염두에 둔 말이겠다. 다윗은 벌써 그것을 체감했다. 자신이 사무엘이 있는 라마 나욧에 도착하자마자 그 정보는 사울에게 전달되었고, 이내 전령들이 들이닥쳤기 때문이다.

11절에서 요나단은 다윗에게 들로 나가자고 제안하고, 둘은 들로 나간다. 독자들은 이 제안에서 두 가지 사실을 기대한다. 하나는 들에서 이 둘이 다시 한번 언약 관계를 돈독히 하지 않을까 하는 것이고, 다른 하나는 과연 어떻게 알려줄 것인지를 해결할 것이라는 사실이다.

**12-15절: 요나단의 언약 조건 제시**. 앞 단락을 바탕으로 보았을 때, 이 본문의 배경은 들이다. 요나단이 다윗을 들로 데리고 나온 것은 두 가지 까닭에서였을 것이다. 하나는 아무래도 사울의 정보망이 덜 촘촘한 들이 둘 사이에 밀담을 나누기에 더 적합했기 때문일 것이고, 다른 하나는 요나단이 다윗에게 하고자 하는 말이 들과 관련이 있기 때문일 것이다. 이는 앞으로 이 단락에서 펼쳐질 이야기다.

12절에서 요나단은 먼저 자기가 할 말의 확실성을 담보하기 위해 하나님을 증인으로 삼는다. 여호와를 증인 삼아 하는 요나단의 발언은 언약을 맺을 때 하는 말을 생각나게 하며, 실제로 요나단의 말에 이어 두 사람은 다시 한번 언약을 맺는다(16절). "내일이나 모레 이맘때에"(כָּעֵת מָחָר הַשְּׁלִשִׁית, '카에트 마하르 하쉘리쉬트')는 초하루 축제 이틀을 말한다. 요나단은 살펴보고 다윗을 향한 아버지 사울의 뜻이 선하면, 알려주지 않겠느냐고 수사의문문으로 강조한다.[2] 13절에서 그는 한 걸음 더 나아간다. 만약 사울이 다윗을 해치려 한다는 사실을 알고서도 요나단이 다윗에게 그것을 알리지 않는다면, 지금 이 말의 증인이신 여호와의 벌을 자처하기까지 한다. 이 맹세 문장에서 쓰인 표현 "여호와께서 요나단에게 그렇게 행하시고, 더 그렇게 하시기를"(לִיהוֹנָתָן וְכֹה יֹסִיף כֹּה־יַעֲשֶׂה יהוה, '코-야아세 야훼 리호나탄 브코 요시프')은 자신을 3인칭으로 표현해서 거리를 두며 하는 자기 저주의 완곡어법(euphemism)이다(참조. 삼상 25:22; 삼하 3:9, 35; 19:13; 룻 1:17; 왕상 19:2; 20:10; 왕하 6:31; Tsumura, *First Samuel*, 508). 요나단은 이런 맹세와 함께 여호와께서 사울과 함께하신 것처럼 다윗과도 함께하시기를 기원하는 언약의 축복도 덧붙인다. 여기까지가 언약의 한쪽 당사자인 요나단의 조건이라면, 14절에서는 다른 당사자인 다윗의 조건을 제시한다. 곧 요나단의 평생토록 "여호와의 인자하심"(חֶסֶד יהוה, '헤세드 야훼'), 그분 앞에서 그분과 서로를 향한 도리를 자신에게 베풀어서 생명을 보장해 달라는 것이다. 이것은 벌써 요나단이 다윗을 다음 왕으로 인정하는 발언이며, 정적으로 삼지 않아야 한다는 언약의 조건을 내세우는 셈이다. 15절에서는 그 언약이 요나단에게뿐만 아니라, 그 인자함을 자기 집안에도 영원토록 베풀어 달라고 부탁한다. 이것은 다윗이 장차 왕위에 올라서, 정적을 제거할 때, 자기 후손을 제거 대상에 넣지 말라는 언약의 조건이다. 이것은 장차 펼쳐질 이야기에서 요나단의 아들 므비보셋의 이야기를 예견하는 대목이다(삼하 16:1-4; 19:24-30; 21:7).

---

2.   여기서 쓰인 접속사와 부정어의 결합을 부정 수사의문문으로 보는 것에 대해서는 Dietrich, *1 Sam 13-26*, 507 참조.

**16-17절: 다윗과 요나단의 언약.** 다윗의 생명 보장을 조건으로 한 요나단의 언약 제시에 이어 다윗의 집안과 언약을 맺는다. 여기서 쓰인 문장 "다윗의 집안과 언약을 맺었다"(וַיִּכְרֹת יְהוֹנָתָן עִם־בֵּית דָּוִד, '브이크로트 예호나탄 임-베트 다비드')은 "언약"(בְּרִית, '브리트')이라는 말이 생략된 표현이다(brachylogy; 참조. Tsumura, *First Samuel*, 509). 언약 체결문으로 요나단은 여호와께서 다윗의 대적들을 치실 것을 간구하는데, 이로써 명확히 요나단은 정치적으로나 종교적으로나 다윗의 편에 서게 되었다. 17절에서는 요나단이 다시 한번 맹세했다고 전하면서, 그 맹세의 바탕으로 18장 1절에서 말한 다윗을 향한 그의 사랑을 다시 언급한다. 이 둘 사이는 떨어질 수 없는 동맹 관계임을 강조하는 구실을 하겠다.

**18-23절: 요나단의 계획.** 다윗과 상호 보호의 언약을 다시 맺은 요나단은 이 단락에서 아버지 사울에게서 다윗을 구할 구체적인 계획을 제시한다. 먼저 18절에서는 초하루 축제가 시작되는 날의 상황을 다시 한번 언급하는데, 앞서 말한 대로 사울은 초하루 축제에 신하들과 만찬을 벌였던 것으로 보인다(5절). 다윗의 자리가 비어 있는 것을 보고 사울은 자세히 물을 것이다(וְנִפְקַדְתָּ, '바니프카드타'; 직역. "네가 [없음이] 살펴질 것이다"; 참조. 민 31:49; 삿 21:3; 삼상 25:7, 25; 삼하 2:30; 왕상 20:39; 왕하 10:19; 렘 23:4). 19절에서 요나단은 그럴 때 다윗이 어디로 가야할지를 말해 준다. 먼저 다윗은 사흘을 들에서 보내라고 말하는데, 그때쯤 되면 다윗이 없어진 것이 심각한 문제가 될 것이라고 말한다(본문 비평 참조). 그리고 요나단은 "지난번에 숨어 있었던 곳"으로 가서, 아마도 잘 알아볼 수 있었을 곳을 뜻하는(참조. Long, *1 and 2 Samuel*, 202) 에셀(אֶזֶל, '에젤') 바위 곁에 있으라고 말한다. 그런데 여기서 말하는 곳이 무엇인지 본문 자체로는 명확하지

않다(비교. 41절). 하지만 문맥상 19장에서 사울이 다윗을 죽이라고 신하들에게 처음 말했을 때, 요나단과 약속했던 곳일 가능성이 크다(참조. 19:2; McCarter, *I Samuel*, 342; Klein, *1 Samuel*, 208).

20-22절에서 요나단은 다윗과 자신만 알 수 있는 암호를 정해준다. 요나단은 화살 셋을 에셀 바위 곁에 쏠 것이다. 그러고서 요나단은 시종에게 화살을 찾으러 보낼 것인데, 요나단이 시종에게 할 말을 듣고 다윗이 판단할 수 있게 할 것이라는 계획이었다. 먼저 사울이 다윗을 죽이지 않을 것이라는 확신이 들 때 요나단은 시종에게 "화살이 네 주위에(מִמְּךָ וָהֵנָּה, '밈므카 바헨나') 있으니 집어 와라"고 말할 것이다. 그러면 다윗은 돌아와도 무사할 것이다. 그러나 사울이 다윗을 죽이려 한다면, "화살이 네 앞쪽에(מִמְּךָ וָהָלְאָה, '밈므카 바할르아') 있다"고 말할 것이다. 그러면 다윗은 돌아와서는 안 되며, 떠나가야 한다.

23절에서 요나단은 마지막으로 처음에 언급했던 둘 사이에 여호와께서 증인이 되심을 다시 한번 말하여 언약을 매듭짓는다.

**24-26절: 초하루 축제 첫날.** 24절에서 요나단과 다시금 언약을 맺은 다윗은 약속한 대로 들에 몸을 숨겼다. 그리고 초하루가 되어 축제 식탁이 벌어졌다. 본문은 이 식사가 어느 때인지 구체적으로 언급하지는 않는다. 가장 개연성 있는 추정은 히브리 전통에서 한 날이 저녁에 시작하므로, 이 축제 만찬은 저녁 식사였을 것이라는 사실이다(참조. Dietrich, *1 Sam 13-26*, 538).

25절에서는 식탁의 배치를 설명한다. 사울은 "여느 때처럼"(כְּפַעַם בְּפַעַם, '크파암 브파암'; 참조. 민 24:1; 삿 16:20; 20:30; 삼상 3:10) 자기 자리에 앉아 있었다. 본문은 그 자리를 "벽 쪽에 있는"(מוֹשַׁב הַקִּיר, '모샤브 하키르')

이라고 전하는데, 이 자리는 등 뒤에 틈이 없어 가장 안전하고, 모든 사람을 두루 가장 잘 볼 수 있는 자리였다(참조. Dietrich, *1 Sam 13-26*, 539). 이 모습에서 사울이 얼마나 자신의 안위에 민감해하고 있었는지를 짐작할 수 있다. 그 옆에 요나단이 서 있었다. 이런 모습은 고대 사회의 왕실 만찬에서 낯설지 않았으며, 아마도 아버지 사울이 필요할 때 언제든 도움을 줄 수 있도록 일종의 비서 자리였다고 여길 수 있겠다(참조. Tsumura, *First Samuel*, 515). 사울의 양옆에는 장수들의 자리였던 것으로 보인다. 한쪽에는 아브넬이 있었는데, 다른 한쪽에 앉아 있어야 할 다윗의 자리는 비어 있었다. 사실 앞서 이야기를 생각한다면, 다윗이 이 자리에 올 것을 예상할 수는 없다. 그렇지만 이 이야기의 초점은 요나단과 다윗이 맺은 언약과 그에 따른 계략의 진행이다.

26절에서는 초하루 축제 첫날의 모습을 전해준다. 이날은 사울이 아무 말도 하지 않았다. 전지적 시점의 화자는 사울의 속마음을 전해준다. 사울은 다윗에게 우연히 오지 못할 사건(מִקְרֶה, '미크레')이 생겨서 정결하지 않아서라고 두 번이나 되뇐다(בִּלְתִּי טָהוֹר […] לֹא טָהוֹר, '빌티 타호르 […] 로 타호르'). 여기서 정결법을 언급하는 것은 초하루 축제에 희생제사를 함께 지내기 때문이었다(참조. 레 7:20-21; 15:16-18; Klein, *1 Samuel*, 208). 과연 사울이 정말 이렇게 생각했을까? 이야기 진행을 따라와 보면, 사울은 하루 전까지만 해도, 다윗을 죽이려고 혈안이 되어 있었는데, 갑자기 아무 일 없었다는 듯이 다윗의 부재를 이렇게 긍정적으로 생각했을까? 여기서는 사울이 정치적으로 다윗을 죄인으로 몰아갈 방법을 고심하고 있다고 여길 수도 있다. 그리고 화자의 해설은 일반적인 이해로 여길 수 있겠다.

**27-29절: 둘째 날 요나단이 다윗의 부재를 알림.** 27절에서는 이튿날, 그러니까 초하루 축제 둘째 날의 상황을 그려준다. 이날도 다윗의 자리는 여전히 비어 있었다. 사울은 곁에 서 있던 요나단에게 드디어 다윗이 없는 까닭을 묻는다. 여기서 사울은 다윗을 "이새의 아들"이라고 일컫는다. 이 표현에서 사울의 감정이 그대로 드러나는데, 이 표현은 사무엘서에서 다윗을 낮잡아 부를 때마다 거듭 쓰이기 때문이다(참조. 30, 31절; 22:7, 8, 13; 25:10; 삼하 20:1; Klein, *1 Samuel*, 209). 그러니 이 말에서 사울은 벌써 다윗을 책잡을 결심을 했다고 볼 수 있으며, 하루 전 부정함을 이유로 참은 것도 정치적인 명분을 세우기 위함이었던 것으로 보인다.

28절에서 요나단은 다윗과 약속한 대로 대답한다. 곧 다윗이 요나단에게 베들레헴에 가기를 간청했다는 것이다. 이 사실은 사울에게 화를 낼 충분한 명분을 준다. 요나단은 아직 왕자일 뿐, 신하들의 거취를 결정하는 일은 여전히 왕의 몫이다. 그러므로 왕에게 보고하지 않고 왕자에게만 보고한 것은 왕의 결정권을 무시한 처사로 보일 수 있게 되었다. 어쨌거나 요나단은 29절에서 사울에게 계속해서 다윗이 했다는 말을 앞서 다윗이 한 말(6절)보다 더 자세하게 직접화법으로 전한다. 제사와 관련한 말은 그대로 전했지만, 요나단은 다윗이 형들의 명령으로 형들을 보러 갔다는 정보를 추가하였다. 더구나 요나단은 다윗이 자신에게 허락해 주는 은총(חֵן, '헨'; 개역개정. "사랑")을 구했다고 덧붙였다. 요나단이 덧붙인 이 두 가지 이유는 결과적으로 다윗과 사울을 화해시키고자 하는 목적이었다면, 지혜롭지 못했다. 왜냐하면, 사소한 이유과 지휘 체계 무시를 더 강조한 꼴이기 때문이다(비교. Klein, *1 Samuel*, 209). 어쩌면 요나단은 의도적으로 이렇게 하지 않았을까? 기왕에 다윗이 왕이 될 것으로 인정했다면, 사울과 다윗이 대결 구도로 가야 하기 때문이다.

**30-31절: 사울이 화를 내며 다윗을 죽이려 함.** 30절에서 사울은 결국 요나단에게 화를 낸다. 여기서 사울은 요나단을 "이 몹쓸 계집의 자식아!"(בֶּן־נַעֲוֹת הַמַּרְדּוּת, '벤-나아바트 하마르두트')라고 낮잡아 부르며 호통친다. 그 까닭이 이어서 등장한다. 사울은 요나단이 다윗을 선택하는(בֹּחֵר, '보헤르') 수치스러운 일을 저질렀다고 말하였다. 이는 독자들을 깜짝 놀라게 하는 발언이다. 이 말은 요나단이 다윗과 한패가 되었음을 사울이 이미 알고 있다는 뜻으로 새길 수 있다. 과연 사울의 정보망이 벌써 다윗과 요나단이 언약 맺은 사실을 파악하고 사울에게 보고했던 것일까? 아니면 다윗을 변호하려는 요나단의 모습에 단순히 화가 난 것일까? 이 구절에서는 명확하지 않다. 하지만, 31절에서 사울이 요나단에게 "이새의 아들"이 살아있는 한 "너와 네 나라"가 든든히 서지 못할 것이라고 말한 것을 보면, 사울이 두 사람 사이의 언약까지는 알지 못했던 것으로 보인다. 그는 그저 다윗의 존재가 자기 왕조에 위협이 되는데, 요나단이 철없이 다윗을 감싸고 돈다고 여긴 듯하다. 사울이 다윗을 체포해서 죽어야 한다고 다그친 것은 명령 체계를 어기고, 사소한 이유로 왕실의 축제에 무단으로 빠진 죄를 묻는다는 명분이다.

**32-34절: 요나단의 다윗 변호.** 32절에서 요나단은 다윗을 한 번 더 변호한다. 다윗이 초하루 축제에 빠진 것이 사형에 처할 정도의 죄는 아니라는 말이다. 이것은 앞서 아버지를 향해서 했던 다윗 변호를 생각나게 한다(19:4-5). 그러나 33절에서 분노한 사울은 이번에는 지난번과 달리 요나단의 말에 수긍한 것이 아니라 도리어 단창을 요나단을 향해 던져 죽이려 했다. 이 사건으로 요나단은 아버지 사울이 다윗을 정말 죽이려 한

다는 사실을 확실히 알게 됐다. 34절에서는 요나단도 "화가 나서"(אַף־חֳרִי בָחֳרִי, '보흐리-아프') 식사하지 않고 식탁을 떠났다고 전하는데, 이 상황에서 요나단이 자신마저 죽이려는 아버지에게 화를 내는 것은 당연하다고 여길 수 있다. 사울이 다윗을 욕되게 한 것에 요나단이 슬퍼했다는 화자의 첨언은 요나단의 정치적 의도를 내보이는 대목이다.

**35-39절: 들에서 요나단의 화살 신호.** 35절에서 시간과 공간은 이튿날 아침, 들로 건너뛴다. 다윗은 아마도 전날 저녁에 이 근처 "에셀 바위" 곁에 숨어 있었을 것이다(참조. 19절). 개역개정에서 "다윗과 정한 시간에"로 옮긴 히브리어 본문 לְמוֹעֵד דָּוִד('르모에드 다비드')는 "약속한 만남을 위해"로 옮길 수도 있다(참조. 게제니우스, 『사전』, 407). 앞서 시간 약속을 한 적이 없으므로 이 이해가 좀 더 합당해 보인다. 한편, 칠십인역은 이 본문을 "다윗이 약속을 맺은 대로"(καθὼς ἐτάξατο εἰς τὸ μαρτύριον Δαυιδ, '카트호스 에탁사토 에이스 토 마르튀리온 다위드')로 옮기는데, 이는 아마도 히브리어 본문을 두 번 번역한 것으로 보인다(참조. Dietrich, *1 Sam 13-26*, 511). 여기서 본문은 요나단이 "작은 아이"(נַעַר קָטֹן, '나아르 카톤')를 데리고 갔다고 전하는데, "작은"이라는 형용사를 통해서 다윗과 만난 사실이 혹시라도 누설될 우려를 줄이려 했던 요나단의 노력을 엿볼 수도 있다.

36절에서 이때 요나단의 마음이 다소 조급해져 있다는 분위기를 느낄 수 있다. 왜냐하면, 원래 다윗과 약속할 때는 화살 셋을 다윗이 숨어 있는 바위 곁에 쏘겠다고 했는데, 본문에서는 한 발만 쏘기 때문이다. 더구나 요나단은 데리고 간 아이에게 화살을 쏘기도 전에 자신이 쏘는 화살을 찾으라고 말했고, 화살을 쏘기도 전에 아이가 달려가도록 지시했다. 요나단이 이렇게 조급해진 것은 아마도 전날 사울이 자신에게 단창을 던져 죽이려 위협하면서까지 다윗에 대한 적개심을 드러낸 것을 보았기 때문일 것이다. 그래서 그 아이는 달리기 시작했다. 아이가 달려가는 것을 보고서 요나단은 화살 한 발을 그 아이 너머로(לְהַעֲבִרֹו, '르하아비로') 쏘았다. 여기서 쓰인 사역형(Hiphil) 부정사는 이 장면에서 아이의 달려가는 모습과 그 너머로 날아가는 화살의 역동적인 움직임을 잘 느낄 수 있게 해 준다.

37절에서도 요나단의 다급한 심정은 그대로 드러난다. 아이는 여전히 달려가고 있었고, 화살은 먼저 떨어졌다. 아이가 화살 근처에 다가가고 있을 때, 요나단이 그 아이를 향해서 "화살이 네 앞쪽에(מִמְּךָ וָהָלְאָה, '밈므카 바할르아') 있지 않느냐?"라고 외쳤다. 이 말은 앞서 다윗과 약속했던 암호였다(22절). 이 암호는 요나단이 경험한 대로 사울이 다윗을 죽이려고 작심했으니 돌아오지 말라는 뜻이었다. 원래는 요나단이 화살을 쏜 뒤에 아이가 화살을 찾을 때, 이 말을 하기로 했는데, 다급한 요나단은 어디 멈출지도 모르는 아이를 향해 이 말을 했다. 그만큼 다급하게 요나단은 이 말을 다윗에게 해 주고 싶었을 것이다.

38절에서 요나단의 마음은 더 급해진 듯하다. 아직 뛰어가는 아이 뒤에서 원래 다윗과 암호로 약속하지 않은 말을 더하였다. 그 말은 "서둘러 움직여라! 머뭇거리지 마라!"였다. 이 말을 들은 아이는 요나단이 화살을 찾는 데 마음이 급하였다고 생각했을 것이다. 그러나 요나단은 혹시라도 사울의 정보원이 근처에 있을지 모른다고 생각했을 수 있다. 그래서 사실 이 말은 다윗을 향해 한 것이었겠다. 이렇게 한 말의 배경에는 앞서 다윗이 요나단에게 "여호와께서 자네를 보내셨기 때문이라네"라고 하였던 것이 있겠다(22절; 참조. Dietrich, *1 Sam 13-26*, 545). 그러나 화살을 줍는 아이에게 이 말을 할 수는 없었다. 어쨌거나 아이는 영문도 모른 채 빨리 달려가서 화살을 주워 주인에게로 돌아왔다. 39절에서 화자는 독자들은 알고 있는 요나단과 다윗 사이의 비밀을 밝힌다. 곧 요나단이 한 말은 그 근처 바위 곁에 숨어 있던 다윗은 알아들었지만, 화살을 주우러 왔던 소년은 아무것도 알아듣지 못했다는 사실이다.

**40-42절: 다윗과 요나단이 헤어짐.** 원래 약속이라면, 요나단의 말을 들은 다윗은 곧바로 사울을 피해 그곳을 떠나야 했다. 만약 요나단과 다윗이 이 자리에 더 오래 머무른다면, 사울의 정보원들에게 발각될 우려가 컸기 때문이다. 그러나 40절에서 요나단이 돌출 행동을 한다. 요나단은 화살을 주워 온 아이에게 활과 화살을 건네주며, 그것을 가지고 먼저 성읍으로 돌아가라고 말했다. 사실 이 행동은 아이의 눈은 속일 수 있더라도, 의심을 사기에 충분한 위험한 행동이었다. 요나단의 의도는 충분히 이해할 수 있다. 아무리 아이라고 하더라도 제삼자가 있는 한, 목격자가 생겨서 언젠가는 들통날 것이기 때문에, 그 가능성을 애초에 차단하려 했을 것이다.

　어쨌거나 41절에서 아이가 성읍으로 출발하자 멀리서 이 장면을 보고 있던 다윗이 먼저 움직인다. 여기서 본문의 문제가 있다. 히브리어 본문에서는 "남쪽의 바위에서"(מֵאֵצֶל הַנֶּגֶב, '메에첼 하네게브') 일어났다고 쓴다. 그러나 이것은 19절의 진술을 전제로 생각할 때 직관적으로 이해하기 어렵다. 칠십인역(Cod. B)은 여기서 αργοβ('아르곱')이라고 음역해서 히브리어 '아르곱'(אַרְגֹּב; 참조. 신 3:4, 14; 왕상 4:13)을 대본으로 생각하게 하는데, 이 또한 이해하기 어렵다. 추무라(Tsumura)가, 마리(Mari) 문서에서 찾아볼 수 있는 고대 아카드어에서 '나그부'(nagbu)가 바위를 뜻한다는 데 착안해서 히브리어 본문이 "남쪽에서"가 아니라, "바위에서"를 뜻하는 외래어 표현이 들어와 있는 것이라는 가능성을 제안한 것은 흥미롭기는 하다(참조. Tsumura, *First Samuel*, 523-524). 어쨌거나 다윗은 일어나서 요나단을 향해 땅에 엎드려 세 번 절했다. 고대 근동에서 이렇게 여러 번 절하는 것은 존경의 표시다(참조. Long, *1 and 2 Samuel*, 205). 그러니까 다윗은 왕자로서 이토록 위험을 감수하면서까지 자신을 지켜주려는 요나단을 향해 감사 이상의 감정을 표현한 셈이다. 이어서 둘이 함께 입을 맞추었는데, 이는 서로를 향한 친근감의 표시이다(참조. 삼하 14:33; 15:5; 19:39 등). 그리고 함께 울었다. 다윗이 결국 더욱 심하게 울었다고 하는데, 히브리어 본문의 이해는 사실 수월하지 않다(본문 비평 참조). 우리는 본문을 그대로 두고, "다윗이 강해졌을 때까지", 그러니까 "(울음을 그치고) 평정심을 찾을 때까지 충분히"의 의미로 새겨본다(비교. Long, *1 and 2 Samuel*, 206).

42절에서 요나단은 다윗에게 "평안히 가게"라며 작별 인사를 한다. 그리고 두 사람 사이에서 여호와의 이름을 두고 한 맹세, 곧 언약을 되새기면서 그분이 언약의 증인이심을 강조한다. 그 까닭은 '내 자손과 네 자손'을 위한 것임이라는 사실을 분명히 하여, 앞선 언약의 내용을 되새겨 준다(15-16절). 언약 재확인을 마지막으로 다윗은 떠나고, 요나단은 다시 성읍으로 돌아가서 이야기가 마무리된다.


## 본문의 메시지


사무엘이 사울을 지체시키는 동안 다윗은 다시 한번 그를 피해 도주한다. 독자들은 다윗이 사울의 영향력이 미치지 않는 곳으로 갈 것으로 예상한다. 그러나 그는 다시 기브아로 가서 요나단을 만난다. 호랑이 굴로 들어간 것이나 다를 바 없는 행동이었다. 자칫 요나단의 움직임이 사울의 정보원들에게 감지되고, 그것은 곧바로 사울에게도 보고되어 매우 위험한 상황으로 치달을 수 있었기 때문이다. 그러나 다윗은 요나단을 믿고 있었다. 그와 요나단은 언약을 맺은 사이였다. 더욱이 요나단은 다윗에게 자신의 신분과 지위를 상징하는 겉옷과 무기도 주었다. 그 말은 요나단은 다윗이 하나님께 왕으로 기름 부음 받은 사람임을 인정했다는 뜻이다. 그러니 적어도 다윗이 요나단을 의심하지는 않았다. 하지만, 이 본문에서 다윗은 자신이 얼마나 위험한 처지에 놓여 있는지를 역설하면서, 요나단에게 자기 안전을 확보해 주라고 요청하였다. 이는 사울이 얼마나 집요하게 자신을 체포하여 죽이려 하는지를 벌써 네 차례 경험했기 때문이다. 두 번은 사울 앞에서 수금을 타다가 공격당하였고, 자기 집에 사울이 암살자를 보냈으며, 사무엘의 고향으로도 그리했기 때문이다. 사울의 아들인 요나단은 부자지간의 도리보다 하나님의 선택을 더 중요하게 여겼기 때문에, 다윗과 맺은 언약에 대한 자신의 도리('헤세드')를 거듭 강조했다. 이제 과연 이 둘 사이의 언약 관계가 사울의 집착에 어떤 작용을 할지 기대해 볼 만하다.

다윗과 요나단은 앞서 한 번 언약을 맺었다(18:1-4). 그 언약으로 이 두 사람은 정치적으로 같은 노선을 걷겠다는 약속을 한 셈이었다. 그런데 본문에서 요나단과 다윗은 다시 한번 언약을 맺는다. 이 언약이 어떤 의미가 있을까? 사실상 이 언약에서 요나단은 사울의 살해 위협에 있는 다윗의 안전을 보장해 주는 조건으로 자신과 자기 후손의 안전을 요구한다. 이 요구의 이면에는 그가 다윗을 이미 차기 왕으로 인정하였음이 내포되어 있다. 고대 사회에서 왕조가 바뀌면 이전 왕조의 왕실 인척들을 제거하는 것은 낯선 일이 아니었다. 그런 배경에서 보면, 다윗에게 한 요나단의 언약 조건은 충분히 이해할 수 있다. 반면에 다윗 편에서 보더라도, 충분히 의미 있는 조건이다. 유다 지파에 제한된 배경을 가진 다윗이 온 이스라엘의 왕이 된다면, 민심을 얻는 것이 무엇보다 중요할 텐데, 이전 왕조의 인척들에게 자비를 베푸는 모습은 충분히 이득이 있는 일이다. 하지만, 이 시점에서 두 사람은 물론 그런 정치적 계산을 드러내 놓고 하지는 않는다. 그런데도 혹시 서로 욕망이나 욕심에서 일어날 불의한 일을 사전에 차단하는 언약은 이 시점에서 분명히 중요한 역할을 한다. 요나단도 왕자의 신분에 욕심이 나서 다윗을 구하지 않을 수 있고, 다윗도 나중에 사울의 인척에 자비를 베풀지 않을 수 있다. 사람이란 그렇다. 그러므로 본문의 언약은 누구에게나 마음속 깊이에 깔린 욕망과 욕심의 본성을 돌아보고, 다스리도록 재촉한다.

　사울은 하루 전까지만 해도 다윗을 죽이려고 혈안이 되어 있었는데, 초하루 축제 첫날은 놀라울 정도로 관대한 모습을 보여준다. 다윗이 참석하지 않았는데도 아무 일 없다는 듯이 부정해서 그런가 보다 하고 대수롭지 않게 넘기는 것으로 보인다. 만약 사울이 진심으로 이렇게 생각했다면, 그는 해리성 인격장애(dissociative disorder)를 의심해 볼 수 있을 정도로 심각한 정신 질환으로 여길 수도 있다. 그러나 이야기를 읽다 보면, 사울이 끊임없이 다윗을 제거할 명분을 쌓고 있음을 알 수 있다. 물론 그가 다윗을 두둔하는 아들 요나단을 죽이려 할 정도로 편집적 피해망상을 키우고 있었던 것도 사실이지만, 법적으로 문제없이 다윗을 제거해야 민심 이반을 막을 수 있다는 생각에 이튿날까지 참아서, 다윗의 명령 체계 무시와 왕실 행사 불참을 빌미로 그를 사형에 처할 명분을 만들어 냈다. 본문은 사울이 이렇게까지 권력 집착과 피해망상으로 불

의의 길을 계속해서 걸어가고 있는 모습을 강조해서 독자들에게 보여
준다.

21장
다윗이 놉과 가드로 피신함

우리말로 옮긴 본문

**놉으로 간 다윗**(1–9[2–10]절)[1]

1[2]  다윗은 놉에 있는 제사장 아히멜렉에게로 갔다. 아히멜렉은 떨며 다윗을 맞아들였다. 그가 다윗에게 말하였다. "어째서 혼자 오십니까? 함께한 사람은 아무도 없습니까?"

2[3]  다윗이 제사장 아히멜렉에게 말하였다. "임금님께서 어떤 일을 명령하며 내게 말씀하시를, '내가 그대를 보낸 일과 명령한 내용을 아무에게도 알리지 말라'고 하셨소. 그리고 내 부하들은 이러이러한 곳으로 오는 것으로 알고 있소.

3[4]  그런데 당신 수중에 무엇이 있으시오? 떡 다섯 덩이라도 내게 좀 주시오. 아니면 무엇이든 좀 주시오."

---

1.  꺾쇠 괄호 안의 수는 히브리어 성경의 절수를 말한다. 이에 대해서는 위의 20장 각주 1을 보라.

4[5]   제사장이 다윗에게 대답하였다. "보통 떡은 제 수중에 없고, 거룩한 떡밖에 없습니다. 부하들이 여자를 가까이하지는 않았겠지요?ㄱ"

5[6]   다윗이 제사장에게 대답하였다. "우리는 출발한 뒤 요 며칠 동안 여자를 가까이한 일이 없습니다. 내 부하들의 그릇은 거룩합니다. 비록 거룩한 전쟁 길이 아니라 보통 길이기는 했지만, 오늘은 분명히 그릇들도 거룩합니다."

6[7]   그리하여 제사장은 다윗에게 거룩한 떡을 내주었다. 거기에는 여호와 앞에서 물린 진설병 말고는 빵이 없었기 때문이다. 그 떡은 그날 물려내서 따뜻하였다.

7[8]   그런데 그날 거기에는 사울의 신하들 가운데 한 사람이 여호와 앞에 머물러 있어야 했다. 그는 도엑이라는 에돔 사람으로 사울의 양치기들 가운데 우두머리였다.

8[9]   다윗이 아히멜렉에게 말하였다. "혹시 당신 수중에 창이나 칼은 없습니까? 임금님의 말씀이 급박한 바람에 내 창과 무기도 가져오지 않아서 말입니다."

9[10]   제사장이 말하였다. "당신께서 엘라 골짜기에서 쳐 죽인 블레셋 사람 골리앗의 칼이 있습니다. 보십시오. 그것은 보자기에 싸서 에봇 뒤에 두었답니다. 그것이라도 가져가려면 가져가십시오. 그것 말고 다른 것은 여기에는 없기 때문입니다." 다윗이 말하였다. "그만한 것은 없지요. 내게 그것을 주시오."

## 가드 왕 아기스에게 간 다윗(10-15[11-16]절)

10[11]   다윗이 일어나 그날 사울을 피해 피신하였다. 그러고는 가드 왕

아기스에게로 갔다.

11[12]   그러자 아기스의 신하들이 아기스에게 말하였다. "이 다윗은 그 땅
의 왕이 아닙니까? 이 사람을 두고 사람들이 춤추며 노래하기를,
'사울은 수천 명을 죽였지만,
다윗은 수만 명이라네'
라고 하지 않았습니까?"

12[13]   다윗이 이 말을 마음에 두고 가드 왕 아기스를 매우 두려워했다.

13[14]   그래서 다윗은 사람들 앞에서 생각을 바꾸어 그들 가운데서 미
친 체하였다. 그는 성문의 문짝을 두들기는가 하면 수염에 침을
흘리기도 하였다.

14[15]   그러자 아기스가 자기 신하들에게 말하였다. "그대들도 저자가
미친 짓하는 것이 보이는가? 어쩌자고 저자를 내게 데려왔단 말
인가?

15[16]   내게 미치광이가 모자라서 그대들은 저자를 데려와서 내 앞에서
미친 짓하게 했는가? 어떻게 이런 자가 내 집에 들어오겠는가?"


## 본문 비평


**4[5]절 ㄱ. (-)**

마소라 본문과 달리 쿰란 본문(4QSam^b)에는 "그것 가운데서 여러분이
먹을 수 있습니다"(ואכלתם ממנו, '브아칼템 밈멘누')라는 제사장의 허락이
있는데, 이 본문은 칠십인역에서도 다양하게 확인된다(καὶ φάγετε [Cod.
B]; καὶ φάγονται [L]). 하지만, 이 추가 본문은 문맥을 명확히 하려는 후대

의 수정으로 보아야 할 것이다.

# 본문 주석

### 놉으로 간 다윗(1-9[2-10]절)

**1-2[2-3]절: 다윗이 놉으로 가서 제사장을 속임.** 1절은 다윗의 행적을 따른다. 그는 "놉"(נֹב)으로 갔다. 놉은 예루살렘과 기브아 사이에 있는 성읍이었다. 22장 19절에 따르면, 이곳은 "제사장들의 성읍"으로 소개되지만, 구약성경의 다른 곳(사 10:32; 느 11:32)에서는 예루살렘 인근 베냐민 지파의 영토와 맞닿은 성읍으로만 소개된다(참조. Dietrich, *1 Sam 13-26*, 573). 어쨌거나 다윗은 그리 멀리 도피하지 않은 셈이다. 그가 왜 굳이 기브아 바로 인근에 있는 놉으로 갔는지는 아직 밝혀지지 않는다(참조. 8-9절). 그는 먼저 놉의 제사장 아히멜렉을 찾아간다. 아히멜렉은 다윗을 보자마자 떨며(וַיֶּחֱרַד, '바예하라드') 맞이했는데, 그 까닭이 본문에는 나와 있지 않다. 아마도 이는 아히멜렉이 다윗에게 이어 왜 혼자 있느냐고 한 질문에서 짐작할 수 있을 것인데, 장수인 다윗이 혼자서 온 것이 아무래도 미심쩍다는 것이다(참조. Long, *1 and 2 Samuel*, 208). 2절에서 다윗은 자신의 방문에 대해 매우 경계하고 있던 아히멜렉에게 거짓말로 둘러댄다. 자신이 혼자서 놉에 온 것은 사울의 특명으로 일을 처리하기 위함인데, 아무에게도 알려서는 안 되기 때문이라고 말하였다. 그리고 소년들(הַנְּעָרִים, '하느아림'), 곧 부하들(참조. 삼하 1:5; 왕상 20:14 이하)은 "이러이러한 곳"(מְקוֹם פְּלֹנִי אַלְמוֹנִי, '마콤 플로니 알모니')으로 오라고 따로 지시했다고 했다. 독자들은 제사장 앞에서 이렇게 다윗이 거짓말로 둘러대는 모습

에 당혹스럽다. 그래서 이 장면은 앞으로 벌어질 일들에 대해 불길한 조짐을 보여주는 구실도 한다.

**3-6[4-7]절: 다윗이 거룩한 떡을 먹음.** 3절에서 다윗은 한 걸음 더 나가서 아히멜렉에게 먹을 것을 요구한다. 먼저 그는 "떡 다섯 덩이"를 요구하는데, 숫자 5는 어림잡은 수로 여길 수 있으며, 그 양은 한 사람이 먹기에는 너무 많고, 한 부대가 먹기에는 너무 적었다(참조. Klein, *1 Samuel*, 203; Tsumura, *First Samuel*, 530). 더구나 그는 떡이 없으면, "무엇이든"(מִצָּא הַנִּ, '하니므차'; 직역. "발견된 것") 있는 대로 달라고 요구한다. 들에서 사흘을 숨어 있던 다윗은 굶주려서 먹을 것이 절실했을 것이다. 하지만 다윗의 이 요구는 아히멜렉의 입장에서는 매우 의아한 대목이다. 놉이 기브아에서 그리 멀리 있는 곳도 아닌데, 왕의 사위인 군대 장관이 오자마자 먹을 것부터 찾는다는 사실은 정상적으로 보이지 않을 수 있기 때문이다. 하지만 대놓고 묻거나 거부할 수 있는 상황은 아니었다. 하지만, 문제는 4절에서 아히멜렉이 진술하듯, 제사장의 성읍인 놉에는 "보통 떡"(לֶחֶם חֹל, '레헴 홀'; 직역. "세속적인 떡")은 없었다는 사실이다. 놉의 아히멜렉에게 있던 것은 성소에 차려 두었던 "거룩한 떡"(לֶחֶם קֹדֶשׁ, '레헴 코데쉬')뿐이었다. 이것은 성소에 진설하였다가 제사장들이 정결이 확보된 거룩한 곳에서만 먹을 수 있었다(레 24:5-9). 그런데 아히멜렉은 이것을 다윗과 (그의 주장에 따르면) 그와 함께한 군사들이 여자를 가까이하여 부정해지지 않았다면(참조. 출 19:15; 레 15:18), 먹도록 내어 주겠다고 말한다. 아히멜렉은 이 예외의 상황에서 제사법으로부터 되도록 최소한으로 벗어나고자 애쓴 것이다. 5절에서 배가 몹시 고팠던 다윗은 한 번 더 거짓말을 한다. 그는 "우리"라고 말하여, 자신에게 정말 동료가 있는 것처럼

말한다. 하지만 사흘 동안 여자를 가까이하지 않았다고 한 말은 사실이었다. 다윗은 "부하들의 그릇"(כְּלֵי הַנְּעָרִים, '클레 하느아림')이 거룩하다고 말하는데, 여기서 말하는 그릇은 무기를 뜻할 수도 있고, 성기에 대한 완곡어법일 수도 있다(참조. Tsumura, *First Samuel*, 531; Dietrich, *1 Sam 13-26*, 577-578). 이 말에 아히멜렉은 6절에서 거룩한 떡, 곧 여호와의 성소에 두었던 "진설병"(לֶחֶם הַפָּנִים, '레헴 하파님')을 다윗에게 주었다. 여기서 편집자는 그 떡이 "그날" 물려낸 것이라고 덧붙이는데, 이 말은 안식일에 새로 구운 진설병으로 교체하면서, 제사장들이 먹으려고 내왔다는 말이다.

**7[8]절: 사울의 신하 에돔 사람 도엑.** 아히멜렉이 다윗에게 진설병을 준 이야기에 이어 이 구절에서는 느닷없이 "거기에"(שָׁם, '샴'; 개역개정, [없음]) 있었던 "사울의 신하 가운데 한 사람"을 소개한다. 그는 놉의 성소에 머무르고 있었는데(נֶעְצָר, '네으차르'), 수동재귀형(Niphal)으로 쓰인 이 낱말의 정확한 의미, 그러니까 "도엑"이라는 이름의 이 사람이 성소에 머문 까닭은 명확하지 않다. 다만, 표면적으로는 종교적 이유로 성소에 있었다고 추정할 뿐이다(참조. Dietrich, *1 Sam 13-26*, 579). 그는 에돔[2] 출신이었는데, 이는 그가 언제든 해로운 존재가 될 가능성을 내비친다(참조. 창 25:25; 민 20:13-21; 삼하 8:13-14; 왕상 11:14-22; Klein, *1 Samuel*, 213). 그리고 마지막으로 그는 사울의 "양치기들 가운데 우두머리"(אַבִּיר הָרֹעִים, '아비르 하로임')로 소개된다. 칠십인역은 여기서 사울의 "나귀 관리인"(νέμων τὰς ἡμιόνους,

---

2.  칠십인역은 여기서 "시리아 사람"(ὁ Σύρος, '호 쉬로스')으로 번역하는데, 이는 마소라 본문의 הָאֲדֹמִי('하아도미')와 미세한 자음 본문의 차이를 보이는 הָאֲרַמִּי('하아라미')를 대본으로 한 것으로 보인다. 둘 가운데 어느 본문이 우선할지를 결정하기란 쉽지 않다.

'네몬 타스 헤미오누스')으로 옮기는데 이는 רֹעֶה הָעֵירִים('로에 하아야림'[?])를 히브리어 대본으로 생각하게 한다. 한편, 어떤 이들은 본문을 수정해서 그가 사울의 "보병 사령관"(אַבִּיר הָרָצִים, '아비르 하라침')이었다고 주장하기도 한다(참조. McCarter, *I Samuel*, 348). 그러나 마소라 본문만으로도 사울 왕실의 측근임은 분명하다. 그러니 이 삽입 구절은 이야기 진행에 매우 불길한 복선 구실을 한다.

**8-9[9-10]절: 다윗이 골리앗의 칼을 받음.** 거짓말로 떡을 확보한 다윗은 8절에서 아히멜렉에게 또 한 번 거짓말한다. 왕이 명령한 일이 너무 다급하여 빨리 출발하는 바람에 칼과 무기를 챙겨오지 못했으므로, 아히멜렉에게 창이나 칼이 있다면 달라고 하였다. 여기까지 읽은 독자들은 또 한 번 의아해진다. 성소에서 무기를 찾는 것은 이치에 맞지 않기 때문이다. 9절에서 아히멜렉은 다윗이 엘라 골짜기에서 죽인 골리앗의 칼이 에봇 뒤에 있다고 말한다. 일반적으로 에봇은 제사장의 옷을 가리키는데, 여기서는 종교적 상징물로 여길 수 있겠다(참조. 삿 8:24-27; 18:14-20; 호 3:4; Tsumura, *First Samuel*, 534). 사실 다윗은 골리앗을 죽이고 그의 무기를 자기 장막에 두었었는데(17:54), 그것이 어떤 까닭에서 놉의 성소에 왔는지는 모르지만, 다윗은 그것이 이곳에 있음을 미리 알았던 듯하다. 그래서 다윗이 기브아 가까이에 있는 놉으로 왔던 이유도 여기에 있을지 모른다. 자신이 죽인 골리앗의 칼은 여러 면에서 자신의 행보에 정당성을 줄 것이기 때문이다.

## 가드 왕 아기스에게 간 다윗(10-15[11-16]절)

**10-11[11-12]절: 가드 임금 아기스에게 망명한 다윗.** 독자들은 놉을 떠난

다윗이 이제 어디로 갈지 매우 궁금해진다. 사실상 이스라엘 땅은 어디든 다윗에게 안전하지 않다. 왜냐하면, 어떤 성읍에 가든지 그 성읍의 관리이든 백성이든 누구라도 사울 왕과 관련이 있을 가능성이 있기 때문이다. 그러니 이스라엘 땅 안에서 사울의 정보망에서 완전히 자유로울 수는 없었다. 그래서 10절에서 본문은 그날 다윗이 곧바로 일어나서 사울을 피해서(מִפְּנֵי שָׁאוּל, '미프네 샤울'; 개역개정. "사울을 두려워하여") 도망쳤다(וַיִּבְרַח, '바이브라흐')고 전한다. 이 낱말은 이와 비슷한 뜻의 מָלַט('말라트')가 도망치는 목적지에 주안점이 있는 것에 비해, 도망치는 움직임에 더 초점이 맞추어져 있다고 여길 수 있다(참조. Dietrich, *1 Sam 13-26*, 584). 이로써 다윗 도피의 다급함과 긴장감이 강조된다. 그런데 정작 독자들을 놀라게 하는 것은 그의 행선지다. 그는 적군이 블레셋의 도시 국가 가운데 하나였던 가드의 임금 아기스에게로 갔다. 가드는 놉에서 대략 남서쪽으로 23㎞ 정도 거리였다. 그러니 빨리 간다면, 너덧 시간 정도 거리였다. 지금까지 다윗은 두 번 사울을 피해 도망칠 때마다 이스라엘의 국경을 넘지는 않았다(19:10, 12, 18; 20:1; 21:1). 그런데 그 다윗이 이번에는 국경을 넘어 외국으로 도피했을 뿐만 아니라, 이스라엘과 전쟁의 긴장 관계에 있던 적국 블레셋으로 갔다는 사실은 충격적인 일이다. 한편으로, 그만큼 다윗이 사울에게서 느꼈던 위협이 심각했다고 볼 수 있다. 또 다른 한편으로 과연 블레셋에 치명적인 패배를 여러 차례 안겨주었던 다윗을 그쪽에서 살려주고 받아줄까도 의심스럽다. 사실 다윗은 블레셋의 관점에서 잘만 하면, 정치적으로나 군사적으로 매우 요긴한 선전 효과를 노릴 수 있는 중요한 인물이었다. 그러나 그것은 결코 보장할 수 없는 모험이었는데, 다윗은 절박한 상황에서 모험을 감행했다.

11절에서 가드 임금 아기스의 신하들은 다윗이 온 것을 보고 술렁였다. 그들은 흥미롭게도 다윗을 "그 땅의 왕"(מֶלֶךְ הָאָרֶץ, '멜레크 하아레츠')이라 일컫는다. 이 표현을 두고 과연 그들이 이스라엘의 왕을 사울이 아니라 다윗으로 인정하고 있다고 판단할 수 있을지는 분명하지 않다. 아마도 이들은 다윗을 자신들처럼 이스라엘의 도시 국가들 가운데 한 지역의 지도자로 여기고 이 표현을 썼을 수 있다(참조. 수 12:1, 7; McCarter, *I Samuel*, 356). 다윗은 아기스의 신하들에게 여전히 골리앗을 죽인 사건으로 기억되고 있었다. 그래서 그들은 그 무렵 이스라엘의 여성들이 불렀던 승전가 "사울은 수천 명을 죽였지만, 다윗은 수만 명이라네"를 인용한다. 이들이 이 노래를 인용한 것은 다윗을 적장으로 여기고 드러낸 적개심의 표현이었을 것이다.

**12-13[13-14]절: 다윗이 미친 체함.** 12절에서 다윗은 아기스 신하들의 이 말이 마음에 걸렸다. 자신이 이곳 가드까지 온 것은 사실 목숨을 건 모험이었다. 본문에서는 다윗이 왜 적지에 뛰어들었는지 명확히 드러나 있지 않기 때문에, 그 부분은 독자들의 몫이다. 사실 두 방향으로 그 목적을 생각해 볼 수 있다. 하나는 단순히 다윗이 사울의 살해 위협을 벗어나서 자기 일신의 안전을 확보하기 위한 길로 여길 수 있다. 앞서 언급했듯이, 블레셋은 잘만 하면 다윗을 정치적으로 유용하게 쓸 수 있을 것이다. 블레셋의 위대한 장수 골리앗을 죽인 적군의 장수가 망명했다는 것은 치명적으로 이스라엘 군대의 사기를 떨어뜨리고, 반면에 블레셋 군대를 하나로 묶는 계기로 삼을 수 있게 된다. 둘째는 다윗이 더 큰 그림을 그렸을 수도 있다. 블레셋에 투항하는 척하면서 적군의 동태를 잘 살펴서 이스라엘의 지도자로서 블레셋을 정복할 밑그림을 그리는 것이다. 후에 실제로 다윗이 그런 행보를 보일 것이다(삼상 27-30장). 하지

만 이 시점에서 다윗의 의도는 명확하지 않다. 어떤 의도이건 지금 아기스 신하들의 적개심은 다윗에게 큰 위협이 되고 있다. 그래서 다윗은 아기스 임금 앞에서 "매우 두려워했다"(וַיִּרָא מְאֹד, '바이라 므오드'). 아기스가 신하들의 의견을 완전히 무시할 수 없을 것이기 때문이었다.

13절에서 다윗은 아기스의 말을 더 기다릴 수 없었던 것으로 보인다. 지금 아기스 왕의 말 한마디면 자신의 목숨이 달아날 위기였기 때문이다. 그래서 다윗은 그들 앞에서 그의 행동(טַעַם, '타암'; 직역. "이해력, 감각, 느낌")을 바꾸어서 미친 체했다. 본문에서는 다윗이 미친 것으로 보이려고 했던 두 가지 행동을 전한다. 그는 성문의 문짝을 긁적였고, 수염이 침을 흘렸다. 이 행동을 두고 다윗이 간질 증세가 있는 듯 행동했다고 보기도 하고, 그저 정신 질환의 일반적인 모습을 보였다고 여기기도 한다(참조. Dietrich, *1 Sam 13-26*, 587). 어쨌거나 분명한 것은 지금 다윗은 더는 자신이 전쟁 용사로서 쓸모가 없다는 점을 분명히 해서, 죽을 위기를 모면하려는 목적이었을 것이다. 사실 지금까지 다윗은 한마디도 말하지 않았으므로, 이것이 가능했을 것이다. 그가 지레 많은 말을 했다면, 갑자기 미친 체하는 것은 불가능했을 것이다. 그러나 여호와께서 선택하신 왕으로 기름 부음 받은 다윗이 지금 적국의 임금 앞에서 미친 체해야 하는 이 장면은 매우 역설적이다. 앞선 장면에서 아히멜렉 앞에서 거짓말했던 것보다 훨씬 더 독자들을 불안하게 한다. 그리고 다윗의 이야기를 전하는 화자가 장차 다윗의 긴 생애를 과연 긍정적으로 묘사할지도 의심하게 된다.

**14-15[15-16]절: 아기스가 다윗을 거부함.** 14절에서 장면은 이 모습을 지켜보던 아기스에게로 돌려진다. 그는 다윗을 자기 앞에 데려온 신하들

을 나무란다. 그는 다윗을 "미치광이"(אִישׁ מִשְׁתַּגֵּעַ, '이쉬 미쉬타게아')로 규정한다. 이 말에서 아기스는 다윗에게 아직 아무런 관심을 두지 않은 것으로 보인다. 그래서 제정신이 아닌 사람을 왜 자기 앞에 데려왔느냐고 반문하였다. 15절에서 그는 한 걸음 더 나아가서 "내게 미치광이가 모자라서"라고 말하였는데, 이 표현으로 가드에 "미치광이"가 많았다고 여길 수 있을까? 그렇지 않을 것이다. 아기스는 지금 신하들이 자기 왕실을 모욕한 것으로 여기는 듯하다. 그러니 다윗의 의도는 여기서 일단 성공했다고 볼 수 있다. 먼저 자신에게 쏠려 있던 아기스 신하들의 경계와 적개심을 벗어날 수 있었고, 문제를 왕실과 신하들 사이의 갈등 상황으로 돌릴 수 있었다. 그러니 다윗과 좀 더 가까이 있었을 신하들이 아무리 다윗이 짐짓 미친 체하고 있다는 것을 눈치챘더라도, 지금 아기스에게 더는 아무 말을 할 수 없을 것이다. 만약 그러면 아기스의 판단을 부정하게 되어, 그의 분노를 더 사고 말 것이기 때문이다. 본문에서 다윗의 계략이 성공했지만, 독자들은 그 성공에 마냥 기뻐할 수 없다. 이렇게 께름칙한 채로 가드의 장면은 마무리된다.

## 본문의 메시지

(1) 사울을 피하는 그의 첫 도피 생활은 놉에서 시작해서 다시 놉으로 돌아오는 것으로 마무리될 것이다. 곧 그는 놉(21:1-9)에서 가드(21:10-15), 아둘람(22:1-2), 모압(22:3-4), 유다(22:5)를 거쳐서 다시 놉으로 돌아올 것이다(22:6-23).

그런데 다윗은 놉에서 제사장 아히멜렉에게 사흘을 굶은 자신이 당장 먹을 것과 장차 도피 생활에서 자신을 지켜줄 뿐만 아니라, 정당성도 확보해 줄 골리앗의 칼을 요구한다. 그런데 이 과정에서 다윗은 두 번이나 거짓말했다. 왜 혼자서 왔느냐는 아히멜렉의 질문에 그는 기밀 업무이기 때문에 수행원들은 다른 곳에서 만나기로 했다고 말했으며, 성소의 거룩한 떡을 받으려고 없는 수행원들의 정결 상태까지 둘러댔다. 그리고 골리앗의 칼을 얻으려고, 급히 오느라 무기를 챙겨오지 못했다는 거짓말도 했다. 사실 이로써 도피 생활에 당장 얼마간 먹을 것을 확보했고, 무기도 챙겨서 길을 떠날 준비를 했다. 그러나 이 과정에서 제사장 아히멜렉을 속였으며, 더구나 그곳에 있었던 사울의 측근 도엑의 존재는 앞으로 이 성읍에 어떤 일이 벌어질지 모를 불안함을 남겼다. 독자들은 아무리 동기나 목적이 선하더라도 방법이 그릇된다면, 그 일이 과연 정당성을 확보할 수 있을지 의문을 품게 되며, 앞으로 놉에서 벌어질 일에서 그 결과를 보게 될 것이다.

(2) 하나님이 선택하신 이스라엘의 왕으로 기름 부음을 받은 다윗은 지금까지 하나님께 버림받은 사울과 달리 여러 사람과 협력하면서 세력을 형성해 가고 있었다. 특히 요나단은 다윗을 절대 신뢰하며 목숨을 걸고 사울에게서 구해주었다. 그런데 다윗은 앞선 단락에서 놉에 가서는 거짓말로 먹을 것과 무기를 구하더니, 이 단락에서는 아예 적진에 투항해 버린다. 이스라엘의 왕으로 기름 부음 받은 사람이 적국에 투항하는 모습은 어떤 정당성을 이유로 들더라도 긍정적으로 이해하기는 어렵다. 본문은 여기서 그치지 않고, 목숨의 위협에 지레 두려워한 다윗이 미친 체하는 모습까지 보여준다. 어떻게 보면 도저히 용납하기 어려운 일탈로 보일 수도 있다. 과연 다윗이 사울과 얼마나 다른 사람일까에 대

해 의심이 될 정도다.

본문은 왜 다윗의 이렇게 초라한 모습을 독자들에게 보여주는 것일까? 크게 보자면, 이 본문은 이른바 신명기계 역사가의 온고지신(溫故知新) 교훈을 위해 선조의 죄를 돌이켜 보라는 뜻으로 새길 수 있다. 하지만, 그렇게 보지 않더라도, 독자는 다윗의 모습을 보면서 자신을 돌아보게 된다. 과연 우리는 자기 목숨을 위해 거짓말하고, 해서는 안 될 행동을 서슴지 않고 하는 다윗과 다른가? 독자들은 다윗의 앞날에 어떤 일이 벌어질지, 그리고 하나님은 그런 한계를 내보인 다윗을 과연 어떻게 왕으로 세워나가실지 궁금해하면서 다음 본문으로 독서를 이어가게 된다.

22장
놉 주민들에게 사울이 복수함

우리말로 옮긴 본문

**다윗의 아둘람 굴과 모압 체류(1-5절)**

1 다윗은 그곳을 떠나 아둘람 굴로 피신하였다. 다윗의 형들과 아버지의 온 집안이 그 소식을 듣고 다윗에게로 내려왔다.

2 또한 곤란한 상황에 빠진 모든 사람, 빚진 모든 사람, 억울한 일을 당한 모든 사람이 그에게로 모여들었다. 그리하여 다윗은 그들의 우두머리가 되었는데, 그와 함께한 사람들은 400명 정도가 되었다.

3 다윗은 거기에서 모압의 미스베로 가서 모압 왕에게 말하였다. "하나님께서 내게 어떻게 하실지 알기까지 내 아버지와 내 어머니가 당신과 함께 있게 해 주십시오."

4 그러고는 그들을 모압 왕에게 데려갔다. 그리하여 그들은 다윗이 요새에 있는 내내 모압 왕과 함께 있었다.

5 예언자 갓이 다윗에게 말하였다. "요새에 머물러 있지 마십시오. 이

제 유다 땅으로 들어가십시오." 그래서 다윗은 헤렛 숲으로 들어갔
다.

## 사울이 놉 주민들에게 복수함(6-23절)

6   다윗과 그와 함께 있는 사람들이 나타났다는 소식을 사울이 들었다.
그때 사울은 기브아의 높은 곳에 있는 에셀 나무 아래에 머무르고
있었다. 손에는 단창을 들고 그의 모든 신하가 그 둘레에 서 있었다.

7   사울이 자기 둘레에 서 있던 신하들에게 말하였다. "베냐민 자손들
은 들으시오. 그대들 모두에게 이새의 아들이 밭과 포도원이라도 줄
성싶으시오? 그대들 모두를 1,000인 대장이나 100인 대장을 삼아줄
성싶으시오?

8   정말로 그대들 모두 나를 반역하였다는 말이오? 내 아들과 이새의
아들이 언약을 맺었을 때도 내게 귀띔해 준 사람이 없었고, 그대들
가운데 나를 염려해 주는 이가 없었고, 내 아들이 내 신하를 부추겨
서 오늘처럼 나를 거역하려 매복했는데도 내게 귀띔해 주는 이가
없으니 말이오."

9   그러자 사울의 신하들 틈에 서 있던 에돔 사람 도엑이 대답하였다.
"제가 이새의 아들이 놉에 있는 아히둡의 아들 아히멜렉에게 가는
것을 보았습니다.

10  아히멜렉이 그를 위해 여호와께 여쭈어보더니 음식을 주었습니다.
또 블레셋 사람 골리앗의 칼도 그에게 주었습니다."

11  왕이 제사장 아히둡의 아들 아히멜렉과 놉에 있던 그의 형제 제사
장들 모두를 부르러 사람을 보냈다. 그리하여 그들 모두가 왕에게
왔다.

12 사울이 말하였다. "아히둡의 아들은 들으라." 아히멜렉이 말하였습니다. "제가 여기 있습니다. 임금님!"

13 사울이 그에게 말하였다. "어째서 그대는 이새의 아들과 더불어 나를 배반하였는가? 그대가 그에게 빵과 칼을 주고 그를 위해서 하나님께 여쭈어본 것이 결국 오늘과 같이 나를 거역하여 일어나서 매복하게 되었으니 말이다."

14 그러자 아히멜렉이 왕에게 대답하였다. "임금님의 모든 신하 가운데 다윗처럼 믿음직한 신하가 누가 있습니까? 더구나 그는 임금님의 사위이자 경호대장이며 왕실에서도 중요한 사람이 아닙니까?

15 제가 오늘 처음으로 그를 위해서 하나님께 여쭈어보았습니까? 절대로 그렇지 않습니다. 그러니 임금님께서는 이 일의 책임을 당신의 이 종이나 제 아버지의 온 집안에 돌리지 마십시오. 당신의 종은 이 모든 일에 대해 크든 작든 아는 바가 전혀 없습니다."

16 그러나 왕은 말하였다. "아히멜렉, 그대와 그대 아버지의 온 집안은 죽어 마땅하다."

17 왕은 자기 둘레에 서 있던 근위병들에게 말하였다. "너희는 달려들어 여호와의 제사장들을 죽여라. 그들이 다윗과 손을 잡고는 그가 도망쳤는데도 내게 귀띔해 주지 않았기 때문이다." 그러나 왕의 신하들은 여호와의 제사장들을 죽이려고 손을 내밀기를 꺼려 했다.

18 왕은 도엑에게 말하였다. "그대가 달려들어 제사장들을 죽여라." 그러자 에돔 사람 도엑이 달려들어 제사장들을 죽였다. 그날 아마포로 만든 에봇을 입은 제사장 85명이 죽었다.

19 사울은 제사장들의 성읍인 놉도 남자들뿐 아니라 여자들, 어린이와 젖먹이까지 칼날로 쳤다. 또한 소나 나귀나 양에 이르기까지 가리지

않고 칼날로 쳤다.

20  하지만 아히둡의 아들 아히멜렉의 한 아들이 피신하였으니, 그의 이름은 아비아달이었다. 그는 다윗에게로 도망쳤다.

21  아비아달이 다윗에게 사울이 여호와의 제사장들을 죽인 사실을 일러주었다.

22  다윗이 아비아달에게 말하였다. "내가 에돔 사람 도엑을 보던 날 이미 그가 사울에게 분명히 일러바칠 것이라는 사실을 짐작하였소. 당신 아버지의 온 집안사람의 목숨은 내 탓이오.ᆨ

23  나와 함께 머무르고 두려워하지 마시오. 내 목숨을 노리는 사람이 당신의 목숨을 노리고 있기도 하기 때문이오. 당신은 나와 함께 있으면 안전할 것이오."

# 본문 비평

## 22절 ㄱ. 내 탓이오

여기서 히브리어 본문은 직역하면 '내가 둘러섰다'(אָנֹכִי סַבֹּתִי, '아노키 사보티')로 직관적으로 이해되지 않는다. 여기서 칠십인역은 '내가 죄지었다'(ἐγώ εἰμι αἴτιος, '에고 에이미 아이티오스')로 옮겼는데, אָנֹכִי חָיַבְתִּי('아노키 히야브티')를 대본으로 하는 듯하다(비교. McCarter, *I Samuel*, 363). 두 본문 가운데 어느 하나가 동사의 자음 본문을 혼동했을 수도 있고, 칠십인역이 의역했을 가능성도 있다.

# 본문 주석

### 다윗의 아둘람 굴과 모압 체류(1-5절)

**1-2절: 다윗이 아둘람 굴로 가서 세력을 형성함.** 다윗은 1절에서 곧바로 가드를 떠나, 아둘람 굴로 탈출했다(וַיִּמָּלֵט, '바이말레트'). 이곳은 가드에서 동쪽으로 16㎞ 정도, 예루살렘에서는 남서쪽으로 25㎞ 정도 떨어져 있었으며, 가드와 베들레헴 중간에 자리 잡고 있었던 쉐펠라 지역의 성읍이다(참조. Tsumura, *First Samuel*, 538). 굴(מְעָרָה, '므아라')이라고 표현한 데 대해, 본문을 수정해서 요새라고 보기도 한다(מְצָד, '므차드'; 참조. McCarter, *I Samuel*, 355). 하지만, 이렇게 본문을 수정할 근거가 없으며, 칠십인역도 굴(τὸ σπήλαιον, '토 스펠라이온')로 옮겨서 마소라 본문을 지지한다. 아마도 이곳은 이 성읍 근처에 동굴이 있었던 유다 지파 땅의 요새 성이었을 것으며(참조. 수 15:33-35; Tsumura, *First Samuel*, 538), 다윗은 고향에서 가까운 이곳을 거점으로 삼으려 하였다. 다윗의 예상대로 자기 가족들을 비롯한 모든 친척이 아둘람으로 모여들었다. 다윗의 가족들이 다윗에게 모여든 것은 이해할 만하다. 이미 다윗이 사울의 정적이 된 이상, 가족들의 목숨도 위험할 것은 뻔하였기 때문이다. 그런데 2절에서 다윗의 영향권 아래 온 또 다른 무리의 사람들이 소개된다. 먼저 "곤란한 상황에 빠진(מָצוֹק, '마초크') 모든 사람"인데, 이들은 사울 왕정에서 어떤 형태로든 억압당한 사람들이었을 것이다(참조. 신 28:53, 55, 57; 렘 19:9; 시 119:143). 그리고 "빚진(נֹשֶׁא, '노세') 모든 사람"인데, 이들은 채무 노예의 위기에 처할 정도로 가난한 사람들이라고 여길 수 있다(참조. 출 22:25; 왕하 4:1; 사 24:2; Klein, *1 Samuel*, 222-223). 셋째로 "억울한 일을 당한 모든 사람"(נֶפֶשׁ מַר, '마르-네페쉬')이었는데, 이들은 사울 왕정에서 어떤 형태로든 상실감

을 경험한 사람들로 볼 수 있다(참조. 삿 18:25; 삼상 1:10; 삼하 17:8; McCarter, *I Samuel*, 357). 한마디로 말하자면, 사울 왕정에 반대하던 사람들이었다. 이들은 모두 400명 정도에 이르렀다. 400-600명 정도 규모면 전투를 벌일 수 있는 최소 규모는 되었다(참조. 400명-창 32:6; 삼상 25:13; 600명-삿 3:31; 삼상 13:15; 14:2; 삼하 15:18; Dietrich, *1 Sam 13-26*, 624). 다윗은 이제 정치·군사 세력을 형성한 셈이다. 아마도 가드에 갔다가 살아 돌아온 다윗의 자세한 내막을 모르는 이들은 그가 블레셋을 향한 영향력도 검증되었으므로, 이제 본격적으로 반-사울 왕정 세력을 형성할 때가 되었다고 판단했을 것이다.

**3-4절: 다윗이 부모를 모압으로 피신시킴.** 3절에서 다윗은 의외의 행보를 또 한 번 보인다. 아둘람 굴에서 세력을 형성한 다윗이 이번에는 "모압의 미스베"(מִצְפֵּה מוֹאָב, '미츠페 모압')로 갔다. 모압과 관련해서 등장하는 미스베는 다른 곳에서 찾아볼 수 없고, 다윗이 그곳에서 곧바로 모압의 왕을 만난 점을 미루어 볼 때 모압의 왕실이 있던 성읍으로 추정할 수 있다(참조. McCarter, *I Samuel*, 357). 그리고 그는 모압 왕에게 자신이 하나님의 뜻을 분별할 때까지 부모를 맡아 달라고 요구했다. 이를 두고 다윗의 증조모인 룻이 모압 사람이었던 데서 단서를 찾곤 한다(룻 4:13-22). 말하자면, 모압은 다윗에게 인척이었던 셈이다. 모압이 사울과 대립 관계에 있었다는 점을 고려한다면(참조. 삼상 14:47; Tsumura, *First Samuel*, 539), 다윗의 이 행동도 사울을 위협할 수 있는 정치적 행보가 될 가능성도 있다. 그리하여 다윗은 4절에서 자기 부모를 모압 왕에게 데려갔으며, 다윗이 요새(הַמְּצוּדָה, '므추다'; 참조. 23:14)에 있을 동안에 그의 부모는 모압에 머무르게 되었다. 다윗이 머물렀던 요새가 어디인지는 정확하게 알

수 없다. 하지만, 모압 땅에 있던 모처로 볼 수 있다(참조. Klein, *1 Samuel*, 223). 그러니 다윗은 전투태세에 있었고, 그의 부모는 왕실의 보호를 받고 있었다고 여길 수 있겠다.

**5절: 다윗이 유다 땅 헤렛 수풀로 감.** 이 구절에서는 흥미롭게도 "예언자 갓"(גָּד הַנָּבִיא, '가드 하나비')이 다윗에게 신탁을 전한다. 이 사람은 나중에 다윗이 왕이 된 뒤에 왕실 예언자가 될 것이다(참조. 삼하 24:11-19; 대상 21:9-19; 29:29; 대하 29:25). 그는 다윗에게 모압의 요새에 있지 말고 유다 땅에 들어가라고 조언한다. 이 말은 다윗이 모압 왕에게 말했던 하나님의 뜻이 임한 것으로 새길 수 있다. 그리하여 다윗은 "헤렛 숲"(יַעַר חֶרֶת, '야아르 헤레트')으로 갔는데, 이 지명은 다른 곳에서 언급되지 않아 정확한 위치를 알 수는 없다. 다만 고대 그일라의 이름을 가지고 있는 오늘날의 키르벳 킬라(Khirbet Qîlā), 또는 텔 십(Tel Zip)에서 3.2km쯤 떨어진 키르벳 코레이사(Khirbet Khoreisa)가 아닐지 추측할 뿐이다(참조. Tsumura, *First Samuel*. 541; Dietrich, *1 Sam 13-26*, 629).

### 사울이 놉 주민들에게 복수함(6-23절)

**6-8절: 사울과 신하들.** 6절에서 장면은 기브아의 사울로 옮겨간다. 사울의 정보망은 다윗이 유다 땅에 들어왔음을 감지하였고, 사울은 그 사실을 보고받았다. 본문은 이때 사울이 기브아 높은 곳에 에셀(אֵשֶׁל, '에쉘') 나무 아래 앉아 있었다고 전하는데, 이는 고대 근동의 이야기에서 통치자와 신하들이 정책 논의를 위해 있던 전형적인 모습을 보여주며, 또한 손에 자기"단창"(חֲנִית, '하니트')을 들고 있었는데, 이 창은 왕으로서 그의 신분을 말해 주는 것이다(참조. 14:2; McCarter, *I Samuel*, 363; Tsumura, *First Sa-*

*muel*, 542). 7절에서 사울은 신하들에게 다윗을 "이새의 아들"이라고 일컬으면서, 그와 결탁해서 좋을 일이 없다고 으름장을 놓았다. 그리고 8절에서는 요나단과 다윗이 언약을 맺었는데도 자신에게 알려준 신하가 없으니, 오늘이라도 요나단이 정변을 일으킨다 해도 알려줄 사람이 없을 것이라고 역설적으로 비꼬아 말하였다. 이것은 어떤 정보든 전해달라는 위협이었다.

**9-10절: 도엑이 놉의 일을 사울에게 알림.** 이때 앞서 다윗이 놉에 있을 때 소개되었던 에돔 사람 도엑이 9절에서 등장한다. 그는 놉에서 다시 다윗 왕실에 돌아와 있었는데, 사울의 위협적인 말에 자신이 놉에 있을 때, 다윗이 아히멜렉을 찾아온 일을 보고하였다. 그리고 10절에서는 아히멜렉이 다윗을 위하여 여호와에게 묻고, 그에게 음식을 주었으며, 골리앗의 칼도 준 일을 보고하였다. 뒤의 두 보고는 사실이지만, 첫 보고는 본문에서 소개된 적이 없다. 그러니까 도엑이 부풀려서 보고했거나, 알려지지 않은 이야기로 볼 수 있다.

**11-13절: 사울의 아히멜렉 소환.** 11절에서 사울 왕은 에돔 사람 도엑의 보고를 받자마자 기다렸다는 듯이 아히멜렉은 물론 놉에 있던 그 집안의 제사장들을 다 소환했다. 소환 명령과 동시에 본문은 그들 모두 왕에게 이르렀다고 말하여서, 사건의 진행 속도를 높인다. 12절에서 사울이 심문을 시작한다. 그는 아히멜렉을 "아히둡의 아들"이라고 부르는데, 이것은 사울이 제사장 아히멜렉을 존중하지 않고, 낮잡아 부르는 어감을 준다(참조. Long, *1 and 2 Samuel*, 215). 13절에서 사울은 대번에 아히멜렉에게 "이새의 아들"과 자신에게 반항해서 공모하였다(קְשַׁרְתֶּם, '카샤르

템')고 몰아붙인다. 이 동사는 원래 '잇대어 붙이다'는 뜻을 지녔는데, 어떤 이에게 대항해서 반역하는 문맥에서 자주 쓰인다(참조. 왕상 15:27; 16:9; 왕하 10:9; 15:10, 15; 21:23 등; 게제니우스, 『사전』, 734). 그러니 벌써 사울은 아히멜렉을 반역자로 규정하고 심문을 하는 셈이다. 아히멜렉이 다윗에게 떡과 칼을 주었다고 한 사울의 말은 사실이지만, 그가 다윗을 위해 하나님께 물었다는 것은 앞선 본문에서는 없었으며, 도엑의 보고에만 있었던 말이다.

**14-15절: 아히멜렉의 대답.** 14절에서 아히멜렉은 자신의 억울한 심정을 토로한다. 자신이 다윗을 맞이하고 그에게 호의를 베풀 수밖에 없었던 명분을 조목조목 들이댄다. 먼저 그는 다윗을 "믿음직한 신하"(נֶאֱמָן, '네에만')라고 일컫는다. 이 낱말은 신의를 강조하며(참조, 민 12:7), 사람들이 보기에 다윗은 사울이 가장 믿을 만한 신하인데, 이는 다윗에 대한 세간의 평가를 반영하겠다. 둘째로 그는 다윗이 "임금님의 사위"라는 점을 강조한다. 왕실의 인척인 사람을 거부할 수는 없는 노릇이었다고 항변하는 셈이다. 셋째로는 "경호대장"(סַר אֶל־מִשְׁמַעְתֶּךָ, '사르 엘-미쉬마으테카'; 참조. 삼하 23:23; 대상 11:25)이라는 점을 드는데, 이것은 다윗이 사울의 최측근이라는 점을 강조한다. 마지막으로 "왕실에서도 중요한 사람(נִכְבָּד, '니크바드')"이라고 했는데, 다윗의 높은 지위를 언급한다. 사실 아히멜렉의 대답은 매우 설득적이고, 논리적이다. 그런데 15절에서 아히멜렉은 실수한다. 곧 자신이 다윗을 위해 하나님께 물은 것을 실토한 것이다. 늘 그렇듯이 그렇게 했다고 말했지만, 지금 다윗이 사람들을 모아서 정치 세력을 형성하는 시점에서 그를 위해 하나님께 물었다는 것은 곧 반역에 가담했다고 실토한 것이나 다름없기 때문이다. 그러니 도엑

이 한 보고는 사실이었던 것이 밝혀졌다. 아히멜렉은 아무것도 모르니 죄를 묻지 말아 달라고 사울에게 간청하였다. 그러나 이미 그는 사울이 듣고 싶어 했던 말을 해 버렸다.

**16-19절: 아히멜렉 집안의 처형.** 16절에서 사울은 아히멜렉의 진술을 듣자마자 사형 선고를 해 버린다. 아히멜렉뿐 아니라 그의 온 집안 제사장들 모두에게 사형 선고를 하였다. 사울의 사형 선고가 과연 합당한가의 문제를 두고 논란이 되어왔다(비교. Tsumura, *First Samuel*, 546). 하지만, 사울은 아히멜렉을 부를 때 벌써 그 결정을 했으리라 충분히 추정할 수 있을 뿐만 아니라, 결정적으로 아히멜렉이 다윗을 위해 하나님께 물었다는 진술은 반역 공모의 혐의를 확증하는 꼴이 되었다. 그러니 사울이나 왕실의 입장에서는 충분한 명분을 얻은 셈이었다. 17절에서 사울은 시간을 허비하지 않는다. 좌우에 서 있던 호위병들(רָצִים, ‘라침’)에게 “여호와의 제사장들”(כֹּהֲנֵי יהוה, ‘코하네 야훼’)을 처형하라고 명령했다. 그리고 죄목도 알려준다. 호위병들에게 사울이 댄 죄목은 아히멜렉으로 대표되는 놉의 제사장들이 자신에게 반역하고 있는 다윗과 “손을 잡고”(יָדָם עִם־דָּוִד, ‘야담 임-다비드’; 직역. “그들의 손이 다윗과 함께 있었고”), 다윗이 도망한 사실을 알고도 사울에게 알리지 않았다는 것이었다. 첫째 죄목은 앞서 말한 것처럼 아히멜렉의 진술에서 확보했지만, 둘째 죄목은 설득적이지 않다. 아히멜렉이 처음 무죄를 주장할 때(14절) 벌써 충분히 변호한 사실이었기 때문이다. 그런데 정작 문제는 다른 데서 생겼다. 호위병들을 포함한 사울의 신하들이 “여호와의 제사장들”을 죽이기를 꺼렸기 때문이다. 아마도 여기에도 두 가지 이유가 있었을 것이다(비교. Tsumura, 546; Dietrich, 641). 먼저, 위에서 말한 대로, 충분히 설득되지 않는

죄목으로 여호와의 제사장들을 사형하는 데 전적으로 동의하지 않았을 수 있다. 둘째로는 왕을 두려워하는 것보다 훨씬 여호와를 향한 두려움이 컸기 때문일 수도 있다.

신하들이 이렇게 우물쭈물하는 것을 본 사울은 18절에서 도엑을 지목한다. 그리고 그에게 사형 집행을 명령한다. 사울은 아마도 도엑이 이방인이며, 여호와를 두려워하는 신앙을 가지지 않았을 수도 있어서(참조. McCarter, *I Samuel*, 365), 이 일에 그를 이용하였을 것이다. 사울의 기대대로 도엑은 세마포 에봇을 입고 있었던 제사장들을 85명이나 죽였다. 19절에서 그는 사울이 명령하지 않은 일까지 감행한다. 그는 놉에까지 가서 그 성읍에 살던 남녀와 아이들은 물론, 젖먹이와 가축들까지 모조리 죽였다. 마치 거룩한 전쟁에서 하던 진멸(חֵרֶם, '헤렘')을 연상하게 한다(참조. 신 13:16-17; 20:16-17). 이 일은 사울이 아말렉을 진멸하라는 여호와의 명령을 어겨 버림받은 일(15장)과 역설적인 대조를 이룬다(참조. Klein, *I Samuel*, 225).

**20-23절: 아히멜렉의 아들 아비아달이 다윗에게 피신함.** 20절은 피비린내 나는 살육의 현장에서 살아남은 한 사람에게 초점을 맞춘다. 그는 아히멜렉의 아들들 가운데 아비아달이었다. 본문은 그가 어떻게 이 사건에서 살아남았는지 설명하지 않는다. 그렇게 하여 사건을 훨씬 더 빠르고 긴박하게 진행한다. 가까스로 목숨을 건진 아비아달은 곧바로 다윗에게 도망친다. 21절은 장면을 빠르게 전환해서, 아비아달과 다윗이 만나는 장면을 보여준다. 아비아달은 사울이 여호와의 제사장들을 죽인 일을 다윗에게 알렸다.

22절에서 다윗은 참담한 심정을 아비아달에게 말한다. 다윗은 앞서 놉에서 아비아달의 아버지 아히멜렉을 만날 때, 거기 도엑이 있는 모습을 보았다고 털어놓는다(참조. 21:7[8]). 그러면서 그 본문에서는 전하지 않았던 자기 심경을 말한다. 곧 그가 반드시 사울에게 자신을 본 사실을 보고할 줄 알았다는 것이다. 독자들은 다윗의 이 말에서 의문을 가진다. 만약 그 사실을 감지했다면, 도엑과 무슨 협상이라도 하든지 해서 아히멜렉의 집안이 피해 보지 않도록 조치해야 하지 않았을까? 어쨌거나 다윗은 뒤늦게 아히멜렉의 집안 모든 사람이 죽은 것이 자기 탓이라고 고백한다. 23절에서 다윗은 아비아달에게 자신과 함께 있으라고 말하며, 안전을 보장해 준다. 이 순간 사울과 다윗은 이제 본격적으로 정적이 되었다.

## 본문의 메시지

(1) 다윗은 가드에 투항했다가 미친 체까지 하는 초라한 모습을 보이고 겨우 살아나왔다. 그리고 그는 아둘람 굴로 갔는데, 여기서 그는 가족들과 사울 왕정 체제에서 불이익을 당하였거나 소외된 사람들과 더불어 정치 세력을 형성하기 시작하였다. 그런데 독자들을 다시 한번 놀라게 하는 일이 벌어진다. 곧 다윗이 자기 부모의 안전을 보장하기 위해서, 모압의 왕을 찾아가 부탁한 것이다. 연거푸 이방 세력의 도움을 받으려는 모습을 보면서 과연 이스라엘의 왕으로 기름 부음을 받은 사람의 합당한 모습인지 의심하게 된다. 더욱이 이어서는 앞서 놉에서 다윗과 아히멜렉이 만나는 장면을 목격한 에돔 사람 도엑이 사울에게 그 사실을 보고하는 장면까지 겹친다. 본문의 화자가 이토록 다윗의 행보에 부정

적인 요소를 드러내는 까닭이 무엇일까? 아마도 그토록 위대한 임금 다윗도 이렇게 흠결이 있는 모습을 고스란히 내보여서 독자들 자기 잘못도 되돌아보도록 요청하고 있지는 않을까? 실제로 이른바 신명기계 역사서의 전체 기조가 그러므로, 독자들은 독서 과정 가운데 본문을 통해서 거듭 이런 요청을 받게 된다.

(2) 본문에서는 한동안 초점에서 멀어져 있었던 사울이 다시 무대 중앙으로 나온다. 그의 관심은 오로지 다윗을 제거하고, 자기 왕권을 확고히 하는 데만 있었다. 신하들과 있을 때도 그는 자기 왕권을 과시하려 했던지, 왕궁이 아니라 성읍의 높은 곳 나무 아래서 왕의 신분을 상징하는 단창을 손에 쥐고 있었다. 더구나 신하들에게 요나단과 다윗 사이의 관계를 빌미로 자신을 향한 충성을 강요하며 다그쳤다. 사울은 분명히 이렇게 다그치면, 정치적 욕심에 충성을 맹세하는 사람이 나오고, 다윗을 제거할 명분을 쌓을 중요한 정보도 나올 것이라 기대했을 것이다. 그 기대에 부응하기라도 하듯, 사울에게 나선 이는 에돔 사람 도엑이었다. 이 방인으로서 그는 자신의 안위를 보장할 수만 있다면 아무것도 거리낄 것이 없었다. 그래서 놉에서 목격한 것을 모두 사울에게 보고하였고, 그가 보고한 정보는 사울에게 좋은 명분을 주었다.

　　사울은 놉의 제사장 아히멜렉과 모든 제사장을 소환해서, 말하자면 함정 수사를 했다. 이런 사실을 알 리 없었던 아히멜렉은 그 함정 수사에 걸려들었다. 하지만 사울의 판결에는 흠이 있었고, 신하들은 여호와의 제사장들에게 칼을 대기 싫어했다. 하지만 도엑은 이번에도 사울의 뜻을 대신 집행했다. 사울은 결국 목적을 위해서는 어떤 무리수라도 둘 수 있었고, 어떤 잔인한 일이라도 서슴지 않을 정도로 욕심으로 가득 차

있었다.

23장

# 다윗이 그일라와 십을 거쳐 엔 게디에 체류함

## 우리말로 옮긴 본문

### 그일라를 구한 다윗(1-13절)

1  사람들이 다윗에게 소식을 전해주었다. "보십시오. 블레셋 사람들이 그일라에 쳐들어와서는 타작마당을 약탈하고 있습니다."

2  그러자 다윗이 여호와께 여쭈어보았다. "제가 가서 이 블레셋 사람들을 쳐도 되겠습니까" 야훼께서 다윗에게 말씀하셨다. "가서 블레셋 사람들을 치고, 그일라를 구해주어라."

3  그러나 다윗을 따르던 사람들은 다윗에게 말하였다. "우리가 여기 유다에서도 두려워하는데 어떻게 그일라에 있는 블레셋 군대에게로 갈 수 있겠습니까?"

4  그러자 다윗은 다시금 여호와께 여쭈어보았다. 여호와께서 그에게 대답하셨다. "일어나 그일라로 내려가거라. 내가 블레셋 사람들을 네 손에 넘겨주었기 때문이다."

5  그리하여 다윗과 그의 사람들은 그일라로 가서 블레셋 사람들과 싸워 그들의 가축을 빼앗아 오고, 그들을 크게 무찔렀다. 그렇게 다윗은 그일라 주민들을 구해주었다.

6  아히멜렉의 아들 아비아달이 그일라에 있는 다윗에게 도망칠 때, 에봇을 손에 들고 왔다.

7  사울에게 다윗이 그일라로 갔다는 소식이 들렸다. 사울이 말하였다. "하나님께서 그를 내 손에 파셨구나.ᄀ 성문과 빗장이 있는 성읍으로 들어가 갇혔으니 말이다."

8  사울이 모든 백성을 전쟁을 위해 불러 모았다. 그일라로 내려가서 다윗과 그를 따르는 사람들을 에워싸려는 것이었다.

9  다윗은 사울이 자기를 해칠 준비를 하고 있다는 사실을 알게 되자, 제사장 아비아달에게 말하였다. "에봇을 가져오시오."

10  다윗이 말하였다. "이스라엘의 하나님 여호와여, 당신의 종은 사울이 저 때문에 성읍을 파괴하려고 그일라로 오려고 한다는 소식을 분명히 들었습니다.

11  그일라의 주민들이 저를 그의 손에 넘기겠습니까? 당신의 종이 들은 대로 사울이 내려오겠습니까? 이스라엘의 하나님 여호와여 당신의 종에게 일러주옵소서." 그러자 여호와께서 말씀하셨다. "내려 오리라."

12  다윗이 말하였다. "그일라의 주민들이 저와 제 사람들을 사울의 손에 넘기겠습니까?" 여호와께서 말씀하셨다. "그들이 넘길 것이다."

13  그러자 다윗과 그를 따르는 사람 600명이 일어나 그일라에서 나가서, 여기저기 떠돌아다녔다. 그리고 다윗이 그일라에서 나와 피신했다는 소식이 사울에게 전해지자, 사울은 나서려다 그만두었다.

**십 광야로 간 다윗**(14–29[24:1]절)

14 다윗은 광야에 있는 요새에 있다가 십 광야에 있는 산에 자리 잡았다. 사울이 끊임없이 그를 찾아다녔지만, 하나님께서ᄂ 다윗을 사울의 손에 넘겨주지 않으셨다.

15 다윗이 사울이 자기 목숨을 노리고 오는 것을 보았을 때, 그는 십 광야의 숲속에 있었다.

16 사울의 아들 요나단이 숲에 있는 다윗에게로 찾아와서, 하나님께ᄂ 기대어 다윗을 격려하였다.

17 요나단이 다윗에게 말하였다. "두려워하지 말게. 내 아버지 사울의 손이 절대로 자네에게 미치지 못할 것일세. 그리고 자네가 이스라엘의 임금이 되고, 나는 자네의 버금이 될 것이네. 내 아버지 사울도 그것을 아신다네."

18 두 사람은 여호와 앞에서 언약을 맺었다. 그런 뒤 다윗은 숲에 머무르고 요나단은 자기 집으로 돌아갔다.

19 십 사람들이 기브아에 있는 사울에게 올라가서 말하였다. "다윗이 우리 가운데 숨어 있지 않습니까? 그는 여시몬 남쪽, 하길라산의 수풀 요새에 있습니다.

20 이제 임금님께서 원하시면 언제든 내려오십시오. 저희 쪽에서 그를 임금님의 손에 내어드리겠습니다."

21 사울이 말하였다. "나를 동정해 주니 그대들은 여호와께 복을 받을 것이오.

22 가서 계속 준비하고 있으시오. 그래서 그가 어디로 가는지, 누가 그를 보았는지를 알아보시오. 내가 듣기로 그는 아주 꾀가 많다니 말이오.

23 그가 숨어 있는 은신처를 알아보고 확실한 정보를 가지고 내게 돌아오시오. 그러면 내가 그대들과 함께 가겠소. 그가 이 땅에 있기만 하다면 온 유다 족속을 뒤져서라도 그를 찾아내겠소.”

24 십 사람들은 사울에게서 떠나갔다.

한편 다윗과 그를 따르는 사람들은 여시몬 남쪽 아라바에 있는 마온 광야에 있었다.

25 사울과 그의 부하들이 다윗을 찾아다녔지만, 다윗은 이미 그 소식을 듣고 바위 지대로 내려가 마온 광야에 머물렀다. 사울이 그 소식을 전해 듣고 다윗을 뒤쫓아 마온 광야로 갔다.

26 사울이 산 이쪽으로 갔을 때, 다윗과 그를 따르는 사람들은 산 저쪽에 있었다. 다윗은 사울을 피해 급히 도망쳤다. 사울과 그의 부하들이 다윗과 그를 따르는 사람들을 붙잡으려고 에워쌌다.

27 그런데 전령이 사울에게 와서 말하였다. “서둘러 가셔야 하겠습니다. 블레셋 사람들이 습격해 왔기 때문입니다.”

28 그래서 사울은 다윗 쫓기를 그만두고 블레셋과 싸우러 되돌아갔다: 그래서 사람들은 그곳을 ‘셀라하마느곳’라고 일컬었다.

29[24:1] 다윗은 거기에서 올라가서 엔 게디의 요새에 머물렀다.


## 본문 비평


### 7절 ㄱ. 파셨구나

마소라 본문(נכר, ‘니카르’, “잘못 판단하다, 부인하다[?]”)은 사실상 이해하기 어렵다. 그런데 여기서 칠십인역은 πέπρακεν(‘페프라켄’ < πιπράσκω, ‘피프

라스코', "팔다")로 옮긴다. 이 낱말은 칠십인역에서 거의 מכר('마카르')의 대응어로 쓰인다. 칠십인역 개정본 가운데 심마쿠스 전통이 ἐξέδω-κεν('엑스에도켄', "내주었다"<נתן)으로 옮긴 것에 착안하여 마소라 본문은 칠십인역의 대본 מכר와 심마쿠스가 전제하는 נתן이 합쳐져서 빚어진 본문이라고 한 견해(Wellhausen)는 흥미롭다(참조. Dietrich, *1 Sam 13-26*, 658).

### 14, 16절 ㄴ. 하나님께[서]

14절에서 "하나님"(אֱלֹהִים, '엘로힘')을 쓰는 마소라 본문과 달리 쿰란 본문(4QSam[b])은 "여[호와]"(יהו[ה])를 쓰며, 이것은 칠십인역도 지지한다(κύ-ριος). 하지만, 쿰란 본문이나 칠십인역 본문은 신명사문자(Tetragrammaton)가 나오는 앞뒤 문맥에 맞추려는 후대의 수정으로 보인다. 이것은 16절의 경우도 마찬가지이다(בֵּאלֹהִים MT, ביהו[ה] 4QSam[b], ἐν κυρίῳ LXX).

## 본문 주석

### 그일라를 구한 다윗(1-13절)

**1-5절: 다윗의 그일라 주민 구원.** 1절은 유다 땅 헤렛 수풀에 거점을 두고 세력을 형성해 가던 다윗에게 블레셋 사람이 그일라(קְעִילָה, '크일라')를 공격해서 타작마당을 약탈한다(שֹׁסִים, '쇼심')는 소식이 전해진다. 그일라는 헤브론에서 북서쪽으로 12.8km쯤 떨어진 키르벳 킬라(Khirbet Qilā)인 것으로 추정된다(참조. McCarter, *I Samuel*, 370). 아마도 다윗이 있던 바로 인근의 성읍이었을 것이다(참조. 22:5). "타작마당"(גֳּרָנוֹת, '고라노트')을 노략질

할 때라면, 추수 무렵이었을 것이다. 추수하고 탈곡하는 곳을 약탈했으니, 생계에 매우 치명적인 위협을 받은 셈이다.

2절에서 다윗은 우선 여호와께 묻는 길을 선택한다. 이것은 다윗이 왕위에 오르기까지 거듭 강조되는 모습이다(참조. 28:6; 30:8; 삼하 2:1; 5:19, 23). 거룩한 전쟁의 명분을 얻기 위한 일이었다. 이에 대해 그는 블레셋 사람들을 물리치고 그일라를 구원하라는 신탁을 받는다. 다윗 자신은 출전의 명분을 얻었다. 그러나 3절에서 그는 함께한 동료들의 반대에 부딪힌다. 동료들은 그일라를 구하러 나섰을 때 자신들의 위치가 사울에게 노출되어 추격의 빌미를 제공하게 될 것을 두려워했다. 그들은 그일라를 구원해서 민심을 얻는 것보다 안전이 우선이라고 판단했을 것이다.

4절에서 다윗은 한 번 더 여호와께 묻는다. 이번에는 그일라로 내려가면 블레셋 사람들을 넘겨주시겠다는 신탁을 받는다. 이렇게 두 번 여호와의 신탁을 구하는 것은 하나님의 뜻에 대해 거듭 확신을 얻고자 했던 사사 기드온의 경우에 볼 수 있었다(참조. 삿 6:36-40; Tsumura, *First Samuel*, 551).

5절에서는 다윗이 블레셋에 대항해 치른 전투가 간략히 요약된다. 그는 그일라로 가서 블레셋 사람들과 싸워서 "그들을 크게 무찔렀다"(וַיַּךְ בָּהֶם מַכָּה גְדוֹלָה, '바야크 바헴 마카 그돌라'). 그리고 블레셋 사람들에게서 가축을 끌어왔다고 했는데, 이것은 이해하기 쉽지 않다. 이는 블레셋 사람들이 이스라엘로부터 빼앗은 가축 같아 보이지는 않으며, 그렇다면 이들이 그일라에서 탈취한 곡식을 싣고 가기 위해 끌고 왔거나, 타작마당에 남은 것들을 훑어 먹도록 하려 했던 가축이었을 것으로 추정하곤 한다(참조. Tsumura, *First Samuel*, 552). 하지만 정확히 알 수는 없다.

어쨌거나 다윗은 그일라에서 블레셋 사람들을 몰아내고, 그일라 주민들을 구원하였다.

**6절: 에봇을 가지고 다윗에게 간 아비아달.** 이 구절에서 화자는 이야기의 흐름을 깨고 들어와 새로운 정보를 독자들에게 전해주는데, 아히멜렉의 아들 아비아달이 다윗에게 도망쳐 올 때, 손에 에봇을 가지고 내려왔다고 전한다. 그런데 그가 그일라로 도망했다는 정보는 다소 당혹스러운데, 아마도 이 정보는 헤렛 수풀과 그일라가 동일시될 정도로 가까웠다고 여길 수 있는 정보로 보인다. 어쨌거나 여기서 에봇은 제사장의 의복이며, 신탁을 구할 때 쓰는 우림과 둠밈이 있었을 것으로 보인다. 그가 에봇을 손에 들고 왔다고 해서 의복이 아니리라 추측하기보다는 (참조. Dietrich, *1 Sam 13-26*, 676), 황급히 도망치느라 입지 못했을 가능성도 크다.

**7-8절: 사울이 그일라로 추격해 옴.** 7절에서 사울의 정보망은 다시 한번 가동된다. 다윗이 그일라의 주민들을 구하기 위해서 블레셋과 전투를 벌인 사실이 사울에게 전해진다. 블레셋과 전투를 벌이기 전에 두 번이나 여호와께 물었던 다윗과 달리, 사울은 그 소식을 듣자마자 "하나님께서 그를 내 손에 넘기셨구나"라고 단정해 버린다. 그리고 성문과 성문 빗장이 있는 요새 성읍 그일라에 있는 다윗을 갇혔다고 여긴다. 이 말은 사울이 공성전을 벌이겠다는 뜻으로 새길 수 있다. 공성전에서는 수성하는 쪽보다는 성 바깥에서 포위하고 있는 쪽이 장기전으로 가면 유리하므로 사울은 이런 자신감을 보이고 있을 것이다. 8절에서 사울은 곧바로 "모든 백성"(כָּל־הָעָם, '콜-하암')을 "전쟁을 위해"(לַמִּלְחָמָה, '르밀하

마') 불러서(וַיַּשְׁמַע, '바예샤마'; 직역. "그리고 그가 듣게 했다"), 그일라로 내려갈 계획을 세운다. 그의 공성 전략은 "에워싸려는"(צוּר, '추르'; 참조. 삼하 20:15; 왕하 16:5) 것이었다.

**9-13절: 다윗이 그일라에서 사울을 피해 떠남.** 9절은 6절에서 화자가 왜 이야기의 흐름을 깨고 아비아달의 에봇을 언급했는지를 알게 해 준다. 다윗은 사울이 자기를 "해칠 준비"(מַחֲרִישׁ הָרָעָה, '마흐리쉬 하라아'; 직역. "악을 도모함")를 하고 있다는 것을 알게 되었다. 아마도 사울과 마찬가지로 다윗도 사울 왕실에 여전히 정보망을 가지고 있었던 것으로 추측할 수 있다(참조. Long, 221). 그러나 사울이 다윗의 위치를 알려주는 정보를 들은 뒤에 곧바로 자의적으로 하나님의 뜻을 해석하고 곧바로 군대를 꾸려 출격하려 결정하였다. 반면에, 다윗은 사울의 결정에 대한 정보를 듣고 다시금 여호와께 여쭙는다. 이번에는 6절에서 언급한 아비아달의 에봇(의 우림과 둠밈)을 사용하여 신탁을 구한다. 이어서 신탁을 구한 질문과 그 결과가 서술된다. 10절은 다윗이 들은 정보를 신탁을 구하는 말의 형태로 전해진다. 핵심은 사울이 다윗 때문에 그일라 성읍 자체를 멸하려 한다는 것이었다. 11절에서는 다윗이 알고자 한 신탁의 내용인데, 사울이 정말 자신을 대항해 내려올 것인지의 문제였다. 에봇을 통한 신탁은 그렇다, 또는 아니다로 주어지는데, 여기서는 "내려오리라"는 신탁이 주어졌다. 12절에서 다윗은 다시 한번 신탁을 구하는데, 이번에는 승패였다. 신탁의 결과는 다윗의 패전이었다. 13절에서는 이 신탁을 받은 다윗의 반응이 전해진다. 다윗은 신탁에 순응하여 그일라 주민들의 피해를 막기 위해 "여기저기 떠돌아다녔다"(וַיִּתְהַלְּכוּ בַּאֲשֶׁר יִתְהַלָּכוּ, '바이트할르쿠 바아쉐르 이트할르쿠'). 이때 그와 함께 한 사람은 600명가량이라

고 전하는데, 이는 처음 400명에서 세력이 늘어난 것을 알 수 있다. 이 소식이 전해지자 사울은 일단 그일라로 공성전을 위해 출격하던 작전은 철회하였다.

### 십 광야로 간 다윗(14-29[24:1]절)

**14절: 다윗의 피신과 사울의 추격.** 다윗은 이제 한곳에 머무르지 않고, 광야의 요새(מְצוֹדוֹת, '므추도트')나 십 광야의 산속 등 유다 땅 여기저기로 옮겨 다니며 사울의 추격을 피했다. 사울도 다윗 추격을 포기하지 않고 "매일"(כָּל־הַיָּמִים, '콜-하야밈') 찾아다니는 집착을 보였지만, 다윗을 찾는 데는 번번이 실패했다.

**15-18절: 다윗과 요나단의 만남.** 15절에서 다윗은 사울이 자신을 죽이려고 나선 것을 보았다. 여기서 "보다"(וַיַּרְא, '바야르')라는 동사 형태는 자음만 놓고 보자면, "그가 두려워했다"(וַיִּרָא, '바이라')와 구분되지 않는다. 그래서 본문을 고치기도 하지만(참조. McCarter, *I Samuel*, 374; Klein, *1 Samuel*, 227), 마소라 본문의 읽기 그대로 두면 물리적으로 보았다는 뜻이 아니라, 정보를 통해 인식하는 것을 가리킬 수 있으므로 충분히 이해할 수 있다.[1] 그는 그일라 성읍에서 나와서 십(זִיף, '지프') 광야의 수풀(חֹרְשָׁה, '호레쉬')에 들어가 있었다. 바로 앞 구절에서 소개된 이 광야는 그일라에서 남동쪽으로 20㎞ 정도 떨어진 곳이었으며, '호레쉬'는 지형 특성인 동시에 지명일 수도 있다. 이곳은 십 광야로 여겨지는 오늘날의 텔 지프(Tell Zip)에서 3㎞쯤 떨어진 곳에 있다(참조. McCarter, *I Samuel*, 374).

　16절에서는 요나단이 이렇게 사울을 피해 숨어 있는 다윗을 찾아왔

---

1.　참조. 삼상 12:17; 24:13; 25:17; 왕상 20:7, 22; 비교. Long, *1 and 2 Samuel*, 222.

는데, 아마도 요나단과 다윗 사이를 이어주는 정보망이 있었던 것으로 보인다. 요나단은 다윗에게 먼저 "하나님께 기대어"(אֶת־יָדוֹ בֵּאלֹהִים, '바여하제크 에트-야도 베엘로힘'; 직역. "그가 하나님 안에서 그의 손을 힘 있게 하였다")라고 하였다. 이것은 둘 사이의 관계에 신앙적 명분이 중요하였음을 알려준다. 17절에서 요나단은 다윗에게 둘 사이의 정치적 맹약을 좀 더 직설적으로 진술한다. 곧 자기 아버지 사울이 다윗을 해치지 못하게 될 것이며, 다윗이 이스라엘의 임금이 되고 자신은 다윗 "버금"가는 사람(לְמִשְׁנֶה, '르미쉬네'; 직역. "둘째"; 개역개정. "네 다음")이 될 것임을 사울이 안다고 말했다. 아버지의 핑계를 댔지만, 사실상 요나단은 자신이 전적으로 다윗의 편에 서서 왕이 되도록 도와줄 것이라고 말한 셈이다. 18절에서 두 사람은 다시 한번 언약을 맺었는데(참조. 18:3; 20:8, 12-17, 42), 이번에는 "여호와 앞에서"(לִפְנֵי יְהוָה, '리프네 야훼')였다. 두 사람은 이렇게 비밀스레 회동한 뒤 제자리도 되돌아갔다.

**19-24전반절: 십 사람들이 다윗의 소재를 사울에게 알림.** 19절에서 장면은 다시 사울이 있던 기브아로 전환된다. 다윗의 은신처 인근 성읍 십의 주민들이 사울이 있던 기브아에 왔다. 그리고 다윗이 자신들 가까이에 있다는 정보를 준다. 그들은 다윗이 '여쉬몬'(יְשִׁימוֹן, 참조. 23:24; 26:1, 3) 남쪽 하길라 산 수풀의 요새에 있다고 말하였다. 이들이 말하는 '여쉬몬'이나 '하길라'의 정확한 위치는 알 수 없다. 다만 이 지명이 마온(24후)과 연관이 있는 것으로 보여서, 헤브론 남동쪽 어딘가로 추정할 수 있을 것이다(참조. McCarter, *I Samuel*, 378). 20절에서 이들은 사울이 언제든지 내려오라고 권한다. 그러면서 왕에게 다윗을 넘기는 것이 자신들을 위함(לָנוּ, '라누'; 개역개정. "의무"=참조. 4QSam^b עָלֵינוּ, '알레누', "우리 위에 있다")이라

고 말하였다.

21절에서 이 말을 들은 사울은 "여호와께 복을 받을 것이오"라고 하며 십 사람들을 축복까지 한다. 그 근거로 그들이 자신을 긍휼히 여겼기 때문이라고 하였다. 긍휼히 여겼다는 표현은 앞서 사울이 아말렉과 전투를 치를 때, 진멸의 명령을 어기며 전리품을 아꼈던 데 쓰였는데(참조. 삼상 15:3, 9, 15), 이 점을 고려한다면 십 사람들이 사울을 아낀 것은 하나님 앞에서 잘못임을 느낄 수 있다. 22절에서 사울은 자신이 들은 다른 정보를 십 사람들에게 알려주는데, 다윗이 "심히 지혜롭게 행동한다"(עָרוֹם יַעְרִם הוּא, '아롬 야아림 후')는 것이다. 이 말은 다윗의 주도면밀함을 강조하라는 경고겠다. 그래서 사울은 십 사람들에게 다윗의 은신처와 행동을 더 자세히 살펴보라고 명령한다. 23절에서 사울은 십 사람들을 자신의 정보망에 편입한다. 그리고 다윗이 숨어 있는 곳은 어디든 정탐해서 실상을 보고하라고 말한다. 이 진술은 사울이 자신의 정보망을 어떻게 관리하고 있었는지를 가늠할 수 있게 해 준다. 사울은 그런 정보망만 있다면 유다 땅에 있는 한 "온 유다 족속을 뒤져서라도"(בְּכֹל אַלְפֵי יְהוּדָה, '브콜 알르페 예후다')[2] 그를 찾아낼 수 있을 것이라는 자신감을 보인다.

24전반절에서 사울의 명령을 받은 십 사람들은 사울보다 앞서 자기네 성읍으로 갔다. 사울의 정보망을 십에서 제대로 형성해서 정보를 수집하기 위해서였을 것이다.

---

2.　여기서 쓰인 אֶלֶף('엘레프')는 수사일 뿐만 아니라, 종족이나 족속을 뜻하기도 하여서(참조. 민 1:16; 10:4, 36; 수 22:21, 30), 더러는 어떤 지파나 종족이 사는 곳이나 지방을 표현하기도 한다(참조. 미 5:1; 게제니우스, 『사전』, 42). 그래서 이 본문의 표현은 "유다 지파의 땅 가운데서"로 옮길 수도 있다.

**24후반절-26절: 마온 광야에서 다윗과 사울이 대치함.** 24후반절은 다윗과 그의 동료들 모습을 보여주는데, 그들은 광야 남쪽 마온 광야 "아라바"(עֲרָבָה)에 있었다고 전한다. 이 낱말은 사해 주위의 광야지대를 일컫는 것이 보통인데(참조. 게제니우스, 『사전』, 619), 칠십인역은 여기서 "저녁 무렵에"(καθ᾽ ἑσπέραν, '카트 헤스페란')로 옮겨서 같은 자음의 다른 낱말로 읽은 듯하다. 마온 광야는 오늘날의 텔 마인(Tell Máin)으로 여겨지는데, 헤브론 남쪽으로 대략 13㎞ 떨어진 곳에 있으며, 주위는 높은 언덕으로 둘러싸여 있다(참조. McCarter, *I Samuel*, 378). 25절에서 사울과 일행이 근처에 온 것이 다윗의 정보망에서 걸려서 다윗은 요새를 떠나 마온 황무지로 내려갔다. 그러자 사울도 그를 추격했다. 26절에서는 다윗과 사울의 긴박한 도피와 추격을 그려준다. 그리고 사울 진영이 분명히 군사가 더 많았을 테니, 다윗 진영을 포위해서(עֹטְרִים, '오트림'; 개역개정. "에워싸고") 압박하려는 작전을 펴고 있었다. 이런 수적 열세는 다윗 진영에는 치명적이었을 것이다. 그래서 사울이 점점 포위망을 좁혀오는 것은 매우 위협적이어서, 긴장감은 극으로 치닫고 있었다.

**27-29[24:1]절[3]: 사울이 블레셋의 침공으로 철수함.** 그런데 27절에서 새로운 변수가 생겼다. 블레셋 사람들이 이스라엘을 공격해 왔으니, 급히 출전해야 한다는 전갈이 왔다. 28절에서 사울은 블레셋의 침공 때문에 하는 수 없이 다윗 추격을 멈추어야 했다. 화자는 여기서 기원론(etiology)으로 이 장소의 이름을 말해 준다. 그곳의 지명이 "셀라하마느 곳"(סֶלַע הַמַּחְלְקוֹת, '셀라 하마흘르코트'; 직역. "분리하는 바위")인데, 이런 명칭

---

3.　우리말 성경의 23장 마지막 구절은 히브리어 성경에서는 24:1이다. 그러므로 24장은 절 구분이 우리말 성경과 히브리어 성경이 다르다.

이 사울과 다윗이 여기서 갈라섰다고 해서 붙여졌다는 것이다. 하지만 말 그대로 놓고 보자면, 어원에 따라 '반들반들한 바위가 있는 곳'으로 여길 수도 있다(참조. McCarter, *I Samuel*, 379). 29절에서는 다윗이 사해 서쪽 연안에 있는 '엔 게디'(עֵין־גֶּדִי; 오늘날의 아인 지디['Ain Jidi])의 요새로 갔다고 전해준다.

## 본문의 메시지

⑴ 본문에서는 여호와께 버림받은 임금 사울과 임금으로 기름 부음 받은 다윗이 뚜렷이 대조된다. 다윗은 자기 목숨의 위험을 감수하고 그일라의 유다 동족을 블레셋에게서 구한다. 여기서 매우 조심스럽고 세심하게 여호와의 뜻을 구하는 다윗의 모습이 강조되어 있다. 다윗의 이 행보는 사울에게 노출되는데, 사울은 이것이 하나님이 주신 기회라고 자의적으로 해석하고 서둘러 군대를 꾸려 출격한다. 사울의 이 계획도 다윗에게 이내 전해져서 평행을 이룬다. 하지만 여기서도 다윗은 거듭 여호와의 뜻을 묻고, 신탁이 전해지자, 자존심을 세우거나 의협심에 들떠서 그일라 사람들을 위험에 노출하기보다는 자신은 좀 더 힘겨울 수 있지만, 도피 생활을 선택한다. 이렇게 하나님의 뜻을 따르는 다윗을 사울은 아무리 찾아도 찾지 못하는 것으로 이 단락이 마무리된다.

　이렇게 대조를 이루는 사울과 다윗의 모습은 독자들에게 분명한 메시지를 전한다. 욕심과 피해망상에 빠져서 하나님의 뜻마저 제멋대로 해석하는 사울의 모습은 매 순간 선택과 결정을 하며 사는 독자 모두의 삶을 돌아보게 한다. 그리고 순간마다 모든 걸음의 선택을 하나님께 묻는 다윗의 모습은 신앙인의 지향점을 보여주는 교훈을 전한다.

(2) 본문에서 다윗과 사울 사이에 있던 서로 다른 두 인물(들)이 비교된다. 가장 먼저 다윗의 은신처를 찾아온 요나단이다. 그는 다윗을 죽이려고 혈안이 된 사울의 아들이자 왕위 계승 서열 1위인 왕자였다. 그러나 그는 이런 명분보다 실리적인 정치 노선, 곧 민심이 더 기울어 있는 다윗을 선택하였다. 여기에는 신앙적인 근거도 있어서, 그는 여호와께서 다윗을 선택하셨음을 알고 인정하였다. 사실상 요나단의 이 선택은 절대 쉽지 않다. 본문에서는 다시 다윗을 찾아와서 보호를 약속하고 겸손하게 언약을 맺은 요나단의 모습을 통해서 하나님 앞에서 참된 선택이란 무엇이며, 그 선택을 위해 어떤 각오를 하고 행동해야 할지를 보여준다.

또 다른 인물들은 십 사람들이었다. 십 사람들은 사실 지리적으로나 혈통적으로는 다윗과 가까웠다. 다윗과 같은 혈통인 유다 지파 땅에 거주한 사람들이었기 때문이다. 그런데 이들은 사울을 선택하여, 다윗의 은신처를 알려주겠다고 나서며 사울의 정보망에 들어갔다. 겉으로 보자면, 이들은 현재 나라를 다스리는 임금을 인정하였으니 문제가 없었다. 하지만 이들의 선택은 현실을 정확히 보지 않은 단기적 이익을 따른 세속적 선택이었다. 당장은 사울이 임금이라 그를 선택하는 것이 이익으로 보일 수 있다. 그러나 그는 벌써 백성들 앞에서 몇 차례 하나님의 명령마저 무시하는 모습을 보였으며, 그래서 버림받은 임금이었다. 당장 눈앞에 보이는 유익을 따르는 십 사람들의 얄팍한 모습을 통해 본문은 요나단의 사려 깊고 신앙에 바탕을 둔 선택과 뚜렷이 비교하도록 해 준다.

**24장**
**엔 게디에서 마주친 다윗과 사울**

**우리말로 옮긴 본문**

1[2]¹   사울이 블레셋 사람들을 쫓아내고 돌아왔을 때 그에게 소식이 전해졌다. "보십시오. 다윗이 엔 게디 광야에 있습니다."

2[3]   사울은 온 이스라엘에서 3,000명의 군사를 뽑아서 다윗과 그를 따르는 사람들을 찾기 위해 '들염소 바위' 근처로 갔다.

3[4]   사울이 길가의 가축우리로 갔을 때, 거기에는 동굴 하나가 있었다. 사울이 용변을 보기 위해 그리로 갔는데, 다윗과 그를 따르는 사람들은 동굴 깊숙한 곳에 머무르고 있었다.

4[5]   다윗을 따르는 사람들이 그에게 말하였다. "보십시오. 여호와께서 당신께 말씀하신 날이 바로 오늘이군요. 제가 당신의 원수를 당신 손에 넘겨드리겠습니다. 그러면 당신께서는 보시기에 좋은 대로 그를 처치하십시오." 그리하여 다윗이 일어나 가서 사울의

_______________

1.   우리말 성경의 23장 마지막 구절이 히브리어 성경에서는 24:1이다.

겉옷 자락을 몰래 잘랐다.

5[6] 그러고 나자 사울의 겉옷 자락을 자른 것 때문에 다윗의 마음에 찔렸다.

6[7] 다윗이 자기를 따르는 사람들에게 말하였습니다. "내가 이 일을 저지른 것은 여호와께 잘못된 일이오. 여호와께서 기름 부으신 내 주인에게 내가 손을 댔으니 말이오."

7[8] 그리고 다윗은 자기를 따르는 사람들을 나무라면서 사울을 해치지 못하게 하였다. 사울은 일어나 동굴에서 나와 가던 길을 갔다.

8[9] 그 뒤에 다윗이 일어나 동굴을 나가서 사울 뒤에서 외쳤다. "내 주, 임금님!" 사울이 뒤를 돌아보자, 다윗은 땅바닥에 넙죽 엎드려 절을 했다.

9[10] 다윗이 사울에게 말하였다. "어째서 다윗이 임금님을 헤치려 한다는 다른 사람들의 말만 들으십니까?

10[11] 보십시오. 여호와께서 오늘 저 동굴에서 당신을 제게 넘겨주셨다는 것을 당신의 두 눈으로 보셨습니다. 당신을 죽이라고 말하는 사람도 있었지만, 저는 당신을 소중히 여겼습니다. 그래서 여호와께서 기름 부으신 분이기 때문에 내 손을 내 주인께 댈 수 없다고 말하였습니다.

11[12] 제 아버지시여! 잘 보십시오. 제 손에 당신 겉옷 자락이 있습니다. 제가 당신의 겉옷 자락을 자르고 당신을 죽이지 않았습니다. 제 손에는 악의가 없음을 알아봐 주십시오. 저는 당신께 잘못을 저지르지 않았는데도, 당신께서는 제 생명을 노리고 계십니다.

12[13] 여호와께서 당신과 저 사이를 판가름해 주시고, 여호와께서 당

신께 당하는 제 억울함을 풀어 주시길 바랍니다. 하지만 저는 당신께 손을 대지 않겠습니다.

13[14]  옛ㄱ 속담에 말하기를, '악인에게서 악이 나온다'라고 했습니다. 그러니 저는 당신께 손을 대지 않겠습니다.

14[15]  이스라엘의 임금님께서 누구를 뒤쫓아 나오셨습니까? 당신께서는 누구를 뒤쫓으신다는 말입니까? 죽은 개 한 마리입니까, 아니면 벼룩 한 마리입니까?

15[16]  여호와께서 재판관이 되셔서 당신과 저 사이를 판가름해 주시길 바랍니다. 그분께서 제 송사를 살펴보시고 판결하셔서 당신 손에서 제 권리를 회복해 주시길 바랍니다."

16[17]  다윗이 사울에게 이 말을 다 하고 나자, 사울이 말하였다. "이것이 네 목소리냐, 내 아들 다윗아?" 그러고는 사울이 소리 높여 울었다.

17[18]  그가 다윗에게 말하였다. "네가 나보다 의롭구나. 나는 네게 악으로 대했는데도, 너는 내게 선으로 대하였으니 말이다.

18[19]  여호와께서 나를 네 손에 넘겨주셨는데도 나를 죽이지 않았으니, 그것만으로도 너는 오늘 내게 선을 행하였음을 보여주었다.

19[20]  누가 제 원수를 만나고도 제 길을 가도록 선을 베풀겠느냐? 오늘 네가 내게 베풀어 준 대로 여호와께서 네게 선으로 되갚아 주실 것이다.

20[21]  이제는 정말 네가 임금이 될 것임을 분명히 알게 되었다. 이스라엘 왕국이 네 손에서 일어설 것이다.

21[22]  그러니 이제 네가 내 후손을 끊어버리지 않고 내 이름도 내 아버지의 집안에서 없애버리지 않겠다고 내게 여호와를 두고 맹세해

다오.”

22[23] 다윗이 사울에게 맹세했다. 그리고 사울은 자기 집으로 돌아갔고 다윗과 그를 따르는 사람들도 요새로 올라갔다.

## 본문 비평

### 13[14]절 ㄱ. 옛

마소라 본문은 여기서 단수형을 쓰는데(הַקַּדְמֹנִי, ‘하카드모니’), 이 형태를 두고 일반적으로 집합적 의미로 쓰였다고 여긴다(참조. *HALAT*, 1001). 반면에 쿰란 본문(4QSam^a)은 일반적으로 쓰이는 복수형을 쓴다([הקד]מונים, ‘하카드모님’). 그런데 히브리어 본문에서 이어지는 낱말이 ‘멤’(מ)으로 시작하는 점을 고려하면, 마소라 본문이 중자탈락(haplography)을 겪었든지, 쿰란 본문이 중복오사(dittography)를 했을 수도 있다.

## 본문 주석

**1-2[2-3]절: 사울이 엔 게디로 다윗을 추격함.** 1절에서는 앞선 장면에서 시간의 이동이 있다. 사울은 유다 땅에서 다윗을 추격하다가 블레셋의 침공 소식을 듣고 그 문제 해결을 위해서 퇴각했다. 본문에서는 블레셋을 뒤쫓던 사울이 (아마도 기브아로) 되돌아왔을 때 시작한다. 블레셋 군대 추격에서 돌아온 사울에게 다윗이 엔 게디 광야에 있다는 첩보가 들어왔다. 2절에서 사울은 이 소식을 듣자마자 3,000명의 군사를 거느리고

다윗을 찾아 나선다. 이 수는 아마도 13장 2절이나 (이 장과 전승의 연관이 있는)[2] 26장 1절에서 왔을 수 있다(참조. Dietrich, *1 Sam 13-26*, 713). 여하튼 다윗의 세력에 비하면 여섯 배에 해당하는 많은 수다(참조. 23:13). 그만큼 사울이 다윗을 잡는 데 집착하고 있음을 보여준다. 그는 다윗과 그 일행을 찾기 위해서 "들염소 바위"(צוּרֵי הַיְעֵלִים, '추레 하여엘림')로 갔다. 아마도 이 명칭은 이 지역에 오늘날에도 흔히 볼 수 있는 야생 염소(ibex)가 많은 것과 연관이 있거나, 바위들의 모양이 어떤 형태로든 야생 염소를 생각나게 해서일 수도 있다(참조. Tsumura, *First Samuel*, 564).

**3-7[4-8]절: 다윗이 사울을 살려줌.** 3절에서 사울은 다윗을 추격하던 중에 "용변을 보기 위해"(לְהָסֵךְ אֶת־רַגְלָיו, '르하세크 에트-라글라브'; 직역. "발을 가리러"; 참조. 삿 3:24) 길가 양우리 근처에 있던 굴로 들어갔다. 완곡어법(euphemism)을 썼지만, 생리현상을 해결하러 혼자 굴에 들어간 것이다. 아마도 군사들은 굴 바깥에서 경계를 서고 있었을 것이다. 그런데, 놀랍게도 그 굴 깊은 곳에(בְּיַרְכְּתֵי הַמְּעָרָה, '브야르크테 하므아라') 다윗 일행이 있었다. 4절에서 사울이 혼자 들어오는 모습을 본 다윗의 사람들은 다윗의 원수를 넘겨주시겠다고 한 여호와의 신탁을 인용하면서 이날이 바로 그날이라고 다윗을 부추겼다. 그런데, 독자들은 지금까지 이런 신탁을 접한 적이 없으며, 다만 그일라에서 블레셋과 전투를 앞두고는 들은 것이 있을 뿐이다(참조. 23:4). 그래서인지 다윗은 사울을 죽이지 않고, 뒤로 가서 그의 "겉옷 자락"(כְּנַף הַמְּעִיל, '크나프-하므일')을 가만히 베었다. 다윗은 마음만 먹었다면 사울을 죽일 수도 있었지만, 그러지 않았다는 사실을 경고로 줄 수 있었다. 그러나 고대 근동의 배경에서 옷의 일

---

2.    두 본문의 비교는 아래 26장 1절의 주석을 보라.

부는 그 사람의 권위를 상징하였다(참조. Tsumura, *First Samuel*, 566). 특히 여기서 사울의 겉옷을 일컫는 낱말은 군주와 왕자만 입을 수 있는 옷을 가리켰다(참조. 18:3 주석). 그러므로 사울의 겉옷 자락을 벤 것은 그의 신분에 대한 위협이라는 정치적 의도도 생각할 수 있다. 이로써 다윗은 실리와 명분을 다 얻을 수 있게 되었다. 곧 왕을 죽이지도 않으면서, 자신의 의도도 사울에게 분명히 알리게 된 것이다.

5절에서 다윗은 그 행동에 "다윗의 마음이 찔렸다"(וַיַּךְ לֵב־דָּוִד אֹתוֹ, '바야크 레브-다비드 오토'; 직역. "다윗의 마음이 자신을 쳤다"; 비교. 욥 27:6)고 표현한다. 그리고 6절에서는 동료들에게 여호와께 기름 부음을 받은 사람(מָשִׁיחַ, '므쉬아흐')을 스스로 치는 것은 "여호와께 잘못된 일"(לִי מֵיהוה חָלִילָה, '할릴라 리 메야훼')이라고 말한다. 이어서 7절에서 다윗은 자기와 함께 한 사람들에게 사울을 해치지 못하게 하였다. 그리하여 사울은 아무것도 모른 채 볼 일을 보고 굴을 빠져나갔다.

**8-15[9-16]절: 사울을 향한 다윗의 말.** 8절에서 말하는 "그 뒤에"(אַחֲרֵי־כֵן, '아하레-켄')는 얼마인지 명시하지는 않지만, 시간과 장소의 거리를 둔다는 뜻이 있다(참조. Dietrich, *1 Sam 13-26*, 720). 이렇게 충분한 안전을 확보한 다윗은 뒤에서 사울을 외쳐 불러 세운다. 다윗은 사울이 자신을 죽이려 한다는 사실을 분명히 알고 있었지만, 9절에서 다윗은 그렇게 말하지 않는다. 그는 자신이 사울을 해하려 한다는 간신배들의 말을 사울이 듣고 있다고 하여, 이 추격의 원인을 사울에게 돌리지 않는다.

그런 뒤에 10절부터 다윗은 방금 있었던 일을 사울에게 일러준다. 그는 "당신의 두 눈으로 보셨습니다"(הַיּוֹם הַזֶּה רָאוּ עֵינֶיךָ, '하욤 하제 라우 에네카'; 개역개정. "오늘 […] 왕이 아셨을 것이니이다")라고 말하는데, 이는 사울이 조금 전에 들어갔던 굴에서 다윗과 그 일행이 나오는 모습을 본 사실을 일컫는다. 다윗은 이어서 목적절을 진술하는데, 여호와께서 자기 손에 사울을 넘기셨다는 사실이었다. 다윗은 신탁이 아니라, 동료들이 한 말을 그대로 사울에게 옮긴다. 더구나 그는 정확히 듣지도 않은 말, 곧 어떤 사람이 자신에게 "당신을 죽이라"고 말했다고까지 하는데, 이는 사실이 아니었다. 그가 이렇게 없는 말까지 하는 것은 자신을 좀 더 적극적으로 변호하려는 일차적 의도가 있었을 것이다. 그리고 나서 다윗은 사울이 여호와께 기름 부음 받은 사람이므로 해하지 않았다고 자신이 공표했던 말을 전한다. 11절에서 다윗은 드디어 자신이 벤 사울의 겉옷 자락을 내보인다. 그러면서 그는 사울을 "제 아버지시여!"(אָבִי, '아비')라고 부른다. 이 호칭은 존중과 동시에 사위로서 사울의 직무를 이어받을 권리가 있음을 내비치는 구실도 할 수 있다(참조. Tsumura, *First Samuel*, 570). 물론 다윗이 사울에게 표면적으로 하는 말은 사울을 죽일 의도가 없었으므로, 자신에게 악한 의도도 죄과도 없다는 사실을 변호하기 위함이었다. 그러나 자신이 죽이려는 마음만 먹으면 사울을 죽일 수도 있었다는 경고도 함께 하는 셈이다. 더구나 다른 것도 아닌 임금의 신분을 상징하는 옷자락이니 사울에게는 더 위협적이었을 것이다.

12절에서 다윗은 "여호와께서 당신과 저 사이를 판가름해 주시고"(יִשְׁפֹּט בֵּינִי וּבֵינֶךָ, '이쉬포트 야훼 베니 우베네카')라고 말하는데, 이 기원문은 사울을 여호와의 재판정에 기소하는 소송문 구실을 한다(참조. 아래 15절). 그리고 다윗은 자신은 절대로 사울을 해치지 않을 것이라는 말을 하는데, 거기에 여호와의 보복을 말하여서 해석의 여지를 남겨두었다. 13절에서 다윗은 "악인에게서 악이 나온다"(מֵרְשָׁעִים יֵצֵא רֶשַׁע, '메르샤임 예체 레샤')는 속담을 인용하면서, 자신은 악인이 아니니 사울을 해치는 악이 적어도 자신에게서는 나오지 않을 것이라고 확언한다. 14절에서 다윗은 사울이 자신을 쫓는 것이 "죽은 개"나 "벼룩 한 마리"를 쫓는 것만큼이나 의미 없는 일이라고 힘주어 말한다(참조. McCarter, *I Samuel*, 384-385). 15절에서 다윗은 다시 한번 여호와가 "재판관"(הַדַּיָּן, '다얀'; 참조. 시 68:6[5])이 되셔서 자신의 무고함을 판결 내려서 사울의 손에서 자신을 건져주시기를 호소한다.

**16-19[17-20]절: 다윗이 목숨을 살려 준 데 대한 사울의 대답.** 다윗은 사울을 살려주는 것으로 사실상 명분과 실리를 다 챙겼다. 곧 다윗은 사울을 살려주는 것으로 자신의 무고함을 여러 사람 앞에서 입증하였고, 사울의 겉옷 자락을 베어서 사울을 위협하는 데도 성공했다. 16절에서 이런 다윗의 말을 들은 사울이 할 수 있는 것은 많지 않았다. 다윗이 말하기를 마쳤을 때, 사울은 주위에 둘러서서 지켜보는 사람들 앞에서 다윗이 제기한 물음에 답하지 않을 수 없었다. 다윗은 사실상 사울이 자신을 분명한 까닭 없이 죽이려 한다는 사실을 강조했다. 그러므로 많은 사람 앞에서 객관적인 사실만으로 잘잘못을 가리게 된다면, 자칫 사울이 불리해질 수 있다. 이 순간 사울은 다윗이 자신을 "제 아버지여"(11절)라고 불렀던 것에 이어서, 자신도 "내 아들 다윗아"(בְּנִי דָוִד, '브니 다비드')라고 불렀다. 사울은 어쩌면 다윗과 인척 관계인 것을 강조해서 이 사건을 개인 차원에서 풀고자 했을 수도 있다. 사울은 이에 더해 소리를 높여 우는 모습까지 보인다. 이 울음의 의미는 정확히 알기 어렵다. 물론, 사울이 다윗의 말에 당황해서 어찌할 바 몰라 하는 모습일 수도 있지만(Long, *1 and 2 Samuel*, 231), 궁지에 몰린 자신의 처지에 대한 비탄의 울음일 수도 있다. 조금 전까지 다윗을 잡아 죽이는 일에 혈안이 되어 있던 사울의

모습을 생각해 볼 때, 다윗을 만나서 반가운 감정, 또는 자기 행동을 뉘우치는 눈물이 아닌 것만은 틀림없어 보인다.

17절에서 사울은 현재 자신의 처지를 사람들 앞에서 인정한다. 맨 먼저 그는 "네가 나보다 의롭구나"(צַדִּיק אַתָּה מִמֶּנִּי, '차디크 아타 밈멘니')라고 말한다. 이것은 사울의 진심이라기보다는 법적인 차원에서 하는 고백일 것이다(비교. McCarter, *I Samuel*, 385). 왜냐하면, 사울이 지금까지 다윗을 죽이려 한 데는 아무런 명확한 근거가 없었으며, 다윗이 사울을 살려 준 것으로 증인들 앞에서 그의 무고함이 밝혀졌기 때문이다. 그런 뜻에서 다윗의 "선하게 대"(הַטּוֹבָה, '하토바')함과 사울이 말한 "악으로 대"(הָרָעָה, '하라아')함도 이해할 수 있다. 18절에서 사울은 다윗이 "오늘" 자신을 향해 한 '선대'를 다시 한번 언급하면서, 그 일을 구체적으로 언급한다. 사울은 다윗이 자기 뜻을 강조하려고 했던 말을 그대로 인용한다. 곧 여호와께서 자신을 다윗의 손에 넘기셨지만, 다윗이 죽이지 않았다는 것이다. 앞서 언급한 대로 사울이 이 상황에서 이렇게 말하지 않았다면, 자기 군사들 앞에서도 정당성을 확보하기 어려웠을 것이다. 그리고 19절에서는 다윗이 자신을 원수로 여기지 않았다는 사실도 인정하였다. 다윗이 자신에게 "제 길을 가도록 선을 베풀겠느냐"(בְּדֶרֶךְ טוֹבָה, '브데레크 토바'; 직역. "선한 길로") 한 것이 그 증거이다. 사울은 이 일 때문에 여호와께서 다윗에게도 "선"(טוֹבָה, '토바')으로 갚으시기를 기원한다. 사울의 이 모든 말은 다윗이 앞서 여호와를 두고 많은 사람 앞에서 사울을 고소했기 때문에 해야 했던 답변이었을 것이다. 이것이 다윗과 사울 사이의 1심 재판이라면, 일단 다윗은 승소하고(טוֹבָה), 사울은 패소한 셈이다(הָרָעָה).

**20-22[21-23]절: 사울이 다윗의 왕위 승계를 인정함.** 이 단락에서는 아마도 많은 사람 앞에서 자기 행동이 잘못되었다고 고백할 수밖에 없었던 사울이 국면 전환을 위해 내놓은 새로운 주장으로 볼 수 있다. 20절에서 그는 다윗을 향해 자신이 "정말 네가 임금이 될 것"(מָלֹךְ תִּמְלֹךְ, '말로크 티믈로크')을 알고 있다고 모든 사람 앞에서 말하였다. 부정사 절대형(infinitivus absolutus)를 쓴 이 강조형 문장은 사울의 깊은 감정이 실려 있다. 이 감정이 무엇일지는 독자들이 새겨야 할 몫이다. 어쨌거나 표면적으로 보자면, 다윗이 자기 겉옷 자락을 베어서 들어 보이며 한 행동에 대한 반응으로 볼 수 있다. 하지만, 이 말은 앞서 요나단이 다윗에게 했던 고백이다(참조. 23:17). 그렇다면 사울은 요나단이 다윗에게 이렇게 말한 것까지 정보를 입수했던 것일까? 그래서 다윗에게 자신이 벌써 모든 것을 알고 있다고 거꾸로 위협하는 것일까? 아무튼 그 자리에 있던 사람들에게 사울의 이 말은 충격적이었을 것이다. 특히 사울은 자기 군대의 결속을 위해 한 말일 수도 있다. 사울의 왕위를 요나단이 아니라, 다윗이 이어받는다는 것을 사울이 고백할 정도면, 다윗이 좀 전에 들어 보였던 사울의 겉옷 자락은 자기변호가 아니라, 사울을 향한 위협으로 해석될 여지가 더 커졌기 때문이다. 그것은 왕정의 질서를 깨뜨리는 모반이므로, 사울의 군대가 다윗을 제거해야 할 합리적인 근거가 될 수 있다. 사울이 이것을 의도했을지는 명확하지 않지만, 충분한 가능성이 있다. 21절에서 사울은 한 걸음 더 나아간다. 다윗이 왕위를 이어받으면 자기 후손을 끊어지지 않게 하고, 멸족시키지 말 것을 부탁한다. 이 또한 앞서 요나단이 다윗과 언약을 맺으면서 했던 부탁이다(참조. 20:15). 이 정도면 사울이 다윗에게 하는 말이 우연이라기에는 다윗과 요나단 사이의 언약 내용과 지나치게 일치한다. 과연 이것을 사울이 많은 사람 앞

에서 진심으로 자기 왕위를 다윗에게 넘기는 장면으로 볼 수 있을까? 만약 그렇다면 이어지는 26장에서 사울이 다시 다윗을 죽이려고 하는 장면이 독자들에게 이해되지 않는다. 아무리 전승의 중복을 주장한다고 해도, 논리적으로 개연성이 없어진다. 그러므로 사울의 이 말은 국면 전환을 노리며 자기 군사들을 향해 다윗의 유죄를 끌어내려는 자기변호 수단으로 볼 여지가 충분하다. 사울은 신앙의 명분을 세우려는 다윗에게 "여호와를 두고" 맹세하라고 강요한다. 만약 다윗이 맹세에 응한다면, 왕권에 마음이 있음을 인정하게 될 것이다. 만약 다윗이 맹세를 거부한다고 해도, 왕권에 마음이 없다는 것이 인정되지는 않을 것이다. 오히려 복수를 예비하는 사람으로 낙인찍히게 될 것이다. 그러므로, 사울 편에서는 빠져나가기 힘든 덫을 놓은 셈이다.

이제 공은 다시 다윗에게로 넘어왔다. 다윗은 자신의 무죄를 애써 항변했는데, 사울의 과감한 역공에 다시 진퇴양난의 상황에 빠졌다. 22절에서 다윗은 고민 끝에 사울에게 맹세했다. 이 맹세는 결국 사울의 말을 인정한 꼴이 된다. 이제 다윗은 더는 무죄의 항변으로 상황을 헤쳐 나갈 수 없다는 것을 깨달았을까? 사울이 자신에게 왕이 될 것이라고 한 마당에, 그렇지 않다고 해서 다윗이 얻을 수 있는 것이 무엇일까? 왕이 될 생각이 전혀 없다고 하면, 다시 사울의 신하가 될 수 있겠지만, 사울은 결국 자신을 죽이려 할 것이다. 그러니 차라리 사울이 바라는 대로 맹세하고, 사울과 본격적으로 왕위를 다투는 쪽을 선택하는 것이 자신을 따르는 사람들의 결속을 다지는 데 훨씬 더 유리할 것이다. 다윗의 맹세 배경에는 이런 판단이 가능하지 않을까? 결국 두 진영은 일단 승패를 가리지 못하고, 사울은 왕국으로 다윗은 요새로 돌아가며 일단락되었다.

# 본문의 메시지

⑴ 그간 서로 쫓고 쫓기는 관계로 대면하지 못했던 사울과 다윗이 드디어 이 장면에서 대면한다. 그리고 다윗은 사울에게 자신의 무고함을 호소한다. 다윗은 굴에서 사울을 얼마든지 죽일 수 있었지만, 사울이 여호와께 기름 부음 받은 사람이므로 죽이지 않았다고 말하였다. 물론 이것은 다윗이 사울을 살려준 호의를 강조하는 표면적인 호소이지만, 분명히 죽일 수 있었다는 경고이기도 했다. 더구나 다윗은 다른 것도 아닌 왕인 사울의 신분을 상징하는 겉옷 자락을 보란 듯이 베었다. 사울 측면에서 보자면, 이것은 분명히 위협이다. 여호와께 버림받은 임금 사울의 신분이 다윗에게 넘어갔다는 점을 상징적으로 보여줄 수 있는 행위이기 때문이다. 그것도 사울의 군사들과 다윗의 일행 모두가 보는 자리에서였다. 그리고 다윗은 자신은 절대로 사울을 죽이지 않을 것이라고 맹세했다. 하지만 그는 여호와의 복수를 언급하면서, 여지를 남겼다. 이 말도 위협일 수 있다. 자기 손으로 사울을 죽이지 않는다고 했을 뿐, 사울을 계속해서 왕으로 섬기겠다는 약속을 하지는 않았기 때문이다. 다윗이 의도했건 그렇지 않건, 그의 모든 말과 행동은 정치적으로 해석될 수밖에 없는 상황이다. 그러므로 다윗이 해야 할 일은 여호와께서 자신에게 기름 부으신 목적을 거듭 되새기면서, 본질과 초심에 충실히 하려고 최선을 다하는 것이다. 그것만이 그가 인용한 속담대로 "악인에게서 악이 나"오는 것을 최소화하고, 하나님의 목적을 이루는 데 이바지할 수 있는 유일한 길이다.

⑵ 블레셋과 전투가 끝나자마자 사울은 군대를 다시 이끌고 다윗을 쫓

아왔지만, 다윗이 자기 겉옷 자락을 몰래 잘라 모든 사람 앞에서 보여주며, 자기 무고를 호소하며 일종의 법정 싸움을 걸어오는 바람에 어쩔 수 없이 진술하게 되었다. 사실상 죽일 수도 있었던 사울을 다윗이 살려 두었다는 데서 사울은 자칫 자기 군사들의 신임마저 잃을 위기에 맞닥뜨렸다. 그래서 사울은 어쩔 수 없이 다윗의 무죄를 인정할 수밖에 없었다. 그렇다고 해서 사울이 이대로 물러난다면, 자기 군사들의 사기는 떨어지고, 무죄를 입증받은 다윗의 세력은 더 기세등등해질 것이다. 그래서 마지막 수단으로 사울은 다윗이 왕위를 노리고 있다는 사실을 공론화하는 방법을 쓴다. 물론 이것은 사울에게는 목숨을 건 도박이나 다름없었다. 하지만 기회를 잘 살린다면, 다윗을 반역 세력으로 모는 여론을 형성할 수도 있을 것이다.

사울의 이 반격에 다윗도 궁지에 몰리기는 마찬가지였다. 자칫 왕권 탈환을 위해 세력을 형성해가는 반란군이 될 수도 있었기 때문이다. 그렇다고 자신을 벌써 반역 세력으로 규정한 사울에게 다시 갈 수도 없는 진퇴양난의 처지였다. 그래서 다윗도 이번에는 승부수를 둔 것으로 보인다. 그가 사울의 맹세 요구에 응했기 때문이다. 아마도 다윗은 기왕에 이 지경까지 왔다면, 차라리 흘러가는 대로 두고, 여호와께 기름 부음을 받은 자신의 첫 부르심에 집중하는 편을 택했을 것이다.

# 25장

# 나발의 어리석음과 아비가일의 지혜

## 우리말로 옮긴 본문

1   사무엘이 죽었다. 그러자 온 이스라엘이 모여들어 그를 위해 슬퍼하고, 사무엘을 라마에 있는 그의 집에 장사 지내 주었다. 그러고 나서 다윗은 일어나 바란 광야로 내려갔다.

2   마온에 어떤 사람이 있었는데, 그의 일터는 갈멜이었다. 그는 대단한 부자로 양 3,000마리와 염소 1,000마리를 가지고 있었다. 그가 갈멜에서 양털을 깎고 있을 때의 일이었다.

3   그 사람의 이름은 나발이었고, 그의 아내 이름은 아비가일이었다. 아비가일은 통찰력이 뛰어나고, 외모가 아름다웠다. 그러나 나발은 고집이 세고 행실도 나빴는데, 그는 갈렙 족속이었다.

4   다윗이 광야에서 나발이 양털을 깎는다는 소식을 들었다.

5   그래서 다윗은 부하 열 명을 보내면서 말하였다. "너희는 갈멜로 올라가서 나발에게로 가거라. 그리고 내 이름으로 그에게 안부를 전해

라.

6  그리고 이렇게 말해라. '안녕하십니까? 당신과 당신 집안과 당신 소유 모두 평안하신지요?

7  그런데 지금 제가 당신이 양털을 깎는다는 소식을 들었습니다. 여태껏 우리는 우리와 함께 있는 당신의 목자들을 해치지 않았습니다. 그리고 갈멜에 있는 내내 그들이 공격받지도 않았습니다.

8  당신의 수하에게 물어보십시오. 그들이 일러줄 것입니다. 좋은 날이 왔으니, 저의 이 부하들을 너그러이 봐주십시오. 당신의 수중에 있는 것을 당신의 종들과 당신의 아들 다윗에게도 건네주십시오.'"

9  다윗의 부하들이 가서 나발에게 다윗의 이름으로 이 모든 말을 전해주고는 잠자코 있었다.

10  그러자 나발이 다윗의 부하들에게 말하였다. "다윗은 누구고, 이새의 아들은 누구란 말이냐? 요즘 들어 제 주인을 떠나 도망치는 종들이 많아졌구나.

11  내가 어떻게 내 빵과 내 물과 내 양털 깎는 품꾼들을 위해 잡은 짐승 고기를 가져다가 어디서 왔는지도 모르는 자들에게 줄 수 있겠는가?"

12  다윗의 부하들이 길을 돌이켜 다윗에게 돌아와서 이 모든 말을 그대로 전하였다.

13  다윗이 자기를 따르는 사람들에게 말하였다. "모두 칼을 차시오." 그러자 모두들 칼을 찼고, 다윗도 자기 칼을 찼다. 다윗을 따라 400명 정도가 올라갔고, 200명은 가진 물건을 지키려고 남아 있었다.

14  나발의 아내 아비가일에게 종 한 명이 일러주었다. "보십시오. 다윗이 광야에서 주인님께 축복하러 사람을 보냈는데, 주인님이 그들의

화만 돋우셨습니다.

15 그 사람들은 우리가 들에서 그들과 함께 다니는 내내 우리를 아주 잘 대해 주고, 우리를 해치지도 않았고, 아무것도 훔쳐 가지도 않았습니다.

16 그들은 우리가 그들과 함께 있으면서 양 떼를 치는 내내 밤이나 낮이나 우리에게 담이 되어 주었습니다.

17 그러니 이제 무엇을 하셔야 할지 알아보십시오. 분명히 우리 주인님과 집안에 앙갚음이 덮칠 텐데, 주인님은 불량한 사람이라 말씀드려 봐야 소용없습니다."

18 그러자 아비가일이 서둘러 빵 200덩이와 포도주 두 부대를 준비하고 양 다섯 마리를 요리했다. 볶은 곡식 다섯 세아와 건포도 100[송이]와ᵇ 무화과 과자 200뭉치도 준비하였다. 이것들을 나귀 여러 마리에 실었다.

19 그러고는 자기 종들에게 말하였다. "내 앞서가거라. 나는 너희들을 뒤따라가고 있겠다." 아비가일은 자기 남편 나발에게는 알리지 않았다.

20 아비가일이 나귀를 타고 협곡으로 내려가고 있을 때, 다윗과 그를 따르는 사람들도 맞은편에서 내려오고 있었다. 이리하여 아비가일은 그들을 만나게 되었다.

21 그때 다윗이 말하였다. "광야에서 내가 이 사람의 모든 소유를 지켜 주고, 아무것도 잃지 않게 해 준 것이 정말 헛일이었다. 그는 나에게 악으로 선을 갚았으니 말이다.

22 내가 다윗의 원수들 가운데 내일 아침까지 벽에 오줌 누는 자 한 명이라도 남겨둔다면 하나님께서 벌에 벌을 더하실 것이다."

23 아비가일은 다윗을 보자 서둘러 나귀에서 내렸다. 그러고는 다윗 앞에 얼굴을 땅에 대고 절하였다.

24 아비가일은 다윗의 발 앞에 엎드려 말하였다. "주인님, 잘못은 저에게 있습니다. 당신의 여종이 여쭈니 여종의 말에 귀 기울여 주십시오.

25 저 불량한 사람 나발에게 마음 쓰지 마십시오. 그 사람은 자기 이름이 딱 맞습니다. 이름이 나발이니 어리석을 수밖에 없지요. 그러나 당신의 여종인 저는 주인님께서 보내신 부하들을 미처 보지 못했습니다.

26 그러니 주인님, 이제 저는 여호와의 살아계심과 당신 목숨이 살아있음을 두고 맹세합니다. 여호와께서는 당신이 피를 보러 오는 것과 당신 손으로 직접 원수 갚는 일을 막으셨습니다. 그러니 이제 당신의 원수는 나발처럼 되기를 바랍니다. 내 주인님께 악을 꾀하는 이들도 그렇게 되기를 바랍니다.

27 이제 여종이 주인님께 가져온 이 선물을 주인님을 따라 함께 다니는 부하들에게 주십시오.

28 당신의 여종이 저지른 죄는 용서해 주십시오. 주인님께서는 여호와의 전쟁만 치르셨으니, 여호와께서는 분명히 주인님께 든든한 집을 세워주실 것입니다. 그리고 당신께서 사시는 내내 당신에게서 아무런 악을 찾을 수 없을 것입니다.

29 사람들이 일어나 당신의 목숨을 노리고 쫓아오더라도 당신의 하나님 여호와의 생명 주머니에 싸여 보존되겠지만, 당신 원수의 목숨은 물매처럼 내팽개쳐질 것입니다.

30 여호와께서 주인님께 말씀하신 모든 좋은 것들을 다 이루시어, 당신

을 이스라엘의 지도자로 삼으실 것입니다.

31  그러니 이 일에 이유 없이 피를 흘리시거나 주인님께서 직접 원수
를 갚으셔서 장애나 걸림돌이 되지 않기를 바랍니다. 여호와께서 주
인님을 성공하게 하시면 당신의 여종을 기억해 주십시오.”

32  다윗이 아비가일에게 말하였다. “오늘 그대를 내게 보내신 이스라
엘의 하나님 여호와께 송축드리오.

33  그리고 당신의 현명함과 오늘 내가 피를 흘리고 직접 원수 갚는 일
을 막아 준 당신이 복 받기를!

34  이스라엘의 하나님 여호와의 살아계심을 두고 맹세하오. 그분께서
나를 막아 당신을 해치지 않게 하셨소. 만약 당신이 서둘러 내게 오
지 않았더라면, 아침이 되기 전에 나발의 소유 가운데 서서 소변보
는 자를 한 명도 남겨두지 않았을 것이오.”

35  다윗은 아비가일이 가져온 것을 받아들이고, 말하였다. “평안히 그
대 집으로 올라가시오. 보시오. 내가 그대의 목소리에 귀 기울이고,
그대가 청한 것을 들어주겠소.”

36  그리하여 아비가일은 나발에게로 돌아오니, 나발은 임금의 잔치 같
은 잔치를 집에서 벌여놓고 있었다. 나발은 흥에 겨워하며, 거나하
게 술에 취해 있었습니다. 아비가일은 아침이 되기까지 크건 작건
아무것도 그에게 일러주지 않았다.

37  아침에 나발이 포도주에서 깨어났을 때, 그의 아내가 이 일을 일러
주었다. 그러자 나발은 심장이 멎는 듯하고 온몸이 돌처럼 굳는 듯
해졌다.

38  열흘쯤 지난 뒤에 여호와께서 나발을 치셔서, 그가 죽었다.

39  다윗은 나발이 죽었다는 소식을 듣고 말하였다. “여호와께서는 송

축 받으소서! 여호와께서 나발에게서 받은 내 수모를 도맡아 주셨고, 그분의 종이 악한 일 하는 것을 막아 주셨으며, 나발의 죄를 그의 머리에 되돌리셨기 때문이다.” 그리고 다윗은 아비가일에게 사람을 보내서 그를 자기 아내로 맞아들이고 싶다고 전하게 하였다.

40 그래서 다윗의 부하들이 아비가일이 있는 갈멜로 가서 말하였다. “다윗이 당신을 그분의 아내로 맞아들이고 싶다는 말을 전하러 우리를 당신께 보내셨습니다.”

41 그러자 아비가일이 일어나 땅바닥에 엎드려 절한 뒤에 말하였다. “보십시오. 당신의 여종은 주인님의 부하들 발이라도 씻어주는 종이 되겠습니다.”

42 아비가일은 서둘러 일어나, 나귀를 타고 여종 다섯 명을 데리고 다윗의 부하들을 뒤따라갔다. 그리고 다윗의 아내가 되었다.

43 다윗은 이스르엘 사람 아히노암도 아내로 맞아들였다. 두 사람 모두 다윗의 아내가 되었다.

44 한편 사울은 다윗의 아내인 자기 딸 미갈을 갈림 사람 라이스의 아들 발디에게 아내로 주었다.

## 본문 비평

### 1절 ㄱ. 바란

더러는 칠십인역 필사본들의 번역(Μαάν)에 따라 이 지명을 “마온”으로 고치기도 한다(참조. McCarter, *I Samuel*, 388). 왜냐하면, 이어지는 이야기는 유다의 마온이라는 성읍을 중심으로 한 갈멜의 광야 지역에서 벌어지는 이야기라 거리가 너무 멀기 때문이다. 그러나 본문 비평의 관점에서 보았을 때, 히브리어 본문이 더 어려우므로(*lectio difficilior*) 본문을 쉽게 고치는 것은 잘못된 판단이다.

### 18절 ㄴ. 100[송이]

히브리어 본문에는 100이라는 숫자만 있다. 칠십인역은 여기서 "한 오멜"(γομορ ἕν)로 옮기는데, עֹמֶר אֶחָד('오메르 에하드')를 대본으로 생각할 수도 있지만, 단위가 없는 본문을 분명히 하려는 의역일 수도 있다.

### 23절 ㄷ. 앞에

이 표현(לְאַפֵּי, '르아페')은 구약성경에서 여기만 나온다. 칠십인역이 여기서 ἐνώπιον Δαυιδ('엔오피온 다윗')으로 옮긴 점을 고려하면, 흔히 쓰이는 לִפְנֵי('리프네')를 대본으로 생각할 수도 있다. 하지만 히브리어 본문이 더 어려운 읽기(*lectio difficilior*)로 본문 비평에서 우선하여 선택된다.

## 본문 주석

**1절: 사무엘이 죽음.** 앞서 다윗을 숨겨준 이야기에서 마지막으로 등장했던 사무엘(19:22)의 죽음이 갑자기 전해진다(비교. 28:3). 사무엘의 죽음에 온 이스라엘이 모여서, 슬퍼하고 장사를 지냈다. 다윗의 가장 중요한 후견인이었던 사무엘이 죽자, 다윗은 정치적 입지가 더욱 좁아졌다. 그래서 다윗은 더 남쪽으로 후퇴하여 "바란 광야"(מִדְבַּר פָּארָן, '미드바르 파란')로 내려갔다. 이곳은 보통 시나이반도 최북단 지역을 가리킨다(참조.

창 21:21; 민 10:12 등; Tsumura, *First Samuel*, 575). 아마도 이 구절은 이어지는 이야기와는 독립된 단편으로, 이야기의 배경을 언급해 주는 구실을 할 것이다.

**2-3절: 나발과 아비가일.** 2절에서 지금까지 소개된 적이 없는 인물들이 등장하는 새로운 이야기가 시작한다. 이 이야기의 목적은 맨 마지막에 가서야 알려질 것이다(42절). 어쨌거나 지리적 배경은 다윗이 피신해 있던 곳과는 매우 거리가 먼 마온으로 옮겨간다. 이곳은 앞서 다윗이 활동하던 곳이었다(참조. 23:24). 그러므로 이 이야기는 그때를 배경으로 할 수 있다(참조. Dietrich, *1 Sam 13-26*, 766). 어쨌거나 마온의 한 사람이 소개된다. 그는 "갈멜"(כַּרְמֶל, '카르멜')을 거점으로 생업을 이어가고 있었다. 이 지명은 북이스라엘의 산악지대에 있는 산과는 다른 곳으로, 유다 땅에 있었다(참조. 15:12; 수 15:55). 그의 특징을 말하는 히브리어 본문을 직역하면, 그는 "대단한"(גָּדוֹל מְאֹד, '가돌 므오드') 사람이었다. 보통 이 말은 부요함과 지역사회의 영향력을 다 아우른다(참조. 출 11:3; 레 19:15; 삼하 19:33[32] 등). 이어서 그가 소유한 재산을 언급하는데, 양이 3,000마리요 염소가 1,000마리라고 하였다. 이 정도 재산은 비옥하지 않은 이 광야 지역에서는 엄청난 규모라고 볼 수 있다(참조. Dietrich, *1 Sam 13-26*, 767). 그는 갈멜에서 양털을 깎았는데, 이것은 일인 동시에 축제이기도 하였다(참조. 삼하 13:23-24; Tsumura, *First Samuel*, 576).

배경을 설명한 화자는 3절에 가서야 이 사람의 이름을 소개한다. 그의 이름은 '나발'(נָבָל)이었다. 이름이 나발인 것은 이상하다. 왜냐하면, 이 낱말은 히브리어로 '바보, 멍청이' 등을 뜻하기 때문이다(참조. 렘 17:11; 잠 17:7, 21; 30:22; 욥 30:8). 과연 부모가 아들의 이름을 처음부터 이렇게 지었을지도 의문이며, 화자가 본명을 두고 별명을 불렀을지도 의문이다 (참조. Dietrich, *1 Sam 13-26*, 767-768). 본문을 읽는 독자들은 더는 이 문제를 알아낼 수 없으며, 히브리어에서 주는 부정적인 어감을 가지고 이 인물을 볼 수밖에 없고, 또 본문의 화자는 그것을 의도하고 있다. 반면에 그의 아내는 매우 긍정적으로 묘사된다. 이름은 '아비가일'(אֲבִיגַיִל)인데, 그 뜻은 '나의 아버지가 기뻐하였다'이다. 이어서 이 두 사람의 개인적인 특징을 소개한다. 아비가일은 "총명하고 용모가 아름다웠다"(תֹאַר טוֹבַת־שֵׂכֶל וִיפַת, '토바트-세켈 비파트 토아르'). 반면에, 이름의 어감도 좋지 않은 나발은 "고집이 세고 행실도 나빴다"(קָשֶׁה וְרַע מַעֲלָלִים, '카쉐 브라 아 마알랄림'). 그가 갈렙 족속이라는 말은 그의 조상인 갈렙이 나발의 근거지 주변인 헤브론 근처의 땅에 정착했던 전통을 바탕으로 할 것이다 (수 14:13-15; 비교. 삿 1:10-20).

**4-8절: 다윗이 나발에게 도움을 요청함.** 4절에서 다윗은 나발이 자기 양털을 깎는다는 소식을 광야에서 전해 들었다. 광야에서 사울을 피해 숨어 있던 다윗에게 가장 절실한 것은 음식 등의 보급품이었을 것이다. 앞서 언급한 대로 당시 이스라엘에서 양털을 깎는 행사는 축제이기도 하였으므로, 먹을 것이 풍성하고 인심도 넉넉하리라 예상할 수 있다. 그래서 다윗은 자기 부하들에게 갈멜로 올라가라고 명령한다. 5절에서는 좀 더 구체적으로 다윗이 10명을 갈멜로 보냈다고 전하면서, 다윗이 그들에게 전한 말을 기록한다. 다윗은 자기 부하들이 나발에게 "내 이름으로 그에게 안부를 전해라"(בִּשְׁמִי לְשָׁלוֹם, '비쉐미 르샬롬')라고 하며, 6절에서는 그는 물론 그의 집안과 소유를 향해서도 안부 묻기를 명령하였다. 이는 다윗의 군사들이 느닷없이 찾아간 것에 경계하지 않도록 하려는

것이었다. 7절에서는 나발이 양털을 깎을 수 있게 된 데는, 다윗의 군사들이 아무런 해를 입히지 않았던 것도 한몫했다고 주장하게 하였다. 그리하여 8절에서는 자신들이 축제를 벌이는 "좋은 날"(יוֹם טוֹב, '욤 토브') 찾아왔으니, 보급품을 후원해 달라고 요청하도록 하였다. 이 구절에서 다윗은 나발에게 자기 부하들을 "당신의 종들"이라고 표현하였고, 자신을 "당신의 아들 다윗"이라고 하였다. 이는 같은 유다 지파로서의 유대감과 더불어 나발을 존중하려는 의도였을 것이다(비교. Klein, *1 Samuel*, 248).

**9-11절: 나발이 다윗을 무시함.** 9절에서 다윗의 부하들은 나발에게 가서 명령받은 그대로 전하였다. 그런데 10절에서 나발의 반응은 의외였다. "다윗은 누구고, 이새의 아들은 누구란 말이냐?"라고 되묻는다. 이것은 나발이 다윗을 몰라서 한 말은 아니었을 것이다. 왜냐하면, 8절에서 보았듯, 다윗은 나발에게 자신을 "이새의 아들"이라고 일컬은 적이 없기 때문이다. 이 호칭은 사울이 다윗을 낮잡아 부르던 것이다(참조. 20:27, 30; 22:7-9, 13; Long, *1 and 2 Samuel*, 235). 더구나 그는 요즈음에 주인에게서 억지로 떠나는 종이 많다고 하였는데, 이 말은 나발은 벌써 다윗을 알고 있었으며, 사울과의 관계도 알고 있었다고 여길 수 있다. 이렇게 다윗에게 부정적으로 반응하는 것으로 보아 그는 정치적으로 사울 편에 있었다고 여길 수 있겠다. 그러니 그가 11절에서 먹을 것 주기를 거절하면서 다윗의 일행을 "어디서 왔는지도 모르는 자들"이라고 무시하였을 것이다.

**12-13절: 다윗이 나발을 치려 함.** 나발에게 거절당한 다윗의 부하들은 12

절에서 다윗에게 돌아와서 그대로 전하였다. 그러자 13절에서 다윗은 곧장 나발을 제거할 계획을 밝힌다. 이는 단순히 나발이 환대를 거절해서가 아니라 정황상 십 사람들처럼 나발도 사울의 정보망 안에 들어가 있던 사람일 가능성이 크기 때문이었겠다. 그는 600명 가운데, 400명만 데리고 갈멜로 올라갔다.

**14-17절: 나발의 하인이 아비가일에게 알림.** 나발이 "축복하러"(לְבָרֵךְ, '르바레크') 보낸 다윗의 부하들에게 모욕을 주었을 때, 14절에서 그의 하인들 가운데 한 사람이 나발의 아내 아비가일에게 가서 그 사실을 말하였다. 사실 나발의 행동은 현재 왕인 사울의 세력을 등에 업을 수 있겠지만, 그것은 아직 보장되지 않았다. 하지만, 사울보다 훨씬 나발 가까이에 있는 다윗의 군대는 이내 복수를 위해 덮칠 수 있어서, 매우 위험한 순간이었다. 아마도 이 하인은 그것을 감지하고 일단 안주인도 알아야 한다고 판단하였을 것이다. 15절에서 그 하인은 목축하는 동안 있었던 일을 다윗의 부하들이 전한 다윗의 말과 비슷하게 아비가일에게 알려주었다. 곧 들에서 가축을 먹이고 있을 때, 그들은 종종 다윗의 부하들과 맞닥뜨렸는데, 그들은 자기네를 "아주 잘"(טֹבִים מְאֹד, '토빔 므오드') 대하였다. 그래서 나발의 목자들은 다치지도 않았고, 약탈당해 잃어버린 것도 없었다. 16절에서 이 하인은 지금까지 언급된 적이 없는 정보를 제공한다. 다윗의 부하들은 심지어 나발의 목자들이 양을 지키는 동안 밤낮으로 그들의 "담"(חוֹמָה, '호마')이 돼 주었다는 것이다. 이 낱말은 원래 성벽을 일컫는데, 성벽은 외부의 공격을 막는 용도라 매우 튼튼한 재료로 만드는 것이 원칙이었다(참조. Dietrich, *1 Sam 13-26*, 775). 그러니 이 표현은 목자들에게 다윗의 부하들이 보호 세력이 되어 주었다는 말이다

(참조. 수 2:9). 그래서 그들은 나발의 목자들을 공격하지 않았을 뿐만 아니라, 한 걸음 더 나아가서 보호자가 되어 주었다고 말한 셈이다. 17절에서 이 하인은 아비가일에게 다윗을 무시하는 남편 나발의 어리석은 행동에 대해, 어떻게 할지 "알아보십시오"(דְּעִי וּרְאִי, '드이 우르이'; 직역. "깨닫고 보라")고 요청한다. 그 까닭은 다윗이 나발 집안을 해하기로 하였기 때문이라고 말하였다. 이 하인은 이 사실을 어떻게 알았을지는 분명히 알 수 없지만, 다윗과 그 일행에게 호의를 베풀지 않은 것은 그들과 대적하자는 뜻이며, 이 당시 정세를 고려하면, 이는 곧 사울의 편에 서는 것을 뜻하였다. 그렇다면 다윗의 행방이 노출된 마당에 이들을 순순히 내버려두지 않으리라는 추측은 얼마든지 할 수 있다. 하인은 아마도 나발과도 이 이야기를 하려 했을 테지만, 그는 "불량한 사람"(בֶּן־בְּלִיַּעַל, '벤-벨리야알')이라 말이 통하지 않는다고 전하였다. 이 낱말을 직역하면 "형편없는 사람"인데(참조. 삼상 1:16; 10:27; 삼하 20:1), 아마도 "나발"이라는 이름의 뜻을 달리 한 표현일 것이다.

**18-19절: 아비가일이 다윗을 위해 음식을 마련함.** 나발과 달리 "통찰력 있는"(3절) 아비가일은 18절에서 하인의 말을 듣고 가타부타 말이 없이 서둘러 행동을 취한다(וַתְּמַהֵר, '바트마헤르'). 그만큼 상황이 급박하다는 것을 보여주는 대목이다. 아비가일은 묵묵히 떡 200덩이와 포도주 두 가죽 부대를 준비하고 양도 다섯 마리를 잡아 요리했다. 더불어 볶은 곡식 다섯 세아(סְאִים, '스임'; 대략 15ℓ)와 건포도 100[송이], 그리고 무화과 뭉치 200개를 가져다가 나귀에 실었다. 이것이 얼마 동안 먹을 양식으로 준비한 것인지는 알 수 없지만, 기원전 13세기 이집트 파피루스에서 5,000명을 위한 보급품의 기록과 비교하면 정확히 일치하지는 않아도

대략 엇비슷함을 확인할 수 있다(참조. Tsumura, *First Samuel*, 584). 그러니 아비가일은 다윗에게 일반적인 군사 보급품의 양에 맞게 음식을 준비했다고 볼 수 있다.

19절에서 아비가일은 함께 간 수하의 사람들을 앞서가게 하고, 자신은 그 뒤를 따라갔다. 이 장면은 야곱이 형 에서를 만나러 갈 때의 장면을 떠오르게 한다(창 32:4-9; 33:1-11). 아마도 위협적인 상대를 만나러 갈 때, 자신을 낮추고 상대의 관용을 기대하며 선물을 앞세우는 관습을 반영하겠다(참조. Dietrich, *1 Sam 13-26*, 776). 그리고 그녀는 이 모든 일을 자기 남편 나발에게는 알리지 않았는데, 그 까닭은 앞서 17절에서 하인이 말했던 것과 같으리라 추측할 수 있다. 나발은 다윗에게 했던 말을 그대로 아비가일에게 하며, 막을 것이 뻔했기 때문이었다.

**20-22절: 아비가일과 다윗 일행이 맞닥뜨림.** 20절에서 아비가일은 "협곡"(בְּסֵתֶר הָהָר, '브세테르 하하르')을 따라 내려갔다. 이 말은 직역하면 "산에 숨어서"로 새길 수 있다. 아비가일은 되도록 조심스럽게 다윗의 일행에게 자신의 의도를 밝히기 전에 섣불리 맞닥뜨리지 않으려고 그리했을 것이다. 화자는 곧바로 이어지는 '그런데 보라'(וְהִנֵּה, '브힌네'; 한글 번역에는 생략)라는 구절로 아비가일의 의도와 달리 당황스러운 장면이 펼쳐짐을 강조한다. 아비가일의 눈앞에 다윗과 그 일행이 맞은편에서 내려오고 있었다. 결국 그들과 맞닥뜨리게 되었다.

화자는 21절에서 다시 한번 "그때 다윗은"이라고 말하여서, 시간을 거슬러 올라가서 장소를 전환한다. 여기서 화자는 다윗이 아비가일을 만나기 전에 했던 말만 다시 전해주어서, 왜 다윗이 일행들과 아비가일 맞은편에서 내려오고 있었는지를 알려준다. 다윗은 아비가일의 하인이 말했던 대로, 광야에서 나발의 소유물을 지켜 주어서, 아무런 손실도 보지 않도록 해 주었던 점을 되새겨 주었다. 그 모든 일이 "헛일"(שֶׁקֶר, '쉐케르')라고 평가했다. 다윗은 나발이 자신이 베푼 "선"(טוֹבָה, '토바')을 "악"(רָעָה, '라아')으로 갚는다고 말했다. 독자들은 이 말에서 앞 장에서 사울이 다윗을 향해 했던 말을 되새길 수 있다(24:17-19). 아마도 화자는 의도적으로 이 시점에 다윗의 이 말을 들려주었을 것이다. 독자들은 다윗이 사울에게 못 했던 속말을 여기서 사울 편에 선 것으로 보이는 나발을 향한 말로 듣게 된다. 22절에서 다윗은 하나님을 두고 하는 맹세 관용구를 써서 나발을 향한 복수를 다짐하였다. 그는 아침이 오기까지 한 사람이라도 남겨둔다면 하나님이 자신에게[1] 벌을 내리실 것이라고 맹세했다. 그런데 "벽에 오줌 누는 자"(מַשְׁתִּין בְּקִיר, '마쉬틴 브키르'; 개역개정. "남자")라는 표현은 서서 소변을 보는 남성의 모습을 낮잡아 부르는 말, 또는 한쪽 다리를 들고 오줌 누는 개에 빗대어 나발의 사람들에게 모욕을 주는 표현으로 여기곤 한다(참조. 34절; 왕상 14:10; 16:11; 21:21; 왕하 9:8; Dietrich, *1 Sam 13-26*, 777-778). 어쨌거나 이 표현에서 다윗은 사울의 편에 선 동족 나발에게 몹시 화가 나 있다. 물론 나발이 사울의 관점에서 다윗을 낮잡아 보고 무시한 것이 사실이지만, 다윗이 지금까지 보여주지 않았던 거친 말을 하는 데서, 이 화가 근본적으로는 사울을 향하고 있다는 인상을 지울 수 없다. 여기까지 시간을 거슬러 올라갔던 화자는 이제 다시 다윗과 아비가일이 만나는 장면으로 되돌아갈 것인데, 이 본문 때문에 긴장감은 한껏 고조된다.

---

1. 히브리어 표현을 직역하면, "다윗의 원수에게"인데, 이는 에둘러 표현하는 맹세 관용구의 전형적인 표현이다.

**23-26절: 아비가일이 다윗을 맞이함.** 다윗과 아비가일이 먼발치에서 서로 다가가는 장면에서 시간을 거슬러 올라가서 다윗이 나발을 죽이겠다고 맹세한 말을 전한 화자는 다시 이야기로 되돌아온다. 아비가일이 다윗을 먼저 발견하고, 서둘러 타고 있던 나귀에서 내렸다. 그리고 다윗 "앞에"(לְאַפֵּי, '르아페'; 직역. "코에"; 본문 비평 참조) 엎드려 절했다. 24절에서부터 아비가일은 다윗의 발 앞에 엎드린 채로 그에게 길게 호소한다. 먼저 아비가일은 "잘못은 저에게 있습니다"(בִּי־אֲנִי אֲדֹנִי הֶעָוֹן, '비-아니 아도니 하아본')라고 말한다. 이 말은 지위가 더 높은 사람과 대화를 시작하는 겸양의 표현으로 볼 수 있다(참조. 삼하 14:9; McCarter, *I Samuel*, 398). 그런데 다른 관점에서 보자면, 나발과 상대할 것이 아니라, 자신과 상대해 달라는 요청이기도 하겠다. 그래서 아비가일은 후반절에서 자기 말을 들어달라고 요청한다. 25절에서는 왜 그런지 아비가일은 먼저 자기 남편 나발을 "불량한 사람"(אִישׁ הַבְּלִיַּעַל, '이쉬 하벨리야알'; 비교. 17절)이라고 일컬으면서 설명한다. 한 걸음 더 나아가서 그녀는 남편의 이름 "나발"의 이름을 두고 말놀이(wordplay)하며 부정적인 의미를 대놓고 드러낸다. 그녀는 남편의 이름이 그에게 적당하다고 말하면서, 그의 이름은 "나발"(נָבָל, '나발')인데, 그에게 "어리석음"(נְבָלָה, '느발라')이 있다고 말하였다. 아비가일이 다윗에게 남편에 대해 이렇게 말한 것은 그가 어떤 판단에서 어떤 말을 했든, 정작 다윗이 상대해야 할 사람은 자신이라고 강조하는 뜻이 있었다. 그래서 그녀는 자신은 다윗이 보낸 부하들을 보지 못하였다고 말한 것이다. 26절에서 아비가일은 여호와와 다윗을 두고 하는 맹세 관용구를 써서 두 가지 사실을 분명히 말한다. 곧 적당한 때에 다윗이 자신을 만나서 다윗의 손으로 피를 흘리는 보복하는 일을 피할 수 있었다는 사실과 자기 남편 나발을 다윗의 원수들과 다윗을 해하려

는 사람들과 동일시하며 저주한 일이다. 이렇게 하여 아비가일은 사울의 편에 선 남편과 거리를 두는 것으로 다윗의 화를 누그러뜨리고 집안을 구하고자 하였다.

**27-31절: 아비가일이 예물과 더불어 다윗에게 호소함.** 27절에서 아비가일은 이제 자신이 준비해 온 음식을 다윗에게 내어놓으며 그것을 "선물"(בְּרָכָה, '브라카')이라고 일컫는다(참조. 창 33:11; 수 15:19; 삿 1:15; 삼상 30:26; 왕하 5:15). 이 낱말은 다윗이 나발에게 "축복하러"(לְבָרֵךְ, '르바레크') 부하들을 보냈던 것에 대한 답으로 볼 수 있도록 하는 수사적 역할을 하겠다(참조. 14절; Tsumura, *First Samuel*, 589). 28절에서는 자기 허물을 용서해 달라고 구한다. 이 말도 남편 나발보다 자신이 집안의 대표성을 가지고 있음을 강조하는 대목이다. 이어서 아비가일은 다윗을 축복한다. 그 축복은 여호와께서 "든든한 집"(בַּיִת נֶאֱמָן, '베트 네에만'), 곧 왕조를 세워주실 것이라는 내용이다(참조. 왕상 11:38; 삼하 7:16; McCarter, *I Samuel*, 399). 아비가일은 그 근거로 두 가지를 든다. 첫째, 다윗이 "여호와의 전쟁"(יְהוָה מִלְחֲמוֹת, '밀하모트 야훼')을 수행했다는 것이다. 이것은 지금까지 다윗이 모든 전투를 거룩한 전쟁의 관점에서 치르려 애썼던 점을 반영한다. 둘째, 다윗의 일생에서 "악"(רָעָה, '라아')을 찾아볼 수 없다는 것이다. 이는 나발에게 했던 다윗의 호의(טוֹב, '토브'; 21절)를 강조하는 말이다. 29절에서 아비가일은 축복을 이어가서, 앞날에 다윗에게 대적이 생기더라도 하나님 여호와의 "생명 주머니"(צְרוֹר הַחַיִּים, '츠로르 하하임') 안에서 안전하기를 빌었다. 이 상징의 뜻이 논란거리지만, 고대 사회의 주술 관습에서 이어지는 구절과 연관하여 사람들의 목숨을 상징하는 돌을 넣던 주머니를 상징한다는 견해는 흥미롭다(참조. Dietrich, *1 Sam 13-26*, 784). 아비

가일은 그에 반해 다윗의 대적들의 생명을 "물매"(קֶלַע, '켈라')로 던지듯 던지시기를 기원한다. 여기서 그녀는 다윗이 골리앗을 물리치던 이야기를 함께 떠올려 준다(참조. 17:40, 50). 30-31절에서 아비가일은 다윗이 왕위에 올랐을 때, 나발과 아비가일의 집안을 몰살한 것이 행여 무죄한 피를 흘린 것으로 여겨져서 흠이 되지 않기를 바란다는 마음을 전한다. 아비가일이 한 마지막 말, "당신의 여종을 기억해 주십시오"는 앞으로 일어날 일의 복선 구실을 할 것이다. 여기서 아비가일이 남편을 빼고 이야기하는 점도 눈에 띈다.

**32-35절: 다윗의 대답.** 32절에서 다윗은 전형적으로 축하하거나 환영할 때 쓰는 관용구 "이스라엘의 하나님 여호와께 송축드리오"(בָּרוּךְ יהוה אֱלֹהֵי יִשְׂרָאֵל, '바루크 야훼 엘로헤 이스라엘')으로 시작한다.[2] 그러면서 아비가일과 만난 일을 기뻐하며 여호와께서 하신 일로 인정한다. 33절에서 다윗은 "복 받기를"(בָּרוּךְ, '바루크')로 시작해서 먼저 아비가일이 한 일을 "현명함"(טַעַם, '타암'; 참조. 시 119:66; 욥 12:20)으로 규정하고 축복하였다. 그리고 그 행동이 아비가일이 간청한 것처럼 피의 복수로 얼룩질 수 있었던 위기를 막은 것이라고 하였다. 34절은 앞서 아비가일과 다윗이 만나던 장면에서 왜 화자가 시간을 거슬러 올라갔는지를 알 수 있게 해 주는 구절이다. 다윗은 여기서 앞서 22절에서 했던 말(참조. 22절 주석)을 되풀이하면서, 아비가일이 다윗을 막지 않았더라면 아침이 밝기 전에 나발의 집안에는 아무도 남지 않았을 것이라고 하였다.

　35절에서 마침내 다윗은 아비가일이 준비해 온 음식을 받고 아비가일의 간청대로 나발과 아비가일 집안을 몰살시킬 계획을 철회하는 것

---

2.　이 관용구에 대해서는 김정훈, 『구약주석 어떻게 할 것인가?』, 323-327 참조.

으로 이야기는 일단락된다.

**36절: 아비가일이 나발에게 돌아옴.** 아비가일은 다윗을 만나 담판을 짓고, 다시 나발에게로 돌아갔다. 배경은 나발의 집인데, 그는 아마도 양털 깎는 축제를 마치고 돌아온 것으로 보인다. 그는 집에 와서도 아마도 뒤풀이로 보이는 잔치를 벌였는데, 화자는 그 잔치가 "임금의 잔치"(מִשְׁתֵּה הַמֶּלֶךְ, '미쉬테 하멜레크') 같았다고 평가한다. 양털 깎는 축제와 관련하여 이와 비슷한 표현이 사무엘하 13장 23-28절에도 등장하는데 둘 다 지나친 음주를 강조하는 문맥이다(참조. Klein, *1 Samuel*, 251). 이 잔치에서 나발은 아무것도 모른 채 만취하였다. 이 모습도 그의 이름처럼 급박한 상황을 전혀 눈치채지 못하고 먹고 즐기는 어리석은 모습이 강조되어 있다. 아비가일은 그런 남편을 지켜보며 하루를 그냥 보냈다.

**37-38절: 나발의 죽음.** 37절에서 아비가일은 다음 날 아침, 나발이 포도주에서 깨자(בְּצֵאת הַיַּיִן מִנָּבָל, '브체에트 하야인 미나발'; 직역. "포도주가 나발에게서 나갔을 때") 그 전날 자신이 다윗을 만난 일을 말해 주었다. 그것은 다윗이 나발의 온 집안을 몰살하러 내려오고 있었고, 자신이 그 일을 서둘러 막은 모든 내용이었을 것이다. 아비가일의 말을 들은 나발은 그제야 사태의 심각함을 깨달은 듯하다. 그는 "심장이 멎는 듯"(לִבּוֹ בְּקִרְבּוֹ וַיָּמָת, '바야모트 립보 브키르보'; 직역. "그의 마음이 그 속에서 죽었다")하여 돌처럼 굳어버렸다. 이 현상을 두고 나발에게 심근경색이 왔다고 보기도 하고, 뇌출혈이 왔다고 보기도 한다(비교. Tsumura, *First Samuel*, 593; Dietrich, *1 Sam 13-26*, 788-789). 38절은 나발의 죽음을 전한다. 그는 아비가일이 상황을 이야기한 뒤 열흘쯤 지난 뒤에 죽었다. 본문은 "여호와께서 치셔

서"(וַיִּגֹּף יהוה, '바이고프 야훼')로 그의 죽음 원인을 설명한다. 앞선 구절을 충격에 따른 급성 혈관계 질환 발병으로 본다면, 나발은 끝내 회복하지 못하고 그 질환으로 죽었다고 볼 수 있다. 본문은 나발의 죽음에 대한 아비가일의 반응을 전하지 않는다.

**39-42절: 다윗과 아비가일의 결혼.** 아비가일의 반응을 전하지 않은 본문은 39절에서 그 소식을 들은 다윗의 반응을 대신 전한다. 다윗은 축하하는 관용구를 쓴다(בָּרוּךְ יהוה, '바루크 야훼'; 직역. "송축받으실 분, 여호와!"; 참조. 32절 주석). 그가 축하하는 일은 두 가지다. 첫째, 다윗이 나발에게 당한 "수모"(רִיב חֶרְפָּתִי, '리브 헤르파티'; 직역. "모욕의 소송")를 맡아주셨다(רָב, '라브'). 여기서 쓰인 낱말은 전형적인 법정 용어다. 그러니 다윗은 자신의 사건을 변호인이자 재판장인 여호와께 맡겼다는 뜻이 된다. 둘째, 여호와께서 다윗이 "악한 일"(רָעָה, '라아')을 행하지 않게 막으셨다. 이 말은 아비가일과 만났던 사건을 떠올려 준다. 그러니 다윗은 아비가일을 하나님이 보내신 사람으로 여기고 있는 셈이다. 그리고 다윗은 나발의 죽음을 심판으로 여겨서 "여호와께서 나발의 죄를 그의 머리에 되돌리셨기 때문이다"라고 말하였다. 이것은 전형적인 행위화복관계(Tun-Ergehen Denken)의 전통적인 사상을 반영한다(참조. Dietrich, *1 Sam 13-26*, 791). 이 말로 다윗은 두 가지를 분명히 한다. 하나는 자신이 나발의 죽음과 관련이 없다는 점이며, 다른 하나는 나발이 하나님 앞에서 죄를 지었다는 점이다. 이어서 다윗은 자신이 악한 일을 하지 않도록 하나님의 뜻을 이행했다고 선언한 아비가일을 자기 아내로 삼으려고 전령을 보냈다. 독자들은 다시금 혼란스러워진다. 왜 다윗은 굳이 나발이 죽자마자 아비가일과 결혼을 하려고 할까? 아비가일의 환대에 감동한 다윗의 애정

이 낳은 결과인가, 아니면 아비가일의 재산과 영향력에 대한 정치적 결합 의도일까? 40절에서 다윗의 전령들은 다윗의 뜻을 그대로 전했다. 흥미롭게도 41절에서 아비가일은 기다렸다는 듯이 일어나서 큰절한다. 아비가일의 이 행동은 다윗을 향한 겸양의 표현이자 수락의 표현이다. 아비가일은 자신을 "당신의 여종"(אֲמָתֶךָ, '아마트카')으로 표현한다. 이 표현은 높은 지위의 사람 앞에서 여성이 자신을 일컫는 관용구다(참조. 삼상 1:11, 16; 삼하: 14:15). 또한, 전령들의 발 씻길 "종"(שִׁפְחָה, '쉬프하')이라고 낮춘다. 이 표현은 아비가일의 겸양 관점에서는 점층법으로 볼 수 있으며, 발 씻긴다는 표현에서는 환대와 수락의 표현으로 볼 수 있다(환대에 관해서는 참조. 창 18:4; 19:2; 24:32; 43:24; 삿 19:21; Klein, *1 Samuel*, 252). 42절에서 아비가일은 또 한 번 서두른다(וַתְּמַהֵר, '바트마헤르'). 이렇게 서두르는 아비가일의 모습에서 독자들은 다윗이 아비가일을 아내로 맞아들이려고 결정한 때 느꼈던 혼란스러움을 다시 한번 경험한다. 왜 아비가일은 남편이 죽자마자 이렇게 다윗과 결혼하는 데 적극적인가? 단순한 남편과 다른 지도력 있는 남성을 향한 애정인가? 다윗의 세력에 대한 정치적 동조인가? 어쨌거나 그녀는 자신을 뒤따르는 처녀 다섯과 함께 다윗에게 가서 결혼했다.

**43절: 다윗과 아히노암의 결혼.** 다윗과 아비가일의 결혼 이야기에 이어 곧바로 화자는 다윗의 또 다른 결혼을 전한다. 그는 이스르엘 사람 아히노암을 아내로 맞아들여서, 아비가일과 함께 다윗의 아내가 되었다고 전해준다. 아히노암의 고향인 이스르엘은 마온, 십, 갈멜과 가까운 유다 땅에 있는 성읍을 가리킨다(참조. 수 15:55, 56; McCarter, *I Samuel*, 400). 아히노암은 사울의 아내와 같은 이름이지만(14:50) 다른 사람으로, 다윗의 맏아들인 암논의 어머니가 될 것이며(삼하 3:2; 대상 3:1), 아비가일은 둘째 아들 길르압의 어머니가 될 것이다(삼하 3:3; 대상 3:1[다니엘]). 이 두 결혼은 다윗이 유다에서 세력을 확장하는 데 중요한 역할을 했던 정치적 성격임이 분명해지는 대목이다.

**44절: 사울이 미갈을 발디와 결혼시킴.** 본문의 화자는 독자들의 의문점을 알고 있다는 듯, 다윗의 첫 아내이자 사울의 딸인 미갈에 대해서도 알려준다. 사울은 다윗과 완전한 결별을 한 뒤에 미갈을 예루살렘 근처로 추정할 수 있는 성읍 갈림(גַּלִּים; 참조. 사 10:30)에 사는 라이스의 아들 발디(פַּלְטִי, '팔티'; 삼하 3:15[발디엘])와 재혼시켰다.

## 본문의 메시지

⑴ 본문에서 두 가지 사건이 전해진다. 먼저 사무엘의 죽음이다. 사무엘은 다윗에게는 정치적으로나 신앙적으로나 절대적인 후견인이었다. 그런 사무엘의 죽음은 다윗이 이스라엘 땅에 더 머무르는 것을 매우 위험하게 만들었다. 그래서 다윗은 일시적이나마 남쪽 사막을 건너서 시나이반도 북단 바란 광야로 몸을 피하였다. 이것은 앞 장의 이야기와 이어지는 이야기를 연결하기 위한 장치였을 것이다.

둘째는 매우 흥미로운 이야기가 시작되는데, 시간과 장소를 거슬러 올라가서 유다 땅 마온 광야 근처에서 벌어진 이야기다. 물론 이 이야기의 근본적인 목적은 다윗이 아비가일을 아내로 맞이한 이야기를 전하는 것이지만, 이 단락에서는 나발과 다윗의 관계에 집중한다. 나발은 이름 자체에서 벌써 부정적인 어감을 준다. 그래서인지 다윗의 부탁을 한 마디로 거절하고, 무시까지 해 버린다. 안 그래도 입지가 좁은 다윗에게 같은 유다 지파의 유력한 사람인 나발이 자신에게 등을 돌리고, 사울 편에 선다면 굉장히 위험해질 일이다. 그래서 다윗은 그를 제거하려 한다. 나발이 다윗이 왕으로 기름 부음을 받은 이야기를 몰랐을까? 그렇지 않을 것이다. 그런데도 자기 재산을 당장 지키는 일은 현재 왕권에서 얻은 기득권을 유지하는 일이라고 판단했을 것이다. 이런 나발의 근시안적이고 세속적인 판단은 이름의 뜻대로 독자들에게 반면교사가 된다.

(2) 나발이 다윗을 모욕한 사실을 하인에게서 전해 듣고 불길한 일이 벌어질 것을 직감한 아비가일은 그냥 두고만 보았다가는 멸족의 위기에 맞닥뜨릴 것을 염려하여 서둘러 다윗 일행을 위한 음식을 준비하였다. 이 모든 일을 남편 나발에게는 알리지 않았다. 아비가일에게 저간의 상황을 알려준 하인이나 아비가일 모두 남편의 판단을 믿지 않았다. 아마도 나발은 세속적인 욕심에 가득 찬 사람으로, 당장 눈에 보이는 이익과 세력에만 집착하는 인물이었을 수 있다. 반면에 아비가일은 다윗이 어떤 사람이며, 어떤 세력으로 커갈지를 내다보고 있었던 듯하다. 그렇지 않다면, 나발의 견해에 동의하거나 다윗 일행을 피해 도망치면 그만이었을 것이다. 이렇게 음식을 준비해서 주도면밀하게 다윗을 만나러 가는 아비가일은 그와 관계를 어그러뜨리지 않고 이어가려는 것이 목적이었다.

  반면에 이 장면에 등장하는 다윗의 모습은 지금까지 독자들이 봐 왔던 것과는 사뭇 다르다. 지금까지 다윗은 한 번도 사람들 앞에서 감정을 쉽게 드러내지 않았다. 그리고 사울과 대조되게 감정도 잘 절제하고

있었다. 그런데 나발의 도발 앞에서 그런 다윗의 감정이 폭발하고 말았
다. 본문의 화자는 앞선 사울과의 대면 이후 이런 다윗의 모습을 굳이
보여준다. 기왕에 왕권 도전의 의중이 만방에 드러난 마당에 사울의 세
력을 유다 땅에서부터 제압해 가려는 의도를 생각해 볼 수 있겠다.

(3) 본문에서 아비가일은 위기를 극복하는 지혜로운 사람으로 그려진
다. 위기의 시작은 아비가일의 남편 나발에게서 시작되었다. 성경 본문
의 정보만으로는 나발이 정말 정치적으로 사울 편에 서 있었는지 확인
하기는 쉽지 않다. 그러나 그것이 본질이 아니었다. 나발이 다윗을 무시
한 결정을 하는 바람에, 온 집안의 몰살로 이어질 위기를 불러왔다. 아
비가일은 여기서 재빠르게 사태를 파악하고, 다윗과 나발 사이의 중재
에 나섰다. 평소에 아비가일이 나발보다 더 우선하여 집안일을 결정하
였는지 우리는 알지 못한다. 그러나 적어도 이 사건에서 그녀는 자기가
저지른 잘못이 아니라고 해서 발을 빼지 않았다. 오히려 그 잘못을 대신
질 위험을 감수하면서까지 다윗과 담판을 벌였다. 그 과정에서도 아비
가일은 다윗의 지나온 과거와 앞날을 정확하게 분석하고 다윗의 분노
를 풀어 주는 데 온 힘을 다했다.

　물론 이 본문의 궁극적인 목적은 이어지는 단락에서 펼쳐질 아비가
일과 다윗의 결혼에 있다. 그러나 독자들은 이 본문에서 아비가일이 보
여준 판단력과 중재력을 보며, 자신의 안위보다 다른 이들을 먼저 걱정
하고 위험을 감수하면서까지 적극적으로 대처하는 일이 얼마나 중요하
고 아름다운지를 배운다.

(4) 본문은 다윗과 사울의 갈등 이야기 사이에 왜 나발과 아비가일의 이

야기가 들어왔는지, 그 목적을 알 수 있게 해 준다. 그것은 다윗과 아비가일의 결혼 이야기를 하기 위함이다. 물론 앞선 이야기와 시간적 배경은 이어지지 않지만, 유다 땅에서 다윗이 사울에게 쫓기면서 세력을 키워나가던 모습을 잘 보여준다. 직관적으로 다윗과 아비가일의 결혼 이야기는 매우 정치적이며, 한편으로 비윤리적으로 보이기까지 한다. 어떤 이유에서이건 다윗과 관련해서 나발이 죽었는데, 그가 죽자마자 두 사람은 기다렸다는 듯이 결혼했기 때문이다.

하지만, 이런 정치적인 관점 너머에 다윗과 아비가일의 판단과 행동을 보면 전혀 다른 모습이 보인다. 먼저 아비가일은 세속적인 욕심에 젖어 여호와께 기름 부음 받은 다윗을 무시하고 모욕을 준 나발을 남편이라 해도 동조하지 않았다. 세속적인 가치 너머에 있는 하나님의 뜻을 보았다고 여길 수 있다. 다윗도 나발의 모욕에 분노해서 동족인 유다 지파의 나발 가족을 멸족시키려 했다. 그런 다윗을 멈춰 세우고 호소하는 아비가일의 진심을 귀 기울여 들었다. 그리고 자칫 피로 얼룩질 수 있었던 사건을 피하는 결정을 했다. 이로써 명분뿐만 아니라, 무고한 생명을 빼앗는 죄도 피할 수 있었다.

이처럼 모든 사람의 판단과 행동에는 여러 면이 있다. 그러므로 다윗과 아비가일의 이야기를 읽는 독자들은 사건과 인물을 섣불리 판단하고 단정하는 오류를 재고하는 계기를 얻을 수 있다.

## 우리말로 옮긴 본문

1  십 사람들이 기브아에 있는 사울에게 가서 말하였다. "다윗이 여시
몬 맞은편 하길라산에 숨어 있지 않습니까?"

2  그러자 사울이 일어나 이스라엘에서 뽑은 군사 3,000명과 함께 십
광야로 내려갔다. 십 광야에서 다윗을 찾으려던 것이다.

3  사울이 도중에 여시몬 맞은편 하길라산에 진을 쳤다. 다윗은 광야에
머무르고 있었는데, 사울이 자기를 뒤쫓아 광야로 오는 것을 보았
다.

4  그래서 다윗은 정찰대원을 보내서 사울이 분명히 와 있다는 사실을
알아내었다.

5  다윗이 일어나 사울이 진치고 있는 곳으로 가서 사울과 그의 군대
지휘관인 넬의 아들 아브넬이 쉬고 있는 곳을 살펴보았다. 사울은
진영에서 쉬고 있었고, 백성들은 그를 에워싸고 진치고 있었다.

6　다윗이 헷 사람 아히멜렉과 스루야의 아들 요압의 동생 아비새에게 말하였다. "누가 나와 함께 사울 진영으로 내려가겠느냐?" 그러자 아비새가 말하였습니다. "제가 당신과 함께 내려가겠습니다."

7　그리하여 다윗과 아비새는 밤에 백성들에게로 내려갔다. 사울은 진영에 누워 자고 있었다. 그의 창은 머리맡 땅에 꽂혀 있었다. 아브넬과 백성들은 그를 에워싸고 누워있었다.

8　아비새가 다윗에게 말하였다. "오늘 하나님께서 당신의 원수를 당신 손에 넘기셨습니다. 그러니 이제 제가 창으로 단번에 그를 찔러서 땅에 박아버리겠습니다. 두 번 찌를 것도 없습니다."

9　다윗이 아비새에게 말하였다. "그에게 몹쓸 짓을 하지 마라. 도대체 누가 여호와께서 기름 부으신 이에게 손을 대고 벌을 면할 수 있겠느냐?"

10　다윗이 말하였다. "여호와의 살아계심을 두고 맹세한다. 여호와께서 그를 치실 것이다. 그래서 수명을 다한 뒤에 죽거나 전쟁터에 내려갔다가 죽을 것이다.

11　여호와 앞에서 내가 그분께서 기름 부으신 이에게 손을 대는 짓은 할 수 없다. 그러니 이제 그의 머리맡에 있는 창과 물병만 가지고 가자."

12　그리하여 다윗이 사울의 머리맡에 있는 창과 물병을 가지고 돌아갔다. 그러나 여호와께서 그들에게 깊은 잠을 내리셔서 모두 자고 있었기 때문에, 보거나 낌새를 차리거나 깨어나는 이조차 없었다.

13　다윗이 건너편으로 가서 멀리 산꼭대기에 섰다. 다윗과 사울 사이는 거리가 멀었다.

14　다윗이 백성들과 넬의 아들 아브넬에게 외쳤다. "아브넬은 대답해

보아라." 그러자 아브넬이 대답하였다. "임금님을 향해 소리치는 그대는 누구인가?"

15 다윗이 아브넬에게 말하였다. "그대는 대장부가 아닌가? 이스라엘에 그대와 같은 이가 누구겠는가? 그런데 어째서 그대의 주군인 임금님을 제대로 지키지 않는가? 백성들 가운데 한 사람이 그대의 주군인 임금님을 죽이려고 왔었다.

16 그대의 이런 행동은 옳지 않다. 여호와의 살아계심을 두고 맹세한다. 여호와께서 기름 부으신 그대들의 주인을 지키지 못했으니, 그대들은 죽은 목숨이다. 임금님의 머리맡에 있던 창과 물병이 어디 있는지 살펴보아라."

17 사울이 다윗의 목소리를 알아듣고 말하였다. "이것이 네 목소리냐, 내 아들 다윗아?" 그러자 다윗이 말하였다. "제 목소리가 맞습니다, 내 주 임금님!"

18 다윗이 말하였다. "주인님께서는 무엇 때문에 당신의 종을 이렇게 뒤쫓으십니까? 제가 무슨 짓을 저질렀습니까? 제 손에 무슨 악의가 있습니까?

19 내 주 임금님께서는 이제 당신 종의 말을 좀 들어 주십시오. 만약 여호와께서 저를 향한 임금님의 분노를 부르셨다면, 그분께서 제물을 받으시기를 바랍니다. 그러나 그것이 사람이라면, 그들은 여호와 앞에서 저주받을 것입니다. 그들은 지금 여호와께서 유산으로 주신 땅에서 함께하지 못하도록 저를 내쫓으며, '가서 다른 신들을 섬겨라'라고 말했기 때문입니다.

20 그러니 이제 제 피를 여호와에게서 멀어진 땅에 흘리지 않게 해 주십시오. 이스라엘의 임금님께서는 ⌐벼룩 한 마리를ㄱ 잡는 데 산에

서 꿩을 잡듯이 나오셨단 말입니까?"

21 사울이 말하였다. "내가 죄를 지었구나. 돌아와라, 내 아들 다윗아. 내가 다시는 너를 해치지 않겠다. 내가 어리석게도 아주 미쳐 날뛰었구나."

22 다윗이 대답하였다. "임금님의 창이 여기 있습니다. 부하들 가운데 한 명을 건너보내셔서 이것을 가져가십시오.

23 여호와께서는 그분의 의로우심과 진실하심을 사람들에게 되돌려주십니다. 여호와께서 오늘 당신을 제 손에 넘겨주셨지만, 저는 여호와께서 기름 부으신 이에게 손대기를 바라지 않았습니다.

24 제가 오늘 당신의 목숨을 소중히 여긴 것처럼 여호와께서도 제 목숨을 소중히 여기셔서 저를 모든 고난에서 건져주실 것입니다."

25 사울이 다윗에게 말하였다. "내 아들 다윗아, 너를 축복한다. 네가 무엇을 하든 성공하기를 바란다." 그러고 나서 다윗은 제 길을 갔고, 사울도 제자리로 돌아갔다.

## 본문 비평

### 20절 ㄱ-ㄱ. 벼룩 한 마리를

칠십인역 필사본 대부분은 "내 목숨을"(τὴν ψυχήν μου, '텐 프쉬켄 무')로 옮긴다. 반면에 루키안 본문(L)은 앞서 24장 15절에서 쓰인 낱말을 써서 ψύλλον ἕνα('프쉴론 헤나')로 마소라 본문과 같은 히브리어 대본을 옮긴다. 아마도 칠십인역 필사본 대부분은 후대의 수정, 또는 필사 과정에서 비슷한 발음 때문에 난 오류를 반영할 것이다.

## 본문 주석

26장에서 다윗이 자신을 추격해 온 사울을 죽일 기회를 얻었지만, 살려 준 이야기는 24장과 전승 관점에서 매우 비슷하다. 아마도 서로 다른 이야기를 같은 틀의 전승 방식을 사용해 전하고자 하는 메시지를 강조하려는 의도가 있을 것이다. 다음은 이 단락을 24장과 견준 것이다(참조. Klein, *1 Samuel*, 236).

| 24장 | 26장 |
| --- | --- |
| 어떤 사람이 다윗의 위치를 사울에게 알려줌(1[2]절) | 십 사람들이 다윗의 위치를 사울에게 알려줌(1절; 참조. 23:14, 15, 19) |
| 기브아, 하길라, 광야(23:19); 엔 게디 광야(1[23:29]절) | 기브아, 하길라, 광야(1절) |
| 온 이스라엘에서 택한 사람 3,000명을 데리고 다윗을 쫓음(2[3]절) | 이스라엘에서 택한 사람 3,000명을 데리고 다윗을 쫓음(2절) |
| 길가에(3[4]절; 참조. 7[8]절) | 길가에(3절) |
| 다윗 일행이 굴 속에 있었음(3[4]절) | 다윗 일행이 광야에 있었음(3절) |
| 다윗 일행이 여호와께서 사울을 죽일 기회를 주셨다고 말함(4[5]절) | 아비새가 여호와께서 사울을 죽일 기회를 주셨다고 말함(8절) |
| 다윗이 사울의 겉옷 자락을 자름(4[5]절) | 다윗이 사울의 창과 물병을 가져감(12절) |
| 다윗이 사울을 해하는 것을 금지함(6[7]절) | 다윗이 사울을 해하는 것을 금지함(11절) |

**1-3절: 사울이 다윗을 쫓아옴.** 1절에서는 앞선 24장의 보도와 달리 십 사람들이 다윗의 위치를 사울에게 알려주었다고 전한다. 이들은 일찍부터 사울의 편에 서서 다윗과 대적하였었다(참조. 23:19; 비교. 시편 54편의 표제). 흥미롭게도 십 사람들이 전한 다윗의 위치는 23장 19절과 같았다. 이 소식을 들은 사울은 2절에서 "이스라엘에서 뽑은 군사" 3,000명을 데리고 십 광야로 내려갔다. 24장과 비교해 보면, "온"(כָּל־, '콜')이 빠져

서, 독자들은 사울 동조 세력의 축소를 감지할 수 있다. 3절은 새로운 내용이다. 사울은 앞서 이곳에 왔다가 블레셋의 침공으로 다윗을 잡지 못했었다(참조. 23:27-28). 이번에 사울은 이곳에 진을 치고 본격적으로 다윗을 잡으려 한다. 다윗도 사울이 자신을 잡으러 와서 진을 치고 있음을 알게 되었다.

**4-6절: 다윗이 사울 진영을 정탐함.** 앞선 이야기에서 다윗과 그 일행은 굴 안에 있다가 우연히 그곳에 들어온 사울을 보게 되었다. 그런데 4절에서는 다윗이 좀 더 적극적으로 사울의 진영에 "정찰대원"(מְרַגְּלִים, '므라글림')을 보내서 사울의 도착을 분명히 알게 되었다. 5절에서 다윗은 사울이 진 친 곳으로 갔다. 다윗은 앞선 24장의 이야기에서보다 훨씬 더 적극적으로 사울을 대한다. 화자는 이 구절에서 14장 50, 51절에서 언급된 바 있는 사울의 군대 장관 아브넬을 등장시킨다. 다윗은 먼저 그가 있는 곳에 갔는데, 왜 그런지가 이어서 설명된다. 사울은 진영 한가운데 있었고, 군사들이 왕을 에워싸서 진을 치고 있었다. 이렇게 방어가 철저한 진영으로 다윗이 들어간 것은 그를 더 위험하게 했을 뿐 아니라, 그의 행동이 다윗의 일행에게는 훨씬 더 영웅적인 것으로 받들어질 수 있게 되었을 것이다(참조. Klein, *1 Samuel*, 257). 6절에서 다윗은 함께한 사람들 가운데 두 사람에게 자신과 함께 침투할 의사가 있는지를 묻는다. 헷 사람 아히멜렉은 이 본문 말고는 등장하지 않아 누구인지 확인할 수 없다. 반면에 역대상 2장 16절에 따르면 아비새의 어머니인 스루야는 다윗의 누이이며, 이 본문에서 등장하는 요압과 나중에 아브넬에게 죽게 될 아사헬(삼하 2:18-23)의 어머니이기도 하다. 다윗의 질문에 그의 조카 아비새가 함께 가겠다고 나선다.

**7-8절: 아비새가 사울을 죽이자고 함.** 7절에서 밤이 되기를 기다린 다윗과 아비새는 사울 편의 군사들을 향해 침투했다. 모두가 잠들어 있었는데, 앞서 말한 대로 사울이 진영 한가운데서 자고 있었고, 그의 "창"(חֲנִית, '하니트')이 머리맡 땅바닥에 꽂혀 있었다. 여기서 사울의 머리맡에 꽂혀 있던 창은 사울이 자신의 왕권을 과시하기 위해 늘 들고 있던 것이다(참조. 22:6). 그러므로 24장에 나왔던 사울의 겉옷과 같은 역할을 하는 소재로 볼 수 있으며, 왕의 신분을 상징하겠다. 더불어 이 창은 다윗(18:10-11; 19:9-10)과 요나단(20:33)을 죽이려고 사울이 던졌던 것으로, 다윗을 향한 사울의 적개심을 상징하기도 하겠다(참조. Long, *1 and 2 Samuel*, 244). 앞서 정탐했던 대로 사울을 둘러싸고는 군대 장관이었던 아브넬과 군사들이 진을 치고 자고 있었다.

8절에서 사울은 물론 그의 모든 군대가 잠든 모습을 본 아비새는 다윗에게 하나님이 오늘 다윗의 원수인 사울을 다윗의 손에 넘기셨다고 말하였다. 24장에서 이 말을 한 사람들은 특정되지 않았었다. 지금은 이야기가 좀 더 적극적이고, 구체적으로 묘사되어 긴장감을 고조시키는 효과를 준다. 24장에서는 사울에게 손을 대는 일을 다윗이 도맡았었는데, 여기서는 아비새가 자신이 사울을 창으로 찔러 죽이겠다고 나섰다. 아마도 아비새는 왕으로 기름 부음 받은 사울을 직접 죽이기를 꺼리는 다윗을 위해 대신 그 일을 도맡겠다고 자청하였을 것이다(참조. Dietrich, *1 Sam 13-26*, 821). 모두 잠들었으므로, 단 한 번 창으로 찌르면 끝이라고 확신을 준다.

**9-10절: 다윗이 사울 죽이기를 금지함.** 앞서 24장에서와 마찬가지로

(24:6-7), 9절에서 다윗은 아비새에게 사울 죽이는 일을 금지한다. 다만, 앞선 이야기에서는 사울의 겉옷 자락을 벤 뒤에 양심에 가책을 느껴서 한 말이고, 지금은 사울의 코앞까지 침투해 온 시점이라 어감은 다르다. 곧 자신은 지금 사울을 죽이러 온 것이 아님을 밝힌 셈이다. 그리고 10절에서는 마치 예언이라도 하듯 사울을 죽이는 일은 여호와께서, 그것도 전쟁터에서 하실 것이라고 말한다(참조. 삼상 31장).

**11-12절: 다윗이 사울의 창과 물병을 가져감.** 11절에서 다윗은 사울을 죽이는 대신 그의 창과 "물병"(צַפַּחַת הַמַּיִם, '차파하트 하마임')만 가지고 가자고 한다. 머리맡에 있던 창을 뽑아 가는 것과 사울이 마실 물을 담은 물병을 가져간 것은 사실상 사울에게는 살해 위협이며, 삶의 근본을 송두리째 앗아 가는 상징적 행위였다(참조. Dietrich, *1 Sam 13-26*, 823). 그러니 죽이는 것이나 다를 바 없는 행동이었으며, 죽이지 않은 명분도 쌓는 교묘한 행동이었다. 화자는 잠을 강조하여, 다윗이 한 행동을 아무도 몰랐음을 두드러지게 하였다.

13절부터 이어지는 단락도 앞선 단락과 마찬가지로 24장의 이야기와 평행을 이루며, 고유한 전승을 전한다. 주된 차이점 견주어 보면 다음과 같다(참조. Klein, *1 Samuel*, 236-237).

| 24장 | 26장 |
| --- | --- |
| 다윗이 사울을 부름(8[9]절) | 다윗이 군사들과 아브넬을 부름(14절) |
| 다윗이 사울에게 왜 사람들의 말을 듣냐고 물음(9[10]절) | 다윗이 사울에게 사람들이 그를 충동시켰다고 말함(19절) |
| 다윗이 사울의 겉옷 자락을 보이며 무고함을 호소함(11[12]절) | 다윗이 사울의 창과 물병을 보이며 무고함을 호소함(16절) |

| 다윗이 죽은 개와 벼룩을 언급함(13[14]절) | 다윗이 메추라기와 벼룩을 언급함(20절) |
|---|---|
| 사울이 다윗에게 분명히 그가 왕이 될 것이라고 말함(20[21]절) | 사울이 다윗에게 그가 큰일을 행하고 승리할 것이라고 말함(25절) |

**13-16절: 다윗이 아브넬과 이야기함.** 사울의 진영에 침투해서 그의 창과 물병을 가져 나온 다윗은 13절에서 사울의 진영에서 되도록 멀리 떨어져 간다. 본문은 "멀리"(מֵרָחֹק, '메라호크')와 "거리가 멀었다"(רַב הַמָּקוֹם, '라브 하마콤')라고 하여 먼 거리를 두 차례에 걸쳐 강조한다. 다윗은 사울 진영의 건너편 산꼭대기까지 갔는데, 아마도 활 공격이 미치지 못하지만 목소리는 들릴 수 있을 정도의 거리였을 것이다. 안전을 확보한 다윗은 24장과 달리 14절에서 사울이 아니라 군대 장관 아브넬을 부른다. 아브넬의 대답을 우리말 개역개정 성경에서는 "왕을 부르는 너는 누구냐?"(מִי אַתָּה קָרָאתָ אֶל־הַמֶּלֶךְ, '미 아타 카라타 엘-하멜레크')로 옮겼다. 그런데, 다윗은 왕을 부르지 않았으므로, 전치사 "향하여"(אֶל, '엘')의 뜻을 살려서 "임금님을 향해 소리치는 그대는 누구인가?"로 새기는 것이 더 나을 것이다.[1] 15절에서 보면, 다윗이 아브넬을 부른 것은 아브넬이 사울을 호위하는 임무에 실패했음을 주목시켜서 분위기를 주도하려는 의도로 볼 수 있다. 왜냐하면, 그는 아브넬과 같은 장수가 왜 임금을 보호하지 못하였느냐고 되묻기 때문이다. 다윗은 백성 가운데 한 사람이 임금을 죽이려고 왔었다고 말하였다. 16절에서 다윗은 맹세까지 하면서 자신과 아비새의 침투를 막지 못하고, 알아채지도 못한 것을 전적으로 아브넬의 잘못으로 돌린다. 여기서 다윗이 왜 아브넬을 먼저 불렀는지

---

1.　칠십인역은 이 본문을 "나를 부르는 너는 누구냐?"(Τίς εἶ σὺ ὁ καλῶν με, '티스 에이 쉬 호 칼론 메')로 옮기는데, 아마도 본문을 이해하기 수월해지도록 한 의도적인 수정으로 보인다.

를 짐작할 수 있다. 다윗은 자신이 사울의 침소에 들어갔다 온 것이 잘못이 아니라, 그것을 막지 못한 아브넬이 잘못이라고 하여서, 명분을 확보한 셈이다. 그리고 자신이 가져온 사울의 창과 물병을 찾아보라고 한다.

**17-20절: 다윗이 사울에게 무고함을 호소함.** 다윗이 아브넬과 말하는 동안 사울도 잠에서 깨어 그 자리에 왔다. 그리고 17절에서 그는 다윗의 목소리를 알아듣고, 24장과 마찬가지로 다윗을 아들이라고 부르면서 확인한다. 앞선 이야기와 마찬가지로, 사울은 지금 다윗에게 함부로 대할 수 없는 처지에 놓였다. 왜냐하면, 자기 군대 장관 아브넬은 경호에 실패했고, 다윗은 오히려 자신을 살려주었기 때문이다. 이런 상황에서는 다윗을 공격할 명분이 부족하였다. 아들이라고 부르는 사울에게 다윗은 앞서 "제 아버지시여"(비교. 24:11)라고 대답했던 것과 달리 절도 하지 않고(비교. 24:8), "내 주 임금님!"이라고 불러서 거리를 둔다. 18절에서 다윗은 사울의 추격에 항의하며, 자신의 무고함을 호소한다. 앞서 24장에서 다윗은 사울의 종말을 두고 여호와께 맡겼다(참조. 24:12). 하지만 19절에서 다윗은 자신을 추격하는 사울을 향해 정면으로 도발한다. 그는 사울이 분노해(הֱסִיתְךָ, '헤시트카') 다윗을 해치려는 것이 여호와라면 모르겠지만, 사람이라면 여호와 앞에 저주받을 것이라고 말한다. 앞서서는 여호와를 재판장으로 하여 소송을 걸었다면(참조. 24:12), 여기서 다윗은 종교적인 차원으로 돌려 호소한다. 이어지는 문장은 의아하다. 여기서 다윗은 사울을 충동한 사람들이 자신에게 다른 신을 섬기라고 쫓아냈다고 말하였는데, 그런 사실을 독자들은 읽은 바 없다. 아마도 자신이 아기스에게 갔던 일을 일컫는 듯한데(비교. 23:27), 이것은 분명히 다윗이

자기 행동을 정당화하기 위해서 만든 이야기일 것이다. 20절에서 다윗은 24장 13[14]절을 생각나게 하는 말을 다시 한다. 앞선 구절에서는 사울이 죽은 개와 벼룩을 쫓듯이 의미 없이 다윗을 쫓고 있다고 말하였는데, 여기서 그는 사울이 벼룩을 언급하기 전에 죽은 개 대신 자신을 산에서 메추라기를 사냥하는 자처럼 쫓고 있다고 말한다. 이는 사울의 다윗 추격에 명분이 없음을 분명히 하는 말이다.

**21-25절: 사울의 응답과 둘의 헤어짐.** 21절에서 사울은 24장과 조금 다르게 반응한다. 여기서 사울은 "내가 죄를 지었구나"(חָטָאתִי, '하타티')라고 대답하는데, 이는 좀 더 적극적인 인정인 동시에 다소 종교적 색채까지 드러내는 말이다. 이 대답 또한 다윗의 행동이 더 정당성이 있으므로 어쩔 수 없는 선택이었을 것이다. 그러나 사울은 여기서 또 한 번 다윗에게 승부수를 던진다. 그것은 다윗에게 돌아오라고 말한 것이다. 하지만 이 요청은 앞선 이야기에서만큼 영향력이 크지 않다. 벌써 모든 사람이 둘 사이의 관계가 회복될 수 없음을 알고 있기 때문이다. 그리고 다윗이 돌아오더라도 사울이 다윗을 죽이리라는 사실도 모든 사람이 다 눈치 채고 있었을 것이기 때문이다.

22절에서 다윗은 돌아오라는 사울의 말에 사울의 창을 가져가라고 말한다. 여기서 왜 다윗이 물병을 언급하지 않는지는 이상하다. 더러 물병은 돌려줄 만큼 가치가 없는 것인지, 또는 다윗 손에 들어간 물병의 물을 사울이 의심하여 더는 마시지 않을 것이라서(참조. Klein, *1 Samuel*, 259), 또는 다윗이 자기 일행에게 보여주기 위해서 챙긴 것인지(Dietrich, *1 Sam 13-26*, 834) 등으로 추측하곤 하지만, 분명히 알 수는 없다. 어쨌거나 다윗의 이 말은 사울의 제안에 대한 거절을 뜻하겠다. 더불어 다윗은 다시 한번 자신이 사울을 죽일 수 있었지만, 죽이지 않은 것이 여호와의 기름 부음을 존중해서임을 분명히 하는데, 이는 여전히 중의적이다. 민심을 잡는 동시에 자신의 기름 부음에 대한 정당성도 확보하기 때문이다. 24절에서 다윗은 "그리고 보십시오"(וְהִנֵּה, '브힌네'; 한글 성경 본문에는 없음)라는 말로 주의를 자신에게로 돌린다. 다윗은 앞으로 여호와께서 자신의 생명을 지켜 주시기를 간구한다. 마지막 말을 기도로 끝내서, 처음부터 종교적 색채로 호소했던 분위기를 이어간다.

25절에서 사울은 다윗을 축복한다. 다윗이 무엇이든 해낼 것이고, 무엇이든 가능할 것이라고 하였다. 이는 왕이 될 것이라는 충격적인 도발을 했던 24장과는 사뭇 다른 분위기다. 사울은 그리 선택지가 많지 않았던 셈이다. 그리고 둘은 영영 헤어진다.

## 본문의 메시지

(1) 본문은 24장의 이야기와 평행을 이루며, 사울과 다윗의 갈등을 극대화한다. 다윗은 이 두 이야기에서 사울을 죽일 결정적인 기회를 잡았지만, 죽이지 않고 사울의 물건을 몰래 가져간다. 다윗이 이렇게 행동한 것은 두 번 다 왕으로 기름 부음을 받은 사울 죽이기를 꺼리는 데서 비롯했다. 다윗의 이 행동은 기름 부음을 매우 중요시하는 그의 태도를 뚜렷이 보여주는데, 이는 중의적으로 해석할 수 있다. 사울을 죽이지 않는 까닭도 밝히지만, 자신의 기름 부음 받음도 암시적으로 강조하는 셈이다. 더구나 다윗이 사울의 겉옷 자락을 베고, 창과 물병을 가져간 것은 사울에게는 소름 돋는 위협이었다. 이 물건들은 자신의 신분을 상징하

여서, 실제로 왕권에 대한 도전이었으며, 코앞에까지 와서 칼을 쓰고 창을 집어 간 것은 언제든 죽일 마음만 있다면 죽이겠다는 위협인 셈이었기 때문이다.

하지만, 그렇게 정치적이고 실제적인 해석 이면에 다윗이 문제를 해결해 가는 방법을 눈여겨보아야 한다. 많은 이가 목적의 정당함으로 수단마저 정당화하려는 경향이 있다. 그래서 정당한 목적을 위한 부정이나 악행에는 상대적으로 너그러워지곤 한다. 그러나 다윗은 하나님께 기름 부음 받은 왕권 도전이라는 정당한 목적을 이루는 데서도 세심하게 정당한 방법을 쓰려고 노력한다. 이것이 단지 민심을 잡으려는 목적이라고만은 할 수 없다. 하나님은 아마도 다윗의 이런 세심한 정의감을 높이 사셔서, 임금으로 선택하셨을 것이다.

(2) 본문에서 다윗과 사울은 마지막으로 대면한다. 이제 사울은 왕으로서 자기 능력을 백성들에게 스스로 보여주어야 한다. 그동안 어쩌면 사울은 자기 정적인 다윗을 제거해서 왕권을 확보하려 했을 것이다. 그러나 두 번에 걸쳐서 다윗이 사울의 목숨을 살려준 사건을 겪으면서, 사울은 물론 백성들도 더는 다윗을 제거하는 것이 합당한 방법이 아님을 알게 되었을 것이다. 이제 사울이 선택할 수 있는 일은 한 가지밖에 없다. 처음 왕이 되었을 때, 백성들에게 자신의 자격을 검증받았던 방식을 다시 되풀이하는 것이다. 그것은 블레셋의 문제를 전쟁의 지도자인 왕으로서 이루어 내는 것이다. 그렇다고 해서 다윗이 이스라엘 땅에 그대로 있을 수도 없게 되었다. 왜냐하면, 사울이 돌아오라고 한 제안을 거절했으므로, 이제는 사울 왕조와 완전히 결별한 셈이 되었기 때문이다. 나발과 같은 사람은 언제든지 이스라엘 땅에 도사리고 있을 것이고, 사울이

왕으로 있는 한 다윗은 늘 사울의 눈치를 보며 숨어지내야 했기 때문이다. 이제 독자들은 두 사람이 자신들에게 남은 선택권을 어떻게 쓸지 궁금해하며 막바지로 치닫는 사무엘상의 독서를 이어가게 된다.

27장
**다윗의 가드 망명**

**우리말로 옮긴 본문**

1  다윗이 속으로 생각하였다. '이러다가 내가 언젠가는 사울의 손에 죽겠구나. 그러니 블레셋 사람들의 땅으로 피하는 것보다˹ 더 나은 것은 없다. 사울은 이스라엘 영토 안에서만 나를 찾다가 결국 포기할 것이고, 나는 그의 손에서 벗어나게 되겠지.'

2  다윗은 일어나 자기와 함께 있던 600명의 부하와 함께 가드 왕 마옥의 아들 아기스에게로 건너갔다.

3  그리하여 다윗 자신과 그의 부하들은 저마다 제 가족을 데리고 가드에 있는 아기스와 더불어 살게 되었다. 다윗은 두 아내, 곧 이스르엘 사람 아히노암과 나발의 아내였던 갈멜 사람 아비가일과 함께하였다.

4  다윗이 가드로 도망쳤다는 소식이 사울에게 전해지자, 그는 더 이상 다윗을 뒤쫓지 않았다.

5 다윗이 아기스에게 말하였다. "제가 당신 눈에 드신다면, 평지에 있는 성읍들 가운데 한 곳을 제게 주셔서 거기서 살게 해 주십시오. 어떻게 당신의 종이 왕도에서 당신과 함께 살 수 있겠습니까?"

6 그러자 아기스는 그날 그에게 시글락을 내주었다. 그렇게 시글락이 유다 왕국에 속하여 오늘날까지 이른다.

7 다윗이 블레셋 사람들의 평지에 거주한 날수는 1년 4개월이었다.

8 다윗과 그의 부하들은 그술 사람들과 기르스ᴸ 사람들과 아말렉 사람들을 습격하러 올라가곤 하였다. 그들은 예부터 술을 거쳐 이집트 땅에 걸쳐 그 땅에 살고 있었다.

9 다윗이 그 땅을 칠 때는 남자든 여자든 아무도 살려 두지 않았고 양과 소와 나귀와 낙타와 옷가지를 빼앗아서는 아기스로 되돌아왔다.

10 그러면 아기스는 "오늘은 그대들이 어디를 습격하였소?"라고 물었다. 다윗은 대답하기를, "유다 네게브 지역이었습니다", 또는 "여라무엘 사람들의 네게브 지역이었습니다", 아니면 "겐 사람들의 네게브 지역이었습니다"라고 하곤 하였다.

11 다윗이 남자든 여자든 아무도 살려 두지 않고 가드로 돌아간 것은 그들이 다윗이 그런 일을 하고 있다고 말할까 염려했기 때문이었다. 다윗이 블레셋 평지에 사는 날 동안 늘 그렇게 하였다.

12 아기스는 "그가 제 백성 이스라엘에게 분명히 미움을 샀으니, 이제는 종으로 영영 내게 있겠구나"라고 말하여 다윗을 믿었다.

# 본문 비평

## 1절 ㄱ. 피하는 것

마소라 본문은 니팔(Niphal) 부정사 절대형과 미완료형이 함께 쓰여서 (הִמָּלֵט אִמָּלֵט, '히말레트 이말레트') 뜻을 강조하는 용법이다(*figura etymo-logica*). 그런데 앞에 나오는 부정사 절대형이 칠십인역이나 페쉬타, 불가타에는 없다. 아마도 이는 이른바 유사문미탈락(homoioteleuton)의 결과로 빼고 읽었을 것이다.

## 8절 ㄴ. 기르스

우리말 성경은 마소라 본문의 쓰기 전통인 케티브(Ketib)에 따라 음역했다. 우리도 일단 여기에 따른다. 하지만, 마소라 본문의 읽기 전통인 케레(Qere; הַגִּזְרִי;, '하기즈리')와 칠십인역의 음역(τὸν Γεσιρι)은 음위 전환(*metathesis*)이 전승 과정에서 있었음을 보여주는데, 둘 가운데 어느 것이 더 오래되었는지 판가름하기란 쉽지 않다.

# 본문 주석

**1-4절: 다윗이 가드 임금 아기스에게 감.** 사울과 완전히 결별한 다윗은 1절에서 후일을 걱정한다. 물론 사울이 군대를 동원하여 전면적으로 다윗을 추격할 명분은 없어졌다. 하지만, 지금까지 경험한 사울의 정보망은 언제든 다윗의 생명을 위협할 수 있다. 결국 사울이 살아 있는 한 언젠가는 그의 손에 붙잡힐 가능성이 늘 도사리고 있었던 셈이다. 다윗에

게는 자신에게 호의적인 모압도 피난지가 될 수 있었다(참조. 22:3-4). 그런데 다윗은 흥미롭게도 블레셋 사람들의 땅으로 가려는 결정을 내린다. 다윗은 벌써 블레셋 땅의 가드로 갔다가 생명의 위협을 느끼고 미친 체하여 겨우 빠져나온 경험이 있다(21:10-15). 그런데 그가 왜 이런 결정을 했는지 독자들은 알 수 없다. 어쨌거나 그는 자신이 이스라엘 영토 안에 없으면, 사울이 추격하다가 단념할 것이고, 그래야 그의 손에서 벗어날 수 있으리라고 여겼다. 2절에서 다윗은 곧바로 자신과 함께 한 600명과 블레셋 땅으로 출발해서 이번에도 가드로 간다. 일단 지난번에는 다윗이 혼자서 갔었는데, 이번에는 군사를 이끌고 갔다는 점이 차이 있다. 이렇게 무리 지어 망명한다면, 한 사람보다는 훨씬 더 영향력이 있을 것이다. 또한, 가드 임금 "아기스"(אָכִישׁ, '아키쉬')도 다른 인물로 보인다. "아기스"는 아마도 인명이 아니라, 가드 왕을 일컫는 칭호일 것이며, 특히 여기서는 "마옥의 아들"로 특정하는데, 이는 "아기스"라는 같은 칭호로 불리는 다른 인물일 가능성이 있다(참조. Tsumura, *First Samuel*, 609). 어쩌면 다윗은 새로운 아기스가 다스리고 있다는 사실을 전해 듣고, 가드로 다시 찾아갔을 수 있다. 왜냐하면, 3절에서는 21장에서와 달리 가드 임금 아기스가 아무런 경계심 없이 다윗과 그의 동료들, 심지어 그 가족들까지 받아들인 것으로 보이기 때문이다. 이스라엘에 대한 새로운 정책을 쓰는 아기스인 셈이다. 이 아기스는 아마도 다윗과 그 일행을 이스라엘을 압박하고 점령하는 데 이용하려는 정치적 셈법을 가지고 있었을 것이다. 여기서 다시 한번 다윗의 두 아내, 아히노암과 아비가일을 언급한다.

4절에서 다윗과 그 일행이 가드로 간 사실이 사울의 정보망에 들어와서, 사울도 보고받았다. 사울은 다윗의 예상대로 더는 다윗을 찾으려고 이스라엘 땅을 수색하지 않았다.

**5-7절: 다윗이 시글락 성읍에 거주함.** 5절에서 드디어 다윗과 아기스의 대면이 전해진다. 다윗은 아기스에게 "제가 당신 눈에 드신다면"(אִם־נָא מָצָאתִי חֵן בְּעֵינֶיךָ, '임-나 마차티 헨 브에네카')이라고 말을 꺼내며 매우 공손한 자세로 다가선다. 그는 아기스에게 "평지에 있는 성읍들 가운데 한 곳"(אַחַת עָרֵי הַשָּׂדֶה, '아하트 아레 하사데')에 머물기를 청한다. 다윗이 이렇게 아기스에게 성읍을 요청한 것은 분명히 아기스가 그의 망명을 긍정적으로 여기고 환대했음을 뜻한다. 이스라엘 군대에 중요한 영향력을 끼쳤던 다윗을 어떤 경로로든 자신의 통제권 아래 둔 것은 아기스에게는 매우 유리한 조건이므로, 그에 대한 보상을 요구하는 셈이다. 그러나 여기서도 다윗은 아기스에게 명분을 준다. 곧 자신이 "왕도"(עִיר הַמַּמְלָכָה, '이르 하마믈라카')에 함께 살지 않는 것으로 아기스의 종이라는 사실을 명확히 하자는 것이었다.

다윗의 말을 들은 아기스는 6절에서 그에게 "시글락"(צִקְלַג, '치클라그')을 내주었다. 시글락의 정확한 위치는 명확하지 않다. 공식적으로는 시므온 지파에 주어졌지만(수 19:5; 대상 4:30), 여호수아 15장 20-63절에서는 네게브 지역에 자리 잡은 유다 성읍 가운데 하나로 발견된다(참조. McCarter, *I Samuel*, 414). 아마도 이 이야기 전승을 담당했던 화자는 기원론 (etiology)의 정보로 이 시글락이 자신의 당대인 "오늘날까지"(הַיּוֹם הַזֶּה עַד, '아드 하욤 하제') 유다 왕에게 속한 땅이라고 밝힌다. 유다 왕들을 따로 언급하는 것으로 보아서 이 화자는 남북 왕조가 분열한 뒤의 시대를 배경으로 할 것이며, 이 지역의 유다 왕조 소속성을 강조하려는 목적이 있었을 것으로 추측할 수 있다. 이어서 화자는 7절에서 다윗이 블레셋 사람들의 땅에 살았던 기간이 1년 4개월이라고 밝힌다. 이렇게 정확한 기간을 언급하는 것으로 보아, 이 화자는 왕실의 기록을 접할 수 있었던 사람으로 보인다(Dietrich, *1 Sam 27-2 Sam 8*, 22).

**8-12절: 다윗이 정벌하고 아기스를 속임.** 8절부터는 시글락에 자리 잡은 다윗이 벌인 이야기를 전해준다. 그는 이내 남쪽 지방의 이방 민족을 정벌한다. 그 민족들은 "그술"(הַגְּשׁוּרִי, '하그슈리'), "기르스"(הַגִּרְזִי, '하기르지'; 본문 비평 참조), "아말렉"(הָעֲמָלֵקִי, '하아말레키')이었다. 그술 사람들은 블레셋과 이웃한 민족으로 언급되며(수 13:2), 기르스는 여기서만 등장한다. 그리고 아말렉은 이스라엘 남부 지방의 유목민이었다(참조. 출 17:8-16; 삼상 30:1-12; Dietrich, *1 Sam 27-2 Sam 8* 22). 화자는 여기서 다윗이 정벌한 이들이 "예부터"(מֵעוֹלָם, '메올람') 유다 남쪽의 수르 광야와 이집트까지 오가던 사람들이라는 추가 정보를 전한다. 9절에서 다윗은 이들을 공격해서 한 명도 남겨 두지 않고, 다 죽였다. 그 대신 전리품들만 챙겨서 아기스에게로 돌아왔다. 다윗이 전리품들을 챙겨서 돌아갔으므로, 이 행위가 거룩한 전쟁의 진멸(חֵרֶם, '헤렘')은 아니다. 다윗의 목적은 이어지는 구절에서 밝혀질 것이다.

10절에서 아기스는 전리품을 가져온 다윗에게 어디를 정벌했느냐고 묻는다. 흥미롭게도 다윗는 아기스에게 거짓말을 한다. 그는 유다와 "여라무엘 사람들"(הַיַּרְחְמְאֵלִי, '하야르흐므엘리')과 "겐 사람"(הַקֵּינִי, '하케니')의 "네게브"(נֶגֶב, '네게브')이라고 말하였다. 네게브는 메마른 광야로 헤브론 산지와 가데스(창 20:1) 사이에 있는 방목지를 일컫는다(게제니우스, 『사전』, 484). 여라무엘 사람은 분명히 여기서는 독자적인 종족으로 보이지만(참조. 30:29), 나중에는 유다 지파에 흡수된 것으로 보인다(참조. 대상 2:9, 25-27 등; McCarter, *I Samuel*, 415). 겐 사람들은 이스라엘 출신이 아니었던 갈렙 족속의 한 분파로 보이며(참조. 민 32:12; 수 14:6, 14), 갈렙 족속의 성읍이었던 헤브론과 드빌 근처에 살았던 것으로 보인다. 그리고 이 성읍은 갈렙 족속의 또 다른 분파였던 옷니엘에게 점령되었다(참조. 수 15:15-17 등; McCarter, *I Samuel*, 415). 결국 다윗은 고향인 유다 지파를 쳤다고 말한 셈이다. 11절에서 다윗이 모든 사람을 죽이고 전리품만 가져가서 거짓말한 까닭이 나온다. 행여 살려 간 사람들이 자신들의 출신을 말하고, 다윗의 거짓말을 폭로할 수 있었으므로, 그 가능성을 차단한 것이다. 12절에서는 다윗이 한 거짓말을 아기스가 그대로 믿고, 다윗이 자기 고향을 정벌하여서 완전히 자기 부하가 되었다고 판단하였다.

## 본문의 메시지

다윗은 사울과 헤어진 뒤 흥미롭게도 일전에 갔다가 쫓겨났던 블레셋의 가드로 망명하는 것을 선택하였다. 어떻게 보면 다윗은 적진 깊숙이 들어가는 것이 가장 안전했을 수 있다. 사울이 다윗을 더는 추격하지 않을 것이기 때문이다. 다만 적진에서 블레셋의 의심을 어떻게든 해소해야 할 과제는 있었다. 아마도 이 본문에서 말하는 가드 임금 아기스는 앞선 아기스와 다른 인물일 것이다. 그는 600명의 군대와 식솔들을 이끌고 온 다윗을 배척하지 않고 정치적으로 이용하기로 결정했다. 그리고 다윗의 기지로 상대적으로 가드에서 멀리 떨어져 있지만, 블레셋의 영향권 아래 있던 시글락을 다윗에게 주었다. 다윗은 이 기회를 적극적으로 이용하였다. 아기스의 눈에서 벗어나 있었으므로, 유다를 괴롭힐 수 있었던 민족들을 하나씩 제거해 나갔다. 이런 유다의 행동은 당연히 유다 사람들에게는 고마운 일이었을 것이다. 더불어 그는 전리품만 챙겨서 아기스에게 가져다주며 유다를 공격했다고 거짓말을 해서 아기스의 신임도 얻었다. 다윗의 이런 행보는 이미 사울과의 관계가 완전히 끊어진 마당에 자신의 입지를 확보해 나가는 마지막 수단이었을 것이다. 하지만 아기스가 다윗의 말을 완전히 믿었을지는 의문이다. 아기스는 동족을 공격하는 다윗의 모습을 직접 눈으로 보기 전에는 그런 믿음이 상식적으로도 완전히 생기지 않았을 것이다. 이제 독자들은 바로 이 점과 사울의 이후 이야기에 대한 궁금증을 가지고 독서를 이어가게 된다.

## 28장
## 엔돌의 무당에게 간 사울

### 우리말로 옮긴 본문

1  그럴 무렵에 블레셋 사람들이 이스라엘과 전쟁을 하려고 군대를 소집하였다. 아기스가 다윗에게 말하였다. "나와 함께 ⌐그대도 부하들을 거느리고 진영에⌐ 나가야 하는 줄 분명히 알고 있을 것이오."

2  다윗이 아기스에게 말하였다. "그러면 당신의 종이 할 일을 알려 주십시오." 그러자 아기스가 다윗에게 말하였다. "그러면 내가 그대를 평생 내 경호대장으로 삼겠소."

3  사무엘이 죽자, 온 이스라엘이 애도하고 그를 자기 성읍 라마에 묻었다. 한편 사울은 무당들과 점쟁이들을 그 땅에서 내쫓았다.

4  그때 블레셋 사람들이 모여 와서, 수넴에 진을 쳤다. 그러자 사울은 온 이스라엘을 모아서 길보아에 진을 쳤다.

5  사울은 블레셋 사람들의 군대를 보자 두려워서 가슴이 몹시 떨렸다.

6  그래서 사울이 여호와께 여쭈어보았지만, 여호와께서는 꿈으로도

우림으로도 예언자로도 대답하지 않으셨다.

7 그러자 사울이 자기 신하들에게 말하였다. "나를 위해 여성 무당 한 명을 찾아보거라! 그러면 내가 그에게 가서 물어봐야 하겠다." 사울의 신하들이 그에게 말하였다. "엔돌에 여성 무당 한 명이 있습니다."

8 그리하여 사울은 변장하고 다른 옷으로 갈아입고서는, 두 사람을 데리고 갔다. 한밤에 그 여자에게 도착하여 말하였다. "나를 위해 혼령을 불러내는 점을 쳐서 내가 당신에게 말하는 이를 내게 불러올려 주시오."

9 그러나 그 여자가 사울에게 말하였다. "이것 보시오. 사울이 모든 무당과 점쟁이를 이 땅에서 없애 버린 것을 당신도 아시지 않소? 그런데 어째서 당신은 내게 올가미를 씌워서 나를 죽이려 하는 것입니까?"

10 그러자 사울이 그 여자에게 여호와를 두고 맹세하며 말하였다. "여호와께서 살아계심을 두고 맹세하건대 이 일 때문에 어떤 벌도 당신에게 내리지 않을 것이오."

11 그제서야 그 여자가 말하였다. "내가 누구를 당신에게 불러올려 드릴까요?" 사울이 말하였다. "사무엘을 내게 불러올려 주시오."

12 그 여자는 사무엘을 보고 크게 소리 지르며 사울에게 말하였다. "당신은 왜 저를 속이셨습니까? 당신은 사울 임금님이 아니십니까?"

13 왕이 그 여자에게 말하였다. "두려워하지 마시오. 그런데 당신은 도대체 무엇을 보았소?" 그 여자가 사울에게 말하였다. "혼령이 땅속에서 올라오는 것을 보았습니다."

14 사울이 그에게 말하였다. "그 생김새가 어떻소?" 그 여자가 말하였

다. "한 노인이 올라오는데, 그 사람은 예복을 걸치고 있습니다." 사
울은 그가 사무엘임을 알아차리고, 얼굴을 땅바닥에 닿게 꿇어 엎드
려 절하였다.

15 사무엘이 사울에게 말하였다. "왜 성가시게 나를 불러올렸소?" 그
러자 사울이 말하였다. "제가 매우 곤란합니다. 블레셋 사람들이 저
를 대적해서 전쟁하려 합니다. 그런데 하나님께서는 저를 떠나 버리
시고, 예언자를 통해서도 꿈을 통해서도 다시는 제게 대답하지 않으
십니다. 그래서 제가 어떻게 하면 좋을지 알려주십사고 당신을 부른
것입니다."

16 사무엘이 말하였다. "여호와께서 당신을 떠나 '당신의 대적에게'
계시는데 어쩌자고 내게 묻는 것이오?

17 여호와께서는 나를 통해 말씀하신 대로 그에게 행하셨고, 여호와께
서는 당신 손에서 왕권을 잡아채셔서 당신 동료 다윗에게 주셨소.

18 당신은 여호와의 말씀을 듣지도 않았고 그분의 분노를 아말렉에게
쏟지도 않았소. 오늘 여호와께서 당신에게 하시는 이 일은 그 때문
이오.

19 여호와께서는 당신과 함께 있는 이스라엘을 블레셋 사람들의 손에
내어 주셨소."

20 그러자 사울은 곧바로 땅바닥에 벌러덩 나자빠졌다. 그는 사무엘의
말 때문에 너무 두려웠을 뿐 아니라, 온 밤낮을 아무것도 먹지 않아
서 기운도 없었다.

21 그 여자가 사울에게로 다가가서, 그가 몹시 놀란 것을 보고는 그에
게 말하였다. "보십시오. 당신의 여종은 당신의 말을 따랐습니다. 저
는 제 목숨을 걸고 당신이 제게 하신 말씀을 따랐습니다.

22 그러니 이제 당신께서도 이 여종의 말을 들어 주십시오. 제가 당신께 빵 한 조각을 드릴 테니 드십시오. 그래야 길을 떠날 기운을 차리실 수 있을 것입니다."

23 그러나 사울은 거절하며 말하였다. "못 먹겠소." 하지만 그의 신하들과 그 여자가 함께 간청하자, 그제야 그들의 청을 들었다. 사울은 땅바닥에서 일어나 침상에 걸터앉았다.

24 그 여자에게는 집 외양간에 송아지 한 마리가 있었다. 그 여자는 서둘러 그것을 잡고, 밀가루를 가져다가 반죽하여 누룩 넣지 않은 빵을 구워서

25 사울과 그의 신하들에게 가져다주니, 그들이 그것을 먹고 일어나 「그 밤에」 떠나갔다.


## 본문 비평


### 1절 ㄱ-ㄱ. 그대도 부하들을 거느리고 진영에

마소라 본문(בַּמַּחֲנֶה אַתָּה וַאֲנָשֶׁיךָ, '바마흐네 앗타 바아나쉐카')과 달리 쿰란 본문(4Samᵃ)은 "전투를 위해 이스르엘로"([למ]לחמה יזרעאל[ה], '[르밀]하마 이즈르엘[라]')이다. 그런데, 이 본문은 요세푸스의 『유대 고대사』(6. 325)의 지지를 받는데, 아마도 29장 1절의 영향을 받은 본문으로 보인다. 한편, 칠십인역은 여기서 "전투를 위해 그대도 부하들을 거느리고"(εἰς πόλεμον σὺ καὶ οἱ ἄνδρες σου, '에이스 폴레몬 쉬 카이 호이 안드레스 수')로 두 본문이 융합된 듯한 본문 전통을 보여준다. 따라서, 적어도 쿰란 시대인 기원전 1세기 무렵에는 세 본문의 전통이 공존하였을 것으로 추측할 수 있다.

**16절 ㄴ-ㄴ. 당신의 대적**

여기서 쓰인 낱말(עָרֶךָ, '아레카')은 사실상 이곳과 시편 139편 20절에서만 쓰여서 문맥으로 그 뜻을 새길 수밖에 없다. 전통적으로 이 본문을 צָרֶךָ('차레카', "당신의 곤란")로 고치거나, 그대로 두고 그 낱말이 아람어화되었다고 여겨서 우리말처럼 번역한다(참조. Dietrich, *1 Sam 27-2 Sam 8*, 36). 하지만, 칠십인역은 "네 이웃과 함께" (μετὰ πλησιμον σου, '메타 투 플레시온 수')로 옮겨서, 그 대본을 עִם-רֵעֶךָ('임-레으카')로 생각해 볼 여지도 있다. 17절의 관점에서 본다면, 칠십인역의 읽기가 더 자연스럽기는 하다. 우리는 그런 뜻에서 마소라 본문을 '더 어려운 읽기'(*lectio difficilior*)로 선택하여 번역한다.

**25절 ㄷ-ㄷ. 그 밤에**

마소라 본문(בַּלַּיְלָה הַהוּא, '바라일라 하후')과 달리 쿰란 본문(4QSamᵃ)에는 전치사 대신에 정관사가 있다(הַלַּיְלָה הַהוּא], '하라일라 하[후]'). 칠십인역이 이 쿰란 본문을 일대일로 직역한다(τὴν νύκτα ἐκείνην, '텐 뉙타 에케이넨'). 따라서, 칠십인역은 쿰란 본문과 같은 본문 전통에 있다고 보아야 할 것이다. 앞선 경우와 마찬가지로 우리는 쿰란 시대 본문의 다층성과 유동성을 여기서 입증할 수 있다.


# 본문 주석


**1-2절: 다윗의 진심을 시험하는 아기스.** 1절은 "그럴 무렵에"(בַּיָּמִים הָהֵם וַיְהִי, '바여히 바야밈 하헴')로 시작한다. 이 표현은 새로운 이야기의 시작을

알리는 관용구인데(참조. Tsumura, *First Samuel*, 614), 앞서 27장에서 소개한 다윗의 행동을 전제하며 시작하는 이야기를 알린다. 곧 이방인을 정벌하고서는 유다로 속였던 다윗을 아기스가 과연 얼마나 신임하였을까 하는 의문을 본격적으로 다루겠다는 말이 된다. 블레셋 사람들이 이스라엘과 전쟁을 벌이기 위해서 군대를 소집하였다. 아기스는 아마도 이 기회에 다윗을 시험하려 했던 것 같다. 왜냐하면, 다윗에게 동족들과 벌이는 전투에 참전하라고 명령했기 때문이다. 다윗에게는 큰 위기다. 만약 다윗이 전투 가운데 동족들을 죽이기라도 한다면, 다시는 고국으로 돌아가지 못할 것이다. 반면에, 동족 죽이기를 꺼린다면, 아기스를 속인 죄로 그에게 죽을 것이다. 2절에서 다윗은 "그러면 당신의 종이 할 일을 알려 주십시오"라고 다소 모호하게 대답한다. 이 대답에는 다윗이 정확히 무엇을 행할 것인지가 구체적으로 드러나지 않았다. 다윗의 대답에서 핵심은 "그러면"(לָכֵן, '라켄')에 있다. 여기서 이 낱말은 대화 상대가 한 말을 받아서 하는 대답에 쓰는 말이다(참조. 창 4:15; 30:15; 삿 8:7; 11:8; 게제니우스, 『사전』, 355). 여기서는 아기스가 한 말 가운데 "나와 함께"를 가리킬 것이다. 이에 대해 아기스도 같은 말 "그러면"(לָכֵן, '라켄')으로 받는다. 아기스는 아마도 다윗이 할 일을 받아서, 자기 뜻에 따라 동족을 죽이는 것으로 해석했을 것이다. 그래서 그 경우에는 다윗을 영원히 "경호대장"(שֹׁמֵר לְרֹאשִׁי, '쇼메르 르로쉬'; 직역. "머리 지키는 사람")으로 삼겠다는 약속을 한다. 하지만 이것은 그렇지 않을 경우도 내포하는 경고이기도 하다.


**3절: 사무엘의 죽음.** 사무엘의 죽음은 앞서 나발-아비가일의 이야기를 시작할 때도 언급된 바 있다(25:1). 여기서 다시 한번 거의 비슷한 내용,

그러니까 사무엘의 죽음, 백성들의 애도, 장사 이야기를 한다. 두 본문 모두 사무엘의 죽음과 직접적인 시간의 연속성은 없으며, 이어지는 이야기의 배경에서 필요한 정보이기 때문에 다시 상기시키는 역할을 한다. 이 본문이 여기 다시 삽입된 까닭은 후반절에 있다. 사무엘이 죽자, 사울은 죽은 사람의 영을 불러올리는 "무당들"(הָאֹבוֹת, '하오보트')을 신접해서 점치는 "점쟁이들"(הַיִּדְּעֹנִים, '하이드오님')을 자기 땅에서 쫓아냈다. 물론 이스라엘의 율법에서 이런 주술사들은 엄격히 금지되어 사형에 해당하였다(참조. 레 19:31; 20:27; 신 18:9-13). 하지만, 본문의 화자는 사울이 그런 종교적인 신념으로 이들을 내쫓았다고 전하지 않는다. 본문의 의도는 이제 하려고 하는 이야기에서 보이는 사울의 자가당착을 강조하려는 목적이 있겠다.

**4-5절: 이스라엘과 블레셋의 전쟁이 일어남.** 4절에서 드디어 전쟁이 발발했다. 블레셋 군대는 팔레스틴 북부 이스르엘 평원의 수넴에 진을 치고, 이스라엘 군대는 그 남동쪽에 있는 길보아산에 진을 쳤다. 5절에서는 장면을 이스라엘 진영의 사울에게로 돌린다. 사울은 맞은 편 멀리에 진을 친 블레셋 군대를 보고 "두려워서"(וַיִּרָא, '바야르'), "가슴이 몹시 떨렸다"(וַיֶּחֱרַד לִבּוֹ מְאֹד, '비예흐라드 립보 므오드').

**6-10절: 사울이 엔돌의 여성 무당을 찾아감.** 6절에서 두려움에 사로잡힌 사울은 여러모로 여호와의 뜻을 묻는다. 그리하여 어떻게 해서든 이 전투를 거룩한 전쟁으로 확신하고자 했다. 그가 여호와의 뜻을 물었던 방식은 이스라엘 전통에서 흔히 쓰이던 방식들이었다, 첫째는 꿈이었고 (참조. 창 20장; 31장; 민 12:6; 왕상 3:5; 욥 33:15-18 등), 둘째는 우림이었는데 이

것은 제사장을 통한 신탁 전달 방식이었다(민 27:21). 그리고 마지막으로 예언자였다. 이 세 가지는 합법적인 신탁 전달 방식이었다. 그러나 사울은 이 세 가지 방법 모두에서 실패했다.

7절에서 사울은 다시 한번 무리수를 둔다. 앞서 사무엘이 죽었을 때, 의례적으로 신접한 자들을 내쫓았는데, 자신을 위해 “여성 무당”(אוֹב־אֵשֶׁת בַּעֲלַת, ‘에세트 바알라트-오브’)을 찾아오라고 명령한다. 이것이 3절의 진술 의도다. 이로써 그는 자기모순과 자가당착에 빠져 버려서, 지휘관으로서 권위를 잃어버리게 되었다. 신하들은 블레셋 군대가 진치고 있던 수넴에서 북동쪽으로 7km 정도 떨어져 있던 엔돌에서 여성 무당을 찾아서 보고했다. 8절에서 사울은 코앞에 진치고 있던 블레셋 군대의 눈을 피하려고 변장하고 그 여성 무당을 찾아갔다. 그가 여성 무당을 찾아간 까닭은 죽은 사람의 영혼을 불러올리기 위함이었다고 밝힌다. 사울은 결국 율법이 엄격히 금지하는 주술로라도 확신을 찾으려 집착하였다. 9절에서 사울이 찾아간 여성 무당은 바로 이 점을 지적하였다. 사울을 알아보지 못한 이 여인은 자신을 시험해서 죽이려 한다고 오해하였다. 그렇지 않고서는 사울의 행동을 이해할 수 없었기 때문이다. 두려워하는 신접한 여인에게 사울은 10절에서 여호와를 두고 맹세한다. 사울의 집착은 이런 맹세를 여호와를 두고 하는 모순까지 보인다. 그리고 그는 죽은 사람의 영혼을 사울에게 불러오는 일로 절대로 벌을 받지 않을 것이라고 안심시킨다.

**11-14절: 여성 무당이 사무엘의 영을 불러올림.** 사울의 맹세를 확인한 여성 무당은 그제야 11절에서 사울에게 누구를 불러주어야 할지를 묻는다. 독자는 여기서 사울의 충격적인 말을 듣게 된다. 그는 죽은 사무엘

을 불러달라고 요청한다. 이 또한 3절에서 사무엘의 죽음을 언급한 이유가 된다. 죽은 사무엘을 만나려 하는 사울의 모습에서 사무엘을 향한 그의 애증을 느낄 수 있다. 자신을 버린 사무엘이지만, 사울에게 기댈 곳은 사무엘밖에 없었다. 12절에서 사무엘을 찾는 모습을 보고서 여성 무당은 자기 앞에 있는 사람이 사울임을 알고 소스라치게 놀란다.

13절에서 사울은 여성 무당을 안심시키고, 죽은 이의 영을 불러오게 하였다. 그 여인은 "혼령"(אֱלֹהִים, '엘로힘'; 직역. "하나님"="신적인 존재")이 땅에서 올라오는 것을 보았다고 말하는데, 아마도 죽은 이의 영을 기대했던 이 여인이나 사울 모두 놀랐을 것이다(참조. Klein, *1 Samuel*, 271). 이는 아마도 용납할 수 없었던 화자의 에두른 용어 선택이었을 것이다. 14절에서 이 여인은 사울에게 높은 신분을 나타내는 "예복"(מְעִיל, '므일')을 입은 노인이 올라온다고 말하였으며, 사울은 이내 그가 사무엘임을 깨닫고 땅에 엎드려 절하였다.

**15절: 사울과 사무엘의 영이 만남**. 독자들을 매우 당혹스럽게 만드는 장면이 여기서 펼쳐진다. 이미 죽은 사무엘의 영이 사울과 만났다. 물론 앞선 구절에서 화자가 여성 무당의 입을 통해서 단순히 죽은 이의 영이 올라온 것이 아니라 '신적인 존재'(אֱלֹהִים, '엘로힘'; 직역. "하나님")라고 에둘러 표현하기는 했어도 율법이 엄격히 금지하는 신접한 여인을 통한 신탁 간구는 독자들에게 도저히 이해될 수 없으며, 게다가 사무엘이 그 간구에 등장했다는 것도 아연실색할 일이다. 그래서 화자는 앞서 3절에서 이 이야기의 목적 자체가 사울의 자가당착에 있음을 분명히 했을 것이다. 어쨌거나 사무엘은 사울이 자신을 불러올려서 "왜 성가시게 나를 불러올렸소?"(הִרְגַּזְתַּנִי, '히르가즈타니')고 말한다. 이 낱말에는 슬픔, 노여움, 불안 등의 복잡한 감정이 실려 있다(참조. 게제니우스, 『사전』, 745). 사울은 이렇게 다그치는 사무엘에게 자신이 매우 "곤란합니다"(צַר, '차르')라고 말한다. 이 낱말은 기본적인 뜻이 비좁음이며, 사울이 블레셋과 치를 전투를 앞두고 심리적 압박감이 심했음을 드러낸다. 구체적으로는 본문에서 드러나듯, 외부에서는 블레셋 군대가 전쟁을 일으켰고, 내부에서는 하나님이 자신을 떠나서 어떤 방법으로도 응답하지 않으셔서 어찌할 바를 모르고 있다는 것이다. 결국 사울이 기댈 곳은 자기에게 왕으로 기름 부었던 사무엘밖에 없는데, 그가 죽었으니 죽은 영이라도 불러내야 하겠다는 집착을 보였다.

**16-19절: 사무엘의 대답.** 이 단락에서 사무엘의 대답은 사울이 하나님께 버림받았던 아말렉 전투 때의 사건을 다시 되새긴다(참조. 삼상 15장). 16절에서 사무엘은 사울에게 왜 자신에게 구하느냐고 되물으면서, 여호와께서 사울을 떠나, "당신의 대적"(עָרֶךָ, '아레카')이 되셨다고 말한다(본문 비평 참조). 사무엘은 여기서 자신이 말한 대로(15:28), 나라를 사울의 손에서 떼어 "당신 동료"(רֵעֲךָ, '레으카') 다윗에게 주셨다고 말한다. 다만 앞서 사무엘이 말할 때는 "나은 왕의 이웃"(רֵעֲךָ הַטּוֹב, '레으카 하토브')이라고 했었는데, 여기서는 다윗이라고 구체적으로 언급한다.

18절에서 사무엘은 사울이 여호와께 버림받은 까닭을 다시 한번 언급한다. 사울은 여호와의 말씀에 순종하지 않았다(15:22-23). 곧 여호와께서 아말렉을 진멸하라고 말씀하셨는데, 사울은 아말렉 임금 아각을 살려서 백성들에게 과시하려 했고, 전리품을 챙겼다. 사울은 거룩한 전쟁을 수행하여 "그분의 분노"(חֲרוֹן־אַפּוֹ, '하론-아포')를 아말렉에 쏟아야 했다. 그러나 그는 자신의 과시욕 때문에 거룩한 전쟁을 수행하지 않았다.

바로 '이 일 때문에'(עַל־כֵּן הַדָּבָר הַזֶּה, '알-켄 하다바르 하제') 오늘과 같이 하나님의 신탁을 받지 못하는 지경에 이르렀다는 말이었다.

19절에서 사무엘은 지금까지 그토록 바랐던 신탁을 전한다. 하지만 사울이 바랐던 내용은 아니었다. 그는 여호와께서 사울과 이스라엘을 블레셋 사람들의 손에 넘기실 것이라고 말했는데, 이는 곧 패전의 신탁이었다. 한 걸음 더 나아가서 내일이 되면, 사울과 그의 아들들이 사무엘과 함께 있을 것이라는 말도 했다. 곧 전사하리라는 예언이었다. 그리고 이스라엘 군대는 패전하게 될 것이라는 신탁도 함께 전해준다.

**20-25절: 사울의 반응.** 20절에서 사무엘의 신탁을 들은 사울은 그 자리에 쓰러져 버렸다. 여기서 쓰인 표현을 직역하면, "그의 키 전체가 땅에 엎드러졌다"(וַיִּפֹּל מְלֹא־קוֹמָתוֹ אַרְצָה, '바이폴 믈로-코마토 아르차')이다. 그러니 완전히 엎드러진 모습을 그려준다. 본문에서 사울은 먼저 혹시나 했던 패전과 전사의 신탁에 두려움이 컸다. 더불어 그는 "기운도 다했다"(גַּם־כֹּחַ לֹא־הָיָה בוֹ, '감-코아흐 로-하야 보'; 직역. "그에게 힘도 없었다"). 본문은 그가 하루 밤낮을 음식을 먹지 못했기 때문이라고 전한다. 사울이 음식을 먹지 못한 것이 과연 사무엘과 만나려고 자신을 정결하게 하는 차원에서였는지(McCarter, *I Samuel*, 421), 블레셋 군대의 눈을 피해 엔돌에 오느라 먹을 겨를이 없었는지(Klein, *1 Samuel*, 272), 또는 전쟁을 앞두고 금식했던 관습을 따른 건지(참조. 14:24; Dietrich, *1 Sam 27-2 Sam 8*, 72), 아니면 신탁이 없어서 고민하느라 못 먹은 건지는 명확하지 않다. 중요한 것은 사무엘의 영을 만나고 그가 기력을 다했다는 사실이다.

21-22절에서 신탁을 전한 여성은 사울이 기력이 다해서 쓰러지는 모습을 보고, 그에게 음식을 제공해 줄 테니 먹으라고 강권했다. 이 여

성은 자신이 사무엘의 영을 불러올린 것은 목숨을 건 행동이었음을 강조한다. 혹시라도 이 불길한 신탁에 사울이 실망하고, 그 분노가 자신에게 돌아올까 염려한 말일 수 있다. 여성 무당이 사울에게 이토록 강하게 음식을 권하는 것을 두고, 신탁을 전한 사무엘의 영이 사라졌다는 언급이 없어서, 더러 신접한 여인의 주술적 목적이 있었을 것을 추측하지만 (관련 논의는 Dietrich, *1 Sam 27-2 Sam 8*, 72-74 참조), 본문에서는 명확하지 않다. 다만 본문은 여인이 사울에게 음식을 먹고 돌아갈 기력을 회복하라고 한 말을 전한다. 이는 아마도 이 여인이 더는 사울의 일과 영적으로 연루되고 싶지 않음을 나타내는 것일 수 있겠다. 하지만 23절에서 사울은 먹기를 거부한다. 그만큼 신탁의 충격이 컸음을 뜻한다. 하지만 신하들과 신접한 여인이 다시 한번 강권하자 엎드러져 있던 땅에서 일어나 침상에 앉았다.

24절에서 그 여성은 서둘러 살진 송아지를 잡고, 무교병을 만들어 구웠다. 그 자리에 있던 사람들이 들은 사무엘의 신탁에 따르면, 사울의 이 식사는 마지막이 될 수도 있었다. 어쩌면 이 신접한 여인은 그 까닭에 떡만 먹으라던 권고와 달리 더 푸짐한 식사를 준비했을 수도 있다.

25절에서 그 여인은 준비한 음식을 사울과 그의 신하들에게 차려주었다. 본문에서 이들의 식사에는 아무런 말이 기록되지 않는다. 이 조용한 식사를 통해서 독자들은 사울의 체념을 느낄 수 있다. 그리고 그들은 아무 말 없이 떠났다.

## 본문의 메시지

(1) 사울은 벌써 수많은 전투를 성공적으로 치른 장수였다. 그런데도 블레셋과 전투를 앞두고 그토록 두려워한 데는 두 가지 이유를 생각해 볼 수 있다. 먼저, 사울이 다윗을 그토록 추격하도록 왕권에 집착한 데는 여호와의 버림을 받았다는 생각이 끊임없이 그를 괴롭혔을 것이다. 여호와의 버림을 받은 왕으로서 전투에 나왔다는 것은 이 당시에는 패전으로 이어질 수 있는 결정적인 흠이었다. 둘째, 비록 다윗이 정적이었지만, 사울에게는 그보다 더 믿을 만한 장수가 없었다. 그러니 기댈 곳 없는 군사 지휘관의 외로움도 한몫했을 것이다.

어쨌거나 그는 여기서 치명적인 실수를 한다. 사울은 어떻게든 전투에 대한 여호와의 응답을 듣고자 했다. 그러나 합법적인 수단으로는 아무런 답을 얻지 못했다. 이때 그가 해야 했던 일은 물론 자기 잘못에 대한 성찰이었다. 그러나 답에 대한 사울의 집착은 자기 손으로 금지했던 주술을 찾게 했다. 그것도 죽은 사무엘을 불러내려는 것이었다. 목적을 위해서는 어떤 수단이든 가리지 않는 사울의 모습은 독자들에게 다시 한번 자성의 울림을 준다.

(2) 과정이 그릇된다면, 아무리 좋은 결과가 나오더라도 그것을 합리화할 수 없다. 이는 사울의 삶에서 가장 잘 볼 수 있는 교훈이다. 사울은 그간 자기 왕권 보전을 위해 갖은 수단을 다 동원해서 다윗을 잡으려 했다. 심지어 사람을 죽이는 일도 서슴지 않았다. 사울이 정말 해야 했던 일은 처음 사무엘에게 하나님 앞에서 잘못을 저질렀다는 지적을 받았을 때, 겸허히 자신을 돌아보고 반성하는 것이었다. 그러나 그는 자기

행동을 정당화하기에 바빴다. 결국 피해망상과 편집증에 빠져 다윗을 뒤쫓았지만, 그마저 실패했다. 이제 남은 것은 블레셋과 전쟁을 해서 보란 듯이 전공을 세워 왕권을 보존하는 일뿐이었다. 그래서 사울은 더 신탁에 집착했을 것이다. 하지만, 첫 단추부터 잘못 끼워진 사울의 행보는 하나님의 신탁을 얻어낼 리 없었다.

사울의 마지막 선택도 결국 올바른 판단과는 거리가 멀었다. 그는 사무엘이 죽은 뒤 자기 손으로 내쫓은 신접한 여인을 찾아갔다. 어떻게 해서든 신탁을 받고 싶다는 편집적 사고에 사로잡혀 자가당착마저 눈 감아 버리게 했다. 결국 구약성경 어디서도 찾아볼 수 없는 해괴한 장면을 만들어 냈고, 사울의 집착은 결국 심판 신탁, 곧 패전과 전사의 예언을 듣고야 만다. 이제 사울이 선택할 가능성은 더는 없으며, 희망도 보이지 않는다. 결국 올바른 판단과 과정을 밟지 않은 사람의 비참한 말로를 독자들에게 보여주고 만다.

# 29장
## 블레셋의 진군과 다윗의 시글락 회군

우리말로 옮긴 본문

1 블레셋 사람들이 모든 군대를 아벡에 집결시켰다. 그러자 이스라엘은 이스르엘에 있는 샘가에 진을 쳤다.

2 블레셋의 군주들은 수백 수천 명을 거느리고 나아갔고 다윗과 그의 부하들은 그 뒤에서 아기스와 함께 나아갔다.

3 그때 블레셋의 지휘관들이 말하였다. "이 히브리 사람들은 뭡니까?" 아기스가 블레셋의 지휘관들에게 말하였다. "이스라엘 왕 사울의 신하였던 다윗이 아니오. 그가 나와 함께 있은 지 여러 날 여러 해이지만, 나는 그에게서 그가 망명해 온 날부터 오늘까지 아무런 잘못도 찾아보지 못했소."

4 그러나 블레셋 지휘관들은 그에게 화를 내며, ㄱ 말하였다. "이 사람을 되돌려 보내십시오. 그리고 임금께서 정해준 곳에 머무르게 하십시오. 그는 우리와 함께 전쟁터에 내려가서는 안 됩니다. 전쟁터에

서 그가 우리 대적이 될지도 모르기 때문입니다. 이제 그가 무엇으로 제 군주를 만족시켜 주겠습니까? 여기 있는 사람들의 머리가 아니겠습니까?

5   이 다윗은 사람들이 춤추며 노래하기를,

'사울은 수천 명을 죽였지만,

다윗은 수만 명이라네' 하던 이가 아닙니까?"

6   그러자 아기스가 다윗을 불러 말하였다. "여호와의 살아계심을 두고 맹세하지만, 그대는 내가 보기에 올곧았고, 군대에서 그대가 나와 함께 드나드는 것도 좋았소. 왜냐하면 나는 그대가 내게 온 날부터 오늘까지 그대에게서 잘못을 찾아볼 수 없었기 때문이오. 그러나 군주들이 보기에는 그대가 좋지 않은가 보오.

7   그러니 이제 평안히 돌아가시오. 블레셋 군주들이 보기에 거슬리는 일은 하지 마시오.

8   그러자 다윗이 아기스에게 말하였다. "도대체 제가 무엇을 하였단 말입니까? 제가 당신 앞에 선 날부터 오늘까지 당신의 종에게서 무엇을 찾아내셨습니까? 그런데도 제가 나가서 제 주인의 원수들과 맞서 참전하지 못한다는 말입니까?"

9   아기스가 다윗에게 대답하였다. "내 눈에 그대는 하나님의 전령처럼 좋다는 것을 나도 알고 있소. 하지만 블레셋의 지휘관들이 그대가 우리와 함께 전쟁터에 나가서는 안 된다고 말하고 있소.

10   그러니 이제 그대는 그대와 함께 온 그대 군주의 신하들과 함께 아침 일찍 일어나서, '내가 그대들에게 지정하는 그곳으로 가시오. 그리고 쓸데없는 말은 마음에 두지 마시오. 왜냐하면 그대는 내 앞에서 선하기 때문이오.' 그러니 그대들은 아침 일찍 길을 나서도록 하

시오. 날이 밝으면, 떠나시오.”

11  그리하여 다윗은 자기 부하들과 함께 아침 일찍 일어나 출발하여
블레셋 땅으로 되돌아가고, 블레셋 사람들은 이스르엘로 올라갔다.


본문 비평


### 4절 ㄱ. (-)

마소라 본문에는 바로 앞 문장에 있는 “블레셋 지휘관들”(פְעַלִשְׁתִּים
שָׂרֵי, ‘사레 플리쉬팀’)이라는 주어가 다시 한번 더 등장한다. 하지만 칠십인
역과 페쉬타, 불가타 등에는 이에 해당하는 번역어가 없다. 아마도 마소
라 본문은 앞 문장과 유사문미(homoioteleuton) 반복으로 변형된 본문일
것이다.


### 10절 ㄴ-ㄴ. 내가 (…) 때문이오

마소라 본문에는 없는 이 부분의 긴 번역이 칠십인역에는 더 있다(καὶ
πορεύεσθε εἰς τὸν τόπον, οὗ κατέστησα ὑμᾶς ἐκεῖ, καὶ λόγον λοιμὸν μὴ θῇς ἐν
καρδίᾳ σου, ὅτι ἀγαθὸς σὺ ἐνώπιόν μου·). 이것은 단순히 칠십인역 번역자
의 추가 본문이 아니라, 다음의 히브리어 대본을 전제할 것이다(בעיני
אל־המקום אשר הפקדתי ודבר בליעל לא תשם בלבבך כי אתה
והלכתם; 참조. Dietrich, *1 Sam 27-2 Sam 8*, 97). 마소라 본문은 이 본문이 빠진
채 전승된 듯하다. 첫 문장과 마지막 문장이 비슷하여서 마소라 본문의
필사자는 가운데 있는 본문이 앞선 구절의 내용과 혼동하여 건너뛰고
읽었을 것이다.

## 본문 주석

**1-2절: 블레셋 군대와 함께 다윗이 출정함.** 이 장에서 초점은 다시 다윗에게로 돌려진다. 앞서 다윗은 아기스에게서 이스라엘과 치르는 전투에 출전을 명령받았다. 다윗은 참 결정하기 어려운 상황에 놓이게 되었다. 이 장에서는 그 문제가 어떻게 진행되는지를 보여준다. 1절에서는 시간을 조금 거슬러 올라가서 블레셋 군대가 소집되는 장면으로 시작한다(참조. 28:4). 블레셋 사람들은 군대의 총동원령을 내렸다(מַחֲנֵיהֶם כָּל, '콜-마흐네헴', "모든 군대"). 그리고 그 집결지는 아벡이었다. 이곳은 한때 이스라엘과 전투를 벌였던 곳으로(4:1), 전략적 요충지였다. 가드와는 대략 48km쯤 북쪽에 있었고, 앞서 언급된 수넴까지는 아직 64km쯤 더 가야 했다(참조. Tsumura, *First Samuel*, 632). 그러므로 이 사건은 28장 직전의 이야기로 볼 수 있다. 한편 이스라엘 군대는 이스르엘 평원의 "샘가"(בַּעַיִן, '바아인')에 진을 치고 있었다. 이는 28장 4절에서 전한 정보를 좀 더 구체적으로 알려주는 것으로 볼 수 있다. 이 샘은 아마도 길보아 산 남동부 끝자락에 있던 하롯 샘(오늘날의 엔 얄루드['en Jālūd])을 말할 것인데, 여기서 사사시대에 기드온이 미디안 진영을 공격했었다(삿 7:1; 참조. McCarter, *I Samuel*, 426-427).

2절은 블레셋 군대의 출정 모습을 그려준다. 전열의 맨 앞에서는 "블레셋의 군주들"(סַרְנֵי פְלִשְׁתִּים, '사르네 플리쉬팀')이 제각각 수백 명 또는 수천 명의 군사를 이끌고 행진하고 있었다. 이들은 블레셋 다섯 도시의 군주들이었을 것이다(참조. 5:8, 11; 6:4, 12, 16, 18; 7:7; Klein, *1 Samuel*, 276). 다윗과 그의 군사들은 뒤에서 아기스와 함께 행진하고 있었다. 이 모습에서 두 가지를 생각할 수 있다. 첫째, 다윗은 아기스의 측근으로 분류

되어 있었을 것이다. 둘째, 다윗은 이방인이라 선봉에 서지 못했을 것이다.

**3-5절: 블레셋의 지휘관들이 다윗의 출정을 반대함.** 3절에서 출정하던 "블레셋의 지휘관들"(שָׂרֵי פְלִשְׁתִּים, '사레 플리쉬팀')이 아기스에게 불만을 토로하였다. 이들이 앞서 군사를 이끌던 수령들과 같은 인물을 일컫는 동의어인지(Tsumura, *First Samuel*, 633), 또는 구분되는 장수들인지는(Klein, *1 Samuel*, 277) 논란거리다. 하지만, 지휘관들이 블레셋의 다른 도시 군주들이라면, 아기스와 동급이라고 할 수 있으며, 아기스가 다윗의 수용 여부에 관여하지 않았을 것이다. 그렇다면 지금 항의하는 장수들은 아기스의 야전 지휘관들로 여길 수 있다. 이들은 실제 전투를 담당해야 했기 때문에 누가 함께 전장에 나가느냐는 민감한 문제였다. 이들은 아기스에게 다윗의 일행을 "히브리 사람들"(הָעִבְרִים, '하이브림')이라고 일컬으면서 그들의 동반 출정을 문제 삼는다. 이 명칭은 구약성경에서 외국 사람들이 이스라엘 백성들을 일컫는 데 거듭 사용된다(참조. 출 2:7; 삼상 4:6, 9; 13:3, 19; 14:11, 21; Dietrich, *1 Sam 27-2 Sam 8* 108). 아기스는 이들에게 다윗을 "이스라엘 왕 사울의 신하였던 다윗"이라고 소개하였다. 이렇게 말한 아기스는 이스라엘 왕의 신하 다윗이 블레셋 군대에 있다는 사실만으로도 이스라엘 군대의 사기를 꺾을 수 있을 것이라는 전략을 밝힌 셈이다. 그는 다윗이 자신과 함께 있은 지 "여러 날 여러 해"(אוֹ־זֶה שָׁנִים זֶה יָמִים, '제 야밈 오-제 샤님')가 되었다고 말하였다. 그러나 27장 7절에 따르면, 다윗은 블레셋 땅에 1년 4개월 있었을 뿐이다. 칠십인역은 여기서 "근래 2년 여러 날"(ἡμέρας τοῦτο δεύτερον ἔτον, '헤메라스 투토 데우테론 에토스')로 옮긴다. 이는 יָמִים זֶה שְׁנַתִים ('야밈 제 쉐나타임')를 대본으로 생각

할 수 있지만(참조. Dietrich, *1 Sam 27-2 Sam 8*, 96), 이보다는 히브리어 본문이 본문 비평에서는 더 이전의 본문이라고 판단할 수 있다(*lectio difficilior*). 아기스는 아마도 여기서 다소 과장하여 표현하였다고 볼 수 있겠다. 어쨌거나 아기스는 다윗에게 속은 줄을 모르고, 아무런 허물을 보지 못했다고 변호하였다. 그러나 블레셋 지휘관들은 4절에서 그런 아기스에게 화를 낸다. 이들은 다윗을 믿지 못하였다. 자기 동족과 벌이는 전쟁에서 언제 자신들에게 칼을 돌릴지 모른다는 생각에 다윗의 회군을 요청하였다. 블레셋 군대를 공격하여 자기 주인 사울과 다시 합칠지 모른다는 우려도 함께 밝혔다. 5절에서 이들은 다윗의 전공을 기리며 널리 부르던 "사울은 수천 명을 죽였지만, 다윗은 수만 명이라네"(18:7)라는 노래까지 인용해서, 다윗이 얼마나 위험한 인물인지를 다시 한번 상기시킨다.

**6-11절: 다윗이 회군함.** 지휘관들의 반발에 못 이긴 아기스는 6절에서 다윗을 소환하였다. 아기스는 다윗이 "올곧았다"(יָשָׁר, '야샤르')고 평가하는데, 흥미롭게도 여호와를 두고 맹세까지 한다. 이는 아마도 화자가 아기스의 입에 넣은 표현일 것이다. 자신은 다윗의 출정에 동의하지만, "지휘관들"이 반대한다고 말하였다. 그러나 그에게 항의한 사람들은 수령들이므로 이는 거짓이다. 아마도 아기스는 다윗의 반발심을 누그러뜨리려고 한 단계 높은 수령들을 거론하였을 것이다. 7절에서 아기스는 수령들의 반대를 핑계로 다윗에게 회군하라고 한다.

이 제안은 무엇보다 다윗이 바라던 바다. 그러나 8절에서 다윗은 정치적으로 대처한다. 그는 오히려 회군에 항의하며, 심지어 동족들을 "제 주인의 원수들"(אֹיְבֵי אֲדֹנִי הַמֶּלֶךְ, '오예베 아도니 하멜레크')라고 일컬으며, 자신이 왜 그들과 싸우지 못하냐며 나선다. 이렇게 말하는 것으로 다윗은 아기스에게도, 자신의 출정을 대놓고 반대한 지휘관들을 향해서도 정당성을 확보한 셈이다. 그가 이렇게 말할 때는 벌써 자신이 절대로 출정하지 않으리라는 사실을 분명히 알았을 것이다. 다윗의 이 대답에 아기스는 9절에서 한 걸음 더 나아가서 자기가 보기에 다윗은 "하나님의 전령"(מַלְאַךְ אֱלֹהִים, '말르아크 엘로힘') 같이 선하다고 평가한다. 그러면서 이번에는 다시 "군주들"의 반대도 함께 일컬어서 실제 야전 지휘관들이 반대하므로, 다윗에게도 효율적인 전투를 수행하기에 좋지 않을 것임을 암시하였다. 10절에서 그는 다윗에게는 잘못이 없음을 다시 한번 확인해 주며, 다윗 일행에게 새벽에 진영을 떠나라고 최종 명령을 하였다.

11절에서 화자는 다윗이 아침 일찍 일어나서 자기 군사들을 데리고 블레셋 군대의 진영을 떠나 블레셋 사람들의 땅으로 돌아갔다고 전한다. 반면에 블레셋 군대는 계속 행군해서 앞서 28장의 배경이 된 이스르엘 평원의 수넴으로 갔다고 전하여서 다시 시간을 원점으로 돌렸다.

## 본문의 메시지

다윗은 블레셋 땅 가드의 아기스에게 망명한 뒤에 시글락을 하사받고, 실리를 계속 챙기고 있었다. 그러나 언젠가 한 번은 맞닥뜨려야 할 일이 마침내 벌어지고 말았으니, 블레셋이 이스라엘과 결국 전면전을 벌이기로 한 것이다. 블레셋 군대에 총동원령이 내려졌고, 당연히 아기스는 다윗도 참전하라고 명령하였다. 다윗이 여기서 어떤 결정을 내리더라도 얻는 것보다는 잃는 것이 많을 것이었다. 블레셋을 도와 이스라엘 군대와 싸운다면, 블레셋의 신임은 얻게 되겠지만, 이스라엘의 민심을 잃어 향후 귀국은 불가능할 것이다. 그렇다고 출전을 거절한다면, 블레셋에서 더는 설 자리가 없을 뿐만 아니라, 목숨도 위험해질 수 있을 것이다. 차라리 다윗은 자기 군사들과 블레셋 땅을 떠나 다시 이스라엘로 돌아갈 수도 있을 것이다. 그러나 지금 이스라엘로 돌아간다면, 이전보다 상황은 더 나빠질 것이다. 사울의 추격을 다시 받아야 할 뿐만 아니라, 적국으로 망명을 떠났다 온 사람이라는 딱지마저 달게 되어 민심도 얻을 수 없을 것이다. 하지만 다윗은 결국 스스로 내리기에는 매우 어려운 결정을 블레셋 군대가 내리도록 유도하여 블레셋 사람들에게도 명분을 세우고, 이스라엘 백성들과 전투를 치러야 하는 어려움도 피할 수 있게 되었다. 다윗은 이렇게 될 것까지 알고 있었을까? 여하튼 다윗의 지혜로움이 본문에서 매우 강조되어 독자들에게 와 닿는다.

# 30장
## 다윗이 아말렉을 물리침

## 우리말로 옮긴 본문

1  다윗과 그의 부하들이 사흘 만에 시글락에 도착하였을 때는, 아말렉 사람들이 네게브 지역과 시글락을 습격해서, 시글락을 공격하고 성읍을 불태워 버렸다.

2  그들은 성읍에 있던 여성들을 한 명도 죽이지 않고, 아이나 어른이나 사로잡아 끌고 갔다.

3  다윗과 그의 부하들이 성읍에 도착해 보니 성읍이 불타고 있고, 그들의 아내들과 아들딸들이 사로잡혀 갔다.

4  다윗은 물론 그와 함께 있던 모든 백성이 더 울 힘이 없을 때까지 소리 높여 울었다.

5  다윗의 두 아내, 곧 이스르엘 사람 아히노암과 갈멜 사람 나발의 아내였던 아비가일도 사로잡혀 갔다.

6  다윗은 큰 곤경에 처했다. 백성들이 저마다 제 아들딸들 때문에 마

음이 괴로운 나머지 그를 돌로 쳐 죽이자고 말하였기 때문이었다. 그러나 다윗은 자기 하나님 여호와를 굳게 의지했다.

7 다윗이 아히멜렉의 아들 제사장 아비아달에게 말하였다. "에봇을 내게 가져오시오." ⌐그러자 아비아달이 에봇을 다윗에게 가져왔다.⌐

8 다윗이 여호와께 여쭈어보았다. "제가 이 침략자들을 뒤쫓으면 따라잡을 수 있겠습니까?" 그러자 여호와께서 그에게 말씀하셨다. "뒤쫓아라. 그러면 네가 반드시 그들을 따라잡아서 틀림없이 되찾아 올 것이다."

9 그리하여 다윗이 자기와 함께하던 600명을 데리고 가서 브솔 시내에 이르렀는데, 뒤처지는 이들이 생겼다.

10 그래서 다윗과 400명만 추격을 계속하고, 브솔 시내를 건너기에는 지쳐있던 200명은 거기에 머물렀다.

11 그들이 들판에서 이집트 사람 한 명을 발견하여 그를 다윗에게로 데려왔다. 그리고 그에게 빵을 주어 먹이고 물도 마시게 하였다.

12 또 그에게 말린 무화과 과자와 건포도 두 뭉치를 주었다. 그는 그것을 먹고서야 정신을 차렸다. 그가 사흘 낮과 밤을 빵 한 조각 먹지 못하고 물 한 모금 마시지 못했기 때문이었다.

13 다윗이 그에게 말하였다. "너는 누구며 어디서 왔느냐?" 그러자 그 이집트 젊은이가 말하였다. "저는 아말렉 사람의 종인데, 사흘 전에 제가 병들자, 제 주인이 저를 버렸습니다.

14 우리는 그렛 사람들의 네게브와 유다 지역과 갈렙의 네게브를 습격하고 시글락을 불태웠습니다."

15 다윗이 그에게 말하였다. "이 침략자들에게로 데려다주겠느냐?" 그

가 말하였다. "저를 죽이지도 않고 제 주인의 손에 넘기지도 않으시 겠다고 하나님을 두고 제게 맹세해 주십시오. 그러면 제가 이 침략 자들에게 모셔다드리겠습니다."

16 그리하여 그가 다윗을 데리고 내려가 보았더니 그들이 여기저기에 흩어져서는 블레셋 사람들의 땅과 유다 사람들의 땅에서 빼앗아 온 엄청난 전리품들을 모두 벌여 두고 먹고 마시며 잔치를 벌이고 있 었다.

17 다윗이 그들을 새벽부터 이튿날 저녁까지 공격하였는데, 낙타를 타 고 도망친 400명의 젊은 사람들 말고는 그들 가운데 한 사람도 살 아남지 못하였다.

18 그리하여 다윗은 아말렉 사람들이 약탈했던 모든 것을 되찾았다. 그 리고 다윗은 자기의 두 아내도 구해냈다.

19 어린아이에서부터 어른에 이르기까지, 아들딸들과 전리품에서부터 아말렉 사람들이 그들에게서 약탈해 갔던 모든 것에 이르기까지 하 나도 빠짐이 없었다. 다윗은 그 모든 것을 되찾았다.

20 그리고 다윗은 양 떼와 소 떼도 모두 빼앗았다. 사람들은 그 가축들 을 앞세워 몰고 오면서 "이것은 다윗의 전리품이다"라고 말하였다.

21 다윗이 자신을 따르기에 너무 지쳐있어서, 브솔 시내에 머무르게 했 던 200명에게로 왔다. 그들은 다윗과 그와 함께한 백성들을 맞으러 나오자, 다윗도 그들에게 다가가서 안부를 물었다.

22 다윗과 함께 출전했던 사람들 가운데 악하고 불량한 이들이 말하였 다. "그들은 우리와 함께 출전하지 않았기 때문에 우리가 찾아온 전 리품에서는 아무것도 받을 수 없고, 저마다 자기 아내와 자식들만 데리고 가야 한다."

23 그러자 다윗이 말하였다. "내 형제들이여, 여호와께서 우리에게 주
  신 것을 가지고 그렇게 해서는 안 되오. 그분께서 우리를 지켜 주시
  고 약탈자들을 우리 손에 넘겨주셨소.

24 그런데 누가 당신들의 이 말을 들어줄 수 있단 말이오? 그러니 전쟁
  터에 내려간 이의 몫이나 물건을 지킨 이의 몫이나 똑같이 나누어
  야 할 것이오."

25 이것이 이날부터 계속해서 이스라엘의 관례가 되어 오늘까지 이르
  고 있다.

26 다윗은 시글락에 돌아와서 전리품들 가운데 일부를 유다 사람들에
  게 보내며 "이것은 여호와의 원수들에게서 빼앗은 전리품으로 여러
  분들에게 드리는 선물입니다"라고 전하였다.

27 선물을 받은 이들은 벧엘과 라못 네게브와 얏딜과

28 아로엘과 십못과 에스드모아와

29 라갈과 여라므엘 사람의 성읍들과 겐 사람의 성읍들과

30 호르마와 보르 아산과 아닥과

31 헤브론과 다윗과 그의 부하들이 드나들었던 모든 곳의 장로들이었
  다.


## 본문 비평


### 7절 ㄱ-ㄱ. 그러자 (···) 가져왔다

칠십인역 대부분의 필사본에 이 본문이 없다. 하지만 헥사플라의 영향
을 받은 본문(LXX⁰)이나 루키안 본문(LXXᴸ)에는 번역문이 있다. 아마도

실수로 이 문장을 빠뜨린 본문이 칠십인역에 전승되었을 것이다.


# 본문 주석


**1-3절: 아말렉 사람들이 시글락을 공격함.** 1절에서 장면은 시글락으로 돌아온 다윗 일행에게로 이어간다. 그들은 블레셋 군대를 따르던 출정 길에서 회군해서 사흘 만에 시글락에 도착했다. 아벡에서 시글락까지는 80~95㎞ 정도의 거리다. 일반적으로 군사들의 행군 속도가 하루에 25~30㎞ 정도라고 여기면, 사흘은 합리적인 시간이다(참조. Long, *1 and 2 Samuel*, 266). 그런데, 그들은 뜻밖의 장면을 접한다. 다윗이 블레셋 군대의 소집으로 성읍을 떠나 있는 동안 앞서 다윗이 정벌했던 아멜렉 사람들(27:8)이 시글락과 유다 남부의 네게브를 침공해 왔다. 그리고 성읍을 불살라 버렸다. 이것은 일종의 보복 공격으로 볼 수 있다. 2절에 따르면, 아말렉 사람들은 시글락에 있던 다윗 일행들의 아내들과 자녀들 가운데 여성들을 죽이지 않고 나이에 상관없이 끌고 갔다. 다윗이 앞서 아말렉을 공격했을 때, 아기스를 속이기 위해서 한 명도 남겨 두지 않고 다 죽였던 일과는 대조되는데, 이들은 아마도 그들을 노예로 삼으려는 속셈이었을 것이다(참조. Long, *1 and 2 Samuel*, 266). 3절은 시글락에 도착한 다윗 일행의 시선으로 묘사한다. 사흘 길을 행군하여 다윗의 일행이 시글락에 도착했을 때는 벌써 성읍이 불탄 뒤였다. 그리고 성안에는 자기들의 아내와 자녀들이 없었다. 그들의 시체가 있었다면, 더 절망스러웠겠지만, 그들이 없는 것은 일단은 완전히 절망적인 상황은 아니었다.

**4-6절: 다윗 일행의 슬픔과 분노.** 4절에서 다윗의 군사들은 깊은 슬픔을 표시한다. 본문은 그들이 울 기력이 없을 때까지 울었다고 표현하는데, 이는 다소 놀랍기는 하다. 지금까지 한 번도 다윗과 그의 군사들 이야기는 했지만, 그 가족의 이야기는 하지 않았기 때문이다. 5절에서 화자는 다윗의 두 아내인 아히노암과 아비가일도 사로잡혀 갔다는 정보를 제공해 준다. 화자가 다윗의 두 아내를 언급한 것은 27장 3절 이래 두 번째다. 이 언급은 다음 문장에서 다윗과 군사들의 반응에 극적 효과를 더하는 구실을 할 것이다.

6절에서 다윗의 군사들은 사로잡혀 간 자녀들 때문에 "마음이 괴로워"(מָרָה נֶפֶשׁ, '마라 네페쉬') 심지어 다윗을 돌로 쳐 죽이자는 말까지 한다. 아마도 다윗의 군사들도 한계 상황에 내몰려 있었을 것이다. 다윗을 지도자로 삼아서 고국을 떠나 적국인 블레셋에까지 와서 사는데, 사흘 전에는 심지어 동포들을 향해 칼을 겨누어야 하는 상황까지 갔었다. 간신히 그 위기를 넘기고 시글락을 돌아왔는데, 아내와 자녀들이 아말렉의 포로가 되었으니, 슬픔을 넘어 분노가 치미는 것도 어쩌면 당연할 것이다. 그런 감정은 다윗도 마찬가지였다. "다윗은 큰 곤경에 처했다"(וַתֵּצֶר לְדָוִד מְאֹד, '바테체르 르다비드 므오드'). 이 낱말은 기본 뜻이 비좁음이라 엄청난 스트레스에서 비롯한 압박감을 표현한다(참조. 게제니우스, 『사전』, 696). 앞서 화자가 첨가한 정보처럼 다윗의 아내들도 사로잡혀 갔으며, 심지어 자기 군사들은 자신을 향해 돌을 들려 하고 있기 때문이다. 하지만, 다윗의 지도력은 여기서 다시 한번 발휘된다. 그는 하나님 여호와 때문에 힘을 내었다. 이것은 어느 한순간에 가능한 신앙이 아님은 분명하다. 다윗이 지금까지 보여준 진중함과 신앙은 이 위기의 순간에 감정을 제어할 힘을 주었다.

**7-8절: 다윗이 여호와께 출전을 물음.** 7절에서 다윗은 사울과 마찬가지로 출전을 앞두고 하나님께 신탁받고자 한다. 놉의 제사장이었던 아히멜렉의 아들 아비아달은 여기까지 다윗과 함께하고 있었다. 다윗은 아비아달이 놉에서부터 가지고 왔던 에봇(22:20; 23:6)을 다시 가져오라고 명령했다. 여기서 에봇은 제사장의 의복이며, 신탁을 구할 때 쓰는 우림과 둠밈이 있었을 것으로 보인다(참조. 14:41).

아비아달이 에봇을 가져오자 8절에서 다윗은 여호와께 신탁을 구한다. 그것은 아말렉 군대를 추격해야 할지를 묻는 것이었다. 어떤 방법으로도 여호와의 신탁을 받지 못해서 심지어 신접한 여인까지 찾아갔던 사울의 모습과 자연스레 견주어지는 대목이다. 사울의 경우와 달리 다윗은 이내 여호와의 응답을 받는다. 여호와의 응답은 다윗이 아말렉을 추격하면 따라잡아서, 포로로 끌려간 가족들을 찾아올 수 있을 것이라는 사실이었다. 다윗은 자신을 향해 돌을 들 정도로 흥분한 군사들을 이렇게 신탁으로 진정시킬 수 있었을 것이다.

**9-10절: 브솔 시내에서 다윗이 군사를 두 대로 나눔.** 9절에서 다윗과 그의 군사 600명은 곧장 출격한다. 그들은 "브솔 시내"(נַחַל הַבְּשׂוֹר, '나할 하브소르')에 이르렀는데, 이곳의 정확한 위치는 알려지지 않았지만 시글락에서 남쪽으로 대략 24㎞ 떨어진 건천(Wadi)으로 여겨진다(오늘날의 Wadi Ghazzeh, 또는 Wadi esh-Sharî'ah; 참조. Klein, *1 Samuel*, 282). 급한 마음에 이렇게 먼 길을 다시 행군했지만, 군사들은 벌써 사흘 길을 행군하였던 터라 "뒤처지는 이들"(הַנּוֹתָרִים, '하노타림')이 생겼다. 10절에 따르면, 이 낙오병들은 "지쳐있"어(פִּגְּרוּ, '피그루') (아마도 겨울 우기라 물이 흐르고 있었을) 브

솔 시내를 건널 수가 없었다. 그래서 다윗은 그런 낙오병 200명은 그 자리에 두고, 400명만 데리고 시내를 건너 아말렉 사람들을 뒤쫓았다.

**11-15절: 다윗 일행이 아말렉의 종을 만남.** 11절에서 다윗 일행은 들을 지나다가 이집트 사람 한 명을 만나 (아마도 굶주림과 목마름으로 죽어 가고 있었을) 그에게 떡과 물을 주었다. 12절에서는 무화과와 건포도 등을 주어 당분도 보충하게 해 주었다. 그는 사흘 동안 아무것도 먹지 못하였다가, 다윗 일행이 건네준 음식을 먹고 정신이 다시 들었다.

13절에서 그 사람이 정신을 차린 모습을 보고 그의 정체를 물어보았다. 그는 이집트 출신으로 아말렉 사람들의 종이었다. 아마도 그 또한 지금 끌려간 다윗 일행의 가족들처럼 포로였을 것이다. 그의 말에 따르면, 사흘 전에 그가 병들어 행군이 어려워지자, 주인은 그를 물도 먹을 것도 없는 들판에 버려두고 갔다는 것이다. 14절에서 그는 계속해서 자신이 유다 땅에 속한 여러 지역과 시글락을 침공한 무리 가운데 있었다고 말해 주었다.

이 말을 들은 다윗은 15절에서 그에게 아말렉 군대가 있는 곳을 안내해 달라고 요청했다. 그러자 그 사람은 자신의 생명을 보장해 주고, 주인에게 넘기지 않겠다는 맹세를 요구한다. 이 사람으로서는 당연한 요구였으며, 다윗은 이를 거부할 까닭이 없었다.

**16-20절: 다윗이 아말렉 군대를 무찌름.** 16절에서 이집트 낙오병은 다윗을 인도하여 아말렉 군사들이 있는 곳으로 내려갔다. 다윗이 그가 요구한 생명 보존과 아말렉 군대에 넘기지 않는 조건을 받아들였는지는 알 수 없다. 그러나 그가 다윗을 인도한 것은 다윗의 맹세를 문맥상 암시적

으로 묶인다. 아마도 화자는 이 이방인 낙오병에게 맹세하는 다윗의 모습을 굳이 드러내려 하지 않은 것으로 보인다. 다윗의 일행이 아말렉 군대의 진영에 내려가 보니, 그들이 온 땅에 "흩어져"(נְטֻשִׁים, '느투쉼') 있었다. 이것은 군사들이 대열을 유지하지 않은 채로 여기저기 흩어져 있는 모습을 그려준다. 그들은 시글락을 포함한 블레셋 사람들의 땅과 유다 땅에서 탈취한 "엄청난 전리품들"(הַשָּׁלָל הַגָּדוֹל, '하샬랄 하가돌') 때문에 먹고 마시며 즐기고(참조. McCarter, *I Samuel*, 435) 있었다.

17절에서 다윗은 새벽부터(מֵהַנֶּשֶׁף, '메하네쉐프') 이튿날 저물 때까지 취한 아말렉 군사들을 쳤다. 우리말 성경에서 "새벽"으로 옮긴 이 낱말은 황혼(왕하 7:5, 7; 욥 24:15; 잠 7:9; 창 3:8)과 여명(시 119:147; 욥 3:9; 7:4) 둘 다 뜻할 수 있다. 다소 지쳐있던 다윗 군사들의 상태를 고려한다면, 저녁에 아말렉 군사들이 술을 마시고 잠든 틈을 타 공격을 시작하여, 이튿날까지 살육이 이어졌다고 보는 견해(참조. Long, *1 and 2 Samuel*, 269)는 타당성이 있다. 이 공격에서 살아남은 아말렉 군사들은 달아난 낙타병 400명뿐이었다.

18-19절은 전쟁의 결과를 두 번에 걸쳐서 진술한다. 18절은 상대적으로 간략하다. 다윗은 아말렉 사람들이 빼앗아 갔던 모든 것을 되찾고, 자기 두 아내도 구원했다고만 쓴다. 앞서 화자가 추가했던 5절의 부연 설명은 이 구절의 영향일 수 있다. 왜냐하면, 이 구절은 처음부터 매우 정교한 수사적 구조로 이루어져 있기 때문이다. 본문을 히브리어 어순에 맞추어 직역하면, '그리고-그가-구원했다, 다윗이(a)/아말렉이 빼앗아 갔던 모든 것을(b),//그리고 그의 두 아내를(b')/그가-구원했다, 다윗이(a')'인데(비교. Tsumura, *First Samuel*, 643), 이는 히브리어에서 흔히 쓰는 평행법이기 때문이다. 19절에서는 빼앗겼던 것들을 다시 한번 상술해

서 자녀들을 포함해서 크거나 작거나 "하나도 빠짐이 없"이(נֶעְדַּר-לָהֶם, '블로 네으다르-라헴') 다시 찾아왔다고 말한다.

**21-25절: 다윗이 전리품을 모든 이에게 공평하게 나눔.** 21절에서 새로운 문제가 등장한다. 아말렉 군대를 물리치고 빼앗겼던 것을 다 찾아왔을 뿐만 아니라, 그 밖의 전리품들도 챙겨온 다윗의 군대 400명이 앞서 지쳐서 브솔 시내에 머물게 했던 군사 200명과 합류했다. 그러자 그들은 다윗 일행을 맞으러 나왔다. 다윗이 맨 앞에서 그들의 안부를 물었다. 그런데 22절은 다윗을 뒤따르던 일단의 무리에게로 눈길을 돌린다. 본문은 그들을 "악하고 불량한 이들"(אִישׁ-רָע וּבְלִיַּעַל, '이쉬-라아 우벨리야알')로 규정한다. 이는 같은 뜻을 두 낱말로 변형하여 말하는 표현(hendiadys)으로 볼 수 있다(참조. Tsumura, *First Samuel*, 645). 특히 "불량한 이들"은 사울이 처음 왕으로 등극했을 때, 그를 반대했던 무리들을 일컫기도 했는데(10:27), 이들이 그들과 동일 인물일지는 확실치 않다. 어쨌거나 이 사람들이 다윗에게 전리품 분배의 문제를 들고 나섰다. 이들의 주장에 따르면, 아멜렉 전투에 참여하지 않은 군사 200명은 잃었던 가족들만 되돌려받고, 전리품(הַשָּׁלָל, '하샬랄'; 개역개정. "도로 찾은 물건")은 분배받을 자격이 없다는 것이다. 사실 이들의 주장은 논리적이기는 하여서, 쉽사리 반박할 수도 없었다. 그러나 23절에서 다시 한번 다윗의 신앙적 지도력이 발휘된다. 그는 그 사람들에게 이 전쟁의 주도권이 여호와께 있었던 거룩한 전쟁이었음을 되새겨 준다. 그러므로 전리품도 전투에 나섰던 400명의 공이 아니라 "여호와께서 우리에게 주신 것"(נָתַן יהוה לָנוּ אֲשֶׁר, '아쉐르-나탄 야훼 라누')으로 규정된다(참조. 신 20:4, 14). 그래서 다윗은 24절에서 "이 일에 누가 너희에게 듣겠느냐"라며, 그들의 주장이 설득

력이 없음을 강조하였다. 그리고 전장에 나갔던 사람들이나 남아 있던 사람들이나 모두 공평하게 전리품을 분배하도록 명령하였다. 다윗의 이 명령을 반박하는 것은 거룩한 전쟁 자체를 반대하는 것과 다를 바 없으니, 아무도 거부할 수 없는 결정이었다. 25절에서는 화자가 다시 등장하여, 이 전리품 분배의 규칙이 이스라엘의 "관례"(לְחֹק וּלְמִשְׁפָּט, '르호크 우르미쉬파트')가 되어 당대인 "오늘까지"(עַד הַיּוֹם הַזֶּה, '아드 하욤 하제') 내려왔다고 부연 설명하였다.

**26-31절: 다윗이 전리품을 유다 곳곳에 보냄.** 26절에서 다윗은 시글락에 되돌아온 뒤에, 자신과 알고 지낸 유다 장로들에게도 전리품을 보낸다. 이들은 아마도 나중에 다윗이 유다의 왕이 될 때, 그를 지지한 "유다 사람들"(אַנְשֵׁי יְהוּדָה, '아느쉐 예후다')과 같은 인물일 것이다(참조. Tsumura, *First Samuel*, 646). 다윗은 이들에게 "여호와의 원수들에게서 빼앗은 전리품"을 선사한다고 하여, 이 전쟁이 거룩한 전쟁이었음을 분명히 하였다. 이로써 다윗은 유다를 향한 영향력도 계속해서 유지할 수 있을 것이다.

　이 단락의 나머지 구절에서는 다윗이 전리품을 보낸 유다의 지명들이 나열된다(이하 지명들의 논의는 McCarter, *I Samuel*, 436; Tsumura, *First Samuel*, 647; Klein, *1 Samuel*, 284-285 참조). 27절에서 가장 먼저 언급되는 성읍은 벧엘인데, 이는 예루살렘 북쪽에 있는 유명한 벧엘이 아니라 알려지지 않은 유다의 성읍일 것이다. 한편, 칠십인역은 Βαιθσουρ('바이트수르')로 음역하는데, 그러면 갈렙 집안의 성읍 '벧술'을 가리킬 것이다(참조, 대상 2:45; McCarter, *I Samuel*, 436). 남방 라못은 정확하지는 않지만, 브엘세바 근처의 시므온에 속했던 성읍으로 여길 수 있으며(참조. 수 19:8), 얏딜은 유다 산지의 레위 성읍이다(참조. 수 15:48; 21:14; 대상 6:57). 28절에서는 브엘세바 남부의 아라라와 동일시되곤 하는 아로엘, 알려지지 않은 십못, 그리고 유다 산지의 레위 성읍인 에스드모아(참조. 수 15:50; 21:14; 대상 6:57)가 언급된다. 29절에서는 칠십인역이 Καρμηλ('카르멜'; 참조. 삼상 25:2)로 음역하는 라갈, 브엘세바 남주의 성읍으로 여겨지는 여라므엘 사람들의 성읍(참조. 27:10; 대상 2:9, 25-27), 헤브론과 드빌 근처의 겐 사람들의 성읍(참조. 수 15:15-17; 삼상 27:10)이 언급된다. 30절에서 가장 먼저 언급되는 홀마는 원래 시므온에게 분배된 성읍이었지만(참조. 수 19:4), 네게브 지역의 유다 성읍 목록에도 등장한다(참조. 수 15:30). 고라산(בּוֹר־עָשָׁן, '보르-아샨')은 쉐펠라에 있던 유다 지파의 레위 성읍이었을 것이다(참조. 수 15:42; 19:7; 21:16[LXX]). 아닥은 여기서만 등장하여 알 수 없지만, 학자들은 에델과 동일시한다(참조. 수 15:42). 31절에서는 마지막으로 앞으로 다윗의 주된 거점이 될 헤브론을 언급하며, 이 모든 곳이 다윗 일행이 다니던 곳이라고 하여, 유다를 향한 그의 영향력을 강조한다.


## 본문의 메시지


⑴ 본문에서 독자들은 다윗의 모습에 집중하게 된다. 먼저 시글락에 돌아왔을 때이다. 그들은 블레셋 군대의 전군 동원령을 받고 어찌 될지도 모르는 이스라엘 전투에 나섰다가 우여곡절 끝에 사흘 길을 걸어서 다시 시글락으로 되돌아왔다. 그런데 시글락이 침공당하여 불타 있었고, 가족들의 행방은 묘연했다. 이때 군사들은 슬픔을 이기지 못하고 흥분하여, 다윗을 죽이려 하기까지 하였다. 참담하기는 다윗도 마찬가지였

지만, 다윗은 그 순간 하나님께 주의를 집중하고, 그분께 묻는 것으로 사람들을 진정시켰다. 이 모습은 성경에서 그려주는 지도자 다윗의 배울 점 가운데 중요한 한 부분이다.

둘째 아말렉 군대를 추격하다가 아말렉의 낙오병을 만났다. 그는 포로 출신으로 병든 채 광야에서 사흘을 굶어서 거의 죽게 되었다. 다윗은 그에게 음식을 제공해 준다. 그리고 그가 정신차릴 때까지 기다린다. 이것은 물론 그에게서 정보를 얻어낼 목적이 일차적이었지만, 그런데도 전쟁 포로에게 자비를 베풀고 관용으로 대하는 모습은 본문이 강조하는 다윗의 모습이기도 하다.

(2) 본문에서는 시글락을 침탈한 아말렉 군대를 다윗이 물리치는 장면과 그 이후의 행보가 그려진다. 여기서는 다윗의 지도력과 관련한 두 가지 주제를 읽을 수 있다. 첫째, 다윗이 자기 군사들을 향해 보여준 지도력이다. 행군에 지쳐서 아말렉 전투에 참여하지 못한 군사는 200명이었고, 전투는 400명이 치렀다. 승전 후에 전리품은 일반적으로는 전투에 참여한 군사들의 몫이었고, 그렇게 분배한다고 해서 후방에 머물렀던 군사들이 딱히 할 말도 없었다. 그러나 엄청난 전리품 분배에서 소외된다면, 결속력은 다소 느슨해질 수 있다. 그렇다고 막무가내로 공평하게 나눈다면 전투에 참여한 군사들의 불만이 커질 것이다. 이때 다윗은 이 전투의 성과를 여호와께 돌려서 모든 이의 화합을 이루어 내고, 공평하게 전리품을 분배할 수 있었다.

둘째, 유다 지파를 향한 지도력이다. 지금 다윗은 이스라엘의 적국에 망명한 상태였다. 그러나 그는 여기서 평생을 살 계획이 아니었다. 그러므로 일단 동족인 유다 지파의 민심부터 얻어야 했다. 그래서 다윗은 이 전투를 거룩한 전쟁으로 규정하여 비록 자신이 적국에 있지만, 신앙적 정체성을 잃지 않았으며, 고국의 백성들을 위한 마음도 변함없음을 분명히 하였다.

31장
사울의 최후

우리말로 옮긴 본문

1   블레셋 사람들이 이스라엘을 공격하자, 이스라엘 사람들이 블레셋
    사람들 앞에서 도망치다가 길보아산에서 전사하여 쓰러져 갔다.

2   블레셋 사람들이 사울과 그의 아들들을 바짝 따라붙다가, 블레셋 사
    람들이 사울의 아들들인 요나단과 요나답과 말기수아를 쳐 죽였다.

3   전쟁이 사울에게 점점 치열해지던 가운데, 궁수들이 사울을 알아보
    고 그에게 활을 쏘아 맞혀 ㄱ그는 복부에 상처를 입어 고통스러워했
    다.ㄴ

4   사울이 자기 무기를 든 병사에게 말하였다. "네 칼을 뽑아 나를 찔러
    라. 그렇지 않으면 이 할례 받지 않은 자들이 들이닥쳐서 나를 찌르
    고 나를 욕보일 것이다." 그러나 무기를 든 병사는 너무 두려운 나머
    지 망설였다. 그러자 사울이 칼을 잡더니 그 위로 엎드러졌다.

5   무기를 든 병사는 사울이 죽는 것을 보고 자기도 칼 위로 엎드러져

함께 죽었다.

6 사울과 그의 세 아들은 물론 사울의 무기를 든 병사와 모든 사람이 그날 다 함께 죽었다.

7 골짜기 건너편과 요단강 건너편에 있던 이스라엘 사람들은 이스라엘 사람들이 도망치고 사울과 그의 아들들이 죽는 것을 보고서는 성읍을ᄂ 버려두고 도망쳤다. 그러자 블레셋 사람들이 들어가서 거기에 자리 잡았다.

8 이튿날의 일이었다. 블레셋 사람들이 전사자들의 옷을 벗기러 와서는 사울과 그의 세 아들들이 길보아산에 쓰러져 죽은 것을 발견하였다.

9 그들이 사울의 머리를 베고 갑옷을 벗겨내서는 블레셋 땅에 두루 보내어 그들의 신상들과 백성들에게 기쁜 소식을 전하였다.

10 그들은 사울의 갑옷을 아스다롯 신전에 두고 그의 시체는 벧산 성벽에 매달아 두었다.

11 야베스 길르앗 사람들이 블레셋 사람들이 사울에게 저지른 일을 듣고서는

12 모든 용사들이 일어나 밤새 걸어가서 사울의 시체와 그의 아들들의 시체를 벧산 성벽에서 내렸다. 그리고 야베스로 돌아와 거기에서 불살랐다.

13 그런 뒤에 그들의 뼈를 거두어 야베스에 있는 에셀 나무 아래에 묻고, 이레 동안 금식하였다.

## 본문 비평

### 3절 ㄱ-ㄱ. 그는 복부에 상처를 입어 고통스러워했다

여기서 개역개정은 "그 활 쏘는 자에게 중상을 입은지라"로 옮기지만, 마소라 본문을 직역하면, "그는 그 궁수들 때문에 떨었다(וַיָּחֶל, '바야헬' חיל)"가 된다(이런 용례는 사 23:5; 렘 4:19; 51:29; 겔 30:16 등 참조). 이는 사울의 심리를 묘사하는 듯하지만, 매우 어색한 본문이다. 사실 개역개정의 번역은 칠십인역의 "상처 입었다"(ἐτραυματίσθη, '에트라우마티스테')을 따른 것이다. 칠십인역은 '아픔을 느끼다, 고통을 느끼다'는 뜻의 חלה ('할라')의 바브-연속 미완료형으로 자음 본문을 읽었을 것이다. 칠십인역에서 이어지는 "복부 속으로"(εἰς τὰ ὑποχόνδρια, '에이스 타 휘포혼드리아')는 한 번밖에 쓰이지 않는 번역어라 이것이 어떤 히브리어 대본을 전제하는지 분명히 말하기 어렵다. 그래서 이 본문이 사무엘서에서 더러 쓰이는 חֹמֶשׁ('호메쉬'; "배", "복부"; 삼하 2:23; 3:27; 4:6; 20:10)를 옮긴 것이라고 주장하기도 한다(McCarter, *I Samuel*, 440). 하지만 우리는 이보다는 더 자주 쓰이고, 마소라 본문(מֵהַמּוֹרִים, '메하모림', "그 궁수들 때문에")과 자음 구성도 비슷한, מֵעַיִם('메아임', "내장", "창자", "뱃속")을 써서 מִמֵּעַיִם('밈메아임')를 대본으로 추정한다.

### 7절 ㄴ. 성읍을

마소라 본문(הֶעָרִים, '헤아림')에 반하여 칠십인역은 "그들의 성읍을"(τὰς πόλεις αὐτῶν, '타스 폴레이스 아우톤')로 옮겨서 עָרֵיהֶם('아레헴')를 대본으로 추정케 한다. 이 형태는 역대상 10장 7절의 본문이 지지한다.

## 본문 주석

**1절: 이스라엘의 패전.** 1절에서 장면은 다시 29장 11절에 이어져서, 이스라엘과 블레셋이 맞붙은 전장으로 옮겨진다. 전투는 "블레셋 사람들이 이스라엘을 공격하자(נִלְחָמִים, '닐하밈'; 참조. 민 22:11; 왕하 16:5; 사 7:1; 슥 10:5)"로 표현하여, 간결하게 블레셋의 승리로 묘사한다. 더욱이 여기서 동사가 분사 변화형으로 쓰여서, 앞선 다윗의 승전과 영향력 확장의 이야기와 동시성이 강조되는 효과가 있다(참조. Tsumura, *First Samuel*, 650). 그만큼 상대가 되지 않는 전투였음을 짐작할 수 있게 해 준다. 이어지는 문장은 그 패배를 매우 상징적으로 보여준다. 이스라엘 군대가 블레셋 사람들 앞에서 도망쳤다. 본문은 한 걸음 더 나아가서 이스라엘 군사들이 길보아산에서 엎드러져 죽었다고 전한다. 그러니 이스라엘 군사들은 블레셋 군대에 패전하여 도망쳤지만, 자기들 진영에서 벗어나지도 못하였다는 말이 된다. 그만큼 전투는 순식간에 끝나 버렸다.

**2-6절: 사울의 아들들과 사울의 전사.** 2절에서 블레셋 군대는 사울 왕과 그의 아들들을 추격한다(וַיַּדְבְּקוּ, '바야드브쿠'; 참조. 삿 18:22; 20:45; 삼상 14:22; 삼하 1:6; 대상 10:2). 블레셋 군대는 먼저 사울의 아들들, 요나단, 아비나답, 말기수아를 따라잡아서 죽였다. 이 전투에서 죽은 사울의 아들은 요나단, 아비나답, 말기수아 세 명인데, 구약성경의 전승에 따라 조금씩 달리 나타난다. 사무엘상 14장 49절에서는 "요나단, 이스위, 말기수아"가 언급되어 이스위가 아비나답과 같은 인물일 것으로 추정하게 한다. 그런데 사무엘하 2장 8절에 따르면, 이스보셋이라는 아들이 여전히 살아 있는 인물로 등장한다. 한편 역대상 8장 33절과 9장 39절에서는 사

울의 아들이 요나단과 말기수아와 아비나답과 에스바알(=이스보셋)[1] 4명으로 기록한다. 아마도 역대기의 기록은 사무엘서의 모순을 해결하려는 시도였을 것이다.

3절은 '전쟁이 사울에게 점점 치열해지던 가운데'(לְחָמָה אֶל־שָׁאוּל וַתִּכְבַּד הַמִּ, '바티크바드 하밀하마 엘-샤울'; 개역개정. "사울이 패전하매")로 시작한다. 이는 사울이 세 아들의 전사 장면을 보고서도, 계속해서 전투를 이어갔음을 추정하게 한다. 힘겹게 전투를 이어가는 사울을 궁수들(בַּקֶּשֶׁת הַמּוֹרִים אֲנָשִׁים, '하모림 아나쉼 바카쉐트')이 발견하였다. 아마도 궁수가 쏜 화살이 사울 복부에 박힌 듯하다(본문 비평 참조). 사울은 치명상을 입고 고통스러워한다. 사울의 생명이 위태로운 것이 분명하다. 그 상황에서 사울은 4절에서 자기 무기를 든 자에게 칼로 자신을 죽이라고 명령한다. 이는 사울이 말하듯, 할례받지 않은(הָעֲרֵלִים, '하아렐림') 블레셋 사람들에게 죽임을 당하는 것이나 삼손의 경우처럼 그들에게 생포되어 고문당할 것을 거부하는 행동이다. 그러나 사울의 무기 든 병사는 차마 왕을 죽이지 못한다. 그러자 급기야 사울은 자기 칼을 뽑아서 그 위에 엎드러져서 자결한다. 이렇게 탈출구가 없는 상황에서 스스로 목숨을 끊는 경우는 구약성경에서 더러 찾아볼 수 있는데(삿 16:30; 삼하 17:23; 왕상 16:18), 이때마다 성경 본문에서는 특별한 판단을 내리지 않는 것은 아마도 살아있는 것이 죽음보다 더 비참하다는 판단 때문일 것이다(참조. Dietrich, *1 Sam 27-2 Sam 8*, 183-184). 주군의 자결을 보자 5절에서 사울의 무기 든 병사도 똑같은 방식으로 자기 칼 위에 엎드러져 자결했다.

---

1.　이 두 이름은 같은 뜻이며, 사무엘서의 이름은 이방신인 '바알'을 쓰지 않으려는 반-다신론적 수정으로 볼 수 있다. 이에 대해 김정훈, 『구약주석, 어떻게 할 것인가?』, 202 참조.

6절에서 화자는 이날의 전투를 전사자들을 언급하는 것으로 마무리한다. 그는 사울과 세 아들, 사울의 무기 든 자와 사울의 모든 군사가 '그와 함께'(יַחְדָּו, '야흐다브') 죽었다고 말한다.

**7-10절: 사울 시체 효시.** 7절에서는 패전의 결과가 확산하는 모습을 보여준다. 전투가 벌어지는 길보아산에서 이스르엘 평원(הָעֵמֶק, '하에메크'; 개역개정. "골짜기") 건너편에 살던 이스라엘 백성들과 심지어 요단강 건너편에 살던 이스라엘 백성들이 이스라엘 군대의 패전을 보았다고 전한다. 이는 직접 눈으로 본 사실을 말하기보다는 소식을 전해 들었다는 표현을 생생하게 전하려는 의도로 보아야 할 것이다. 어쨌거나 이스라엘 군대의 패전과 왕의 죽음을 알게 된 이스라엘 백성들은 성읍마저 버리고 도망쳤다. 그리고 그곳에는 블레셋 군대가 주둔하게 되었다.

8절은 전투 이튿날로 시간을 건너뛴다. 블레셋 사람들이 전투 현장으로 다시 돌아왔다. 그들은 "전사자들의 옷을 벗기러"(אֶת-הַחֲלָלִים לְפַשֵּׁט, '르파쉐트 에트-하할랄림') 왔는데, 이는 전리품을 챙기기 위함이다(참조. 삼하 23:10). 그들은 거기서 사울과 세 아들이 길보아산에서 죽어 있는 것을 보았다. 9절에서 그들은 곧바로 왕인 사울의 목을 베었다. 그리고 그의 갑옷도 벗겼다. 이는 다윗이 골리앗에게 했던 일을 생각나게 하는 장면이다(17:51, 54). 그리고 그들은 승전의 소식을 자기네 신상들(עֲצַבֵּיהֶם, '아차베헴'; 개역개정. "신당")과 백성들에게 알리려고 그것들을 보냈다. 곧 이들도 이 전쟁을 자신네 신들의 이름으로 싸운 전쟁이었다는 사실을 드러내려 한 것이다. 그 결과 다윗이 골리앗의 무기들을 자기 집에 두었다가 놉의 성소로 보냈던 것처럼(21:9), 10절에서 이들은 사울의 갑옷을 아스다롯 신전에 두었다. 한편, 머리가 잘린 사울의 시체는 벧산 성벽에 못 박아 효시하였다. 벧산은 이스르엘 평원과 길르앗을 잇는 동서의 길과 요단 골짜기를 잇는 남북의 길이 교차하는 지점에 있어서 사람들의 왕래가 잦은 곳이었다. 적장의 효시는 상대 국민에게는 매우 충격을 주는 상징적 의미가 있다. 이 장면은 다윗을 본 골리앗이 다윗의 살을 공중의 새들과 들짐승들에게 주리라고 호언장담했던 장면을 떠올리게 한다(참조. 17:44; 비교. Klein, *1 Samuel*, 289). 결국 그 말은 여호와께 버림받은 사울에게 돌아온 셈이 되었다.

**11-13절: 길르앗 야베스 주민들이 사울을 장사 지냄.** 11절에서 사울의 효시 소식을 길르앗 야베스(יָבֵישׁ גִּלְעָד, '야베쉬 길르앗')의 주민들이 들었다. 이들은 사울이 왕이 되어 처음 치른 전투에서 암몬의 압제를 벗어나게 해 준 사람들이었다(참조. 11장). 아마도 이들은 계속해서 친-사울 왕정 세력으로 남아 있었던 듯하다. 왜냐하면, 12절에서 이들은 블레셋 군대가 장악하고 있던 벧산으로 가서 사울의 시체를 거두어 야베스에서 화장했다. 화장은 일반적으로 구약성경에서는 엄격히 금지하지만(참조. 암 2:1), 여기서는 부정적으로 그려지지 않는다. 13절에서 그들은 사울을 장사하고 7일 동안 금식도 하였다. 이는 합법적인 장사를 뜻한다.

## 본문의 메시지

다윗의 세력 확장과 뚜렷이 대조되는 사울의 죽음으로 사무엘상의 마지막 장면이 그려진다. 그의 마지막 전투는 제대로 힘을 써 보지도 못한 채로 금방 끝나버렸다. 사울이 여호와의 뜻을 거슬러 경고를 받았을 때,

그가 만약 회개하고 용서를 구했더라면 자신과 세 아들이 한자리에서 비참하게 죽는 이런 지경까지 오지는 않았을지 모른다. 그러나 그는 그렇게 하지 않고, 합리화하고 스스로 상상하면서 하나님의 뜻과는 어긋난 길을 계속 걸어왔다. 자신의 멘토였던 사무엘과 갈라섰고, 자신을 위해 목숨을 걸고 싸운 다윗과 갈라섰다. 용맹스러운 아들 요나단과도 갈라섰고, 딸 미갈과도 갈라섰다. 자기 잘못을 인정하지 않고, 어떻게든 합리화하려는 사람의 말로를 전사해서 머리가 잘리고, 벧산 성벽에 걸린 사울의 시신이 또렷이 보여준다.

이스라엘의 첫 임금이었지만, 하나님과 백성들 사이의 중재자 역할을 제대로 수행하지 못한 사울의 이토록 비참한 말로를 보며 독자들은 과연 이스라엘의 왕정이 어떻게 제대로 시작할지 궁금해진다. 그리고 사울의 하강과 뚜렷이 대조되어 상승한 다윗이 그 왕정 수립에 어떤 모습을 보일지도 기대하면서 사무엘상의 마지막 장을 넘기게 된다.

사무엘하 주석

**첫째 마당**
**다윗의 왕위 등극 이야기**(1-5장)

# 1장
## 다윗에게 사울의 죽음이 전해짐

### 우리말로 옮긴 본문

**사울의 죽음을 전해 들은 다윗(1-16절)**

1  사울이 죽은 뒤의 일이었다. 다윗은 아말렉을 물리치고 돌아와서 시글락에서 이틀을 머물렀다.

2  사흘째 되던 날에 한 사람이 사울의 진영에서 왔는데, 옷은 찢어져 있었고 머리 위에는 흙이 묻어 있었다. 그는 다윗에게 오자마자 땅바닥에 엎드려 절하였다.

3  다윗이 그에게 말하였다. "그대는 지금 어디서 오는 길인가?" 그가 다윗에게 말하였다. "이스라엘 진영에서 살아 나오는 길입니다."

4  다윗이 그에게 말하였다. "어떻게 된 일인지 내게 말해 보거라." 그가 말하였다. "백성들이 전쟁터에서 도망치기도 했고 백성들 가운데 많은 수가 쓰러져 죽었습니다. 그리고 사울과 그의 아들 요나단도 죽었습니다."

5 다윗이 자기에게 소식을 전하는 그 젊은이에게 말하였다. "사울과 그의 아들 요나단이 죽은 것을 그대는 어떻게 아는가?"

6 그러자 다윗에게 소식을 전하던 그 젊은이가 말하였다. "제가 우연히도 길보아산에서 사울이 창에 기대어 서 있는 것을 보았는데, 그때 병거와 기병대가 그를 바짝 뒤쫓고 있었습니다.

7 사울 임금님께서 뒤돌아 저를 보시고 저를 부르셨습니다. 그래서 저는 '제가 여기 있습니다'라고 대답하였습니다.

8 그랬더니 그분이 '그대는 누구인가?'라고 말씀하셨습니다. 그래서 저는 그분께 '저는 아말렉 사람입니다'라고 대답하였습니다.

9 그러자 그분이 제게 말씀하시기를, '내 곁에 서서 나를 죽여 주게. 내가 아직도 목숨이 붙어 있으니 정말 아뜩하다네' 하셨습니다.

10 그래서 제가 그분 곁에 서서 그분을 죽여 드렸습니다. 그분이 쓰러져 다시 사시지 못할 것을 제가 알아챘기 때문이었습니다. 그런 뒤 저는 그분 머리에 있던 왕관과 팔에 있던 팔찌를 벗겨서 내 주군께 가져왔습니다. 보십시오."

11 그러자 다윗이 옷을 잡아 찢었고 그와 함께 있던 모든 사람도 그리하였다.

12 그리고 그들은, 사울과 그의 아들 요나단과 여호와의ᄀ 백성과 이스라엘 집안이 칼날에 쓰러진 것에 슬피 울며 저녁때까지 금식하였다.

13 다윗이 자기에게 소식을 전하던 그 젊은이에게 말하였다. "그대는 어디 사람인가?" 그가 말하였다. "저는 이방인의 자손으로 아말렉 사람입니다."

14 다윗이 그에게 말하였다. "그대는 어쩌자고 겁도 없이 손을 내밀어 여호와의 기름 부음 받으신 이를 해쳤단 말인가?"

15　다윗이 부하들 가운데 한 사람을 불러 말하였다. "가서 저자를 죽여라." 그러자 부하가 그를 쳐 죽였다.

16　다윗이 그를 두고 말하였다. "그대의 피는 그대 머리 위로 돌아갈 것이다. 그대의 입술로 '제가 여호와의 기름 부음 받으신 이를 죽였습니다'라고 자백했기 때문이다."

### 사울과 요나단을 애도하는 다윗의 조가(17–27절)

17　다윗이 사울과 그의 아들 요나단을 애도하는 이 조가를 지어 불렀다.

18　그리고 그는 '활 노래'라 하여 유다 자손들에게 가르치라고 말하였다. 이 노래는 야살의 책에 기록되었다.

19　이스라엘이여, 그대의 자랑이 언덕 위에서 죽임을 당하였구나.

　　　아, 용사들이 쓰러졌구나.

20　가드에 알리지 말고 아스글론의 거리에 전하지 말라.

　　　블레셋의 딸들이 기뻐하면 어쩌나,

　　　　할례받지 않은 자들의 딸들이 날뛰면 어쩌나.

21　길보아의 산들아, 너희 위에 이슬도 비도 내리지 않고

　　　제물을 낼 들에도 그리 될 것이다.

　　거기서 용사들의 방패가 버려졌고

　　　사울의 방패가 기름 부음 받지 않은 것같이 버려졌기 때문이다.

22　전사자의 피나 용사들의 창자 기름을 묻히지 않고서는

　　　요나단의 활이 그 너머로 날아가지 않았고,

　　　　사울의 칼은 헛되이 되돌아오지 않았다.

23　사울과 요나단은 살아있을 때에도 서로 사랑하며 사이가 좋더니

죽을 때에도 서로 떨어지지 않았구나.

그들은 독수리들보다 더 날쌔고 사자보다 더 힘셌었다.

24  이스라엘의 딸들이여, 사울을 위해 울어라.

그는 그대들에게 화려한 붉은 옷을 입혀주고

그대들의 옷에 금장식을 달아주던 분이다.

25  아, 용사들이 전쟁터에서 쓰러졌구나.

요나단이 언덕 위에서 죽임을 당하였구나.

26  내 가슴이 미어지오, 내 형제 요나단이여,

그대와 나는 아주 사이가 좋았소.

그대의 사랑은 내게 여인들의 사랑보다 더 아름다웠소.

27  아, 용사들이 쓰러졌고, 무기가 사라졌구나.


# 본문 비평


### 12절 ㄱ. 여호와의

칠십인역은 "유다의"(Ιουδα)로 옮긴다. 이는 아마도 יהודה('예후다')를 전제할 것인데, 디트리히의 견해처럼 마소라 본문의 신명사문자(יהוה)를 이어지는 "이스라엘 집안"의 영향으로 잘못 읽은 데서 비롯하였을 것이다(참조. Dietrich, *1 Sam 27-2 Sam 8*, 205).

## 본문 주석

**사울의 죽음을 전해 들은 다윗(1-16절)**

**1절: 사울이 시글락으로 돌아옴.** 본문은 "사울이 죽은 뒤"(מוֹת שָׁאוּל וַיְהִי אַחֲרֵי, '바여히 아하레 모트 샤울') 다윗이 아말렉 사람을 쳐 죽이고 자신이 가드 왕 아기스에게 받아 살고 있던 시글락(참조. 삼상 27:6)에 돌아왔다고 시작하는데, 이는 사울이 블레셋과 전투를 벌이던 사무엘상 31장과 다윗이 아말렉과 전투를 벌이던 30장이 같은 시간에 벌어졌음을 말해 준다. 그리고 지도자의 죽음 보도는 여호수아와 사사기의 시작에서도 찾아볼 수 있는데, 이는 한 세대가 끝나고 새로운 세대가 시작한다는 의미로도 읽을 수 있다. 이 장에서 벌어지는 사건이 있기 전에 다윗은 시글락에서 이틀을 머물렀다.

**2-4절: 다윗에게 사울의 죽음이 전해짐.** 2절에서는 "사흘째 되는 날"(וַיְהִי בַּיּוֹם הַשְּׁלִישִׁי, '바여히 바욤 하쉘리쉬')로 이야기가 시작한다. 시글락이 사울이 전투를 벌이는 이스르엘 평원의 길보아산에서 매우 멀리 떨어져 있었기 때문에 그 소식이 오기까지 이 정도 시간은 걸렸을 것이다. 여기서 본문은 다윗에게 도착한 한 사람에게로 주의를 집중시킨다. 그는 사울의 진영에서 도착하였다고 했다. 그런데 그의 옷이 찢어지고, 머리에 흙이 묻어 있었다. 이런 모습은 패전을 전하는 전령이 슬픔의 표시로 자기 옷을 찢고, 머리에 티끌을 뒤집어쓰던 관습을 보여준다(참조. 삼상 4:12-17; McCarter, *II Samuel*, 58). 그는 자신이 마치 다윗의 전령인 것처럼 다윗에게 절하였다.

그래서 3절에서 다윗은 "그대는 지금 어디서 오는 길인가?"(תָּבוֹא

אֵי מִזֶּה, '에 미제 타보')라고 물었다. 비록 그가 사울의 진영에서 왔음을 보고받았지만, 다시 한번 공식적으로 심문하는 셈이다. 그러자 그는 자신이 이스라엘 진영에서 도망쳐 왔다고 진술하였다. 이는 전령이 아니라, 패잔병이라는 말이다. 그러니 그가 전령처럼 옷을 찢고 흙을 뒤집어쓴 것은 마치 이 소식을 전하기 위해 파송받은 전령처럼 보이고 싶었다는 의도를 내보인 셈이다. 4절에서 다윗은 어쨌거나 그에게 자초지종을 말해 보라고 하였다. 그러자 그는 이스라엘의 참혹한 패전과 더불어 사울과 그의 아들 요나단이 죽은 사실도 알렸다. 이 사람이 사울의 아들 가운데 요나단만 언급한 점도 의도적이다. 그는 벌써 다윗과 요나단의 특별한 관계를 알면서, 이를 강조하여 자신이 전하는 정보의 가치를 높이려는 의도로 읽을 수 있다(참조. Long *1 and 2 Samuel*, 281).

**5-10절: 아말렉 사람의 거짓말.** 5절에서 다윗은 이 사람의 정보에 대해 더 자세한 사항을 묻는데, 어떻게 사울과 요나단의 전사를 알게 되었냐는 질문이었다. 다윗은 아마도 이 사람의 행색과 말에서 벌써 그 신빙성과 진솔성에 대해 의심하고 있었던 듯하다. 6절에서 이 사람은 다윗에게 길보아산의 전투와 사울의 전사 이야기를 전해주기 시작한다. 그는 자신이 "우연히"(נִקְרֹא נִקְרֵיתִי, '니크로 니크레티') 길보아산에 올라갔다고 말하였다. 이 말은 그가 전투에 참여하지도 않았음을 말해 준다. 어쨌거나 그는 상처를 입어 사울이 창에 의지해 서 있고, 그를 병거와 기병이 급히 뒤쫓고 있다고 하였다. 그러나 이것도 거짓말이다. 사울은 병거와 기병이 아니라 궁수에게 쫓겼었다(삼상 31:3). 7절에서 이 사람의 거짓말은 한 걸음 더 나아간다. 그는 사울이 자신을 불렀다고 했으며, 8절에서는 사울이 자신에게 "그대는 누구인가?"(מִי־אָתָּה, '미-아타')라고 물어서

자신은 아말렉 사람이라고 대답하였다고 진술했다. 9절에서는 사울이 그에게 자신이 상처를 입어 죽지 못하고 고통을 겪고 있으니, 목숨을 끊어달라고 부탁했다고 말했다. 사실 상처를 입어 죽을 위기에 있는 사람의 고통을 덜기 위해서 목숨을 끊어주는 일은 구약성경에서도 찾아볼 수 있다(참조. 삿 9:54; 삼상 14:13; 17:51). 그러나 여기서 이 아말렉 사람은 두 가지 사실을 모르고 거짓말을 했다. 첫째, 사울에게는 당연히 그의 무기 든 병사가 있었을 것이며, 그런 부탁은 실제 이야기에서 보듯 무기를 든 병사에게 할 일이었다(삼상 31:4). 둘째, 사울이 실제로 자살한 이유가 "할례받지 않은" 블레셋 사람들이 자기 몸에 손대는 것을 그토록 꺼려서인데, 이방인인 아말렉 사람에게 사울이 죽여달라고 했을 리는 더욱 만무하다. 10절에서 그는 자신이 다윗에게 온 본심을 드러낸다. 그는 어차피 사울이 살아갈 가망이 없어서 죽이고, 그의 "왕관"(הַנֵּזֶר, '하네제르')과 "팔찌"(אֶצְעָדָה, '에츠아다')를 가져왔다고 보여주었다. 이 둘은 왕의 지위를 상징하며, 아무나 함부로 손댈 수 없는 것이었다. 그는 아마도 사울이 죽었을 때 실제로 그 자리에 있었던 듯하다. 그리고 사울이 죽자, 블레셋 군대가 오기 전에 사울의 왕관과 팔찌를 훔쳐서 보상을 노리고 다윗에게 온 듯하다.

**11-12절: 다윗과 그 일행의 조의.** 11절에서 아말렉 사람의 말을 들은 다윗과 모든 일행은 슬픔의 표시로 옷을 찢었다. 12절에서 그들은 이스라엘 군대의 패배와 사울과 요나단의 죽음을 슬퍼하며, 다들 저녁때까지 금식하며 애도의 뜻을 표했다. 아마도 칭찬을 바랐을 아말렉 사람은 예상치 못한 조의의 분위기에 몹시 당황했을 것이다. 그간 이스라엘의 정치적 상황을 들어 알고 있었을 이 사람이 사울의 죽음에 다윗이 기뻐할

것이라는 판단은 사실 논리적이었기 때문이다.

**13-16절: 다윗이 아말렉 사람을 죽임.** 13절에서 드디어 다윗의 본격적인 심문이 시작된다. 다윗은 그에게 출신지를 묻는다. 그러자 그는 아말렉 사람이며 "이방인의 자손"(בֶּן־אִישׁ גֵּר, '벤-이쉬 게르')이라고 대답하였다. 이는 그가 무엇을 잘못했는지를 밝히기 위한 증언이다. 14절에서 다윗은 그가 "여호와의 기름 부음 받으신 이"(מְשִׁיחַ יהוה, '므쉬아흐 야훼')를 함부로 죽였다고 책망하였다. 이는 앞서 다윗이 두 번이나 사울을 살려줄 때를 생각나게 한다(삼상 24:6; 26:9, 23). 다윗은 끝까지 그런 모습을 보여주고자 했을 것이다. 이 발언도 같은 맥락이다. 15절에서 다윗은 군사 가운데 한 사람을 불러서 그 아말렉 사람을 죽이게 했다. 그리하여 다윗에게 포상을 기대했을 이 아말렉 사람은 나름 많은 준비를 하고, 먼 길을 왔지만, 결국 비참하게 죽었다. 사실 다윗은 전쟁터에서 사울이 죽을 것이라고 말한 적이 있으며(삼상 26:10), 그것을 확인했다. 그런데도 그는 조심성 있게 자신의 마음을 함부로 내보이지 않았다. 16절에서 다윗은 죽은 아말렉 사람을 향해 "그대의 피는 그대 머리 위로 돌아갈 것이다"라고 하며 처형의 합리성을 선포하고(참조. 수 2:19; 왕상 2:32-33, 37; 겔 33:4 등; 참조. Tsumura, *Second Samuel*, 51), 아말렉 사람의 자백을 다시 한번 되풀이하는 것으로 처형을 마무리했다.

## 사울과 요나단을 애도하는 다윗의 조가(17-27절)

**17-18절: 사울과 요나단을 위한 다윗의 조가.** 사울의 죽음과 관련해서 거짓말을 한 아말렉 사람을 처형한 다윗은 17절에서 사울과 그의 아들 요나단을 위해 조가를 지어 불렀다. 본문은 "조가를 지어 불렀다"(וַיְקֹנֵן,

'바예코넨'; 개역개정. "조상하고")로 시작한다. 이 낱말은 다윗이 사울의 장수 아브넬의 죽음을 애도할 때도 쓰일 것이다(참조. 3:33). 비록 다윗이 아직 왕위에 오르지 않았지만, 그는 자기 무리의 대표로서 공식적인 조의를 표하는 셈이다. 그가 지은 노래를 "조가"(קִינָה, '키나')라고 일컬었는데, 이는 죽은 사람을 위해 부르는 노래를 일컫는 전형적인 낱말이다(참조. 암 8:1). 보통은 '들다'라는 기본 뜻이 있는 동사 נָשָׂא('나사')와 함께 쓰이며,[1] 이 본문처럼 같은 어근의 동사와 함께 쓰이는 경우는 드물다(겔 32:16).

18절은 분명히 화자의 삽입 구절이다. 그에 따르면 다윗이 이 노래를 유다 족속에게 가르치라고 했다. 이 말은 널리 반포하라는 명령으로 이해할 수 있고, 다윗이 자신의 공식적인 입장을 이 노래에 담았다고 볼 수 있다. 화자는 더불어 이 노래의 전승에 관한 정보를 전한다. 먼저 이 노래의 제목을 "활"(קֶשֶׁת, '카쉐트')이라고 했다. 이 제목이 칠십인역 본문 전승에는 빠져 있어서, 후대에 이 노래 제목을 입수한 어느 필사자가 우리에게 전해진 히브리어 본문에 추가했을 가능성을 생각하게 한다. 아마도 이 노래의 제목은 사울이 전사한 장면에서 비롯했을 것이다(참조. 삼상 31:3). 그리고 화자는 이 노래가 "야살의 책"(סֵפֶר הַיָּשָׁר, '세페르 하야샤르')에 기록되었다고 전한다. 칠십인역은 여기서 말하는 "야살"을 '올곧은'을 뜻하는 일반명사로 보았다. 어쨌거나 이 책은 구약성경에서 여호수아 10장 12-13절에 한 번 더 언급되지만,[2] 소실되어 전해지지 않는다.

---

1.　참조. 렘 7:29; 9:9[10]; 겔 19:1; 26:17; 27:2, 32; 28:12; 32:2; 암 5:1.
2.　칠십인역에서는 왕상 8:12-13, 53에서 한 번 더 언급된다. 참조. McCarter, *II Samuel*, 74.

**19절: 탄식.** 이 구절은 사울과 요나단을 '이스라엘의 자랑거리'(יִשְׂרָאֵל הַצְּבִי, '하츠비 이스라엘'; 개역개정. "이스라엘아, 네 영광이")로 표현한다. 그런데 "자랑거리"에 해당하는 히브리어 낱말을 칠십인역에서는 달리 이해한다. 곧 "이스라엘이여, 기념비를 세우라"(στήλωσον Ισραηλ, '스텔로손 이스라엘')로 번역하는데, 이는 같은 자음 본문을 '세우다'는 뜻의 동사 נצב('나차브')의 사역형(Hiphil) 동사 변화형의 명령형 הַצֵּב('하치비')로 읽은 듯하다(비교. McCarter, *II Samuel*, 68). 칠십인역은 이어서 "죽은 이들을 위해, 그대의 높은 곳 위에, 상처 입은 이들"(ὑπερ τῶν τεθνηκότων ἐπὶ τὰ ὕψη σου τραυματιῶν, '휘페르 톤 데트네코톤 에피 타 휩세 수 트라우마티온')로 옮기는데, 이는 히브리어 자음 본문 במותך를 서로 다른 뜻으로 두 번 옮긴 것으로 보인다. 첫째 번역은 '죽다'는 뜻의 동사(מות)의 부정사 연계형에 전치사가 붙은 꼴로 이해했고, 둘째는 히브리어 본문의 읽기대로 옮겼다. 번역자가 두 전승 가운데 어느 하나를 선택하지 않고, 합쳤을 것으로 보인다. 본문은 "아, 용사들이 쓰러졌구나."(אֵיךְ נָפְלוּ גִבּוֹרִים, '에크 나플루 깁보림'; 참조. 25, 27절)라고 하여 사울과 요나단 두 사람을 긍정적으로 묘사한다.

**20-21절: 두 영웅의 죽음 애도.** 20절에서는 사울과 요나단의 전사를 블레셋의 도시인 가드와 아스글론에 알리지도 말고, 전파하지도 말라고 노래한다. 그 까닭은 할례받지 않은 이방인인 블레셋의 "딸들"(בָּנוֹת, '바노트')이 기뻐하고 환호하지 못하게 하려는 것이라고 밝힌다. 이것은 군인들이 승전하고 돌아올 때, 여성들이 승리를 축하하며, 승전가를 부르고, 춤추는 장면을 떠올려 준다(참조. 삿 11:34; 삼상 18:6-7; 참조. Dietrich, *1 Sam 27-2 Sam 8*, 264). 21절에서는 사울과 요나단이 전사한 길보아산들을 향해

외친다. 그들이 쓰러진 곳에는 이슬과 비가 더는 내리지 않아서 "제물"(תְּרוּמֹת, '트루모트')을 낼 밭도 없기를 기원한다. 땅이 가물어서 하나님께 드릴 봉헌 예물조차 내지 못한다는 것은 역설이다. 본문은 일상적으로 행하는 예배 의식마저 못 할 정도라는 이런 역설 기법을 통해서 영웅의 죽음에 대한 슬픔을 표현한다. 이런 슬픔의 원인을 본문은 매우 회화적인 장면 묘사로 보여준다. 길보아산에서 두 용사의 방패가 버려진 모습으로 그들의 전사를 대신한다. 그리고 특히 사울의 방패는 의인화해서 "기름 부음 받지 않은 것같이"라고 진술하는데, 이는 왕의 죽음을 일컫는다.

**22-23절: 생전의 두 용사 추억.** 22절에서는 살아있을 때 두 영웅이 얼마나 용맹스러웠는지를 기린다. 요나단에 대해서는 그가 죽음을 두려워하지 않고, 활을 쏘며 적진을 향해 돌진하는 모습을, 사울에 대해서는 칼을 휘두를 때마다 "헛되이"(רֵיקָם, '레캄') 돌아오지 않는, 그러니까 언제나 적을 물리치던 용맹스러움을 강조하여 표현한다. 23절은 사울과 요나단이 살아있을 때의 모습을 먼저 기리는데, 그들이 "사랑하며 사이가 좋더니"라고 표현한다. 본문을 자세히 보면 이는 사울이 아니라 다윗이 그들을 보는 주관적인 관점을 강조한다(참조. Long, *1 and 2 Samuel*, 289). 죽을 때도 서로 떨어지지 않았다는 표현도 사실과는 다르며(참조. 삼상 20:30, 33; 22:8; Anderson, *2 Samuel*, 19), 모두 시적 미화로 보아야 할 것이다. 이들이 얼마나 용맹스러운 용사였는지는 포식자 동물로 묘사하는데 날짐승 가운데는 독수리, 들짐승 가운데는 사자다. 이 두 짐승은 날쌔고, 빠른 모습을 상징한다.

**24-27절: 두 영웅 추모.** 이 단락은 19절에서 조가를 시작하면서 했던 "아, 용사들이 쓰러졌구나"(אֵיךְ נָפְלוּ גִבּוֹרִים, '에크 나플루 깁보림')라는 말을 후렴구로 두 단락으로 세분된다(24-25, 26-27절). 24절에서는 이스라엘의 여성들에게 조의를 요구하는데, 그 까닭은 사울과 요나단이 그들을 화려한 옷과 노리개로 상징되는 풍요를 보장해 주었기 때문이다. 25절에서는 이스라엘을 의인화하여 두 사람의 전사를 애도한다. 26절에서는 요나단을 "내 형제"(אָחִי, '아히')라 친근하게 일컬으며 두 사람 사이의 각별했던 사랑(참조. 삼상 18:1-5; 19:1-7; 20:1-21:1; 23:14-18)이 연인보다 더하다고 비유한다. 27절에서 다시 후렴구를 되풀이하며, 그들의 무기가 버려진 모습을 그리는 것으로 마무리한다.

## 본문의 메시지

⑴ 사무엘하를 여는 첫 장면은 사울의 죽음과 다윗의 승전이 겹친다. 이 둘 사이를 이어주며, 극적 긴장과 관계의 복잡성을 보여주는 인물이 아말렉 사람이다. 이 사람은 그의 말대로 우연히 사울의 전사 장면을 목격하였다. 그는 다윗이 사울과 대척점에 있고, 또 이스라엘 사람들 사이에서 사울이 왕위에서 버림받았으며, 다윗이 사무엘에게 기름 부음을 받았다는 정보도 가지고 있었을 수 있다. 그래서 그는 자신이 목격한 사울의 죽음을 기회로 생각했다. 그는 전사한 사울의 왕관과 팔찌를 훔쳐서 먼 길을 걸어 다윗에게 왔다. 아말렉 사람인 자신을 공격할지 모른다는 생각에 옷도 찢고 머리에 흙도 뿌려서 전령인 척했다. 그의 계산으로는 사울의 죽음 소식과 온 이스라엘의 통치권을 상징하는 왕관과 팔찌는

다윗에게는 기쁨을 주고, 자신도 포상받아 인생 역전을 경험할 수 있으리라고 생각했다. 그러나 그것은 오산이었다. 물론 다윗이 본격적으로 사울과 대척점에 서 있고, 세력을 확장해 갔지만, 인위적으로 사울을 죽이고 왕위에 오를 생각은 없었다. 그것은 얄팍한 계산으로 이내 민심 이반을 경험할 것이기 때문이다. 그것을 헤아리지 못했던 아말렉 사람은 그 얄팍하고 세속적인 계산으로 비참한 죽음을 맞이하고 말았다. 아말렉 사람의 이런 얄팍하고 세속적인 셈속과 신중하고 진중한 다윗의 모습은 뚜렷이 대조되어, 본문에서 다윗이 앞으로 걸어갈 길을 예고해 준다.

(2) 다윗은 사울과 요나단의 죽음에 특별한 의미를 부여한다. 사실 사울과 요나단의 죽음은 다윗의 정치적 행로에는 도움이 되는 일이다. 그러나 다윗은 그런 얄팍한 셈속을 내보이지 않는다. 그 대신 이스라엘의 왕과 왕자의 죽음을 진중하게 애도한다. 그리고 되도록 그들의 긍정적인 모습을 기리며, 모든 사람이 그들의 죽음을 애도하게 한다. 물론 이런 다윗의 행보를 정치적 입지를 넓히기 위한 방책으로 볼 수도 있다. 그러나 본문은 그런 다윗의 모습을 언급하지 않는다. 설령 다윗이 그런 정치적 셈법을 했더라도 기본적으로 다윗은 진중하게 사안에 접근하며, 자기 말이나 행동으로 상처받거나 피해를 보는 사람이 되도록 없게 하려고 노력하는 모습을 보여준다.

누구나 내면에서 올라오는 욕심을 완전히 없앨 수는 없다. 그것은 우리 인간 내면의 본성에 속하므로, 그런 모습을 하나님 앞에 겸허하고 솔직하게 내어놓고 성찰하여야 한다. 그리고 그렇게 자기 내면에 똬리 튼 욕심을 내어놓은 자리에 하나님의 본성이 가르쳐 주시는 가치들로 하나씩 채워나가는 것이 피조물인 인간이 해야 할 도리다. 다윗의 조가는 그런 성찰과 영적 성장의 과정을 독자에게 가르쳐준다.

# 2장
# 다윗이 유다의 임금이 됨

우리말로 옮긴 본문

**마하나임과 헤브론의 왕국**(1-11절)

1   그런 뒤의 일이었다. 다윗이 여호와께 여쭈었다. "제가 유다 성읍들 가운데 한 곳으로 올라가도 되겠습니까?" 여호와께서 그에게 말씀하셨다. "올라가거라." 다윗이 말하였다. "어디로 올라가면 되겠습니까?" 여호와께서 말씀하셨다. "헤브론으로 가거라."

2   그리하여 다윗과 두 아내, 곧 이스르엘 사람 아히노암과 갈멜 사람 나발의 아내였던 아비가일은 거기에서 올라갔다.

3   다윗은 자기와 함께 있던 부하들과 그 가족들을 데리고 올라가서 헤브론 각 성읍에 살았다.

4   그러자 유다 사람들이 와서 거기서 다윗에게 기름을 붓고 유다 집안의 왕으로 삼았다. 다윗에게 사울을 장사 지낸 것은 야베스 길르앗 사람들이라는 소식이 들려왔다.

5   그래서 다윗은 야베스 길르앗 사람들에게 사람을 보내어 말하였다. "여러분이 여러분의 주군 사울에게 이같이 도리를 지켜 그분을 장사 지냈으니, 여러분에게 여호와께서 복 주시기를 바랍니다.

6   이제는 여호와께서 여러분에게 은혜와 진리를 베푸시기 바랍니다. 여러분이 이런 일을 하였으니, 나 또한 여러분에게 좋게 대하겠습니다.

7   여러분의 주군인 사울은 돌아가셨지만, 유다 집안이 내게 기름을 부어 여러분의 임금으로 삼았으니, 이제 힘을 내고 용기를 내십시오."

8   그러나 사울의 군대 장관이었던 넬의 아들 아브넬은 사울의 아들 이스보셋을 내세우고 마하나임으로 건너갔다.

9   그리고는 그를 길르앗과 아술과 이스르엘, 에브라임과 베냐민과 온 이스라엘의 왕으로 삼았다.

10   이스보셋이 이스라엘의 왕이 될 때는 마흔 살이었고, 두 해 동안 다스렸다. 반면에 유다 집안은 다윗을 뒤따랐다.

11   다윗이 헤브론에서 유다 집안을 다스린 날수는 7년 6개월이었다.

## 유다와 이스라엘 사이의 전쟁(12-32절)

12   넬의 아들 아브넬과 사울의 아들 이스보셋이 마하나임에서 기브온으로 나왔다.

13   그러자 스루야의 아들 요압과 다윗의 신하들도 나와서 기브온의 연못가에서 서로 맞닥뜨렸다. 한편은 연못 이쪽 가에, 다른 편은 연못 저쪽 가에 자리 잡았다.

14   아브넬이 요압에게 말하였다. "젊은 병사들이 나와서 우리 앞에서 겨루어 보게 하자." 요압이 말하였다. "그렇게 하자."

15 그리하여 정한 수대로 일어나 건너갔는데, 베냐민 자손들과ㄱ 사울의 아들 이스보셋 편에서 열두 명이었고 다윗의 부하들 편에서도 열두 명이었다.

16 저마다 상대방의 머리를 움켜잡고 칼로 상대방의 옆구리를 찌르고는 함께 쓰러졌다. 그래서 기브온에 있는 그곳을 '헬갓 핫수림'(칼날의 들판)이라 일컬었다.

17 그날에 매우 치열한 전투가 벌어졌는데, 아브넬과 이스라엘 사람들이 다윗의 부하들 앞에서 패배하였다.

18 그곳에는 스루야의 세 아들, 요압과 아비새와 아사헬이 있었다. 그런데 아사헬은 그 발의 빠르기가 들에 사는 노루 한 마리 같았다.

19 그런 아사헬이 아브넬을 뒤쫓았는데, 그는 오른쪽으로나 왼쪽으로 치우치지 않고 곧장 아브넬 뒤를 따르고 있었다.

20 아브넬이 뒤돌아보며 말하였다. "바로 너였구나, 아사헬!" 아사헬이 말하였다. "그렇다. 나다!"

21 아브넬이 그에게 말하였다. "네 오른쪽이나 왼쪽으로 가거라. 그리고 젊은 병사들 가운데 하나를 잡아서 그에게서 군복을 가져가거라." 그러나 아사헬은 그에게서 돌이키려 들지 않았다.

22 아브넬이 아사헬에게 거듭 말하였다. "너는 내게서 돌이켜라! 왜 내가 너를 땅바닥에 쳐서 쓰러뜨려야 하겠느냐? 그러면 내가 네 형 요압에게 어떻게 얼굴을 들 수 있겠느냐?"

23 그런데도 그가 돌이키기를 거부하자, 아브넬은 창끝으로 아사헬의 배를 찔렀다. 창은 아사헬의 배를 꿰뚫었고, 아사헬은 그 자리에 쓰러져 죽었다. 사람들이 아사헬이 쓰러져 죽은 곳에 이르자 다들 멈추어 섰다.

24 그러나 요압과 아비새는 계속해서 아브넬을 뒤쫓았다. 그들이 기브온 광야 길에 있는 기아 건너편 암마 언덕에 이르렀을 때 날이 저물었다.

25 아브넬을 따르던 베냐민 자손들이 모여서 한 무리가 되자, 한 언덕 꼭대기에서 버티었다.

26 아브넬이 요압에게 외쳤다. "끝까지 칼이 사람들을 집어삼키게 하겠느냐? 끝내는 비참해지지 않겠느냐? 언제까지 백성들에게 제 동족을 뒤쫓는 일을 그만두고 돌이키라 명령하지 않으려느냐?"

27 요압이 말하였다. "하나님의 살아계심을 두고 맹세한다. 네가 그 말을 하지 않았더라면 백성들은 분명히 내일 아침까지 저마다 제 형제들을 추격을 하고서야 물러갔을 것이다."

28 요압이 뿔 나팔을 부니 모든 백성이 멈추었다. 그리고 더 이상 이스라엘을 뒤쫓지 않고, 다시 싸우지 않았다.

29 아브넬과 그의 부하들은 그날 밤새도록 아라바를 지나 요단강을 건너고, 비드론 온 땅을 거쳐서 마하나임으로 갔다.

30 요압도 아브넬을 뒤따르던 데서 돌아와서 모든 백성을 모았다. 다윗의 부하들 가운데는 19명이 없었고, 아사헬도 없었다.

31 반면에 다윗의 부하들은 베냐민 사람들과 아브넬의 사람들 가운데 360명을 쳐 죽였다.

32 사람들이 아사헬을 메어다가 베들레헴에 있는 그의 아버지 무덤에 장사 지냈다. 그리고 요압과 그의 부하들은 밤새 걸어가서 동틀 무렵에 헤브론에 이르렀다.

<h1 style="text-align:center">본문 비평</h1>

## 15절 ㄱ. 베냐민 자손들

마소라 본문에는 "베냐민에서"(לְבִנְיָמִן)만 있다. 하지만 쿰란 본문(4Q
Samᵃ)에는 לבני בנימן('리브네 베냐민', "베냐민 자손들에서")이 있으며, 이는
칠십인역의 지지를 받는다(τῶν παίδων Βενιαμιν, '톤 파이돈 베니야민'). 그렇
다면 마소라 본문은 유사문두탈락(*homoioarcton*)을 겪은 본문일 것이다.

<h1 style="text-align:center">본문 주석</h1>

## 마하나임과 헤브론의 왕국(1-11절)

**1-4전반절: 다윗이 헤브론에서 유다의 왕이 됨.** 1절은 "그런 뒤에"(כֵּ-
אַחֲרֵי וַיְהִי, '바여히 아하레-켄')로 시작하는데, 이는 새로운 이야기 단위를
시작하는 관용구이며, 사무엘하에서 종종 쓰인다(참조. 8:1; 10:1; 13:1;
[15:1]¹; 21:18; Anderson, *2 Samuel*, 22). 다윗은 여호와께 신탁을 묻는 것으로
새로운 활동을 시작한다(참조. 삼상 10:22; 23:4; 삼하 16:23 등). 그가 여호와께
물은 것은 가드 왕 아기스가 블레셋 땅에서 준 성읍 시글락을 떠나서
유다의 한 성읍으로 올라가도 되겠는지였다. 그에 대한 여호와의 신탁
은 올라가도 좋다는 것이었으며, 다시 다윗이 어디로 갈지 물었을 때,
헤브론을 지명하셨다. 헤브론은 예루살렘에서 남쪽으로 대략 30㎞ 정
도 떨어진 곳에 있었으며, 유다 지파 영토의 한가운데 있었다(참조.
McCarter, *II Samuel*, 83). 그러므로 유다에 두루 영향력을 미치기에 적합했

---

1.　וַיְהִי מֵאַחֲרֵי כֵן, '바여히 메아하레 켄'.

다.

2절은 다윗이 헤브론으로 올라갈 때, 두 부인 아히노암과 아비가일을 데리고 갔다는 언급을 함께 하는데, 이는 다윗의 이동에 항상 함께 등장하여, 그의 가족 관계를 되새겨 주는 구실을 한다(참조. 삼상 27:3). 3절에서는 시글락에서 다윗과 함께 있었던 그의 추종자들(אֲנָשָׁיו, '아나샤브'; 직역. "그의 사람들")도 함께 헤브론에 올라가서 "헤브론 각 성읍에"(בְּעָרֵי חֶבְרוֹן, '브아레 헤브론') 살았다고 전한다. 여기 쓰인 표현은 다소 낯선데, 아마도 헤브론에 인접한 여러 성읍을 일컬을 것이다(참조. Anderson, *2 Samuel*, 24).

4전반절에서 드디어 유다 사람들이 헤브론의 다윗에게로 찾아와서, 거기서 다윗을 유다 지파의 왕으로 기름 부었다. 이 진술에 가치 판단은 들어 있지 않다. 그러나 앞서 화목제와 더불어 사울이 이스라엘의 왕으로 기름 부음을 받던 장면과 비교하면(삼상 11:15), 종교 색채가 전혀 없는 세속적 의식으로 보이기까지 한다. 하지만, 아마도 유다 사람들은 다윗이 벌써 사무엘에게 왕으로 기름 부음을 받아서 공인되었음을 알고 있었을 것이기 때문으로 여길 수 있다.

**4후반절-7절: 다윗이 길르앗 야베스 사람들을 치하함.** 4후반절에서 유다의 왕이 된 다윗은 가장 먼저 사울의 장사에 대한 보고를 받는다. 그가 받은 보고에 따르면, 사울을 길르앗 야베스 사람들이 장사하였다(삼상 31:11-13). 5절에서 이 보고를 받은 다윗은 길르앗 야베스 사람들에게 전령들을 보내서, 그들을 축복하였다. 다윗은 그들의 행동을 "도리"(חֶסֶד, '헤세드')로 규정하였다. 이 낱말은 사울의 보호를 받은 사람들로서 마땅히 해야 할 도리를 다했다는 뜻이 된다. 물론 다윗은 사울과 정적이었으며, 사울의 살해 위협에 끊임없이 시달려 왔다. 더구나 그는 일찍부터 사울을 대신할 왕으로 사무엘에게 기름 부음을 받았다. 그런 다윗이 실제로 유다 지파의 왕이 된 마당에 왜 사울의 장례를 감당해 준 길르앗 야베스 사람들에게 가장 먼저 호의를 베풀며 축복하였을까? 그 해답은 바로 다윗이 "유다의 왕"이라는 데 있겠다. 그는 아직 온 이스라엘의 왕으로 인정받지 못하고 있다. 그런 시점에는 유다 지파 바깥의 민심을 확보하는 일도 매우 중요하다. 그러므로 다윗의 이 행동은 윤리적 관점에서뿐만 아니라, 정치적 관점에서도 매우 현명한 일이었다. 6절에서 다윗은 여호와께서 그들에게 "은혜와 진리"(חֶסֶד וֶאֱמֶת, '헤세드 바에메트')를 베푸시기를 축복하며, 한 걸음 더 나아가서 자신도 그들이 사울에게 베푼 "이 선한 일"(הַטּוֹבָה הַזֹּאת, '하토바 하조트')을 갚아주겠다고 약속한다. 이 표현은 다윗이 이들과 우호 관계를 돈독히 하겠다는 의지 표명이며, 이제는 자신이 왕으로서 그 관계를 이어가겠다고 말한 셈이다. 그러니 북쪽 지파를 향해서 자신의 왕권을 선포하는 구실도 한다고 볼 수 있다. 7절에서 다윗은 그들에게 "이제 힘을 내고 용기를 내십시오"라며 용기를 북돋아 주었는데, 특히 둘째 표현(직역. "용사가 되시오")은 왕실에 소속되어 직무를 수행하는 사람을 뜻할 수 있다고 본다면(삼하 13:28), 이제 용기 내서 자기 신하가 되라는 요청으로 볼 수 있다(참조. McCarter, *II Samuel*, 85). 그 근거로 다윗은 이제 사울이 죽었고, 자신이 유다의 왕이 되었음을 밝힌다.

**8-9절: 아브넬이 이스보셋을 이스라엘의 왕으로 세움.** 이 단락에서는 장면을 북쪽 지파의 다른 세력으로 전환한다. 8절에서 사울의 군사령관 아브넬은 아직 살아남은 사울의 아들 "이스보셋"(אִישׁ בֹּשֶׁת, '이쉬 보쉐트')

을 데리고 "마하나임"(מַחֲנָיִם)으로 건너갔다.[2] 이곳은 요단강 동편의 얍복강 근처에 있던 성읍으로 길르앗 지역의 주요 거점이었을 것이다(참조. Tsumura, *Second Samuel*, 65). 아마도 아브넬은 다윗의 일차 공격의 영향력에서 조금이라도 먼 곳, 그리고 친-사울 왕정계 거점으로 이곳을 선택했을 것이다. 10절에서 아브넬은 이스보셋을 왕으로 세웠다. 본문은 이스보셋의 통치권이 미치는 지역을 언급한다. 먼저, 마하나임이 자리 잡은 요단 동편의 길르앗이다. 이 지역은 르우벤과 갓 지파의 영토였으며, 앞서 언급한 길르앗 야베스가 있어서 사울 왕정에는 매우 친화적인 곳이엇다. 그다음으로는 "아술"(הָאֲשׁוּרִי, '하아슈리')인데, 이 지명, 또는 인종명은 정확히 알려지지 않았다. 이어서 이스르엘 지역이 언급된다. 이곳은 사울이 블레셋과 전쟁을 치르던 길보아산과 죽은 사무엘의 영을 불러낼 신접한 여인을 찾아갔던 엔돌이 있는 곳이었다(삼상 28:7-25). 이곳은 대강 잇사갈 지파의 영토를 염두에 두었을 것이다(참조. McCarter, *II Samuel*, 87). 그리고 사울의 출신 지파인 베냐민과 북이스라엘의 대표 지파라 할 수 있는 에브라임이 언급된다. 여기서 언급된 지명과 지파들이 대표로 언급된 것인지, 또는 그들만 함께했는지는 명확하지 않지만, 본문은 이스보셋이 "온 이스라엘의 왕"이 되었다고 전한다. 이제 다윗과 북쪽 지파들이 두 왕조로 분리된 셈이다.

**10-11절: 이스보셋과 다윗의 통치 요약.** 화자는 사울의 전사 이후 이스라엘 분열 이야기를 마무리하면서, 이스보셋과 다윗의 분리 통치 기간을 명시한다. 10절에서는 먼저 이스보셋의 통치를 요약한다. 본문은 그가

---

2　이 이름은 "수치스러운 사람"을 뜻하여, 폄훼하는 의미의 이름이다. 원래 이름은 아마도 대상 8:33; 9:39에서 이방신 "바알"의 이름이 들어간 에스바알이었을 것이다.

비교적 늦은 나이인 40세에 왕이 "이스라엘 왕"이 되어서 2년을 다스렸다고 전한다. 후반절은 "유다"는 그가 통치하지 못하였고, 다윗을 따랐다고 대조한다. 그리고 11절에서는 다윗의 통치 기간을 언급하는데, 헤브론에서 유다의 왕으로 7년 6개월을 다스렸다고 전한다.

**유다와 이스라엘 사이의 전쟁**(12-32절)

**12-16절: 기브온 "헬갓 핫수림" 전투.** 이 단락에서는 다윗을 왕으로 하는 유다와 이스보셋을 왕으로 하는 이스라엘 사이에 벌어진 전투 이야기를 전한다. 남쪽과 북쪽 사이의 갈등이 본격화한 것을 보여준 사건으로 앞으로 이스라엘 백성들의 역사에서 중요한 분기점을 이루는 이야기라 할 수 있겠다. 12절에서 먼저 북쪽 군대의 출격을 전한다. 군대 장수는 이스보셋을 왕으로 세웠던 아브넬이었다. 아브넬의 출격은 문맥상 다윗이 길르앗 야베스 주민들에게 접근한 데(4-7절) 대한 직접적인 대응이었을 것이다(참조. McCarter, *II Samuel*, 94). 그들은 주둔지였던 마하나임에서 나와 요단강을 건너서 기브온에 이르렀다. 기브온은 예루살렘에서 북쪽으로 10㎞ 정도 떨어진 곳에 있었다(Anderson, *2 Samuel*, 42). 그러자 13절에서 유다의 군대도 그에 맞서 출격했다. 유다의 장수는 요압이었다. 요압은 본문에 나오는 대로 스루야의 맏아들로 다윗의 조카였다(대상 2:16). 이 본문에서 드러나듯, 앞으로 다윗의 군대 장관으로서 중요한 역할을 하게 될 것이다. 다윗의 군대는 "기브온 연못가"בְּרֵכַת גִּבְעוֹן, '브레카트 기브온')에 진을 쳤는데, 이곳은 기브온에 있었던 중요한 수원지였을 것으로 보인다(참조. 렘 41:12). 이곳은 철기 시대 기브온 성벽에 인접한 곳에서 발굴된 큰 연못 터와 동일시되곤 한다(참조. McCarter, *II Samuel*, 95). 두 진영은 이 연못을 가운데 두고 대치하였다.

14절에서 아브넬이 먼저 요압 진영에 일대일 대표 전투를 제안한다. 늘 그렇듯 이런 일대일 전투는 병력을 손실을 최소화하면서도 승부를 가릴 수 있는 좋은 방법으로 고대 사회에서 종종 행해졌다(참조. 삼상 17장). 아마도 동족 사이의 혈전을 피하고자 함이었을 것이다. 여기서 쓰인 동사 שָׂחַק('사하크')는 기본 뜻이 "놀다, 장난치다"여서, 아브넬이 전쟁놀이를 제안하였다고 이해하기도 했지만, 이 낱말은 분명히 상징적인 일대일 전투 제안을 뜻할 것이다(참조. Anderson, *2 Samuel*, 43). 어쨌거나 요압도 이에 동의하였다. 15절에서 양 진영은 12명의 대표 전사를 뽑아서 일대일 전투에 내보냈다. 16절에서는 기괴하기까지 한 일대일 전투 장면이 그려진다. 양편의 12명, 그러니까 24명이 일제히 서로 맞붙어서 상대방의 머리를 잡고 칼로 옆구리를 동시에 찔러서 모두 쓰러졌다. 하지만, 이런 일대일 전투가 본문과 동시대인 기원전 10세기 힛타이트의 부조 유물에서 그대로 발견되었다(참조, Dietrich, *1 Sam 27-2 Sam 8*, 339). 그러므로 이런 전투는 고대 사회의 일대일 전투 전형을 보여준다고 여길 수 있다. 화자는 여기서 이 전투에서 비롯한 지명의 기원론(etiology)을 전한다. 그 지명은 חֶלְקַת הַצֻּרִים('헬카트 하추림'; 개역개정. "헬갓 핫수림")이었다. 이 표현을 직역하면, '바위들의 들판'이다. 이것이 과연 여기서 벌어진 사건의 기원론일지는 의문스럽다(참조, Dietrich, *1 Sam 27-2 Sam 8*, 341). 칠십인역이 여기서 같은 자음을 달리 읽어서, Μερὶς τῶν ἐπιβούλων('메리스 톤 에피불론', "대적자들의 소유지"; חֶלְקַת הַצָּרִים, '헬카트 하차림')로 옮긴 것이 더 원래 뜻에 가까울 수 있겠다.

**17-23절: 아브넬이 아사헬을 죽임.** 17절은 새로운 이야기로 전환하는 구실을 하며, 전투가 일대일 전투에서 확대되어 전면전으로 이어져서, 아

브넬의 군대가 요압의 군대에 패배했다고 전한다. 18절에서는 다윗의 여동생이었던 스루야(대상 2:16)의 세 아들 요압과 아비새와 아사헬에게로 초점이 맞추어진다. 특히 막내 아사헬은 발이 빨라서 "들 노루"(הַצְּבָיִם אֲשֶׁר בַּשָּׂדֶה, '하츠바임 아쉐르 바사데') 같다고 전한다(참조. 사 13:14; 잠 6:5; 대상 12:8). 이 아사헬은 다윗의 30명 용사 가운데 한 사람으로 전해진다(참조. 삼하 23:24; 대상 11:26; 27:7; Tsumura, *Second Samuel*, 69). 19절에서 패전하여 후퇴하는 아브넬을 이 아사헬이 추격한다. 20절에서 아브넬이 뒤를 돌아보며 아사헬을 불렀다. 이어서 21절에서 아브넬은 젊은 혈기에 자신을 맹렬히 뒤쫓는 아사헬에게 다른 군사의 "군복"(חֲלִיצָה, '할리차')을 빼앗으라고 말하였다. 이 말은 자신 말고 다른 군사를 죽이고 전리품을 취하라는 뜻일 텐데(참조. 삿 14:19), 두 가지 의미였을 것이다. 우선 젊은 아사헬을 노련한 아브넬이 자기 상대가 되지 않는다고 얕잡아 보는 말일 테고, 아사헬임을 확인한 것은 다윗의 조카를 죽여서 일을 크게 만들고 싶어하지 않는다는 의사를 밝힌 것으로 볼 수 있다. 그러나 젊은 용사 아사헬은 그것을 거부한다. 22절에서 아브넬은 다시 자신이 군대 장수 요압의 동생인 그를 죽이고 싶지 않다고 말한다. 하지만 23절에서 아사헬은 끝까지 아브넬을 추격한다. 그러자 아브넬은 자기 창을 뒤로 뻗어 아사헬을 찔러 죽였다. 아사헬이 죽자 갑자기 전투는 끝나버렸다.

**24-28절: 유다와 이스라엘의 정전.** 24절은 해 질 녘에 요압이 아브넬 추격을 멈추었던 장소를 전해준다. 본문이 말한 장소인 "기브온 광야 길에 있는 기아 건너편 암마 언덕"의 정확한 위치는 알려지지 않는다. 25절에 따르면, 아브넬은 베냐민 족속과 함께 모여 요압의 반대쪽 산에 멈

취 섰다.

26절에서 아브넬이 먼저 요압에게 정전 협상을 시작한다. 그는 요압에게 사람을 상하게 하는 칼로 인한 "비참"한 일(מָרָה, '마라')을 경고한다. 그러면서 추격을 멈추라고 요청하였다. 이 말에서 아브넬은 사실상 패전을 인정한 셈이다. 그러자 요압은 27절에서 아브넬의 요청이 아니었더라면, 이튿날 아침까지 추격을 멈추지 않았을 것이라고 호기롭게 대답했다. 이로써 사실상 정전 협상은 이루어진 셈이다. 그래서 28절에서 요압은 추격을 멈추라는 신호로 나팔을 불고 전투는 종결되었다 (참조. 삼하 18:16; 20:22; Tsumura, *Second Samuel*, 71).

**29-32절: 전투의 결과.** 요압과 정전 협상을 끝낸 아브넬은 29절에서 사해 북부 요단 계곡의 아라바 광야를 지나(참조. McCarter, *II Samuel*, 97), 요단강을 건너서 지금은 알려지지 않은 지명인 비드론(בִּתְרוֹן, '비트론')을 지나 다시 마하나임으로 귀환했다. 한편, 30절에서 요압은 추격을 멈추고 군사들을 점호하였다. 19명이 전사하였고, 막냇동생 아사헬도 없어진 것을 알게 되었다. 31절에서는 유다의 전사자와 비교하여 베냐민 족속과 아브넬 군대의 전사자가 360명이라고 전한다. 이는 이 전투에서 유다가 승전했음을 보여주는 대목이다. 31절에서 유다의 군대는 아사헬의 시신을 수습하여 고향인 베들레헴의 가족 묘지에 장사 지냈다. 그리고 그 밤에 요압과 군사들은 다시 헤브론으로 귀환하는 것으로 이야기가 마무리된다.

## 본문의 메시지

⑴ 다윗은 드디어 "임금"이 되었다. 하지만, 왕권은 유다 지파에 제한되는 것이었다. 지금까지 다윗은 한 번도 제 입으로 임금이 되려 한 적이 없다. 본문에서 그려지는 다윗은 한결같이 당면한 상황에서 신중한 선택을 하려고 최선을 다하는 인물이었다. 사울과 갈등 관계에 있을 때도 다윗은 왕을 제 손으로 죽이는 일을 적극적으로 피했다. 블레셋에 망명하여 시글락에서 세력을 확장하면서도, 끊임없이 동족의 이익을 챙기고, 그들을 보호해 주었다. 사울이 죽었다는 소식을 듣고서는 공식적으로 애도를 표했다. 이 본문에서도 마찬가지다. 유다의 왕위에 오르자마자 다윗은 사울을 장사 지내 준 길르앗 야베스 사람들을 치하하고 축복하였다. 다윗의 이 모든 행동은 당연히 정치적으로 해석될 여지가 있었다. 더 큰 정치적 행보를 준비하는 사람으로서 구설수에 오를 말이나 행동을 적극적으로 자제하는 모습으로 비칠 수 있으며, 민심을 잡기 위해 큰 그림을 그리고자 한 행동으로 볼 수 있다. 그러나 분명한 것은 본문에서는 그런 언급을 하지 않는다는 점이다. 그러니 다윗의 행동은 가치 중립적이다. 해석은 독자의 몫이다. 다윗을 자기 이익을 위해 애매하게 말하고 행동하는 정치인으로 보든, 깊은 신앙에서 우러나오는 순수한 마음을 표현하는 사람으로 보든 그 해석은 독자에게 빈자리로 남아 있다. 본문은 일종의 거울인 셈이다. 이 거울에 비친 다윗의 모습은 결국 독자의 내면인 셈이다. 그러니 본문을 읽는 독자는 정치인 다윗의 모습뿐 아니라, 신앙인 다윗의 모습도 적극적으로 새겨 보며, 그 본문을 통해 주시는 하나님의 음성을 들을 수 있어야 할 것이다.

(2) 이스라엘의 이어지는 역사에서 유다와 북쪽 나머지 지파들은 끊임없이 갈등하고 마침내 분열하게 될 것이다. 본문에서는 그 시발점이 된 첫 전투 이야기를 전한다. 두 진영 사이에서 벌어진 전투의 원인이 무엇이었는지 본문은 밝히지 않는다. 사실상 본문의 의도는 다윗을 중심으로 한 유다 왕국이 점점 더 강성해지고, 북쪽 왕국은 점점 쇠퇴하는 이야기를 시작하는 것이다. 하지만, 한 걸음 떨어져서 이 이야기를 읽으면, 가슴 아픈 일이다. 출애굽 이후 가나안 땅에 정착하기 시작한 이래로 몇 차례 갈등이 있었지만, 이처럼 뚜렷한 까닭 없이 왕국이 나뉘어서 세력 다툼으로 전투를 벌이고, 동족끼리 칼을 겨누어 서로 죽이는 초유의 일은 처음이기 때문이다. 이 처음 전투는 아직 여러모로 서로 눈치를 보며, 알아보고, 피해를 줄이려 노력한다. 전투가 벌어졌을 때, 이들은 먼저 일대일 전투로 승부를 가리려 했다. 그러나 그것이 여의치 않자 전면전으로 확산하였지만, 아브넬과 아사헬의 이야기에서 보듯 서로 잘 아는 처지라 서로 죽이기를 꺼렸다. 그리고 전세가 급격히 기울어 요압 군사들의 승리가 확실해지자, 아브넬은 정전 협상으로 피해를 최소화하려 했다. 그러나 이런 첫 전투의 양상은 앞으로 더는 찾아보기 어려워질 것이며, 끝내 서로 갈라서서 무자비하게 칼을 겨누게 될 것이다.

누구나 나쁜 일일수록 처음에는 어색해하고 머뭇거리지만, 점점 무감각해지기 마련이다. 그러므로 처음에 바로잡으려 노력해야 한다. 그리고 처음에는 바로잡기도 수월하다. 하지만 가면 갈수록 무감각해지고, 합리화해 가면서 바로잡을 가능성도 점점 줄어든다. 서로에게 서투른 본문의 전투를 보며, 인생의 실수 또는 잘못을 되돌아보게 된다.

3장
아브넬의 죽음

우리말로 옮긴 본문

**다윗 왕국의 강성과 북 왕국의 쇠퇴(1절)**

1 이스라엘 집안과 다윗 집안 사이에 오랫동안 전쟁이 있었다. 다윗은 점점 더 강해지고, 사울의 집안은 점점ㄱ 더 약해졌다.

**헤브론에서 태어난 다윗의 아들들(2-5절)**

2 헤브론에서 다윗의 아들들이 태어났다. 맏이는 이스르엘 사람 아히노암에게서 난 암논이고,

3 둘째는 갈멜 사람 나발의 아내였던 아비가일에게서 난 달루야이며, ㄴ 셋째는 그술 임금 달매의 딸 마아가에게서 난 압살롬이다.

4 그리고 넷째는 학깃에게서 난 아도니야이고, 다섯째는 아비달에게서 난 스바댜이며,

5 여섯째는 다윗의 아내 에글라에게서 난 이드르암이다. 이들이 헤브

론에서 태어난 다윗의 아들들이다.

## 아브넬이 다윗 편이 됨(6-21절)

6 사울의 집안과 다윗의 집안 사이에 전쟁이 계속되는 동안, 아브넬은 사울의 집안에서 점점 세력이 커졌다.

7 사울에게는 아야의 딸 리스바라는 이름의ᄃ 후궁이 있었는데, 이스보셋이 아브넬에게 말하였다. "어째서 당신은 내 아버지의 후궁을 범하였소?"

8 그러자 아브넬은 이스보셋의 그 말에 몹시 화를 내며 말하였다. "내가 유다의 개 대가리 정도밖에 안 됩니까? 여태껏 나는 당신 아버지 사울뿐 아니라 그분의 형제와 그분의 친구들에게도 도리를 다 하고, 당신이 다윗의 수중에 넘어가지 않게 해 드렸는데 이제 와서 당신은 한낱 여자의 잘못으로 나를 책잡으려 하는 것입니까?

9 여호와께서 다윗에게 맹세하신 대로 나도 그에게 그대로 할 것입니다. 그렇지 않으면 하나님께서 아브넬에게 벌을 내리고 더 내리실 것입니다.

10 이는 왕국을 사울의 집안에서 옮기셔서 다윗의 왕좌를 단에서부터 브엘세바까지 이스라엘과 유다 위에 세우시리라는 것입니다."

11 이스보셋은 두려운 나머지 이 말을 되받아칠 엄두를 내지 못하였다.

12 아브넬은 ᄅ자기 대신ᄅ 전령을 다윗에게 보내어 전하였다. "이 땅이 누구의 것입니까? 저와 언약을 맺어주신다면, 제 손이 당신을 도와 온 이스라엘을 당신께 돌리도록 하겠습니다."

13 다윗이 말하였다. "좋소. 내가 그대와 언약을 맺겠소. 그렇지만 나는 한 가지 일을 그대에게 요구하겠소. 그대가 내 얼굴을 보러 오려거

든 사울의 딸 미갈을 내 앞에 데려오시오. 그렇지 않으면 그대는 내 얼굴을 보지 못할 것이오.”

14 다윗이 사자들을 사울의 아들 이스보셋에게 보내어 전하였다. “내가 블레셋 사람들의 포피 100개를 주고 맞아들인 내 아내 미갈을 내어주시오.”

15 그러자 이스보셋이 사람을 보내어 그 여자를 남편 라이스의 아들 발디엘에게서 데려오게 하였다.

16 미갈의 남편은 울면서 바후림까지 뒤따라왔다. 아브넬이 그에게 “어서 되돌아가시오”라고 말하고서야 되돌아갔다.

17 아브넬이 장로들과 의논하였다. “여러분은 오래전부터 다윗을 여러분의 임금으로 세우려 하였소.

18 그러니 이제 그리 하십시오. 여호와께서 다윗에게 ‘내 종 다윗의 손으로 내 백성 이스라엘을 블레셋 사람들과 그들 원수들의 손에서 구해내겠다’라고 말씀하셨기 때문이오.”

19 아브넬은 또한 베냐민 사람들과도 의논하고는, 이스라엘과 베냐민 온 집안이 동의한 모든 것을 헤브론에 있는 다윗에게 전하기 위해 길을 나섰다.

20 아브넬과 부하 스무 명이 헤브론에 있는 다윗에게 이르렀을 때, 다윗은 아브넬과 그와 함께 있던 부하들에게 잔치를 베풀어 주었다.

21 아브넬이 다윗에게 말하였다. “제가 일어나 가서 제 주군이신 임금님께 온 이스라엘을 모으겠습니다. 그러면 그들이 임금님과 언약을 맺고 임금님께서는 원하시는 곳 어디나 다스리게 되실 것입니다.” 다윗이 아브넬을 보내주자, 그는 평안히 길을 떠났다.

**아브넬의 죽음(22-30절)**

22 그때 다윗의 신하들과 요압이 습격을 나갔다가 많은 전리품을 가지고 되돌아오고 있었다. 아브넬은 더 이상 다윗과 함께 헤브론에 있지 않았다. 다윗이 그를 보내주어 그는 평안히 길을 떠났던 것이다.

23 요압과 그와 함께한 모든 군대가 도착했을 때, 사람들이 요압에게 말하였다. "넬의 아들 아브넬이 임금님께* 왔었는데, 임금님께서는 그를 보내주셔서 그가 평안히 길을 떠났습니다."

24 그러자 요압이 왕에게 가서 말하였다. "무슨 일을 하신 것입니까? 보십시오. 아브넬이 임금님께 왔었는데, 어째서 그를 보내주셔서 떠나가게 하셨단 말입니까?

25 임금님께서도 아시듯 넬의 아들 아브넬은 임금님을 속이러 왔고, 임금님께서 드나드시는 것을 살피고 임금님께서 무엇을 하시는지 살피려는 것이었습니다."

26 그리고 요압은 다윗에게서 나와 사람들을 보내서 아브넬을 뒤쫓게 하였다. 그들이 시라 우물에서 그를 데리고 왔다. 하지만 다윗은 그것을 알지 못했다.

27 아브넬이 헤브론으로 돌아왔을 때, 요압은 조용히 그와 이야기하려는 듯 그를 성문 안으로 데려갔다. 그리고는 거기서 그의 배를 찔렀다. 아브넬은 요압의 동생 아사헬의 피 때문에 죽은 것이다.

28 나중에 다윗이 그 소식을 듣고 말하였다. "넬의 아들 아브넬의 피에 대하여 나와 내 나라는 여호와 앞에서 영원히 결백하다.

29 그 죄는 요압과 *그 아버지의* 집안으로 돌아갈 것이다. 그리고 유출병자와 피부병자와 신체장애자와 칼에 맞아 죽은 사람과 굶어 죽는 사람이 요압의 집에서 끊어지지 않을 것이다."

30 요압과 그의 동생 아비새는 아브넬이 기브온 전투 때에 자기네 동
생 아사헬을 죽였기 때문에 아브넬을 죽였다.

### 다윗이 아브넬의 죽음을 슬퍼함(31–39절)

31 다윗이 요압과 그와 함께 있던 모든 백성에게 말하였다. "그대들은
옷을 찢고 베옷을 두르시오. 그리고 아브넬 앞에서 애도하시오." 그
리고 다윗 왕도 상여 뒤를 따라갔다.

32 사람들이 아브넬을 헤브론에 장사 지냈다. 다윗이 소리 높여 아브넬
의 무덤 앞에서 울었고, 온 백성도 함께 울었다.

33 왕이 아브넬을 위해 조가를 지어 불렀다.

　　　"어리석은 자의 죽음처럼 아브넬이 죽었단 말인가?

34 　　　그대의 손은 묶이지 않았고,

　　　　　그대의 발에는 놋 사슬에 채워지지도 않았는데

　　　악당들 앞에서 쓰러지듯 그대가 쓰러졌구나."

그러자 ^온 백성이^ 다시 그를 애도하며 울었다.

35 아직 날이 저물기 전에 백성들이 와서 다윗에게 음식을 권했지만,
다윗은 맹세까지 하며 말하였다. "해가 지기 전에 내가 빵이나 그 어
떤 것이라도 먹는다면 하나님께서 내게 벌을 내리고 더 내리실 것
이다."

36 온 백성이 그것을 보고서 좋게 여겼다. 왕이 무엇을 하든 온 백성이
보기에 좋았던 것이다.

37 그리고 그날에 온 백성과 온 이스라엘이 넬의 아들 아브넬을 죽인
것이 왕에게서 비롯한 것이 아님을 알게 되었다.

38 왕이 자기 신하들에게 말하였다. "오늘 이스라엘에서 장군이요 용

사가 쓰러졌다는 것을 그대들이 알지 않소?

39 나는 기름 부음 받은 임금인데도 지금 약한 반면에 이 사람들, 스루야의 아들들은 나보다 더 강하다오. 여호와께서 죄지은 사람에게는 그가 저지른 죄대로 되갚아 주시기를 바랄 뿐이오."


# 본문 비평


## 1절 ㄱ. 점점

여기서 마소라 본문은 남성 복수 분사형(הֹלְכִים)을 쓰지만, 쿰란 본문(4QSamᵃ)은 전반절과 마찬가지로 단수 분사형(הוֹלֵךְ)을 쓰며, 칠십인역도 이를 지지한다(ἐπορεύετο). 아마도 마소라 본문은 사울 집안을 열 지파의 연합으로 해석하여 수정한 본문이 전승된 것으로 보인다(참조. McCarter, *II Samuel*, 100).


## 3절 ㄴ. 달루야

마소라 본문(כִלְאָב, '킬르아브'; 개역개정. "길르압")과 달리 쿰란 본문(4QSamᵃ, [ה]דליה)과 칠십인역은 다윗의 둘째 아들 이름을 "달루야"(Δαλουια)라고 읽는다. 마소라 본문은 일반적으로 이어지는 "아비가일의"(לאביגיל, '르아비가일')라는 표현에 영향을 받아 바뀐 본문으로 여긴다(참조. McCarter, *II Samuel*, 101; Dietrich, *1 Sam 27-2 Sam 8*, 351-352). 한편, 평행본문인 역대상 3장 1절과 그에 영향을 받은 것으로 보이는 요세푸스(*Ant 7, 21*)는 "다니엘"로 쓴다.

### 7절 ㄷ. 이름의

쿰란 본문(4QSamᵃ)과 칠십인역에는 마소라 본문의 이 표현이 없다.

### 12절 ㄹ-ㄹ. 자기 대신

마소라 본문의 "자기 대신"([Q] תַּחְתָּיו, '타흐타브'; [K] תחתו)을 칠십인역은 "그가 당시 머무르고 있던 타일람으로"(εἰς Θαιλαμ οὗ ἦν παραχρῆμα, '에이스 타일람 후 엔 파라크레마')로 옮겼는데, 이 번역의 출처는 사실상 알기가 쉽지 않다(לתלם אשר היה ופתאם[?]). 아마도 이 본문은 전승 과정에서 훼손된 본문을 번역한 것으로 보인다.

### 23절 ㅁ. 임금님께

쿰란 본문(4QSamᵃ)과 칠십인역에는 "다윗에게"(אל דויד, '엘 다비드'; πρὸς Δαυιδ, '프로스 다윗')로 되어 있다.

### 29절 ㅂ-ㅂ. 그 아버지의

마소라 본문은 다윗이 아브넬과 "그 아버지의"(אביו) 온 집안을 향해 저주한다(=칠십인역). 반면에 쿰란 본문(4QSamᵃ)은 여기서 다시 한번 "요압"(יואב)을 반복한다. 물리적으로 보자면, 두 이형은 자음 순서가 다르다. 하지만, 본문에서 한 번도 요압의 아버지가 언급된 적이 없으므로, 쿰란 본문은 그런 생각에서 의도적이든 비의도적이든 수정된 본문으로 보인다(참조. Dietrich, *1 Sam 27-2 Sam 8*, 368).

---

1.   이런 번역은 민 6:9; 12:4; 사 29:5 참조.

### 34절 ㅅ-ㅅ. 온 백성이

쿰란 본문(4QSamᵃ)은 이 표현이 없다. 아마도 이 구절 첫머리에서 나왔기 때문에 빠지게 되었을 것이다.


## 본문 주석


### 다윗 왕국의 강성과 북 왕국의 쇠퇴(1절)

**1절: 다윗 왕국의 강성과 북 왕국의 쇠퇴.** 앞선 장에서 언급한 첫 전투를 이어받아서 이 구절에서는 본격적으로 "전쟁"(הַמִּלְחָמָה, '하밀하마')이라는 용어를 쓴다. 아마도 이제 제각각 이스보셋과 다윗을 왕으로 세운 두 왕국이 본격적으로 세력 다툼을 하기 시작했음을 알릴 것이다. 두 왕국을 본문에서는 "사울의 집안"과 "다윗의 집안"으로 일컫는다. 이스보셋은 왕위에 올랐지만, 화자는 그의 왕국이 아니라, 사울의 왕국이 이어진 것으로 판단한다. 이 전쟁은 본문에서 "오랫동안"(אֲרֻכָּה, '아루카' < אָרֹךְ, '아로크') 이어졌다고 표현한다. 이 낱말은 문맥상 특정한 기간을 뜻하기보다는 지속성을 강조한다고 보아야 할 것이다. 이렇게 전쟁이 지속되는 동안 두 왕국의 모습이 대조되어 그려지는데, 다윗의 집은 "점점 더 강해지고"(הֹלֵךְ וְחָזֵק, '홀레크 브하제크'), 사울의 집은 "점점 더 약해졌다"(הֹלְכִים וְדַלִּים, '홀킴 브달림')라고 묘사한다(본문 비평 참조). 사울의 집을 묘사하는 이 낱말은 세력뿐만 아니라, 경제를 포함한 모든 면에서 무력한 모습을 일컫는다(참조. 삿 6:15; 습 3:12; 잠 28:15; 게제니우스, 『사전』, 158-159).

## 헤브론에서 태어난 다윗의 아들들(2-5절)

**2-5절: 다윗의 자녀들.** 이 단락에서는 사울의 집과 비교라도 하듯이 다윗이 헤브론에서 낳은 아들들을 소개한다. 먼저 2절에서는 이스르엘 출신의 첫 아내 아히노암에게서 낳은 맏아들 암논을 소개한다. 맏아들 암논은 당연히 독자들에게 장차 다윗의 왕위를 이을 세자로 인식될 것이다. 아직 한 번도 왕위를 승계해 본 적이 없는 이스라엘 백성들에게는 과연 암논에게로 왕위가 무사히 넘어갈지가 궁금한데, 사실상 알려져 있듯 이것이 앞으로 사무엘하에서 가장 중요한 쟁점이 될 것이다(참조. 13장).

3절에서는 다윗의 둘째와 셋째 아내에게서 난 두 아들을 소개한다. 둘째 아들은 달루야인데(본문 비평 참조), 그는 유다 땅 갈멜에 있던 나발의 아내 아비가일과 다윗의 결혼에서 태어났다(참조. 삼상 25장). 셋째 아들은 "그술 임금"(מֶלֶךְ גְּשׁוּר, '멜레크 그슈르') 달매의 딸 마아가가 낳았다. 여기서 말하는 그술은 요단강 동쪽 골란 고원의 바산과 헤르몬 사이에 있었던 작은 왕국으로 여겨진다(참조. Anderson, *2 Samuel*, 49). 그렇다면 다윗은 헤브론에서 살면서 벌써 이방 종족과 정략결혼을 했으며, 벌써 북부 지역까지 영향력을 미쳤다는 말이 된다. 마아가의 아들은 압살롬이었는데, 이후 왕위 계승 다툼을 일으켜 반란을 일으킨 장본인이 될 것이다(참조. 삼하 15-19장).

4절에서는 넷째와 다섯째 아들이 소개된다. 넷째 아들은 학깃의 아들 아도니야였는데, 마지막까지 왕위 계승 다툼에 끼어든 인물이었다(참조. 왕상 1장). 다섯째 아들은 아비달의 아들 스바댜였으며, 5절에서는 마지막으로 소개하는 여섯째 아들 에글라가 낳은 이드르암이 등장하는데, 이 두 인물은 이곳과 평행본문인 역대상 3장 3절에서 이름만 언급

될 뿐이다. 이렇게 다윗이 헤브론 통치 기간 중에 낳은 아들들은 모두 6명이었으며, 이는 앞서 1절의 언급대로 다윗 왕조가 강성해 감을 상징적으로 보여준다.

## 아브넬이 다윗 편이 되다(6-21절)

**6절: 아브넬이 실권을 잡음.** 이 구절에서 장면은 다시 북쪽 왕조로 옮겨 간다. 시간적 배경은 1절과 평행을 이루어 사울의 집안과 다윗의 집안 사이에 전쟁이 있을 때다. 이 구절에서는 아브넬에게 초점을 맞춘다. 본문에 따르면 아브넬은 사울의 집에서 "점점 세력이 커졌다"(מִתְחַזֵּק הָיָה, '하야 미트하제크')라고 말한다. 이 표현은 어떤 이가 특정 맥락에서 지위를 확실히 하거나 강화하였을 때 쓰인다(참조. 대상 11:9[10]; 대하 12:13; McCarter, *II Samuel*, 112). 아브넬은 사울과 그 세 아들이 전사했을 때, 사실상 무너진 사울 왕조를 살아남은 아들 이스보셋을 통해 명맥을 유지하도록 하였다. 그가 사울을 향한 충성심으로 그리했을 것 같지는 않다. 자신이 사울 왕조에서 누리던 지위를 더욱 확고히 하기 위해서는 체제를 그대로 유지할 필요가 있었을 것이며, 이스보셋은 자기 영향력 아래 두는 허수아비 왕으로 여겼을 것이다. 그래서 날이 갈수록 군사권을 쥐고 있던 아브넬은 점점 더 강해질 수밖에 없었고, 자신도 그것을 노리고 이용했을 것이다.

**7-11절: 아브넬과 이스보셋의 갈등.** 7절에서 드디어 문제가 생겼다. 아브넬은 급기야 사울의 후궁(פִּלֶגֶשׁ, '필레게쉬')이었던 리스바와 간통을 저질렀다. 아브넬의 이 행위는 그가 사울 왕조에 대해 어떤 태도를 보이고 있었는지를 분명히 보여준다. 선왕의 후궁을 범하는 것은 곧 그 자리를

대신하겠다는 의도다(참조. 삼하 12:8; 16:21-22; 왕상 2:22). 아브넬은 비록 명맥상 이스보셋이 왕위에 있었지만, 실권은 자신에게 있음을 보여주고자 했을 것이다. 당연히 이스보셋도 이 의도를 눈치챘을 것이다. 그리하여 이스보셋은 아브넬의 잘못을 강하게 지적했다. 아브넬이 왜 이런 도발을 했는지는 이어지는 아브넬의 대답에서 짐작할 수 있다. 8절에서 아브넬은 왕인 이스보셋에게 대놓고 화를 낸다. 그리고 "내가 유다의 개 대가리 정도밖에 안 됩니까?"(הֲרֹאשׁ כֶּלֶב אָנֹכִי אֲשֶׁר לִיהוּדָה, '하로쉬 켈레브 아노키 아쉐르 리후다')라고 대든다. 개가 구약성경에서 부정하고 하찮은 동물로 취급되기는 하지만(참조. 삼상 17:43; 24:14; 삼하 9:8; 왕하 8:13; 전 9:4; Tsumura, *Second Samuel*, 75-76), 아브넬의 이 말이 무슨 뜻인지 명확하지는 않다. 문맥에서는 이스보셋이 아브넬을 적군의 개 취급하듯 무시했다는 뜻으로 보인다. 이어서 아브넬은 자신이 사울을 생각하여 이스보셋을 다윗에게 넘겨주지 않았는데, 어떻게 자신의 간통을 문제 삼느냐고 말하였지만, 이는 사실 앞뒤가 맞지 않는 억지다. 그러나 아브넬은 상관하지 않고 왕에게 막말한다. 9절에서 그는 더 나아가서 "여호와께서 다윗에게 맹세하신 대로" 이루는 일을 자신이 하겠다고 맹세까지 한다. 이는 더는 이스보셋을 도와주지 않겠다는 협박이다. 10절에서 그는 구체적으로 나라를 다윗에게 넘겨주어서 "단에서 브엘세바까지" 통일 왕국을 이루도록 하겠다고 말한다. 이것은 최북단의 단과 최남단의 브엘세바를 언급해서 통일 왕국의 온 영토를 대신하는 대조제유법이다(merism). 달리 말하자면, 자신의 실권을 인정하라는 최후통첩이었던 셈이다. 더불어 계속되는 유다 군대와 치른 전쟁에서 그는 아마도 실제로 버틸 군사력이 없음을 깨달았을 것이다. 그렇다면 어떻게 해서든 자신이 누릴 최소한의 권력을 유지하는 길은 유다 왕국에 투항하는 길밖에 없다고 판단했을 수 있다. 그래서 투항할 명분을 이스보셋과의 갈등으로 만들어 내려 했을 수도 있다. 이런 아브넬의 강경한 태도에 실권이 없던 왕 이스보셋은 11절에서 한마디 대답도 못 하고 두려워 떠는 것으로 장면이 일단락된다.

**12-16절: 다윗과 아브넬의 협상.** 이스보셋과 갈등을 일으켜서 결별을 밝힌 아브넬의 행보는 이제 빠르게 진행된다. 12절에서 그는 곧바로 다윗에게 전령들을 "자기 대신"([Q] תַּחְתָּיו, '타흐타브'; [K] תחתו) 보냈다(본문 비평 참조). 그리고 그가 다윗에게 전한 첫말은 "이 땅이 누구의 것입니까?"(לְמִי־אָרֶץ, '르미-아레츠')였다. 히브리어 본문에 따르면, 아브넬은 다윗에게 수사의문문으로 이스라엘의 소유권을 인정하였다. 이어서 그는 다윗에게 자신과 언약을 맺자고 제안한다. 그리고 다윗에게 제시하는 자신의 언약 대가는 온 이스라엘의 왕이 되도록 돕겠다는 것이었다. 달리 말하자면, 투항하겠으니, 자신의 지위를 보장해 달라는 뜻이었다.

13절에서 다윗은 이 제안에 대해 흥미로운 언약의 조건을 요구한다. 그것은 자기 첫 아내였던 사울의 딸 미갈을 데리고 오라는 것이었다(삼상 18:20-27). 앞선 2-5절에 따르면, 다윗에게는 벌써 아내가 네 명이나 있었다. 물론 4명의 아내 모두와 결혼한 시점을 이보다 앞섰다고 볼 수는 없지만, 적어도 이때 아히노암과 아비가일은 다윗의 아내였다. 하지만, 다른 한편으로 다윗은 미갈과 정식으로 이혼한 적이 없었으므로, 여전히 율법 관점에서는 자기 아내였다(신 24:1-4). 그렇더라도 왜 다윗이 언약의 조건으로 미갈을 요구했는지는 선뜻 이해되지 않는다. 북쪽에 있던 이스라엘 백성들을 향한 상징적 메시지인지, 사울에게 충성을 다하는 사람들의 반발을 대비한 방책인지 등 여러 가능성을 생각할 수 있다

(참조. Dietrich, *1 Sam 27-2 Sam 8*, 397-398). 그러나 정치적으로 대척점에 서 있던 사울의 집안사람인데도, 여전히 그런 미갈의 법적 남편이었던 다윗이 법적 의무를 다하려는 모습은 이스라엘 백성들의 민심을 수습하는 데 큰 도움이 될 것이었다.

14절에서 다윗이 정작 미갈을 돌려달라는 전갈을 전할 전령을 이스보셋에게 보낸 것은 독자들을 혼란스럽게 한다(비교. McCarter, *II Samuel*, 114-115; Tsumura, *Second Samuel*, 77-78). 어쩌면 여기서 다윗은 아브넬과 이스보셋의 관계를 시험해 보고자 했을지 모른다. 만약 이스보셋이 다윗의 전령들을 무시해 버린다면, 아브넬의 영향력이 그리 크지 않다는 뜻이 될 것이기 때문이다. 그러면 다윗이 아브넬과 언약을 맺을 까닭이 없다. 하지만 15절에서 이스보셋은 두말 없이 라이스의 아들 발디엘(פַּלְטִיאֵל, '팔디엘')[2]의 아내가 되어있던 미갈(삼상 25:44)을 강제로 되찾아왔다. 사실상 율법에 따르면, 발디엘과 미갈의 결혼은 불법이었다. 16절에서 미갈의 둘째 남편 발디엘은 다윗에게로 가는 미갈을 뒤따라 울며 바후림(בַּחֻרִים)까지 따라왔다고 전한다. 바후림은 여리고에서 예루살렘으로 올라가는 길에 있는 베냐민 성읍이었으므로(참조. 삼하 16:5; 19:16-18; Anderson, *2 Samuel*, 59), 발디엘은 끝까지 미갈을 포기하지 않았다고 볼 수 있다. 이 모습은 정치적 이유로 미갈을 데려오려 하는 다윗의 모습과 대조를 이룬다. 어쨌거나 미갈을 호송했을 아브넬은 발디엘이 베냐민 땅을 넘어서지 못하도록 막아서서 돌려보냈다. 이로써 아브넬은 다윗의 첫째 언약 조건을 이행하여, 자신이 사울 왕조를 장악하고 있음을 증명해 보였다.

---

2.　삼상 25:44에는 이 이름이 단축형인 "발디"(פַּלְטִי, '팔티')로 나와 있다.

**17-19절: 아브넬의 지도자들 설득.** 이 단락에서는 둘째 언약 조건을 이행하는 아브넬의 모습이 그려진다. 17절에서 아브넬은 이스라엘의 각 지파 지도자인 장로들을 만난다. 그는 흥미롭게도 그들이 "오래전부터"(גַּם־תְּמוֹל גַּם־שִׁלְשֹׁם, '감-트몰 감-쉴르숌'; 직역. "어제는 물론 그저께도") 다윗을 왕으로 세워달라고 요구했다고 말하였다. 지금까지 이런 정보는 본문에서 전해지지 않았다. 아브넬은 다윗이 사울의 장수로 있을 때, 그를 향한 사람들의 호의를 강압적으로 확대해석하였을 수 있다(참조. 삼상 18:16; McCarter, *II Samuel*, 116). 18절에서 아브넬은 "이제 그리하십시오"(וְעַתָּה עֲשׂוּ, '브아타 아수')라고 말한다. 그리고 그 근거로 다윗이 여호와의 선택을 받았음을 든다. 아브넬의 이 말은 다윗이 사무엘에게 기름 부음을 받을 때, 들었던 말과 비슷하다(참조. 삼상 9:16; 10:1). 아브넬이 이 정보를 어떻게 입수했는지는 알 수 없다. 그러나 다윗이 새로운 왕으로 기름 부음을 받았다는 사실은 이미 온 이스라엘에 널리 퍼져 있었을 것으로 충분히 추측할 수 있다. 또한, 이스라엘의 왕이 해야 할 가장 중요한 임무가 블레셋에 대한 문제 해결임을 생각한다면, 아브넬의 말은 일반적인 진술로 여길 수도 있다. 19절에서 아브넬은 이제 사울의 최측근이라고 여길 수 있는 베냐민 지파도 설득한 뒤에 다윗이 있던 헤브론으로 갔다. 그가 다윗에게 가지고 가는 소식은 "이스라엘과 베냐민 온 집안이 동의한 모든 것들"이었다. 이 말은 서로 협상이 타결되어 언약을 맺을 준비가 되어 있음을 뜻하는 것으로 새길 수 있다(참조. McCarter, *II Samuel*, 117).

**20-21절: 아브넬과 다윗의 만남.** 20절에서 아브넬은 부하 20명과 함께 헤브론으로 갔다. 그런데 여기서 말하는 "부하"(אֲנָשִׁים, '아나쉼'; 직역. "사

람들")가 아브넬의 호위 부대였을지, 아브넬이 처음 만났던 이스라엘의 장로들이었을지는 명확하지 않다. 하지만, 아브넬이 지금 다윗과 언약을 맺기 위해서 가지고 가야 했던 언약의 조건이 미갈과 온 이스라엘의 뜻임을 고려한다면, 이들은 이스라엘의 장로들이며 이 행렬에는 미갈도 동행했을 것으로 추측할 수 있다. 이들이 도착하자 다윗은 "잔치"(מִשְׁתֶּה, '미쉬테')를 베풀어 주었다. 다윗이 이렇게 아브넬 일행을 보자마자 환대한 것은 직관적으로 언약의 조건이 충족되었음을 알 수 있었기 때문으로 여길 수 있다.

다윗과 개인적인 언약을 맺었던 아브넬은 21절에서 사람들이 보는 앞에서 그 언약을 확대한다. 그는 자신이 다윗과 온 이스라엘의 중재자가 되겠다고 자청한다. 여기서 그는 벌써 다윗을 "제 주군이신 임금"(אֲדֹנִי הַמֶּלֶךְ, '아도니 하멜레크')으로 일컫는다. 아브넬은 자신이 다윗의 왕권 언약을 온 이스라엘과 맺도록 하겠다고 장담한다(비교. 삼하 5:3). 그리고 이들 사이의 모든 일은 잘 마무리되어 다윗은 아브넬을 "평안히"(בְשָׁלוֹם, '브샬롬') 가도록 보내주었다.

**아브넬의 죽음(22-30절)**

**22-27절: 요압의 아브넬 살해.** 22절은 다윗의 군사들과 요압이 습격(גְּדוּד, '게두드'; 직역. "침입, 침략")에서 전리품을 가지고 돌아오는 장면을 그린다.[3] 아마도 이 습격은 북쪽 지파의 군대와 벌인 전투를 말할 것이다. 이때는 벌써 앞선 장면에서 벌어졌던 잔치도 파하고, 다윗이 아브넬과의 언약 체결을 끝낸 뒤였다. 그러니 아브넬은 벌써 헤브론을 떠난 상

---

3.   개역개정에서는 '적군을 치고'로 옮겼는데, 이는 본문에 없는 말을 집어넣은 의역으로 적군이 누구냐는 의문이 생기게 하므로 수정되어야 할 번역으로 보인다.

태였다. 23절에서 헤브론으로 회군한 요압은 아브넬이 왔었다는 소식을 전해 듣는다. 다른 모든 말보다 본문에서는 왕이 그를 "보내 주"었고(שִׁלְּחוֹ, '쉴호'), 그가 "평안히"(בְּשָׁלוֹם, '브샬롬') 갔다는 사실이 강조된다. 이 말을 전해 들은 요압은 24절에서 곧장 다윗에게로 가서 "무슨 일을 하신 것입니까?"(מֶה עָשִׂיתָה, '메 아시타')라며 따져 물었다. 그리고 아브넬이 왕에게 왔는데, 왜 그냥 돌려보내서 가게 하였느냐고 다그친다. 치열한 전투를 벌이고 온 장수가 상대편 장수를 살려 보낸 왕을 향해 항의하는 것은 당연해 보이기도 하지만, 독자들은 요압이 이렇게 다윗에게 대드는 까닭을 안다. 요압은 정치적 언약에는 관심을 두지 않았는데, 자기 동생 아사헬이 아브넬에게 죽었기 때문이었을 것이다. 그는 정치적 판단을 할 만큼의 평상심이 없었다. 25절에서 요압은 다윗에게 근거 없는 항의를 한다. 아브넬이 다윗의 왕궁을 정탐하러 왔다고 주장한 것이다. 그러나 그것은 사실이 아니었으며, 아브넬과 협상과 언약을 한 다윗의 눈에는 치기 어린 주장으로 보였을 것이다.

26절에서 요압은 다윗에게 항의한 뒤에 나와서 전령들을 아브넬에게 보냈다. 그는 이를 왕에게 보고하지 않았으며, 이는 매우 중대한 도발이 될 수도 있는 행위였다. 결국 그는 협상을 끝내고 돌아가는 아브넬을 돌려세워서 자기 앞으로 데려왔다. 본문은 "다윗은 그것을 알지 못했다"를 강조하여 복선으로 제시한다. 27절에서 요압은 아브넬을 데리고 "조용히"(בַּשֶּׁלִי, '바셸리') 말하려는 척하며 성문 안으로(תּוֹךְ הַשַּׁעַר אֶל, '엘-토크 하샤아르') 데려갔다. 이 당시 이스라엘의 성문은 문 양편 뒤에 초병들을 위한 방들이 딸린 구조였다. 히브리어 본문은 아마도 그 구조를 염두에 둔 듯하다. 요압은 남들의 눈에 띄지 않는 그곳에서 아브넬의 배를 찔러 죽였다. 화자는 요압의 아브넬 살인이 동생 아사헬의 죽음에 대한 복수였다고 분명히 해 둔다.

**28-30절: 다윗의 요압 저주.** 28절에서 아브넬의 죽음은 "나중에"(כְ
מֵאַחֲרֵי, '메아하레 켄') 다윗에게 보고되었다. 다윗은 곧 자신과 자신의 왕
국은 이 살인사건과 "여호와 앞에서" 결백하다(נְקִי, '나키')고 공표하였
다. 이 말이 누구를 향하는지는 본문에서 명확하지 않다. 하지만, 이 사
건은 다윗을 정치적으로 매우 불리하게 만들었다. 자칫 북쪽 지파의 장
로들과 맺은 언약이 파기되고, 협상은 원점으로 돌아갈 수 있기 때문이
었을 것이다. 아브넬과 협상하는 척하면서, 요압을 시켜서 제거하도록
한 것으로 비칠 수 있기 때문이었다. 그러므로 이 말은 왕실의 공식 입
장으로 자신과 협상한 장로들에게 전달되었을 것이다. 29절에서 다윗
은 한 걸음 더 나아가서 '살인범'인 요압을 향한 저주를 쏟아낸다. 여기
서는 요압의 집안(본문 비평 참조)에 대해 세 가지 종류의 저주가 등장한
다. 첫째는 "유출병자"(זָב, '조브')와 "피부병자"(מְצֹרָע, '므초라')이다.[4] 둘째
는 "신체장애자"와 "맞아 죽은 자" 등 전쟁과 관련한 부상자와 전사자
다. 셋째는 "굶어 죽는 사람"으로 대표되는 경제적 빈곤층이다. 이렇게
보면 모든 면에서 어려움을 겪을 것이라는 저주가 되겠다. 이런 저주는
고대 사회에서 언약 파기의 경우에 드는 저주와 일맥상통하여(참조.
Tsumura, *Second Samuel*, 82), 다윗이 언약 파기의 원인을 요압에게 돌리고
있다고 여길 수 있다. 30절에서 화자는 다시 한번 요압의 살해 동기가
개인적 복수였음을 분명히 한다.

---

4.    참조. 출 4:6; 레 14:2; 민 12:10; 왕하 5:1, 11, 27; 7:3, 8; 15:5; 대하 26:20, 23.

**다윗이 아브넬의 죽음을 슬퍼함(31-39절)**

**31-34절: 다윗의 애도 절차.** 31절에서 다윗은 사람들에게 전형적인 슬픔의 표현으로 겉옷을 찢고 굵은 베(שַׂקִּים, '사킴', "자루옷")를 띠라고 명령하였다. 한 걸음 더 나아가서 다윗이 직접 상여를 따라갔다. 32절에서 다윗은 아브넬을 헤브론에 장사하고 백성들과 함께 울며 애도했다. 이렇게까지 할 필요가 있을까 싶을 정도이지만, 이 행위의 가시적 효과는 컸을 것이다. 33-34절에서 다윗은 사울이 죽었을 때처럼 아브넬을 위한 애가를 지어 반포하였다. 33절에서는 아브넬을 미련한 자(נָבָל, '나발')처럼 죽었다고 노래하여, 역설적으로 그가 다윗을 선택한 것이 '나발'과 달리 지혜로웠음을 말놀이(wordplay)로 강조하였다(참조. 삼상 25장; 비교. Long, *1 and 2 Samuel*, 305). 그리고 34절에서는 아브넬의 자유를 강조하며, 자신이 그와 맺은 언약의 정당함을 드러내고, "악당들"(בְּנֵי־עַוְלָה, '브네-아벨라') 앞에서 엎드러진 것 같다고 하여, 살인죄의 원인을 요압에게 돌리는 것도 잊지 않았다. 다윗이 반포한 이 조가를 접한 백성들은 다시 울음으로 아브넬을 애도하였다.

**35-39절: 다윗이 아브넬 살해 오해에서 벗어남.** 35절에서 아브넬의 장례식을 마친 다윗은 애도와 연대의 표시로(참조. Dietrich, *1 Sam 27-2 Sam 8*, 408) 맹세하며 해 지기까지 금식을 선포한다. 다윗은 여기까지 세 차례에 걸쳐서 아브넬의 죽음을 애도했다. 먼저 자신이 이 살인사건과 무관함을 표현하였고, 그다음으로 장례식을 진심으로 애도하였으며, 마지막으로 금식까지 하였다. 이 정도 되자 백성들은 다윗의 진심을 믿어주기 시작했다. 36절에서 "온 백성"(כָּל־הָעָם, '콜-하암')이 보고 기뻐했다고 전한다. 한 걸음 더 나아가서 이제는 다윗이 무엇을 하든지 그들이 다 좋

게 여기기 시작했다. 사울의 죽음과 아브넬의 죽음에 대한 다윗의 본심이 어떠하든 그가 보여준 행동은 민심을 사기에 충분했다. 37절에서는 이 소식이 아마도 그날 곧바로 유다 너머로 전해진 듯하다. 유다를 뜻하는 듯한 "온 백성"과 나머지 지파 사람들을 뜻할 "온 이스라엘"이 아브넬의 살해사건과 다윗이 무관함을 인정하였다.

38절에서 다윗은 이제 내부 단속을 한다. 자기 신하들과 군사들에게 아브넬의 죽음이 공식적으로 어떤 뜻인지를 밝힌다. 그는 아브넬을 이스라엘의 "장군이요 용사가"(שַׂר וְגָדוֹל, '사르 브가돌')라고 평가했는데, 이는 유다 너머로 다윗의 영향력을 넓혀 가는 데 중요한 인물이었음을 말해 주는 대목일 것이다. 반면에, 39절에서는 요압을 향한 경고를 잊지 않는다. 기름 부음 받은 왕인 자신이 약해져서 자기 인척이자 공신인 "스루야의 아들들"을 제어하기 어렵다고 하였다. 이는 자신에게 보고하지 않고, 독자적으로 행동한 요압을 향한 분명한 경고다.

## 본문의 메시지

⑴ 사람들의 관계를 깨뜨리는 결정적인 요소 가운데 하나는 뒷배경을 둔 말과 행동이다. 이렇게 뒷배경을 두고 말을 하고, 행동을 한다면, 그 사람은 절대로 신뢰할 수 없을 것이며, 중요한 일을 함께할 수 없을 것이다.

본문에서 아브넬은 사울의 아들 이스보셋과 결별한다. 그는 사울과 요나단이 전사하자 이스보셋을 왕으로 세웠다. 그리고 다윗의 세력을 피해서 요단 동편 길르앗 땅의 마하나임을 왕조의 근거지로 삼았다. 이스보셋이 과연 왕이 되고자 하는 마음이 있었을까? 사실 이스보셋은 이 난세에 준비되지 않은 상태에서 왕이 되고자 했을 리가 없다. 결국에는 아브넬의 권력 욕심이 이스보셋을 허수아비 왕이 되게 만들었다. 아브넬은 북쪽 왕국의 군사력이면 다윗 왕국을 제압할 수 있으리라 여겼을 것이다. 그래서 이스보셋을 왕으로 세우자마자 전쟁을 일으켰을 것이다. 하지만 뚜껑을 열어 보니 예상외로 다윗 왕국의 군대는 강했고, 자신들은 약했다. 심지어 요압의 동생마저 어쩔 수 없이 죽이고 말았다.

이런 상황에서 생존 야욕에 젖어 있던 아브넬은 결국 이스보셋을 버리는 길을 택했을 것이다. 그러나 그것을 위해서는 명분이 필요했고, 이스보셋도 알면서 당할 수밖에 없는 갈등을 만들었다. 사울의 후궁을 범하고 이스보셋이 항의하게 만들어서 자신이 무시당했다는 명분을 세웠다. 아브넬은 이렇게 이스보셋을 위하는 척했지만, 모든 일이 자신의 안위를 위한 명분 만들기에 지나지 않았다. 독자들은 이렇게 뒷배경을 숨긴 채로 이스보셋을 이용하는 아브넬의 장래가 과연 밝을지 의심하며 본문 독서를 이어가게 된다.

(2) 본문에서는 다윗과 아브넬 사이의 언약과 그 이행을 이야기하는 데 등장하는 두 인물이 눈에 띈다. 먼저 미갈이다. 다윗은 아브넬이 제시한 온 이스라엘 통치 협력 언약의 조건으로 가장 먼저 미갈을 요구하였다. 미갈은 일찍이 다윗을 사랑하였고, 그가 사울의 살해 위협에서 벗어나도록 목숨을 걸고 도와주었다(삼상 19:11-17). 그런데도 결국 그 뒤로 다윗을 다시 만나지 못하고 바라지 않던 결혼을 하였다. 그런데 지금 미갈은 그토록 사랑하던 다윗을 다시 만나게 되었지만, 정치적 목적을 위한 수단으로 전락하고 말았다.

둘째 인물은 발디엘이다. 그는 미갈이 결혼하였으며, 공식 이혼을 거치지 않았는데도 재혼할 수밖에 없었다. 그런데 본문에서 발디엘은 미갈을 향한 끝없는 사랑을 보여준다. 이 사랑은 모든 조건이나 배경을 뛰어넘는 차원으로 볼 수 있다. 그러나 그는 다윗과 아브넬의 언약이라는 정치적 사건의 희생양이 되어 버렸다.

독자들은 이 둘의 모습을 보면서 과연 이런 희생을 치르며 왕이 되는 길을 걸어가는 다윗을 다시 조명하게 된다. 아브넬의 입에서 나오는 것처럼 여호와의 약속을 이루는 대의가 다윗이 왕이 되는 길이다. 하지만, 그 목적을 위해서 미갈과 발디엘은 애꿎은 희생양이 되는 모습이 적나라하게 드러난다. 어쩌면 화자는 본문의 이 이야기를 통해서 큰 목적을 이루기 위해 희생을 마다하지 않는 과정이 과연 정당할지의 문제를 독자들에게 던지고 있을지 모른다. 또한, 위대한 지도자 다윗의 이런 어두운 면을 통해서 독자들에게 자신을 돌아보게 하는 본문일 수 있겠다.

(3) 사울과 요나단의 죽음을 접했을 때, 다윗과 아말렉 사람이 대조되었던 것처럼, 본문에서는 아브넬의 죽음과 더불어 다윗과 요압이 대조된다. 동생을 잃은 요압은 새끼 잃은 어미 짐승처럼 분노에 시야가 좁아져 있었다. 분명히 요압에게 아브넬의 헤브론 방문을 보고한 사람은 언약에 관해서도 이야기했을 텐데, 요압은 다윗이 아브넬을 평안히 보내주었다는 사실만 인식하고 분노했다. 그리고 정작 중요한 모든 정치적 정황은 고려하지 않고, 아브넬을 살해했다. 물론 요압은 내심 복수도 하고, 가장 유력한 정적도 제거하는 일거양득이었다고 자평했을 수 있다. 그러나 그 살해로 빚어질 분열은 고려하지 못하는 한계를 보여주었다.

반면에, 다윗은 분명히 아브넬을 믿지 않았을 것이다. 그런데도 그는 아브넬을 통해서 북쪽 지파의 민심을 사고 언약도 끌어내는 협상에 성공했다. 이번에도 다윗은 바라는 목적은 이루면서도 피해를 최소화하는 정책을 폈다. 그러나 그 협상을 요압이 망쳤다. 다윗은 모든 사람이 다 볼 수 있도록 아브넬의 죽음을 과도하게 애도해야 했다. 어쨌거나 다윗은 그 일도 해서 민심 이반을 막고 실리를 챙겼다. 물론 아브넬을 믿지 않았을 다윗에게 아브넬의 제거는 당연히 이익이었다. 하지만 다윗은 그런 내색을 하지 않고, 오히려 요압을 질책하였다. 물론 민심은 충분히 잡을 수 있었지만, 요압의 마음속에 생겼을 앙금마저 제거하지는 못했다. 이것은 또 다른 불행의 씨앗이 될 것이다.

어쨌거나 판단은 다시 독자들의 몫이 된다. 물론 요압의 한계는 분명하다. 그는 개인적인 복수심에서 성급하게 피해를 키웠다. 하지만, 다윗의 행보도 선하다고만 볼 수는 없다. 최악을 피하였지만, 그도 또한 정치적 판단에 정치적 행동을 하였다. 그런데도 거듭 보게 되는 다윗의 장점은 되도록 불필요한 피해를 최소화하고, 신앙적 명분을 지키려고 애쓴다는 점이다.

# 4장
# 이스보셋의 죽음

## 우리말로 옮긴 본문

1 사울의 아들 이스보셋은 아브넬이 헤브론에서 죽었다는 소식을 듣고 손에 맥이 풀렸다. 그리고 온 이스라엘은 어쩔 줄을 몰랐다.

2 사울의 아들 이스보셋에게는 두 명의 돌격대 지휘관이 있었는데, 한 사람의 이름은 바아나였고, 다른 한 사람의 이름은 레갑이었다. 이들은 베냐민 집안의 브에롯 사람 림몬의 아들이었다. 브에롯도 베냐민 지파에 속한 것으로 여겨졌는데,

3 브에롯 사람들은 깃다임으로 도망쳐 갔다가 오늘날까지 거기에 머물러 살고 있기 때문이다.

4 사울의 아들 요나단에게는 다리를 저는 아들이 있었는데, 사울과 요나단의 소식이 이스르엘에서 전해졌을 때 그는 다섯 살이었다. 그의 유모가 그를 들쳐 업고 도망쳤는데, 도망치려고 서두르다가 그만 떨어져서 다리를 절게 되었다. 그의 이름은 므미보셋이었다.

5 브에롯 사람 림몬의 아들 레갑과 바아나가 길을 나서 한낮 볕이 뜨거울 즈음에 이스보셋의 궁에 이르렀는데, 그때 이스보셋은 침상에 누워서 낮잠을 자고 있었다.

6 ⌐그들은 밀을 가지러 온 사람인 체하며⌐ 궁 안으로 들어가서 이스보셋의 배를 찔러 죽였다. 그런 다음 레갑과 그의 형제 바아나는 도망쳤다.

7 그들이 궁 안으로 들어갔을 때, 이스보셋은 침실에서 침상 자기 자리에 누워 자고 있었다. 그래서 그들은 그를 죽이고 그의 머리를 베었던 것이다. 그들이 이스보셋의 머리를 가지고 아라바로 가는 길을 잡아 밤새 걸어가서,

8 그들은 이스보셋의 머리를 다윗에게 가져가서 왕에게 말하였다. "보십시오. 임금님을 쫓아다니던 임금님의 원수 사울의 아들 이스보셋의 머리입니다. 오늘 여호와께서 제 주군이신 임금님을 위해 사울과 그 자손들에게 보복해 주셨습니다."

9 그러나 다윗은 브에롯 사람 림몬의 아들 레갑과 바아나에게 대답하였다. "온갖 어려움에서 내 목숨을 건져내신 여호와의 살아계심을 두고 맹세한다.

10 전에 ⌐제 깐에는⌐ 좋은 소식이라고 하여 '보십시오. 사울이 죽었습니다'라고 전해준 자가 있었다. 그런데 나는 그자를 잡아들여 시글락에서 쳐 죽였다. 그것이 내가 그에게 준 보상이었다.

11 하물며 사악한 자들이 의로운 사람을 그 침상 위에서 죽였으니 이제 어떻게 그의 피를 그대들의 피에서 찾지 않겠느냐? 그러니 나는 그대들을 이 땅에서 없애 버리겠다."

12 다윗이 부하들에게 명령하였다. 그러자 그들이 두 사람을 죽이고 손

과 발을 자른 뒤에 헤브론에 있는 연못가에 매달았다. 그리고 이스
보셋의 머리는 가져다가 헤브론에 있는 아브넬의 무덤에 장사 지내
주었다.

## 본문 비평

### 6절 ㄱ-ㄱ. 그들은 밀을 가지러 온 사람인 체하며

칠십인역은 여기서 "그리고 보라, 그 집의 문지기가 밀 이삭을 자르고
있었는데, 졸려서 잠들었다"(καὶ ἰδοὺ ἡ θυρωρὸς τοῦ οἴκου ἐκάθαιρεν πυ-
ρούς καὶ ἐνύσταξεν καὶ ἐκάθευδεν)로 히브리어 본문과 다소 달리 번역한다.
이 번역은 히브리어 본문과 전승 과정에서 달라졌을 다른 대본을 전제
하는 것으로 보인다(שוערת הבית לקטה חטים ותנם ותישן).[1]

### 10절 ㄴ-ㄴ. 제 깐에는

마소라 본문은 בְּעֵינָיו('브에나브')인데, 이것을 칠십인역은 "내 앞에"(ἐνώ-
πιόν μου, '에노피온 무')로 옮겨서 בעיני('브에나이')를 전제하는데, 두 본문
은 바브의 유무 차이로 자주 일어나는 이형의 형태다. 더욱이 둘 다 뜻
이 통한다. 그러므로 둘 사이의 본문 비평적 우열은 가리기 쉽지 않다.
다만, 시리아어 역본인 페쉬타도 칠십인역을 지지하여 이 전통도 만만
치 않게 영향력이 있었음을 짐작게 해 준다.

---

1. 이에 대해서는 N. Karrer/W. Kraus (eds.), *Septuaginta Deutch. Erläuterungen und Kommentare. I. Genesis bis Makkabäer* (Stuttgart: Deutsche Bibelgesellschaft, 2011), 814 참조.

<h1 style="text-align:center">본문 주석</h1>

**1절: 아브넬의 죽음에 대한 이스보셋의 반응.** 장면이 마하나임의 이스보셋에게로 전환된다. 아브넬에 의해서 허수아비 왕으로 어쩌면 강제로 세워져서 자리에 앉아 있던 이스보셋에게 미갈을 데리고 헤브론에 간 아브넬의 살해 소식이 전해졌다. 비록 아브넬이 사울의 후궁 리스바와 간통을 저지른 사건으로 이스보셋과 결별하기는 했지만, 여전히 이스보셋은 아브넬의 그늘이 절실히 필요했을 것이다. 아브넬이 없다면, 자신은 그저 전혀 힘이 없는 반란 세력에 지나지 않기 때문이다. 다윗이 아무리 아브넬의 장례를 성대히 치러 주고, 애도했다고 하더라도 이 사실은 변하지 않는다. 이제 이스보셋에게 희망이라고는 없게 되었다. 그래서 "그는 손의 맥이 풀렸다"(רָפוּ יָדָיו, '바이르푸 야다브'; 직역. "그의 손이 축 늘어졌다"). 이 표현은 "이제 힘을 내고"(2:7; 직역. "손을 강하게 한다")와 반대 어감으로 이스보셋의 심경을 잘 그려준다. 더불어 온 이스라엘도 함께 "어쩔 줄을 몰랐다"(נִבְהָלוּ, '니브할루'). 이 동사는 용기를 잃는다는 뜻을 담고 있다(참조. 삿 20:41; 렘 51:3; 욥 4:5). 그러므로 이스보셋과 함께 다윗에 맞서서 사울 왕조를 지키려던 사람들이 아브넬의 죽음으로 구심점을 잃은 모습을 그려준다고 할 수 있다.

**2-3절: 이스보셋의 군지휘관 레갑과 바아나.** 2절에서는 느닷없이 이스보셋의 두 군지휘관(שָׂרֵי־גְדוּדִים, '사레-그두딤')을 소개한다. 이들은 레갑과 바아나였는데, 림몬이라는 베냐민 사람의 아들로 형제였다. 흥미로운 점은 이들 출신지가 "브에롯"(בְּאֵרוֹת)이라는 점이다. 화자는 이 구절 마지막에 굳이 브에롯도 베냐민 지파로 여겨졌다(תֵּחָשֵׁב, '테하쉐브'; 개역개

정. "속하였으니")고 언급한다. 3절에서 그 까닭을 설명한다. 여호수아 9장 17절에 따르면, 브에롯은 기브온, 그비라, 기럇여아림과 더불어 이스라엘 백성에게 투항하였던 가나안 족속이다. 본문에 따르면, 이들은 "깃다임"(גִּתָּיִם, '기타임')으로 도망쳐서 계속 머무르고 있었다. 느헤미야 11장 33절에 따르면, 깃다임은 베냐민 지파의 성읍 가운데 하나였다. 이들이 그곳으로 도망친 것은 아마도 사울이 기브온 사람들을 죽였을 때였을 것으로 추정하기도 한다(참조. 삼하 22:1-2; Tsumura, *Second Samuel*, 86-87). 그러니 레갑과 바아나는 이스라엘 백성으로 여겨지기는 했지만, 출신은 가나안 사람들이었다. 사실 그런 사람들이 이스보셋의 군지휘관이었다는 사실은 이스보셋의 군사 조직이 이스라엘 백성들의 큰 지지를 받지 못했을 것임을 추정케 하기도 한다.

**4절: 요나단의 아들 므비보셋.** 이 구절에서 화자는 눈길을 다시 한번 돌려 또 한 사람을 소개한다. 여기서는 전사한 요나단의 다리를 저는 (נְכֵה רַגְלָיִם, '느케 라글라임') 장애인 아들이 소개된다. 그의 이름은 "므비보셋"(מְפִיבֹשֶׁת)이었다.[2] 그는 다섯 살 때 사울과 요나단이 전사했다는 소식을 들은 그 유모가 안고 급히 도망하다가 떨어져서 다리를 다쳤다. 다윗이 헤브론에서 7년 6개월동안 다스렸으니 므비보셋은 아무리 나이가 많아도 이때 13살 정도였을 것이다. 화자가 므비보셋을 여기서 소개하는 것은 이스보셋의 왕위가 위태로워진 이때 과연 다윗이 요나단과 맺었던 언약, 그러니까 요나단의 후손을 지켜 주겠다던 언약(참조. 삼상 20:15)이 어떻게 될지 복선 구실을 하기 위함일 것이다.

---

2.　이 이름은 "수치스러운 사람"을 뜻하여, 폄훼하는 의미의 이름이다. 원래 이름은 아마도 대상 8:34; 9:40에서 이방신 "바알"의 이름이 들어간 므립바알이었을 것이다.

**5-8절: 레갑과 바아나의 이스보셋 살해.** 5절에서 레갑과 바아나는 어느 날 "낮 볕이 뜨거울 즈음"(כְּחֹם הַיּוֹם, '크홈 하욤') 이스보셋의 왕궁에 들어간다. 이때 이스보셋은 시에스타 휴식기로 침상에서 잠을 자고 있었다. 6절에서 레갑과 바아나는 아마도 군량미 핑계를 댔을 밀을 가지러 왔다며(본문 비평 참조) 이스보셋의 왕궁 안으로 들어갔다. 그리고 그들은 잠자고 있는 이스보셋의 침상에 들어가 그의 배를 찌르고 도망쳤다. 7절은 5-6절의 진술과 중복된다. 그래서 종종 서로 다른 자료가 합쳐진 상태로 여기곤 하지만, 7절이 앞선 구절을 다시 요약해서 진술하는 것으로 보기도 한다(관련 논의는 Long, *1 and 2 Samuel*, 307-308 참조). 어쨌거나 7절에서 새롭게 전해지는 정보는 두 사람이 이스보셋을 죽이고 목을 베어 수급을 챙겨서 밤새 사해 북부 요단 계곡의 아라바 길로 거슬러 올라갔다는 사실이다. 아라바 길은 아브넬이 이스보셋을 왕으로 세워 마하나임으로 올 때 지났던 곳이다(참조. 삼하 2:29). 이들의 목적지는 8절에서 밝히듯 다윗이 있던 헤브론이었다. 이들은 가져간 이스보셋의 수급을 다윗에게 건넸다. 그리고 그들은 다윗을 "제 주군이신 임금님"(הַמֶּלֶךְ אֲדֹנִי, '아도니 하멜레크')이라고 일컫고, 이스보셋을 "임금님의 원수"(אֹיִבְךָ, '오이브카')라고 일컫는다. 또한 자신들의 살인을 "보복"(נְקָמֹות, '느카모트')이라고 말한다. 이는 이들이 정치적으로 다윗에게 소속되려는 목적에서 이스보셋을 살해했음을 보여주는 대목이다.

**9-12절: 이스보셋의 죽음에 대한 다윗의 반응.** 9절에서 다윗이 이스보셋을 살해하고 기세등등하게 그 수급(首級)을 다윗에게 가져온 레갑과 바아나에게 대답한다. 다윗은 자신을 여러 환난 가운데서 건지신 여호와

를 두고 맹세까지 하며 대답한다. 10절에서 다윗은 사울이 죽었을 때, 그의 왕관과 팔찌를 가져왔던 아말렉 사람의 사건을 되새겨 준다(참조. 삼하 1:1-16). 그때도 아말렉 사람은 그것이 다윗에게 "좋은 소식"(מְבַשֵּׂר, '므바세르')을 전하는 것으로 여겼지만, 다윗은 그들을 죽였다. 이 구절은 이제 다윗이 두 사람에게 내릴 선고의 전례가 되겠다. 11절에서 다윗은 레갑과 바아나를 "사악한 자"(רְשָׁעִים, '르샤임')로 규정한다. 이 낱말은 특정한 사건에서 유죄 판결을 받는 사람들에게 쓰일 수 있다(참조. 출 2:13; 9:27; 23:1, 7; 신 25:1; 왕상 8:32; 사 5:23; 잠 24:24; 욥 34:18). 그러므로 이는 다윗의 이들 사건에 대한 유죄 판결로 볼 수 있겠다. 반면에 이스보셋은 "의로운 사람"(אִישׁ־צַדִּיק, '이쉬-차디크')으로 규정한다. 그리고 다윗은 이들에게 사형을 선고하였다. 12절에서 다윗은 자기 부하들에게 사형 집행을 명령하였다. 이들은 사형된 뒤에 팔과 다리가 잘린 채로 헤브론 못가에 효시되었다. 반면에 이스보셋의 수급은 아브넬의 무덤에 잘 매장해 주었다.

## 본문의 메시지

이 본문은 여러모로 사울의 죽음을 알렸던 아말렉 사람의 이야기와 평행을 이룬다. 물론 레갑과 바아나가 왜 굳이 이스보셋을 살해까지 하였을지는 명확한 근거를 대기가 쉽지 않다(참조. Dietrich, *1 Sam 27-2 Sam 8*, 433-435). 하지만 본문에서 굳이 그들의 출신 성분을 밝히는 것은 살해의 동기를 넌지시 알려주는 것으로 보인다. 그들은 분명히, 사울 왕조에서 환영받지 못하던 가나안 출신의 이방인이었다. 이 두 사람이 처음부터 사울 왕조의 군지휘관이었을 가능성은 커 보이지 않는다. 추측건대 사울이 죽고, 아브넬이 이스보셋을 왕으로 세우면서, 급하게 편성된 군사 조직에 편입되었을 것이다. 비록 군지휘관이었지만, 이방인인 이들의 신분은 늘 이들의 미래를 불안하게 하였을 수 있다. 그런 시점에 아브넬마저 죽었다는 소식에 이들이 할 수 있는 선택은 많지 않았을 것이다. 앞으로 온 이스라엘이 다윗의 왕조에 편입될 것은 불을 보듯 뻔했고, 그렇게 세상이 바뀌면 자신들은 또다시 이방인으로 보잘것없는 지위로 좌천될 수 있을 것이다. 아마도 그런 배경에서 공을 더 적극적으로 세우려는 욕심에 이스보셋을 살해했을 것이다. 그러나 그런 동기가 살해를 정당화해 주지 않음을 본문은 분명히 한다.

반면에 다윗은 여기서도 분명한 명분을 쌓는다. 그에게 다리를 저는 므비보셋을 빼면, 이스보셋이 마지막 정적이다. 어쩌면 레갑과 바아나는 다윗을 대신해서 정적을 제거해 준 셈이다. 다윗에게는 유리해졌지만, 다윗은 그런 내색을 전혀 하지 않는다. 이는 지금까지 다윗의 행보에서 보듯 분명히 양면적이다. 정치적이면서 동시에 본질에 충실한 모습이다. 화자는 이런 이야기의 반복을 통해서 분명히 독자들에게 올바른 판단을 종용하고 있다.

5장

# 온 이스라엘의 임금이 된 다윗

우리말로 옮긴 본문

**다윗이 온 이스라엘의 임금이 됨**(1-5절)

1  온 이스라엘 지파가 헤브론으로 다윗을 찾아가서 ㄱ그에게 말하였다.ㄱ "보십시오. 저희는 임금님의 골육입니다.

2  이전에 사울이 저희 임금으로 있을 때도, 임금님께서는 이스라엘을 거느리고 전쟁터에 드나드셨던 분이십니다. 그리고 여호와께서도 임금님께 '네가 내 백성 이스라엘의 목자가 되고 네가 이스라엘의 통치자가 될 것이다'라고 말씀하셨습니다."

3  그리하여 이스라엘의 모든 장로가 헤브론으로 다윗을 찾아가니, 다윗 왕이 그들과 헤브론에서 여호와 앞에서 언약을 맺었다. 그리고 그들은 다윗에게 기름을 부어 이스라엘의 왕으로 세웠다.

4  다윗은 서른 살에 왕위에 올라서 40년을 다스렸다.

5  헤브론에서는 7년 6개월 동안 유다를 다스렸고, 예루살렘에서는 33

년 동안 온 이스라엘과 유다를 다스렸다.

**다윗의 예루살렘 점령(6-12절)**

6 다윗과 그의 부하들이 예루살렘으로 가서 그 땅에 사는 여부스 사람들을 치려 하자, 그들이 다윗에게 말하였다. "너는 여기 들어오지 못한다. 보아라, 시각장애인이나 지체장애인이라도 너를 물리칠 수 있을 것이다." 그들은 다윗이 그리로 오지 못할 것이라고 여겼다.

7 그러나 다윗이 시온 산성을 점령하였다. 그래서 이를 다윗성이라고 부른다.

8 그날 다윗이 말하였다. "여부스 사람들을 치려는 사람은 누구든지 지하 수로를 통해 올라가서, 시각장애인과 지체장애인을 쳐라. 그자들은 다윗의 목숨이 붙어 있는 것을 싫어한다." 그래서 '시각장애인과 지체장애인은 왕궁에 들어가지 못한다'는 말이 생겨났다.

9 다윗은 그 산성에 살면서 그곳을 다윗성이라고 일컬었다. 그리고 다윗은 밀로에서부터 성곽을 둘러쌓았다.

10 다윗은 점점 더 강해졌고, 만군의 하나님ᴸ 여호와께서 그와 함께하셨다.

11 두로 왕 히람이 다윗에게 사절단과 더불어 백향목과 목수들과 석수들을 보냈고, 그들이 다윗을 위해 왕궁을 지었다.

12 다윗은 여호와께서 자신을 이스라엘의 왕으로 세워 주신 것과 그분의 백성 이스라엘을 위해 자신의 왕국을 높여주셨다는 것을 알았다.

**예루살렘에서 태어난 다윗의 자녀들(13-16절)**

13 다윗은 헤브론에서 떠나온 뒤에 예루살렘에서도 후궁들과 아내들

을 맞아들여서, 다윗에게 더 많은 자녀가 태어났다.

14 그에게 예루살렘에서 태어난 자녀들의 이름은,

삼무아와 소밥과 나단과 솔로몬과

15 입할과 엘리수아와 네벡과 야비아와

16 엘리사마와 엘랴다와 엘리벨렛이다.

## 다윗이 블레셋 사람들을 물리침(17-25절)

17 다윗이 기름 부음을 받아 이스라엘의 왕으로 세워졌다는 소식을 블
레셋 사람들이 듣고, 모든 블레셋 사람이 다윗을 잡으러 올라왔다.
다윗은 이 소식을 듣고 산성으로 내려갔다.

18 그때 블레셋 사람들은 이미 몰려와서, 르바임 골짜기를 가득 메우고
있었다.

19 다윗이 여호와께 여쭈어보았다. "제가 블레셋 사람들에게 올라가도
되겠습니까? 그들을 제 손에 넘겨주시겠습니까?" 그러자 여호와께
서 다윗에게 말씀하셨다. "올라가거라! 내가 반드시 블레셋 사람들
을 네 손에 넘겨주겠다."

20 그래서 다윗은 바알브라심으로 가서 거기에서 그들을 무찔렀다.
그러고는 말하였다. "여호와께서 홍수를 흩어버리듯 내 앞에서 내
원수들을 흩으셨구나." 그래서 그곳을 바알브라심이라 일컬었다.

21 블레셋 사람들은 그곳에 그들의 우상을 버려두고 갔다. 다윗과 그의
부하들이 그것들을 치웠다.

22 블레셋 사람들이 다시 올라와서 르바임 골짜기를 가득 메웠다.

23 다윗이 여호와께 여쭈어보았더니, 여호와께서 말씀하셨다. "올라가
지 말고, 그들 뒤로 돌아가서 베카 향나무 숲 맞은편에서 그들을 공

격해라.

24 베카 향나무 숲 꼭대기에서 행군하는 소리가 들리거든, 그때 곧바로 진격해라. 그때 나 여호와가 네 앞서 진격하여 블레셋 사람들의 군대를 칠 것이다.”

25 다윗은 여호와께서 명령하신 그대로 하였고, 게바에서 게셀까지 쫓아가면서 블레셋 사람들을 무찔렀다.

# 본문 비평

## 1절 ㄱ-ㄱ. 그에게 말하였다

여기서 마소라 본문은 וַיֹּאמֶר לֵאמֹר(‘바요메르 레모르’, “그리고 그가 말하였다. 말하기를”)로 중복된 표현을 쓴다. 반면에 쿰란 본문(4QSamᵃ)은 앞에 있는 정동사가 빠져 있다. 아마도 이것은 마소라 본문보다 후대의 수정일 것이다. 그런가 하면 칠십인역은 동사 뒤에 “그에게”(αὐτῷ, ‘아우토’)가 더 있다. 칠십인역은 아마도 לֵאמֹר(‘레모르’)의 자리에 אֵלָיו(‘엘라브’)를 전제할 것이다.

## 10절 ㄴ. 하나님

쿰란 본문(4QSamᵃ)과 칠십인역에는 이 표현이 없어서 더 익숙한 신명으로 수정한 듯하다.

## 20절 ㄷ. 바알브라심으로

칠십인역은 마소라 본문의 בְּבַעַל־פְּרָצִים(‘브바알-프라침’)에 대해 ἐκ τῶν

ἐπάνω διακόπον('에크 톤 에파노 디아코폰')으로 옮기는데, 이는 **פרצים־** **ממעל**('밈마알-프라침')을 전제한다. 아마도 초기 본문에서 자음 '베트'(ב) 와 '멤'(מ)에 혼동을 일으킨 듯하다.

## 본문 주석

### 다윗이 온 이스라엘의 왕이 됨(1-5절)

**1-3절: 다윗이 온 이스라엘의 왕이 됨.** 사울과 요나단이 전사하고, 이스보셋과 아브넬도 죽었다. 이제 다윗에게 대적할 세력이 더는 없다. 그러므로 북쪽 지파들이 더는 다윗을 거부할 근거가 없어졌다. 그래서 1절에서는 "온 이스라엘 지파"(כל־שבטי ישראל, '콜-쉬브테 이스라엘')가 헤브론에 있던 다윗에게 나아왔다고 전한다. "지파"에 해당하는 낱말은 지휘관의 홀을 뜻하여 지휘권을 상징하기도 한다(Dietrich, *1 Sam 27-2 Sam 8*, 471). 그렇게 본다면, 이스라엘 지파의 지도자들이 다윗을 찾아왔다고 볼 수 있겠다. 이 단락에서 이들은 다윗을 자신들의 왕으로 세우고자 하는데, 세 가지 근거를 든다(비교. Long, *1 and 2 Samuel*, 311). 첫째, 자신들과 다윗은 "골육"(עצמך ובשרך אנחנו, '아차므카 우브사르카 아나흐누'; 직역. "우리는 당신의 뼈, 당신의 살입니다")이기 때문이다. 이것은 아마도 다윗과 미갈의 결혼을 통한 인척 관계를 염두에 두었을 것이다(참조. 삼하 2:26; 19:42[41]; Anderson, *2 Samuel*, 75). 왕과 백성의 관계에 이 진술은 필수적이지는 않지만, 지금 북쪽 지파의 지도자들은 다윗의 호의를 먼저 구하는 뜻에서 이 말을 했다고 볼 수 있다. 2절에서는 둘째 이유로 사울 왕정 시절에도 다윗이 이스라엘을 "거느리고 전쟁터에 드나드셨던 분이십니다"라고 말

한다. 이것은 다윗이 장수로서 전쟁터에서 전공을 세운 사실을 염두에 둔 표현이다(참조. 삼상 18:13; 삼하 3:25; McCarter, *II Samuel*, 132). 이것은 이 당시 왕의 가장 중요한 임무인 군사 지도자로서 충분한 자격이 있음을 인정한 것이다. 셋째로는 여호와의 인준을 들었다. 그런데 여기서 여호와께서 다윗을 이스라엘의 "목자"(תִרְעֶה, '티르에'; 직역. "방목할 것이다")와 "통치자"(נָגִיד, '나기드')로 삼으시겠다고 한 말은 다소 일반적인 진술로 보아야 할 것이다. 두 낱말은 제각각 고대 사회에서 왕을 일컫는 데 쓰이기는 했지만,[1] 직접적인 신탁으로는 등장하지 않았기 때문이다. 이들은 다윗이 여호와께 기름 부음 받은 왕임을 인정하려는 데 목적이 있었을 것이다.

그리하여 3절에서 이번에는 이스라엘의 모든 장로(כָּל־זִקְנֵי יִשְׂרָאֵל, '콜-지크네 이스라엘')이 헤브론으로 나아왔다. 과연 이들이 1절에 다윗에게 와서 왕이 되기를 요청한 사람들과 동일 인물들일지는 분명하지 않다(참조. Dietrich, *1 Sam 27-2 Sam 8*, 474). 하지만 이어서 즉위식이 거행되는 것으로 보아 좀 더 선별된 대표자들일 수 있다(비교. 삼상 4:3; 8:4; 15:30; 삼하 3:17). 이들은 다윗과 언약을 맺었다. 이 언약은 앞서 사무엘이 사울을 왕으로 세울 때 말했던 "나라의 제도"(מִשְׁפַּט הַמְּלֻכָה, '미쉬파트 하믈루카')를 기록한 책의 내용과 연관이 있을 것이다(참조. 삼상 10:25). 여기에는 왕의 의무와 백성들의 의무가 모두 포함될 것이다(참조. 삼상 8:11-20).

**4-5절: 다윗의 통치 기간 요약.** 화자는 이 두 구절에서 다윗의 통치를 다시 한번 요약하여 전해준다(비교. 삼하 2:11). 4절은 이른바 신명기계 역사

---

1.　참조. "목자"―창 48:15; 49:24; 시 23:1; 80:1[2]; 95:7; "주권자"―시 78:71; 렘 2:8; 3:15; 23:4; 겔 24:23; 34:23; 37:24 등; Anderson, *2 Samuel*, 76.

서 속에서 통치 종결 양식에서 왕위에 오른 나이와 통치 기간을 언급하는 양식을 그대로 따른다. 다윗은 30세에 왕위에 올라서 40년을 통치했다. 5절에서는 다윗의 통치 기간을 세분한다. 앞서 언급한 대로 다윗은 헤브론에서 유다의 왕으로 7년 6개월을 통치하였고, 이후 예루살렘에서 온 이스라엘과 유다의 통일 왕국을 33년 동안 통치하였다.

**다윗의 예루살렘 점령(6-12절)**

**6-8절: 다윗의 예루살렘 점령.** 이 소단락에서 온 이스라엘의 왕이 된 다윗의 천도(遷都)가 전해진다. 지금까지 다윗이 있던 헤브론은 해발 1,000m의 높은 고지에 자리 잡은 좋은 성읍이었지만, 온 이스라엘을 다스리기에는 너무 남쪽에 치우쳐 있었다. 그렇다고 자기 기반 세력인 유다 땅을 넘어서기에는 위험부담이 있었을 것이다. 그래서 선택한 곳이 유다 지파의 영토 가운데 가장 북단에 방어가 완벽하게 보장되는 요새 성 예루살렘이었다. 그러나 6절에서 언급하듯, 이 요새 성은 아직 이스라엘의 영향권 안에 들어오지 않고, 여부스 족속이 차지하고 있었다(참조. 수 15:63; 삿 1:21). 그래서 이곳으로 천도하려면 반드시 성읍을 탈환해야 했다. 이곳이 얼마나 탈환하기 어려운지는 여부스 사람들이 공성전을 하려고 온 다윗을 향해 한 상징적인 말로 표현된다. 그들은 시각장애인(הָעִוְרִים, '하이브림')과 지체장애인(הַפִּסְחִים, '하피스힘')이라도 공격해 오는 다윗을 물리칠 수 있으리라고 과장해서 호언장담하였다. 그러면서 다윗은 그리로 들어오지 못할 것이라고 말하였다. 그러나 화자는 7절에서 다윗의 예루살렘 탈환을 아주 간단하게 "다윗이 시온 산성을 점령하였다"라고 서술한다. 여기서 말하는 시온(צִיּוֹן, '치욘')은 곧 여부스가 차지하던 요새 성을 말한다. 화자는 이 성이 화자 당대의 "다윗성"(עִיר דָּוִד

עִיר, '이르 다비드')이라고 덧붙였다. 8절에서 화자는 비로소 다윗의 전술을 밝힌다. 다윗은 여부스 사람들의 "지하 수로"(צִנּוֹר, '치노르')로 올라갔다. 이 낱말의 뜻이 분명하지 않아서, 무기의 일종이라고 여기기도 하지만, 많은 학자가 이것을 워렌(Charles Warren)이 1867년에 발견한 예루살렘의 수로 아래 더 발굴된 그와 비슷한 구조의 청동기 시대 수로를 통해 올라간 전술이라고 여긴다(비교. Tsumura, *Second Samuel*, 97-98; Dietrich, *1 Sam 27-2 Sam 8*, 486-489). 화자는 여부스 사람들이 했던 말을 장애인의 출입 제한의 기원론(etiology)으로 설명하는데, 여기서 말하는 집은 왕궁이나 성전일 것이다(참조. Tsumura, *Second Samuel*, 99).

**9-12절: 다윗이 강성해짐.** 이 단락은 9, 11절과 10, 12절이 서로 평행을 이루며, 예루살렘 점령 이후 다윗이 벌인 건축 사업과 그의 통치에 대한 평가를 교차해서 보여준다.

9절에서 다윗은 탈환한 여부스의 산성을 다윗 성이라고 개칭하고, 성벽을 보강해서 쌓았다고 말한다. 여기서 등장하는 밀로(מִלּוֹא)는 분명하지 않지만, 성의 구조물 가운데 하나로 여겨진다(참조. Anderson, *2 Samuel*, 85). 10절에서 화자는 다윗이 예루살렘으로 천도하여 통치하던 이 무렵을 두 가지로 요약한다. 히브리어 본문에서 첫째는 다윗이 점점 강성해져 갔다는 평가이며, 둘째는 만군의 여호와께서 함께 계시다는 신학적인 관점의 근거다.

11절에서는 예루살렘 내부에 다윗의 왕궁을 지은 이야기를 전하는데, 이를 위해서 두로 왕 히람이 사절들과 함께 목재를 보냈다는 사실을 밝힌다. 이어서 12절에서는 다윗이 10절에서 말한 것, 그러니까 여호와께서 자기를 왕으로 세우신 것과 백성들을 위하여 나라를 높이셨음을 잘 알았다고 말하는 것으로 마무리한다.

### 예루살렘에서 태어난 다윗의 자녀들(13-16절)

**13-16절: 다윗의 자녀들.** 다윗은 이제 명실상부한 온 이스라엘의 임금이 되었다. 왕정이 시작했다는 것은 왕위의 세습 체제가 시작했다는 뜻도 된다. 이제 왕자들 가운데 누가 다윗의 왕위를 이어받을지가 점점 더 중요한 문제가 될 것이다. 이스라엘은 아직 한 번도 왕위 세습을 경험해 보지 않았으므로, 이는 더더욱 어려운 문제이기도 하다. 그런 뜻에서 본문의 화자는 예루살렘에서 태어난 다윗의 자녀들 목록을 독자들에게 제공한다. 13절에서는 먼저 다윗이 헤브론에서 예루살렘으로 천도한 뒤에 "후궁들과 아내들"(פִּלַגְשִׁים וְנָשִׁים, '필라그쉼 브나쉼')을 더 두었다고 보도한다. 히브리어 본문에서 먼저 나오는 "후궁들"은 일종의 노예로 아이를 낳을 수도 있었지만, 아내로서의 법적 권한을 누리지는 못했다 (참조. McCarter, *II Samuel*, 148). 반면에 "아내들"은 아마도 다윗이 정치적 목적을 위해서 한 정략결혼을 생각할 수 있을 것이다. 이를 통해 아들과 딸들이 더 태어났다. 왕가의 아들과 딸들은 결국 후일 그들의 결혼으로 왕권 강화의 수단이 될 수도 있었다.

14-16절에서는 이런 다윗의 결혼 관계를 통해서 예루살렘에서 태어난 아들들의 이름을 나열한다. 14절에서는 삼무아, 소밥, 나단, 솔로몬 4명의 아들들이 나열되는데, 역대상 3장 5절에 따르면, 이 아들들은 밧세바가 낳았다.[2] 특히 솔로몬은 다윗의 왕위를 이을 아들이다(왕상 1-2장). 15-16절에서 언급되는 아들들과 역대상의 기록을 비교하면 다음과 같다.

---

2.    역대상에서는 "암미엘의 딸 밧수아(בַּת-שׁוּעַ)"로 읽는다.

| 삼하 5:15-16 | 입할, 엘리수아, 네벡, 야비아, 엘리사마, 엘라다 엘리벨렛 |
| --- | --- |
| 대상 3:6-8 | 입할, 엘리사마, 엘리벨렛, 노가, 네벡, 야비아, 엘리사마, 엘랴다, 엘리벨렛 |

역대기의 기록에서는 엘리사마와 엘리벨렛이 두 번 등장하며, 사무엘서에 등장하는 엘리수아가 없는 반면에, 노가가 더 있다. 이는 서로 전승된 사료의 차이에서 비롯했을 것이다.

### 다윗이 블레셋 사람들을 물리침(17-25절)

**17-21절: 1차 블레셋 전투—바알브라심.** 사울이 왕으로 기름 부음을 받았을 때와 마찬가지로 다윗도 왕위에 오르자마자 블레셋의 문제에 맞닥뜨린다. 17절은 블레셋 사람들에게 다윗이 왕으로 기름 부음 받았다는 소식이 전해진 것으로 시작한다. 그들은 다윗을 "잡으러"(לְבַקֵּשׁ, '르바케쉬') 이스라엘 땅으로 올라왔다. 이 낱말은 문맥상 다윗의 목숨을 노렸다는 뜻이다(참조. 출 4:19; 삼상 20:1; 시 35:4, 6). 아마도 자기네 땅에 망명해 있던 다윗에 대한 배신감도 작용했을 것이다. 이 소식을 들은 다윗은 곧바로 블레셋과 맞설 산성(מְצוּדָה, '므추다')으로 내려갔다. 이 요새가 어디인지는 명확하지 않다. 다윗이 견고한 요새인 시온 산성을 떠났을 가능성은 크지 않으므로, 다윗성의 왕궁에서 요새로 내려갔다고 여기는 편이 나을 것이다(비교. Tsumura, *Second Samuel*, 103-104). 18절에서 블레셋 군대는 "르바임 골짜기"(עֵמֶק רְפָאִים, '에메크 르파임')에 진을 펼쳤다. 이곳은 유다와 베냐민 지파의 경계에 있던 힌놈 골짜기 북쪽의 평지였다(참조. 수 15:8; 18:16; McCarter, *II Samuel*, 153). 그러니 블레셋 군대는 예루살렘 코앞에까지 진군해 들어온 것이다.

19절에서 다윗은 이전과 마찬가지로 여호와께 출전의 여부를 여쭙는다(참조. 삼상 23:1-5; 30:7-8; 삼하 2:1-4). 다윗은 여기서 두 가지를 여쭙는다. 첫째, 블레셋을 대항해 출전해도 될지이고, 둘째, 출전하면 승리할지이다. 그에 대한 여호와의 응답도 두 가지다. 첫째, "올라가라"였고, 둘째, "내가 반드시 블레셋 사람들을 네 손에 넘겨주겠다"였다. 이로써 다윗은 거룩한 전쟁(Holy War/Divine War)의 정당성을 얻게 되었다.

20절에서 본문은 다윗이 여호와의 응답에 힘입어 "바알브라심"(בַּעַל־פְּרָצִים, '바알-프라침')에서 블레셋과 전투를 벌였다고 전한다. 사실 이는 그 장소의 원래 이름이 아니라 화자 시대의 지명이었다. 화자는 이어서 다윗의 말을 통해 이 지명의 기원론(etiology)을 전해준다. 다윗은 여호와께서 홍수를 "흩음"(פֶּרֶץ, '페레츠') 같이 블레셋 군대를 자기 앞에서 "흩으셨다"(פָּרַץ, '파라츠')고 고백하였는데, 이 말이 이곳의 지명이 되었다고 전한다. 한편, 맥카터(McCarter)는 이곳이 "브라심의 주인"이라는 뜻인 점에 착안하여, 기브온 인근 브라심 산의 성소라고 여기기도 한다(참조. 사 28:21; McCarter, *II Samuel*, 154). 21절에서는 전투가 끝난 뒤에 이스라엘 군대가 블레셋의 진영을 노략질하는 장면을 전하는데, 특히 블레셋 군대가 버려두고 간 "그들의 우상"(עֲצַבֵּיהֶם, '아차베헴')을 치웠다고 한다. 이는 아마도 블레셋 군대가 자기네 편에서 거룩한 전쟁을 수행하기 위해 가지고 온 신상을 일컬을 것이며, 이는 앞서 이스라엘 군대가 언약궤를 빼앗겼던 사건의 역전으로 여길 수 있다(참조. 삼상 4:11; Tsumura, *Second Samuel*, 104).

**22-25절: 2차 블레셋 전투.** 22절에서 블레셋 군대는 전열을 정비하고 다시 르바임 골짜기에 대군을 주둔시켜 공격을 준비하였다. 23절에서 다

윗은 또다시 여호와께 출전을 여쭙는다. 다만 여기서는 구체적으로 다윗의 질문은 되풀이하지 않는다. 이번에는 응답이 이전과 조금 다르다. 첫째는 "올라가지 말고"(לֹא תַעֲלֶה, '로 타알레')였다. 앞서도 마찬가지였겠지만, 이 긍정/부정의 신탁은 우림과 둠밈을 통해 주어졌을 것이다. 이번에는 부정의 답이 주어진 것이다. 부정의 신탁은 그에 대한 전략이 뒤따랐다. 이번에는 블레셋과 전면전이 아니라, 후방으로 돌아가서 기습하는 전략이었다. 특히 이 구절에서는 "베카 향나무 숲 맞은편"(מִמּוּל בְּכָאִים, '밈물 브카임')으로 가라는 지시가 강조된다. 개역개정 성경에서 "뽕나무"로 번역한 이 낱말은 이곳과 역대상의 평행본문에서만 쓰여서(대상 14:14-15) 구체적으로 무엇인지는 명확하지 않다. 나무에서 흘러 내리는 진액이 눈물 같다고 해서 붙여진 이름의 나무가 많은 계곡이라는 견해는 흥미롭기는 하지만(참조. 게제니우스, 『사전』, 95; 비교. 시 84:6[7]), 이것도 분명하지는 않다. 어쨌거나 왜 신탁에서 전면전이 금지되었는지는 명확하지 않다. 이번에는 패전의 경험 뒤에 다시 올라온 블레셋 군대의 수가 이전보다 훨씬 더 많았을 수도 있다. 24절에서는 좀 더 구체적인 전술이 전해지는데, 맞은편 수풀에서 "행군하는 소리"(קוֹל צְעָדָה, '콜 츠아다')가 들리면 공격하라는 것이었데, 이 전술이 구체적으로 무엇을 뜻하는지 분명하게 알 수는 없다. 그래서 칠십인역은 이 소리를 "도망치는 소리"(τὴν φωνὴν τοῦ συγκλεισμοῦ, '텐 포넨 투 쉥클레이스무')로 좀 더 이해하기 수월하게 옮겼다. 아마도 고대 전쟁에서 익숙한 매복과 기습 공격이나 내부 분열을 뜻하는 것으로 보인다(비교. Long, *1 and 2 Samuel*, 320). 어쨌거나 여기서는 "여호와가 네 앞서 진격하여 블레셋 사람들의 군대를 칠 것이다"는 말씀으로 전쟁의 주도권이 하나님께 있는 거룩한 전쟁임을 강조한다.

# 본문의 메시지

⑴ 다윗이 사무엘에게 사울을 대신할 왕으로 기름 부음을 받은 것은 꽤 오래전의 일이다. 숱한 고난과 역경 끝에 다윗은 드디어 온 이스라엘의 왕으로 등극한다. 어지간한 사람들이라면, 하나님의 약속이 이토록 오래 이루어지지 않으면, 섣부른 행동이나 좌절할 수 있을 것이다. 곧 여호와께 기름 부음을 받았으므로, 억지로라도 사울을 제거하고 왕위에 오르려 갖은 수단을 동원했을 수 있다. 아말렉 사람이 사울의 전사 소식을 다윗에게 전하며 기대했던 것, 요압이 아브넬을 죽이면서 바랐던 것, 레갑과 바아나가 이스보셋을 죽이며 꿈꾸던 것들이 그런 다윗의 모습이었을 것이다. 또는 사울에게 거듭 살해 위협을 받았을 때, 블레셋에 망명해서 언제 복권될지 모를 때, 유다 지파의 왕이 되었지만, 나머지 이스라엘 백성들과 전쟁을 치러야 했을 때, 그는 다 내려놓고 포기하고 싶어 했을 수도 있다.

다윗이 여느 사람들과 대단히 다르지는 않았다. 자기 말과 행동이 정치적으로 해석되는 것을 적극적으로 마다하지 않았으며, 왕이 되는 길로 가는 행보를 거부하지도 않았다. 그러나 위에서 말한 대로 다윗은 하나님의 약속이 이루어질 것을 믿으며, 무리하지도 않았고 좌절하지도 않았다. 그 점이 다윗을 다윗다워지게 하는 대목이다.

누구나 눈에 보이는 성과가 바라는 때 나타나는 것을 좋아한다. 또 그것을 바라보며 다들 열심히 산다. 그러나 하나님은 본문을 통해 다윗의 모습에서 모든 이가 약속에 대한 믿음으로 중도를 지키고, 무리하거나 좌절하지 않는 삶의 길을 배우기를 바라실 것이다.

⑵ 온 이스라엘의 왕이 된 다윗에게는 몇 가지 과제가 있다. 우선, 왕조를 세웠으니 그 왕조가 이어지도록 해야 한다. 그리고 이스라엘의 가장 당면한 과제는 무엇보다 철기로 무장한 블레셋의 위협을 제거하는 일이었다. 그리고 셋째로 예루살렘을 종교의 중심지로 만들어 제정일치를 이루는 일이다. 본문에서는 첫 두 과제의 해결을 시작하는 다윗의 모습을 보여준다. 먼저 다윗은 예루살렘으로 천도한 뒤에 처첩을 더 두어서 자녀들을 많이 낳았다. 물론 왕자가 많아지면, 그만큼 왕권 쟁탈의 다툼도 치열해질 수 있다. 그러나 그 왕자들이 결혼하면 모두 왕족과 혈연관계에 있게 되므로, 그만큼 왕권 강화의 후견 세력이 될 가능성도 커진다. 다윗은 후자를 염두에 두고 아들을 많이 낳은 것으로 보인다. 하지만, 전자의 위험도 여전히 있으며, 실제로 사무엘하의 이어지는 이야기는 대부분 왕권 쟁탈 다툼으로 얼룩질 것이다.

둘째, 블레셋의 문제다. 블레셋에 망명까지 했던 다윗이 이스라엘의 왕이 되었다는 소식이 전해지자 블레셋 군대는 곧바로 전쟁을 벌인다. 본문에는 전해지지 않지만, 여기에는 배신감에서 비롯한 복수심도 한몫했을 것이다. 그러나 블레셋에 맞선 다윗의 모습은 사울과는 사뭇 다르다. 모든 군사행동을 철저히 여호와의 신탁에 근거해서 진행한다. 전면전이든, 매복과 기습이든 여호와의 신탁에 순종하는 다윗의 모습이 강조되면서, 사울의 실패와 뚜렷이 대조된다. 특히 둘째 전투에서는 다윗과의 전쟁을 둘러싼 블레셋 내부의 분열 가능성도 열어두어서 신앙에 바탕을 둔 지혜로 다윗이 블레셋을 충분히 제압할 수 있을 것이라는 희망을 던져준다.

**둘째 마당**
**임금 다윗의 치적(6-8장)**

# 6장
## 예루살렘으로 옮겨진 언약궤

우리말로 옮긴 본문

1 다윗은 다시금 이스라엘에서 장정 30엘레프를 뽑았다.

2 그리고 다윗과 그와 함께한 모든 백성이 「바알레 유다에서」 하나님
의 궤를 가져오려고 나섰다. 그 궤는 그룹들 위에 좌정하신 만군의
여호와 이름을 부르는 궤였다.

3 사람들이 하나님의 궤를 새 수레에 싣고 언덕 위에 있는ᴸ 아비나답
의 집에서 나올 때, 아비나답 아들 웃사와 아효가 ᴸ새 수레를 끌었
다.

4 그들이 하나님의 궤를 싣고 언덕 위에 있는ᴸ 아비나답의 집에서 나
올 때, 아효는 궤 앞에서 걸어갔다.

5 그리고 다윗과 이스라엘 온 집안은 잣나무로 만든 온갖 악기와 수
금과 비파와 손북과 방울소리 내는 악기와 제금에 맞추어 춤을 추
었다.

6  그들이 나곤의ᵈ 타작마당에 이르렀을 때, 소들이 뛰는 바람에 웃사가 하나님의 궤에 손을 내밀어 붙잡았는데,

7  여호와께서 웃사에게 분노하셔서, 하나님께서 거기서 그 잘못 때문에 그를 치셨다. 그래서 그는 거기 하나님의 궤 곁에서 죽었다.

8  여호와께서 웃사에게 들이닥치신 데 대해 다윗도 화를 내며 그곳을 베레스웃사라고 부른 것이 오늘에 이른다.

9  다윗은 그날 여호와를 두려워하며 "어떻게 여호와의 궤가 내게 올 수 있겠는가?"라고 말하면서,

10  다윗은 여호와의 궤를 다윗성에 가져다 내려놓으려 하지 않아서, 다윗은 여호와의 궤를 가드 사람 오벧에돔의 집으로 옮겨 갔다.

11  그리하여 여호와의 궤는 가드 사람 오벧에돔의 집에서 석 달 동안 머물러 있게 되었다. 여호와께서는 오벧에돔과 그의 온 집안에 복을 내리셨다.

12  다윗 왕에게 궤 덕분에 여호와께서 오벧에돔의 집안과 그에게 속한 모든 것에 복을 내리셨다는 소식이 전해졌다. 그러자 다윗이 가서 하나님의 궤를 기꺼이 오벧에돔의 집에서 다윗성으로 가지고 올라갔다.

13  여호와의 궤를 멘 사람들이 여섯 걸음을 걸어갈 때마다 다윗은 황소와 살진 송아지로 제사를 드렸다.

14  다윗은 여호와 앞에서 온 힘을 다해 춤추었는데, 그때 다윗은 베로 만든 에봇을 두르고 있었다.

15  다윗과 온 이스라엘 집안은 큰 소리를 지르고 나팔을 불며 여호와의 궤를 가지고 올라오고 있었다.

16  여호와의 궤가 다윗 성에 이르렀을 때의 일이다. 사울의 딸 미갈이

창문 너머로 내려다보고 있었는데, 다윗 왕이 여호와 앞에서 뛰며 춤추는 것을 보고는 속으로 그를 깔보았다.

17 여호와의 궤가 도착하자 다윗은 미리 쳐 둔 천막 한가운데 그것을 가져다 둔 뒤, 다윗은 여호와께 번제와 화목제를 바쳤다.

18 다윗은 번제와 화목제 바치기를 마치고 만군의 여호와 이름으로 백성들을 축복하고,

19 모든 백성, 곧 남자나 여자를 가리지 않고 이스라엘 군중들에게 저마다 빵 한 개와 고기 한 점과 건포도 과자 한 개 씩을 나누어 주자 모든 백성이 저마다 제집으로 떠나갔다.

20 다윗이 자기 집안을 축복하러 돌아오는데, 사울의 딸 미갈이 다윗에게 나와서는 말하였다. "이스라엘의 임금님께서 오늘 얼마나 영광스럽던지, 마치 춤꾼들ᄅ 가운데 하나가 제 몸을 드러내듯 자기 신하의 여종들 보는 앞에서 제 몸을 드러내셨더군요."

21 그러자 다윗이 미갈에게 말하였다. "여호와 앞에서 한 것이오. 그분께서는 당신 아버지와 그의 모든 집안을 대신하여 나를 선택하셔서 여호와의 백성 이스라엘을 다스리도록 통치자로 세우셨소. 그러니 나는 앞으로도 여호와 앞에서라면 춤출 것이고,

22 지금보다 더 천박해지고 내가 보기에도 낮아질 것이오. 그래도 당신이 말하는 여종들, 그들에게는 존경받게 될 것이오."

23 그리하여 사울의 딸 미갈에게는 죽는 날까지 자식이 없게 되었다.

# 본문 비평

### 2절 ㄱ-ㄱ. 바알레 유다에서

마소라 본문(מִבַּעֲלֵי יְהוּדָה, '미바알레 여후다')[1]과 달리 쿰란 본문(4QSamᵃ)은 이 자리에 בעלה היא קרי]ת יערים אשר[ ליהודה("바알라, 곧 유다에 속한 기럇여아림")으로 좀 더 긴 본문을 제공하는데, 이 전통은 역대상 13장 6절에서도 찾아볼 수 있다. 그러므로 쿰란 본문은 역대상의 본문과 잇닿은 전통을 반영하겠다.

### 3-4절 ㄴ-ㄴ. 새 (…) 언덕 위에 있는

칠십인역에서는 이 부분의 번역이 없다. 아마도 비슷하게 시작하는 앞선 문장 때문에 유사문두탈락(homoioarcton)을 겪은 본문을 전제할 것이다.

### 6절 ㄷ. 나곤

이 인명은 본문 전승에서 매우 다양하다. 마소라 본문(נָכוֹן, '나콘')과 달리 쿰란 본문(4QSamᵃ)은 נודן('노단')이고, 평행본문인 역대상 13장 9절은 כִּידֹן('키돈')이다. 한편, 칠십인역의 음역도 통일되어 있지 않다. 바티칸 사본(B)은 Νοδαβ('노답')으로, 루키안 본문(L)은 Ορνα τοῦ Ἰεβουσαίου('오르나 투 예부사이우', "여부스 사람 오르나")로 옮긴다. 바티칸 사본의 음역은 맥카터의 견해처럼, 쿰란 본문과 같은 Νοδαν('노단')의 필사 오류로 보이며

---

1.  칠십인역은 이 표현을 "유다의 통치자들에게서부터"(ἀπὸ τῶν ἀρχόντων Ιουδα, '아포 톤 아르콘톤 유다')로 옮긴다. 하지만, 이어지는 구절에서 "그곳에서부터"(ἐκεῖθεν, '에케이텐')라고 일컬으므로 칠십인역이 이 표현을 사람으로 여긴 듯하지는 않다

(McCarter, *II Samuel*, 164), 루키안 본문의 전통은 이 사람을 다윗이 산 성전 터를 제공했던 인물과 동일시하려는 의도로 보인다(참조. 삼하 24:18-25). 어쨌거나 이 인명과 관련해서는 다양한 본문 전통이 통일되지 않은 채 전승된 것만은 틀림없다.

### 20절 ㄹ. 춤꾼들

마소라 본문은 הָרֵקִים('하레킴', "방탕한 자")을 쓴다. 그런데 칠십인역은 여기서 "춤추는 사람들"(τῶν ὀρχουμένων)이라고 번역하였는데, 아마도 הרקדים를 히브리어 대본으로 전제할 것이다(참조. *LXX.D, I.*, 819). 문맥상 마소라 본문은 미갈이 임금에게 할 수 있을 정도의 말로 보이지 않는다. 그러므로 우리는 마소라 본문이 자음 '달렛'이 빠진 본문이 전승된 것으로 보고, 칠십인역을 따른다(비교. McCarter, *II Samuel*, 185; Dietrich, *1 Sam 27-2 Sam 8*, 547).

# 본문 주석

**1-5절: 하나님의 궤를 운반하기 시작함.** 1절에서 다윗은 이스라엘에서 "뽑"은(בָּחוּר, '바후르') "30 엘레프"(אֶלֶף) 명을 다시 모았다. 이 구절에서 두 가지 질문이 생긴다. 먼저 개역개정에서 "뽑은 무리"로 옮긴 낱말은 분명히 선별된 군사를 일컫는다(참조. Anderson, *2 Samuel*, 101). 다윗은 왜 군사를 소집했을까? 물론 계속 블레셋과 전시 상황이므로, 전쟁에 대비하기 위한 군사행동으로 볼 수도 있다. 하지만, 언약궤 운반의 전체 문맥과 어울리지 않는다. 그래서 더러 원래는 이 구절에 이어 블레셋 군대와

셋째 전투 이야기가 있었으나 본문 편집 과정에서 누락되었다고 보기도 한다(Blenkinsopp; Dietrich, *1 Sam 27-2 Sam 8*, 570에서 재인용). 그러나 이 군사 소집이 그저 언약궤 운반을 위한 호위 조치로 보는 것이 문맥상 자연스럽겠다. 이와 관련해서 둘째 질문이 생긴다. 개역개정에서 30,000명으로 번역한 히브리어의 "30 엘레프"에서 '엘레프'가 과연 수 "1,000"을 일컫는 것일까, 아니면 군사 조직 단위를 뜻하는 것일까? 후자라면 한 엘레프가 5-14명 정도로 이루어지니, 150-420명 정도가 된다(참조. McCarter, *II Samuel*, 168). 이렇게 보는 것이 문맥에서는 더 현실적이다.

사무엘상의 언약궤 이송의 마지막 정보에 따르면(삼상 6:21; 7:1), 언약궤는 기럇여아림의 아비나답 집에 보관되어 있었다. 그런데 2절에 따르면, "하나님의 궤"(אֲרוֹן הָאֱלֹהִים, '아론 하엘로힘')는 바알레유다(יְהוּדָה בַּעֲלֵי, '바알레 예후다')라는 곳에 있었다. 이 두 명칭은 같은 장소를 일컫는 다른 이름으로 보아야 할 것이다(참조. Long, *1 and 2 Samuel*, 322).

3절부터는 언약궤 이송과 관련한 일화가 소개된다. 언약궤라는 거룩한 물건을 이송하려고 "새 수레"(עֲגָלָה חֲדָשָׁה, '아갈라 하다샤')를 준비한다. 여기서 새로운 것은 성결과 효력을 뜻한다(참조. 삿 16:7, 11; 삼상 6:7; Anderson, *2 Samuel*, 102). 언약궤를 실은 수레는 궤가 그간 보존되어 있던 집의 주인인 아비나답의 두 아들 웃사(עֻזָּא, '웃자')와 아효(אַחְיוֹ, '아흐요')가 몰았다. 4절에 따르면, 일행은 산지에 있던 아비나답의 집에서 출발해서 내려왔는데, 언약궤를 실은 수레에 앞서서 아효가 길을 텄다. 5절은 언약궤가 이송될 때 다윗과 백성들의 모습을 그려 준다. 아효와 함께 백성들은 언약궤의 이송을 송축하여 여러 악기를 연주하였다(מְשַׂחֲקִים, '므사흐킴'; 또는 '[춤추며] 즐겼다'; 21절). 여기서 언급된 악기 가운데 "잣나무로 만든 온갖 악기"(עֲצֵי בְרוֹשִׁים, '아체 브로쉼')는 타악기의 일종으로 추정한다(참조. Dietrich, *1 Sam 27-2 Sam 8*, 573-574). 그리고 수금과 비파와 소고, 제금은 일반적으로 축제에 쓰이던 악기들이며, 다만 개역개정에서 현악기의 일종인 "양금"으로 옮긴 מְנַעַנְעִים('므나아느임')은 여기서밖에 쓰이지 않아서 정확한 뜻을 알기는 어렵지만, 추정되는 어원(נענע)이 랍비 히브리어에서 "흔들다"는 의미로 쓰이는 것을 바탕으로 타악기의 일종 (sistrums)으로 여긴다(참조. McCarter, *II Samuel*, 169; 비교. Vulgata: *sistra*).

**6-8절: 웃사의 죽음.** 순조롭게 진행되던 언약궤의 이송은 갑자기 새로운 판세를 맞이한다. 6절에서 나곤(נָכוֹן, '나콘')의 타작마당에 이르러서 소들이 갑자기 뛰었다(שָׁמְטוּ, '샤므투'). 그런데 이 낱말은 사실 뜻이 명확하지 않지만, 문맥을 바탕으로 "빠져나가다, 미끄러져 나오다" 등의 뜻을 가진 이 동사의 어원을 적극적으로 해석해서 소들이 멍에를 벗어버리려고 날뛴 것으로 이해한다. 그렇다고 해도 왜 소들이 여기서 뛰었는지는 해결되지 않는 의문이다. 언약궤를 앞서간 아효와 달리 언약궤를 끄는 소들을 몰고 있었을 웃사가 소들 때문에 언약궤가 떨어지는 것을 막기 위해서 그것을 붙들었다. 그러자 7절에서 보듯, 여호와 하나님은 웃사의 "잘못"(שַׁל, '샬')으로 진노하시고, 그를 치셔서 궤 곁에서 곧바로 죽고 말았다. "잘못"에 해당하는 낱말도 여기서만 쓰여서 정확한 뜻을 알기 어렵다.[2] 8절은 이 사건과 관련된 지명의 기원론(etiology)을 전한다.

---

2.   칠십인역은 이 부분에 해당하는 번역이 없어서 더 어렵다. 이 본문과 평행을 이루는 대상 13:10에 따르면, "웃사가 손을 펴서 궤를 붙듦으로"로 쓰는데, 쿰란 본문에서 해당 본문이 남아있지 않지만, 소실된 여백을 고려하면, 그와 비슷해서(הָאָרוֹן [אשׁ]ר שׁלח ידוע על, 4QSamᵃ) 아마도 사무엘서의 본문은 훼손된 채로 전승된 듯하다(참조. Anderson, *2 Samuel*, 105).

이곳은 "베레스웃사"(פֶּרֶץ עֻזָּה, '페레츠 웃자'; 직역. "웃사의 사고")라고 줄곧 불려 왔는데, 그 까닭이 다윗이 분노해서 그렇게 불렀기 때문이라고 전한다. 이 사건은 앞서 언약궤가 블레셋 땅에 갔다가 되돌아올 때, 궤 안을 들여다보았던 벧세메스 사람들이 죽었던 사건을 떠올려 주며, 웃사는 좀 더 적극적으로 언약궤를 보호하려 하였음에도 불가침의 영역을 함부로 침범한 죄로 죽었음은 분명히 한다.

**9-11절: 하나님의 궤가 오벧에돔의 집에 머무름.** 9절에서 다윗은 웃사의 죽음으로 충격을 받아서 두려움에 휩싸인다. 그리고 여호와의 궤 이송을 꺼려 중단하기에 이른다. 그리하여 다윗은 10절에서 언약궤를 다윗 성이 아니라, 흥미롭게도 "가드 사람 오벧에돔"(עֹבֵד־אֱדֹם הַגִּתִּי, '오베드-에돔 하깃티')의 집으로 이송하였다. 여기서 문제는 "가드 사람"이라는 말의 정체다. 가드는 블레셋의 성읍이므로 이 사람을 다윗의 블레셋 망명 때부터 함께한 인물로 보기도 하고, 사무엘하 4장 3절에서 언급된 "깃다임" 출신의 사람으로 보기도 한다(비교. Long, *1 and 2 Samuel*, 325-326). 어쨌거나 역대상에서는 이 이름이 레위계로 언급되는 것은 흥미롭다(참조. 대상 15:18, 21, 24; 16:5). 11절에서 언약궤는 오벧에돔의 집에 3개월 동안 있었는데, 그 집에 여호와께서 복을 내리신다. 이는 좋은 의도였지만, 불가침의 영역을 침범했던 웃사와 대조되는 대목이다.

**12-15절: 여호와의 궤를 다윗 성으로 운반함.** 12절에서 오벧에돔 집안의 이야기를 들은 다윗은 그제야 이전의 두려움과 대조되는 "기꺼이"(בְּשִׂמְחָה, '브심하'; 직역. "기쁨 가운데") 언약궤를 다시 다윗성으로 이송한다. 13절에서는 앞선 5절의 음악적 분위기에 이어 제의적 분위기를

전한다. 여섯 걸음을 걸을 때마다 다윗은 황소와 살진 송아지로 제사를 드린다. 그만큼 조심스러웠다는 말이다. 14절에서는 12절에서 말한 다윗의 기쁨이라는 정신적 감정을 신체로 표현한다. 그는 힘을 다해 춤을 추었다(מְכַרְכֵּר, '므카르케르'). 그런데 화자는 여기서 다윗이 에봇을 걸치고 있었다고 전하는데, 아마도 이는 어린 시절 사무엘이 입었던 것과 같은 예복일 것이다(참조. 삼상 2:18). 15절은 다윗과 온 이스라엘 족속이 즐거이 환호하며 나팔을 불고 여호와의 궤를 메고 갔다는 것으로 이송의 모습을 정리한다.

**16절: 미갈이 다윗을 업신여김.** 다윗에게 미갈의 존재는 분명히 양면적이다. 첫 아내이자 사울의 딸이라는 것은 나뉘었던 유다와 나머지 지파 사이의 민심을 통합하는 데 중요한 역할을 할 정치적 동반자임을 뜻한다. 동시에 그가 사울의 딸인 이상 본의든 아니든 사울의 전사로 그 왕위에 오른 다윗에게는 언제는 정적이 될 수 있는 존재이기도 했다. 미갈이 문제라기보다는 그녀를 명분 삼아 반기를 들 세력들에게 먹잇감이 될 수 있다는 말이다. 그러므로 다윗에게 미갈은 분명히 곁에 두어야 하지만, 명확히 통제하여서 세력 확장을 억제해야 할 존재였다.

　그런 다윗에게 빌미를 준 사건이 이 구절에서 시작한다. 다윗이 언약궤를 다윗성으로 이송하는 장면을 "사울의 딸" 미갈이 창으로 내다보고 있었다. 화자는 굳이 미갈을 "사울의 딸"로 되새겨 주는데, 이는 바로 위에서 언급한 정치적 역학관계에 따른 이야기 진행이 본문의 목적임을 드러내는 대목이다. 미갈은 다윗이 여호와 앞에서 "뛰며 춤추는 것"(מְפַזֵּז וּמְכַרְכֵּר, '므파제즈 우므카르케르')을 보았다. 이 두 낱말의 어원을 따져보면, 전자는 경쾌하게 뛰어오르는 모습을, 후자는 빙글빙글 도는 모습을 묘사한다(참조. 게제니우스, 『사전』, 639, 366). 몸으로 할 수 있는 모든 동작을 다 보여준 셈이다. 그만큼 다윗의 이전 두려움과 대조되는 기쁨이 묘사된 것이다. 그런데 이 장면을 멀리서 지켜보던 미갈은 그렇게 춤추는 다윗을 마음속으로 업신여겼다(וַתִּבֶז, '바티베즈'). 이 모습은 앞서 다윗을 그토록 사랑하던 미갈의 모습과 뚜렷이 대조된다(참조. 삼상 18:20, 27). 다윗과 헤어지고, 발디와 재혼했던 미갈이 정치적으로 다시 다윗의 아내로 돌아온 상황에서 예전 사랑을 회복했을 리가 없다. 더구나 그런 시각에서 볼 때, 백성들 앞에서 뛰며 춤추는 다윗의 모습은 모두 정치적인 행동으로 보였을 수 있다. 미갈의 업신여김 배경에는 이런 심리가 있었을 것이다.

**17-19절: 여호와의 궤를 예루살렘에 안치함.** 17절에서 장면은 다시 언약궤 이송 현장으로 바뀐다. 다윗성으로 들어간 다윗은 자신이 미리 마련해 둔 "천막"(הָאֹהֶל, '하오헬') 속 지정된 자리에 여호와의 궤를 두었다. 왕궁을 지은 다윗이 여호와의 궤를 위해서는 성막을 마련했을지는 이어지는 사무엘하 7장에서 해소될 것이다. 하지만 이 성막이 모세가 광야에 세웠던 것과 같을지는 본문만으로는 명확히 말하기 어렵다. 다만 역대하 1장 2-6절에 따르면, 모세가 광야에서 지었던 성막은 기브온에 있었다고 전한다. 그러므로 다윗이 마련한 장막은 그것이 아닐 수 있다 (참조. Long, *1 and 2 Samuel*, 327; 대상 16:39; 21:29). 다윗은 이송 과정에서 여러 차례 했던 희생 제사의 마무리로 번제와 화목제를 다시 드렸다. 18절은 번제와 화목제를 드린 뒤에 다윗이 만군의 여호와 이름으로 백성을 축복했다. 마치 다윗이 대제사장의 역할이라도 하는 듯한 모습이다(참조. 신 10:8; 민 6:22-27). 이는 왕정으로 바뀐 뒤에 왕이 하는 새로운 역할을 암

시하는 듯하다.

언약궤 이송 이야기는 19절에서 다윗이 모든 백성에게 음식을 나누어 주는 것으로 이어진다. 이는 일반적으로 화목제가 공동 식사로 이어졌던 것과 결을 같이한다. 아마도 화자가 본문에서 명확히 말하지는 않지만, 이 모든 제의는 제사장과 레위인들이 주도했을 것이며, 다윗은 그 모든 일의 진행 과정에 책임을 지고 있었을 것이다. 이야기는 "모든 백성이 저마다 제집으로 떠나갔다"라는 관용구로 끝난다.

**20절: 미갈의 다윗 도발.** 다윗은 언약궤 이송 과정에 함께한 백성들을 축복하였듯이, 자기 가족들을 축복하려고 왕궁으로 돌아왔다. 다윗을 가장 먼저 맞이한 사람은 "사울의 딸" 미갈이었다. 물론 다른 아내들과 자녀들도 있었겠지만, 앞서 언급했던 미갈의 말이 가장 먼저 다윗에게 전해진다. 미갈은 먼저 다윗을 "이스라엘의 임금님"이라고 3인칭으로 일컬어서 거리를 둔다. 그리고 다윗이 오늘 한 행동이 "영광스럽던지"(נִכְבַּד, '니크바드')라고 말했는데, 이는 글자 그대로의 뜻이 아니라 비꼬는 말이다. 왜냐하면, 이어지는 말에서 다윗이 하찮은 춤꾼처럼(본문 비평 참조) 신하들의 여종들까지 다 보는 앞에서 자기 몸을 스스로 드러냈다(נִגְלָה, '니글라')는 사실을 일컫기 때문이다. 이 동사는 용례를 고려할 때(참조. 게제니우스, 『사전』, 136), 다윗이 에봇 속에 아무것도 입지 않아서 알몸을 드러냈다는 뜻보다는 왕으로서 공중 앞에서 마땅히 입어야 할 예복이 아니라, 에봇을 입어서 신분에 어울리지 않게 낮췄다고 보는 것이 더 낫겠다(이런 견해는 Tsumura, *Second Samuel*, 120 참조). 사실상 다윗이 채신없이 행동했다고 꾸짖은 셈이다. 이것은 왕실의 법도를 강조한다는 점에서는 일리가 있지만, 다윗의 기쁨을 헤아리지 못한 발언이다.

**21-22절: 다윗의 대답.** 21절에서 다윗은 미갈의 비꼬는 말에 단호하게 자신은 공중 앞에 왕으로서 나선 것이 아니라, 여호와 앞에서 한 행동이었다고 말한다. 왕실의 법도보다는 하나님의 백성으로서 그분께 영광을 돌리는 것이 우선한다는 뜻이다. 다윗은 드디어 미갈의 정치적 입지를 상기시키는 발언을 이어간다. 여호와께서 사울의 집안을 버리시고, 자신을 "여호와의 백성 이스라엘의 통치자(נָגִיד, '나기드')로 삼으셨다는 사실이다. 그래서 자신은 자신을 왕으로 세우신 여호와 앞에서라면 얼마든지 뛰놀 것이라고 하였다(וְשִׂחַקְתִּי, '브시하크티'; 비교. 5절).

미갈은 다윗이 에봇을 입고서 춤춘 것이 왕으로서 체통을 지키지 않은 것이라고 비난했다. 그런데 다윗은 22절에서 한 걸음 더 나아간다. 지금보다 더 낮아져서 자기가 보기에도 천해져도(שָׁפֵל, '샤팔'), 자기 진심은 여호와 앞에서 누리는 기쁨이므로, 미갈이 언급한 여종들은 그 진심을 알아서 자신이 말 그대로 영화롭게 될 것이라고(אִכָּבֵדָה, '이카베다') 미갈의 비꼬았던 말을 되돌려 주었다. 이로써 다윗은 자신을 비난한 미갈의 판단 착오를 분명히 지적하였고, 자신 행동의 정당성도 충분히 확보하였다. 미갈에게 더는 반박할 말이 없었을 것이며, 이제는 다윗에게 어떤 지적도 할 수 없을 것이다.

**23절: 미갈이 더는 자식이 없음.** 다윗과 미갈의 결별, 그리고 미갈의 영향력 축소는 이 마지막 구절에서 미갈이 죽는 날까지 자식이 없었다는 말로 마무리된다.

## 본문의 메시지

(1) 온 이스라엘의 왕위에 오른 다윗은 예루살렘 성을 탈환하고, 거기에 궁궐도 지었다(삼하 5:11). 이어서 블레셋과 치른 전투를 통해서 군사 지도자로서 왕권도 분명히 하였다. 이제 다윗은 종교적 권위를 확보하기 위해 오랫동안 아비나답의 집에 보관되어 있던 언약궤를 예루살렘으로 이송한다. 이 과정에서 두 인물이 본문에서 대조되며 눈에 띈다. 먼저 아비나답의 아들 웃사였다. 그는 언약궤 이송의 매우 중대하고 거룩한 일을 언약궤 가장 가까이서 수행했다. 그의 임무는 언약궤를 실은 수레를 끄는 소들을 모는 일이어서, 아마도 매우 조심해서 이송하고 있었을 것이다. 그런데 예상치 않게 소들이 요동쳤거나, 갑자기 경로를 이탈했던 듯하다. 그러면 언약궤는 자칫 수레에서 떨어질 수 있다. 웃사는 자신이 그 일을 막아야 하겠다고 결심하고, 언약궤를 붙잡았다. 그의 의도는 좋았지만, 지극히 거룩한 하나님의 영역을 함부로 침범하는 데 대한 고려까지는 없었다. 그 때문에 그는 죽고 말았다. 반면에 가드 사람 오벧에돔은 그 출신이 매우 의심되는 이방인이었다. 역설적으로 되게도, 언약궤는 그의 집에 3개월 동안 머물렀다. 이 기간에 그의 집에는 복이 넘쳐났다. 아마도 적어도 오벧에돔은 웃사처럼 함부로 언약궤를 들여다보려 하거나 손을 대려 하지 않았을 것이다. 그것이 복의 근원이었을 것이다. 여기서 섣부른 판단보다는 겸손한 순종이 강조된다. 유다 백성인 웃사는 죽고 이방인인 오벧에돔의 집에는 복이 넘쳐난 대조를 통해서 본문은 아마도 개인적인 신앙의 판단으로 하나님의 영역을 함부로 넘나드는 독자들의 삶에 경종을 울리고 있을 것이다.

⑵ 정치적 관점에서 미갈과 관련한 본문을 읽자면, 다윗은 이번에도 사울 잔당의 세력을 등에 업고 언제든 정적으로 돌변할 수 있는 미갈의 문제를 해결하는 이야기로 이해될 수 있다. 하지만, 본문의 화자는 그런 색채를 전혀 드러내지 않는다. 화자는 사무엘서에서 즐겨 쓰는 화법을 여기서도 써서 미갈과 다윗의 모습을 담담히 대조해서 보여준다. 그리고 판단은 독자들에게 맡긴다.

미갈은 왕으로 등극한 다윗이 하는 행동이 못마땅했다. 그 까닭이 무엇인지 본문은 정확히 언급하지 않지만, 아무리 율법에 따른 것이라지만, 발디와 재혼한 자신을 굳이 다시 왕실로 불러들인 다윗의 행동이 분명히 정치적인 목적 때문으로 판단했을 것이다. 그러므로 미갈에게 다윗이 곱게 보일 리 없었다. 다윗이 언약궤를 예루살렘으로 이송하면서 보란 듯이 춤추는 것도 다 정치적인 행동으로 보였을 것이다. 그래서 다윗이 들어오자마자 그녀는 다윗이 왕실의 체통을 지키지 않고, 여느 사람이 입는 에봇을 걸치고 춤추었다고 비아냥거렸다. 미갈의 판단이 어쩌면 맞을 수도 있다.

그러나 미갈은 신앙의 한계 안에서 지혜로운 말과 행동을 찾아가려고 무던히 애써 온 다윗의 속 깊은 모습을 보지 못했다. 다윗이 의도적이든 비의도적이든 어떤 정치적 셈법 안에 있었는지는 중요하지 않다. 적어도 언약궤를 예루살렘에 이송하면서 보인 다윗의 기쁨 표현은 진심이었으며, 다윗은 그 순간에 충실했다. 정치적 해석은 다른 이들의 몫으로 넘기고, 자신은 여호와와 맺는 관계에 집중했다는 말이다. 다른 행동에서도 그렇지만, 여기서도 미갈과 대조되는 다윗은 신앙의 본질에 충실한 채 매 순간에 집중하는 모습에서 교훈을 준다.

## 우리말로 옮긴 본문

1 여호와께서 그의 모든 원수에게서 ⌐그를 평안하게 하셔서⌐ 왕이 왕궁에 자리 잡고 있을 때의 일이었다.

2 왕이 예언자 나단에게 말하였다. "보시오. 나는 백향목 왕궁에 자리 잡고 있는데, 하나님의 궤는 천막 안에 있소."

3 그러자 나단이 왕에게 말하였다. "임금님께서 마음속에 품고 있는 것은 무엇이든지 어서 행하십시오. 여호와께서 임금님과 함께 계시기 때문입니다."

4 그런데 그날 밤에 여호와의 말씀이 나단에게 내렸다.

5 "가서 내 종 다윗에게 말하거라. '여호와께서 이같이 말씀하십니다. ─ 네가 내가 머무를 집을 나를 위해 지으려느냐?

6 나는 온 이스라엘 자손을 이집트에서 이끌어 내던 날부터 오늘까지 집에서 살지 않고 장막과 성막 안에 있으면서 옮겨 다녔다.

7 내가 온 이스라엘 자손과ᵇ 함께 다닌 어느 곳에서, 내 백성 이스라엘을 돌보라고 명령한 그 이스라엘의 어느 한 지파에게 어째서 너희가 나를 위해 백향목 집을 짓지 않느냐고 말한 적이 있느냐?'

8 그러니 이제 너는 내 종 다윗에게 말하거라. '만군의 여호와께서 이같이 말씀하십니다. ― 내사 너를 목초지, 곧 양 떼를 따르던 데서 데려다가 내 백성 이스라엘의 통치자로 삼았다.

9 그리고 나는 네가 가는 곳이면 어디든 너와 함께 있으면서, 네 모든 원수를 네 앞에서 없애고, 네게 이 땅의 위대한 이들의 이름처럼 위대한 이름을 선사해 주겠다.

10 내가 내 백성 이스라엘을 위하여 한 곳을 정해서, 그를 심겠다. 그러면 그는 거기에 머무르고 다시는 불안해하지 않을 것이다. 또 불의한 자손들이 다시는 이전처럼 그를 짓누르지 못할 것이다.

11 내가 내 백성 이스라엘에게 사사들을 세워 준 날부터 해 왔듯, 나는 네 모든 원수에게서 너를 평안하게 해 주겠다.' 또 여호와께서 당신에게 일러 주시기를 '여호와가 너를 위해 집을 지으실 것이다.

12 네 날 수가 다 차서 네가 네 조상들과 더불어 누우면, 내가 네 몸에서 나올 네 씨를 네 뒤에 일으키고 그의 왕국을 든든히 해 주겠다.

13 그가 내 이름을 위해 집을 짓고, 나는 영원토록 그의 왕국 보좌를 든든히 해 주겠다.

14 나는 그에게 아버지가 되고 그는 나에게 아들이 될 것이다. ᶜ그리하여 그가 죄지으면ᶜ 나는 사람의 매와 인간의 채찍으로 그를 칠 것이다.

15 그래도 내 사랑이 사울에게서 떠나간 것과는 달리 그에게서는 떠나지 않을 것이다.

16 네 집안과 네 왕국이 네 앞에서 영원토록 든든하고, 네 보좌가 영원토록 굳건할 것이다.'"

17 이 모든 말과 이 모든 계시를 나단이 다윗에게 그대로 전해주었다.

18 다윗 왕이 들어가 여호와 앞에 앉아 말하였다. "주 여호와여, 제가 누구며 제 집안이 무엇이기에 저를 여기까지 이끌어 주셨습니까?

19 그런데 주 여호와여, 당신께서는 이것마저도 작게 여기시고, 당신 종의 집안에 먼 훗날의 일까지 말씀하셨습니다. 이것은 사람을 위한 가르침입니다. 주 여호와여!

20 주 여호와여, 당신께서 당신의 종을 알고 계시니 이 다윗이 당신께 무슨 말을 더할 수 있겠습니까?

21 당신께서 하신 말씀을 위해, 당신 마음에 맞으신 대로 이 모든 큰일을 이루시고 당신 종에게 알려주셨습니다.

22 그러니 주 여호와여 당신께서는 위대하십니다. 저희가 저희 귀로 들은 어느 곳에서도 당신 같은 이가 없고 당신 말고는 하나님이 없기 때문입니다.

23 이 땅에 있는 어느 한 민족인들 당신의 백성 이스라엘과 같겠습니까? 하나님께서는 그를 당신을 위해 구해내셔서 당신 백성으로 삼으시고, 그에게 이름을 주셨습니다. 그리고 이집트에서 당신을 위해 구해서 이끄신ᴿ 당신 백성과 민족들과 그들의 신들 앞에서 당신의 땅에 큰일과 놀라운 일을 행하셨습니다.

24 그리고 당신을 위해 당신 백성을 굳건하게 해 주셨습니다. 이스라엘은 당신께 영원토록 당신의 백성이 되고, 여호와여 당신께서는 그들에게 하나님이 되셨습니다.

25 그러니 이제 여호와 하나님이시여, 당신께서 당신 종과 그 집안에

하신 말씀을 영원토록 세우시며, 말씀하신 대로 이루어 주십시오.

26 그리하여 당신의 이름이 드높아져서, '만군의 여호와께서는 이스라엘의 하나님이시다'라 일컬음을 받게 하옵소서. 그리고 당신 종 다윗의 집안이 당신 앞에서 굳건하게 해 주십시오.

27 만군의 여호와 이스라엘의 하나님이신 당신께서는 당신 종의 귀를 열어주셔서, '내가 너를 위해 집을 짓겠다'라고 말씀하셨습니다. 그래서 당신의 종이 이 기도를 당신께 드릴 마음이 생겼습니다.

28 그러니 이제 주 여호와여 당신만이 하나님이십니다. 당신의 말씀은 참되십니다. 당신께서 당신 종에게 이 좋은 일을 말씀해 주셨습니다.

29 그러니 이제 당신께서는 부디 당신 종의 집안에 복을 내리셔서 영원토록 당신 앞에 있게 해 주십시오. 주 여호와, 당신께서 말씀하셨으니 당신 종의 집안이 당신께서 내리시는 복을 영원토록 받을 것입니다."

<h2 style="text-align:center">본문 비평</h2>

### 1절 הַנֽיחַ-לוֹ. 그를 평안하게 하셔서

칠십인역은 마소라 본문(הֵנִיחַ-לוֹ, '헤니아흐-로'=κατέπαυσεν, '카트에파우센' LXX[L])과 달리, κατεκληρονόμησεν('카트에클레로노메센', "그가 차지하게 하셨다")로 옮긴다. 이것은 הנחילו('한느힐로')을 대본으로 전제하는데, 결국 두 이형은 자음 구성으로만 보면, '요드'(י)와 '헤트'(ח)의 음위 전환(meta-thesis)에서 비롯한 것으로 볼 수 있다(비교. Dietrich, *1 Sam 27-2 Sam 8*, 618).

### 7절 ㄴ. 자손과

칠십인역에는 해당하는 번역어가 없다. 이는 역대상 17장 6절과 같아서 그 영향을 받은 본문을 전제하는 것으로 보인다.

### 14절 ㄷ-ㄷ. 그리하여 그가 죄지으면

마소라 본문(אֲשֶׁר בְּהַעֲוֹתוֹ, '아쉐르 브하아보토')과 달리 칠십인역은 다소 다른 본문으로 번역하는데(καὶ ἐὰν ἔλθῃ ἡ ἀδικία αὐτοῦ, '카이 에안 엘테 헤 아디키아 아우투'), 이는 וּבָא עֲוֹתוֹ('우바 아보토')를 번역 대본으로 전제할 것이다(참조. McCarter, *II Samuel*, 194).

### 23절 ㄹ. 이끄신

여기서 마소라 본문은 훼손된 본문으로 보인다. 왜냐하면, 일반적으로 "하나님"(אֱלֹהִים, '엘로힘')이 주어이면 단수형 동사를 쓰며, 심지어 평행 본문인 역대상 17장 21절도 그러한데, 여기서는 복수형 동사(הָלְכוּ, '할르쿠')가 쓰였기 때문이다. 여기서 칠십인역은 ὡδήγησεν αὐτὸν('오데게센 아우톤')으로 옮긴다. 여기에 3인칭 단수 대명사 목적어가 쓰인 것으로 볼 때, 그리고 역대기 평행 문에서 이어지는 "하나님" 정관사가 붙어 있는 꼴(הָאֱלֹהִים, '하엘로힘')을 고려할 때, 아마도 히필형 동사에 인칭 접미어가 붙은 꼴을 읽은 듯하다(ההליכהו, '히흘리크후'; 비교. Dietrich, *1 Sam 27-2 Sam 8*, 623).

## 본문 주석

**1-3절: 성전 건축의 뜻을 밝히는 다윗.** 1절은 다윗이 왕궁에서 지내던 어느 날을 시간적 배경으로 한다. 그리고 이때는 여호와께서 다윗 주위에 있던 "그의 모든 원수에게서"(מִכָּל־אֹיְבָיו, '미콜-오예바브') 평안하게 하셨을 때라고 언급한다. 이 문장은 이어지는 8장에서 다윗의 전쟁 이야기나 열왕기상 5장 3절에서 다윗이 성전을 짓지 못한 것이 "사방의 전쟁" 때문이었다는 진술과 모순을 이루는 것으로 보인다(참조. Tsumura, *Second Samuel*, 127). 그러나 미갈을 마지막으로 왕권을 위협하던 사울 잔당 세력의 제압을 뜻할 수 있다.

2절에서 "예언자 나단"(נָתָן הַנָּבִיא, '나탄 하나비')이 등장하는데, 이 인물은 여기서 처음 등장하는데도 출신이나 왕궁에 들어오게 된 계기 등 아무것도 소개되지 않는다. 하지만 그는 앞으로 다윗의 왕위 계승 이야기에서 결정적인 역할을 하게 될 것이다. 다윗은 나단에게 자신은 "백향목 왕궁"(בֵּית אֲרָזִים, '베트 아라짐')에 사는데, 하나님의 궤는 "천막"(הַיְרִיעָה, '하예리아') 가운데 있다고 대조해서 성전 건축 의지를 에둘러서 말한다. 이 낱말은 모세가 광야에서 지은 성막을 일컬을 때도 쓰이는데(참조. 출 26:1 이하; 36:8 이하; 민 4:25), 앞서 말한 대로 같은 것을 가리키지는 않으며, 다윗은 여기서 자기 집과 대조하는 환유법으로 썼을 것이다. 다윗의 이 말에 나단은 3절에서 여호와께서 다윗과 함께 계시니 뜻대로 하라고 조언한다. 나단이 여호와께서 다윗과 함께 계신다라고 제대로 말했지만, 5-7절을 바탕으로 볼 때 다윗의 마음속에 있는 대로 하라는 조언은 틀렸다고 볼 수 있다. 하지만 이 구절에서 한 대답은 왕의 참모(counselor)로서 한 의논으로 볼 수 있으며, 그날 밤에 하나님의 신탁을 받은 뒤 전한 5-7절은 예언자로서 그의 임무 수행(messenger)으로 볼 수 있겠다(참조. Tsumura, *Second Samuel*, 128).

**4-7절: 하나님이 다윗에게 성전 건축을 허락지 않으심.** 4절에서는 다윗에게 참모로서 조언했던 예언자인 나단에게 그날 밤에 하나님의 신탁이 임했음을 전한다(וַיְהִי דְּבַר־יהוה אֶל־נָתָן, '바여히 드바르-야훼 엘-나탄'). 5절에서는 먼저 나단에게 다윗을 향해 전해야 할 신탁임을 밝히고, 신탁을 직접화법으로 전한다. 신탁의 시작은 으레 쓰는 심부름꾼 말투의 관용구(messenger formula; כֹּה אָמַר יהוה, '코 아마르 야훼'; 개역개정. "여호와께서 이와 같이 말씀하시되")였다. 신탁의 첫 문장은 "네가 내가 머무를 집을 나를 위해 지으려느냐?"는 수사의문문으로 시작해서 역설적으로 성전 건축 금지가 강조되어 있다. 6절에서는 출애굽 이후 광야의 성막 전통을 강조하는데, 그간 언급되어 오던 실로의 성전 전통이 무시되어 있는 점은 흥미롭다(참조. 삿 18:31; 삼상 1:7, 9, 24; 3:5). 그래서 실로의 성전은 아비나답이나 오벧에돔의 집처럼 언약궤가 임시로 머무르던 곳으로 정식 성전이 아니었다고 여기기도 한다(참조. Anderson, *2 Samuel*, 119). 7절에서는 지난날 이스라엘의 어느 지파를 향해서도 여호와께서 성전을 건축하라는 명령을 하지 않으셨음도 강조한다. 역대상 28장 3절에서는 다윗이 전쟁을 많이 한 사람이라 피를 많이 흘려서 성전을 건축하지 못하게 하셨다고 전하는데, 이 본문에서는 그런 전통은 찾아볼 수 없다.

**8-11전반절: 다윗의 왕권 확립 약속.** 성전을 건축하려는 다윗의 바람과는 달리 여호와의 신탁은 이 소단락에서 그의 왕권 확립을 약속한다. 8절에서는 둘째 신탁임을 밝히듯 5절에서 나왔던 신탁의 도입 관용구가

그대로 되풀이된다. 그리고 핵심은 여호와께서 다윗을 이스라엘이라는 양 떼의 목동 역할을 하도록 "통치자"(נָגִיד, '나기드')로 삼으셨다는 것이다. 9절은 나단이 참모로서 했던 말이자 다윗 이야기에서 거듭 등장하는(참조. 삼상 16:18; 17:37; 18:14, 28; 삼하 5:10: 7:3; Anderson, *2 Samuel*, 120) '여호와께서 함께 계신다'라는 사실을 신탁으로 다시 한번 확인하고, 1절에서 언급했던 다윗의 원수 제거도 언급한다. 그 결과를 '바브' 연속 완료형 형태로 미래의 약속으로 전한다. 곧 땅의 위대한 자들처럼 다윗의 이름을 위대하게 해 주시겠다는 약속이다. 이 약속은 족장 아브라함에게서부터 이어온 선택된 백성을 향한 약속의 전형이다(참조. Long, *1 and 2 Samuel*, 333; 창 12:2-3). 10절에서는 이스라엘을 식물로 비유하여 약속된 땅 가나안에 심으셨다고 비유한다(참조. 시 80:8-11). 11절에서는 다윗을 통해 사사 시대에서 왕정으로 확실히 체제 변화를 허용하셨음을 확인한다. 전반절의 마지막 문장은 1절에서 언급한 평안을 다시금 확인한다.

**11후반절-17절: 성전을 지을 다윗의 후계자 약속.** 11후반절-12절에서는 다윗 왕조의 설립을 약속하신다. 그래서 여기서 말하는 "집"(בַּיִת. '바이트')은 왕궁이 아니라 왕조로 이해해야 한다(참조. Dietrich, *1 Sam 27-2 Sam 8*, 670). 왜냐하면, 12절에서는 왕위의 승계를 언급하기 때문이다. 여기서는 "네 몸에서 나올 네 씨", 그러니까 다윗의 직계 아들이 왕위를 승계할 것이라는 사실과 "그의 왕국을 든든히 해 주겠다", 곧 왕조가 든든히 설 것이라는 중요한 약속을 한다. 13절에서는 다윗의 왕위를 이을 그 아들이 성전을 건축하게 될 것이라고 약속한다. 그리고 여호와께서는 "그의 왕국 보좌"(כִּסֵּא מַמְלַכְתּוֹ, '키세 마믈라크토')를 견고하게 하실 것이라고 약속한다. 여기서 핵심이 되는 용어는 "영원토록"(עַד-עוֹלָם, '아드-올람')

이다(또한, 16절). 이 약속이 유다 왕국이 다윗 왕조를 중심으로 계속 이어지게 하는 핵심적 근거가 되었다. 14절에서는 한 걸음 더 나아가서 여호와와 다윗 왕조의 왕을 아버지와 아들 관계로 정의한다. 하나님이 아버지가 되면, 왕은 신의 아들이며, 이는 곧 이집트와 같은 고대 사회의 신적 존재로서 왕의 지위를 생각나게 한다. 그러나 이스라엘은 그 심상을 가져오기는 했어도, 하나님의 뜻을 대신 수행하는 존재로서의 왕을 향한 입양 개념으로 보아야 한다(참조. McCarter, *II Samuel*, 207). 그러므로 왕이 죄를 지어도 15절에서 암시하는 사울의 경우처럼 아예 폐위하게 하는 것이 아니라, 아버지의 마음으로 "사람의 매와 인간의 채찍"으로 징계는 하더라도 이 근본적인 관계의 은총(חֶסֶד, '헤세드')을 빼앗지는 않을 것이라고 약속한다. 16절에서는 다시 한번 영원한 왕조의 약속을 되풀이하는 것으로 신탁이 마무리된다.

17절에서 예언자로서 하나님의 신탁을 받은 나단은 "이 모든 계시를"(כְּכֹל הַחִזָּיוֹן הַזֶּה, '크콜 하히자욘 하제') 다윗에게 전하였다. 이 모습은 전날 참모로서 했던 대답과는 전혀 다른 성격이었다.


**18-21절: 신탁에 대한 감사.** 나단의 신탁을 전해 들은 다윗은 18절에서 언약궤를 둔 장막에 들어갔을 것이다(참조. 6:17; 7:2). 그리고 거기서 "여호와 앞에", 아마도 언약궤 앞에 앉아서 기도한다. 영원한 왕조의 약속을 받은 다윗의 첫 기도는 겸손이었다. 다윗이 한 말 "제가 누구며 제 집안이 무엇이기에"라는 표현은 하나님(참조. 삿 6:15; 삼상 9:21)이나 왕(참조. 삼하 18:18)의 호의에 대한 응답으로 쓰이는 관용구다. 하나님이 자신을 "여기까지"(עַד־הֲלֹם, '아드-할롬') 이끄셨다는 다윗의 고백은 그간의 모든 이야기를 요약하는 말이다. 이 짧은 말은 독자들에게 다윗이 왕이

되어 하나님께 왕조의 약속을 받기까지 있었던 모든 이야기를 되새기게 해 준다. 사울과의 갈등, 블레셋 망명, 유다 왕 7년, 그 이후 왕권이 확립되기까지 숱한 일들 등이다. 19절에서 다윗은 하나님의 약속을 바탕으로 감사의 기도를 한다. 그는 "그런데 주 여호와여, 당신께서는 이것마저도 작게 여기시고"라고 표현한다. 이 말 가운데는 자신이 왕위에 오른 것만으로도 충분하다는 다윗의 속마음이 전제되어 있으므로, 이 또한 겸손의 표현이다. 다윗은 하나님이 자신 집안, 다윗 왕가의 "집안에 먼 훗날의 일까지"(לְמֵרָחוֹק, '르메라호크') 약속하신 데 대해 감사했다. 이어서 다윗이 한 "이것은 사람을 위한 가르침(תּוֹרַת הָאָדָם, '토라트 하아담')이십니다"라는 말은 직관적으로는 잘 이해되지 않는다. 여기서 "사람"은 이른바 유익의 여격(*dativus commodi*)로 이해해야 할 것이다. 따라서 이 말은 "사람을 위한 가르침"으로 옮기는 것이 문맥에 맞는 이해가 된다. 그러니까 하나님이 사람을 위해 베푸시는 은총이 그처럼 사람들의 상상을 벗어난다고 이해함 직하다(비교. Anderson, *2 Samuel*, 126-127; Tsumura, *Second Samuel*, 142). 20절에서 다윗은 여호와께서 자신을 아시니 무슨 말을 덧붙이겠느냐고 말하는데, 이는 다윗에게 은총을 베푸신 하나님의 주권을 인정하고 고백하는 말이다(McCarter, *II Samuel*, 236 참조). 21절에서는 다윗이 자신에게 일어난 모든 일이 "당신께서 하신 말씀을 위해, 당신 마음에 맞으신 대로"(בַּעֲבוּר דְּבָרְךָ וּכְלִבְּךָ, '바아부르 드바르카 우크리브카') 이루어진 큰일이라고 고백한다. 그리고 그 모든 것을 자신에게 알려 주신 하나님께 감사한다.

**22-24절: 하나님 찬미.** 이 단락은 다윗이 자신에게 은총을 베푸신 하나님의 본성을 찬미하는 내용으로 구약성경에서 자주 등장하는 신학적

주제들을 언급한다(참조. 신 3:24; 4:35; 시 86:8; 89:6; 113:5; Anderson, *2 Samuel*, 127). 22절은 "그러니"(עַל־כֵּן, '알-켄')로 시작한다. 이 낱말은 일반적으로는 앞선 내용의 논리적인 결론이나 결과를 나타낼 때 쓰이지만, 여기서는 앞선 내용에 대한 화자 관점의 해설, 또는 설명을 이끈다(참조. Tsumura, *Second Samuel*, 142). 따라서 이 구절에 이어진 본문은 다윗이 자신에게 보여준 하나님의 은총에 대한 고백적 찬미이다. 첫째 고백은 "주 여호와여 당신께서는 위대하십니다"(גָּדַלְתָּ אֲדֹנָי יהוה, '가달타 아도나이 야훼')이다(참조. 시 35:27; 40:17; 70:5; 104:1). 그리고 나서 여호와 유일 신앙을 고백한다. 이 고백은 포로기와 그 이후에 강조된 신관으로 화자가 정형화된 신앙고백을 다윗의 입에 넣은 말일 수도 있다(참조. Dietrich, *1 Sam 27-2 Sam 8*, 678).

23절에서는 시선을 이스라엘로 돌린다. 먼저 하나님이 가셔서 "구하신"(לִפְדּוֹת, '리프두트'; פָּדִיתָ, '파디타') 백성으로 정의하는데, 이는 분명히 출애굽 전통을 전제하는 표현이다(참조. 신 7:8; 9:26; 13:6; 15:15; 21:8; 24:18; McCarter, *II Samuel*, 236). 그리고 이 구절에서 말하는 "큰일과 놀라운 일"(הַגְּדוּלָּה וְנֹרָאוֹת, '하그둘라 브노라오트')은 신명기 10장 21절에서 출애굽 전통 배경으로 등장하는 표현이다. 그러니 이 구절은 다윗 자신과 이스라엘을 향한 하나님 은총의 기원을 출애굽이라는 결정적인 사건에 두고 있다.

24절에서는 하나님이 구속하신 이스라엘과 어떤 관계인지를 찬양한다. 앞서 하나님의 약속에서 등장했던 "영원토록"(עַד־עוֹלָם, '아드-올람'; 12, 16절)가 이 구절에서 다시 한번 등장한다. 여기서는 이스라엘이 하나님의 백성이 되고 여호와께서 그들의 하나님이 되시는 관계의 영원성을 기린다. 이 관계 표현은 구약성경에서 잘 알려진 표현으로(출 6:7;

레 26:12; 겔 11:20; 37:27) 언약 개념의 정수를 드러낸다(참조. Anderson, *2 Samuel*, 127).

**25-29절: 왕조를 위한 간구.** 25절은 “그러니 이제”(וְעַתָּה, ‘브아타’)로 시작하는데, 이는 발언이나 기도에서 앞서 나온 내용의 결과로 이행하는 것을 표시하는 전형적인 표현이다(참조. Long, 337). 다윗의 기도는 지금까지 하나님의 약속에 대한 감사와 그 약속을 하신 하나님을 찬미하였는데, 이제 본격적으로 다윗의 간구가 이어진다는 말이다. 다윗은 하나님이 자신과 자기 왕조를 향해 약속하신 말씀을 “영원토록”(עַד־עוֹלָם, ‘아드-올람’; 12, 16, 24절) “세우시며”(הָקֵם, ‘하켐’)라고 기도한다. 히필(Hiphil)형으로 쓰인 이 동사는 서원이나 언약을 지키다는 뜻으로 쓰인다.[1] 그러므로 다윗은 지금 영원한 왕조의 약속을 지켜달라는 간구를 한 셈이다. 26절에서는 “영원토록”(עַד־עוֹלָם, ‘아드-올람’)을 다시 써서 다윗의 왕조를 세우신 하나님의 이름이 높여지기를 간구한다. 그런 뒤에 구체적으로 다윗의 집이 하나님 앞에서 굳건해지기를 간구하였다.

27절에서 다윗은 자신의 간구가 “내가 너를 위해 집을 짓겠다”(비교. 11절)는 신탁에 바탕을 두고 있다고 말한다. 28절은 “그러니 이제”(וְעַתָּה, ‘브아타’)로 시작하여(비교. 25절), 앞선 구절에서 언급한 것의 결과로 구체적인 간구가 이어짐을 나타낸다. 여기서 다윗은 자신에게 하신 하나님 말씀이 참되시다(אֱמֶת, ‘에메트’)고 고백하는데, 이 또한 하나님이 약속을 지키실 것에 대한 믿음과 기대가 바탕이 된다(참조. 미 7:20; 시 30:10; 54:7; 57:11; 108:5; 대하 32:1). 다윗이 말하는 “이 좋은 일”(הַטּוֹבָה הַזֹּאת, ‘하토바 하

---

1.    참조. 창 26:3; 민 23:19; 신 9:5; 렘 11:5; 29:10; 삼상 3:12; 왕상 2:4; 느 5:13; 9:8; 대하 6:10 등; 게제니우스, 『사전』, 709.

조트')은 하나님이 하신 약속을 일컬을 것이다(참조. Anderson, *2 Samuel*, 128). 29절도 "그러니 이제"(וְעַתָּה, '브아타')로 시작하여 28절과 평행을 이루며, 구체적인 간구를 진술한다. 여기서는 조금 다른 표현으로 "영원토록"(לְעוֹלָם, '르올람')를 두 번 써서 두 가지, 곧 왕조의 영속성과 왕조를 향한 복의 지속성을 간구한다.

## 본문의 메시지

⑴ 본문에서는 이른바 신명기계 역사서에서 유다 왕조의 신학적 기틀이 세워진 결정적인 계기가 되는 사건을 전한다. 그것은 하나님이 다윗의 집안을 왕조로 세우시고 견고하게 하시겠다고 약속하시는 이른바 다윗 언약을 전하는 본문이다. 앞으로 펼쳐질 유다 왕국의 이야기에서 이른바 이 "왕조 신학"은 정체성과 체제 유지의 근간이 된다. 이런 왕조 신학이 없었던 북이스라엘 왕조가 거듭 정변과 반정으로 얼룩졌던 것과는 대조된다. 비록 유다 왕조에서도 죄지은 왕들은 존재했지만, 유다 왕국은 거듭 이 왕조 신학을 구심점으로 해서 여호와를 중심으로 하는 신앙 공동체로서 그 정체성 유지에 힘쓸 수 있었다. 사람들의 능력을 보기보다는 사람들을 선택하여 일하시는 하나님을 향한 신앙이 근본임을 되새기게 된다.

또 한편으로 나단의 모습도 돌아볼 필요가 있다. 물론 그는 하나님의 신탁을 전하는 예언자이지만, 왕실에서 왕에게 조언하는 참모이기도 했다. 우리는 본문에서 참모 역할을 하는 나단을 처음 만난다. 본문의 화자는 그가 다윗이 성전을 건축하려는 바람에 동조하는 모습으로 이야기를 시작한다. 그러나 예언자이기도 했던 그에게 내린 여호와의 신탁은 그 반대였다. 사람들은 누구나 한번 내뱉은 말을 스스로 뒤집는 일을 어려워한다. 그래서 문제가 더 심각해지곤 한다. 신탁의 관점에서 볼 때, 나단의 첫 조언은 잘못된 판단이었다. 그러나 그는 예언자로서 자기가 내뱉은 말과 반대되는 신탁을 "그대로" 다윗에게 다시 전했다. 이는 자기 잘못을 솔직히 인정한 모습이었음을 암시한다. 잘못은 빨리 인정하고 되돌릴수록 엇나갈 확률을 낮춘다. 본문에서 강조하지는 않지만, 나단의 이 모습에서도 올바른 신앙인으로서 보여주어야 할 태도를 배운다.

(2) 하나님은 예언자 나단을 통해서 다윗에게 영원한 왕조의 약속을 하셨다. 이 약속에 대해서 다윗은 본문에서 감사와 고백과 간구의 기도로 응답한다. 다윗이 한 감사에서 가장 눈에 띄는 것은 "사람의 가르침"이라는 표현이다. 하나님의 율법은 그분의 백성들이 올바르고 행복하게 살 수 있도록 해 주는 가르침이다. 이것은 은총이다. 다윗은 한 번도 스스로 왕이 되겠노라고 말한 적이 없다. 그저 하나님이 이끄시고 약속하신 길에 자신의 존재를 내맡기고 매 순간 해야 할 일과 말에 하나님의 백성으로서 집중하며 충실했다. 그런 삶의 길에서 깨달은 고백이 "사람의 가르침"이었다.

둘째로 하나님을 향한 다윗의 고백에서는 역사를 되돌아보며, 하나님과 맺는 친밀한 관계를 자신과 이스라엘 백성을 향하여 확장하였다. 기억은 기대의 기초가 된다. 다윗이 이 기도문에서 역사를 되짚어 보는 것은 하나님의 약속이 앞으로도 이루어질 것을 확신하는 밑바탕이 된다.

셋째로 다윗은 하나님이 자기 왕조를 "영원토록" 세우실 것이라는 약속을 다시금 확인하며, 그 약속을 지켜 주실 것을 거듭 간구한다. 영원은 하나님의 본성에 속하는 시간이다. 사람들의 존재, 왕조의 존재가 아무리 길어도 영원하지는 않다. 그러므로 이 표현 속에는 왕조의 본질이 영원하신 하나님의 백성으로서 갖추어야 할 올바른 모습을 지켜나가는 길이라는 사실이 전제되어 있다. 영원하신 하나님의 백성인 이스라엘의 다윗 왕조가 영원히 하나님의 약속대로 이어질 것에 대한 기대는 하나님의 하나님 되심과 이스라엘의 그분 백성 됨이라는 하나님과 맺는 올바른 관계의 복이 전제된다는 말이다.

# 8장
## 다윗의 승전과 왕실의 신하들

## 우리말로 옮긴 본문

### 다윗의 승전 기록(1-14절)

1  그 뒤의 일이었다. 다윗이 블레셋 사람들을 쳐서, 그들을 굴복시켰다. 그리하여 다윗은 메덱암마를 블레셋 사람들에게서 빼앗았다.

2  또 모압을 쳐서 그들을 땅바닥에 눕힌 다음 줄로 재고는, 두 줄 길이를 재어 그 안에 든 사람은 죽이고 다음으로 한 줄 길이 안에 든 사람은 살려주었다. 그리하여 모압은 다윗의 종이 되어 조공을 바쳤다.

3  또 소바 임금 르홉의 아들 하닷에셀이 유브라테스강을 제 손으로 되찾을 셈으로 출정할 때, 다윗이 그를 치고,

4  그에게서┌ └기마병 1,700명과└ 보병 20,000명을 사로잡았다. 그리고 다윗은 모든 병거 끄는 말의 힘줄을 끊어버렸는데, 그 가운데서 100마리만 남겨두었다.

5   다마스쿠스의 아람 사람들이 소바 왕 하닷에셀을 도우러 오자, 다윗은 아람 사람 22,000명을 치고,

6   아람의 다마스쿠스에 수비대를 두었다. 그리하여 아람 사람들이 다윗의 종이 되어 조공을 바쳤다. 여호와께서는 다윗이 가는 곳 어디서나 그를 도와주셨다.

7   다윗은 하닷에셀의 신하들이 가지고 있던 금방패를 빼앗아 예루살렘으로 가져왔다.

8   하닷에셀의 성읍 베다와 베로대에서는 다윗 왕이 아주 많은 놋쇠를 빼앗아 왔다.

9   하맛 왕 도이가 다윗이 하닷에셀의 온 군대를 쳤다는 소식을 듣고,

10   자기 아들 요람을 다윗 왕에게 보내서 문안하고, 다윗 왕이 하닷에셀과 싸워 이긴 것을 축하하였다. 도이가 하닷에셀과 전쟁하고 있었기 때문이다. 그는 요람의 손에 은그릇과 금그릇과 놋그릇을 들려보냈다.

11   다윗 왕은 자신이 정복한 모든 민족에게서 가져와 성별해 둔 은금과 더불어 이것들도 여호와를 위해 성별해 두었는데,

12   그것들은 곧, 아람과 모압과 암몬 자손들과 블레셋과 아말렉에게서 가져온 것들과 소바 왕 르홉의 아들 하닷에셀에게서 가져온 전리품이었다.

13   다윗이 소금 골짜기에서 에돔 사람 18,000명을 치고 돌아오면서 이름을 떨쳤다.

14   그리고 그는 에돔에 수비대를 두었는데, 온 에돔에 수비대를 두자 온 에돔이 다윗의 종이 되었다. 여호와께서는 다윗이 가는 곳 어디서나 그를 도와주셨다.

**다윗의 신하들**(15-18절)

15  그리하여 다윗은 온 이스라엘을 다스렸는데, 다윗은 모든 백성에게 공평과 정의를 베풀었다.

16  스루야의 아들 요압은 군사령관이 되었고, 아힐룻의 아들 여호사밧은 사관이 되었다.

17  아히둡의 아들 사독과 아비아달의 아들 아히멜렉은 제사장이 되었고, 스라야는 서기관이 되었다.

18  여호야다의 아들 브나야는 그렛 사람들과 블렛 사람들을 관리하게 되었고, 다윗의 아들들은 제사장들의 일을 하였다.


# 본문 비평


## 4절 ㄱ. 그에게서

마소라 본문의 이 표현(מִמֶּנּוּ, '밈멘누')이 쿰란 본문(4QSamᵃ)의 남은 부분에는 없다(דויד (-) אלף רכב). 소실된 부분에 어순이 바뀐 채로 이 표현이 있었을지는 알 수 없다.


## 4절 ㄴ-ㄴ. 기마병 1,700명과

마소라 본문(אֶלֶף וּשְׁבַע-מֵאוֹת פָּרָשִׁים, '엘레프 우쉐바-메오트 파라쉼')과 달리 칠십인역은 수사 1,000 바로 다음에 ἅρματα('하르마타', "병거들")이 있어서, 병거 1,000과 기마병을 구분한다.[1] 이 본문은 위에서 인용한 쿰란 본문에서도 뒷받침된다. 아마도 이것은 후반절에서 다윗이 병거 100대만

---

1.  칠십인역은 여기서 기마병이 700명이 아니고, 7,000명이라고 진술한다.

남기고 병거 끄는 말의 힘줄을 모조리 끊었다는 언급에 영향을 받은 수정 본문일 것이다.

### 13절 ㄷ. 에돔

여기서 히브리어 본문은 여전히 아람(אֲרָם)과 전투를 벌였다고 쓴다. 하지만 칠십인역은 물론(τὴν Ἰδουμαίαν), 이어지는 14절과 이 사건을 언급하는 시편 60편의 표제나 평행본문인 대상 18:11, 12은 에돔(אֱדוֹם)으로 쓰며, 개역개정은 이를 따랐다. 아마도 우리에게 전승된 히브리어 본문은 비슷한 자음의 혼동에서 비롯한 필사 오류인 듯하다.

## 본문 주석

### 다윗의 승전 기록(1-14절)

**1절: 블레셋 정복.** 본문은 "그 뒤"(וַיְהִי אַחֲרֵי־כֵן, '바여히 아하레-켄')로 시작하여 새로운 이야기를 소개한다(참조. 삼상 24:5[6]; 삼하 2:1; 10:1; 13:1; 21:18). 그토록 이스라엘을 위협하던 블레셋의 정복 이야기는 의외로 매우 간단히 서술된다. 곧 "다윗이 블레셋 사람들을 쳐서, 그들을 굴복시켰다"(וַיַּךְ דָּוִד אֶת־פְּלִשְׁתִּים וַיַּכְנִיעֵם, '바야크 다비드 에트-플리쉬팀 바야크니엠')라는 네 마디만 전한다. 여기서 말하는 "메덱암마"(מֶתֶג הָאַמָּה, '메테그 하암마')는 지명으로 보이지만, 어디인지 알 수 없다. 다만 역대상 18장 1절의 평행본문에 따르면, "가드와 그 동네"로 언급된다. 지금까지 사무엘서에서 170번 이상 언급되던 블레셋은 이제 히스기야 시대에 이르기까지 (왕하 18:8) 다시는 언급되지 않을 것이다(참조. Long, *1 and 2 Samuel*, 339;

Tsumura, *Second Samuel*, 152).

**2절: 모압 정복.** 다윗이 사울에게 쫓기던 때 모압은 한때 그의 피신처가 되기도 했으며(삼상 22:3), 다윗의 먼 인척이기도 한(룻 4:13-17) 모압은 지금 그저 이스라엘 주위의 정복 대상 민족으로만 취급된다. 모압 포로들을 처형하는 데 줄로 키를 쟀다는 것은 다른 곳에서는 찾아볼 수 없다. 히브리어 본문은 이 과정에서 "두 줄 길이"(שְׁנֵי־חֲבָלִים, '쉐네-하발림')의 사람들은 죽이고, "한 줄 길이"(מְלֹא הַחֶבֶל, '믈로 하헤벨'; 직역. "줄에 꽉 찬")의 사람들은 살려서[2] 다윗에게 조공을 바치는 종으로 삼았다고 전한다. 이 본문은 아마도 군사들을 죽이고, 군대에 갈 나이가 되지 않은 사람들은 살려두었다는 표현으로 이해할 수 있을 것이다.

**3-8절: 아람 전쟁 승리.** 3절에서는 소바(צוֹבָה, '초바') 임금 르홉의 아들 하닷에셀과 벌인 전투를 전한다. 소바는 북쪽으로는 하맛과 남쪽으로는 다마스쿠스 사이에 있던 곳이다. 본문에 따르면, 하닷에셀이 영향력을 확대하려고 유프라테스강으로[3] 출정하였을 때 다윗이 그를 따라가서 전투를 벌였다. 전투의 결과 다윗은 기마병(פָּרָשִׁים, '파라쉼') 1,700명과 보병(אִישׁ רַגְלִי, '이쉬 라글리') 20,000명을 사로잡았는데, 흥미롭게도 다윗은 병거 100대만 남기고 나머지 병거를 끄는 말은 힘줄을 모조리 끊었다(וַיְעַקֵּר, '바여아케르'). 다윗이 말의 힘줄을 끊은 것은 적군의 손에 들어가지 않게 하려 함이었거나 신명기 율법에 따라(신 17:16) 지나치게

---

2. 여기서 칠십인역은 "한 줄 길이는 죽이고, 두 줄 길이는 살렸다"고 전한다.
3. 마소라 본문의 쓰기 전통은 어느 강인지를 구체화하지 않으며, 읽기 전통에 추가되어 있다(*Qere wela Ketib*).

많은 말을 두지 않으려 함이었을 수 있다(비교. 수 11:6-9). 힘줄을 끊은 말들은 죽이지 않았으므로, 짐을 운반하거나 농사일에 쓰는 가축이 되었을 수 있다(참조. Tsumura, *Second Samuel*, 154). 5절에서는 하닷에셀의 패전 소식을 들은 다마스쿠스의 아람 사람들이 원군을 보냈지만, 다윗에게 패전하고 22,000명이 전사했다. 승전한 다윗은 6절에서 다마스쿠스 아람에 "수비대"(נְצִיבִים, '느치빔')를 두었으며(비교. 삼상 10:5; 13:3), 아람 사람들은 다윗에게 조공을 바치게 되었다. 화자는 다윗의 승전을 여호와께서 주신 승전이라고 해설한다. 7-8절에서는 다윗이 이 전쟁에서 탈취한 전리품을 언급하는데, "금방패"(שִׁלְטֵי הַזָּהָב, '쉴르테 하자하브')와[4] "놋쇠"(נְחֹשֶׁת, '느호쉐트') 등이었다.

**9-10절: 하맛 왕의 항복.** 여기서 언급되는 하맛은 북쪽으로 소바와 접경한 신-힛타이트(Neo-Hittite) 국가의 수도로 오론테스강(Orontes) 중부에 자리 잡고 있었다(참조. McCarter, *II Samuel*, 250). 이 하맛 임금 도이는 다윗이 하닷에셀을 제압했다는 소식을 듣고, 은그릇과 금그릇, 놋그릇 등의 조공품과 함께 아들 요람을 보내서 다윗 왕에게 "문안하고", "축하하"게 하였다. 전쟁을 피하고 항복한 셈이다.

**11-12절: 다윗이 전리품을 여호와께 드림.** 10절에서 다윗은 그동안 전투에서 탈취한 전리품들과 항복한 나라들이 바친 조공품들을 모두 여호

---

4.    여기서 쓰인 낱말이 금으로 만든 무엇인지는 뜻이 명확하지 않다(참조. 대상 18:7). 일반적으로 다른 용례들의 문맥(비교. 대하 11:12; 23:9; 렘 51:11; 겔 27:11; 아 4:4)을 바탕으로 방패로 이해하지만, 칠십인역은 손목이나 발목 "보호대"(τοὺς χλιδῶνας)로 옮기며, 더러는 "화살통"으로 이해하기도 한다(참조. Anderson, *2 Samuel*, 133).

와께 드렸다. 이는 다윗이 이 모든 전쟁을 거룩한 전쟁으로 규정하였음을 뜻한다. 11절에서는 이 전리품과 조공품들의 출처를 언급하면서 지금까지의 원정을 요약하는데, 본문에서 언급되지 않은 암몬과 아말렉이 포함된 것은 흥미롭다. 아마도 본문의 전쟁 보도가 요약의 성격이 있기 때문일 것이다.

**13-14절: 에돔 전쟁 승리.** 13절에서 다윗은 남부 지방의 에돔과 전투를 벌였다(본문 비평 참조). 그 장소를 "소금 골짜기"(גֵּיא־מֶלַח, '게-멜라흐')라고 밝힌다. 이곳은 아마도 사해 동부 에돔 영토의 남부 지방에 있었을 것이다(참조. Tsumura, *Second Samuel*, 156). 본문은 이 전투를 계기로 다윗이 명성을 떨치게 되었다고 전한다(비교. 창 11:4; 사 63:12; 렘 32:20). 14절에서 다윗은 에돔에도 수비대를 두어서 에돔이 다윗의 종이 되었다고 전한다. 그리고 마지막으로 화자는 6절에서처럼 다윗의 승전을 여호와께서 주신 승전이라고 해설한다.

### 다윗의 신하들(15-18절)

먼저 15절에서는 다윗이 모든 백성에게 "공평과 정의"(מִשְׁפָּט וּצְדָקָה, '미쉬파트 우츠다카')를 행하였다고 평가하였는데, 이는 다윗을 이상적인 왕으로 그리려는 의도의 표현이겠다(참조. 사 9:7; 렘 22:3; 23:5; Anderson, *2 Samuel*, 136). 16절에서는 군사령관(עַל־הַצָּבָא, '알-하차바')으로 다윗의 조카인 요압과 사관(מַזְכִּיר, '마즈키르')[5] 여호사밧이 언급된다. 17절에서는 제

---

5. 이 낱말의 어근은 '기억하다'는 뜻이 기본인데, 공문서의 기록과 보관을 담당한 관리였을 것으로 여긴다. 참조. Anderson, *2 Samuel*, 136; Tsumura, *Second Samuel*, 356.

사장으로 사독과 아히멜렉이 언급되는데, 특히 사독은 다윗의 왕위 계승에 결정적인 역할을 할 것이다. 문서 기록을 담당하는 서기관(סוֹפֵר, '소페르')으로는 스라야가 소개된다. 18절에서는 먼저 "그렛 사람들과 블렛 사람들"(הַכְּרֵתִי וְהַפְּלֵתִי, '하크레티 브하플레티')을 관할하는 관리로 브나야가 소개되는데, 이들은 팔레스틴 땅에 유입되었던 외국인들로 일찍부터 다윗의 용병으로 편입되었을 것이다(참조. 삼상 30:14; 삼하 15:18; 20:7; 왕상 1:38, 44; Tsumura, *Second Samuel*, 159-160). 마지막으로 다윗의 아들들이 언급되는데, 히브리어 본문은 이들이 "제사장들"(כֹּהֲנִים, '코하님')이었다고 진술한다. 그러나 칠십인역은 "왕실 관리"(αὐλάρχαί, '아울라르카이')로 고쳐 읽었으며, 평행본문인 역대상 18장 17절도 "왕을 모시는 사람들의 우두머리"로 읽었다. 하지만 고대 사회에서 왕이나 왕자들이 제의에 직접 관여하는 전통을 고려했을 때, 왕정 체제 정립을 위해 다윗이 고대의 일반적인 직제에 아들들을 임명했다고 여길 수도 있다(참조. Dietrich, *1 Sam 27-2 Sam 8*, 747).

## 본문의 메시지

이 장에서는 온 이스라엘의 임금으로 등극한 다윗이 군사 지도자로서 이룬 전공과 그와 함께 이 일을 이룬 관리들을 소개한다. 다윗이 전쟁을 벌여서 승리한 주변국들은 서부(1절)에서 동부(3절)로 북부(3-11절)에서 남부(13-14절)를 다 아울러서, 그야말로 이스라엘이 다윗의 시대에 주변의 모든 나라를 그 영향권 아래 두었음을 말해준다.

　본문에서는 거듭 다윗의 전승이 여호와께서 이끄신 결과라고 말하며, 다윗도 모든 전리품과 조공품을 여호와께 바쳐서 이 전쟁들이 여호와께 속한 거룩한 전쟁임을 강조하였다. 다윗이 온 이스라엘의 왕으로 등극하게 된 결정적인 능력은 전쟁 용사로서 그의 자격이었다. 다윗은 이것을 왕위에 올라 주변국을 군사적으로 제압하면서 입증해 보였다. 더욱이 사사 시대부터 이스라엘의 가장 위협적인 존재였으며, 왕정 체제로 전환하게 된 결정적인 원인이었던 블레셋을 아무 어려움 없이 완전히 제압해 버렸다. 그저 이스라엘에서 밀어낸 정도가 아니라, 완전히 역사에서 지워버렸는데도 본문은 아무렇지 않게 구체적인 전투 장면의 묘사도 없이 서술한다. 그만큼 다윗의 능력이 뛰어났음을 암시하는 대목이다. 그런데도 다윗은 여전히 모든 전공을 여호와께 돌린다. 이런 다윗의 겸손한 모습을 통해서 화자는 이상적인 이스라엘의 왕, 이상적인 신앙인의 상을 독자들에게 보여주며 교훈을 준다.

**셋째 마당**
**다윗 왕위의 계승을 둘러싼 갈등(9-20장)**

# 9장
# 요나단의 아들에게 호의를 베푸는 다윗

## 우리말로 옮긴 본문

1  다윗이 말하였다. "사울의 집안에 아직 누구라도 살아남아 있는가? 만약 있다면 내가 요나단을 봐서 그에게 호의를 베풀어 주겠다."

2  사울 집안의 종 가운데 시바라는 사람이 있었는데, 사람들이 그를 다윗에게 불러왔다. 왕이 그에게 말하였다. "그대가 시바인가?" 그가 대답하였다. "당신의 종 시바입니다."

3  왕이 말하였다. "사울의 집안에 살아남은 이가 없는가? 만약 있다면 내가 그에게 하나님의 호의를 베풀겠다." 그러자 시바가 왕에게 말하였다. "요나단의 아들 하나가 아직 살아 있는데 두 다리를 접니다."

4  왕이 그에게 말하였다. "그가 어디 있는가?" 시바가 왕에게 말하였다. "그는 로드발에 있는 암미엘의 아들 마길의 집에 있습니다."

5  그러자 다윗 왕이 사람을 보내서, 암미엘의 아들 마길의 집이 있는

로드발에서 그를 데려왔다.

6    사울의 손자이자 요나단의 아들인 므비보셋이 도착해서는 다윗 앞에 엎드려 절하였다. 다윗이 말하였다. "므비보셋!" 그가 대답하였다. "당신의 종이 여기 있습니다."

7    다윗이 그에게 말하였다. "두려워하지 말게. 내가 그대의 아버지 요나단을 봐서 그대에게 호의를 베풀려 하네. 그대의 할아버지 사울의 모든 땅을 그대에게 되돌려 주겠네. 그리고 그대는 늘 내 식탁에서 음식을 먹게 될 것일세."

8    그러자 그는 절한 뒤 말하였다. "제가 무엇이기에 죽은 개 같은 저를 돌아보십니까?"

9    그리고 왕은 사울의 수하였던 시바를 불러서 말하였다. "사울과 그의 집안에 속한 모든 것을 내가 그대 주인의 아들에게 주었다.

10    그러니 그대와 그대의 아들들은 그를 위해 땅을 갈고 거두어 그대 주인 아들의 먹을 음식이 되게 하여라. 네 주인의 아들 므비보셋은 늘 내 식탁에서 음식을 먹게 될 것이다." 시바에게는 아들 열다섯 명과 종 스무 명이 있었다.

11    시바가 왕에게 말하였다. "내 주군이신 임금님께서 종에게 명령하신 모든 것을 당신 종이 그대로 하겠습니다." 그리고 므비보셋은 왕자들 가운데 하나처럼 왕의 식탁에서 음식을 먹었다.

12    므비보셋에게는 어린 아들이 하나 있었는데, 그의 이름은 미가였다. 그리고 시바의 집에 사는 모든 이들은 므비보셋의 종이 되었다.

13    므비보셋은 예루살렘에 살면서 정말 왕의 식탁에서 늘 음식을 먹었다. 그런데 그는 두 다리를 절었다.

## 본문 주석

**1-4절: 다윗과 시바의 만남.** 지금까지 다윗은 주위에서 이스라엘을 위협하였거나 그럴 가능성이 있는 민족들을 모두 제압하였다. 다윗은 1절에서 이제 마지막으로 다시 한번 사울의 남은 세력이 있는지 확인한다. 그는 "아직"(עוֹד, '오드') 사울의 집에 남은 사람이 있느냐고 묻는다. 물론 명분은 그 사람에게 "요나단을 봐서"(בַּעֲבוּר יְהוֹנָתָן, '바아부르 예호나탄') 은총을 베풀리라는 것이었다(참조. 삼상 20:14-17). 물론 다윗이 요나단과 맺은 언약은 요나단의 후손과 관련되는 것이었다. 문맥에서 다윗은 어쩌면 벌써 요나단의 살아남은 아들에 대한 정보를 가지고 있었다고 여길 수도 있다. 2절에서 다윗은 우선 자신이 알고 있었던 사울 집안의 종 시바를 불러들였다. 다윗은 소환되어 온 시바의 신분을 확인하였고, 시바는 "당신의 종(עַבְדֶּךָ, '아브데카') 시바입니다"라고 대답하였다. 이 대답은 직접화법에서 지위가 더 높은 사람에게 자신을 일컫는 관용적 표현이다(참조. 게제니우스, 『사전』, 558). 3절에서 다윗은 시바에게 다시 한번 1절에서 했던 질문을 그대로 한다. 그러자 시바는 (다윗이 예상했던 대로) 요나단의 아들이 아직 살아있다고 대답한다. 그런데 그 아들은, 독자들에게 앞서 4장 4절에서 전해졌듯이, 두 다리를 저는 장애인(נְכֵה רַגְלָיִם, '느케 라글라임')이라고 말한다. 요나단의 아들은 사실 앞서 이스보셋이 그랬듯, 언제든 사울의 남은 세력에게 반란의 명분이 될 수 있는 인물이었다. 그러나 그가 다리에 장애가 있다는 것은 다윗에게는 다행일 수 있다. 어쨌거나 반란의 수장으로 세워지려면 군사 지도자로서의 면모를 갖추어야 하는데, 그런 점에서 다리의 장애는 치명적이기 때문이다. 4절에서 다윗은 그 아들이 어디 있는지를 묻는다. 이에 시바는 로드발(לוֹ דְבָר, '로

드바르') 암미엘의 아들 마길의 집에 있다고 전하였다. 지명으로 보이는 로드발이 어딘지는 알 수 없지만, 아마도 이스보셋이 자리 잡았던 요단 동편의 마하나임과 멀지 않은 곳으로 추정할 수 있겠다(McCarter, *II Samuel*, 261; Anderson, *2 Samuel*, 141 참조). 마길은 요나단의 아들이 머물도록 해 주었을 뿐 아니라, 장차 다윗에게도 계속해서 도움을 줄 것이다(참조. 삼하 17:27).

**5-8절: 다윗과 므비보셋의 만남.** 요나단의 아들에 대해 시바에게서 정보를 얻은 다윗은 5절에서 곧바로 사람을 보내 그를 데려오게 했다. 요나단의 아들 이름은 이 이야기에서 이제야 등장한다. 6절에서 그의 이름은 "사울의 손자이자 요나단의 아들인 므비보셋"(בֶּן־יְהוֹנָתָן בֶּן־שָׁאוּל מְפִיבֹשֶׁת, '므피보쉐트 벤-예호나탄 벤-샤울')으로 소개되는데, 이는 귀족에게 사용되는 호명 방식이다. 므비보셋은 다윗 앞에서 절하였다. 이는 사울 집안이 더는 왕족으로서 지위를 누리지 않음을 보여주는 상징적인 모습으로 볼 수 있겠다. 다윗은 시바 때와 마찬가지로 므비보셋의 신분을 확인한다. 므비보셋은 시바보다 더 적극적으로 "당신의 종이 여기 있습니다"(הִנֵּה עַבְדֶּךָ, '힌네 아브데카')라고 대답한다. 이 대답에는 살아남은 사울 집안의 후손으로서, 특히 장애인으로서 다윗을 향한 두려움의 감정이 내포되어 있을 것이다(참조. Long, *1 and 2 Samuel*, 350). 7절에서 다윗은 그런 므비보셋의 두려움을 감지하고, 곧바로 "두려워하지 말게"(אַל־תִּירָא, '알-티라')라며 그를 진정시킨다. 그리고 요나단과 언약한 대로 다윗은 므비보셋에게 은총을 베풀겠다고 표명한다. 그 은총이 무엇인지 이어서 다윗은 구체적으로 두 가지로 말해준다. 첫째, 므비보셋의 할아버지 사울이 소유했던 "모든 땅"을 므비보셋에게 상속해 주겠다는 것이

다. 왕정에서 제거된 이전 왕조의 재산은 당연히 새로운 왕조의 소유가 되므로, 다윗이 므비보셋에게 사울 소유의 재산을 상속하게 해 주는 것은 분명히 은총을 베푼 행위가 된다. 사실상 시민으로서 므비보셋의 권리를 회복해 준 것이다. 둘째로 다윗은 므비보셋이 왕의 상에서 함께 식사할 권한을 주었다. 이제 더는 왕족이 아닌 므비보셋을 왕족으로 대우해 주겠다는 뜻이다. 이 두 가지로 므비보셋은 완전한 복권을 보장받게 되었다. 8절에서 므비보셋은 다윗의 호의에 의아해한다. 그는 자신을 "죽은 개"(הַכֶּלֶב הַמֵּת, '하켈레브 하메트'; 삼상 24:14; 삼하 16:9) 같다며 비하한다. 이 표현은 무의미한 존재임을 극단적으로 일컫는 말이다. 므비보셋이 이토록 자신을 비하하는 것은 제거된 이전 왕조의 후손이며, 그것도 아무에게도 이용 가치가 없는 장애인이라는 사실에서 비롯했을 것이다.

**9-12절: 다윗이 시바에게 므비보셋을 섬기라 명함.** 9절에서 다윗은 멈추지 않고, 시바를 다시 불러서 자신이 므비보셋을 복권해 주었다는 사실을 분명히 말해준다. 왕이 한 말은 곧 법적 효력을 지니므로, 이 순간 시바는 이전에 사울을 섬기던 것처럼, 므비보셋을 섬겨야 하는 존재가 되었다. 10절에서 다윗은 바로 이 사실을 시바에게 분명히 말해준다. 시바는 물론 시바의 아들들과 그 집안의 모든 종은 므비보셋을 위해서 사울 소유였던 땅을 경작해야 했다. 더불어 다윗은 시바에게 므비보셋이 재산만 되찾은 것이 아니라 왕족으로서의 지위도 회복했음을 밝혀주었는데, 므비보셋의 소유는 베냐민 땅에 있더라도 그는 예루살렘에 거주하면서 왕과 함께 식사하는 신분이 될 것이라고 했기 때문이다. 그런데 화자는 이 구절 마지막에서 시바가 아들이 15명이고 종이 20명이라는 말

을 굳이 덧붙인다. 다윗이 이토록 시바에게 신신당부한 까닭은 그가 아들과 종이 많기 때문임을 넌지시 말하는 듯하다. 실제로 시바는 나중에 므비보셋을 배신할 것이다(삼하 16:1-4, 19:24-30). 그러나 11절에서 시바는 일단 왕의 명령을 따르겠노라고 대답하였다. 이어서 화자는 므비보셋이 "왕자들 가운데 하나처럼"(כְּאַחַד מִבְּנֵי הַמֶּלֶךְ, '크아하드 미브네 하멜레크') 왕의 상에서 함께 음식을 먹는 신분이 되었다고 전한다. 12절에서는 흥미롭게도 므비보셋의 아들 미가를 언급한다. 미가가 후손을 많이 두었다는 점을 고려한다면(참조. 대상 8:34-35; 9:40-44; Tsumura, *Second Samuel*, 166), 이 언급으로써 화자는 다윗이 요나단에게 한 요나단의 집을 향한 인자함을 영원히 끊지 않겠다는 언약(삼상 20:15)이 실현되었음을 분명히 하려 했을 것이다. 이어서 화자는 시바의 집에 사는 모든 이가 므비보셋의 종이 되었다는 사실을 다시 한번 언급하는데, 이는 앞서 말한 것처럼 시바의 므비보셋 배신에 전조가 될 것이다.

**13절: 예루살렘에 살게 된 므비보셋.** 마지막으로 본문은 다윗이 보장한 므비보셋의 모습을 두 가지로 요약한다. 곧 그는 항상 왕의 상에서 먹는 것으로 신분이 회복되었지만, 두 발을 다 저는 장애인이라는 것이다.

## 본문의 메시지

본문에서는 일찍이 사울에게 쫓길 때, 다윗이 요나단에게 했던 언약의 실현을 다룬다. 이것은 화자가 지금까지 다윗을 이상적인 왕으로 묘사하는 마지막 대목이다. 다윗이 사울의 집안에 아직 남은 사람이 있는지

찾은 것은 분명히 양면적이다. 이스보셋을 이용해서 아브넬이 반란을 일으켰던 일과 미갈이 다윗을 향해 영향력을 키우려 했던 일의 경험에 비추어 보면 언제든 생길 수 있는 반란을 일찌감치 제압하려는 의도로 볼 수 있다. 하지만 다윗은 요나단에게 했던 언약의 실현을 명분으로 내세웠으며, 실제로 요나단의 아들 므비보셋에게 은총을 베풀어 주었다. 하지만, 다윗은 이미 므비보셋이 장애인이라 왕권에 위협이 될 만한 인물이 아니었음을 알고 있었을 수 있다. 적어도 화자가 몇 차례에 걸쳐서 므비보셋의 장애를 강조한 것은 다윗의 의도와 상관 없이 본문을 그렇게 읽을 가능성을 충분히 열어두었다고 볼 수 있다.

물론 다윗이 자신에게 위협이 되지 않아서 므비보셋에게 호의를 베풀었다고 볼 여지가 충분히 있지만, 다윗은 분명히 요나단과 했던 언약을 충실히 지켰다. 그리고 므비보셋의 후손이 끊어지지 않도록 배려해 주었다. 사무엘서에서 거듭 묘사하는 다윗의 모습이 여기서도 그대로 이어진다. 정치를 무시하지는 않지만, 다윗은 절대로 정치적이기만 한 인물이 아니었다. 순간마다 거듭 본질에서 벗어나지 않고, 명분을 쌓는다고 폄훼 받을 수 있더라도 굳은 심지로 결심한 일을 꿋꿋이 해 나갔다. 그에 관한 판단과 평가를 화자는 독자들의 몫으로 남겨둔다.

# 10장
## 암몬, 아람과 벌인 다윗의 전쟁

### 우리말로 옮긴 본문

1 그 뒤의 일이었다. 암몬 자손들의 왕이 죽고, 그의 아들 하눈이 그를 이어 왕이 되었다.

2 그러자 다윗이 말하였다. "내가 나하스의 아들 하눈에게, 그의 아버지가 내게 호의를 베풀었듯, 나도 호의를 베풀겠다." 그러고는 자기 신하들을 보내서 그의 아버지를 조문하게 하였다. 다윗의 신하들이 암몬 자손들의 땅에 도착하였다.

3 그러나 암몬 자손들의 대신들이 자기네 주군 하눈에게 말하였다. "다윗이 임금님의 아버지를 존경해서 임금님 앞에 조문객을 보낸 줄 아십니까? 성을 엿보고 정탐해서 함락시키려고 다윗이 자기 신하들을 임금님께 보낸 것 아니겠습니까?"

4 그러자 하눈이 다윗의 신하들을 붙잡아서 그들의 수염 절반을 깎고, 옷은 엉덩이까지 드러나도록 절반을 잘라서 보냈다.

5 다윗에게 ㄱ 소식이 전해졌다. 그 사람들이 매우 수치스러워하므로 왕이 그들을 맞으러 사람을 보내서, 수염이 다 자라기까지 여리고에서 머물다 돌아오라고 말을 전했다.

6 암몬 자손들은 자신들이 다윗을 불쾌하게 하였음을 보고 사람을 보내서, 벧르홉의 아람 사람들과 소바의 아람 사람들로 이루어진 보병 20,000명과 1,000명을 거느린 마아가 왕과 돕 사람 12,000명을 고용하였다.

7 다윗이 그 소식을 전해 듣고 요압과 모든 용사 부대를 파병했다.

8 그러자 암몬 자손들이 나와서 성문 입구에서 전열을 가다듬었고, 소바와 르홉의 아람 사람들과 돕 사람들과 마아가 사람들은 따로 들판에서 전열을 갖추고 있었다.

9 요압은 전열이 자기들 앞뒤에 갖추어진 것을 보고, 모든 병사 가운데서 이스라엘의 정예병을 뽑아서 아람 사람들을 맞서 전열을 갖추게 하였다.

10 그리고 나머지 백성들은 자기 동생인 아비새에게 내주어, 암몬 자손들을 맞서 전열을 갖추게 하였다.

11 그리고 나서 요압이 말하였다. "만약 아람 사람들이 나보다 강하면 네가 나를 구해다오. 그리고 만약 암몬 자손들이 너보다 강하거든 내가 너를 구하러 가겠다.

12 용기를 내라. 우리 백성들을 위해서, 그리고 우리 하나님의 성읍들을 위해서 힘을 내도록 하자. 그러면 여호와께서 당신 보시기에 좋은 일을 이루어 주실 것이다."

13 그리고는 요압과 그와 함께한 백성들이 아람 사람들과 싸우기 위해 나아가니, 그들이 요압 앞에서 도망쳤다.

14 암몬 사람들이 아람 사람들이 도망치는 것을 보고는, 자신들도 아비새 앞에서 도망쳐서 성안으로 들어갔다. 요압은 암몬 자손들을 뒤따르다 돌이켜 예루살렘으로 되돌아갔다.

15 아람 사람들이 자신들이 이스라엘에게 패배하였음을 보고 한데 모였다.

16 하닷에셀에 사람을 보내자, 강 건너편에 있던 아람 사람들이 나와서 헬람에 이르렀다. 그리고 하닷에셀의 군대 장군 소박이 선봉에 서 있었다.

17 다윗에게 그 소식이 전해지자, 그가 온 이스라엘을 소집하여 요단강을 건너 헬람에 이르렀다. 그러자 아람 사람들도 다윗에 맞서 싸웠다.

18 아람 사람들은 이스라엘 앞에서 도망쳤다. 다윗은 아람 군대에서 병거 700대와 기병 40,000명을 죽였다. 그리고 아람 군대 장관 소박을 거기서 쳐 죽였다.

19 하닷에셀을 섬기던 모든 왕은 그들이 이스라엘 앞에서 도망치는 것을 보고, 이스라엘과 화친하고 그들을 섬겼다. 그리고 아람 사람들은 두려워서 다시는 암몬 자손들을 돕지 않았다.

## 본문 비평

**5절 ㄱ. (-)**

칠십인역과 쿰란 본문(4QSam<sup>a</sup>)에는 마소라 본문에는 없는 "그 사람들에 대하여"(ὑπὲρ τῶν ἀνδρῶν; האנשים [על])가 더 있다. 아마도 이 본문은 뜻을 더 명확히 하려던 통속 본문(vulgar text)의 추가 구절일 것이다.

# 본문 주석

**1-5절: 다윗과 암몬의 갈등.** 1절에서 본문은 사무엘서에서 종종 등장하는 "그 뒤"(וַיְהִי אַחֲרֵי־כֵן, '바여히 아하레-켄')로 시작한다(참조. 삼상 24:5[6]; 삼하 2:1; 8:1; 13:1; 21:18). 이 말은 여기서 이전과 시간의 간격을 두고 벌어진 새로운 사건을 진술한다는 뜻이다. 본문은 암몬의 새로운 왕으로 등극한 하눈에게 초점을 맞춘다. 그러니 8장에서 다윗이 주변국을 제압하던 이야기로 돌아온 것이다. 독자들은 여기서 앞서 언급하지 않은 암몬 정복 이야기가 벌어질 것을 기대한다. 2절에서 다윗은 흥미롭게도 하눈의 아버지 나하스와 호의적인 관계였다고 말하는데, 나하스가 사울 시대 이스라엘의 적이었던 점을 생각하면 의외다(참조. 삼상 11장). 아마도 다윗과 이런 관계를 맺게 된 데는 다윗이 사울을 피해 다닐 때 있었던 알려지지 않은 사건을 전제할 것이다(비교. Anderson, *2 Samuel*, 126). 어쨌거나 다윗은 나하스의 죽음 소식을 듣고 조문을 위해 신하들을 보냈다. 그러나 3절에서 암몬의 관리들은 다윗의 진의를 의심하며, 조문이 아니라 정탐이라고 조언하였다. 4절에서 이 말을 들은 하눈은 조문하러 온 다윗의 신하들을 모욕한다. 곧 그들의 수염 절반을 깎고(참조. 사 15:2; 렘 41:5; 48:37 등), 의복을 " 엉덩이"(שְׁתוֹתֵיהֶם, '쉐토테헴'; 새번역. "양쪽 엉덩이"; 가톨릭. "엉덩이 부분")까지 절반을 자르고(참조. 사 20:4) 되돌려 보낸다. 이 행위는 아마도 남성성 제거를 상징하여서 더 치욕적이었을 것이다(참조. McCarter, *II Samuel*, 270; Tsumura, *Second Samuel*, 168). 5절에서 다윗의 신하들

이 그런 수치스러운 모습으로 왕 앞에 나설 수 없으므로, 다윗은 그들에게 여리고에서 머물다가 돌아오라는 명령을 내렸다. 여리고는 암몬의 수도 랍바에서 예루살렘으로 오는 길에 요단강을 건너자마자 사해 북쪽에 있었다.

**6-8절: 이스라엘과 암몬 전쟁 발발.** 6절에서 암몬 사람들은 하눈의 행동이 선전포고임을 깨달았다. 그래서 자신들만으로는 다윗의 군대를 상대할 수 없다고 여겼는지, 북쪽의 벧르홉(참조. 민 13:21)과 소바(참조. 삼하 8:3)의 아람 사람들 20,000명과 헤르몬 산지 근처 골란 고원에 있던(참조. McCarter, *II Samuel*, 271) 마아가 왕에게서 1,000명, 그리고 요단 동편 북부의 작은 나라였던 돕(참조. 삿 11:3, 5) 사람 12,000명을 용병으로 고용했다(וַיִּשְׂכְּרוּ, '바이스크루'; 참조. 대하 25:6). 그러니까 암몬 사람들은 이스라엘 북서쪽의 민족들과 연합하여 이스라엘을 대적하려 하였다. 7절에서 이 소식을 들은 다윗은 군사령관이었던 요압과 군사들을 모두 출전하도록 했다. 8절에서 암몬의 전술이 소개된다. 암몬 군대는 랍바에서 나와, 성 안에서 수성전을 벌이는 것이 아니라, 백병전을 준비하며 이스라엘 군대 맞은편에 진을 쳤다. 그리고 미리 연락한 용병들은 이스라엘 뒤편 들판에 진을 치고 있었다. 이들은 이스라엘 군대를 가운데 두고 양동 작전을 벌이려 계획하였다.

**9-14절: 요압과 아비새의 승리.** 9절에서 요압은 암몬 군대와 용병들이 앞뒤에 진 친 것을 보고서야 그들의 양동 작전 계획을 알아챘다. 이것은 요압의 실수였다(참조. Anderson, *2 Samuel*, 147). 그러나 요압은 이내 새로운 전술로 대비한다. 그는 군대를 두 대로 나누었다. 그는 특별히 선별하여

이스라엘 본진 뒤에 있는 아람 사람들과 맞서도록 진을 치게 했다. 이렇게 요압이 뒤편의 아람 사람들을 맞설 군사들을 특별히 선별한 것은 아람 용병이 암몬 군대보다 더 군사력이 뛰어났다고 판단했기 때문일 것이다(참조. Tsumura, *Second Samuel*, 170). 그리고 자신이 그 부대를 지휘하였다. 10절에서는 나머지 군사들을 암몬 사람들과 맞서 싸우도록 나누어 진을 치게 하였다. 그리고 이 부대는 자기 동생 아비새가 지휘하도록 맡겼다. 11절에서는 구체적인 전략을 세우는데, 요압은 두 부대 가운데 열세에 놓일 부대를 승기를 잡은 부대가 원조하기로 하였다.

12절에서 요압은 이 전쟁을 거룩한 전쟁으로 규정하고 동생 아비새와 군사들을 독려한다. 그는 아비새에게 "용기를 내라"(חֲזַק וְנִתְחַזַּק, '하자크 브니트하자크')라고 말하였다. 그리고 "우리 하나님의 성읍들"을 위해서 그리하자고 말하는데, 아마도 이스라엘 전체의 성읍을 일반적으로 일컬을 수도 있지만, 문맥에서는 지금 암몬과 치르는 전투에서 직접 위협을 받을 수 있는 요단 동편의 인근 성읍을 일컬을 것이다(참조. Anderson, *2 Samuel*, 148). 그러고 나서 거룩한 전쟁으로서 전쟁의 주도권을 하나님께 넘긴다.

13절에서는 먼저 요압이 이끄는 군대가 아람의 용병들을 물리치는 장면이 아주 간단히 진술된다. 그리고 14절에서는 암몬 군대가 아람 용병의 패전을 보고 후퇴하는 모습을 보여준다. 전투는 이렇게 끝나고 요압은 예루살렘으로 회군하였다. 그렇지만, 암몬과의 전쟁이 끝났다고 하기에는 완전하지 않다. 왜냐하면, 두 진영이 회군했지만, 어느 한쪽이 항복하지는 않았기 때문이다. 이 이야기는 12장에서 계속될 것이다(참조. 12:26 이하).

**15-19절: 다윗의 아람 전쟁 승리.** 암몬의 이야기는 끝났지만, 아람의 이야기는 아직 끝나지 않았다. 15절에서 패전한 아람 사람들이 집결했다. 16절에서 다윗에게 한 번 패전한 소바 왕 하닷에셀(참조. 8:3)이 다시 등장한다. 하닷에셀은 "강 건너편"(מֵעֵבֶר הַנָּהָר, '메에베르 하나하르')에 있는 아람 사람들을 소집하였는데, 본문에서 이 강이 명확히 밝혀져 있지 않지만, 유프라테스일 것이다(참조. 8:3; McCarter, *II Samuel*, 273; Anderson, *2 Samuel*, 148). 그들은 헬람에 집결하여, 하닷에셀의 군사령관 소박의 지휘를 받았다. 헬람이 도시인지 지역인지 어디인지는 분명하지 않지만, 요단 동편에 있었을 것으로 추정한다(참조. 17절; Anderson, *2 Samuel*, 148; Long, *1 and 2 Samuel*, 356).

17절에서 이 소식을 들은 다윗은 이번에는 직접 군대를 소집하여 출정한다. 그는 요단강을 건너서 헬람에 이르러 아람 연합군과 맞서 전투를 벌였다. 18절에서 전쟁의 결과는 다시 간단히 아람 사람들이 패전하여 도주하였다고 요약된다. 이어서 좀 더 구체적으로 다윗의 군대가 병거 700대를 부수고, 기병 40,000명을 죽이는 성과를 냈다고 보도한다. 그리고 아람 연합군의 사령관이었던 소박도 전사했다.

19절은 전쟁의 결과를 알려주는데, 하닷에셀과 연합했던 아람 왕들이 이스라엘과 화친했다(וַיַּשְׁלִמוּ, '바야쉴리무'). 히필(Hiphil) 변화형으로 쓰인 이 동사는 이 문맥에서 사실상 항복의 뜻으로 새길 수 있다(참조. 수 10:1, 4; 11:19). 이는 이들이 이스라엘 사람들을 섬겼다는 표현에서 더욱 확실해진다. 그리하여 아람은 이제 더는 암몬과 연합군을 형성하지 않게 되었다. 이 조치는 아직 완전히 제압되지 않은 암몬 제압을 위해 중요한 조치가 된다.

## 본문의 메시지

본문의 전반적인 줄거리는 이 장과 12장 후반부에서 계속 이어지는 암몬 제압 사건을 중심으로 전개된다. 이 장에서는 일차적으로 암몬의 주된 연합군이었던 아람의 세력을 제압하여서 암몬을 완전히 고립시키는 이야기가 전해진다.

그런데 여기서 1차 전투에 나섰던 요압과 아비새의 모습을 눈여겨볼 필요가 있다. 이들은 사실 첫 전략에 실패했다고 볼 수 있다. 암몬과 전투를 벌이기 위해서 출정하면서, 암몬이 아람 군대를 용병으로 사서 연합군을 형성했다는 정보를 정확히 알아보지 않았다. 랍바까지 뒤도 돌아보지 않고 진군했다. 그러다 암몬 군대와 아람 용병들 사이에 포위되는 지경에 이르렀다. 분명한 작전 실패로 패전까지 이어질 수 있는 위기였다.

여기서 화자는 요압이 어떻게 이 위기를 극복했는지 세심하게 전해 준다. 일단 그는 더 우세한 아람 용병들을 상대하기 위해서 정예병을 선별했다. 그리고 나머지 군대는 암몬 군대를 상대하도록 했다. 물론 이것도 좋은 임기응변으로 볼 수 있다. 그러나 요압은 거기서 그치지 않고, 지금까지 다윗이 그러했듯이 이 전쟁을 거룩한 전쟁으로 보고, 모든 주도권을 하나님께 돌렸다. 그것이 승리의 원동력이었다고 본문은 분명하게 보여준다.

누구나 실수는 할 수 있다. 실수하는 것은 문제가 되지 않는다. 다만 그 실수를 빨리 인정하고, 본질로 돌아가서 새롭게 시작할 수 있느냐가 문제다. 많은 사람이 자기 실수를 인정하는 데 서투르다. 그리고 어떻게 든 자신을 합리화하고, 잘못된 결정을 밀어붙이려 하곤 한다. 만약 요압이 그대로 암몬을 향해 진군했다면, 아람 용병들의 후미 공격으로 패배했을 것이다. 이것이 요압의 암몬 전투 승리 이야기에서 얻을 수 있는 교훈이다.

# 11장
## 밧세바 때문에 우리아를 죽인 다윗

### 우리말로 옮긴 본문

1 해가 바뀌어 「임금들이 출전할 때가」 되었을 때의 일이었다. 다윗은 요압과 자기 신하들과 온 이스라엘을 함께 보냈다. 그들은 암몬 자손들을 무찌르고 랍바를 에워쌌다. 그때 다윗은 예루살렘에 머무르고 있었다.

2 저녁 무렵에, 다윗이 누웠던 자리에서 일어나 왕궁 지붕을 거닐다가, 목욕하고 있는 한 여인을 지붕에서 보았다. 그 여인은 매우 아름다워 보였다.

3 다윗은 사람을 보내서 그 여인에 대해 알아보았더니, 그 사람이 "이 여인은 엘리암의 딸 밧세바로 헷 사람 우리아의 아내가 아닙니까?"라고 말하였다.

4 다윗이 사람들을 보내서 그 여인을 데려왔고, ˹그에게 가서,˼ 그와 잠자리를 같이하였다. 그때 그 여인은 부정한 때가 지나서 정결해져

있었다. 그런 뒤 여인은 자기 집으로 돌아갔다.

5  그 여인이 임신하자 사람을 보내 다윗에게 "제가 임신하였습니다" 라는 말을 전했다.

6  그러자 다윗은 요압에게 사람을 보냈다. "헷 사람 우리아를 내게 보내주시오." 그래서 요압은 우리아를 다윗에게 보냈다.

7  우리아가 도착했을 때, 다윗은 요압의 안부와 백성들의 안부와 전쟁 상황을 물어보았다.

8  그리고 다윗이 우리아에게 말하였다. "그대의 집으로 내려가 발을 씻도록 하라." 우리아가 다윗의 왕궁에서 나갈 때, 왕이 내린 술상도 그를 따랐다.

9  그러나 우리아는 자기 주군의 모든 신하와 함께 왕궁 문간에 누웠고, 자기 집으로는 내려가지 않았다.

10  다윗에게 "우리아가 자기 집으로 내려가지 않았습니다"라는 소식이 전해졌다. 그러자 다윗이 우리아에게 말하였다. "그대는 먼 길에서 돌아오지 않았는가? 그런데 왜 그대의 집으로 내려가지 않았는가?"

11  우리아가 다윗에게 말하였다. "언약궤와 이스라엘과 유다가 장막을 치고 있고, 제 상관인 요압 장군과 제 주군이신 임금님의 신하들이 들판 위에 진치고 있는데, 제가 어떻게 제집으로 가서 먹고 마시며 제 부인과 잠자리를 같이 하겠습니까? 임금님의 살아계심과 임금님의 생명을 두고 맹세합니다. 저는 이 같은 일은 하지 않겠습니다."

12  다윗이 우리아에게 말하였다. "오늘 밤에도 이곳에 머물러라. 내일 내가 그대를 보내도록 하겠다." 그리하여 우리아는 그날 예루살렘에 머물렀습니다. 이튿날,

13  다윗이 그를 불러, 자기 앞에서 먹고 마시고 취하게 하였다. 그러나

우리아는 그날 저녁에도 자기 주군의 신하들과 함께 잠자리에 들고 자기 집으로는 내려가지 않았다.

14 날이 밝자 다윗이 요압에게 편지를 써서 우리아의 손에 들려 보냈다.

15 다윗은 편지에 '우리아를 치열한 전쟁터에서 선봉에 내세우시오. 그런 뒤 그대들은 그의 뒤로 물러서서 칼에 맞아 죽게 하시오'라고 썼다.

16 그래서 요압은 성읍을 지켜보고 있다가, 용사들이 있다고 알고 있는 곳에 우리아를 두었다.

17 그러자 성읍의 사람들이 나와서 요압과 전쟁을 벌였다. 그때, 다윗의 부하들 가운데 몇몇 백성이 엎드러지고, 헷 사람 우리아도 죽었다.

18 요압이 사람을 보내 다윗에게 전쟁터에서 일어난 모든 일을 전하도록 하였다.

19 요압이 전령에게 명령하였다. "네가 임금님께 전쟁터에서 일어난 모든 일을 다 말씀드리면,

20 임금님은 화가 치밀어 너에게 이렇게 말씀하실 것이다. '어쩌자고 그 성읍과 싸우러 나갔단 말인가? 그대들은 성벽에서 활을 쏠 줄을 알지 못했단 말인가?

21 여룹베셋의 아들 아비멜렉을 주가 쳐 죽였는가? 한 여인이 성벽 위에서 맷돌 위짝을 그의 위로 던져서 그가 데벳스에서 죽지 않았는가? 어쩌자고 그대들은 성벽으로 나아갔단 말인가?' 그러면 너는 '임금님의 종 헷 사람 우리아도 죽었습니다'라고 말씀드려야 한다."

22 전령이 가서, 요압이 자기를 보내면서 했던 모든 말을 다윗에게 전해주었다.

23 전령이 다윗에게 말하였다. "그 사람들이 저희보다 강해서 저희를

향해 들판으로 나왔습니다. 그래서 저희가 그들에게 맞서 성문 어귀까지 나아갔던 것입니다.

24 그런데 궁수들이 성벽 위에서 임금님의 종들에게 활을 쏘아서, 임금님의 종들 가운데 몇몇이 죽었습니다. 그리고 임금님의 종 헷 사람 우리아도 죽었습니다.”

25 다윗이 전령에게 말하였다. “그대는 요압에게 이렇게 말하라. ‘이 일을 나쁘게 보지 마시오. 이편이나 저편이나 칼이 삼켜버릴 수 있기 때문이오. 그러니 그 성읍을 향한 전쟁에 더욱 힘을 기울여서 그것을 함락시키도록 하시오.’ 그대는 그를 격려하라.”

26 우리아의 아내가 자기 남편 우리아가 죽었다는 소식을 듣고, 자기 남편을 위해 애도하였다.

27 애도하는 기간이 끝나고 다윗은 사람을 보내 그 여인을 자기 왕궁으로 불러들였다. 그리하여 그 여인은 그의 아내가 되었고 그에게 아들을 낳아주었다. 그러나 다윗이 저지른 이 일이 여호와께서 보시기에 나빴다.

# 본문 비평

## 1절 ㄱ-ㄱ. 임금들이 출전할 때

마소라 본문의 לְעֵת צֵאת הַמַּלְאכִים(‘르 에트 체에트 하말르아킴’)는 아마도 필사 오류가 전승된 것으로 보인다. 왜냐하면, 소마소라 전통에서도 “사자들”(הַמַּלְאכִים, ‘하말르아킴’)에 있는 자음 ‘알레프’(א)가 불필요하니 지우라고 표시하기 때문이다. 한편, 다수의 중세 필사본이나 칠십인역

(τῶν βασιλέων, '톤 바실레온')은 "임금들"(הַמְּלָכִים, '하믈라킴')이라는 본문을
전해주므로, 이 본문이 원래의 본문일 가능성이 크다.

### 4절 ㄴ-ㄴ. 그에게 가서

마소라 본문과 쿰란 본문(4QSamᵃ)은 3인칭 여성 단수형 동사와 3인칭 남
성 단수 인칭접미어가 있는 전치사구를 쓴다(וַתָּבוֹא אֵלָיו, '바타보 엘라브').
하지만, 칠십인역은 그 반대로 번역한다. 곧 καὶ εἰσῆλθεν πρὸς
αὐτήν('카이 에이스엘텐 프로스 아우텐', "그리고 그가 그녀에게 들어갔다")로 옮기
는데, 이는 다윗의 적극성을 강조하려는 의도적 수정으로 여길 수 있다.


## 본문 주석


**1절: 이야기의 배경.** 본문은 "해가 바뀌어"(וַיְהִי לִתְשׁוּבַת הַשָּׁנָה, '바여히 르
트슈바트 하샤나')로 시작한다. 이 표현을 두고 더러는 아람 왕들이 암몬
사람들을 원조하러 출정한 특정 해를 뜻한다고 보기도 하고(참조.
McCarter, *II Samuel*, 284-285), 겨울에 집중해서 비가 내리는 팔레스틴의 기
후 조건을 고려하여, 일반적으로 건기가 시작하는 봄에 주로 전쟁이 시
작됨을 일컫는 표현으로 보기도 한다(참조. Anderson, *2 Samuel*, 153). 본문만
으로는 이 둘 가운데 어느 하나를 선택하기는 쉽지 않으며, 오히려 두
가능성을 모두 염두에 둔 중의적 표현으로 보는 것이 좋겠다. 어쨌거나
"임금들이 출전할 때"(본문 비평 참조) 다윗은 앞서 완전히 정복하지 못했
던 암몬 정벌을 위해 요압을 비롯한 군대를 파견하였다. 본문은 그 군대
가 랍바를 포위하였고, 다윗은 출전하지 않고 예루살렘에 그대로 있었

다는 점을 대조하여 강조한다.

**2-5절: 다윗과 우리아의 아내 밧세바.** 앞선 구절의 전운이 감도는 위기와 달리 2절에서 다윗은 저녁 무렵에 침상에서 일어났다고 전하는데, 군사들을 전쟁터에 내보낸 왕의 모습이라고 하기에는 지나치게 여유롭다. 그는 왕궁의 지붕(גַּג, '가그')을 거닐었다고 하였는데, 아마도 왕궁 옥상에 마련된 침상에서 낮잠을 자고 일어났던 것으로 보인다(참조. 삼상 9:25; Anderson, *2 Samuel*, 153). 그러다 다윗은 옥상에서 건너편 집에서 목욕하는 여성을 목격하였다. 아마도 이 여성은 월경 후 부정해진 몸을 정결케 하고 있었을 것이다(참조. 4절; 레 15:19-24; Tsumura, *Second Samuel*, 177). 다윗의 눈에 그 여성의 외모가 매우 "아름다워"(טוֹבַה מַרְאֶה, '토바 마르에') 보였다. 3절에서 다윗은 이 여성이 누구인지 알아보았으며, "엘리암의 딸 밧세바로 헷 사람 우리아의 아내(בַּת־שֶׁבַע, '바트-쉐바')[1]"라는 사실을 알게 되었다. 남편이 있는 여성이 남편의 이름뿐 아니라 아버지의 이름이 함께 언급되는 것은 이례적이다. 그만큼 아버지의 존재가 중요함을 드러낸다. "엘리암"이라는 이름은 사무엘하 23장 34절에서 다윗의 용사 가운데 길로 사람 아히도벨의 아들로 등장하는데, 아히도벨은 다윗의 모사였다(삼하 15:12). 하지만 이 인물과 밧세바의 아버지가 같은 사람일지는 분명하지 않다. 밧세바의 남편인 우리아(אוּרִיָּה, '우리야')는 헷 사람(הַחִתִּי, '하힛티')으로 소개되는데, 이 당시 힛타이트 제국은 더는 존재하지 않고, 그 유민들이 시리아 지역에 신-힛타이트 국가 형태로 존재하

---

1. 이 이름의 뜻은 "세바의 딸"인데, 이 "세바"는 고유명사이거나, "맹세", 또는 수사 "7"이 될 수도 있다. 마지막의 경우라면, "안식일 제7일에 태어난 딸"로 새길 수 있다. 이에 관해 Anderson, *2 Smauel*, 153 참조.

였다(참조. McCarter, *II Samuel*, 285). 우리아는 분명히 이 유민들과 혈연적으로 연관되어 있었을 것이지만, 그의 이름은 전형적인 히브리식 이름이어서 "여호와는 나의 빛"을 뜻한다. 그러므로 그는 이스라엘에서 태어난 2세이거나 귀화하여 개명했을 수 있다(참조. Anderson, *2 Samuel*, 153). 4절부터는 사건이 매우 빠른 호흡으로 진술된다. 다윗은 전령을 보내서 밧세바를 왕궁으로 불러들였고, 2절에서 보았듯이 월경이 끝나 부정하지 않은 상태이므로 동침하였다. 레위기 15장 19절에 따르면, 이때는 적어도 월경이 끝난 뒤 일주일이 지났으므로 정결법 관점에서 성관계가 가능할 뿐만 아니라, 가임기였다. 그리고 밧세바는 다시 자기 집으로 돌아갔다. 5절에서는 곧바로 밧세바의 임신을 전한다. 그러나 4절과 5절 사이에는 2개월 이상의 시간 간격이 있음을 알 수 있다. 밧세바는 곧바로 그 사실을 다윗에게 전했다. 여기서 독자들은 왕이 분명히 후궁을 들일 권한은 있지만, 간통의 권한까지 있지는 않기에 다윗의 죄를 분명히 깨닫게 된다.

**6-8절: 다윗이 우리아를 불러들임.** 6절에서 독자들은 어떻게 다윗이 남편이 버젓이 있는 밧세바와 간통을 저지를 수 있었는지를 알게 된다. 다윗은 암몬과 전투를 벌이고 있는 요압에게 사람을 보내서 전장에 있는 우리아를 돌려보내라고 명령한다. 7절에서 다윗은 먼저 우리아를 전령 취급한다. 그에게 요압의 안부와 전투의 정황을 물어보았기 때문이다. 이는 우리아가 다윗이 자신을 소환한 데 대해 의구심을 가지지 않도록 하려는 의도였을 것이다. 그렇게 우리아를 안심시킨 다윗은 그에게 집으로 가서 "발을 씻도록 하라"(וּרְחַץ רַגְלֶיךָ, '우르하츠 라글레카')고 명령한다. 이 표현을 두고 단순히 먼 여행을 했으므로 휴식하라는 뜻으로 여기

기도 하지만(참조. 창 18:4; 43:24), 성관계를 에둘러 표현한 것이라고 이해하기도 한다(참조. 룻 3:4, 7; McCarter, *II Samuel*, 286). 이에 더하여 다윗은 "왕이 내린 술상"(מַשְׂאַת הַמֶּלֶךְ, '마스에트 하멜레크'; 직역. "왕의 선물")도 뒤따라 보냈다. 본문은 진술하지 않지만, 다윗이 이렇게 우리아에게 한 것은 자신의 간통을 덮고, 어떻게든 밧세바가 임신한 아이를 우리아에게 돌리려는 의도했을 것이다.

**9-13절: 우리아가 집에 들어가지 않음.** 성관계는 제의 관점에서 부정하게 여겨졌을 뿐만 아니라(참조. 출 19:15; 레 15:18), 사무엘상 21장 5절에서 보듯이 전투 중인 군사에게도 금기시되었다(참조. Tsumura, *Second Samuel*, 180). 그래서 9절에서 우리아는 자신이 아직 전쟁에 참전하고 있다고 여겼으므로, 집으로 가지 않고, 왕궁 문간에서 다른 군사들과 함께 잤다. 10절에서 다윗에게 이 소식이 전해지자, 그는 다시 우리아를 불러 집으로 가지 않은 까닭을 추궁하였다. 이에 11절에서 우리아는 "언약궤와 이스라엘과 유다"가 야영 중이기 때문이라고 원칙대로 대답하였다. 여기서 지금까지 밝히지 않았던 사실이 전해지는데, 암몬 전투에 언약궤를 들고 갔다는 것이다(비교. 삼상 4:4; 14:18). 이는 다윗이 언약궤를 예루살렘으로 이송하여 영원히 안치할 성전을 지으려 했던 이야기와 대조된다(삼하 7:1-2; 시 132:3-5; 참조. McCarter, *II Samuel*, 286; Tsumura, *Second Samuel*, 180).

계획에 차질이 생긴 다윗은 12절에서 우리아를 그날과 다음 날까지[2]

---

2.　히브리어 본문은 "그리고 이튿날"(וּמִמָּחֳרָת, '우미모호라트')이 12절에 속해 있다. 더러 이것이 이해되지 않아서, 13절로 옮겨서 번역하곤 한다. 하지만 그렇게 되면, 다윗이 말한 것과 달리 우리아는 이틀을 더 예루살렘에 있게 되는 셈이다. 이스라엘 전통에서 하루의 시작이 해지고 나서인 점을 고려한다면, 여기서 표현하는 "그날과 이튿날까지"는 같은 날 저녁을 뜻한다고 볼 수 있다. 참조. Tsumura, *Second*

하루 더 붙잡아 둔다. 13절에서 다윗은 새로운 계략을 짰다. 그날 저녁 다윗은 아예 우리아를 자기 앞에 불러서 함께 음식을 먹고 술을 마셔 취하게 했다(וַיְשַׁכְּרֵהוּ, '바여샤크레후'). 그런데도 우리아는 집으로 가지 않았다. 결국 다윗의 계략은 우리아의 우직함 때문에 실패했다.

**14-17절: 우리아가 전쟁터에서 죽음.** 밧세바와 간통하여 임신한 사실을 숨기려고, 우리아를 속이려 했던 다윗의 계획이 두 번이나 실패하자, 14절에서 다윗은 새로운 술수를 쓴다. 그는 편지(סֵפֶר, '세페르')를 써서 우리아의 손에 들려 요압에게 보냈다. 여기 쓰인 낱말은 다소 포괄적인 의미의 글을 뜻할 수 있지만, 문맥상 왕이 군사령관에게 전하는 명령이 담긴 편지로 여길 수 있다(참조. 왕하 5:5-7; 10:6; 렘 29:1, 29).[3] 15절에 편지의 내용이 기록되었다. 그것은 우리아를 "치열한 전쟁터"(הַמִּלְחָמָה הַחֲזָקָה, '하밀하마 하하자카')의 선두에 배치하며, 전투 중에 나머지 군사들을 후퇴시켜서 우리아를 죽게 하라는 내용이었다. 이 편지는 봉인되었을 것이며, 우리아는 자신을 죽이라는 내용의 편지를 영문도 모른 채 들고 요압에게 갔다. 16절에서 요압은 편지에서 다윗이 내린 명령대로 랍바 성에서 전투력이 뛰어난 "용사들"(אַנְשֵׁי־חַיִל, '아느쉐 하일'; 참조. 삿 3:29; 삼상 31:12; 삼하 23:20; 나 2:3[4]; 시 76:5[6]; 느 11:6)이 있는 곳에 우리아를 배치하였다. 추측건대 요압은 아마도 밧세바 간통 사건을 모른 채, 우리아가 다윗에게 무슨 잘못을 저질렀으려니 했을 것이다. 17절에서 드디어 공성전이 시작되고, 치열한 전투 가운데 우리아는 전사하였다. 과연 다윗

---

*Samuel*, 181.

3.　편지를 뜻하는 고유한 낱말로, 특별히 왕이나 관청의 조서, 공문, 기록을 뜻하는 후대 아람어 영향을 받은 용어인 אִגֶּרֶת('이게레트')와 견줄 수 있다(참조. 느 2:7-9; 6:5, 17, 19; 에 9:26, 29; 대하 30:1, 6).

이 두 번째로 한 명령인 우리아만 두고 다른 군사들을 후퇴시키라고 한 것을 요압이 그대로 따랐는지는 본문에서 분명하지 않다. 요압은 아마도 그렇게 하면 다른 군사들이 우리아를 일부러 죽게 한 음모가 있었음을 의심할 수 있어서 아군의 일부 희생을 감수하면서까지 되도록 자연스럽게 일을 처리하려 했을 것이다(참조. Long, *1 and 2 Samuel*, 365).

**18-21절: 요압의 보고.** 전투가 끝난 뒤에 요압은 18절에서 다윗에게 전령을 보내어 보고하게 한다. 19절에서 요압은 전령에게 먼저 전투의 결과를 보고하게 하였다. 그리고 20-21절에서 요압은 우리아가 죽은 사실을 전하는 요령을 가르쳐 준다. 사실 전투를 보면 아군의 희생이 있었으며, 공성전에는 실패한 것으로 보인다. 그래서 요압은 다윗이 이에 대해 화낼 것을 예상하여 말한다. 곧 다윗은 이스라엘 군대가 성벽에 너무 가까이 가서 작전에 실패한 점을 지적할 것으로 예상했다. 그래서 그런 보기로 사사 시대 여룹베셋(יְרֻבֶּשֶׁת, '여룹베쉐트')의[4] 아들 아비멜렉이 데벳스(תֵבֵץ, '테베츠'; 삿 9:50 개역개정에서는 '데베스'로 음역함) 성벽 아래 있다가 성벽에서 한 여인이 던진 맷돌 위짝에 맞아 죽은 일(참조. 삿 9:50-55)을 언급할 것이라고 했다. 그러면서 지나치게 성 가까이에 접근하는 실수를 저질렀느냐고 질책할 수 있다고도 했다. 사실 본문에서는 다윗과 요압이 이런 약속을 한 적이 없다. 그러니 아마도 요압은 작전 실패를 다윗이 질책할 것인데, 전령이 지나치게 긴장하지 않도록 대비하려고 다윗이 할 수 있는 말의 보기를 들었을 것이다. 중요한 것은 다윗이 어떤 말

---

4.    이 구절에서 말하는 여룹베셋은 기드온을 일컫는다. 기드온의 개명한 이름이 여룹바알(יְרֻבַּעַל)이었는데(참조. 삿 6:24-32), 본문은 이름에 "바알"이 들어간 것을 꺼리는 화자가 그것을 "수치"를 뜻하는 자음(בֹּשֶׁת)을 써서 에두른 표현이다.

을 할지가 아니라, 전령이 해야 할 대답이었다. 전령은 반드시 우리아의 전사 소식을 전해야 했다.

**22-25절: 다윗에게 우리아의 죽음이 보고됨.** 22절에서 요압이 보낸 전령은 요압이 자신을 보내며 전한 말을 다 다윗에게 보고하였다. 23절에서 그는 먼저 전투 상황을 보고한다. 그는 암몬 군대가 이스라엘 군대보다 우세하여 수성전이 아니라 백병전을 위해 이스라엘 진영으로 나왔지만, 그리고 백병전에서 이스라엘 군대가 다시 우세하여 그들이 후퇴해서 성문 어귀(פֶּתַח הַשָּׁעַר, '페타흐 하샤아르')까지 추격하였다고 했다. 24절에서 그는 요압의 지시와는 다르게 보고한다. 일단 그는 성문 어귀에서 암몬의 궁수들이 쏜 화살에 아군이 피해를 보았다는 것까지는 잘 보고하였다. 원래 요압은 그가 거기서 멈추고 작전 실패에 대해 다윗이 추궁하면 우리아의 죽음을 보고하게 되어 있었다. 그러나 그는 곧바로 우리아의 죽음까지 보고하였다. 그는 작전 실패를 보고하면서 긴장하여, 다 보고하였을 수 있다. 어쨌거나 그는 다윗이 기대한 사실은 제대로 전한 셈이다. 25절에서 다윗은 요압이 전령에게 했던 것과는 다른 반응을 보인다. 그는 전령에게 "이 일을 나쁘게 보지 마시오(אַל־יֵרַע, '알 예라'; 직역. "그는 불쾌해해서는 안 된다")"라며 요압을 안심시키는 말을 전달한다. 전령은 알지 못했지만, 이 말은 작전 실패보다는 우리아를 죽게 한 일에 연루된 데 요압이 혹시라도 반감을 품지 말라는 경고이기도 할 것이다(참조. Tsumura, *Second Samuel*, 184). 다윗의 원래 뜻을 몰랐던 요압은 어떤 이유에서든지 이렇게 우직한 군인을 죽게 하는 일이 내킬 리 없었을 것이기 때문이다. 그렇게 보면 "이편이나 저편이나 칼이 삼켜 버릴 수 있기 때문이오"라는 말도 요압을 향한 경고의 말일 수도 있다. 하지만 전령에

게는 그런 내색을 하지 않고, 중요한 것은 성을 함락시키는 것이라며 "그대는 그를 격려하라"(וְהַחֲזִקֵהוּ, '브하즈케후')라고 말하였다.

**26-27절: 밧세바가 다윗의 아내가 됨.** 26절에서 우리아의 전사 소식은 그의 아내 밧세바에게도 전해졌다. 그러자 밧세바는 관례대로 죽은 남편을 위해서 "애도하였다"(וַתִּסְפֹּד, '바티스포드').[5] 죽은 이를 위한 애도 기간은 모세와 아론의 경우 30일이었지만(신 34:8; 민 20:29), 일반적으로는 7일(창 50:10; 유딧 16:24)이었을 것이다(참조. McCarter, *II Samuel*, 288; Anderson, *2 Samuel*, 155).

27절에서 우리아를 위한 밧세바의 장례 기간(아마도 7일)이 지나자, 다윗은 기다렸다는 듯이 사람을 보내 그를 왕궁으로 데려오게 했다. 이 때 그녀가 임신한 것은 분명히 사람들에게 알려져 있었을 것이며, 우리아가 전쟁터에 있었고 잠시 예루살렘에 들렀을 때도 밧세바와 동침하지 않은 것은 사람들이 알고 있었을 것이므로, 다윗의 이 행동은 밧세바가 임신한 아이가 자기 아이임을 드러나도록 하였을 것이다. 다만 우리아의 전사와 관련해서는 요압과 다윗만 알고 있었다. 다윗은 밧세바를 아내로 맞아들였다. 그리고 아들을 낳았다. 화자는 다윗 이야기에서 처음으로 그를 평가한다. 곧 다윗이 행한 그 일이 여호와께서 "보시기에 나빴다"(וַיֵּרַע, '바예라')라는 것이다. 이 낱말은 앞서 다윗이 요압에게 경고했던 말인데, 바로 그 평가를 요압이 아니라 하나님께 받았다. 그러므로 다윗도 이 일이 죄임을 일찍부터 알고 있었다고 여길 수 있다.

---

5.　참조. 삼하 1:12; 왕상 13:29; 렘 4:8; 16:5; 49:3; 겔 24:16, 23; 욜 1:13; 슥 7:5; 12:12; 전 3:4; 12:5

<h1 align="center">본문의 메시지</h1>

⑴ 본문은 새로운 이야기를 시작한다. 암몬 정벌의 이야기는 앞선 10장과 이어지는 12장 26절에서 계속될 것이다. 그 사이에서 전개되는 이야기는 이때를 배경으로 하면서, 다윗의 범죄 이야기를 가감 없이 전한다. 그러니 다윗의 통치 전성기는 이제 변곡점을 지나 지금부터는 내리막을 걷게 될 것인데, 이른바 신명기계 역사서의 화자는 이런 다윗의 모습을 통해 당대 독자들에게 온고지신의 교훈을 주려 했을 것이다.

다윗은 왕으로서 당연히 후궁을 들일 수 있었다. 그러나 임금의 권한이 결혼한 여성을 마음대로 데려와서 간통할 수 있는 것은 절대 아니었다. 그러니 율법의 관점에서 다윗은 이미 여기서 율법을 심각하게 어긴 셈이다(출 20:14; 레 20:10; 신 22:22). 화자는 여기서 직접 판단하지 않고 독자들이 자연스레 깨닫도록 여유를 준다.

설상가상으로 가임기였던 밧세바가 다윗과 성관계 이후에 임신했다. 다윗의 간통이 세상에 드러나는 것은 이제 시간문제였던 셈이다. 지금까지 한 번도 이런 죄에 빠진 적이 없던 다윗에게 엄청난 위기가 닥쳐왔다. 다윗은 여기서 이전과 달리 사건을 덮으려 시도했다. 전쟁터에서 다윗의 왕국을 위해 목숨을 걸고 전투에 임하고 있던 밧세바의 남편 우리아를 불러들여서 강제로 밧세바와 동침하도록 하려 했다. 그래서 해서라도 자신의 간통을 덮으려 했지만, 다윗과 대조되는 우리아의 우직함 때문에 이 계략은 실패했다. 독자들은 이제 앞으로 다윗이 이 문제를 어떻게 할지 궁금증을 가지고 본문 이야기를 계속 읽게 된다.

⑵ 다윗이 결혼한 여성을 아내로 맞이한 것은 세 번째다. 나발의 아내 아

비가일이 그랬고, 자신과 헤어진 뒤 발디와 결혼했던 미갈을 다시 맞아들인 사건도 그랬다. 그런데, 이 세 사건을 자세히 들여다보면, 다윗이 조금씩 변해간다는 사실을 알 수 있다. 아비가일의 경우, 다윗은 별다른 잘못을 저지르지 않았고, 아비가일의 지혜로운 대처 덕분에 동족 사이에 피를 흘리는 일을 막을 수 있었다. 나발은 지레 겁먹고, 의문스럽지만 다윗과 상관없이 죽었다. 다윗은 그제야 아비가일을 아내로 맞아들였다.

미갈의 경우에 다윗은 정치적인 이유로 그를 다시 아내로 맞아들였다. 원하지는 않았지만, 다윗은 미갈과 헤어지게 되었고, 미갈도 원하지는 않았지만, 발디와 재혼했다. 그런데 온 이스라엘의 왕으로 등극하던 때 다윗은 남은 사울 세력을 아울러 포섭하는 방책으로 미갈을 억지로 발디와 헤어지게 했다. 그리고 언제든 자신에게 위협이 될 수 있는 미갈을 그가 한 말을 빌미 삼아 억제했다. 결국 미갈은 다윗의 정치적 행보에 희생양이 된 셈이다.

밧세바는 다윗이 결정적으로 윤리적으로 판단력을 잃어가는 모습을 보여준다. 그는 군사 지도자인 임금의 직무를 요압에게 넘기고, 자기 군사들이 피 흘리며 전투를 치르는 때에, 한가하게 왕궁 지붕에서 낮잠을 즐기고 있었다. 그러다 정결례를 하는 밧세바를 보고 욕정을 품어 간통까지 저질러 임신하게 했다. 그것도 모자라서 사건을 덮으려고 갖은 수단을 동원한다. 심지어 밧세바의 남편 우리아를 죽게 하라는 지시까지 내린다. 살인 교사는 결국 살인이므로, 다윗은 율법을 정면으로 어기는 데까지 나아갔다.

화자는 이런 다윗에 대해 처음으로 악평한다. 그리고 이제 독자들은 이런 다윗의 타락을 보며 자신을 성찰하고, 다윗과 그 왕가의 앞날을 염려스럽게 지켜보게 된다.

12장
## 다윗의 회개와 그 결과

우리말로 옮긴 본문

**나단을 통한 꾸짖음과 다윗의 회개: 솔로몬의 출생 이야기(1-25절)**

1 여호와께서는 나단을 다윗에게 보내셨다. 나단이 다윗에게 와서 말하였다. "어떤 성읍에 두 사람이 있었습니다. 한 사람은 부유하였고 다른 사람은 가난하였습니다.

2 부유한 사람에게는 양과 소가 아주 많았습니다.

3 하지만 가난한 사람에게 자기 것이라고는 작고 어린 암양 한 마리밖에 없었습니다. 그 양은 그 사람과 그의 아들들과 함께 살며 자랐습니다. 그 사람의 그릇으로 먹고 그 사람의 잔으로 마시며 그 사람의 품에 누워 잤습니다. 그래서 그 사람에게는 딸과 같았습니다.

4 그런데 그 부유한 사람에게 손님이 찾아왔습니다. 그는 자기 양이나 소를 잡아서 그 손님을 대접하기가 아까워서, 가난한 사람의 어린 암양을 빼앗아 잡아서 손님을 대접하였습니다."

5   다윗은 그 사람에 대해 매우 화를 내며, 나단에게 말하였다. "여호와의 살아계심을 두고 맹세하건대 이런 짓을 한 그 사람은 죽어 마땅하오.

6   그리고 어린 암양은 이런 짓을 하고도 불쌍히 여기지 않은 대가로 「일곱 곱절로」 되갚아 주어야 할 것이오."

7   나단이 다윗에게 말하였다. "임금님께서 바로 그 사람입니다. 이스라엘의 하나님 여호와께서 이같이 말씀하십니다. '내가 너를 이스라엘의 왕으로 기름 부었고, 내가 너를 사울의 손에서 구해주었다.

8   또 내가 네게 네 주인의 집안을, 네 주인의 아내들을 네 품 안에 내어주었고, 이스라엘과 유다 집안도 네게 주었다. 그것이 부족하다면 내가 네게 이것저것을 더 주었을 것이다.

9   그런데 너는 무엇 때문에 여호와의 말씀을 무시하고 내 앞에서 악을 행하였느냐? 너는 헷 사람 우리아를 칼에 맞아 죽게 하였고, 그의 아내를 네 아내로 맞아들였다. 너는 그를 암몬 자손의 칼에 맞아 죽게 하였다.

10  그러니 이제 칼이 영원토록 네 집안에서 떠나지 않을 것이다. 네가 나를 무시하고 헷 사람 우리아의 아내를 네 아내로 맞아들였기 때문이다.'

11  여호와께서 이같이 말씀하십니다. '보아라, 내가 너를 거슬러 네 집안에 재앙을 내릴 것이다. 내가 네 눈앞에서 네 아내들을 데려다가 다른 이에게 내어 줄 것이다. 그러면 그가 그날 한낮에 네 눈앞에서 네 아내들과 함께 누울 것이다.

12  너는 몰래 일을 저질렀지만, 나는 이 일을 온 이스라엘 앞에서 그것도 한낮에 행할 것이다."

13 그러자 다윗이 나단에게 말하였다. "내가 여호와께 죄지었소." 나단이 다윗에게 말하였다. "여호와께서도 임금님의 죄를 용서하셨습니다. 그러니 임금님께서 죽지는 않으실 것입니다.

14 다만 임금님이 이 일 때문에 ᄂ여호와의 대적자들과 다를 바 없이 그분을 매우 업신여기셨으니,ᄂ 임금님에게서 태어날 아들은 ᄃ반드시 죽을 것입니다.ᄃ"

15 그리고 나단은 제집으로 갔다. 여호와께서 우리아의 아내가 다윗에게 낳아준 아기를 치셔서, 그 아이가 심한 병에 걸렸다.

16 다윗은 그 아기를 위해 하나님께 간구하였다. 다윗은 금식하였고, 침실에 가서도 밤새도록 ᄅ자루옷을 입고 땅바닥에 누웠다.ᄅ

17 다윗 집안의 원로들이 그에게 나서서 그를 땅바닥에서 일으키려 하였지만, 할 수 없었다. 다윗은 그들과 빵 한 조각도 함께 들지 않았다.

18 7일째 되던 날 그 아기가 죽었다. 다윗의 신하들이 아기가 죽었다는 소식을 그에게 전하기 두려워서 이렇게들 말하였다. "보시오. 아기가 살아 있을 때도 우리가 임금님께 말씀드리면 우리의 말을 듣지 않으셨는데, 우리가 어떻게 임금님께 아기가 죽었다고 말할 수 있겠소? 그러면 임금님께서는 불행한 일을 벌이실 것이오."

19 다윗은 신하들이 서로 수군대는 것을 보고서 아이가 죽었다는 것을 눈치챘다. 다윗이 자기 신하들에게 말하였다. "아기가 죽었느냐?" 그들이 대답하였다. "죽었습니다."

20 그러자 다윗은 땅바닥에서 일어나서 씻고 기름을 바른 뒤에 옷을 갈아입었다. 그리고 여호와의 집으로 들어가 경배하였다. 왕궁으로 되돌아와서는 먹을 것을 달라고 하여 음식을 먹었다.

21  신하들이 그에게 말하였다. "왜 이렇게 하십니까? 임금님께서는 아기를 살리시려고 금식하며 우셨는데, 아기가 죽으니 일어나 음식을 드시는군요."

22  다윗이 말하였다. "아기가 아직 살아 있었을 때 내가 금식하고 운 것은, '혹시라도 여호와께서 나를 불쌍히 여기셔서 그 아기를 살려 주실까' 하고 생각했기 때문이었다.

23  하지만 이제 그 아기가 죽었으니 내가 왜 금식하겠느냐? 그 아기를 다시 되살릴 수 있겠느냐? 내가 그 아기에게 갈 수야 있겠지만, 그 아기가 내게 되돌아올 수는 없는 일이다."

24  그리고 다윗은 자기 아내 밧세바를 위로해 주었다. 그리고 그가 밧세바에게 들어가서 함께 누웠다. 밧세바가 아들을 낳으니 그 아이의 이름을 솔로몬이라 지었다. 여호와께서 그를 사랑하셨다.

25  그래서 예언자 나단을 손수 보내셔서 그의 이름을 여호와의 뜻에 따라 여디디야라고 불러 주셨다.


### 다윗의 랍바 점령(26-31절)

26  요압이 암몬 자손의 성읍 랍바와 전투를 벌여서, 그 왕성을 차지하였다.

27  그러고는 요압이 다윗에게 전령을 보내서 전하였다. "제가 랍바와 전투를 벌여서, '물의 성읍'을 차지하였습니다.

28  이제 남은 백성들을 모아 그 성읍 앞에 진을 벌이시고 그것을 차지하십시오. 그렇지 않으면 제가 그 성읍을 차지하고 그 성읍은 제 이름을 따라 불리게 될 것입니다."

29  그러자 다윗은 모든 백성을 모아 랍바로 가서, 그 성읍과 전투를 벌

여서 그곳을 차지하였다.

30  그리고 그들의 왕의 머리에서 왕관을 빼앗았는데, 그것의 무게는 금 한 달란트였고 보석으로 장식되어 있었다. 그것을 다윗이 머리에 썼다. 그는 그 성읍에서 매우 많은 전리품을 가지고 나왔다.

31  그리고 거기에 있던 백성들도 데리고 나와서 톱과 쇠 연장과 쇠도끼를 쓰는 일을 맡겼다. 또한 그들에게 벽돌 만드는 일도 시켰다. 다윗은 암몬 자손의 성읍 어디서나 이렇게 하였다. 그런 뒤에 다윗과 모든 백성은 예루살렘으로 돌아왔다.

## 본문 비평

### 6절 ㄱ-ㄱ. 일곱 곱절로

여기서는 칠십인역의 필사본 대부분(Codd. BAMN; ἑπταπλάσιονα, '헵타플라시오나')에 따른다. 마소라 본문(אַרְבַּעְתָּיִם, '아르바타임'), 안티오키아 본문(τετραπλάσιονα, '테트라플라시오나') 등은 출애굽기 22장 1절[21:37]의 규정에 따라 "네 곱절"로 수정한 것으로 보인다. 그러니 칠십인역의 필사본 대부분은 더 어려운 읽기(*lectio difficilior*)가 된다.

### 14절 ㄴ-ㄴ. 여호와의 (…) 업신여기셨으니

여기서 쓰인 동사는 "배척하다, 멸시하다"는 뜻이다. 그러므로 "여호와의 원수"가 목적어인 것은 직관적으로 이해되지 않는다. 여기서 개역개정의 번역("여호와의 원수가 크게 비방할 거리를 얻게 하였으니")은 칠십인역의 수정 번역 παροξύνων παρώξυνας('파르옥쉰논 파르옥쉬나스', "당신이 정말로 주님의 원수들을 도발했다")을 따랐다. 반면에 쿰란 본문(4QSamᵃ)은 "여호와의 원수"가 아니라 "여호와의 말씀"(דבר יהוה)으로 수정했다. 칠십인역이나 쿰란 본문은 모두 본문의 이해를 수월하게 하려는 후대의 수정 본문일 것이며, 우리에게 전해진 히브리어 본문이 더 어려운 읽기(lectio difficilior)로 원래의 본문으로 판단할 수 있을 것이다. 아마도 이는 "여호와를 멸시하다"는 표현을 직접 쓰는 대신에 "여호와를 원수로 여길 정도로 배척하였다"는 의미를 담은 완곡어법(euphemism)으로 보아야 할 것이다.[1]

## 14절 ㄷ-ㄷ. 반드시 죽을 것입니다

일반적 서술문(מוֹת יָמוּת, '모트 야무트')을 쓰는 마소라 본문과 달리, 쿰란 본문(4QSamᵃ)은 오경에서 정형화하여 쓰는 관용구인 이른바 '모트 유마트'(מוֹת יומת)를 쓴다(참조. 출 21:12; 레 20:2 등, McCarter, *II Samuel*, 296). 물리적으로 보자면, 마소라 본문과 쿰란 본문에는 음위 전환(metathesis)이 있다. 그러나 쿰란 본문은 아마도 마소라 본문의 일반적 서술문을 관용구로 수정한 상태일 것이다.

## 16절 ㄹ-ㄹ. 자루옷을 입고 땅바닥에 누웠다

여기서 "땅바닥에 누워"(וַיִּשְׁכַּב אַרְצָה, '브샤카브 아르차')를 칠십인역(καὶ ηὐλίσθη ἐν σάκκῳ ἐπὶ τῆς γῆς, '카이 에울리스테 엔 사코 에피 테스 게스')과 쿰란 성경 본문(וישכב בשק ארצה; 4QSamᵃ)은 "자루옷을 입고 땅바닥에서 밤을 지새웠다(LXX)/누웠다(4QSamᵃ)"로 우리에게 전해진 마소라 히브리어

---

1.    이와 비슷한 견해는 참조. Tsumura, *Second Samuel*, 192; 또한, 이 문제와 관련하여 정리된 논의는 McCarter, *II Samuel*, 296 참조.

본문과 구분되는 전통을 보여준다. 마소라 본문의 동사는 칠십인역과 쿰란 성경에 전해진 것들을 합쳐 놓은 꼴이며, 나머지는 외적 기준으로 볼 때, 칠십인역과 쿰란 본문이 더 오래된 것으로 여길 수 있다.

## 본문 주석

**나단을 통한 꾸짖음과 다윗의 회개: 솔로몬의 출생 이야기(1-25절)**

**1-4절: 다윗을 향한 나단의 비유 신탁.** 1절은 곧바로 여호와께서 나단을 다윗에게 보내셨다는 말로 시작한다. 이는 앞선 장에서 다윗이 누군가를 보내는 주체였던 것과 대조된다(참조. Long, *1 and 2 Samuel*, 368). 나단은 사실상 하나님의 신탁을 다윗에게 전했는데, 이 단락에서는 예언자들이 전하는 신탁의 관용구 없이 비유로 빗대어 하는 이야기 형식이 등장한다. 나단은 마치 신탁이 아니라 송사를 다윗에게 전하는 것처럼 말한다. 그는 부자(עָשִׁיר, '아쉬르')와 가난한 사람(רָאשׁ, '라아쉬')이라는 대조로 이야기를 시작한다. 2절에서는 부자의 재산을 언급하는데, 그에게는 양과 소가 "아주 많았습니다"(הַרְבֵּה מְאֹד, '하르베 므오드')고 하여 부유함을 강조한다. 3절에서는 이와 대조되게 가난한 사람에게는 "작고 어린 암양 한 마리"(כִּבְשָׂה אַחַת קְטַנָּה, '키브사 아하트 크타나')뿐이라고 말한다. 그는 이 암양 새끼를 자기 자식과 함께 자라게 하고, 함께 먹고 품에 품고 잠도 자서 "딸과 같"이(כְּבַת, '크바트') 여겼다고 하였다. 이는 암양이 이 가난한 사람에게 소중한 재산임을 강조하는 말이다. 더불어 "딸"('바트')을 쓴 것은 다윗이 우리아에게서 빼앗은 "밧세바"를 은연중에 생각나게 하는 구실도 있겠다(참조. Long, *1 and 2 Samuel*, 369). 이어지는 4절의 이

야기는 오늘날 브엘세바의 유목민들에게서도 찾아볼 수 있는 전통을 전제한다(참조. McCarter, *II Samuel*, 299). 곧 뜻하지 않은 손님을 맞았을 때, 이웃의 가축 떼 가운데서 양이나 염소를 가져와서 대접하는 것이 허용되어 있다. 다만 이 관습은 집주인이 대접할 가축이 없는 경우로 제한되었다. 그러나 본문에서는 이 관습을 뒤집는다. 부자에게 "손님"(הֵלֶךְ, '헬레크')이 찾아왔다. 독자들은 당연히 부자에게는 가축이 많으므로 아무런 문제가 없을 것으로 기대한다. 그런데 이 이야기에서 부자는 자기 양과 소는 "아까워서"(וַיַּחְמֹל, '바야흐몰') 잡지 않고, 가난한 사람의 양 새끼를 "빼앗아"(וַיִּקַּח, '바이카흐') 손님에게 대접하려고 잡았다고 전한다. 나단은 이로써 부유하고 권세 있는 다윗이 상대적으로 가난하고 나약한 우리아에게 저지른 권력 남용을 빗대고 있다.

**5-6절: 다윗의 반응.** 나단의 이야기를 소송건으로 알아들은 다윗은 5절에서 분노하였다(וַיִּחַר־אַף, '바이하르-아프'). 그리고 재판장으로서 나단에게 맹세까지 하며, 부조리를 저지른 부자는 사형당해야 한다(בֶן־מָוֶת, '벤-마베트'; 직역. "죽음의 사람"; 삼상 20:31; 26:16; 삼하 19:28)고 말하였다. 다소 감정적인 이 반응은 기득권자의 권력 남용에서 약자를 보호해야 할 왕으로서 당연히 기대되는 일이었기 때문이었을 것이다(참조. 시 72:2, 4, 12-14; Tsumura, *Second Samuel*, 187). 그리고 부자가 자기 양과 소에 대해 가졌던 그 낱말을 그대로 써서 가난한 사람을 "불쌍히 여기지"(חָמַל, '하말') 않고, 빼앗은 새끼 양을 도둑질로 규정하여 네 배로 배상해야 한다고 율법 규정대로 판결하였다(참조. 출 22:1). 여기까지만 보면 다윗은 왕으로서 송사의 재판을 충실히 한 것으로 보인다.

**7-12절: 나단의 심판 신탁.** 7절에서 나단은 이제 다윗에게 직설적으로 "임금님께서 바로 그 사람입니다"(אַתָּה הָאִישׁ, '아타 하이쉬')라고 말하였다. 나단은 다윗이 더는 변명하거나 부정할 수 없는 비유로 잘못을 스스로 인정하도록 한 뒤에 이제 본격적으로 죄를 지적하는 신탁을 전한다. 그래서 신탁을 뜻하는 사자전언양식(messenger formula)이 이어서 나온다 (כֹּה־אָמַר יְהוָה אֱלֹהֵי יִשְׂרָאֵל, '코 아마르 야훼 엘로헤 이스라엘', "이스라엘의 하나님 여호와께서 이같이 말씀하십니다"). 이제부터는 나단의 말이 아니라 하나님의 신탁이 직접화법으로 전달된다. 8절까지 이어지는 신탁의 첫 부분에서는 다윗을 왕으로 세운 하나님이 주신 것 4가지가 언급된다. 먼저, 하나님은 다윗을 이스라엘의 왕으로 세우시려고 사울의 손에서 구원하셨다. 그리고 사울("네 주인")의 집("집안"=왕권)을 주었다. 셋째 진술은 "네 주인의 아내들을 네 품 안에 내어주었고"라고 했는데, 이는 분명하지 않다. 선왕의 후궁을 아내로 들이는 것은 아브넬(삼하 3:6-12)이나 압살롬(삼하 16:21-22), 아도니야(왕상 2:17-25) 등의 이야기에서 찾아볼 수 있으며, 권력의 이양을 보여주는 행위로 여길 수 있다. 하지만 다윗이 그런 과정을 거쳤는지는 분명하지 않다. 넷째는 이스라엘과 유다 족속을 다윗에게 맡겨 왕 노릇 하도록 해 주셨다. 말하자면 다윗에게 누릴 수 있는 모든 것을 하나님이 충분히 주셨음을 뜻한다. 여기에 더하여 다윗이 부족한 것이 있으면 더 주셨을 것이라고도 말하였다. 9절에서 본격적으로 다윗의 잘못을 지적하는데, 우리아의 아내를 빼앗고, 암몬 자손의 칼에 죽게 한 이 두 가지 악행을 여호와의 말씀을 업신여기는(בָּזָה, '바자') 것으로 질책한다. 10절에서는 다윗의 악행에 대한 첫째 심판으로 다윗 왕조에서 "칼"이 영원토록 떠나지 않을 것이라고 말씀하신다. 이는 살인죄에 대한 심판으로 볼 수 있다. 이는 다윗이 요압에게 했던 경고였지만

(11:25), 결국 그의 아들 암논의 죽음(13:29), 압살롬의 죽음(18:15), 아도니야의 죽음(왕상 2:25)에 대한 예언으로 되돌아왔다. 11-12절은 둘째 심판 신탁으로 밧세바 간통에 대한 심판으로 다윗은 자기 아내들이 다른 이와 동침하는 일이 은밀히도 아니고 온 이스라엘 앞에서 "한낮에"(הַשֶּׁמֶשׁ נֶגֶד, '네게드 하샤메쉬'; 직역. "해 앞에서") 벌어질 것을 보게 될 것이다. 이 예언은 압살롬의 반란에서 벌어질 일을 가리킬 것이다(16:21-22).

**13-15절: 다윗의 회개와 아이의 병듦.** 13절에서 이 모든 무서운 신탁을 받은 다윗은 "내가 여호와께 죄지었소"(חָטָאתִי לַיהוה, '핫타아티 르야훼')라고 곧바로 회개한다. 다윗의 회개에는 다른 어떤 변명도 없다. 다윗의 이 즉각적이며 간결한 회개에 하나님은 나단의 입을 통해 용서를 선포하신다. 그리하여 다윗이 분노해서 말했던 권력 남용자의 죽음이 다윗에게는 미치지 않을 것이다. 하지만 14절에서 다윗은 가슴 쓰린 심판 선고를 듣게 된다. 다윗의 간음과 살인은 단지 다윗 개인의 문제가 아니라, 하나님을 대신해서 이스라엘을 다스려야 하는 왕의 문제였다. 그래서 "여호와의 대적자들과 다를 바 없이 그분을 매우 업신여(נִאֵץ נִאַצְתָּ, '니에츠 니아츠타')"겼다(본문 비평 참조). 결국 다윗의 죽음 대신 간음과 살인의 결과로 태어난 아이가 사형 언도를 받는다(מוֹת יוּמָת, '모트 유마트'; 참조. 출 21:12; 레 20:2 등). 15절에서 나단은 자기 집으로 돌아가고, 밧세바가 낳은 아이는 심판 신탁대로 심한 병을 앓게 된다.

**16-17절: 다윗이 병든 아이를 위해 금식 기도함.** 16절에서 다윗은 자기 잘못 때문에 자신이 받아야 할 벌을 대신 받아 병든 아이를 위해서 하나님께 간구한다(וַיְבַקֵּשׁ [⋯] אֶת־הָאֱלֹהִים, '바여바케쉬 [⋯] 에트-엘로힘'). 쿰란

본문 전통(4QSamᵃ)은 여기서 **מִן הָאֱלֹהִים**('민 하엘로힘')을 써서 마소라 본문과는 다른 전치사를 쓴다. 어떤 이들은 "~로부터"를 뜻하는 이 전치사가 쓰인 것이 죽은 이를 되살리기 위해서 제의적으로 지하 세계에 들어가는 의식을 전제한다고 주장하지만(McCarter, *II Samuel*, 301), 이런 용례가 구약성경에는 없으며, 이방의 전통을 투영한 해석이라고 여겨진다(Tsumura, *Second Samuel*, 196). 더욱이 이때 아이는 아직 살아 있었다. 그러므로 쿰란 본문에서 쓰인 전치사는 시편 104편 21절과 느헤미야 5장 12절 등에서 쓰인 용례와 같이 또 다른 숙어로 여길 수 있겠다. 이 표현은 다른 이를 위한 중보기도의 전형적인 관용구다(참조. 신 4:29; 렘 50:4; 호 3:5; 대하 11:16; Tsumura, *Second Samuel*, 195). 그는 이를 위해 금식하고, 슬픔과 회개의 표시로 자루옷을 입고 땅에 누워 밤을 지새웠다(본문 비평 참조). 17절에서 왕궁의 나이 든 시종들이 나서서 다윗을 땅에서 일으키려 했지만, 그는 완고하게 그대로 있으면서 음식을 먹지도 않았다. 그만큼 회개와 간구를 절실하게 하고 있었다는 말이다.

**18-23절: 아이가 죽고 다윗이 금식 기도를 끝냄.** 다윗의 간절한 간구에도 불구하고 18절에서 아이는 이레 만에 죽고 말았다. 신하들은 이 사실을 다윗에게 감히 알리지 못한다. 그들은 아이가 살아있을 때도 왕이 먹지도 않고 기도했는데, 죽었다는 소식을 들으면 더 상심할 것(**עָשָׂה רָעָה**, '브아사 라아')이라고 여겼다. 그래서 그들은 19절에서 "서로 수군대"기만 했다(**מִתְלַחֲשִׁים**, '미트라흐쉼'). 다윗은 그런 자기 신하들의 모습을 보고서 아이가 죽었다는 사실을 깨달았다. 그래서 그가 먼저 신하들에게 "아기가 죽었느냐"(**הֲמֵת הַיֶּלֶד**, '하메트 하얄레드')라고 물었다. 그제야 신하들은 그 아이가 죽은 사실을 다윗에게 알렸다. 20절에서 다윗은 신하들에게

의외의 행동을 한다. 상심할 것이라던 그들의 예상과 달리 다윗은 아이가 죽었다는 소식을 듣자, 몸을 씻고 기름을 바르고 의복을 갈아입고 여호와의 전에 들어가 경배하였다.[2] 그런 뒤에 왕궁으로 돌아와서 음식을 차리라고 명령하여 그 음식을 먹었다. 여기서 이야기는 지금까지와 달리 매우 빠른 호흡으로 다윗의 행동을 묘사하는데, 이렇게 빠르게 움직이는 다윗의 모습은 앞서 기도할 때 매우 정적이던 것과 대조를 이룬다 (비교. Tsumura, *Second Samuel*, 197). 21절에서 신하들은 이런 다윗의 모습을 보고 끝내 질문한다. 왜 아이가 살아 있을 때는 금식하고 울더니 아이가 죽었다는 소식에 다시 음식을 먹느냐는 것이었다. 이 질문은 일상적인 감정 표현과 다윗의 감정이 달랐기 때문이다. 22-23절에서 다윗은 신하들의 질문에 자신의 금식에 대한 태도를 밝힌다. 그가 금식하고 운 것은 혹시라도 여호와께서 자기 기도를 들어주셔서 아이를 살려주지 않으실까 하는 마음에서였고, 아이의 죽음을 사람으로서는 어찌할 수 없는 여호와 하나님의 결정으로 받아들였기 때문이라고 대답하였다. 이는 심판과 구원의 전권이 하나님께 있음을 인정하는 태도다.

**24-25절: 솔로몬이 태어남.** 24절에서 다윗은 이제 자신의 죄로 임한 하나님의 심판 때문에 아들을 잃은 밧세바를 위로하였다(וַיְנַחֵם, '바여나헴'). 그리고 이제는 부부로서 밧세바와 동침했다. 그리고 밧세바는 다시 임신해서 아들을 낳았는데, 그 아들의 이름이 "솔로몬"(שְׁלֹמֹה, '쉘로모')이었다. 쓰기 전통(Ketib)은 다윗을 주어로 하며(וַיִּקְרָא, '바이크라'; 3인칭 남성

---

2. 　여기서 아직 성전을 건축하지 않았던 다윗이 "여호와의 전"을 언급하는 것은 이상하다. 아마도 화자 당대의 관점에서 하는 말일 것이다(참조. McCarter, *II Samuel*, 302).

단수), 읽기 전통(Qere)은 밧세바를 주어로 한다(וַתִּקְרָא, '바티크라'; 3인칭 여성 단수). 구약성경에서 아들의 이름을 어머니가 지어주는 전통을 찾아볼 수 있지만(창 29:32; 삼상 1:20; 4:21), 아버지가 지어주기도 한다(창 16:15; 출 2:22). "솔로몬"이라는 이름은 보통 "평화"(שָׁלוֹם, '샬롬')와 연관되는 것으로 보지만, 읽기 전통을 바탕으로 "그[우리아, 또는 죽은 아들]를 대신하는 사람"으로 보기도 한다(참조. McCarter, *II Samuel*, 303; Anderson, *2 Samuel*, 164). 화자는 여기서 "여호와께서 그를 사랑하셨다"라는 평가를 덧붙여서, 앞으로 그가 중요한 인물이 될 것임을 암시해 준다. 25절에서는 한 걸음 더 나아가 하나님께서 선지자 나단을 보내서 그분이 솔로몬을 사랑하시기 때문에 "여디디야"(יְדִידְיָה, '여디드야', "여호와께서 사랑하는 사람")라는 새로운 이름을 주었다고 전한다. 많은 학자가 예언자가 준 이 이름이 왕호(throne name)였을 것으로 여긴다(참조. Tsumura, *Second Samuel*, 199).

### 다윗의 랍바 점령(26-31절)

이 단락에서는 앞서 10장부터 밧세바 사건의 배경이 되었던 암몬 전쟁의 이야기를 마무리 짓는다. 26절에서는 요압이 암몬의 수도 랍바를 쳐서 "왕성"(עִיר הַמְּלוּכָה, '이르 하믈루카')을 점령했다고 간략히 전투 결과를 전한다. 이 왕성이 무엇을 의미하는지는 27절에서 짐작할 수 있다. 이어지는 27절에서 그는 다윗에게 전령을 보내서 자신이 "물의 성읍"(עִיר הַמָּיִם, '이르 하마임')을 점령하였다고 보고하였다. 그러니 요압은 왕실의 경호를 받으며 랍바에 물을 대던 수원지의 요새 성채를 점령하였다는 말이 된다(참조. Anderson, *2 Samuel*, 168). 일단 공성전에서 수원지를 탈취했다는 것은 매우 유리한 고지를 점령한 셈이다. 28절에서 요압은 다윗에게 지원군을 요청한다. 곧 랍바 본성을 공격해서 점령을 마무리하라는 것이다. 이 일은 다윗이 직접 출병하라고 요청한다. 그러면서 그는 "그렇지 않으면 제가 그 성읍을 차지하고 그 성읍은 제 이름을 따라 불리게 될 것입니다"라고 말했다. 곧 암몬의 수도 랍바의 마지막 점령은 다윗이 마무리하여 왕의 영예를 지키라는 부탁이다. 본문에서 분명히 드러나지 않지만, 요압은 다윗이 암몬 전투에 출전하지 않은 것에 대한 불만을 소극적으로 표현하고 있다고 볼 수도 있다(비교. McCarter, *II Samuel*, 312).

29절에서 요압의 보고를 받은 다윗은 직접 랍바로 출전해서 그곳을 쳐서 점령했다. 30절은 랍바에서 보석 박힌 금 한 달란트(כִּכַּר, '키카르'; 대략 34㎏)에 이르는 왕관을[3] 비롯한 "매우 많은"(הַרְבֵּה מְאֹד, '하르베 므오드') 전리품을 탈취했다고 전한다. 31절에서는 점령한 암몬의 백성들을 톱질, 써레질, 철도끼질, 벽돌구이 등을 하는 노예로 삼았다고 전한다.[4] 그리고 완전히 암몬을 점령한 다윗과 군사들이 예루살렘으로 돌아가는 것으로 이야기는 끝난다.

## 본문의 메시지

(1) 다윗은 벌써 자신이 간음과 살인의 죄를 저질렀음을 알고 있었다. 하

---

3. 여기서 "그들의 왕"(מַלְכָּם, '말캄')으로 읽은 히브리어 본문이 같은 자음을 쓰는 "밀곰"(מִלְכֹּם, '밀콤')으로 읽어야 하는 것은 아닌지 종종 의심된다. 밀곰은 암몬의 신이기도 했기 때문이다. 이에 관한 논의는 McCarter, 312-313 참조.

4. 본문만 놓고 보자면, 암몬 백성들을 톱질하고 써레질하고 철도끼질하고 벽돌에 올려놓고 굽는 등 학살 장면으로 번역할 수도 있다. 이에 대한 논의들은 McCarter, 313; Anderson, 169; Tsumura, 201 참조.

지만, 처음 하나님께 왕으로 기름 부음을 받은 뒤부터 지금 왕이 되기까지 다윗은 다른 사람들의 손을 빌려서 일을 처리하는 데 익숙해졌을 수 있었다. 사울, 아브넬, 이스보셋의 죽음이 자신에게 분명히 득이 되었지만, 다윗 자신이 직접 개입하지 않았기에 죄책감은 깊이 없었을 것이다. 그러다 보니 남의 아내를 빼앗는 일도, 그 남편을 죽이는 일도 다른 이의 손을 빌려 죄책감 없이 저질렀다. 다윗도 결국 권력에 취해서 윤리적이고 종교적인 판단력이 흐려지고, 권력의 뒤에 숨어서 약자들의 권리를 아무렇지도 않게 짓밟는 사람이 되어가고 있었다.

본문에서 나단은 그런 다윗에게 심판 신탁으로 마지막 경종을 울린다. 그래도 다윗은 사울과 달리 변명을 늘어놓지 않고(참조. 삼상 15:20-21), 즉각 회개한다. 하나님은 이런 다윗을 버리지 않고 용서해 주신다. 잘못은 이렇게 깨달았을 때, 변명보다는 인정하고 회개하는 것이 문제를 해결하는 지름길이다.

그런데도 다윗의 잘못은 벌을 받아야 했다. 살인을 저지른 다윗의 집안에 칼이 계속 끊이지 않아서, 왕자들은 왕위 계승을 두고 죽고 죽이는 일이 거듭될 것이다. 간음죄를 저지른 다윗의 죄는 아들이 자기 후궁들과 동침하는 일로 이어질 것이다. 더구나 간음의 결과로 태어난 아이가 죄 없이 죽게 될 것이다. 본문에서 독자들은 이런 다윗의 잘못과 벌 이야기를 통해서 온고지신의 교훈을 얻게 된다.

(2) 자신이 저지른 간음죄와 살인죄의 심판으로 병들었다가 결국 죽은 아이를 위한 다윗의 기도가 눈길을 끈다. 다윗은 아이가 병들었다는 소식을 듣자마자, 칠십인역이나 쿰란 본문에 따르면, 애통과 슬픔을 표시하는 자루옷을 입고 밤새 땅바닥에서 그를 위해 중보기도를 했다. 울면

서 하나님께 절실하게 매달렸다. 이 모습은 충분히 이해된다. 그리고 지금까지 보여주었던 신앙인 다윗의 모습과도 걸맞다. 비록 왕위에 올라서 전투에 나가지도 않고, 남편이 버젓이 있는 밧세바와 간통 사건을 저지르고, 그것을 덮으려고 결국 남편 우리아를 죽게 할 정도로 타락하고 둔감해졌지만, 그는 여전히 신앙인으로서 뿌리를 잃지 않았다. 이 모습도 분명히 교훈을 주는 대목이다.

그러나 아이가 죽었을 때 보여준 다윗의 모습은 더 눈길을 끈다. 신하들은 다윗이 아이의 죽음 소식을 듣고 기도할 때보다 더 슬퍼할 것이라고 여겨서 차마 입을 떼지 못했다. 그러나 아이의 죽음 소식을 들은 다윗은 의외로 의연히 다시 평상으로 돌아왔다. 이것은 다윗이 어떤 마음으로 기도했는지를 잘 보여준다. 일반적으로 기도를 하는 사람들은 당연히 자신이 하는 기도를 하나님이 들어주시기를 바란다. 그런데 문제는 그다음이다. 기도한 대로 일이 이루어지면 당연히 하나님께 감사한다. 반대로 기도한 대로 이루어지지 않으면 어떤가? 많은 경우 실망하고 좌절하며, 하나님께 호소하는 모습을 본다. 이것은 하나님을 자기 기도의 도구로 만드는 "값싼 신앙"이다. 다윗은 아이의 삶과 죽음이 온전히 하나님의 손에 있음을 인정하고, 할 수 있는 한 간절하게 기도했다. 그러나 아이의 죽음은 하나님의 뜻이므로, 절망할 일이 아니었다. 그것을 수용하고, 겸손히 하나님 앞에 서는 다윗의 모습은 다시금 독자들에게 기도의 참모습을 가르쳐 준다.

# 13장
# 압살롬이 암논을 죽임

## 우리말로 옮긴 본문

**암논과 다말(1-22절)**

1  그 뒤의 일이었다. 다윗의 아들 압살롬에게는 어여쁜 누이가 있었는데, 이름이 다말이었다. 그를 다윗의 아들 암논이 사랑하게 되었다.

2  암논은 자기 이복누이 다말 때문에 시름시름 앓게 되었다. 다말이 아직 처녀여서 암논이 어찌해 볼 도리가 없었기 때문이었다.

3  암논에게는 요나답이라는 친구가 있었는데, 그는 다윗의 형 시므아의 아들이었다. 요나답은 매우 교활한 사람이었다.

4  그가 압살롬에게 말하였다. "왕자님, 당신은 무엇 때문에 날이 갈수록 야위어 가십니까? 제게 말씀해 보십시오." 그러자 암논이 그에게 말하였다. "내 이복동생 압살롬의 누이 다말을 내가 사랑하고 있다네."

5  요나답이 그에게 말하였다. "왕자님의 잠자리에 누워 아픈 체하십

시오. 그러면 왕자님의 아버지 임금께서 병문안 오실 것입니다. 그 때 그분께 '제 이복누이 다말이 와서 제게 떡을 만들게 해 주십시오. 제가 볼 수 있도록 제 앞에서 떡을 만들면, 제게 손수 먹여주게 해 주십시오'라고 부탁드리십시오."

6 그리하여 암논이 자리에 누워 아픈 체하였다. 임금이 그에게 병문안을 오자 암논이 임금에게 말하였다. "다말이 와서 제 앞에서 과자 두어 개를 구워서 제게 손수 먹여주게 해 주십시오."

7 다윗이 다말의 집에 사람을 보내서 전하였다. "네 오라버니 암논의 집으로 가서 그에게 음식을 장만해 주어라."

8 그래서 다말이 자기 이복 오라비 암논의 집으로 갔다. 암논은 누워 있었다. 다말이 밀가루를 가져다 반죽하고 암논 앞에서 과자를 만들어 익혔다.

9 다말이 냄비째 가져가서 암논 앞에 과자를 퍼 주었다. 하지만 그는 먹으려 들지 않았다. 그가 말하였다. "모두 물러가거라!" 그러자 모두 그에게서 물러갔다.

10 암논이 다말에게 말하였다. "음식을 침실로 가져와서 손수 먹여다오." 다말이 자기가 만든 과자를 들고 배다른 오빠 암논의 침실로 들어갔다.

11 다말이 먹여 주려고 가까이 오자 암논이 그를 붙들고 말하였다. "와서 나와 함께 눕자, 나의 누이야!"

12 그러자 다말이 그에게 말하였다. "안 됩니다. 오라버니! 저를 욕보이지 마십시오. 이스라엘에서 이런 짓은 절대로 해서는 안 됩니다. 이같이 추잡한 짓을 하지 마십시오.

13 제가 그런 치욕을 당하고 어디로 갈 수 있겠습니까? 또한 오라버니

도 이스라엘에서 추잡한 자들 가운데 한 명이 될 것입니다. 그러니 제발 임금님께 말씀드리십시오. 분명히 저를 오라버니에게 주기를 거절하지 않으실 것입니다.”

14 그러나 암논은 다말의 말을 들으려 하지 않았다. 그가 힘이 더 세므로 다말을 눕히고 욕보였다.

15 그러자 암논은 다말을 매우 미워하게 되었는데, 다말을 사랑하던 그 사랑보다 미움이 더 커진 것이었다. 그래서 암논이 다말에게 말하였다. “일어나 가거라!”

16 다말이 그에게 말하였다. “안 됩니다. 저를 보내시는 것은 오라버니가 제게 하신 일보다 더 나쁘기 때문입니다.” 하지만 암논은 그 말을 들으려 하지 않았다.

17 암논이 자기 젊은 시종을 불러서 말하였다. “이 여자를 내게서 밖으로 데리고 나가고, 빗장을 걸어 문을 잠가라!”

18 다말은 긴 채색옷을 입고 있었는데, 결혼하지 않은 공주들이 으레 입던 겉옷이었다. 암논의 젊은 시종은 다말을 밖으로 내보내고는 빗장을 걸어 문을 잠갔다.

19 그러자 다말은 재를 머리에 뒤집어쓰고서 입고 있던 채색옷을 찢은 채, 손을 머리에 얹고 걸어가며 계속 부르짖었다.

20 다말의 오라버니인 압살롬이 다말에게 말하였다. “네 오라버니 암논이 너와 함께 있었느냐? 애야, 그러면 지금은 가만히 있어라. 그도 네 오라버니이다. 이 일을 네 마음에 두지 말아라.” 그리하여 다말은 자기 오라버니 압살롬의 집에서 외로이 지냈다.

21 다윗 임금이 이 모든 일을 듣고서는 크게 화를 냈다. ˥

22 압살롬은 암논에게 잘잘못에 대해 아무런 말도 하지 않았다. 하지만

암논이 자기 누이를 욕보인 일 때문에 그를 몹시 미워했다.

## 압살롬이 암논을 죽임(23-39절)

23 2년 뒤의 일이었다. 압살롬이 에브라임 근처의 바알하솔에서 자기 양 떼의 양털을 깎게 되었는데, 압살롬이 모든 왕자를 초대하였다.

24 압살롬이 임금에게 가서 말하였다. "보십시오. 이 종이 양털을 깎는데, 임금님과 임금님의 신하들도 이 종과 함께 가면 좋겠습니다."

25 임금이 압살롬에게 말하였다. "아니다, 내 아들아, 우리가 모두 가서 네 짐이 되지는 않겠다." 압살롬은 계속 간청했지만, 임금은 가려 하지 않았다. 그 대신 그를 축복해 주었다.

26 그러자 압살롬이 말하였다. "그러면 암논 형님이 저와 함께 가면 안 되겠습니까?" 임금이 그에게 대답하였다. "암논이 왜 너와 함께 가야 되느냐?"

27 하지만 압살롬이 계속 간청하자, 임금은 암논과 모든 왕자를 그와 함께 보냈다.

28 압살롬이 자기 수하들에게 명령하였다. "암논이 술에 흥건히 취하는지를 잘 지켜보아라. 그러다 내가 너희에게 '암논을 치라!'라고 명령하거든, 너희는 그를 죽여라. 두려워하지 마라. 내가 너희에게 명령한 것이 아니냐? 용기를 내고 마음을 다잡아라."

29 압살롬의 수하들은 압살롬이 명령한 대로 암논에게 하였다. 그러자 모든 왕자가 일어나서 저마다 노새에 올라타고 도망쳤다.

30 그들이 도망치는 동안, 압살롬이 모든 왕자를 쳐서 한 명도 남지 않았다는 소문이 다윗에게 전해졌다.

31 다윗은 일어나 옷을 찢고 땅바닥에 드러누웠다. 그러자 옆에 섰던

그의 신하들도 옷을 찢었다.

32 그때 다윗의 형 시므아의 아들 요나답이 말하였다. "왕자들 모두 죽었다고 여기지 마십시오. 분명히 암논 왕자만 죽었습니다. 이것은 암논 왕자가 자기 누이 다말을 욕보인 날부터 압살롬 왕자가 결정했던 것입니다.

33 그러니 이제 내 주 임금님께서는 모든 왕자가 죽었다고 단정하지 마십시오. 분명히 암논 왕자만 죽었습니다."

34 압살롬은 도망쳤다. 한 초병이 눈을 들어 보니 여러 사람이 ˪자기 뒤에 있던˩ 산비탈에서 오고 있었다.

35 요나답이 임금에게 말하였다. "보십시오. 왕자들이 오고 있습니다. 이 종이 그럴 거라고 말씀드린 대로입니다."

36 그가 이 말을 다 마치자, 왕자들이 이르렀다. 그들은 소리 높여 울었다. 그러자 왕과 그의 신하들도 매우 큰 소리로 울었다.

37 한편 압살롬은 도망쳐서 그술 임금 암미훌의 아들 달매에게로 갔다. 다윗은 날마다 자기 아들 때문에 슬퍼하였다.

38 압살롬은 그술로 도망쳐 간 뒤, 거기에서 3년을 지냈다.

39 다윗은 압살롬에 대한 노여움이 사그라들었는데, 이는 이미 죽어버린 암논에 대해서 스스로 위로해서였다.


## 본문 비평


**21절 ㄱ. (-)**

마소라 본문과 칠십인역의 안티오키아 본문에는 없는 본문이 쿰란 본문(2QSamª)에 더 있다. כי אה[בו] כי בכורו הוא ("그를 사랑하였기 때문이다. 왜냐하면, 그는 그의 맏아들이었기 때문이다"). 그런데 칠십인역의 많은 필사본(Codd. BMN)에는 더 완전한 본문이 있다. Καὶ οὐκ καὶ οὐκ ἐλύπησεν τὸ πνεῦμα Αμνῶν τοῦ υἱοῦ αὐτοῦ ὅτι ἠγάπα αὐτὸν ὅτι πρωτότοκος αὐτοῦ ἦν("그러나 그는 자기 아들 암논의 마음을 상하게 하지 않았다. 왜냐하면, 그가 자기 맏아들이어서 그를 사랑하였기 때문이다"). 물론 이 긴 본문 전통이 적어도 기원전 1세기 이전으로 거슬러 올라가기는 하지만, 우리는 더 짧은 읽기(*lectio brevior*)인 마소라 본문을 선택한다.

### 34절 ㄴ-ㄴ. 자기 뒤에 있던

초병이 "자기 뒤에 있던 산비탈에서"(מִדֶּרֶךְ אַחֲרָיו מִצַּד הָהָר, '미데레크 아하라브 미차드 하하르'; 직역. "그의 뒤에 있던 비탈에서") 여러 사람이 오는 것을 보았다. 히브리어 본문에는 없지만, 칠십인역에는 좀 더 긴 설명으로 καὶ παεγένετο ὁ σκοπός καὶ ἀπήγγειλεν τῷ βασιλεῖ καὶ εἶπεν "Ανδρας ἑώρακα ἐκ τῆς ὁδοῦ τῆς Ωρωνην ἐκ μέρους τοῦ ὄρους("그리고 그 초병이 와서 왕에게 전하여 말하기를, 사람들을 제가 호로나임 길 산비탈에서 [오는 것을] 보았습니다")가 덧붙어 있다. 칠십인역은 부연 설명이 덧붙은 것일 텐데, 여기서 말하는 호로나임은 예루살렘 북서쪽 16km쯤 떨어진 곳에 있었던 지명으로 추측하는데(참조. McCarter, *II Samuel*, 333), 그러면 왕자들은 예루살렘으로 오는 가장 빠른 길로 왔을 것이다(참조. Anderson, *2 Samuel*, 181).

본문 주석

**암논과 다말(1-22절)**

**1-2절: 암논이 압살롬의 누이 다말을 사랑함.** 1절은 "그 후에 이 일이 있으니라"(וַיְהִי אַחֲרֵי־כֵן, '바여히 아하레-켄')로 시작해서 새로운 사건이 벌어졌음을 알려준다(참조. 삼상 24:5[6]; 삼하 2:1; 8:1; 10:1; 21:18). 이 구절에서 세 인물이 소개된다. 먼저, 다윗의 셋째 부인 그술 임금 달매의 딸 마아가가 낳은 압살롬과 그의 여동생 다말이다(참조. 삼하 3:3). 그리고 아들이 없었던 미갈을 제외한 다윗의 첫째 부인인 이스르엘 여인 아히노암이 낳은 암논이다(참조. 삼하 3:2). 본문은 다말이 "어여"쁘고(יָפָה, '야파'), 그의 배다른 오빠 암논이 그를 사랑한다는 관계로 이야기를 시작하여 앞으로 이어질 이야기의 복선을 제공한다. 2절에서 암논은 다말이 "처녀"(בְתוּלָה, '브툴라')이므로 어찌할 도리가 없었다고 전하는데[1], 이는 결혼하지 않은 여인들의 활동이 제한된 공간에서만 가능하고 외부 사람과 접촉하는 것이 엄격히 통제되었음을 암시한다(참조. Anderson, *2 Samuel*, 174). 그러자 암논은 시름시름 앓게 되었다(לְהִתְחַלּוֹת, '르히트할로트'). 이것은 문맥상 흔히들 생각하는 것과 달리, 상사병이라기보다는 아무것도 할 수 없는 데 대한 좌절이라고 여길 수 있다(참조. Anderson, *2 Samuel*, 174).

**3-7절: 친구 요나답의 조언을 암논이 따름.** 3절에서 새로운 인물이 소개된다. 그는 요나답이었는데, 다윗의 형 시므아의 아들로 소개되니, 암논과는 사촌이었다. 화자는 요나답을 매우 교활한 사람(אִישׁ חָכָם מְאֹד, '이

---

1. 직역. "그녀에게 아무것도 할 수 없음이 암논의 눈에 (매우) 놀라웠다."

쉬 하캄 므오드'; 개역개정. "심히 간교한 자")으로 소개한다. 여기서 쓰인 형용사는 사실 '슬기로운, 숙련된' 등을 뜻한다. 하지만, 이 본문의 이어지는 문맥에서 보자면, 암논에게 직언하기보다는 듣기 좋은 말을 할 줄 아는 잘못된 조언자임을 역설적으로 강조한다고 보아야 할 것이다(이에 대한 논의는 McCarter, *II Samuel*, 321 참조). 4절에서 요나답은 암논이 점점 야위어 가는(דַּל, '달'; 개역개정. "파리하여 가느냐"; 비교. 창 41:19) 까닭을 물었다. 그러자 암논은 자기 이복동생 다말을 사랑한다고 털어놓았다. 이 말을 들은 요나답은 5절에서 암논에게 소원을 이룰 계략을 짜 준다. 그는 병을 핑계로 다윗 임금에게 다말이 자신을 간호하도록 요청하라고 했다. 사실 다말을 사랑했지만, 아무것도 할 수 없고, 만날 기회조차 없어서 야위어 가던 암논에게 병상에 누워서 병든 사람인 체하기는 어려운 일이 아니었다. 요나답은 이렇게 암논의 상태와 왕실의 관계성을 고려해서 말 그대로 교활한 계략을 짜 주었다. 그러나 이것은 목적을 어떻게든 이루게 하는 수단일 뿐 근본적인 문제 해결은 아니었다. 어쨌거나 6절에서 암논은 요나답이 시킨 대로, 병상에 누워있었다. 예상한 대로 다윗은 암논의 병상을 찾아왔다. 아마도 지금까지 왕위 계승 서열에서 우위를 차지하는 암논이 병들었다는 소식은 다윗에게 민감한 문제였기에 이내 암논을 찾아왔을 것이다. 그러자 암논은 요나답이 조언한 대로 자기 병시중을 다말이 들어주기를 임금에게 간청하였다. 다만 요나답은 다말에게 "떡"(לֶחֶם, '레헴')을 만들어 달라고 하라는 조언을 했는데, 암논은 "과자"(לְבִבוֹת, '르비보트')를 두어 개 만들어 주게 해 달라고 말했다. 성경에서 여기밖에 쓰이지 않는 이 낱말을 암논이 쓴 까닭은 분명하지 않다. 그러나 독자들에게 이 낱말이 이 문장에서 쓰인 같은 어근의 동사(וּתְלַבֵּב, '우틀라베브')와 더불어 그의 간절한 마음(לֵבָב, '르바브')을 생각나게 하는 것만은 틀림없다.[2] 7절에서 다윗은 암논이 다말을 마음에 두고 있다는 사실을 아마도 몰랐을 것이므로, 다말에게 "네 오라버니"(אָחִיךְ, '아히크') 암논에게 음식을 차려 주라고 명령하였다.

**8-14절: 암논의 다말 강간.** 8절에서 왕명을 받은 다말은 배다른 오빠 암논의 집에 가서 병상에 누운 그를 위하여 밀가루를 반죽해(וַתָּלֶשׁ, '우틀라베브') 익혔다(וַתְּבַשֵּׁל, '바트바쉘'). 암논이 다말에게 부탁하여 만든 이 "과자"가 무엇인지는 논란거리다. 이 낱말이 구약성경에서 이 문맥에서만 쓰이기 때문이다. 북서 셈어에서도 이 낱말은 거의 쓰이지 않아서 "고운 밀가루", 또는 "떡" 등으로 추정할 뿐이다.[3] 이 구절에서 쓰인 동사는 이 "과자"를 만드는 과정이 일반적인 빵처럼 굽는 것(אָפָה, '아파')이 아니라, 끓이거나 삶아서 익히는 것을 뜻하며, 이어지는 구절에서 다말이 만든 것을 "퍼 주었"으므로(9절), 눅눅해진 떡으로 만든 과자의 일종으로 추정하는 것이 일반적이다(참조. McCarter, *II Samuel*, 322). 9절에서 다말은 과자를 만든 "냄비"(הַמַּשְׂרֵת, '하마스레트')를 통째로 가져다가 떠서(וַתִּצֹק, '바티초크'; 개역개정. "쏟아 놓아도"; 참조. 왕하 4:40) 암논 앞에 놓았다. 그러나 암논은 과자에는 관심이 없었다. 그러고는 그 자리에 있던 시종들을 모두 물리고 다말과 단둘이 있게 되었다. 10절에서 암논은 다말에게 음식을 가지고 침실로 가져와서 손수 먹여 달라고 요구하였다. 이 장면은 다윗이 방문했을 때와는 달리 그가 침대에 누워있지 않았음을 말해준다. 여하튼 다말은 아버지가 명한 대로 음식을 가지고 암논의 침실

---

2. 이런 견해에 대해서는 McCarter, *II Samuel*, 322; Anderson, *2 Samuel*, 174; Long, *1 and 2 Samuel*, 379 비교.

3. 이에 대해서는 Hofzinger/Jongeling, *Dictionary of the NWSI 1*, 563 참조.

로 갔다. 그리고 11절에서 다말이 암논에게 음식을 먹여 주려고 가까이 다가가자, 느닷없이 그가 다말을 붙잡았다(וַיַּחֲזֶק־בָּהּ, '바이흐제크-바흐'). 그리고 그는 다말을 "나의 누이야"(אֲחוֹתִי, '아호티')라고 불렀는데, 물론 다말이 암논의 배다른 동생이 맞지만, 이 문맥에서는 고대 근동의 여느 연애시에서 하듯 사랑하는 사람을 향한 애칭으로 여겨야 할 것이다(참조. 아 4:9; McCarter, *II Samuel*, 322). 그는 다말에게 대놓고 "와서 나와 함께 눕자"고 말한다.[4]

　　암논이 다윗에게 들었던 것과 달리 병들지 않았음을 알아챈 다말은 12절에서 완강히 거부하며, "오라버니! 저를 욕보이지 마십시오"(תְּעַנֵּנִי אַל־אָחִי אַל, '알-아히 알-트아네니')라고 말한다.[5] 결혼 약속이 되지 않은 처녀와 동침하는 것은 당연히 이스라엘에서 금지되어 있음을 분명히 하면서, 이런 행위를 "추잡한 짓"(הַנְּבָלָה, '하느발라')이라고 규정한다. 이 낱말을 특히 강간(삿 20:6, 10), 성적 문란 행위(신 22:21), 간통(렘 29:23), 동성을 향한 성폭행(삿 19:23) 등을 가리키는 점은 이 문맥에서도 주목할 만하다(참조. Tsumura, *Second Samuel*, 207). 13절에서 다말은 그런 성폭행이 자신에게 "치욕"(חֶרְפָּה, '헤르파')이라고 말한다. 그리고 다윗에게 정식으로 부탁하라고 애원하였다. 하지만, 레위기 18장 9절에 따르면, 형제자매 사이나 이복형제자매 사이의 성관계가 엄격히 금지되어 있었으므로, 다윗에게 허락받을 가능성은 크지 않았다. 이는 다만 다말이 이 상황을 모면하기 위해 쓴 수단이었을 것이다(참조. Tsumura, *Second Samuel*, 207). 14절에서 암논은 다말의 말을 듣지 않았다. 그는 벌써 금지된 관계임과 다

---

4.　"눕다"가 전치사 "~와 함께"(עִם, '임')와 함께 이런 뜻으로 쓰인 보기는 창 26:10; 30:15, 16; 39:7, 12; 신 22:23 이하 등 참조.

5.　여기서 쓰인 동사는 구약성경에서 강간을 가리키는 말로 자주 쓰인다. 참조. 창 34:2; 신 22:24, 29; 삿 19:24; 20:5; 겔 22:11; 애 5:11; 게제니우스, 『사전』, 607.

윗의 허락을 공식적으로 받을 가능성이 크지 않음도 알았던 듯하다. 그래서 결국 그는 강제로 다말을 성폭행하고 만다.

**15-18절: 암논이 다말을 쫓아냄.** 다말을 성폭행한 암논은 15절에서 그녀를 미워하게 되었다(וַיִּשְׂנָאֶהָ, '바이스나에하'). 암논의 이 미움에 대해 타키투스(Tacitus)가 한 "자신이 해를 입힌 사람을 미워하는 것은 인간 본성이다"(*Agricola* 42.15)라는 말을 인용하여, 그의 심리 상태를 설명하곤 한다(참조. McCarter, *II Samuel*, 324). 당연히 진정한 사랑을 바탕으로 하지 않은 성폭행이 기쁨과 애정으로 이어질 리는 만무하다. 본문은 심지어 암논이 이전에 다말을 사랑하던 때보다 미움이 더 심해졌다고 말한다. 그리하여 암논은 다말을 내쫓는다. 16절에서 다말은 이에 대해 단호히 그러지 말라고 말한다. 다말은 그런 행위가 자신에게 성폭행한 것보다 더 나쁘다고 말했는데, 이 또한 율법에 어긋나는 행동이기 때문이다. 왜냐하면, 율법은 약혼하지 않은 처녀와 성관계했을 경우, 그 여인의 아버지가 거절하지 않는 이상 반드시 결혼해야 한다고 규정하기 때문이다(참조. 출 22:16-17; 신 22:28-29). 그러나 암논은 다말의 말을 듣지 않았다.

　　17절에서 암논은 심지어 종을 불러서 "이 (여자)"(זֹאת, '조트')를 내쫓고 빗장을 걸어 문을 잠그라고까지 한다. 여기서 암논이 다말을 3인칭 여인 단수 지시대명사로 부른 것은 앞서 "나의 누이야"라고 했던 것과 대조를 이루며, 얼마나 마음이 변했는지를 뚜렷이 보여준다. 18절의 히브리어 본문은 이때 다말이 입고 있던 옷을 먼저 언급한다. 그녀는 "긴 채색옷"(כְּתֹנֶת פַּסִּים, '크토네트 파심')을 입고 있었는데, 이 옷은 여기와 창세기 37장에만 나오며(3, 23, 32절), 그 뜻이 분명하지는 않다(이 낱말에 대한 논의는 McCarter, *II Samuel*, 325 참조). 어쨌거나 본문에서 이 옷을 언급한 까닭은 그가 결혼하지 않은 공주 신분이었음을 강조하기 위함이다.

**19-22절: 압살롬이 암논의 다말 성폭행을 알게 됨.** 19절에서 암논에게 성폭행당하고, 내쫓긴 다말은 슬픔의 전통적인 표현으로 머리에 재를 뒤집어쓰고, 채색옷을 찢고서 손을 머리 위에 얹고 크게 울었다(참조. 렘 2:37; 삼하 15:30; 에 6:12; Tsumura, *Second Samuel*, 210). 20절에서 다말의 친오빠인 압살롬이 그 모습을 목격했다. 벌써 압살롬이 사건을 어느 정도 짐작하고 있었는지, 곧바로 암논이 함께 있었느냐고 물었다. 이것은 그녀가 겪은 일에 대한 완곡어법으로(참조. 창 39:10; McCarter, *II Samuel*, 326) 동생의 자존심을 지켜 주기 위함이었을 것이다. 그런데 압살롬은 "지금은 가만히 있어라(הַחֲרִישׁי, '하흐리쉬'). 그도 네 오라버니이다"라고 말하였다. 압살롬의 이 말이 당장 다말에게는 이해되지 않을 것이다. 하지만 이어서 다말이 자신이 겪은 일 때문에 "이 일을 네 마음에 두지 말아라"(לְבֵּךְ אַל־תָּשִׁיתִי אֶת, '알-타쉬티 에트-리베크'; 직역. "네 마음에 두지 말아라")고 한 데서 모종의 다른 계획이 있음을 다말도 짐작하였을 것이다. 이때부터 다말은 다른 이들과 접촉을 차단하고 압살롬의 집에서 "외로이"(שֹׁמֵמָה, '쇼메마') 지냈는데, 이 낱말은 버림받은 체 초췌하게 지내는 다말의 모습을 잘 그려 준다(참조. 애 1:16; 3:11; 사 54:1).

이렇게 압살롬과 다말은 직접 암논의 성폭행을 드러내 밝히지 않았지만, 21절에서 결국 이 사건은 다윗의 귀에 들어갔다. 다윗은 배다른 오누이 사이의 성폭행 사건에 "크게 화를 냈다"(וַיִּחַר לוֹ מְאֹד, '바이하르 로 므오드'). 그런데 본문에서 다윗의 반응은 그게 다였다. 흥미롭게도 칠십인역과 쿰란 성경 본문은 문맥에 암시된 다윗의 마음을 그려주는데, "그러나 그는 자기 아들 암논의 마음을 상하게 하지 않았다. 왜냐하면,

그가 자기 맏아들이어서 그를 사랑하였기 때문이다"라고 하였다(본문 비평 참조). 물론 암논이 씻을 수 없는 잘못을 저질렀지만, 일단 왕위 계승 서열의 우위에 있는 아들을 함부로 벌줄 수는 없었을 것이다. 이렇게 아버지 다윗이 암논의 잘못에 대해 아무런 조치를 하지 않자, 22절에서[6] 압살롬도 암논에게 잘잘못(לְמֵרָע וְעַד־טוֹב, '르메라 브아드-토브')을 따지지 않았다. 그러나 암논이 자기 동생을 "욕보인"(עִנָּה, '인나'; 참조. 12절) 일 때문에 암논을 미워하고 있었다.

### 압살롬이 암논을 죽임(23-39절)

**23-27절: 압살롬이 암논을 양털 깎는 잔치에 청함.** 암논의 다말 성폭행 사건은 무마되는 듯했다. 23절에서 이 사건 이후 2년이 지났다고 보도한다. 장소는 에브라임 곁 바알하솔을 배경으로 한다. 여기서 말하는 에브라임은 벧엘 북서쪽으로 6km쯤 떨어진 에브론으로 여기곤 한다(참조. Anderson, *2 Samuel*, 180). 그리고 바알하솔은 예루살렘에서 북쪽으로 22km쯤 떨어진 곳에 있었다(참조. Long, *1 and 2 Samuel*, 384). 압살롬은 여기서 양털을 깎게 되었는데, 당시 이스라엘에서 양털을 깎는 행사는 축제이기도 했다(참조. 삼상 25:2-8). 그래서 그는 왕자들을 다 이 축제에 초대하였다. 그리고 24절에서 다윗 임금과 신하들도 초대하였다. 문맥상 분명히 압살롬은 암논에게 복수를 하려는 목적이 있었을 텐데, 다윗까지 초대한 것은 의아하다. 그가 다윗까지 죽일 생각을 한 듯하지는 않다. 아마

---

6.　우리말 성경 개역개정의 번역 "압살롬은 암논이 그의 누이 다말을 욕되게 하였으므로"는 히브리어 본문의 불변화사 כִּי('키')를 원인을 이끄는 것으로 보아 먼저 번역하여 문맥 이해를 모호하게 만들어 버렸다. 하지만 이는 역접의 기능을 하는 부사(adversative/concessive)로 보아야 할 것이다(참조. McCarter, *II Samuel*, 326-327).

도 이는 의심을 사지 않고 암논을 경비가 삼엄하였을 예루살렘을 떠나게 하려는 계략이었을 것이다. 25절에서 압살롬이 간청했지만, 다윗은 완곡히 거절하고, 그 대신에 양털 깎는 축제를 하는 압살롬을 축복했다. 이로써 압살롬이 던진 승부수는 일단 성공한 셈이다. 이제 압살롬은 26절에서 본심을 드러낸다. 다윗이 가지 않는다면, 그를 대신해서 왕위 계승 서열 우선순위에 있는 암논을 보내라고 청하였다. 이미 둘 사이의 껄끄러운 관계를 알고 있던 다윗은 그럴 필요가 있느냐고 반문했지만, 27절에서 압살롬은 그에게 계속 간청했다. 그러자 어쩔 수 없이 암논을 보내는 대신에 다른 왕자들도 함께 보냈다. 어쩌면 다윗은 압살롬이 복수하려는 것을 눈치챘을지 모른다.

**28-29절: 압살롬이 암논을 죽임.** 28절에 드디어 지난 2년 동안 계획해 온 압살롬의 복수 계획이 드러난다. 압살롬은 자기 수하의 종들에게 명령해 두었다. 양털 깎는 축제에서 “암논이 술에 흥건히 취하는지”(בְּיַיִן כְּטוֹב לֵב־אַמְנוֹן, ‘크토브 레브-암논 바야인’), 그러니까 술에 흥건히 취하여 제대로 대응하지 못할 때를 기다리라고 했다. 그리고 자기가 암논을 치라고 명령하면, 그를 척살하라고 하였다. 결국 압살롬은 이렇게 경비가 느슨하고, 예루살렘 왕궁의 통제력에서 다소 떨어진 절호의 기회를 노리기 위해서 2년을 기다린 것이다. 29절에서 암논의 척살은 계획대로 진행되었고, 그 자리에 있던 모든 왕자는 자기 노새를[7] 타고 도망쳤다.

**30-33절: 왕자들에 대한 소문.** 압살롬이 이복형인 암논을 죽인 뒤에 나

---

7.　다윗 시대 노새는 왕실의 탈것이었다(참조. 삼하 18:9; 왕상 1:33, 38, 44; McCarter, *II Samuel*, 333).

머지 왕자들이 그 자리에서 흩어져 도망쳤는데, 30절은 그때 즉시 다윗에게 전달된 "소문"(הַשְּׁמֻעָה, '하쉐무아') 이야기로 시작한다. 그 소문은 압살롬이 모든 왕자를 다 죽였다는 것이었다. 사실 압살롬의 부하들이 암논을 죽였을 때, 그곳은 매우 혼란스러웠을 것이다. 그 자리에 있었던 사람들은 상황을 정확히 파악할 정신이 없었을 것이며, 왕자가 다른 왕자들을 모아놓고 한 명을 죽였다면 그것은 왕위 계승을 둘러싼 '왕자의 난'이어서 모든 왕자를 다 죽였다고 생각하는 것도 무리는 아니다(참조. 삿 9:5; 왕하 10:1-7). 그런 '왕자의 난'이 일어났다고 생각한 정보원이 재빨리 다윗에게 그렇게 전했을 것이다. 31절에서 이 소식을 들은 다윗은 그 자리에서 슬픔과 분노의 표시로 옷을 찢었다(비교. 1:11-12; 3:31-35; 12:16-17). 그리고 그는 땅바닥에 드러누워서(וַיִּשְׁכַּב אַרְצָה, '바이쉬카브 아르차'), 극단의 슬픔을 표시하였다. 그러자 그 자리에 있던 다윗의 신하들도 함께 옷을 찢었다.

32절에서는 왕궁이 이렇게 충격에 휩싸여 있을 때, 요나답이 다시 등장한다. 그가 이 자리에 있었다는 것은 직관적으로는 이해되지 않는다. 그는 앞서 2년 전에 암논에게 다말과 둘이 함께 있을 방법을 조언할 정도로 암논과 가까운 사이였기 때문이다. 그 정도면 암논과 동행했을 것이라고 예상할 수 있는데, 그는 예루살렘에 머물러 있었다. 아마도 그는 압살롬의 암논 살해 계획을 알고 있었을 수 있다. 그런데도 암논을 막아서지 않고 있었다는 것은 그가 얼마나 기회주의자인지를 짐작하게 한다. 그런 요나답답게 슬픔에 빠진 다윗에게 얼른 나서서 "왕자들 모두 죽었다고 여기지 마십시오"(אַל־יֹאמַר, '알-요마르'; 직역. "말씀하지 마십시오")고 말하며, "분명히 암논 왕자만 죽었습니다"(כִּי־אַמְנוֹן לְבַדּוֹ מֵת, '키-암논 르바도 메트')라고 위로한다. 여기서 요나답은 불변화사 כִּי('키')를 통해서 확신을 두고 말한다. 아직 소문 수준의 정보만 왕궁에 전달되었는데, 그는 어떻게 이런 확신을 하고 있었을까? 이어서 그는 자신이 추측한 압살롬의 의도를 다윗에게 전해 준다. 곧 2년 전 다말이 암논에게 성폭행당한 날부터 계획한 일이라고 말하였다. 이렇게 놓고 보면, 요나답이 암논과 동행하지 않고 예루살렘에 머물러 있었던 이유는 비교적 분명해진다. 33절에서 요나답은 다시 한번 앞서 했던 말을 되풀이한다. 곧 "모든 왕자가 죽었다고 단정하지 마십시오"(אַל־יָשֵׂם, '알-야셈')고 권고하며, "분명히 암논 왕자만 죽었습니다"(כִּי־אִם־אַמְנוֹן לְבַדּוֹ מֵת, '키-임-암논 르바도 메트')라고 위로한다. 몇몇 동사가 바뀌고 추가된 낱말이 있지만, 결국 같은 말을 되풀이해서 자기 말을 다윗에게 뚜렷이 기억시키고자 하였다. 이는 그의 처세술이 얼마나 현실적이었는지를 짐작게 해 준다.

**34-36절: 왕자들의 귀환.** 34절에서 장면은 다시 압살롬에게로 전환된다. 암논을 살해한 압살롬은 도망쳤다. 어떤 이들은 이 본문이 잘못된 자리에 삽입되었다고 보지만(McCarter, *II Samuel*, 331-332), 이 시점에서 분명한 의미가 있다. 실제로 압살롬은 이 시점에서 왕위 계승의 다툼을 본격적으로 할 수 있는 상황이 아니었을 것이다. 왜냐하면, 그는 그저 자기 수하의 몇몇 사람들과 암논을 죽일 계획만 세웠을 뿐, 왕위 계승을 확실히 해 둘 만한 군사적이고 정치적인 세력도 마련하지 않았고, 더욱이 명분도 세우지 않았다. 그렇더라도 비교적 명분이 있는 암논 살해를 통해서 온 이스라엘에 자신의 존재감을 알렸으니, 지금은 후퇴할 때라고 판단했을 수 있다. 이어서 장면은 다시 예루살렘으로 이동한다. 초병이 "자기 뒤에 있던 산비탈에서"(מִדֶּרֶךְ אַחֲרָיו מִצַּד הָהָר, '미데레크 아하라브 미차드 하하르'; 직역. "그의 뒤에 있던 비탈에서") 여러 사람이 오는 것을 보았

다. 칠십인역의 부연 설명(본문 비평 참조)에서 말하는 호로나임은 예루살렘 북서쪽 16㎞쯤 떨어진 곳에 있었던 지명으로 추측하는데(참조. McCarter, *II Samuel*, 333), 그러면 왕자들은 예루살렘으로 오는 가장 빠른 길로 왔을 것이다(참조. Anderson, *2 Samuel*, 181).

35절에서 요나답이 다시 등장한다. 그는 실의에 빠진 다윗 왕에게 왕자들이 오고 있다는 초병의 보고를 전해 주었다. 그러면서 자기가 말한 대로 되었다는 말을 빠뜨리지 않는다. 36절에서 요나답이 말을 마치자, 살해 현장에서 도망쳐 온 왕자들이 와서 소리를 높여 울었다. 그러자 이번에도 다윗과 신하들이 함께 울었다. 이것은 암논을 위한 애도, 왕실에서 일어난 비극에 대한 슬픔의 표현일 것이다.

**37-39절: 압살롬의 망명.** 37절에서는 다시 장면을 압살롬에게로 돌린다. 암논을 죽이고 도망친 그는 "그술 임금 암미훌의 아들 달매"에게로 갔다. 그술은 요단강 동쪽 골란 고원의 바산과 헤르몬 사이에 있었던 작은 왕국으로 여기며, 달매의 딸 마아가가 압살롬의 어머니였다(참조. 삼하 3:3 주석). 그러니 압살롬은 외가로 망명길을 떠난 셈이다. 일단 압살롬은 이스라엘 바깥으로 떠났으므로, 다윗이 함부로 압살롬을 소환할 수는 없었을 것이다. 본문은 이어서 다윗이 "자기 아들"(בְּנוֹ, '브노') 때문에 슬퍼했다고 전한다. 이 아들이 죽은 암논인지, 망명을 떠난 압살롬인지 본문에서는 직관적으로 명확하지 않다. 하지만 전반절에서 압살롬을 언급한 것을 고려하면, 그와 대조하여 죽은 암논을 가리킬 것이다(비교. McCarter, *II Samuel*, 332; Tsumura, *Second Samuel*, 214). 38절에서는 압살롬이 외가로 망명을 떠나 3년을 지냈다고 전한다. 결국 암논의 다말 성폭행 사건 이후로는 5년이 지난 셈이다. 이어지는 39절의 히브리어 첫 문장은

이해하기 쉽지 않다. 동사는 3인칭 여성형인데(וַתְּכַל, '바트칼', "그것[여인]이 끝맺었다") 주어는 "다윗 임금"이기 때문이다. 이 본문은 아마도 어떤 까닭에서건 주어가 달라졌을 것이며, 원래는 칠십인역(τὸ πνεῦμα τοῦ βασιλέως)이나 쿰란 본문(רוח[ ה]המלך; 4Q51)처럼 "왕의 영혼"이었을 것이다. 그렇더라도 "압살롬을 향해 나간 영혼이 끝맺었다"는 표현이 선뜻 이해되지는 않는다(관련 논의는 McCarter, *II Samuel*, 335, 344; Long, *1 and 2 Samuel*, 386-387 참조). 아마도 다윗의 노여움이 사그라들었다는 뜻으로 새길 수 있을 것이다.[8] 왜냐하면, 후반절에서 "이미 죽어 버린 암논에 대해서 스스로 위로해서였다"고 밝히기 때문이다.[9]

## 본문의 메시지

⑴ 다윗의 간음과 살인죄를 다루었던 앞선 사건이 마무리되고 여기서부터는 새로운 이야기, 곧 다윗의 왕위 계승 이야기가 솔로몬이 왕위에 오르는 열왕기상 2장까지 길게 이어진다. 이스라엘의 왕정이 확립되기까지 이는 반드시 분명히 해 두어야 할 문제인데, 이 문제가 어느 왕정에서 그렇듯 쉽지 않음을 보여준다.

---

8.    개역개정이 "다윗 왕의 마음이 압살롬을 향하여 간절하니"라고 옮긴 것은 칠십인역과 쿰란 본문의 증거를 일부 받아들인 것이다. 그러나 "간절하다"는 표현은 번역자의 의도가 반영된 적극적 의역이다.

9.    개역개정이 이 문장을 "암논은 이미 죽었으므로 왕이 위로를 받았음이더라"로 번역한 것은 본문의 뜻을 불분명하게 하여 직관적으로 이해하기 어려워졌다. 한편, 새번역의 "암논을 잃었을 때에 받은 충격도 서서히 가라앉았고"나 가톨릭 성경의 "암논의 죽음이 가져온 충격에서 벗어나자"는 번역은 본문의 뜻을 반영한 의역으로 볼 수 있다.

다윗의 공식적인 첫째 아들이었던 암논은 왕위 계승 서열에서는 가장 앞서 있다고 볼 수 있었다. 그런데 그는 그만 금지된 짝사랑에 빠지고 말았다. 그것도 배다른 왕자 압살롬의 동생 다말과 말이다. 이로써 이야기의 초점은 다윗에게서 그의 자녀들로 옮겨 갔다. 암논도 금지된 이 짝사랑을 이룰 수 없음을 잘 알고 있었다. 그래서 그는 속앓이만 하고 있었는데, 그에게 다가온 사람은 사촌이자 친구인 요나답이었다. 요나답은 꾀가 많은 사람이었다. 그런데 문제는 암논에게 근본적인 해결책이 아니라, 암논의 욕망을 채울 수 있는 수단을 조언한다. 그것은 어떻게든 다말과 함께 있을 기회를 만들 방법이었다. 왕위 계승 서열의 우위를 차지하고 있는 왕자가 병들었다고 하면 다윗 왕의 관심을 받을 것이고, 그때 다말과 함께 있을 기회를 청하라는 것이었다. 결국 이 조언대로 암논은 다말과 둘만 있을 기회를 얻게 되었고, 결국 성폭행으로 이어졌다. 요나답은 암논이 바라는 것을 이룰 수 있게 해 주기는 했지만, 암논이 성폭행의 죄를 지어서 앞으로 왕자들 사이에 칼부림으로 이어질 빌미를 만들어 버렸다.

누구나에게나 어떤 조언을 듣느냐는 굉장히 중요하다. 요나답과 같은 인물은 언제나 주위에 많다. 그들은 진정한 애정보다는 이익 관계에만 관심이 많은 경우가 대부분이다. 진정한 조언은 당장은 받아들이기에 쓰더라도 근본적인 원칙을 지키도록 하는 속 깊은 애정에서 비롯한다. 본문은 독자들에게 자신들이 과연 어떤 조언에 귀를 기울이고 있는지 되돌아보게 한다.

(2) 이 이야기는 밧세바 사건 이후, 계속 내리막길을 치닫는 다윗 왕가에서 벌어진 또 다른 부정적인 이야기의 연속이다. 이는 밧세바 사건이 벌

어졌을 때, 나단이 다윗에게 했던 예언(참조. 삼하 12:10)의 성취이기도 하다. 압살롬은 아마도 암논과 다윗 모두에게 반감을 품었을 것이다. 처녀인 자기 여동생을 성폭행하고, 심지어 내쫓은 암논을 향한 적개심은 당연했다. 그러나 그 사실을 알고도 묵인한 아버지 다윗에 대해 서운함은 더 컸을 수 있다. 왕위 계승 서열이 으뜸이라는 이유로 근친상간의 성폭행을 했는데도, 아무런 벌을 받지 않는 모습을 보았을 압살롬이 어떤 생각을 했겠는가? 무엇보다 왕위 계승 서열이 중요하다고 생각하지 않았을까? 어쩌면 이 사건은 압살롬이 바로 그 왕위를 향한 욕심을 품게 된 계기가 아니었을까? 압살롬이 암논의 벌을 바랐다면, 다윗이 이 일을 듣고 화를 냈을 때, 간청할 수도 있었을 것이다. 암논을 자신이 직접 죽일 필요까지는 없었다. 그러나 암논을 죽일 기회를 찾으려고 2년을 꾹 참고 기다리며, 계략을 짠 것은 단순히 여동생 다말의 복수만을 위해서였다고 보기에는 무리가 있다. 어쨌거나 이제 압살롬은 왕자들 가운데서 칼을 뽑아 들었으므로, 왕위 계승 다툼 전면에 나서게 되었다. 그래서 그는 더는 한 명의 왕자가 아니라, 잠재적 왕위 계승자로 주목을 받게 되었다. 더구나 다윗의 왕위가 평화롭게 계승되기에는 처음부터 왕자들 사이의 갈등이 가시화되었다. 이는 왕자들 사이의 문제일 뿐만 아니라, 정치권력이 요동할 수 있는 문제였다. 왜냐하면, 이제는 여러 정치 세력이 왕자들을 둘러싸고 세력 다툼을 할 장이 마련되어 버렸기 때문이다.

(3) 본문에서는 암논의 죽음 이후 다윗과 압살롬의 모습이 서로 대조되어 등장한다. 다윗은 왕위 계승 서열의 우위에 있던 암논의 죽음에 충격을 받았다. 지금 온 이스라엘의 왕으로 등극하고 주위의 모든 이방 세력

도 장악한 상황에서, 왕조 설립의 마지막 단계는 원만한 왕위 계승이었는데, 그것이 틀어졌기 때문이다. 맏아들 암논이 살아 있었다면 자연스레 맏아들에게 왕위를 넘겨주면 되었다. 하지만 암논의 성폭행은 그것에 걸림돌이 되어 있었다. 자신이 밧세바 사건을 겪었던 것처럼, 암논의 흠도 크지만, 왕이 되는 것에 치명적이지는 않다고 판단했을 것이다. 그래서 암논을 그대로 두었다. 그런데 정작 셋째 아들인 압살롬이 모든 왕자가 보는 앞에서 그 암논을 죽였으니, 평화로운 왕위 계승은 이제 물 건너간 셈이다. 그로부터 3년이 지나자 다윗은 암논을 잃은 충격에서 서서히 벗어나고, 압살롬을 향한 감정도 누그러졌다. 이제 남은 아들들 사이에서 더는 '왕자의 난'이 일어나지 않기를 노심초사하는 마음이었을 것이다.

　　반면에, 이 본문에서 압살롬은 아무런 말을 하지 않는다. 그러나 그 존재감은 누구보다 크다. 압살롬이 왕위를 노리는지는 확실치 않다. 더러 왕위 계승 서열의 우위를 차지하기 위해서 동생 다말을 이용했다고까지 생각하곤 하지만, 그럴 법하지는 않다. 위에서 언급한 대로 압살롬에게는 그럴 만한 세력도 없고, 명분도 없기 때문이다. 드러내 놓고 말하지는 않았지만, 압살롬도 왕위가 탐났을 수도 있다. 그러나 지금은 존재감만 과시한 것으로 만족하고, 외가에서 상황을 지켜볼 수밖에 없었다. 그 기다림은 3년이 걸렸다. 이제 기왕에 칼을 들고 전면에 등장한 압살롬이 어떤 행보를 할지 독자들은 궁금증을 가지고 다음 이야기로 넘어가게 된다.

# 14장
# 압살롬의 귀환과 사면

우리말로 옮긴 본문

**압살롬의 귀환(1-24절)**

1 스루야의 아들 요압이 왕의 마음이 압살롬에게 있다는 것을 알아챘다.

2 그래서 요압은 드고아에 사람을 보내서 거기 사는 지혜로운 여인 한 명을 불러들여 말하였다. "당신은 애곡하시오. 상복을 입고, 기름도 바르지 말고, 오랫동안 죽은 이를 위해 애곡한 여인처럼 보이도록 하시오.

3 그리고 임금께 나아가서 이렇게 말씀드리시오." 그런 뒤 요압은 그의 입에 할 말을 일러주었다.

4 그 드고아 여인은 왕에게 가서 땅바닥에 엎드려 절한 뒤에 말하였다. "임금님, 도와주십시오."

5 왕이 그 여인에게 말하였다. "그대에게 무슨 일이 있소?" 그러다 그

여인이 대답하였다. "진정으로, 저는 과부입니다. 제 남편은 죽었습니다.

6  이 여종에게는 아들 둘이 있었는데, 둘이 들판에서 서로 드잡이하다가 말릴 사람이 없어서 결국 한 아들이 다른 아들을 쳐 죽여 버렸습니다.

7  그런데 보십시오. 온 집안이 들고일어나 이 여종을 대항합니다. 그들은 '제 형제를 죽인 자를 내어놓으시오, 우리가 그가 살인한 형제의 목숨을 대신해서 그를 죽이겠소. 그래서 상속자마저도 없애버리겠소'라고 말합니다. 그래서 그들은 남은 불씨마저 꺼뜨려서 제 남편의 이름과 후손마저 땅 위에서 두려고 하지 않는 것입니다."

8  왕이 그 여인에게 말하였다. "집으로 되돌아가시오. 내가 그대에게 답을 내리겠소."

9  그러자 그 드고아 여인이 왕에게 말하였다. "제 주군이신 임금님, 죄는 저와 제 아비 집에 있습니다. 그러니 임금님과 임금님의 보좌는 무죄합니다."

10  왕이 대답하였다. "그대에게 뭐라 말하는 사람이 있으면, 내게 데려오시오. 다시는 그대를 괴롭히지 못하게 해 주겠소."

11  여인이 말하였다. "임금님께서는 임금님의 하나님 여호와를 기억하셔서, 피를 갚음으로 파멸시키는 것이 더 이상 일어나지 않게 해 주십시오. 그래서 제 아들을 그들이 없애지 않게 해 주십니다" 왕이 대답하였다. "여호와의 살아계심을 두고 맹세하건대 그대 아들의 머리카락 한 오라기도 땅에 떨어지지 않을 것이오."

12  그 여인이 말하였다. "임금님의 여종이 제 주군이신 임금님께 한 말씀 좀 드리고 싶습니다." 왕이 대답하였다. "말하시오."

13  그 여인이 말하였다. "그런데 왜 임금님께서는 하나님의 백성에게 이런 생각을 하셨습니까? 임금님께서 하신 이 말씀은 죄 있으신 것처럼 여겨집니다. 임금님께서 내쫓으신 이를 돌아오게 하지 않으셨으니 말입니다.

14  우리는 분명히 죽습니다. 그러니 땅바닥에 쏟은 물 같아서 다시 담을 수 없습니다. 하지만 하나님께서는 목숨을 거두지 않으시고, 쫓겨난 이라도 하나님에게서는 쫓겨나지 않도록 배려해 주십니다.

15  제가 제 주군이신 임금님께 와서 이 말씀을 드리는 것은 백성들이 저를 두렵게 했기 때문입니다. 임금님의 여종은 생각하기를, '내가 임금님께 말씀드리면 아마도 임금님께서는 여종의 간청을 들어주실 것이다.

16  분명히 임금님께서 들어주셔서 나와 내 아들 모두를 하나님께서 주신 땅에서 없애버리려는 사람의 손아귀에서 여종을 구해주실 것이다' 했습니다.

17  또 임금님의 여종은 생각했습니다. '제 주군이신 임금님께서는 위로하는 말씀을 해 주실 것이다. 제 주군이신 임금님께서는 하나님의 사자 같으셔서 선과 악을 가려들으실 수 있을 것이다.' 임금님의 하나님 여호와께서 임금님과 함께하시길 바랍니다."

18  왕이 그 여인에게 대답하였다. "내가 그대에게 요구하는 것을 하나도 숨기지 마시오." 그 여인이 말하였다. "제 주군이신 임금님, 말씀하십시오."

19  왕이 말하였다. "이 모든 일에 요압이 손길이 그대와 잇닿아 있소?" 그 여인이 대답하였다. "임금님의 생명을 두고 맹세합니다. 제 주군이신 임금님께서 말씀하시면 무엇이든 오른쪽으로나 왼쪽으로 기

울일 수 없습니다. 맞습니다. 임금님의 신하 요압이 제게 시켰습니다. 그가 임금님 여종의 입을 빌려 이 모든 말을 한 것입니다.

20 사정을 바꾸어 보려고 임금님의 신하 요압이 이 일을 한 것입니다. 그러니 제 주군께서는 하나님의 천사처럼 지혜로우시니 이 땅의 모든 것을 알고 계십니다.”

21 왕이 요압에게 말하였다. “내가 ˹그대의 이 말대로˼ 시행하겠소. 가서 그 아이 압살롬을 데려오시오.”

22 그러자 요압은 땅바닥에 엎드려 절하며 왕을 축복하고 말하였다. “임금님께서 종의 말을 들어 주시니 오늘 임금님의 종은 제 주군이신 임금님께 은총을 받았음을 알겠습니다.”

23 그리고 요압은 일어나 그술로 가서 압살롬을 예루살렘으로 데려왔다.

24 하지만 왕이 말하였다. “압살롬은 집에 돌아가게 하시오. 그 아이가 내 얼굴은 보지 못할 것이오.” 그리하여 압살롬은 집으로 돌아갔고, 왕의 얼굴은 보지 못하였다.

**압살롬의 사면**(25-33절)

25 압살롬만큼 잘생긴 이가 이스라엘에는 없어서 칭찬이 자자했다. 그는 발바닥에서부터 정수리까지 흠잡을 데가 없었다.

26 그는 해마다 연말이면 머리를 깎았는데, 머리가 무거워지므로 깎았다. 깎은 머리카락을 달아 보면 왕실 저울로 200세겔 정도나 되었다.

27 압살롬에게는 아들 셋과 다말이라는 이름을 가진 딸이 있었는데, 그 딸은 외모가 아리따운 여인이었다.

28 압살롬이 예루살렘에 2년 동안이나 머물렀지만, 왕의 얼굴은 보지

못했다.

29 그래서 압살롬은 요압을 왕에게 보내려고 불렀지만, 요압은 압살롬에게 오려 하지 않았다. 압살롬은 두 번째로 사람을 보냈지만, 요압은 오려 하지 않았다.

30 압살롬이 자기 종에게 말하였다. "보아라, 요압의 밭이 내 밭 곁에 있다. 거기 요압의 보리가 자라고 있다. 가서 불을 질러라!" 그래서 압살롬의 종들이 그 밭에 불을 질렀다.

31 요압이 일어나 압살롬의 집으로 찾아가서 말하였다. "왜 왕자님의 종들이 제 밭에 불을 질렀습니까?"

32 압살롬이 요압에게 말하였다. "보시오, 내가 당신에게 사람을 보내서 '좀 와 주시오'라고 말을 전했습니다. 나는 당신을 임금님께 보내서 '저를 왜 그술에서 불러들이셨습니까? 거기 있는 편이 제게 더 좋았겠습니다. 그러니 이제 임금님의 얼굴을 볼 수 있게 해 주시든지 제게 죄가 있거든 저를 죽여주십시오'라고 전할 작정이었습니다."

33 그리하여 요압이 왕에게 가서 말을 전해 주었다. 그러자 왕이 압살롬을 불렀다. 압살롬이 왕에게 가서 왕 앞에서 땅바닥에 엎드려 절하였다. 왕은 압살롬에게 입 맞추었다.

## 본문 비평

### 4절 ㄱ. 가서

마소라 본문의 첫 동사 "그리고 그녀가 말했다"(וַתֹּאמֶר, '바토메르')는 직관적으로 이해되지 않는다. 본문을 이렇게 두면, 이 여인이 말부터 먼저 한 뒤에 왕에게 절한 꼴이 되며, 이어서 다시 이 동사가 등장하는 것이 어색하다. 그래서 많은 중세 필사본(וַתָּבֹא, '바타보')이나 칠십인역(καὶ εἰσῆλθεν, '카이 에이스엘텐')이 원래 본문일 것이며, 마소라 본문은 비의도적인 필사 오류가 전승된 결과로 여길 수 있다.

### 21절 ㄴ-ㄴ. 그대의 이 말대로

마소라 본문은 여기서 אֶת־הַדָּבָר הַזֶּה('에트-하다바르 하제', "이 일을")을 쓰는데, 칠십인역은 κατὰ τὸν λόγον σου τοῦτον('카타 톤 로곤 수 투톤', "그대의 이 말대로")로 옮긴다. 이 번역은 כִּדְבָרְךָ הַזֶּה('키드라르카 하제')을 대본으로 전제하며, 시리아어 역본이나 불가타도 마찬가지다. 쿰란 본문(4QSamᶜ)은 여기서 마지막 자음 '헤'(ה)만 분명히 알아볼 수 있어서 어느 쪽을 지지하는지 분명히 할 수 없다(참조. McCarter, *II Samuel*, 342). 우리는 잠정적으로 칠십인역을 따라 번역한다.

# 본문 주석

### 압살롬의 귀환(1-24절)

**1-3절: 요압이 드고아의 여인을 부름.** 1절에서 다윗의 조카이자 군사령관인 요압이 다시 등장한다. 그는 왕의 마음이 압살롬에게 있음(אַבְשָׁלוֹם־עַל לֵב הַמֶּלֶךְ עַל, '레브 하멜레크 알-압샬롬')을 알게 되었다. 여기서 가장 먼저 고려해야 할 것은 본문에서 압살롬과 함께 쓰인 전치사 עַל('알')의 뜻이다. 이 전치사의 기본적인 뜻이 "~에 대항해서"이기에, 다윗이 여전히

압살롬에 대해 부정적으로 생각하고 있다고 볼 수도 있다. 어쨌거나 이 본문은 다윗의 마음이 압살롬에 대해 긍정적이라기보다는, 여전히 압살롬의 문제를 어떻게 해결할지 마음 쓰고 있었다고 이해하는 편이 나을 것이다(참조. McCarter, *II Samuel*, 344). 2절에서 요압은 압살롬의 문제를 어떻게든 해결하고자 계책을 세운다. 그리하여 드고아에 사람을 보내서 지혜로운 여인(אִשָּׁה חֲכָמָה, '이샤 하카마') 한 명을 부른다. 드고아는 예루살렘에서 남쪽으로 16㎞쯤 떨어진 곳으로 베들레헴 근처에 있었으며, 아마도 요압의 고향이었을 것으로 추정할 수 있다(참조. 2:32; Tsumura, *Second Samuel*, 216-217). 여기서 말하는 "지혜"는 일반적으로 생각하는 영리함이나 슬기로움보다는 숙련성이나 전문성을 뜻하여서, 이어지는 문맥에서 보듯, 지어낸 이야기를 잘 연기하는 기술을 뜻할 것이다(이런 견해는 McCarter, *II Samuel*, 345 참조). 추정해 본다면, 자기 고향에서 요압을 잘 알아서 함부로 비밀을 누설하지 않으면서도 연기를 잘 해 줄 사람을 찾았다고 여길 수 있겠다. 어쨌거나 요압은 그 여인에게 죽은 이를 위해 오랫동안 애곡한 사람처럼 상복을 입고 애곡하라고 말한다. 한마디로 연기를 하라는 말이다. 3절에서 그는 그 여인에게 그런 모습으로 다윗 왕에게 가서 자신이 일러주는 말을 전하라며 말 그대로 그녀의 입에 할 말을 넣어준다(이런 표현은 출 4:15; 민 22:38; 스 8:17 참조). 여기서 화자는 요압이 그 여인에게 하라고 시킨 말을 곧바로 독자들에게 밝히지 않는다. 이로써 독자들의 호기심을 한층 더 유발하는 효과를 노린다.

**4-7절: 드고아 여인의 발언.** 4절에서 장면은 곧바로 드고아에서 온 그 여인이 다윗 앞에 선 데로 옮겨 간다. 화자는 불필요한 이야기의 요소를 빼고, 사건을 빠르게 진행한다. 그만큼 긴장감은 더 고조된다. 그녀는

다윗 왕에게 가서(본문 비평 참조) "도와주십시오"(הוֹשִׁעָה, '호쉬아')라고 말을 꺼냈다. 이 표현은 왕정에서 재판관의 역할도 했을 왕에게 소송건을 가지고 온 사람이 으레 하는 말이었을 것이다(참조. 왕하 6:26).

5절에서 왕은 여인의 호소에 "그대에게 무슨 일이 있소?"(מַה־לָּךְ, '마 라크')라며 관심을 가진다. 여인은 이제부터 요압이 자기 입에 넣어준 대로 연기하기 시작한다. 그녀는 "진정으로"(אֲבָל, '아발'; 참조. 창 42:21; 왕하 4:14)라며 말을 꺼낸다. 그리고 자신이 남편이 죽고 없는 과부(אַלְמָנָה, '알 마나')라고 말한다. 과부로 자신을 소개한 것은 이 계층이 특별히 왕이나 재판관이 세심하게 돌봐야 하는 소외 계층이라(참조. 출 22:21-22; 신 24:17; 27:19) 훨씬 더 주의를 기울이도록 할 수 있기 때문이었을 것이다.

6절에서 다윗 왕의 관심을 얻은 여인은 본격적으로 요압이 지어낸 이야기를 전해 준다. 자신에게 아들이 둘이 있는데, "들판에서"(בַּשָּׂדֶה, '바사데') 서로 싸우다가 "말릴 사람이 없어서"(אֵין מַצִּיל, '엔 마칠') 한 아들이 다른 아들을 죽였다고 말하였다. 이 이야기는 가인과 아벨의 이야기와 매우 비슷하여서, 아마도 요압이 그 이야기를 염두에 두었다고 여겨 왔지만(참조. Anderson, *2 Samuel*, 187-188), 소재는 비슷하더라도 맥락은 전혀 다르다. 이 이야기는 사람들의 통제에서 벗어난 "들"과 형제 사이의 싸움이 강조되어서, 알고 보면 압살롬과 암논의 갈등과 압살롬의 살인을 생각나게 한다. 7절에서 그녀는 자기 "온 집안"(כָּל־הַמִּשְׁפָּחָה, '콜-하미쉬 파하')이 들고일어나서 살인한 형제를 죽이려 한다고 말하였다. 이는 살 인자에 대한 형법을 바탕에 두고 있었다(출 21:12). 그러나 이 여인이 한 말의 강조점은 그 법이 아니라 집안사람들이 한 말, "그를 죽이겠소. 그 래서 상속자(הַיּוֹרֵשׁ, '하요레쉬')마저도 없애버리겠소"의 부당함이었다. 문 맥상 여기서 말하는 상속자는 압살롬을 상징할 것이다. 그러니 요압은 이미 압살롬을 왕위 계승자로 암시하며, 압살롬이 계속 망명 상태에 있으면 왕위 계승이 점점 더 어려워질 것이라고 호소하는 셈이다.

**8-11절: 다윗과 드고아 여인의 대화.** 8절에서 다윗은 곧바로 판결하지 않는다. 살인을 고려하면, 사형이 맞다. 하지만 과부인 여인의 권리를 생각하면 사면해 주는 것도 약자 보호의 일환이 될 것이어서 쉽사리 판결할 수 없었기 때문이었을 것이다. 이는 압살롬도 마찬가지다. 요압은 이렇게 해서 자연스럽게 다윗이 압살롬 사면도 함께 고려하기를 바랐을 것이다. 9절에서 드고아의 여인이 한 말이 무슨 뜻인지 직관적으로는 분명하지 않다(참조. Anderson, 188; Tsumura, *Second Samuel*, 222). 이 여인이 자신과 자기 집안에 돌리고자 하는 "죄"(הֶעָוֹן, '헤아본')는 무엇이며, 다윗은 "무죄"(נָקִי, '나키')라고 말한 까닭은 무엇인가? 아마도 앞서 다윗이 곧바로 판결하지 않은 까닭과 연관이 있을 것이다. 살인자를 사면하는 것은 율법 관점에서는 죄가 될 수 있지만, 과부의 권리를 찾아 주었으니, 무죄라는 뜻이 될 것이다. 이것은 학자들의 견해처럼, 법정에서 고소자가 으레 하는 공식 문구일 수도 있겠다(참조. Anderson, *2 Samuel*, 188). 요압의 의도로 보자면, 압살롬을 사면해도 다윗에게는 책임이 없을 것이라는 뜻으로 새길 수 있다. 이에 대해 10절에서 다윗은 집안사람이 더는 여인을 괴롭히지 못하도록 하겠다고 판결한다. 그러자 11절에서 여인은 살인한 자기 아들에 대한 건도 판결해 주기를 요청하였다. 이에 대해 다윗은 남은 아들도 지켜주겠다고 판결했다. 이로써 다윗은 앞서 밧세바 사건 이후 나단이 찾아와서 비유로 했을 때와 마찬가지로(참조. 삼하 12:1-6), 다시 한번 스스로 빠져나갈 수 없는 판단을 먼저 하고 나중에 실제 이야기를 듣게 되었다.

**12-17절: 드고아의 여인이 압살롬의 이야기를 꺼냄.** 12절에서 여인은 다윗 왕에게 새로운 이야기 꺼내는 것을 허락해 달라고 조심스럽게 요청한다. 이런 어감은 자신을 "임금님의 여종"(שִׁפְחָתְךָ, '쉬프하트카')으로 낮추며 3인칭으로 진술하며, 요청이나 바람을 표현하면서 상대방의 동의를 구할 때 쓰는 불변화사 נָא('나'; 게제니우스, 『사전』, 479)가 함께 쓰인 미완료형 동사에서 드러난다(תְּדַבֶּר־נָא, '트다베르-나'). 이는 요압이 이 여인을 통해 짠 계략의 덫이 유효할 때, 나단처럼 다윗이 빠져나가지 못할 대답을 하도록(삼하 12:7) 유도하려는 의도일 것이다(참조. Long, *1 and 2 Samuel*, 389). 다윗은 이 요청을 수락하였다.

13절에서 여인이 한 말은 나단만큼 직설적이지는 않았다. 그녀는 다윗이 왜 하나님의 백성에게 이런(כָזֹאת, '크조트') 생각을 하였느냐고 묻는다. 여기서 말하는 "이런"이 무엇을 가리키는지는 본문에서 명확히 드러나지 않으며, 이어지는 문장에서 다윗이 했다고 말하는 "이 말씀"(הַדָּבָר הַזֶּה, '하다바르 하제')도 무엇을 뜻하는지 직관적으로 분명하지 않다. 아마도 다윗의 판결을 뜻할 테지만, 그 말로 다윗이 죄 있는 자같이 되었다는 말은 앞서 9절에서 했던 말과는 앞뒤가 맞지 않는다. 압살롬은 내친 채로 두면서, 약자를 보호하는 판결을 내린 것이 자가당착이라는 뜻이겠지만, 직접 압살롬의 이야기를 꺼내지 않은 상태에서 이렇게 에둘러 하는 말을 다윗이 곧바로 이해하기는 어려웠을 것이다. 그래서 여인은 이 구절의 마지막에 "임금님께서 내쫓으신 이"(נִדָּחוֹ, '니드호')라고 조심스레 말을 이어간다. 이는 분명히 압살롬을 일컫는 말이다. 이쯤 되면 다윗은 분명히 이 여인이 압살롬의 이야기를 하러 왔음을 눈치챘을 것이다. 14절에서 이 여인은 쏟아진 물을 담지 못하듯, 죽을 운명인 인간이 삶과 죽음을 주관할 수 없음을 강조한다. 여기서 "우리"라는 주어를 써서 다윗은 물론 인간 전체를 포함하여, 이어지는 문장에서 드러나는 하나님의 주권과 대조한다. 그러나 후반절은 생명을 주관하시는 하나님에 대한 신학적 성찰이라기보다는 압살롬을 데려오는 것이 하나님의 뜻이라는 다소 자의적인 해석을 담고 있어서 다분히 의도를 가지고 하는 진술이다. 이런 점에서 하나님의 신탁을 전했던 나단의 발언과는 근본적으로 성격이 다르다.

15절에서 여인은 백성들이 자신을 두렵게 한다고 말하는데(הָעָם יֵרְאֻנִי, '이르우니 하암'), 여기서 말하는 백성은 앞서 언급했던 자기 집안사람을 가리킬 것이다(참조. Anderson, *2 Samuel*, 189). 압살롬의 이야기를 대놓고 한 여인은 다시금 요압이 지어낸 자기 이야기로 돌아온 것으로 보인다. 그런데도 여인은 다윗이 자신이 청하는 것을 시행할 것이라고 해서, 앞서 직접 이야기한 압살롬 사건도 함께 염두에 둔다. 16절에서는 자신이 말한 사건의 이야기를 다시 구체적으로 꺼냈다. 17절에서 여인은 자신이 생각한 다윗 왕의 이상적인 모습을 말해주는데, 이 또한 요압의 견해일 것이다. 여기서 중요한 낱말은 "위로"(מְנוּחָה, '므누하')이겠다. 사실 이 말은 여인이 다윗의 판결을 통해 받을 위로를 언급했지만, 사실상 요압은 이 표현으로 왕실의 안정을 다윗에게 요청하는 것일 수 있다(참조. 왕상 8:56). 더 나아가서 여인은 다윗을 신적인 존재(מַלְאַךְ הָאֱלֹהִים, '말르아크 하엘로힘', "하나님의 사자")에 견주어서, 다소 아부하기까지 한다. 이렇게 다윗을 높이는 것은 그가 "선과 악"(הַטּוֹב וְהָרַע, '하토브 브하라아')을 분간할 수 있는(לִשְׁמֹעַ, '리쉬모아'; 직역. "[가려]들을 수 있는") 사람이라고 하기 위함이다. "선과 악"이라는 표현은 대조제유법(merism)으로 무엇이든 올바르게 판단한다는 뜻이다. 그리고 다윗을 축복하는 것으로 발언을 마친다.

**18-20절: 다윗이 요압의 계책을 알아챔.** 나단의 신탁처럼 말하려 했지만, 의도성을 분명히 가지고 자의적 해석까지 서슴지 않는 여인의 말에 다윗은 그녀가 한 말의 의도와 출처를 눈치챘다. 그래서 18절에서 그는 그 여인에게 사실을 있는 그대로 말하라고 추궁한다. 19-20절에서 다윗은 지금까지 한 말 모두의 이면에 "요압이 손길이 그대와 잇닿아 있소?"(הֲיַד יוֹאָב אִתָּךְ, '하야드 요아브 이타크')라고 곧바로 물었다. 다윗의 이 추궁에 여인은 요압이 명령하였음과 모든 말을 그가 자기 입에 넣었음을 실토했다. 그 까닭은 그가 압살롬과 다윗의 관계와 관련한 상황을 "바꾸어 보려고"(סַבֵּב, '사베브') 한 의도였다고 말하였다. 자신이 고용한 여인이 이렇게 다윗에게 모든 사실을 실토할 것까지는 요압이 예측하지 못했을 것이다. 그렇다면 요압의 계책은 실패한 것이다. 나단의 신탁 때는 다윗이 곧바로 자기 잘못을 시인하고 회개했는데(삼하 12:13), 요압은 그것을 기대했을 것이다. 그러나 자신이 짠 계책임이 드러났으니 이제 일이 어떻게 진행될지는 오로지 다윗의 결단에 달려있게 되었다. 요압이 성공한 것은 압살롬의 일을 본격적으로 논의할 수 있는 계기를 만든 것이다.

**21-24절: 다윗이 압살롬을 돌아오게 함.** 21절에서 다윗은 압살롬의 문제를 여인 대신 요압을 직접 불러서 말한다. 사실 요압이 다윗을 속여서 압살롬 사면 결정을 하려 했기 때문에 그를 질책할 수도 있었다. 그러나 다윗은 그 문제에 대해서는 아무런 언급을 하지 않는다. 그 대신 "내가 그 일을 시행하겠소"(עָשִׂיתִי הַדָּבָר הַזֶּה, '아시티 하다바르 하제'; 직역. "내가 이

일을 행하였다")라고 말한다. 여기서 완료형 동사가 쓰인 것은 화자의 즉각적인 행동을 강조하는 이른바 수행의 완료형(performative perfect)이다(참조. Tsumura, *Second Samuel*, 225-226). 22절에서 요압은 이에 대해 자신이 다윗에게 은혜를 입었다고 감사한다. 이는 아마도 드고아의 여인을 통해 벌인 자기 일을 문제 삼지 않은 데 대한 감사일 수도 있겠다. 23절에서 요압은 곧바로 압살롬이 망명해 있던 그술로 가서 그를 데리고 예루살렘으로 돌아왔다. 그러나 압살롬은 다윗을 볼 수 없었다. 다윗이 그에게 자기 집으로 "돌아가"(יִסֹּב, '이소브') 있으라고 명령하였기 때문이다. 이는 방향을 바꾸라는 뜻으로, 이때 압살롬이 그술에서 돌아와 다윗을 알현하러 왕궁을 향해 오고 있었음을 추측할 수 있게 해 준다. 더불어 이 동사는 20절에서 요압이 드고아의 여인을 통해 다윗의 마음을 바꾸려고 했던 일을 가리키는 동사를 생각나게 한다(참조. Anderson, *2 Samuel*, 189). 후반절의 보도는 이 말을 다시 강조한다. 결국 압살롬은 되돌아왔지만, 가택연금이 된 셈이다.

## 압살롬의 사면(25-33절)

**25-27절: 압살롬의 외모.** 25절은 압살롬의 외모에 대한 묘사로 시작한다. 그는 온 이스라엘에서 가장 "잘생긴 이"(אִישׁ־יָפֶה, '이쉬-야페')로 그려진다. 이 표현은 다윗을 묘사할 때(삼상 17:42), 그리고 압살롬의 동생 다말(삼하 13:1)과 그와 이름이 같은 딸 다말(삼하 14:27)을 묘사할 때도 쓰이는 점은 흥미롭다. 다윗 집안의 혈통을 강조하려는 의도일 가능성을 추측해 볼 수 있다. 더불어 "준수하다"(טוֹב, '토브'; 직역. "좋다"; 삼상 9:2)는 표현을 썼지만, 사울이 왕으로 기름 부음을 받을 때도 그의 외모를 칭찬하였다. 이는 다윗의 왕위 계승 이야기에서 압살롬의 위치를 넌지시 말해

주는 구실도 하겠다. 이 구절에서 압살롬은 "발바닥에서 정수리까지"(מִכַּף רַגְלוֹ וְעַד קָדְקֳדוֹ, '미카프 라글로 브아드 카드코도') 흠잡을 데가 없다고 표현한다. 이 표현은 전신을 뜻하는 전형적인 히브리식 대조제유법(merism)이다(참조. 신 28:35; 욥 2:7). 여기서 말하는 흠(מוּם, '뭄')은 아마도 육체적인 면을 말할 것이다. 왜냐하면, 압살롬은 벌써 형인 암논을 살인 교사하여 도덕적인 오점을 남겼기 때문이다. 26절에서는 흥미롭게도 압살롬의 머리카락 묘사에 집중한다. 그는 머리숱이 유난히 많아서, 1년에 한 번씩 연말에 머리를 깎았는데, 그 무게가 "왕실 저울"(אֶבֶן הַמֶּלֶךְ, '에벤 하멜레크'; 직역. "왕의 돌")로 200세겔이었다고 전한다. 이 무게의 단위는 구약성경 다른 곳에서는 쓰이지 않지만, 왕실의 표준 단위의 존재를 추정하게 한다. 200세겔은 대략 2.3kg 정도 되는 무게인데, 다소 과장된 것으로 보이는 이 표현은 압살롬의 무성한 머리카락을 강조하려는 의도가 있겠다. 무성한 머리가 젊은 남성의 아름다움과 힘을 상징하기도 하지만(참조. 아 5:11; 삿 16:15-17), 여기서는 압살롬의 이례적인 죽음을 암시하는 역할을 한다(참조. 18:9 이하; McCarter, *II Samuel*, 349).

27절에서는 조금 다른 관점에서 압살롬을 묘사한다. 그가 아들 셋과 딸을 하나 두었다는 사실을 전한다. 이는 단순히 그의 가족을 소개하는 차원이 아님을 이어지는 구절에서 알 수 있다. 더욱이 압살롬에게 자녀가 없다고 전하는 18장 18절과 모순을 이룬다. 아마도 이 아이들이 어려서 죽었거나 압살롬의 암논 살해 때문에 사형당했을 가능성도 없지는 않다(참조. 창 42:37; 겔 18:19-20; McCarter, *II Samuel*, 190). 그러나 어느 추측 하나도 분명하지는 않다. 어쨌거나 본문에서 강조되는 사실은 압살롬의 딸 이름이 놀랍게도 암논에게 성폭행당했던 여동생과 같은 이름의 다말이었으며, 여동생과 마찬가지로(비교. 13:1) 아름다운 여자(יְפַת מַרְאֶה

אִשָּׁה, '이샤 여파트 마르에')였다는 점이다. 압살롬이 이 아이의 이름을 왜 고모 이름을 따라 지었는지는 분명하지 않다. 하지만, 본문의 문맥에서 이 아이 이름의 소개는 다윗과 압살롬 사이에 아직 해결되지 않는 다말의 문제를 되새겨 주는 구실을 하는 것은 분명하다(참조. Long, *1 and 2 Samuel*, 392).

**28-29절: 요압이 압살롬을 만나주지 않음.** 다말의 성폭행 사건 이후 3년, 그술 망명 이후 2년, 그리고 28절에서는 압살롬이 우여곡절 끝에 그술에서 예루살렘에 돌아왔지만, 결국 2년을 더 가택연금 상태로, 왕의 얼굴을 보지 못한 채로 보내야 했다고 전한다. 결국 암논과 연루된 사건 이후에 압살롬은 7년을 다윗과 결별한 채로 흘려보냈다. 29절에서 압살롬은 결국 더는 기다리지 못하고 요압을 통해 다윗과 연락하려 시도한다. 그러나 요압은 압살롬의 요구에 두 번이나 불응한다. 요압은 압살롬이 다윗과 관계 회복이 되지 않는다면 더는 정치적으로 더는 필요치 않다고 판단했을 수도 있고, 앞서 압살롬을 사면할 때 다윗에게 저질렀던 실수 때문일 수도 있다(비교. Anderson, *2 Samuel*, 190).

**30-32절: 압살롬이 요압의 밭에 불을 지름.** 30절에서 압살롬은 다윗과 자신을 중재해 줄 유일한 통로인 요압이 만나주지 않자, 극단적인 방법을 쓴다. 그는 자기 종들에게 자기 소유의 밭 근처에 있는 요압 소유의 밭에 자라는 보리에 불을 지르라고 명령하였다. 이곳은 아마도 앞서 압살롬이 암논을 죽였던 바알하솔일 것이다(참조. 13:23). 압살롬이 직접 요압을 찾아가지 않은 것은 가택연금 상태였음을 암시하며, 그런데도 자기 재산에 대한 권리는 행사할 수 있었음도 추측하게 해 준다. 압살롬이

선택한 이 극단적인 방법은 요압의 이목을 끄는 데 성공했다. 31절에서 요압은 끝내 압살롬의 집으로 찾아가서 자초지종을 따져 물었다.

요압을 만난 압살롬은 32절에서 그를 다윗에게 보내서 자신을 그술에서 돌아오게 한 까닭을 묻기 위함이었다고 밝힌다. 이어서 그는 지금처럼 가택연금 상태에 있기보다는 그술에 망명하는 편이 좋았겠다는 말도 전한다. 사실 압살롬의 지금 상황은 복권이 되지 않았으므로 완전한 사면도 아니었다. 더구나 벌을 받는 상황도 아니었다. 압살롬의 관점에서는 그렇게 판결이 완료되지 않는 2년이 지난 셈이다. 그러니까 압살롬이 다윗에게 전하고자 하는 말은 판결을 완료해 달라는 청원이었다. 이어지는 문장에서 더 구체적으로 이 바람을 전한다. 그는 요압에게 이제 자신이 왕의 얼굴을 볼 수 있게 되어 완전히 복권되든지, 아니면 죄를 제대로 물어 사형에 처하든지 다윗에게 요청하라고 종용하였다. 사실상 압살롬의 이 요청은 명분이 있었다. 판결의 권한을 가진 왕이 압살롬에게는 사실상 판결을 유예하였기 때문에 압살롬의 요청이 다윗에게 전달되기만 한다면, 복권이나 사형 둘 가운데 하나는 반드시 선택해서 판결을 완료해야 할 의무가 다윗에게 생길 것이기 때문이다. 아마도 압살롬은 다윗이 자신을 그술에서 예루살렘으로 복귀하게 하여 2년을 그냥 보내게 하였다면, 복권의 명분을 다윗에게 분명히 줄 계기가 필요했다고 여겼을 것이다. 그리고 그 일에 가장 중요한 중재자가 요압이었기 때문에 압살롬은 밭에 불을 지르는 극단적인 방법까지 동원하였다.

**33절: 다윗이 압살롬을 사면함.** 압살롬의 주장은 매우 논리적이었고, 명분도 있었으므로 요압은 이에 대해 아무런 반박이나 반대를 할 수 없었을 것이다. 요압은 곧바로 다윗에게 가서 압살롬이 한 말을 그대로 전했다. 다윗에게도 압살롬의 말은 반박의 여지가 없었을 것이다. 암논을 죽였다는 이유로 다윗이 압살롬을 사형에 처할 수 있었을까? 아버지로서 아들을 측은히 여기는 마음은 두고서라도, 2년 전에 압살롬을 망명지에서 돌아오도록 사면해 주었는데, 이제야 그를 사형에 처할 명분이 없었다. 그러니 압살롬의 계략은 성공할 수밖에 없었다. 결국 압살롬은 다윗 앞에 가서 절하고, 다윗은 그에게 입 맞추는 것으로 정치적인 화해는 마무리되었다.

## 본문의 메시지

⑴ 맏아들 암논을 죽인 압살롬에 대한 다윗의 마음이 어떠했을지 본문은 정확히 보여주지 않는다. 아마도 본문은 애증의 복합적인 감정을 독자들에게 전해 주고 있을 것이다. 요압은 그런 다윗의 복잡한 심경을 알아챘다. 아마도 요압은 앞서 나단이 했던 것과 같은 방법을 쓰려고 한 듯하다. 다만 자신이 직접 나서지 않은 것은 의아하다. 본문에 등장하지 않지만, 앞서 아브넬 살해 사건이나 암몬 점령 사건 때 다윗에 대해 가졌던 앙금이 남아 있었거나, 다윗이 그 때문에 자신을 껄끄러워해서 이야기가 잘 통하지 않으리라고 지레짐작했을 수 있다.

어쨌거나 요압의 작전은 성공했다. 요압이 다윗에게 과부의 소송으로 위장한 것은 다윗의 정의감을 잘 알고 있었기 때문으로 여길 수 있다. 요압이 내세운 여인을 통해 전한 사건도 어려웠다. 살인자에 대한 처벌과 약자 보호를 위한 상속자 사면의 문제가 부딪쳤기 때문이다. 요압은 압살롬의 문제도 같은 차원에서 다윗이 고민하게 했다. 비록 압살롬이 암논을 살해했지만, 다윗의 아들들 가운데 가장 먼저 자신의 존재를 만방에 드러낸 사람이기도 했다. 그러므로 요압은 아마도 이 비유적인 이야기를 통해서 다윗에게 사사로운 감정보다는 왕위 계승에만 집중하라는 메시지를 전해 주었을 것이다.

요압이 던진 고민거리는 열려있다. 다윗이 압살롬을 용서하고 그에게 왕위 계승을 약속한다면, 형제의 피를 흘린 사람이 왕이 되는 꼴이어서 왕권의 정당성에 문제가 제기될 수도 있다. 그것은 여인이 말한 집안 사람들의 반응과 마찬가지일 것이다. 그렇다고 왕자인 압살롬을 외국 망명 생활에 그대로 두는 것도 왕실의 미래를 생각한다면, 바람직하지만은 않다. 일단 다윗은 비유 이야기에서 살인자를 사면하는 쪽을 선택했다. 하지만, 이 선택은 요압이 강요한 꼴이어서 이어지는 이야기에서 다윗의 진정한 선택과 그 결과를 보게 될 것이다.

⑵ 압살롬의 망명과 관련해서 요압이 다윗의 마음을 돌리려고 쓴 계책은 나단의 전례를 따르는 것이었다. 밧세바 사건 때 나단은 다윗에게 비유를 들어서 스스로 잘못을 깨닫도록 유도했다. 요압도 그와 비슷하게 연기를 잘하는 드고아의 여인을 고용해서 소송건인 것처럼 이야기를 지어내어 다윗이 압살롬을 돌아오도록 하는 결정을 유도해 내려고 했다. 그러나 이번에는 다윗이 그 계책을 도중에 눈치채 버렸다. 그래서 요압은 다윗의 결정을 끌어내지 못했다. 그런데도 다윗이 압살롬을 돌아오도록 허락하여서 결국에는 목적을 반은 이룬 셈이다. 그러나 압살롬은 망명할 수밖에 없는 신세에서 사면은 되었지만, 복권되지는 못했다.

여기서 우리는 요압의 계책과 나단 신탁 사이의 근본적인 차이점에 주목해 볼 필요가 있다. 나단이 다윗에게 가서 한 이야기는 전적으로 하나님의 말씀을 대언하는 예언자의 역할에 충실한 것이어서, 나단 개인의 사견이 들어가 있지 않았다. 그러나 요압이 보낸 드고아의 여인이 한 말은 비록 합당해 보이고, 또 지혜 전통에 있는 듯하다. 그러나 그 모든 것 뒤에는 요압의 의도가 있었다. 그러므로 다윗의 진심 어린 변화를 끌어낼 수 없었다. 신탁을 가장한 자의적 해석이 가득 차 있었기 때문이다. 여기서 본문을 읽는 독자들에게 주는 교훈이 있다. 신앙생활의 현장에는 많은 말이 난무한다. 대부분 하나님의 뜻에 기대고 있지만, 그 가운데 많은 말들이 요압처럼 개인적이고 자의적인 해석을 출발점에 두고 있다. 물론 요압도 선한 의도에서 일을 벌였다고 볼 수 있다. 그러나 아무리 출발점이 선하더라도 자의적 해석이 신탁으로 바뀔 수는 없다. 이 지점에서 독자들은 신앙인으로서 자신이 하는 말을 되돌아보아야 할 것이다.

(3) 본문에서는 압살롬과 요압의 모습이 뚜렷이 대조되어 독자들에게 전해진다. 여기서 요압은 압살롬을 무시해 버리는 모습으로 등장한다. 그가 왜 압살롬이 만나자는 요청을 무시해 버렸는지 본문에 드러나지는 않는다. 하지만, 요압은 매우 정치적인 사람이라서 압살롬의 요청에 많은 정치적 셈을 했을 것이다. 그는 압살롬을 다시 다윗에게 천거한다는 것은 자신의 정치 생명에도 위협이 되리라고 판단했을 수 있다. 앞서 드고아의 여인을 내세워서 압살롬을 다시 예루살렘으로 돌아오도록 유도하려고 했을 때, 그는 아마도 압살롬을 이용하여 자신의 정치적 입지를 굳히려 했을 수 있다. 어차피 왕위 계승은 곧 맞닥뜨릴 현실이었고, 그에게는 자신을 "킹메이커"(Kingmaker) 자리에 앉혀줄 차기 왕이 필요

했을 수 있다. 그러나 그 과정에서 다윗에게 속셈이 들켜 버려서 약점이 잡혀 있었다. 이런 상황에서 다시 압살롬의 이야기를 다윗에게 꺼내기는 매우 부담스러웠을 것이다.

반면에, 압살롬은 목적을 위해서 상대방이 피할 수 없는 명분을 들이댈 수 있는 뛰어난 인물로 그려진다. 그의 뛰어난 외모 묘사는 이런 그의 능력을 에둘러 말하는 장치로 볼 수 있다. 어쨌거나 압살롬은 요압이 자신을 만나주지 않자, 요압의 밭에 불을 지르는 강수를 두어서 만나지 않을 수 없는 명분을 만들었다. 또한 다윗을 향해서도 자신의 판결을 마무리해 달라는 요청을 공식적으로 해서 다윗이 더는 "미갈" 사건에서 비롯한 압살롬 문제를 해결하지 않을 수 없게 했다. 더구나 복권과 사면 가운데 하나를 요청하여, 다윗이 복권을 선택할 수밖에 없도록 했다. 이 이야기는 독자들에게 앞으로 압살롬이 이런 명민함으로 어떤 일을 벌일지 아주 궁금하게 만든다. 더구나 논리에서 다윗을 이긴 압살롬이 어떻게 왕위 계승 다툼에 뛰어들지도 궁금해진다. 상대적으로 어리석고 비논리적인 요압과 대조하는 이야기의 서술 장치가 압살롬을 더 돋보이게 만든다.

15장<br>
압살롬이 반란을 일으킴

우리말로 옮긴 본문

**압살롬의 반란**(1-12절)

1 그 뒤의 일이었다. 압살롬이 자기를 위해 전차와 말들을 마련하고, 호위병 50명을 두었다.

2 압살롬은 아침 일찍 일어나 성문으로 들어가는 길목에 서서, 누구든 임금에게 재판거리를 가지고 판결을 받으러 가는 사람이 있으면 압살롬이 그 사람을 자기에게 불렀다. 그러고는 말하였다. "당신은 어디 출신이오?" 그 사람이 "왕자님의 종은 이스라엘의 한 지파 출신입니다"라고 대답하면,

3 압살롬은 그에게 말하였다. "당신의 말이 좋고 옳지만, 임금님에게는 당신의 말을 들어줄 사람이 없습니다."

4 그러고는 압살롬이 말하였다. "누가 나를 이 땅의 재판관으로 세우겠소? 그러면 누구든지 소송거리가 있는 사람은 판결받으러 내게로

오고, 그러면 내가 그에게 정의를 베풀 것이오.”

5 그리고 자기에게 절하러 다가오는 사람이 있으면, 손을 내밀어 그를 안고 입 맞추어 주었다.

6 압살롬은 임금에게 판결받으러 오는 모든 이스라엘의 사람들에게 이렇게 하였다. 압살롬은 이스라엘 사람들의 마음을 훔쳤다.

7 4년이ㄱ 지난 때의 일이었다. 압살롬이 임금에게 말하였다. “제가 가서 헤브론에서 여호와께 한 서원을 지키게 해 주십시오.

8 임금님의 종은 아람 땅 그술에서 살 때, ‘여호와께서 저를 예루살렘으로 돌아가게만 해 주신다면 제가 여호와를 섬기겠습니다’라고 서원했기 때문입니다.”

9 임금이 그에게 말하였다. “평안히 가거라.” 그러자 압살롬은 일어나서 헤브론으로 갔다.

10 압살롬은 이스라엘 온 지파에 첩자를 보내서 ‘뿔 나팔 소리를 듣거든 압살롬이 헤브론에서 왕이 되었다고 말하시오’라고 전하였다.

11 압살롬과 함께 예루살렘에서 초대받은 200명이 아무 생각 없이 따라갔는데, 그들은 아무것도 알지 못하였다.

12 압살롬이 길로 사람 다윗의 참모 아히도벨에게 그가 사는 성읍 길로로 사람을 보냈는데, 그때 그는 제물을 바치고 있었다. 그리하여 반역이 점점 커지고 압살롬을 따르는 사람들이 많아졌다.

### 다윗의 도피(13-37절)

13 전령 한 사람이 다윗에게 와서 말하였다. “이스라엘 사람들의 마음이 압살롬을 따르고 있습니다.”

14 다윗이 예루살렘에 자기와 함께 있던 자기 모든 신하에게 말하였다.

"일어나 우리가 도피해야겠소. 자칫하다가는 압살롬을 피할 탈출구가 없을 수도 있기 때문이오. 서둘러 가시오. 서두르지 않으면 그들이 들이닥쳐서 나쁜 짓을 하고, 성읍을 칼날로 칠 것이오."

15 그러자 임금의 신하들이 임금에게 말하였다. "저희 주군이신 임금님께서 선택하신 것이라면 무엇이든 그대로 하겠습니다. 보시다시피 저희는 임금님의 신하들입니다."

16 그리하여 임금과 그의 온 왕실은 걸어서 나왔다. 임금은 왕궁을 지키도록 후궁 열 명을 남겨 두었다.

17 그리하여 임금과 온 백성들은 걸어 나와서 벧메르학에 멈춰 섰다.

18 다윗의 모든 신하와 그렛 사람들과 블렛 사람들이 그의 곁으로 건너갔다. 그리고 가드에서부터 저마다 걸어서 도착한 가드 사람들 600명도 왕 앞으로 건너갔다.

19 왕이 가드 사람 잇대에게 말하였다. "무엇 때문에 그대도 우리와 함께 가려 하시오? 돌아가서 다른 임금과 함께 머무르시오. 당신은 외국인이고 그대의 고향에서 떠나온 사람이 아니오?

20 어제 그대가 왔는데, 오늘 우리와 함께 가자고 할 수 있겠소? 나는 내가 갈 곳으로 갈 테니 그대는 그대와 함께한 그대의 형제들과 함께 돌아가시오. ㄴ여호와께서 그대에게 은혜와 진리를 베푸시기를 바라오.ㄴ"

21 그러자 잇대가 왕에게 대답하였다. "여호와의 살아계심과 제 주군이신 임금님의 살아계심을 두고 맹세합니다. 내 주군이신 임금님께서 가시는 곳이면 어디든, 거기가 죽는 곳이든 사는 곳이든 임금님의 이 종도 거기 있을 것입니다."

22 다윗이 잇대에게 말하였다. "좋소. 어서 건너가시오." 그리하여 가드

사람 잇대와 그의 모든 수하와 그와 함께한 모든 아이가 건너갔다.

23 모든 사람이 건너갈 때, 온 땅이 큰 소리로 울었다. 왕도 기드론 시 내를 건너서 광야 길로 접어들었다.

24 그때 사독과 함께 모든 레위인이 하나님의 언약궤를 들고 왔다. 그 들이 언약궤를 내려놓자 아비아달이 올라왔다. 모든 백성이 성읍에 서 나와 건너갈 때까지 거기 있었다.

25 왕이 사독에게 말하였다. "하나님의 궤를 가지고 성읍으로 되돌아 가시오. 내가 여호와의 눈에 들면, 그분께서 나를 돌아오게 하셔서 내가 이 궤와 그 계신 곳을 보게 될 것이오.

26 하지만 그분께서 '내가 너를 기뻐하지 않는다'라고 말씀하시면, 그 분 눈에 좋으신 대로 내게 하실 테지요."

27 왕이 제사장 사독에게 말하였다. "그대는 선견자가 아니오? 성읍으 로 평안히 돌아가시오. 그리고 그대의 아들 아히마아스와 아비아달 의 아들 요나단, 그대들의 이 두 아들들도 함께 데리고 가시오.

28 보시오, 나는 그대들이 내게 전할 소식이 올 때까지, 광야의 아라봇 에서 기다리고 있겠소."

29 그리하여 사독과 아비아달은 하나님의 궤를 가지고 예루살렘으로 되돌아가서 거기 머물렀다.

30 다윗이 감람산 비탈을 올라가며 울었다. 얼굴을 가리고 맨발로 걸어 갔다. 그리고 그와 함께한 모든 백성도 얼굴을 가리고 울며불며 올 라갔다.

31 다윗에게 소식이 전해졌다. "압살롬과 함께한 반역자들 가운데 아 히도벨도 있습니다." 그러자 다윗이 말하였다. "여호와여, 아히도벨 의 책략을 어리석게 해 주십시오."

32 다윗이 하나님께 예배드렸던 산꼭대기에 도착하였을 때였다. 맞은 편에서 아렉 사람 후새가 자기 옷을 찢은 채, 재를 머리에 뒤집어쓰고 왔다.

33 다윗이 그에게 말하였다. "당신이 나와 함께 건너간다면, 당신은 내게 짐만 될 뿐이오.

34 그러니 당신은 성읍으로 되돌아가서 압살롬에게 짐짓 이렇게 말하시오. '저는 임금님의 신하가 되겠습니다. 예전에는 제가 임금님 아버지의 신하였지만, 이제 저는 임금님의 신하입니다.' 그러면 당신은 나를 위해 아히도벨의 책략을 무너뜨릴 수 있을 것이오.

35 제사장 사독과 아비아달이 거기 당신과 함께 있지 않소? 그러니 당신이 왕궁에서 무슨 말이든 듣거든 당신은 제사장 사독과 아비아달에게 일러 주시오.

36 그들에게는 두 아들, 곧 사독의 아들 아히마아스와 아비아달의 아들 요나단이 있으니, 그들이 두 아들 편에 그대들이 들은 모든 말을 내게 전해 줄 것이오."

37 그리하여 다윗의 친구 후새는 성읍으로 되돌아갔다. 그리고 압살롬도 예루살렘에 이르렀다.

## 본문 비평

### 7절 ㄱ. 4년

히브리어 본문(과 칠십인역의 많은 대문자 필사본) 첫머리의 표현은 사실상 이해하기 어렵다. 왜냐하면, "40년"(אַרְבָּעִים שָׁנָה, '아르바임 샤나')이라고 표현하기 때문이다. 하지만 요세푸스의 기록(『유대 고대사』, VII 196)이나 몇몇 칠십인역 본문 전통(이른바 안디옥 본문) 등을 바탕으로 볼 때, 우리말 성경 번역에서 선택한 "4년"이 원래 본문의 의미였을 것이며,[1] 마소라 본문은 일부 학자들의 주장대로 우가릿어 전접어(*encliticum*) מ의 영향을 받은 본문이 잘못 전승된 것으로 보인다(참조. McCarter, *II Samuel*, 355).

### 20절 ㄴ-ㄴ. 여호와께서 그대에게 은혜와 진리를 베푸시길 바라오

마소라 본문이 짧게 עִמָּךְ חֶסֶד וֶאֱמֶת ('임마크 헤세드 베에메트', "그대에게 은혜와 진리가 함께하길 바라오")라고만 한 데 비해, 칠십인역은 우리의 번역과 같이 좀 더 긴 본문을 제공한다(καὶ κύριος ποιήσει μετὰ σου ἔλεος καὶ ἀλήθειαν). 이는 יהוה יעשה עמך חסד ואמת ('야훼 야으세 임마크 헤세드 베에메트')을 대본으로 전제할 텐데, 마소라 본문은 여기서 동사가 하나 빠진 본문이 전승된 상태일 것이다(참조. McCarter, *II Samuel*, 365).

### 31절 ㄷ. 다윗에게

마소라 본문은 וְדָוִד ('브다비드', "그리고 다윗")으로 주어를 쓰고, 니팔형 동사(הֻגַּד, '훅기드', "전해졌다")가 이어지는데, 칠십인역의 일부 필사본들(Codd. BAMN)의 지지를 받는다(καὶ Δαυιδ ἀνηγγέλη, '카이 다윗 안엥겔레'). 하지만 쿰란 본문(4QSamᵃ)과 칠십인역의 안티오키아 본문(Codd. boc₂e₂) 전통에서는 비인칭주어를 전제하여, 전치사와 함께 쓰이는 본문(ולדויד, '우르다비드'; καὶ τῷ δαδ, '카이 토 다윗')을 제공한다.

---

1.   이에 대한 자세한 논의는 Kim, Jong-Hoon, *Die hebräischen und griechischen Textformen der Samuel- und Königebücher* (Berlin/New York: Walter de Gruyter, 2009), 102-103 참조.

<h2 style="text-align:center">본문 주석</h2>

### 압살롬의 반란(1-12절)

**1-6절: 압살롬이 세력을 키워감.** 1절은 "그 뒤"(וַיְהִי מֵאַחֲרֵי כֵן, '바여히 메아하레 켄')로[2] 시작하여 다윗과 압살롬이 화해하고 압살롬이 복권된 뒤 얼마간의 시간이 지났음과 이제부터 새로운 이야기 단위가 시작됨을 알려준다. 지금까지 압살롬은 눈에 드러나는 세력 형성에 힘을 쓰지 않았다. 암논을 살해할 때도 자기 부하 몇 명에게만 지시하였고, 다른 왕자들을 죽이지 않음으로써 일을 키우지 않았다. 그런 뒤에는 외가인 그술로 가서 망명 생활을 했다. 다시 예루살렘으로 돌아온 뒤에도 2년 동안 요압을 도발한 일 외에는 아무런 활동을 하지 않았다. 사실상 이때는 아무런 활동을 할 수가 없었다. 그러나 다윗과 화해하고 복권이 된 뒤에 압살롬은 가장 먼저 사병을 모집하였다. 흥미롭게도 그는 "전차와 말"(מֶרְכָּבָה וְסֻסִים, '메르카바 브수심')을 준비하였는데, 이는 대부분[3] 왕의 지위를 나타내는 데 쓰인다(참조. 삼상 8:11; 왕상 12:18; 20:33; 22:35; 왕하 9:27; 10:15; 대하 10:18; 18:34; 35:24; 게제니우스, 『사전』, 465). 그러니 압살롬이 이렇게 병거와 마병을 준비한 것만으로도 그가 지금 왕위 계승 다툼의 대열에 본격적으로 참여하려 함을 알 수 있다. 그리고 호위병(אִישׁ רָצִים, '이쉬 라침'; 직역. "달리는 군사") 50명은 기본 병력 단위다(참조. 출 18:21; 신 1:15; Anderson, *2 Samuel*, 194).

이렇게 기본적인 군사력을 갖춘 압살롬은 2절에서 아침 일찍부터

---

2. 이는 일반적으로 쓰이던 표현 וַיְהִי אַחֲרֵי כֵן ('바여히 아하레 켄')과 조금 다르다(참조. 삼상 24:5[6]; 삼하 2:1; 8:1; 13:1; 21:18). 참고로, 쿰란 성경 본문(4QSamᶜ)은 일반적인 표현을 제공한다.
3. 귀족이 병거를 탄 예외의 보기는 아람 장군 나아만이다(참조. 왕하 5:21, 26).

"성문으로 들어가는 길목"(עַל־יַד דֶּרֶךְ הַשָּׁעַר, '알-야드 데레크 하샤아르')에서 있었다. 압살롬이 예루살렘 성안이 아니라 성문으로 가는 길 곁에 서있는 모습은 다윗 왕실과 독립적인 세력을 형성하려는 의도를 드러낸다고 볼 수 있다. 그도 그럴 것이 여기서 압살롬은 재판장 역할을 하는 다윗 왕에게 송사(רִיב, '리브')가 있어서 판결(מִשְׁפָּט, '미쉬파트')받으러 오는 사람들을 불러세웠기 때문이다. 여기서 말하는 송사는 아마도 민사소송일 것이다. 이런 경우 앞서 요압이 다윗에게 보낸 드고아 여인의 경우처럼 재판장인 왕의 판단이 결정적이다. 3절에서 압살롬이 그렇게 재판을 위해 예루살렘 성에 오는 사람들을 불러 세운 까닭이 드러난다. 그는 한마디로 왕실에는 이스라엘 백성의 송사를 제대로 들을 수 있는 사람이 없다고 잘라 말한다. 압살롬은 지금 이스라엘 백성들의 마음이 다윗에게서 떠나도록 민심 이반을 꾀하는 셈이다. 이 구절에서 다윗 왕정을 부정적으로 호도했다면, 이어지는 4절에서 압살롬은 자신의 정당성을 내세운다. 그는 자신이 이스라엘 땅에서 재판관(שֹׁפֵט, '쇼페트')이 되고, 누구든지 송사나 재판할 일이 있다면, 자신이 정의를 베풀고 싶다(וְהִצְדַּקְתִּיו, '브히츠다크티브'; 직역. "그러면 내가 그에게 정의를 베풀 것이다")고 말한다. 압살롬이 드러내 놓고 "임금"이라는 말을 쓰지는 않았지만, 결국 자신이 이상적인 재판관, 곧 임금이 될 수 있다는 말을 역설하는 셈이다.

5절에서 압살롬의 말을 들은 사람들은 아마도 그의 외모와 신분과 포부를 보고, 엎드려 절하려 했을 것이다. 그러나 압살롬은 그런 사람들을 붙들어 세우고 입을 맞추었다. 이 행동은 자신은 언제든 다가갈 수 있고, 공감 능력이 있는 이상적인 사람임을 드러내려는 매우 상징적이고 정치적인 행동이다(참조. Tsumura, *Second Samuel*, 232). 6절에서 화자는 임금에게 재판을 청하러 오는 모든 사람에게 압살롬이 이처럼 했다고 전한다. 그 결과 그는 이스라엘 사람의 마음을 "훔쳤다"(וַיְגַנֵּב, '바여가네브')고 표현한다. 이 양면적인 표현을 통해서 화자는 압살롬에게 부족했던 민심 확보가 점점 이루어져 가고 있었지만, 그 과정이 합법적이지 않음을 동시에 드러낸다.

**7-9절: 압살롬이 헤브론으로 감.** 압살롬이 이렇게 군사력을 키우고, 민심을 얻으려는 정치적 행보를 하는 동안 세월은 또 흐른다. 7절에서 압살롬은 4년이 지나서(본문 비평 참조) 다윗에게 자신이 서원한 것을 갚기 위해서 헤브론에 갈 것을 허락해 달라고 요청한다. 이때 압살롬은 비록 복권은 되었지만, 아직 활동에 완전한 자유를 얻지는 못한 듯하다. 8절에서 그는 이 서원이 그술 망명 시절에 했던 것이라고 말하였으며, 9절에서 압살롬의 세력 확장 기미를 눈치채지 못했던 다윗은 이를 허락해 주었다. 헤브론은 압살롬에게 여러모로 반역을 꾀하기에 적절한 장소였다. 다윗이 그곳에서 처음에는 유다의 왕으로, 나중에는 온 이스라엘의 임금으로 즉위하였다(2:4; 5:1). 그리고 압살롬 자신도 그곳에서 태어났으며(3:2-3), 한 편으로 생각해 보면, 다윗이 예루살렘으로 수도를 옮겨 갔을 때, 헤브론의 백성들은 그리 달갑지 않았을 것이다(참조. Anderson, *2 Samuel*, 196). 아마도 압살롬이 헤브론을 선택했을 때는 이런 헤브론의 입지와 정서를 고려했을 것이다.

**10-12절: 압살롬이 헤브론에서 반역을 시작함.** 10절에서 압살롬은 이제 본격적으로 세력을 모은다. 그는 먼저 이스라엘 모든 지파에 첩자(מְרַגְּלִים, '므라글림')를 보냈다. 이들은 아마 그동안 압살롬이 포섭하여

둔 사람들을 찾아다녔을 것이다. 그들은 반역의 신호로 뿔 나팔 소리 (קוֹל הַשֹּׁפָר, '콜 하쇼파르')를 지정했다. 이는 전통적으로 왕의 즉위식 의례의 일부분이었다(참조. 왕상 1:34; 왕하 9:13; Anderson, *2 Samuel*, 196). 압살롬과 함께하는 사람들은 "압살롬이 헤브론에서 임금이 되었다(מָלַךְ, '말라크')"라고 하며 즉위식을 거행하라고 부탁하였다. 11절에서는 다소 의외의 진술이 전해진다. 곧 압살롬의 부름을 받고 예루살렘에서 헤브론으로 내려간 사람 200명이 있었는데, 이들은 반역의 기미를 전혀 알아채지 못했다는 것이다. 하지만, 어찌 되었든지 이들은 이미 반역에 연루되어 있었다. 12절에서 압살롬은 반란군의 모사로 길로 사람 아히도벨을 세웠다. 그는 원래 다윗의 모사로서 아히도벨의 동참은 압살롬에게는 매우 의미 있는 일이었을 것이다. 헤브론에 모여드는 사람들이 점점 더 많아지면서, 화자의 입으로 말하는 "반역"(הַקֶּשֶׁר, '하케쉐르')의 세력도 함께 커졌다.

### 다윗의 도피(13-37절)

**13-17절: 다윗이 예루살렘을 떠남.** 압살롬이 헤브론에서 즉위식을 치르면서 반역을 시작하였을 즈음에 13절에서 그 소식이 다윗에게도 전해진다. 전령은 "이스라엘 사람들의 마음"(לֶב־אִישׁ יִשְׂרָאֵל, '레브-이쉬 이스라엘')이 압살롬을 따른다고 전하였다. 이 표현은 6절을 생각나게 한다. 아마도 압살롬은 적어도 4년은 이스라엘 백성들의 민심을 사려는 행보를 이어갔을 것이다(7절). 본문에 언급되지는 않지만, 사울의 잔당도 분명히 압살롬을 이용해서 다윗 왕정을 무너뜨리고, 새로운 왕조를 세우려고 이 세력에 참여했을 수 있다(참조. Anderson, *2 Samuel*, 203). 이는 14절에서 다윗이 전령의 보고를 듣자마자, 신하들에게 "일어나 도피하자"

(קוּמוּ וְנִבְרָחָה, '쿠무 브니브라하')라고 한 데서 짐작할 수 있다. 하지만 지금까지 다윗이 보여준 전쟁의 경험에서 비추어 보면 이렇게 쉽사리 예루살렘을 버리고 도망치려는 것은 의아하다. 다윗은 "탈출구"(פְּלֵיטָה, '플레타')가 없을 정도로 압살롬의 예루살렘 침공이 임박했다고 말한다. 다윗의 이 결정이 일단 후퇴해서 전열을 가다듬겠다는 뜻으로 새길 수도 있지만(참조. Anderson, 203), 더 예루살렘에 머물러 있게 된다면, 아들과 전쟁을 벌여야 하는 상황을 피할 수 없음을 염두에 두었을 수도 있다. 다윗의 이 결정에 15절에서 그의 신하들은 모두 따르겠다고 대답한다. 그리하여 16절에서 다윗과 왕실 전체는 "걸어서"(בְּרַגְלָיו, '브라글라브') 나왔다. 이 모습은 앞서 압살롬이 왕처럼 병거와 마병(1절)을 거느렸던 모습과 대조를 이룬다. 흥미롭게도 다윗은 왕궁에 후궁(פִּלַגְשִׁים, '필라그쉼') 10명을 남겨 둔다.[4] 이들의 임무는 본문에서 왕궁을 "지키는 것"(לִשְׁמֹר, '리쉬모르')이었는데, 이 말은 이들에게 왕이 없더라도 왕궁 관리를 담당하여(참조. 삼상 17:22; 왕하 22:14; 렘 4:17; 느 2:8; 에 2:3, 14) 왕실의 권위를 유지하는 임무가 있었을 것으로 추측할 수 있다. 이들이 왕궁에 있었던 것은 앞서 나단 예언(12:11)의 성취인 16장 21-22절의 복선 구실을 한다. 17전반절은 마치 앞선 구절의 전반절과 평행을 이루는 것같이, 앞선 구절의 "그리하여 그의 온 왕실"(וְכָל־בֵּיתוֹ, '브콜-베토') 자리에 "그리하여 온 백성"(וְכָל־הָעָם, '브콜-하암')이 왔을 뿐 같은 본문을 되풀이한다. 그러므로 다윗과 그의 일행이 초라하게 걸어서 왕궁을 빠져나가는 모습이 강조된다. 다윗 일행은 "벧메르학"(בֵּית הַמֶּרְחָק, '베트 하메르하크'; 직역. "먼 집")에서 행렬을 잠시 멈춘다. 아마도 이곳은 예루살렘 변두리에

---

4.    일부 학자들은 이 구절이 이야기의 맥락에서 동떨어져 있다는 이유로 후대의 첨가로 보기도 한다(이에 대해 McCarter, *II Samuel*, 369 참조).

잘 알려져 있던 주요 건물로 예루살렘을 빠져나가기 직전에 있던 곳으로 여길 수 있다(참조. Anderson, *2 Samuel*, 203; Tsumura, *Second Samuel*, 235).

**18절: 그렛과 블렛 사람들의 합류.** 다윗은 아마도 벧메르학에서 행렬을 정비하고, 점호하여 앞으로 있을 행군을 준비하였을 것이다. 왜냐하면, 18절 첫머리에서 먼저 다윗의 모든 신하가 다윗 앞을 지나고(עֹבְרִים, '오브림'), 이어서 다윗을 따르는 군사들이 다윗 앞을 지나갔기(עֹבְרִים, '오브림') 때문이다. 여기서 다윗의 군대로 먼저 언급되는 이들은 그렛 사람과 블렛 사람이다. 이들은 팔레스틴 땅에 유입되었던 외국인들로 일찍부터 다윗의 용병으로 편입되었을 것이다(참조. 삼상 30:14; 삼하 8:18; 15:18; 20:7; 왕상 1:38, 44). 그다음으로는 가드에서 온 가드 사람 600명이다. 600은 이 당시 이스라엘과 블레셋의 표준 군대 편성 단위였을 것인데(참조. 삿 3:31; 18:11; 20:47; 삼상 13:15), 이들은 아마도 다윗이 가드에 있을 때부터(삼상 27:1-12) 함께 합을 맞추었던 사람들로 여길 수 있다(참조. Tsumura, *Second Samuel*, 236).

**19-23절: 가드 사람 잇대의 합류.** 19절에서 다윗은 가드 사람들을 사열하다가 가드 사람 잇대(אִתַּי, '이타이')를 발견하고, 그에게 자기 일행에게 합류한 까닭을 묻는다. 이 인물은 나중에 요압과 아비새와 더불어 다윗의 군대를 총지휘하게 되는 인물이다(삼하 18:2). 이 사람의 이름은 "아버지"를 뜻하는 셈족 어원으로 거슬러 올라간다고 보기도 하고(참조. Tsumura, *Second Samuel*, 237), 히브리어로 "나와 함께"를 뜻하는 말(אִתִּי, '이티')과 자음 구성이 같고 발음이 비슷하여, 다윗과 함께하는 사람임을 강조하는 말놀이(wordplay)로 보기도 한다(참조. Long, *1 and 2 Samuel*, 399). 어쨌

거나 다윗은 그의 정체를 "당신은 외국인이고 그대의 고향에서 떠나온 사람"(נָכְרִי אַתָּה וְגַם־גֹּלֶה אַתָּה, '나크리 아타 브감-골레 아타'; 직역. "그대는 외국인이며, 그대는 고향에서 떠나온 사람이다")라고 말해준다. 그러면서 돌아가라고 종용한다. 다윗의 이 말은 외국인의 충성을 강조해서 자기 아들의 반역으로 쫓기는 신세가 된 다윗의 모습을 더 돋보이게 해 준다(참조. Anderson, *2 Samuel*, 203). 20절에서 다윗은 잇대에게 계속해서 말한다. 그는 먼저 잇대가 "어제"(תְּמוֹל, '트몰') 도착했다고 말하였다. 하지만 이 말은 그대로 받아들여서는 이해되지 않는다. 왜냐하면, 다윗이 예루살렘을 나오던 때에 잇대가 왔음을 발견했기 때문이다. 그보다는 이어지는 문장의 "오늘"(הַיּוֹם, '하욤')과 함께 얼마 되지 않는 시간을 뜻하는 수 수사법(numeral rhetoric)으로 보아야 할 것이다(비슷한 견해로는 Anderson, *2 Samuel*, 203 참조). 문맥적으로 이 말은 다윗이 이 위험한 피난길에 함께하라고 말하기에는 함께한 시간이 너무 짧아 미안함을 전하는 뜻으로 새길 수 있겠다. 다윗은 정중히 잇대와 그와 함께 온 가드 군사들에게 돌아가라고 권하면서, 축복까지 한다. 이 축복을 통해 다윗은 그들이 자신에게 보여준 행동을 "은혜와 진리"(חֶסֶד וֶאֱמֶת, '헤세드 베에메트'; 직역. "신의와 한결같음")로 규정하고, 자신도 마찬가지의 마음을 그들에게 돌려준다. 그러나 21절에서 잇대는 맹세까지 하면서 다윗이 가는 곳이면 어디든 함께하겠다고 말하였다. 심지어 사나 죽으나 함께하겠다고 말한다. 그러자 22절에서 다윗은 잇대 일행이 동행하는 것을 허락한다. 본문은 잇대가 데려온 가드 사람들 가운데는 "아이"(הַטַּף, '하타프')도 있었다고 전한다. 이 말에는 노인과 여자도 포함되는 것이 일반적이어서(참조. Anderson, *2 Samuel*, 204), 이들은 군사뿐 아니라 가족들도 다 함께 다윗에게 왔음을 알게 해 준다. 모든 일행의 사열을 마친 다윗은 함께 예루살

렘 성과 서쪽의 감람산 사이에 있던 기드론 시내(נַחַל, '나할', "와디")를 건
너 광야로 향한 길을 나섰다. 이들은 우는 것으로 감정을 표현했다.

**24-29절: 언약궤와 함께 사독과 아비아달을 돌려보냄.** 24절에서 본문은
"그때"(וְהִנֵּה, '브힌네'; 직역, "그런데 보라")라는 말로 시작해서 새로운 인물
의 등장으로 주의를 돌린다. 다윗의 제사장이었던 사독과 아비아달(참
조. 삼하 8:17; 20:25)이 레위인들을 모두 데리고, 다윗에게로 왔다.[5] 그들은
예루살렘에 있던 언약궤를 메고 왔다. 그들은 모든 백성이 예루살렘 성
에서 나와서 기드론강을 건널 때까지, 언약궤를 내려놓고(וַיַּצִּקוּ, '바야치
쿠'), 멈추어 서 있었다. 여기서 언약궤를 '내려놓다'는 표현에 쓰인 동사
는 원래 뜻이 '쏟아 내다, 붓다'이며, 히필(Hiphil) 변화형에서 이런 뜻으
로는 여기서밖에 쓰이지 않는다. 그래서 비슷한 발음과 자음 구성인
וַיַּצִּגוּ('바야치구')의 필사 오류가 전승된 것으로 여길 수도 있다(참조. 게제니
우스, 『사전』, 315, 316). 이들은 합법적인 왕인 다윗이 가는 곳에는 당연히
언약궤도 함께 가야 한다고 판단했을 것이다. 그러나 25-26절에서 다윗
은 이들에게 의외의 말을 한다. 그는 사독에게 언약궤를 가지고 예루살
렘 성읍으로 되돌아가라고 한다. 이어서 그는 자신이 언약궤에 의지해
서 목숨 부지를 도모할 것이 아니라, 모든 일의 결과를 하나님의 은총
(חֵן, '헨')으로 돌린다. 이 말은 사무엘 시대(삼상 4장)에 하나님의 신탁 없
이 출전한 전쟁에서 어떻게든 이겨보려고 언약궤의 힘을 빌리려 했던
전철을 밟지 않겠다는 의지를 드러냈다. 그러니 이 말에서 다윗은 또다

---

5.    전통적인 역사비평 주석자들은 이 본문에서 레위인의 언급이 후대 신명기계 역사
      의 편집자가 추가한 본문으로 여겼지만, 포로기 이전에도 레위인들이 존재하였다
      는 점(참조. 삼상 6:15)을 고려하면, 원래의 것으로 여길 수도 있다(비교. McCarter,
      *II Samuel*, 370; Tsumura, *Second Samuel*, 238-239).

시 신앙의 근본을 지키는 이상적인 모습을 드러낸다. 이런 다윗의 말과 그가 이어서 취한 조치들 사이에는 분명한 모순이 있다(참조. Anderson, *2 Samuel*, 204). 그래서 어떤 이들은 다윗의 이 말이 친-다윗계 편집자의 손길을 거친 추가 본문이라고까지 여긴다(참조. McCarter, *II Samuel*, 371). 그 까닭은 이어지는 27-28절에서 드러난다. 히브리어 본문에 따르면 다윗은 27절에서 먼저 사독에게 "당신은 선견자가 아니오?"(הֲרוֹאֶה אַתָּה, '하로에 아타')라고 수사의문문(rhetorical question)으로 말한다. 하지만, 다윗이 사독을 선견자라고 일컬은 것인지, 아니면 칠십인역의 읽기("Ἴδετε σύ, '이데테 쉬')처럼 "보시오, 당신은 (⋯)"(רְאֵה אַתָּה, '르에 아타')으로 주의를 환기하는 말을 한 것인지는 논란거리다(관련 논의는 Tsumura, *Second Samuel*, 239 참조). 문맥으로 보면, 칠십인역의 이해가 맞다고 여기겠다. 어쨌거나 다윗은 사독과 그의 아들 아히마아스, 아비아달과 그의 아들 요나단을 지목해서 예루살렘으로 되돌아가라고 명령했다. 그리고 28절에서 그들을 예루살렘으로 돌려보내는 목적을 말해준다. 곧 그들은 다윗에게 예루살렘에서 소식(דָּבָר, '다바르'; 참조. 창 37:14; 민 13:26; 왕상 10:6)을 전해 주는 임무를 부여받았다. 이들이 소식을 전할 때까지 다윗은 광야 나루터에서 기다리겠다고 말하였다. 아마도 이곳은 사해 북부 요단 계곡을 가리킬 것이다. 요단강을 건너면 다소 장기전을 염두에 둔다는 뜻이다. 그러니 지금 다윗은 이들을 예루살렘에 첩자로 배치한 셈이다. 그래서 다윗이 앞서 한 말과 이 내용에 모순이 있다는 말이다. 29절에서 다윗에게 임무를 부여받은 이들은 다시 예루살렘으로 되돌아갔다. 이로써 다윗은 사실상 명분과 실리를 모두 확보하였다.

**30-31절: 다윗이 아히도벨을 저주함.** 30절에서 다윗 일행은 예루살렘 성

에서 나와 기드론 시내를 다 건너서 다시 건너편 감람산 비탈(הַזֵּיתִים מַעֲלֵה, '마알레 하제팀'; 직역. "올리브 오르막길")을 올라가고 있었다. 이 용어는 포로기 이후에야 등장하는 "감람산"(הַר הַזֵּיתִים, '하르 하제팀')이라는 용어의 옛 이름이었을 것이다(참조. 슥 14:4; McCarter, *II Samuel*, 371). 여기서 걸어가는 다윗과 그 일행의 모습을 좀 더 자세히 묘사한다. 그는 울면서 머리를 가리고 맨발로 감람산길을 올라갔다. 이것은 슬픔의 가시적 표시로 여길 수 있다(참조. 사 20:2; 미 1:8; 에 6:12; Tsumura, *Second Samuel*, 240).

이때, 31절에서 다윗에게 새로운 정보가 전해진다. 그것은 압살롬과 함께한 반역자들 가운데 아히도벨이 있다는 정보였다. 이는 다윗에게는 충격적인 배신이었다. 왜냐하면, 아히도벨은 자신의 모사였기 때문이다(15:12). 여기서 다윗은 아히도벨이 압살롬에게 베풀 책략(עֵצָה, '에차')이 어리석게 되기를 바란다는 저주를 표현한다. 이는 아히도벨의 책략에 대해 다윗이 가졌던 두려움의 표현인 동시에 아히도벨의 결말에 대한 복선 구실도 한다(참조. 17:23).

**32-37절: 후새를 돌려보냄.** 32절에서 다윗은 감람산 산꼭대기에 도착했다. 화자는 여기가 하나님께 경배하는 곳이라고 밝히는데, 이는 아마도 초기 왕정 시대에 있었던 성소를 가리킬 것이다(참조. Anderson, *2 Samuel*, 205). 본문은 다시 한번 '브힌네'(וְהִנֵּה, 참조. 24절)로 시작하여 새로운 등장인물에게 주의를 돌린다. 아렉 사람 후새가 다윗을 맞이했다. 아렉 족속은 베냐민 지파의 땅에 거주하던 원주민이었다(참조. 수 16:2). 후새가 어떤 인물이었는지 정확히 알 수는 없지만, 앞서 소개된 가드 사람 잇대와 마찬가지로 이스라엘에 편입된 이방인이었을 것이다. 그는 전형적인 슬픔의 표시로 옷을 찢고 머리에 흙을 덮어쓰고 왔다. 33절에서 다

윗은 그런 후새에게 자신과 함께 가면 짐(מַשָּׂא, '마사')이 될 것이라고 말하였다. 이 말은 후새가 능력을 발휘할 수 있는 자리가 아니라는 뜻이다. 34절에서 다윗은 후새에게도 새로운 임무를 준다. 곧 예루살렘에 돌아가서 압살롬에게 투항하고, 다윗이 앞서 저주한 아히도벨의 적수가 되어 압살롬의 모사가 되라며, 한마디로 후새에게 이중 첩자가 되라고 했다. 다윗은 35-36절에서 좀 더 자세한 전략을 후새에게 설명해 준다. 35절에서 다윗은 예루살렘에 벌써 자신이 배치해 놓은 제사장 사독과 아비아달이 있음을 알려주고, 압살롬에게 투항하여 그의 모사가 된 후새가 앞으로 입수하게 될 모든 정보를 상대적으로 안전한 제사장들에게 알려주라고 했다. 36절에서는 그다음 정보 전달자로 두 제사장의 아들들인 아히마아스와 요나단을 지목하였다. 이처럼 이중으로 정보 전달 경로를 분산한 것은 혹시 있을 의심과 추적을 피하려는 전략이었다. 그러므로 다윗은 왕궁을 버리고 피난을 오면서 굉장히 구체적인 전략도 함께 세웠다. 37절에서는 후새가 다윗의 명령대로 예루살렘으로 돌아갔음을 전하는데, 그를 "다윗의 친구"(רֵעֶה דָוִד, '레에 다비드')라고 일컫는다. 이 용어는 구약성경에서 4번 나오는데, 쓰기 전통과 읽기 전통이 나뉘어 본문 전통에 의문이 있는 잠언 27장 10절을 제외하면, 후새에게 한 번 더(16:16), 그리고 솔로몬의 친구라고 언급된 나단의 아들 제사장 사붓(왕상 4:5)에게만 쓰인다. 그래서 보통은 이 낱말을 왕과 특별한 관계에 있는 사람을 일컫는 용어로 여긴다(참조. McCarter, *II Samuel*, 372). 후새가 예루살렘에 들어갈 때, 드디어 압살롬이 예루살렘에 입성했다.

## 본문의 메시지

⑴ 압살롬은 암논의 미갈 강간 사건과 암논 살해 사건 이후 7년이 지나서야 복권이 되었다. 절치부심하며 때를 기다리던 압살롬은 이 장에서 드디어 임금에 버금가는 사병을 거느리면서 왕위 계승 다툼에 본격적으로 뛰어들었다. 다윗의 맏아들 암논이 죽은 상태에서 셋째 아들이었던 압살롬은 이제 왕위 계승 서열 우위에 있던 이복형 달루야(참조. 삼하 3:3; 개역개정. "길르압")에게로 왕위가 넘어가기를 지켜보고만 있을 수 없었던 듯하다. 그는 전통적인 성소이자 다윗의 원래 근거지였으며, 자기가 태어난 곳이었던 헤브론을 반란의 근거지로 삼기로 작정했다. 군사가 있더라도, 민심을 잡지 못한다면 반란은 성공하기 어려울 것이라는 사실을 알았던 압살롬은 민심을 "훔쳤다"(6절). 다윗에게 소송거리를 가지고 재판하러 가는 사람들을 붙들어 자신은 언제든 가까이 다가갈 수 있는 사람이며, 공감 능력이 뛰어난 사람인 체했다. 화자는 십계명에 썼던(출 20:15) 이 낱말을 통해 압살롬의 반란은 시작부터 단추가 잘못 꿰졌음을 말해준다. 이 낱말에는 분명히 압살롬의 욕심이 드러나 있다. 훔치는 행위는 남의 것을 정당하고 합법적인 과정을 거치지 않고 가져가 버리는 것이다. 압살롬의 목적이 정당하지도 않았지만, 아무리 정당한 목적이더라도 방법이 정당화되지는 않는다.

왕위에 오르고 싶은 마음이 앞서서 이런 무리수와 범법 행위를 저지르는 압살롬의 모습은 왕위에 오르기까지 정도에서 벗어나지 않으려 애쓴 다윗의 모습과 대조를 이룬다. 물론 사무엘서의 화자는 다윗이 저지른 잘못을 가리지 않고 다 드러내 준다. 하지만 그런 잘못들에도 불구하고, 다윗은 왕위에 오르기까지 신앙의 원칙, 윤리의 원칙에서 벗어나지 않으려고 애썼다. 독자들은 이렇게 반란을 시작한 압살롬이 어떤 결말을 맞게 될지 자못 궁금해하며 독서를 이어가게 된다.

⑵ 압살롬의 반란 시작 소식을 들은 다윗은 길게 고민하지 않고 왕궁을 비우고 피난하는 길을 선택한다. 그가 왜 이런 결정을 했는지 화자는 정확히 서술하지 않는다. 신하들에게 압살롬이 이내 와서 살육하기 전에 피난하자고 한 말은 본심은 아닐 것이다. 요압 장군이 있고, 군대가 있는 한 압살롬의 반란군은 충분히 대적할 만하다. 그러므로 다윗이 압살롬과 정면 승부를 피한 데는 다른 이유가 있었을 것이다. 만약 압살롬의 군대와 예루살렘에서 맞닥뜨려 전투를 벌인다면, 왕실의 위엄은 땅에 떨어질 것이다. 아들이 아버지에게 대항해서 반란을 일으키고, 아버지가 그 아들을 향해 칼을 다시 겨누는 꼴이 되기 때문이다. 다윗의 선택은 자신을 위해서나 압살롬을 위해서나, 그리고 왕실을 위해서 존속의 명분을 쌓기 위한 결정이었을 것이다.

그런데 본문에서 독자들은 또 다른 면을 화자가 강조하는 모습을 본다. 다윗을 추종한 세력이 제법 다양하였을 텐데, 화자는 굳이 그렛 사람과 블렛 사람, 가드 사람들을 가장 먼저 언급한다. 이들은 모두 외국인들이었다. 이로써 화자는 역설적인 다윗의 상황을 극적으로 그린다. 외국인들은 목숨을 걸면서까지 다윗을 따르는데, 정작 아들은 자신을 향해 칼을 겨눈다. 조금 확장하면 다윗의 존재 자체에 대한 역설적이고 모순된 겉모습과 속마음 사이의 괴리를 생각해 볼 수 있다. 사람들에게 드러난 다윗의 겉모습은 신앙의 본질에 충실하면서, 함부로 말하지 않고, 명분을 지키는 임금이다. 그러나 본문에서 직설적으로 드러내지 않지만, 하나님과 다윗만 아는 속마음은 사뭇 달랐을 수 있다. 사무엘서에서 다윗이 여기까지 오는 동안 일어났던 사건들의 결과를 보면 짐작할 수 있다. 결국 사울의 처음 의심대로 다윗은 사울의 자리를 찬탈했다. 그리고 모든 정적을 자기 손으로 직접 하지는 않았어도 다 제거했다. 더구나 갖고 싶은 것은 살인 교사를 감수하고서라도 손에 넣었다. 그런 내면의 부조화가 가장 가까워야 할 아들 압살롬의 반란으로 터진 셈이다. 이것이 본문에서 생각하고 반성해 보아야 할 교훈 가운데 하나다.

(3) 압살롬의 반란을 피해서 피난길에 오른 다윗은 다시 한번 이중적인 모습을 보여준다. 이번에는 다윗과 함께 있으려는 제사장과 레위인들이 언약궤까지 메고 왔다. 다윗 일행이 기드론강을 건너는 동안 그들은 마치 수호라도 하듯 언약궤를 내려놓고 지키고 서 있었다. 그런데 다윗은 그런 그들을 예루살렘으로 되돌려 보낸다. 그리고 다들 들을 수 있도록 모든 일은 하나님의 은총에 달려있으므로, 자신은 하나님의 뜻대로 될 것이라고 말하였다. 그리고 기드론 강을 건넌 뒤에 감람산길을 올라가면서, 다윗은 모든 사람이 보는 앞에서 머리를 가리고 울며 맨발로 걸어갔다. 이 모든 모습은 다윗을 선하고 신앙에 충실한 이상적인 왕으로 보이게 한다.

그러나 본문은 다윗의 그 모습만 보여주지 않는다. 다윗은 언약궤를 메고 온 제사장 사독과 아비아달, 그리고 그들의 아들인 아히마아스와 요나단에게 자신과 내통할 수 있는 첩자가 되라는 명령을 내렸다. 그리고 나서는 다윗을 향한 순수한 열정으로 함께 나선 후새에게는 심지어 이중 첩자가 되라고 말한다. 압살롬에게 투항하는 척해서 아히도벨의 적수가 되라고 말했다. 분명히 다윗의 모사였던 아히도벨은 다윗에게 치명적인 조언을 할 수 있으므로 어떻게든 그것을 막으라는 명령이었다. 그리고 모든 정보를 사독과 아비아달을 거쳐서 아히마아스와 요나단을 통해 다윗에게 전하라고 명령했다. 이는 연루된 모든 사람의 목숨이 위험해질 수 있는 일이었다. 하나님의 은총에 모든 것을 내맡기겠다던 다윗의 모습, 처량하게 울며 아들에게 왕궁을 빼앗기고 피난 가는 다윗의 모습과는 전혀 다르다. 본문은 이런 다윗의 두 얼굴을 모두 보여주면서, 모든 사람의 유한성을 되새겨 준다. 이스라엘 역사상 가장 위대한 왕인 다윗마저 이렇게 한계를 가졌으니, 모든 사람은 그 한계를 인정하고, 하나님 앞에서 겸손해지라는 역설이겠다.

16장<br>
압살롬의 예루살렘 입성

우리말로 옮긴 본문

**다윗이 만난 사람들(1-14절)**

1 다윗이 산꼭대기를 조금 지나갔을 때, 므비보셋의 시종 시바가 맞은 편에서 다가왔다. 시바는 안장을 얹은 나귀 한 쌍에 빵 200덩이와 건 포도 과자 100뭉치와 여름 과일 100개와 포도주 한 가죽 부대를 싣고 왔다.

2 왕이 시바에게 말하였다. "그대가 가져온 이것이 다 무엇인가?" 시 바가 대답하였다. "나귀들은 임금님 가족이 타시라고 몰고 왔고, 빵 과 여름 과일은 시종들이 먹으라는 것이고, 포도주는 광야에서 지치 시면 드시라는 것입니다."

3 왕이 말하였다. "그런데 그대 주인의 아들은 어디 있는가?" 시바가 왕에게 대답하였다. "그는 예루살렘에 머물러 있습니다. 그는 '오늘 에야 이스라엘 집안이 내 아버지의 왕국을 내게 되돌려 주겠구나.'

라고 생각하였습니다.

4   왕이 시바에게 말하였다. "므비보셋이 소유한 것은 이제 다 그대 것이다." 시바가 말하였다. "경배드릴 따름입니다. 제가 제 주군이신 임금님 눈에 들기를 바랍니다."

5   그리하여 다윗 왕은 바후림에 도착하였다. 그런데 거기서 사울 집안의 친척 가운데 한 사람, 곧 게라의 아들 시므이라는 사람이 다가왔다. 그는 다가오면서 줄곧 저주를 퍼부었다.

6   그리고 그는 다윗과 다윗 왕의 모든 신하를 향해 돌을 던졌다. 그러자 모든 백성과 용사들이 좌우로 막아섰다.

7   시므이는 이렇게 저주하였다. "꺼져라, 꺼져, 이 살인자, 나쁜 인간아!

8   여호와께서 사울 집안의 모든 피를 네게 돌리셨구나. 그를 대신해서 네가 왕이 되었지만, 여호와께서 왕국을 네 아들 압살롬의 손에 넘겨주셨구나. 봐라, 네게 닥친 재앙을! 네가 살인자이기 때문이다."

9   그러자 스루야의 아들 아비새가 왕에게 말하였다. "어떻게 이 죽은 개가 제 주군이신 임금님을 저주할 수 있단 말입니까? 제가 건너가서 저자의 목을 베어 버리겠습니다."

10  그러나 왕이 말하였다. "스루야의 아들들이여, 그것이 나와 그대들에게 무슨 의미가 있겠소? 그가 저주하는 것이 여호와께서 그에게 다윗을 저주하라고 말씀하셨기 때문이라면, 누가 '그대는 왜 이런 짓을 하는가?'라고 되물을 수 있겠소?"

11  다윗이 아비새와 자기의 모든 신하에게 말하였다. "보시오. 내 태에서 나온 내 아들도 내 목숨을 노리는데, 하물며 이 베냐민 사람이야 더할 말이 있겠소? 그를 내버려 두시오. 여호와께서 그에게 명령하

셔서 저주하는 것이오.

12 어쩌면 여호와께서 나를 굽어살피셔서 오늘 이 저주 대신에 여호와
께서 내게 선으로 되돌려 주실지도 모르는 것이오.”

13 그리하여 다윗과 그의 사람들은 가던 길을 계속 갔다. 하지만 시므
이는 계속해서 다윗 맞은편 산비탈로 따라오면서 저주하고, 맞은편
에서 돌을 던지고 먼지를 날렸다.

14 왕과 그와 함께한 모든 백성은 지쳐서 그곳에서 쉬게 되었다.

**예루살렘에 입성한 압살롬**(15-23절)

15 한편 압살롬과 이스라엘 온 백성들은 예루살렘에 이르렀다. 아히도
벨도 그와 함께 있었다.

16 다윗의 친구인 아렉 사람 후새는 예루살렘에 들어오자마자, 압살롬
에게 말하였다. “임금님 만세! 임금님 만세!”

17 압살롬이 후새에게 말하였다. “이것이 그대의 친구에 대한 도리요?
그대는 왜 그대의 친구와 함께 떠나지 않았소?”

18 후새가 압살롬에게 말하였다. “아닙니다. 참으로 여호와와 이 백성
들과 온 이스라엘의 뽑은 그분께ㄱ 제가 속하고, 그분과 함께 머물러
야 하겠지요.

19 또 다른 누구를 제가 섬기겠습니까? 그분의 아드님이 아니겠습니
까? 제가 부왕을 섬겼던 것처럼 임금님 앞에서도 그리하겠습니다.”

20 압살롬이 아히도벨에게 말하였다. “책략을 베풀어 보시오. 우리가
어찌하면 되겠소?”

21 그러자 아히도벨이 압살롬에게 말하였다. “부왕이 왕궁을 지키라고
남겨 둔 부왕의 후궁들에게 드십시오. 그러면 온 이스라엘이 임금님

께서 부왕을 불쾌하게 하였다는 사실을 듣게 될 것이고, 임금님과 함께한 모든 사람이 손에 힘을 얻을 것입니다.”

22  그리하여 사람들이 압살롬을 위하여 옥상에 천막을 쳐 주었고, 압살롬은 온 이스라엘이 보는 앞에서 자기 아버지의 후궁들에게 들었다.

23  아히도벨이 그 시절에 베푼 책략은 마치 사람들이 하나님께 여쭈어 받은 말씀 같아서, 다윗에게나 압살롬에게나 그렇게 여겨졌다.

# 본문 비평

### 18절 ㄱ. 그분께

이 표현에 해당하는 마소라 본문의 읽기 전통(Qere)은 “그에게”(לוֹ)를 쓰는데, 이는 칠십인역(αὐτῷ)도 마찬가지다. 히브리어 본문의 쓰기 전통(לֹא, 부정어)은 아마로 같은 발음에서 온 필사 오류가 전승된 꼴일 것이다.

# 본문 주석

### 다윗이 만난 사람들(1-14절)

**1-4절: 다윗과 시바.** 1절에서 화자는 다윗 행렬을 조금 더 따라간다. 그들이 산꼭대기를 조금 지났을 때였다. 여기서 본문은 또 한 번 ‘브힌네’(וְהִנֵּה, 참조. 15:24, 32)로 시작해서 장면을 전환하며 새로운 인물의 등장을 소개한다. 이번에 다윗에게 나온 사람은 요나단의 장애인 아들 므

비보셋의 종 시바였다. 그는 장애인인 므비보셋과 그의 재산을 관리하는 종이 될 것을 다윗에게 명령받았었다(참조. 9:9-13). 이는 다윗이 요나단과 맺은 언약을 지키는 명분이었다(참조. 삼상 20:14-17). 물론 그가 장애인이기 때문에 왕위에 위협 요소가 아니라는 판단도 한몫했을 것이다. 어쨌거나 그런 시바가 지금 혼자서 먹을 것과 마실 것을 나귀 두 마리에 지우고 다윗을 맞이했다. 여기서 언급된 먹을 것은 아비가일이 다윗에게 가져왔던 것과 비슷하다(참조. 삼상 25:18). 아마도 그때 다윗 일행의 규모와 지금이 비슷함을 넌지시 말하는 듯하다. 2절에서 다윗은 시바에게 "그대가 가져온 이것이 다 무엇인가?"(מָה־אֵלֶּה לָּךְ, '마-엘레 라크'; 개역개정. "네가 무슨 뜻으로 이것을 가져왔느냐")라고 물었다. 이 질문에 시바는 나귀는 다윗의 왕실 가족이 탈 것이고, 나머지 음식은 다윗 일행을 위한 것이라고 곧이곧대로 대답하였다. 하지만 다윗의 질문 의도는 그것이 아니었다. 므비보셋의 종 시바가 주인 없이 다윗에게 온 까닭을 묻고 있다. 왜냐하면, 3절에서 다윗은 대번에 시바의 주인이 어디 있느냐고 묻기 때문이다. 시바는 다윗에게 그가 "내 아버지의 왕국"(מַמְלְכוּת אָבִי, '마믈쿠드 아비')을 자신에게 돌려야 하겠다고 말했다는 사실을 전한다. 물론 다윗의 왕국이 갈라질 위기에 있는 이 상황에서 옛 사울계 세력이 다시 결집할 가능성이 없지 않다. 그러면 지금 사울 왕실에 유일하게 남은 므비보셋이 다시 권력을 잡을 수도 있다. 그러나 장애인인 그가 당시 군사 지도자를 겸해야 했던 왕위에 오를 가능성이 크지는 않다. 물론 시바의 이 말은 나중에 거짓임이 밝혀질 것이다(19:27). 그렇지만 지금 다윗은 그의 말을 더 검증할 필요까지는 느끼지 못한 듯하다. 그래서 다윗은 4절에서 므비보셋의 모든 소유를 시바에게 돌려준다.

**5-8절: 시므이의 다윗 저주.** 시바와 만나서 어느 정도의 식량과 탈것을 확보한 다윗 일행은 더 나아가서 바후림에 이르렀다. 이 성읍은 예루살렘에서 동쪽으로 2.4㎞ 정도 가서 감람산으로부터 북편에 있던 베냐민 지파의 영토에 있었다(참조. 3:16). 여기서 본문은 네 번째로 '브힌네'(וְהִנֵּה, 참조. 15:24, 32; 16:1)를 써서 새로운 인물의 등장으로 주의를 돌린다. 본문은 한 사람이 바후림에서 나오고 있는 모습에 초점을 맞춘다. 그 사람을 사울의 친족(참조. 삼상 10:21) 가운데 한 사람이라고 소개하는데, 그는 게라의 아들 시므이(שִׁמְעִי, '쉬므이')였다. 시므이를 사울의 친족으로 소개하는 것은 앞서 시바가 전한 므비보셋의 말과 이어지는 연장선에서 압살롬의 반란을 틈타 사울 잔당이 머리를 들기 시작하는 분위기를 전하며 이야기의 긴장감을 고조시킨다. 아니나 다를까 시므이는 바후림에서 나오면서 계속 저주하였다(יֹצֵא יָצוֹא וּמְקַלֵּל, '요체 야초 우므칼렐'). 6절에서 시므이는 한 걸음 더 나아가서 다윗과 그의 모든 신하에게 돌을 던졌다. 구약성경에서 돌을 던지는 행위는 일반적으로 처벌의 의미가 있다. 그 대상은 주로 지도력의 상실(출 17:4), 종교적 죄(신 13:10), 윤리적 죄(신 17:5; 22:21, 24) 등을 들 수 있다. 본문은 시므이가 다윗뿐만 아니라 다윗을 호위하는 모든 사람을 향해 돌을 던졌다고 말한다. 그리고 7절에서는 시므이가 다윗을 향해 "살인자"(אִישׁ הַדָּמִים, '이쉬 하다밈'; 직역: "피의 사람"), "나쁜 인간"(אִישׁ הַבְּלִיָּעַל, '이쉬 하블리야알'; 직역. "쓸모없는 사람")이라고 일컫는다. 시므이는 다윗이 살인을 저질렀다고 말한다. 8절에서 그는 그 살인을 "사울 집안의 모든 피"로 규정한다. 사실 사울은 다윗이 죽이지 않았다. 하지만, 이때 다윗은 블레셋 편에 서 있었으며, 아브넬(3:31-39)이나 이스보셋(4:5-12) 등은 결국 보기에 따라서는 다윗이 제거한 것으로 여길 수도 있으므로 이렇게 말한 것이다(비교. Anderson, *2*

*Samuel*, 206).

**9-12절: 다윗이 시므이를 내버려 둠.** 9절에서 다윗을 호위하던 사람 가운데 스루야의 아들 아비새가 나선다. 그는 다윗을 저주하는 시므이를 "죽은 개"(הַכֶּלֶב הַמֵּת, '하켈레브 하메트')라고 일컫는다. 이 표현은 무의미한 존재임을 극단적으로 일컫는 말이다(참조. 삼상 24:14; 삼하 9:8). 그는 당장이라도 시므이의 목을 베겠다고 말한다. 그러나 다윗은 10절에서 그래 봐야 다윗에게나 신하들에게나 당장 이득이 없다고 말한다(וּלְכֶם מַה־לִּי, '마-리 브라켐'; 직역. "나와 그대들에게 무엇이겠느냐?").[1] 이어서 다윗은 시므이의 저주는 여호와에게서 나온 것이니 막을 수 없다고 말한다. 사실 이것은 표면적인 명분이고, 실제로 이 시점에서 시므이를 죽이는 것은 다윗의 첫말대로 불필요한 살상일 뿐이다. 11절에서 다윗은 자기 아들이 반란을 일으킨 마당에 "하물며 이 베냐민 사람이야 더할 말이 있겠소?"(כִּי־עַתָּה בֶּן־הַיְמִינִי, '브아프 키-아타 벤-하여미니')라며 역설적으로 되묻는다. 이렇게 다윗이 시므이를 죽이려는 아비새를 만류한 어조는 앞서 사울의 진영에 다윗과 아비새가 침투했을 때를 생각나게 한다(참조. 삼상 26:8-11; Tsumura, *Second Samuel*, 245). 12절의 히브리어 본문 쓰기 전통(Ketib)에서 다윗은 압살롬의 반란으로 피난을 가고, 또 사울의 친족 시므이의 저주를 받는 이 상황을 자기 죄의 결과(בַּעֲוֹנִי, '아보니'; 개역개정.

---

1.　이 표현을 우리말 성경에서는 "스루야의 아들들아 내가 너희와 무슨 상관이 있느냐"(개역개정), "스루야의 아들들아 나의 일에 너희가 왜 나서느냐"(새번역), "츠루야의 아들들이여, 그대들이 나와 무슨 상관이 있소?"(가톨릭 성경)로 옮겨서 마치 다윗이 아비새와 거리를 두는 듯한 어감을 풍기는데 이는 재고해야 할 번역이다. 추무라의 번역(Tsumura, *Second Samuel*, 244) "What is it to me and to you, O sons of Zeruiah"이 이런 뜻에서 본문의 문맥을 더 잘 드러내는 것으로 보인다.

"나의 원통함을")로 규정한다. 하지만 히브리어 본문 읽기 전통(Qere)은 בְּעֵינִי('브에니')인데, 이로써 문장은 "혹시 여호와께서 나를 굽어살피셔서"가 되어 좀 더 중립적인 진술이 된다. 그리고 그는 현재의 저주(קְלָלָה, '클랄라')와 대조되는 미래의 선(טוֹב, '토브')을 기대한다.

**13-14절: 시므이가 계속 저주함.** 다윗의 만류로 시므이에 대한 보복은 중지되었고, 13절에서 다윗 일행은 길을 계속 갔다. 그런데도 시므이는 멈추지 않고, 아마도 다윗 일행의 위쪽에 있었을 산비탈로 따라가면서 그들을 향해 계속 돌을 던지고, 먼지를 날렸다. 명사와 함께 쓰인 이 동사는 이곳에만 쓰이는데, 분노의 표현으로 볼 수 있을 것이다.

14절에서 지친 다윗 일행이 모처에 이르러서 쉬는 것으로 이야기는 일단락된다.

### 예루살렘에 입성한 압살롬(15-23절)

**15절: 압살롬의 예루살렘 입성.** 다윗의 피난에 집중했던 본문은 이 구절에서 다시 15장 37절 배경으로 되돌아간다. 마침내 이 구절에서 압살롬과 그와 함께한 모든 백성이 예루살렘에 무혈입성했다. 어쩌면 압살롬은 내심 매우 긴장했을 수 있다. 예루살렘에 있던 다윗의 군대와 일전을 각오했을 것이기 때문이다. 그런데 의외로 예루살렘 입성은 너무 쉬웠다. 자신이 도착하기 전에 벌써 예루살렘은 비어 있었고, 아무런 저항 없이 왕궁을 점령했다. 이는 바로 앞 구절에서 보았던 다윗과 그 일행의 피곤함과 대조되는 대목이다. 본문은 압살롬의 일행 가운데 딱 꼬집어서 아히도벨이 함께 왔음을 언급한다. 다윗의 모사이기도 했던 그는 지금은 압살롬의 모사가 되어 있었다(참조. 15:12, 31). 이 단락에서부터 한동안 그가 반란군의 주된 인물 역할을 할 것이다.

**16-19절: 후새가 압살롬을 맞이함.** 16절에서는 예루살렘에서 압살롬을 가장 먼저 맞이한 사람을 언급하는데, 그는 다윗의 친구(רֵעֶה דָוִד, '레에 다비드'; 참조. 15:37) 후새였다. 왕과 특별한 관계에 있는 사람을 일컫는 이 낱말(참조. 15:37)은 독자들에게 다윗에게 받은 후새의 임무를 되새겨 준다. 그는 다윗에게 이중 첩자의 임무를 받아서 압살롬 진영의 상황을 전달하여야 했다(참조. 15:34-36). 그 첫 관문이 압살롬의 신임을 얻어내는 일이었다. 그는 "임금님 만세"(יְהִי הַמֶּלֶךְ, '예히 하멜레크')를 두 번이나 외쳤다. 압살롬은 헤브론에서 독자적인 즉위식을 했는데, 후새가 여기서 압살롬을 임금으로 일컫는 것은 그를 공식적인 임금으로 받아들이겠다는 의지를 밝힌 셈이다. 하지만 후새가 "압살롬 임금님 만세"라고 분명히 말하지 않은 것이 우연은 아닐 것이다(비교. 왕상 1:25, 31, 34, 39; 참조. Anderson, *2 Samuel*, 213). 어쨌거나 다윗과 만난 사실을 모르는 사람이라면, 후새의 이 행동은 아히도벨이 압살롬에게 간 것만큼이나 큰일이었을 것이다.

17절에서 압살롬은 아히도벨과 달리 후새는 일단 의심하고 본다. 그 근거로 그가 다윗의 "친구"였던 사실을 든다. 이렇게 압살롬을 받아들이는 것은 "친구" 다윗에 대한 도리를(חֶסֶד, '헤세드') 지키지 않는 일이 아니냐는 의문이었다. 이렇게 보면 후새는 아히도벨보다 다윗과 훨씬 더 가까운 사이였음을 짐작할 수 있다. 압살롬은 계속해서 후새가 왜 "친구" 다윗과 함께 가지 않았느냐고 의문을 제기한다.

18절에서 이중 첩자로서 먼저 압살롬의 신뢰를 얻어내야 하는 후새는 이 첫 위기에 "아닙니다"(לֹא, '로')라고 단호히 대답한다. 이 대답은 압살롬의 부정의문문에 대한 부정의 답으로, 가지 않겠다는 의지를 밝힌다. 후새는 압살롬을 여호와와 온 이스라엘이 선택한 사람이라고 일컫는다. 이는 어떻게든 압살롬의 신뢰를 얻어내려 한 거짓말인 셈이다. 후새는 그런 압살롬과 함께하겠다는 의지를 역설한다. 19절에서 후새는 좀 더 논리적으로 접근한다. 이제 자신이 다른 누구를 섬기겠느냐는 말은 두 가지 뜻이 있다. 먼저 암시적으로 후새는 자신이 예루살렘에 남아 있고, 왕궁이 비어 있으니, 누군가를 섬겨야 하는 상황임을 보여준다. 그런데 후새가 하는 말대로 이 말은 이제 왕으로 등극한 이가 임금의 아들 압살롬이니 다른 왕조를 섬기는 일이 아니므로 문제가 되지 않는다고 설득한다. 그리고 자신은 다윗 왕조의 신하로서 아버지를 섬기던 것처럼 아들도 섬기겠다고 말한다. 이에 대한 압살롬의 반응은 본문에서 언급하지 않는다. 하지만 후새는 일단 논리적인 설득으로 압살롬에게 받아들여졌다고 볼 수 있다.

**20-22절: 압살롬이 다윗의 후궁들과 동침함.** 20절에서 압살롬은 예루살렘에 입성하자마자 아히도벨을 부른다. 그리고 그에게 자신이 할 일을 알려달라고 말한다. 압살롬은 반란에 성공하였지만, 아직 점령군의 수장인 왕으로서 가장 먼저 해야 할 일을 정하지 못하였던 듯하다. 그만큼 압살롬이 긴장하고 있었음을 엿볼 수 있다. 더불어 예루살렘 입성 후 첫 행동을 아히도벨에게 의지하는 것은 독자들에게 다소 의아하기도 하다. 21절에서 아히도벨은 뜻밖에도 압살롬에게 아버지 다윗의 후궁들과 동침하라고 조언했다. 그리고 자기 조언의 목적을 두 가지로 설명한다. 먼저, 압살롬의 이 행동은 압살롬이 다윗과 결별하여 새로운 왕위에 올랐음을 온 이스라엘이 듣게 하기 위함이라고 했다. 선왕의 후궁을 아내

로 들이는 것은 아브넬(삼하 3:6-12)이나 아도니야(왕상 2:17-25) 등의 이야기에서 찾아볼 수 있으며, 다윗의 경우에는 간접적으로 언급되어 있다(삼하 12:8). 그리고 이 행위는 권력의 이양을 보여주는 행위로 여길 수 있다(참조. McCarter, *II Samuel*, 384). 둘째로, 아히도벨은 압살롬의 이 행위가 그와 함께한 모든 사람의 힘이 더욱 강하여지게 할 것이라고 말했다. 이는 혹시 모를 이탈자를 방지하고 내부 결속을 다지겠다는 뜻으로 새길 수 있다. 왜냐하면, 압살롬이 다윗의 후궁들과 동침하고 나면 다윗과 다시는 화해하거나 협상할 수 없어지고, 압살롬과 함께한 사람들은 이제 이탈을 생각할 여지가 없어져 버린다. 죽기 아니면 살기로 압살롬의 반란을 성공시키는 데 힘을 모을 수밖에 없다. 하지만, 본문을 이어 읽어 온 독자들은 앞서 밧세바 사건 때 나단이 다윗에게 했던 신탁을 떠올릴 것이다(삼하 12:11). 아히도벨의 조언을 받은 압살롬은 22절에서 두말하지 않고 실행한다. 이 일을 위해 왕궁 "옥상"(הַגָּג, '하가그')에 "천막"(הָאֹהֶל, '하오헬')을 쳤다. 그리고 압살롬은 온 이스라엘이 보는 앞에서(יִשְׂרָאֵל כָּל לְעֵינֵי, '르에네 콜-이스라엘') 다윗의 후궁들과 동침했다. 물론 여기서 압살롬의 행동이나 온 이스라엘이 본다는 말은 상징적 의미로 새겨야 할 것이다. 압살롬이 왕궁 옥상 천막에서 다윗의 후궁들과 동침한 것은 아히도벨의 조언대로 외부로나 내부로나 자신의 왕권을 공표하는 의미가 있다. 그리고 온 이스라엘이 보는 앞에서라는 말이 그 상징적 의미를 강화한다. 한편, 독자들은 다시 한번 나단이 다윗에게 했던 신탁을 떠올리게 된다(삼하 12:12).

**23절: 아히도벨.** 이 구절에서 화자는 예전에 다윗뿐만 아니라, 압살롬 진영에서도 아히도벨의 존재감을 다시 한번 강조한다. 모사인 그가 베푸는 계략은 "하나님께 여쭈어 받은 말씀" 같다고 평가했는데, 이 말도 이중적인 의미가 있다. 물론 표면적으로는 압살롬이 아히도벨의 조언을 얼마나 절대적으로 따랐는지를 강조하는 뜻이 있다. 그러나 동시에 하나님의 신탁과 같지만, 그렇지 않음을 암시적으로 비치고 있어서 그 한계점을 분명히 한다. 이는 이어지는 사건의 복선이기도 하다.

## 본문의 메시지

⑴ 다윗의 피난길에 만난 사람들 가운데 또 다른 두 사람이 본문에서 소개된다. 므비보셋의 종 시바와 사울의 친족 시므이였다. 이들이 다윗을 향해 보여준 행동은 정반대였다. 시바는 다윗과 그 일행을 위해 탈것과 먹고 마실 것을 챙겨주었다. 얼핏 보기에 그의 행동은 친-다윗계의 전형적인 모습이다. 그러나 속내는 달랐다. 나중에 드러나지만, 그는 므비보셋을 속이고 다윗을 찾아왔다. 그의 목적은 정치와는 전혀 무관했다. 다윗 왕정이 지속되든, 압살롬의 반란이 성공하든, 아니면 사울계가 다시 권력을 잡든, 그가 관심을 두던 것은 재산이었다. 시바는 므비보셋을 모함하는 것으로 그 재산을 손에 넣었다. 그는 혼란한 틈을 타서 자기 잇속을 챙기는 기회주의자의 전형이다.

둘째 인물은 시므이다. 그는 대놓고 다윗을 저주하고 돌을 던지며 정죄한다. 물론 그 일로 목숨을 잃을 뻔했지만, 다윗의 신중함 덕분에 죽지 않았다. 사울의 친족인 그가 다윗을 향해 품었을 반감은 이해할 수 있다. 그러나 다윗이 권좌에 있을 때는 숨죽이고 있다가 권력을 잃을 위기가 되자 곧바로 고개를 쳐들었다. 시므이의 행동은 비겁한 사람의 전형이다.

다윗이 피난길에 만난 사람들을 통해서 다윗의 속마음과 그 주위에 있었던 사람들의 속내가 그대로 드러났다. 누구나 평온할 때는 진정한 모습을 드러내지 않기 마련이다. 그러나 위기가 닥치거나 기회다 싶을 때가 오면 숨어 있는 본성이 드러난다. 특히 기회주의자들이나 비겁한 사람들은 사안의 본질이나 심각성과는 상관없이 자기 욕심과 사견에 치우쳐서 다른 사람을 이용하거나 공격한다. 시바와 시므이는 독자들이 자신을 돌아보고 다른 이들을 살피게 해 주는 반면교사다.

(2) 본문에서 압살롬을 둘러싼 두 사람이 이야기를 이끌어간다. 첫째, 후새였다. 후새는 다윗의 "친구"라고 불릴 정도로 각별한 사이였다. 그런 그가 예루살렘에 입성한 압살롬에게 가장 먼저 나아가서 맞이하였다. 독자들이 잘 알고 있는 것처럼, 그는 다윗에게서 이중 첩자의 임무를 부여받은 상태였다. 후새의 목적은 압살롬의 신임을 얻어내는 것이었고, 후새는 자신의 위치를 왕실에 고정하고, 왕이 누가 되었든 다윗 왕조에 충성을 다하는 신하라는 점을 내세워서 압살롬을 설득하였다. 그리고 본문에 명확하게 드러나 있지는 않지만, 압살롬은 후새를 신임하지는 않아도 수용은 한 듯하다. 후새는 다윗에게 끝까지 충성하는 인물로 그려진다.

반면에 아히도벨은 원래 다윗의 모사였다. 다윗에게도 그의 조언은 매우 결정적인 영향력을 끼쳤던 것으로 보인다. 그런데 그는 어떤 이유에서인지 다윗을 배반하고 압살롬의 반역에 참여했다. 그러니 그는 압살롬의 반역 성공에 목숨을 내건 셈이다. 그래서 그가 한 첫 조언은 다윗의 후궁들과 동침하라는 것이었다. 그는 이로써 압살롬의 왕권을 내

보이고, 다윗과 압살롬을 완전히 결별케 해서 내부 결속을 다질 요량이었다. 자신의 안위와 목적 달성을 위해서 이런 조언까지 서슴지 않는 아히도벨의 행보는 결국 비극으로 끝나게 될 것이다.

이어지는 본문에서 독자들은 후새와 아히도벨의 이어지는 이야기를 통하여 신의와 정의를 다시금 새기게 될 것이다.

# 17장
# 후새와 아히도벨의 대결

## 우리말로 옮긴 본문

**후새의 위장 조언을 듣는 압살롬(1-14절)**

1 아히도벨이 압살롬에게 말하였다. "제가 12,000명만 뽑게 해 주십시오. 그러면 오늘 밤에 곧바로 일어나 다윗을 뒤쫓겠습니다.

2 그가 지치고 두 손에 힘이 빠져 있을 때, 제가 그를 따라잡겠습니다. 제가 그에게 겁을 주면 그와 함께 있는 모든 백성이 달아날 것입니다. 그러면 임금님만 죽이겠습니다.

3 나머지 모든 백성은 ⌈신부가 제 신랑에게 되돌아오듯⌉ 제가 당신께 되돌려 드리겠습니다. 한 사람의 목숨만 당신께서 찾으시니 온 백성들은 평안할 것입니다."

4 이 일이 압살롬과 이스라엘의 모든 장로에게 옳게 보였다.

5 그러나 압살롬이 말하였다. "아렉 사람 후새도 부르시오. 그의 입으로는 무슨 말을 할지도 들어 봅시다."

6    그리하여 후새가 압살롬에게 오자, 압살롬이 그에게 말하였다. "아히도벨이 이렇게 말하였는데, 우리가 그의 말대로 하면 되겠소? 그렇지 않다면 그대도 말해 보시오."

7    후새가 압살롬에게 말하였다. "아히도벨이 이번에 짜낸 계략은 좋지 않습니다."

8    후새가 계속해서 말하였다. "당신도 부왕과 그의 사람들을 알고 계시듯, 그들은 용사들일 뿐 아니라 들에서 새끼를 빼앗긴 암곰처럼 화가 치밀어 있을 것입니다. 그리고 부왕도 전쟁에 익숙한 사람이니 백성들과 함께 밤을 지새우지 않을 것입니다.

9    그분은 지금쯤이면 어느 동굴이나 다른 어느 곳에 숨어 있을 것입니다. 군인들 가운데 싸우다 죽은 이들이 생기기 시작하면, 사람들은 분명히 그 소식을 듣고 말하기를, '압살롬 편 군대가 패전하였다'라고 할 것입니다.

10   그러면 아무리 사자 같은 담력을 가진 용사라도 용기를 잃어버릴 것입니다. 온 이스라엘이 부왕은 용사이고 그분과 함께한 이들도 용감하다는 사실을 알기 때문입니다.

11   그래서 저는 이렇게 조언해 드리겠습니다. 단에서 브엘세바까지 온 이스라엘을 바닷가의 모래처럼 많이 모으십시오. 그리고 직접 전쟁터에 나가십시오.

12   우리는 그를 맞닥뜨리는 곳이면 어디든 가서 이슬처럼 땅바닥에 거꾸러뜨릴 것입니다. 그러면 그와 함께한 사람 가운데 한 명도 살아남지 않을 것입니다.

13   어느 성에 모여들어 가면, 온 이스라엘이 밧줄로 그 성을 묶어서 강으로 잡아끌어 내려서라도 그곳에 돌멩이 하나도 찾아볼 수 없게

할 것입니다.”

14 압살롬과 온 이스라엘이 말하였다. “아렉 사람 후새의 조언이 아히도벨의 조언보다 더 낫다.” 이는 여호와께서 압살롬에게 재앙이 닥치게 하시려고 아히도벨의 좋은 조언을 좌절시키게 명령하신 것이다.

### 후새의 조치와 아히도벨의 최후(15-23절)

15 그러자 후새가 제사장 사독과 아비아달에게 말하였다. “아히도벨이 이러이러하게 조언을 압살롬과 이스라엘의 장로들에게 베풀었고, 나도 이러이러한 조언을 베풀었습니다.

16 그러니 이제 두 분께서는 빨리 사람을 보내서 다윗 임금님께 오늘 밤에 광야의 나루터에서 지새우지 마시고 곧바로 강을 건너라고 전해 주십시오. 그렇지 않으면 임금님은 물론 임금님과 함께 있는 모든 백성도 전멸할 것입니다.”

17 그때 요나단과 아히마아스가 엔로겔에 머무르고 있었는데, 여종이 와서 그들에게 소식을 전하면 그들은 가서 다윗 왕에게 소식을 전하려 했다. 그들이 성안에 드나드는 것을 들켜서는 안 되기 때문이었다.

18 그런데 한 젊은이가 그들을 보고서 압살롬에게 일러바쳤다. 그러자 두 사람은 급히 떠나서 바후림에 있는 어떤 사람의 집으로 들어갔다. 그 집 뜰에는 우물 하나가 있었는데, 두 사람은 그리로 내려갔다.

19 그리고 그 집 안주인은 덮개를 가져다가 우물 입구를 덮고 그 위에다 곡식 낱알을 널어서 아무도 알아보지 못하게 하였다.

20 압살롬의 부하들이 그 집 안주인에게로 와서는 아히마아스와 요나

단이 어디 있느냐고 물었다. 그 안주인은 그들에게 "그들이 시내를 건너갔습니다"라고 대답하였다. 그들은 가서 찾아보았지만 찾아내지 못하고 예루살렘으로 되돌아갔다.

21 그들이 떠난 뒤에 두 사람은 우물에서 올라와 다윗 왕에게로 가서 소식을 전하였다. "어서 서둘러 강을 건너십시오. 아히도벨이 여러분을 해치려고 이러이러하게 조언하였기 때문입니다."

22 그리하여 다윗과 그와 함께한 모든 백성이 일어나서 요단강을 건넜는데, 새벽녘이 되기 전에 한 명도 빠짐없이 다 요단강을 건너갔다.

23 아히도벨은 자신의 조언이 받아들여지지 않은 것을 보고서는 나귀에 짐을 싣고 자기 고향 제집으로 떠나갔다. 그리고 집안일을 정리하고 목매어 죽었다. 그리고 자기 조상들의 무덤에 묻혔다.

**마하나임으로 간 다윗(24-29절)**

24 한편 다윗이 마하나임에 이르렀을 때야 비로소 압살롬은 자기와 함께하는 온 이스라엘과 더불어 요단강을 건넜다.

25 압살롬은 아마사를 요압 대신 군대 장관으로 삼았는데, 아마사는 이드라라는 이스르엘 사람의 아들이었다. 이드라는 나하스의 딸, 스루야의 누이, 요압의 어머니 아비갈과 결혼한 사이였다.

26 이스라엘과 압살롬이 길르앗 땅에 진을 쳤다.

27 다윗이 마하나임에 이르렀을 때, 암몬 자손들의 랍바에서는 나하스의 아들 소비, 로데발에서는 암미엘의 아들 마길, 로겔림에서는 길르앗 사람 바르실래가 왔다.

28 그들은 이부자리와 접시와 질그릇, 밀과 보리와 밀가루, 콩과 팥과 볶은 곡식,

29 꿀과 버터, 양고기와 우유로 만든 치즈를 다윗과 그와 함께한 백성
에게 먹으라고 가져왔다. 이는 그들이 백성이 광야에서 배고프고 지
치고 목탔을 것이라고 여겼기 때문이다.


# 본문 비평


### 3절 ㄱ-ㄱ. 신부가 제 신랑에게 되돌아오듯

이 문장의 히브리어 본문(כְּשׁוּב הַכֹּל הָאִישׁ אֲשֶׁר, '크슈브 하콜 하이쉬 아쉐
르'; 개역개정. "모든 사람이 돌아오기는 [왕이 찾는] 이 사람에게"[?])은 직관적으로
이해가 쉽지 않다. 그래서 우리는 칠십인역(ὃν τρόπον ἐπιστρέφαι ἡ νύμφη
πρὸς τὸν ἄνδρα αὐτῆς πλὴν ψυχήν)과 쿰란 본문(4QSamᵃ)의 남은 부분(נ[שׁ]ו
ה ]קן )을 바탕으로 "신부가 제 신랑에게 되돌아오듯, 한 사람의 목숨만
(…)"(כשוב הכלה אישה רק נפש, '크슈브 하칼라 이샤흐 라크 네페쉬')으로 원래
본문을 재구성한다.[1] 아마도 우리에게 전해진 히브리어 본문은 전승 과
정에서 생긴 필사 오류가 그대로 존재하는 듯하다.


# 본문 주석


### 후새의 위장 조언을 듣는 압살롬(1-14절)

**1-4절: 아히도벨의 추격 조언.** 다윗의 후궁들과 압살롬을 동침케 하는
것으로 외부를 향해 왕권을 공표하고, 내부 결속을 다진 아히도벨은 1

---

1.    참조. Karrer/Kraus, *Septuaginta Deutsch I*, 881.

절에서 또 다른 전략을 압살롬에게 제안한다. 그는 자신에게 군사 12,000명을 내 달라고 요청한다. 그리고 예루살렘에 입성한 그날 밤에 곧장 다윗을 추격하겠다고 말하였다. 그리하여 그는 2절에서 바삐 피난 가다가 피곤하여 지쳐서 다윗 일행이 잠들었을 때, 기습하겠다고 말하였다. 기습 공격에 혼란한 틈을 타서 아히도벨은 다윗 왕만 살해하면 된다고 조언하였다. 아히도벨이 짠 이 전략은 흔히 말하듯, 고대 군사 전략의 3요소인 압도적인 군사력, 기습 공격, 정확한 타격점 설정 들을 다 갖추었다(참조. Tsumura, *Second Samuel*, 249). 그러니 전략적 관점에서는 뛰어난 조언이었다. 3절에서 아히도벨은 그리하여 모든 백성을 압살롬에게 돌려주겠다고 장담한다. 아히도벨은 다윗만 죽으면 온 백성들은 고분고분하게 압살롬에게 굴복하고, 그의 이름 뜻("평화의 아버지")처럼 "평안"(שָׁלֵם, '샬롬')이 찾아올 것이라고 말하였다. 4절에서 이 말은 들은 압살롬과 이스라엘 장로들은 아히도벨의 전략에 일단 동의했다.

**5-10절: 후새가 아히도벨의 전략을 반대함.** 전략 결정이 거의 다 되어가던 그때, 압살롬이 5절에서 돌발적인 말을 한다. 곧 후새의 의견도 들어보자는 말이었다. 앞서 후새가 압살롬에게 위장 투항했을 때, 압살롬은 가타부타 말이 없었다. 그런데 이 구절을 통해 압살롬이 아버지 다윗과 친밀한 관계에 있던 후새가 자기편에 서 준 것을 수용하고, 그의 영향력과 지혜를 신임하게 되었음을 암시한다. 6절에서 사람들이 후새를 불러 오자, 압살롬은 아히도벨의 전략을 알려준다. 그러면서 아히도벨의 견해대로 해도 될지를 묻는다. 더불어 다른 견해가 있다면 말해달라고 요청한다. 이는 자문인 동시에 시험으로 볼 수 있다. 압살롬은 나름대로 후새가 과연 아히도벨과 더불어 경쟁하는 조언자가 될 수 있을지를 시

험하려 했을 것이다.

7절에서 후새는 이번에는 아히도벨의 전략이 좋지 않다고 잘라 말한다. 아히도벨은 다윗과 그 일행의 현재 상황에 집중해서 조언했다. 곧 지금 다윗과 그 일행은 피난의 피로로 공격에 취약하다는 점이었다. 그러나 후새는 8절에서 다윗을 따르는 일행의 과거를 꺼낸다. 그들은 "용사"(גִּבֹּרִים, '깁보림')라고 일컬었다. 그러면서 그들은 "새끼를 빼앗긴 암곰"(דֹּב שַׁכּוּל, '도브 샤쿨') 같을 것이라고 비유하였다. 이 비유는 슬픔과 분노가 끝까지 차올라 있는 두려운 상대를 일컫는 표현이다(참조. 잠 17:12; 호 13:8). 더구나 다윗을 일컬어서는 "전쟁에 익숙한 사람"(מִלְחָמָה אִישׁ, '이쉬 밀하마')이라고 일컬으며, 그가 눈에 잘 띄도록 백성들과 함께 잠을 자지 않을 것과 9절에서는 다윗이 굴과 같은 곳에 숨어서 쉽사리 찾지 못할 것이라고 했다. 후새는 아마도 압살롬이 기억할 수 있는 다윗과 그 용사들의 용맹함을 강조하여, 아히도벨의 전략대로 속공의 유익을 잊게 만들려 했을 것이며, 더불어 그렇게 시간을 벌어서 다윗에게 충분한 거리를 피난할 수 있는 시간을 벌어주려 하였다. 이렇게 과거의 모습을 생생하게 그려준 후새는 아히도벨의 전략에 혹시라도 있을 부정적인 결과도 또렷이 말해준다. 곧 전투가 시작하여 압살롬의 군사들 몇 명이라도 다윗 군사들의 칼에 쓰러지기 시작한다면, 소문이 돌기 시작할 것이라고 경고했다. 그 소문이란 "패전"(מַגֵּפָה, '마게파'; 개역개정. "패함을 당하였다")의 그늘이라고 했다(참조. 삼상 4:17; 삼하 18:7). 실제로 패전하지 않았더라도 아군이 쓰러지기 시작했다는 소문은 아직 군대 편성이 완벽하지 않았을 압살롬의 군대에는 치명적인 사기 저하의 요소가 될 수 있었다. 10절에서 후새는 계속해서 그런 소문이 군사들의 심리에 미칠 영향과 그 까닭을 그려준다. 후새는 다시 한번 동물의 비유를 하는데,

아무리 사자같이 용맹스러운 마음을 지닌 용사라도 용기를 잃어버리게 될 것(הִמֵּס יִמָּס, '히메스 이마스'; 직역. "녹아버릴 것이다")이라고 경고했다. 그 까닭은 압살롬의 아버지 다윗은 용사(גִּבּוֹר, '깁보르')이고, 그와 함께한 군사들은 "용감한 자"(בְנֵי־חַיִל, '브네-하일')임을 알고 있기 때문이라고 말했다. 이 또한 압살롬에게 과거를 되새겨 주어 용기를 잃게 만들려는 속셈이 있었을 것이다.

**11-13절: 후새의 군사 모집 조언.** 11절에서 후새는 압살롬에게 틈을 주지 않고 곧바로 새로운 전략을 제시한다. 그는 압살롬에게 "단부터 브엘세바까지" 바닷가의 많은 모래같이 군사를 소집하라고 한다. 단은 이스라엘의 북쪽 끝에 있는 성읍이며, 브엘세바는 남쪽 끝에 있는 성읍으로 온 이스라엘을 뜻하는 대조제유법(merism)이며, 바닷가의 모래는 과장법(hyperbole)이다. 사실 후새의 이 조언은 압살롬의 반란에 유다는 물론 이스라엘의 지파도 가담했음을 전제하는데, 그렇다고 하더라도 이렇게 온 이스라엘의 동의를 구하는 일은 분명히 시간이 걸릴 것이다. 압살롬 왕권의 확립은 물론 다윗의 제거도 포함되기 때문이다. 그리고 아히도벨은 압살롬 대신 자신이 다윗 제거를 위해 출정한다고 했는데, 후새는 압살롬이 직접 출전하라고 조언한다. 이는 전쟁의 명분을 확보하라는 조언인 동시에, 군사 지도자로서 능력을 입증해야 한다는 압박이기도 했다. 12-13절에서 후새는 또 다른 비유를 써서 두 가지 전투의 가능성을 제시한다. 먼저 12절에서는 기습 공격의 가능성을 제시하며, 이슬이 땅에 내림 같이 다윗의 군대를 섬멸할 수 있으리라고 했다. 그리고 13절에서는 공성전의 경우를 제시하는데, 다윗이 성에 있으면 그 성을 밧줄로 끌어 강물에 수장이라도 할 수 있으리라고 과장된 비유를 하는데, 이

는 실제로 고대 전투에서 공성전에 밧줄에 갈고리를 달아 성벽을 무너뜨린 전술을 암시한다(참조. Tsumura, *Second Samuel*, 252).

**14절: 압살롬이 후새의 조언을 택함.** 결국 과거에 집중하고, 군사의 규모에 강조점을 둔 후새의 전략은 압살롬과 그를 따르는 사람들의 눈에 더 좋아 보였다. 화자는 이렇게 후새의 전략이 더 우세해 보이도록 한 것이 여호와의 계획이라고 평가하였다.

### 후새의 조치와 아히도벨의 최후(15-23절)

**15-16절: 후새가 사독과 아비아달에게 소식을 전함.** 아히도벨의 현실적인 조언을 이겨낸 후새는 15절에서 미리 약속한 대로 사독과 아비아달에게로 가서 압살롬 진영의 소식을 전해 주었다. 본문은 후새의 말을 직접화법 형식으로 전한다. 그러나 흥미롭게도 앞서 진술한 아히도벨과 후새의 조언은 “이러이러한”(כָּזֹאת וְכָזֹאת, ‘카조트 브카조트’)으로 갈음한다. 이는 1인칭 화법으로 현장의 생생함을 전달하는 동시에 불필요한 본문의 반복을 과감히 생략하여 긴박한 사건 진행의 긴장감을 그대로 유지하는 효과가 있다. 16절에서 후새는 다윗과 미리 약속한 대로 사독과 아비아달에게 사람을 다윗에게 보내 자신이 전한 소식을 알려주라고 한다. 사독과 아비아달이 보낼 사람도 미리 정해 두었는데, 그 두 사람의 아들인 요나단과 아히마아스였다(15:27, 34-36). 후새가 압살롬의 추격을 늦추어 놓았기 때문에, 다윗은 광야 나루터에서 머물지 말고, 곧바로 요단강을 건너라고 조언한다.

**17-20절: 요나단과 아히마아스의 위기 극복.** 그리하여 17절에서 요나단

과 아히마아스는 '엔 로겔'(עֵין־רֹגֵל; 개역개정. "에느로겔")까지 가서 머물렀다. 이곳은 다윗성 남서쪽 와디 기드론에 있던 샘으로 와디 힌놈과 만나는 곳이었으며, 유다와 베냐민 지파의 영토 경계에 있었다(수 15:7; 18:16; McCarter, *II Samuel*, 388 참조). 이들은 다윗에게 바로 가는 대신에 여기서 한 여종에게 정황을 살피게 하고, 발각되지 않고 안전하다 싶으면 다윗에게 말을 전하려 했다. 그러나 18절에서 끝내 두 사람이 우려하던 일이 벌어졌다. 압살롬의 정보원이었을 어떤 젊은이가 두 사람의 수상한 행적을 보고 압살롬에게 보고하였다. 그러자 두 사람은 재빨리 그곳에서 북동쪽으로 3.2km쯤 떨어진 바후림(בְּחוּרִים)으로 갔다. 바후림은 여리고에서 예루살렘으로 올라가는 길에 있는 베냐민 성읍이었으며(참조. Anderson, *2 Samuel*, 59), 앞서 다윗을 저주했던 시므이가 살던 곳이기도 했다(참조. 16:5; 19:16-18). 두 사람은 아마도 친-다윗 세력으로 알려졌던 사람의 집에 들어가서 그 집 우물(בְּאֵר, '브에르') 속으로 몸을 숨겼다.[2] 19절에서 그 집 안주인은 이들이 우물로 내려간 뒤에 입구를 덮개로 막고, 그 위에 곡식을 널어 위장하였다. 20절에서 이내 압살롬의 군사들이 이 집에 들이닥쳐서 요나단과 아히마아스를 찾았다. 그러나 그 여인은 그들이 "시내"(מִיכַל הַמַּיִם, '미칼 하마임', "물의 미칼"[?])를 건넜다고 거짓으로 알려주었다. 아마도 요단강을 건넜다는 뜻일 텐데(참조. Tsumura, *Second Samuel*, 254), 본문에서 말하는 מִיכַל('미칼')은 여기서만 쓰여서 그 뜻이 분명하지 않다.[3] 어쨌거나 군사들은 그들을 뒤쫓았지만, 찾지 못하고 예루

---

2.    건조 기후였던 이곳에는 매우 많은 샘이 있었으며, 일반적으로 지하수면으로 내려가는 수직 통로의 입구가 있었고, 무너지지 않도록 돌을 쌓았다(참조. Long, *1 and 2 Samuel*, 411).

3.    어쩌면 이곳에 사울의 딸 미갈이 발디엘과 함께 있었던 점(삼하 3:16)을 고려하여, 그녀의 이름을 딴 시내를 생각해 볼 가능성도 있지 않을까?

살렘으로 돌아갔다.

**21-22절: 다윗이 요단강을 건너감.** 21절에서 우물에 몸을 숨겼던 요나단과 아히마아스는 압살롬의 군사들이 예루살렘으로 돌아간 것을 확인한 뒤에 곧장 다윗에게로 갔다. 그리고 후새가 전한 대로 당일에 바로 요단강을 건너라는 말을 전해 주었다. 여기서도 앞서 후새처럼 이들이 다윗에게 전한 말은 직접화법으로 구성되어 생생함을 살렸다. 그 대신에 마찬가지로 아히도벨의 전략은 "이러이러하게"(כָּכָה, '카카')라고 생략하여 사건 진행의 긴박함을 유지했다. 요나단과 아히마아스의 전갈을 받은 다윗과 그의 일행은 22절에서 그날 밤에 곧바로 모든 일행이 동트기 전에 요단강을 건넜다. 이제 압살롬이 군사를 다 모으더라도 그들이 요단강을 건너는 시간이 또 더 걸릴 것이므로, 다윗은 재정비할 시간을 한층 더 벌게 되었다.

**23절: 아히도벨의 자살.** 본문은 앞서 결정적인 승전의 전략을 냈다가 거부당한 아히도벨에게로 장면을 전환한다. 그는 자신이 제안한 전략이 채택되지 않자, 곧바로 압살롬을 떠난다. 이 행동은 그가 압살롬의 반란이 성공하지 못할 것을 직감했음을 뜻한다. 그렇다면 어차피 죽은 목숨이라고 판단한 듯하다. 그래서 그는 자기 고향인 길로(15:12)로 돌아가서 스스로 목매어 죽었다. 이는 사건 진행에 매우 암울한 전조를 드리운다.

### 마하나임으로 간 다윗(24-29절)

**24-26절: 다윗과 압살롬의 대치.** 24절에서 장면은 다시 다윗과 압살롬의 대치로 전환된다. 다윗은 이전에 이스보셋이 다윗에 대항해 자리 잡

았던 마하나임으로 갔는데, 아마도 다윗은 사울 진영이었던 이곳을 택할 수밖에 없었을 정도로 급박했음을 짐작할 수 있다(참조. Anderson, *2 Samuel*, 223). 드디어 이튿날 아마도 동이 튼 뒤에 압살롬도 군사를 소집하고 요단강을 건넜다. 이때는 이미 압살롬도 후새의 속내를 눈치챘을 것이다. 25절에서 압살롬은 군대를 정비했는데, 군지휘관으로 요압 대신 아마사를 임명했다. 본문은 이 아마사에 대해 좀 더 설명한다. 그는 다윗의 여동생인 아비갈의 아들이니 다윗에게는 조카이며, 압살롬과는 사촌 사이였다. 아마사의 아버지가 "이스라엘 사람"[4]이라고 한 것은 아마도 압살롬이 북쪽 지파의 민심을 얻기 위해 그를 기용했음을 짐작하게 한다. 지금은 압살롬의 군 지휘관이고, 나중에 압살롬의 반란이 정리된 뒤에는 다윗의 군지휘관으로 임명되지만(19:13) 결국 사촌 요압에게 살해된다(20:8-10). 26절에서 드디어 압살롬은 "이스라엘"과 함께 다윗에 맞서 길르앗 땅에 진을 쳤다.

**27-29절: 소비와 마길과 바르실래.** 거듭 반란에 장애를 만났던 압살롬과 달리 다윗은 자신에게 적대적일 것이라고 여겼던 마하나임에서도 후원자들을 만난다. 27절에서 다윗이 마하나임에 도착했을 때, 세 사람이 그에게 나아온다. 먼저 암몬 사람들의 수도 랍바에서 암몬의 왕이었던 나하스의 아들 소비가 언급된다. 소비는 아마도 나하스를 이어 왕위에 올랐던 하눈(삼하 10:2)이 동생이었을 것이다. 추측건대 다윗이 암몬을 정복했을 때, 그를 하눈 대신 왕위에 올렸을 수 있다(참조. 삼하 12:30; Tsumura, *Second Samuel*, 256). 둘째로는 로데발 사람 암미엘의 아들 마길인데, 그는

---

4. 칠십인역 알렉산드리아 사본은 이를 "이스마엘 사람"이라고 번역했는데, 이는 아마사의 족보를 언급하는 대상 2:17과 조화를 이루도록 하기 위함이었을 것이다.

요나단이 죽었을 때 그의 아들 므비보셋을 거두어 주었던 사람이다(삼하 9:5-6). 셋째로는 로글림 길르앗 사람 바르실래인데, 그는 나중에 다윗이 예루살렘으로 귀환할 때 동행할 것이다(19:31-39). 28-29절에서 이들은 다윗 일행에게 먹을 것과 마실 것을 가지고 왔는데, 이는 분명히 다윗의 여전한 세력을 강조하는 역할을 할 것이다.

## 본문의 메시지

(1) 본문에서 우리는 아히도벨의 전략과 후새의 전략이 매우 대조적으로 그려지는 모습을 본다. 아히도벨의 전략은 매우 현실적이다. 그는 갑자기 피난길을 가는 다윗 일행의 현실적인 피로도에 초점을 맞추었다. 그리고 반란의 특성상 속전속결이 최선의 길임을 알고 있었기에 당장 다윗을 추격하여, 다윗만 저격하겠다고 말하였다. 누가 보아도 아히도벨의 전략은 반란군에게는 최선의 길이었다. 그대로만 따른다면, 분명히 성공할 것이다. 그런데 압살롬은 왜 굳이 후새의 전략을 더 들으려 했을까? 어쩌면 압살롬은 아히도벨의 야망을 보았을지 모른다. 아히도벨은 예루살렘에 입성한 직후부터 줄곧 모든 전략을 주도했다. 더구나 다윗 일행을 무찌르는 데도 자신이 직접 가겠다고 나섰다. 만약 아히도벨이 성공한다면, 그의 영향력은 점점 더 커질 것이며, 자신의 입지는 상대적으로 줄어들 수 있을 것이다.

어쨌거나 그리하여 후새는 다윗이 계획한 대로 압살롬의 신임을 얻어 전략을 제시할 기회를 얻었다. 아히도벨이 현실적인 전략을 제시했던 것과 대조되게 후새는 압살롬과 그의 군사들에게 과거를 되새겨 주었다. 다윗이 얼마나 용맹스러운지, 그의 군사들이 얼마나 뛰어난지를 모든 사람에게 그림 언어를 써 가며 생생하게 그려주었다. 더구나 자칫 지금 맞붙었다가 전세가 기울기라도 하면 사기 저하 때문에 사태는 걷잡을 수 없을 것이라고 충고하였다. 그러므로 충분히 대비하고 군사를 모으는 일이 우선이라고 말하였다. 이 또한 얼핏 보면 논리적이다. 그러나 벌써 상대편의 과거 승전에 초점을 맞추는 순간 예루살렘에 입성하며 드높였던 사기는 떨어지고, 더구나 군사를 소집하는 데는 시간이 걸려서 다윗이 충분히 피난을 가서 전열을 정비할 시간을 벌어주었다. 후새는 이중 첩자로서 완전히 성공하였다.

(2) 압살롬의 반란은 아히도벨의 전략대로라면 속전속결로 성공했을 것이다. 그러나 후새의 지연전술 때문에 다윗은 좀 더 시간을 벌 수 있었고, 시간이 가면 갈수록 불리해지는 것은 반란군이었다. 아무래도 왕국의 기반을 다져온 다윗에게 시간이 갈수록 지원군이 많아질 것이기 때문이다. 본문 마지막에서 다윗을 찾아온 사람들과 그들이 다윗 일행에게 전해 준 보급품들이 이런 정황을 넌지시 말해준다. 비록 다윗에게 호의적이지 않았던 요단 동편 지역이었지만, 마하나임은 물론, 암몬 사람들까지 다윗을 지원해 주었다. 그만큼 다윗의 영향력은 온 이스라엘에 널리 미치고 있었음을 강조한다.

그래서 아히도벨은 자신의 전략이 채택되지 않자, 반란의 실패를 직감하고 고향 길로로 돌아가서 자살했다. 아마도 아히도벨의 자살 소식은 압살롬에게 전해졌을 것이고, 자살로 자기 의사를 밝힌 아히도벨의 의도도 그에게 전해졌을 것이다. 더구나 압살롬에게 제사장 사독과 아비아달의 아들 요나단과 아히마아스의 움직임이 전해졌을 때, 압살롬은 정신이 번쩍 들었을 것이다. 어쩌면 후새에게 속았다는 사실도 알게 되었을 것이다. 그러나 이미 벌어진 사건이니 방법은 전면전밖에 없다. 압살롬은 서둘러 사촌이었던 아마사를 군사령관에 임명하고 출전했다. 하지만 다윗 일행은 벌써 요단강을 건넜고, 뒤따라 강을 건넜을 때는 이미 마하나임 성안에 들어가 버렸다.

본문에서 독자들은 아히도벨의 극단적인 선택이 눈에 강렬하게 들어올 것이다. 아히도벨은 이로써 압살롬에게 강력한 경고를 보냈겠지만, 이미 전세는 기울어 있었다. 앞으로 펼쳐질 압살롬과 다윗 진영의 전면전이 어떻게 펼쳐질지 긴장감이 돌지만, 결정적인 모사를 잃은 압살롬 진영에는 이미 패전의 암울한 기운이 돌고 있음은 부정할 수 없다.

# 18장
# 압살롬의 반란 실패

## 우리말로 옮긴 본문

**압살롬의 최후(1-17절)**

1   다윗은 자기와 함께한 백성들을 사열하고, 1,000인 대장과 100인 대장을 세웠다.

2   그리고 다윗은 백성들을 내보냈는데, 삼분의 일은 요압의 손에, 삼분의 일은 스루야의 아들 요압의 동생 아비새의 손에, 삼분의 일은 가드 사람 잇대의 손에 맡겼다. 왕이 백성들에게 말하였다. "나도 그대들과 함께 나가겠소."

3   백성들이 대답하였다. "임금님께서는 나가지 마십시오. 저희야 도망친다 한들 저들이 저희에게 마음 쓰지 않을 것이고, 저희 가운데 절반을 죽인다고 해도 저희에게 마음을 쓰지 않을 것입니다. 임금님께서는 저희 10,000명과 같기 때문입니다. 그러니 이제 임금님께서는 저희를 성안에서ㄱ 도우시는 것이 좋겠습니다."

4 그러자 임금이 그들에게 말하였다. "그대들이 보기에 좋은 대로 하겠소." 그리하여 임금은 성문 곁에 머무르고, 모든 백성은 100명씩, 1,000명씩 나누어 나갔다.

5 왕이 요압과 아비새와 잇대에게 명령하였다. "나를 봐서라도 그 아이 압살롬에게 너그러이 대해 주시오." 그때 모든 백성이 임금이 압살롬의 일을 장군들에게 명령하는 것을 들었다.

6 그리하여 백성들이 이스라엘에 맞서 들판으로 나갔다. 그리고 에브라임 수풀에서 전투가 벌어졌다.

7 거기서 이스라엘 백성이 다윗의 부하들에게 패배하여, 그날 거기서 전사자가 많아서 20,000명에 이르렀다.

8 거기서 벌어진 전투는 그 땅 모든 지역으로 퍼졌는데, 그날 숲속에서 죽은 이들이 칼에 맞아 죽은 이들보다 많았다.

9 어쩌다가 압살롬이 다윗의 부하들과 맞닥뜨렸다. 압살롬은 노새를 타고 있었는데, 노새가 가지가 아주 무성한 상수리나무 아래를 지날 때, 그의 머리채가 가지 사이에 휘감겨 버렸다. 압살롬은 하늘과 땅 사이에 걸리고 노새는 그 아래로 지나갔다.

10 어떤 사람이 그것을 보고는 요압에게 일러 주었다. "제가 나뭇가지에 매달려 있는 압살롬을 보았습니다."

11 요압이 자기에게 소식을 전해 준 그 사람에게 말하였다. "그러면 네가 그를 보았다는 말인데, 왜 너는 거기서 그를 쳐서 땅바닥에 떨어뜨리지 않았느냐? 그랬다면 내가 너에게 은화 열 닢과 띠 하나를 주었을 것이다."

12 그러자 그 사람이 요압에게 말하였다. "제가 제 손에 은화 천 닢을 거머쥐게 된다고 해도˙ 저는 제 손을 왕자님께 댈 수는 없습니다.

우리가 듣는 데서 임금님께서 장군과 아비새와 잇대에게 누구든지 그 젊은 압살롬을 지키라고 명령하셨기 때문입니다.

13 ᄃ제 목숨을 걸고ᄃ 배신을 했다고 해도, 임금님께는 아무것도 숨겨질 수 없을 것입니다. 그러면 장군께서도 제게 등을 돌리실 것입니다."

14 요압은 "너와 이렇게 늑장을 피울 사이가 없다"라고 말하고는, 투창 셋을 손에 거머쥐고 갔다. 그리고 아직 나뭇가지 사이에 걸려 살아 있던 압살롬의 심장을 꿰뚫었다.

15 그러자 요압의 무기를 든 부하 열 명이 압살롬을 에워싸고 그를 쳐 죽였다.

16 요압이 뿔 나팔을 불자 이스라엘을 뒤쫓던 백성들이 되돌아왔다. 요압이 백성들을 멈춰 세웠다.

17 사람들이 압살롬을 들어 수풀 속 큰 구덩이에 집어 던지고 그 위에다 아주 큰 돌무더기를 쌓았다. 그러자 온 이스라엘이 저마다 제 장막으로 도망쳤다.

**압살롬의 죽음이 다윗에게 전해짐**(18-33[19:1]절)

18 압살롬은 살아 있을 때, "내 이름을 기억해 줄 아들이 내게는 없구나"라고 말하며 자기를 위하여 '왕의 골짜기'에 비석을 하나 세웠다. 압살롬이 자기 이름을 따서 그 비석을 불렀기 때문에, 오늘날까지도 '압살롬의 기념비'라고 부른다.

19 사독의 아들 아히마아스가 말하였다. "제가 달려가서 임금님께 여호와께서 원수들의 손에서 임금님을 위해 판결해 주셨다는 소식을 전해드리겠습니다."

20 그러자 요압이 그에게 말하였다. "그대는 오늘 전령으로 나서지 말고, 다른 날 좋은 소식을 전하게. 오늘은 그대가 소식을 전해서는 안 되네. 임금님의 아들이 죽었기 때문이라네."

21 그리고 요압은 구스 사람에게 말하였다. "가서 임금님께 네가 본 것을 일러 드려라." 그러자 그 구스 사람이 요압에게 절하고는 달려갔다.

22 사독의 아들 아히마아스가 다시 요압에게 말하였다. "저도 저 구스 사람을 뒤따라가면 어떻겠습니까?" 요압이 대답하였다. "이보게, 그대는 왜 가려고 하는가? 그대가 가 봐야 아무런 보상도 받지 못할 걸세."

23 하지만 아히마아스가 또 말하였다. "제가 가면 어떻겠습니까?" 요압이 그에게 말하였다. "그렇다면 가게나." 그러자 아히마아스가 요단 계곡 주변 길을 달려서 그 구스 사람을 앞질렀다.

24 그때 다윗은 두 성문 사이에 앉아 있었다. 초병이 성문 지붕 성벽으로 가서, 눈을 들어 보니 어떤 사람이 혼자서 뛰어오고 있는 게 아닌가.

25 그래서 초병이 소리쳐 왕에게 알려주었다. 그러자 왕이 말하였다. "만약 혼자 온다면 그의 입에는 좋은 소식이 있을 것이다." 그때 그는 점점 가까이 오고 있었다.

26 초병이 또 다른 사람이 달려오는 것을 보았다. 그 초병이 성문을 향하여 소리쳐 말하였다. "보십시오. 또 한 사람이 달려옵니다." 왕이 말하였다. "그도 좋은 소식을 전할 것이다."

27 초병이 말하였다. "제가 보기에 앞서 달려오는 사람은 사독의 아들 아히마아스 같습니다." 왕이 말하였다. "그는 좋은 사람이니, 좋은

소식을 가지고 올 것이다.”

28 아히마아스가 왕에게 외쳤다. “안녕하셨습니까?” 그러고는 왕을 향해 얼굴을 땅에 대고 절한 뒤에 계속 말하였다. “임금님의 하나님 여호와께서 송축 받기를 바랍니다. 제 손을 들어 제 주군이신 임금님을 대적한 사람들을 넘겨주셨기 때문입니다.”

29 왕이 말하였다. “그 아이 압살롬은 무사하오?” 그러자 아히마아스가 대답하였다. “요압이 임금님의 이 종을 보낼 때, 큰 소란이 있는 것을 보기는 했습니다. 그렇지만 임금님의 이 종도 무슨 일인지는 알 수 없었습니다.”

30 왕이 말하였다. “물러나 있으시오.” 그러자 그가 물러섰다.

31 그때 구스 사람이 이르렀다. 그 구스 사람이 말하였다. “제 주군이신 임금님, 좋은 소식을 받으십시오. 여호와께서 오늘 임금님을 대적하여 일어난 자들의 손에서 임금님을 건져주셨습니다.”

32 왕이 그 구스 사람에게 말하였다. “그 아이 압살롬은 무사한가?” 그러자 그 구스 사람이 대답하였다. “제 주군이신 임금님의 원수들과 악을 품고 임금님을 대적하여 일어나는 모든 자들이 그 젊은이와 같이 되기를 바랍니다.”

33[19:1]¹ 그러자 왕이 떨며 성문 윗방으로 올라가 울었다. 왕이 올라가며 이렇게 부르짖었다. “내 아들, 압살롬아! 내 아들아! 내 아들, 압살롬아! 누구든 너 대신 나를 죽게 해 줬으면 좋으련만! 압살롬아, 내 아들아, 내 아들아!”

---

1. 히브리어 성경에서 33절은 19:1로 구분된다. 따라서 이하 19장은 우리말 성경과 히브리어 성경의 절 구분이 다르다. 히브리어 성경의 절 구분은 ‘[ ]’ 안에 둔다.

# 본문 비평

### 3절 ㄱ. 성안에서

마소라 본문은 מֵעִיר('메이르', "성으로부터")로 쓴다. 그러나 이 본문은 문맥에서 뜻이 통하지 않는다. 한편, 칠십인역은 ἐν τῇ πόλει('엔 테 폴레이', "성안에서")로 옮기는데, 이는 בָּעִיר('바이르')를 대본으로 전제한다. 아마도 마소라 본문은 비슷한 자음의 혼동으로 생긴 필사 오류가 전승된 상태일 것이다.

### 12절 ㄴ. 해도

마소라 본문의 쓰기 전통(Ketib)은 여기서 부정어 לֹא('로')가 쓰였다. 그러나 그에 대한 읽기 전통(Qere)은 조건문을 이끄는 불변화사 לוּ('루')를 제안한다. 칠십인역의 몇몇 필사본(Codd. BAh)은 이 낱말에 해당하는 번역이 없지만, 안티오키아 본문(boc₂e₂)은 마소라 본문의 읽기 전통을 지지한다(ἐάν, '에안'). 아마도 마소라 본문의 쓰기 전통은 이어지는 문장이 부정어로 시작하는 데 영향을 받은 필사 오류일 것이다(homoioarcton).

### 13절 ㄷ-ㄷ. 제 목숨을 걸고

마소라 본문의 쓰기 전통(Ketib)은 여기서 부정어 בְנַפְשׁוֹ('브나프쇼', "그의 목숨에")가 쓰였지만, 그에 대한 읽기 전통(Qere)은 조건문을 이끄는 불변화사 בְנַפְשִׁי('브나프쉬', "제 목숨을 걸고")를 제안한다. 칠십인역의 몇몇 필사본(Codd. BAMN)은 마소라 본문의 쓰기 전통을 지지하지만(ἐν τῇ ψυχῇ αὐτοῦ, '엔 테 프쉬케 아우투'), 안티오키아 본문(boc₂e₂)은 마소라 본문의 읽기 전통을 지지한다(ἐν τῇ ψυχῇ μου, '엔 테 프쉬케 무'). 쓰기 전통은 압살롬의

목숨에 가해질 해악에 초점을 맞춘다면, 읽기 전통은 군사가 하는 맹세의 엄중함에 초점이 맞추어져 있다. 사실 두 이형 모두 뜻이 통하여, 본문 비평적 선후 관계를 명확히 하기 어렵다. 다만 자음 '바브'와 '요드' 사이의 혼동에서 이형이 생긴 것만은 틀림없다.

본문 주석

**압살롬의 최후(1-17절)**

**1-5절: 다윗의 군대 사열.** 1절에서 다윗은 군대를 사열하는 것으로 본문을 시작한다(וַיִּפְקֹד, '바이프코드').[2] 다윗은 정렬한 군대의 조직도 정비하였는데, 1,000인 대장과 100인 대장을 세웠다. 이는 압살롬이 아마사만 군지휘관으로 세웠다는 보도(17:25)와 달리 매우 조직적이다. 여기서도 독자들은 다윗의 노련함을 엿볼 수 있다. 2절에서 다윗은 더 나아가서 군사들을 세 부대로 나누었다. 군대를 이렇게 세 부대로 나누는 것은 고대 군사 작전에 일반적인 편성이었다(참조. 삿 7:16; 9:43; 삼상 11:11; 13:17; Tsumura, *Second Samuel*, 258). 그러니 여기서도 다윗의 전략적 노련함이 엿보인다. 첫 부대는 요압이, 둘째 부대는 요압의 동생 아비새가, 셋째 부대는 다윗의 든든한 용병이었던 가드 사람 잇대가 지휘했다. 그리고 다윗은 자신도 출정하겠다고 말한다. 이 진술은 다윗의 진심이기도 했을 테지만, 무엇보다 군사들의 사기를 올리는 데 결정적인 역할을 했을 것이다. 그러나 군사들은 3절에서 다윗의 출전을 반대했다. 그들이 반대한 까닭은 다윗의 중요성 때문이다. 반란군의 목적은 오로지 다윗이다.

---

2.　이 동사의 이런 용례는 게제니우스, 『사전』, 656 참조.

다윗만 죽이면, 다윗의 군대는 구심점을 잃고 더 버틸 명분이 없어지기 때문이다. 그러므로 전장에 다윗이 직접 나가는 것은 매우 위험하다. 그런 까닭에 앞서 아히도벨도 압살롬이 아니라, 자신이 대신 출전하겠다고 현실적인 제안을 했다(17:1). 군사들은 다윗이 마하나임 성안에서 지원해 주기를 간청한다. 4절에서 다윗은 그 제안을 받아들이고 성문 곁에서 군사들이 100인 대장 부대, 1,000인 대장 부대별로 출전하는 것을 지켜보며 그들의 사기를 독려했다.

5절에서 다윗은 세 부대를 인솔하는 요압과 아비새와 잇대에게 자신을 위하여 압살롬을 너그러이 대해 주라(לְאַט־לִי, '르아트-리')고 명령한다. 본문은 다윗이 이 명령을 세 사람에게 할 때 군사들이 다 들었다고 전하는데, 이는 두 가지 역할을 하겠다. 먼저, 이후 이어지는 요압의 압살롬 살해 사건의 배경이 된다. 그리고 다윗의 관대함이 표면적으로 다시 한번 드러나도록 하는 구실도 한다. 이로써 다윗은 의도했건 그렇지 않건 간에 지도력의 명분을 세울 수 있게 되었다.

**6-8절: 반란군의 패배.** 6절에서 다윗의 군대는 "이스라엘"로 일컫는 압살롬의 군대와 전투를 벌이기 위해 길르앗 들로 나갔다. 그리고 그들은 "에브라임 수풀"(יַעַר אֶפְרָיִם, '야아르 에프라임')에서 전투를 벌였다. 사실상 지금 이야기의 무대는 길르앗 지방 마하나임 근처로 요단 동편인데 "에브라임"은 요단 서편에 자리 잡은 지파여서 본문 이해가 수월하지는 않다. 그렇다고 전투가 요단 서편까지 확장되었던 것으로 보이지는 않는다. 그래서 전통적으로 이곳은 요단 동편에 에브라임 출신 사람들이 정착한 곳을 일컬을 것으로 추정하곤 하지만, 분명하지는 않다(참조. McCarter, *II Samuel*, 405). 7절 전투의 과정과 결과는 간략히 묘사된다. 압살

롬의 이스라엘 군대가 다윗의 군대에 패배하여서, 20,000명가량 전사하였다. 8절에서는 전투가 그 땅에서 사면으로 퍼졌다고 전하는데, 이는 압살롬의 부대가 전열을 갖추지 못하고 흩어졌음을 보여준다. 그리고 이어서 수풀에서 죽은 사람이 칼로 죽은 사람보다 더 많다고 전한다. 이 진술은 들판에서 전열을 갖추어 하는 백병전이 아니라, 수풀에서 게릴라전이 벌어졌으며, 다윗의 부대 군사들은 이런 게릴라전에 더 능수능란했음을 보여준다(참조. McCarter, *II Samuel*, 405).

**9절: 압살롬의 머리채가 상수리나무에 걸림.** 이런 혼란한 전투 가운데 압살롬이 다윗의 군사들과 맞닥뜨렸다. 아마도 압살롬은 노새를 타고 그들 사이를 돌파하려 했던 듯하다. 상수리나무 가지가 우거진 그곳에서 그가 노새를 몰고 갈 때, 그의 머리가 그만 상수리나무에 걸리고 말았다 (וַיֶּחֱזַק, '바예흐자크'). 본문에서는 머리라고 표현했지만, 사실상 처음부터 그를 묘사하는 데 쓰였던 머리채를 뜻할 것이다. 여기서 쓰인 동사 חָזַק ('하자크')는 원래의 뜻이 "강하다"이지만, 아시리아어 어원(*izkatu*, *iskatu*)을 따져 들면, '결박되다'는 뜻으로 새길 수 있다(참조. 게제니우스, 『사전』, 222). 그리하여 압살롬은 가지에 머리채가 얽혀서 공중에 매달리고, 노새만 그 아래로 지나갔다.

**10-13절: 요압에게 압살롬 소식이 전해짐.** 10절에서 다윗 군대의 군사 가운데 한 사람이 이렇게 상수리나무에 머리채가 휘감겨 매달려 있는 압살롬을 보았다. 그리고 아마도 그가 요압 군대 소속이었던지 요압에게 그 사실을 보고하였다. 11절에서 요압은 의외의 말을 보고한 군사에게 한다. 그는 왜 그 자리에서 압살롬을 죽이지 않았느냐고 다그쳤다. 만약

그가 압살롬을 죽였다면, 은 열 닢과 띠 하나(עֲשָׂרָה כֶּסֶף וַחֲגֹרָה אֶחָת, '아사라 케세프 바하고라 에하트')를 주었을 것이라고까지 말한다. 여기서 보상으로 은과 함께 제시한 띠는 아마도 칼집을 매거나 갑옷을 매는 등 군인들에게 특별히 가치 있게 여겨졌던 허리띠를 가리킬 것이다(참조. 왕상 2:5; 왕하 3:21; Anderson, *2 Samuel*, 225). 하지만 요압의 이 말은 앞서 모든 군사 앞에서 압살롬에게 너그러이 대하라고 했던 다윗의 명령에 정면으로 어긋나는 것이었다(5절). 그래서 그 군사는 12절에서 100배인 은 천 닢을 준다고 해도 압살롬을 죽일 수 없다고 말하였다. 그러면서 다윗이 '너그러이 대해 주라'고 한 말의 진의를 '누구든지 지키라'(שִׁמְרוּ־מִי, '쉬므루-미')로 이해했음을 분명히 한다. 13절에서 그는 자신이 배신하고 압살롬을 죽였다면, 결코 다윗에게 그 사실이 숨겨지지 않을 것이며, 그러면 요압도 결국 어쩔 수 없을 것이라고 논리를 펼친다. 사실 요압이 이런 군사의 말에 반박할 수는 없었을 것이다.

**14-15절: 요압이 압살롬을 죽임.** 14절에서 요압은 자신에게 보고한 군사와 왈가왈부할 겨를이 없다고 일축한다. 그러고는 곧장 투창 셋(שְׁבָטִים שְׁלֹשָׁה, '쉐로샤 쉐바팀')을 쥐고 압살롬이 걸려있는 상수리나무로 갔다. 여기서 쓰인 히브리어 낱말은 원래 '막대기'를 뜻하는데, 아마도 막대기 끝에 창날이 달린 투창을 뜻할 것이다. 칠십인역은 여기서 "화살"(βέλη, '벨레')로 옮긴다. 어쨌거나 요압은 그 창으로 압살롬의 심장을 찔렀다. 요압의 공격으로 압살롬은 치명상을 입었을 것이다. 이어서 15절에서 요압의 무기 든 병사 열 명이 에워싸서 압살롬의 목숨을 끊어버렸다. 사실상 압살롬의 죽음으로 반란은 끝난 셈이다.

**16-17절: 압살롬 매장.** 압살롬을 죽인 요압은 16절에서 나팔을 불었다. 전쟁의 배경에서 뿔 나팔(שׁוֹפָר, '쇼파르')을 부는 행위는 전투에 사람을 모으거나(삿 3:27; 6:34), 전투를 시작할 때(삿 7:8, 16, 20), 전투를 끝낼 때(삼하 2:28) 쓰인다(참조. 게제니우스, 『사전』, 817). 이 경우에는 적장인 압살롬이 죽었으니, 전투의 종료를 뜻하는 신호였다. 그러자 길르앗의 에브라임 수풀 여러 곳에 흩어져 전투를 벌이며 압살롬을 따르는 이스라엘 군대를 추격하던 군인들이 추격을 멈추고, 되돌아왔다. 여기서 군사들이 요압에게 돌아왔다는 것은 요압이 불었던 나팔 신호가 요압 부대의 고유한 것이었음을 짐작할 수 있다. 어쨌거나 군사들이 모이자, 요압은 압살롬의 시신을 옮겨다가 수풀 가운데 "큰 구덩이"(הַפַּחַת הַגָּדוֹל, '하파하트 하가돌')에 던졌다. 이 낱말을 일반적인 무덤으로 여길 수도 있으나 이 낱말이 지니는 부정적인 어감(참조. 사 24:17; 렘 48:43)은 그의 죽음에 대한 부정적 평가를 비춘다. 더욱이 그 위에 "큰 돌무더기"(אֲבָנִים גָּדוֹל מְאֹד־גַּל, '갈-아바님 가돌 므오드')를 쌓은 행위는 잘못을 한 사람에 대한 형벌의 의미가 있다(참조. 수 7:26; 8:29; 10:27; McCarter, *II Samuel*, 407). 압살롬을 따르던 이스라엘 군사들은 모두 "저마다 제 장막으로" 도망쳤다. 이 표현은 사건의 종결을 뜻하는 관용구다(참조. 삼상 4:10; 삼하 19:8[9]; 왕하 8:21; 14:12).

## 압살롬의 죽음이 다윗에게 전해짐(18-33[19:1]절)

**18절: 압살롬의 기념비.** 화자는 이 구절에서 자기 시대에 잘 알려져 있던 압살롬 관련 기념비의 기원에 관한 짧은 이야기를 전해 준다. 이 이야기에 따르면 압살롬은 살아 있을 때, 스스로 비석(מַצֶּבֶת, '마체베트')을 세웠다. 그 비석은 '왕의 골짜기'에 있다고 전하는데, 이는 사웨 골짜기로도 알려져 있었으며(창 14:17) 종종 기드론 골짜기와 힌놈 골짜기의 합류 지점으로 추측되곤 한다(참조. Anderson, *2 Samuel*, 226). 압살롬은 자기 이름을 후대에 전할 아들이 없어서 직접 이 비석을 세웠다고 전하는데, 이 진술은 압살롬이 아들 셋과 딸 하나를 낳았다는 14장 27절과 모순을 이룬다. 그래서 압살롬이 이 비석을 세우기 전에 아들 셋이 모두 어려서 죽었을 가능성을 추측하기도 한다(Tsumura, *Second Samuel*, 263 참조). 자기 이름을 기념할 아들이 없으므로 압살롬은 비석에 직접 자기 이름을 붙였으며, 그것이 화자 시대까지 "압살롬의 기념비"(יַד אַבְשָׁלוֹם, '야드 압살롬'; 직역. "압살롬의 팔")라는 이름으로 전해졌다고 말한다. '손'이라는 낱말은 다른 곳에서도 기념비를 일컫는 데 쓰인다(삼상 15:12; 사 56:5). 물론 그 기념비와 지금 본문의 문맥에서 말하는 압살롬의 무덤은 같지 않다. 다만 이 구절은 화자 당대의 독자들을 위한 해설 기능을 하였을 뿐이다.

**19-23절: 다윗에게 보내는 전령.** 19절에서 사독의 아들 아히마아스가 요압 앞에 나선다. 아마도 그는 예루살렘을 나와서 다윗과 합류한 뒤에 요압의 부대에 배속되었던 것으로 보인다. 일찍이 전령 노릇을 했던 그는 이번에도 전령이 되기를 자청한다. 그는 여호와께서 다윗을 그 원수의 손에서 재판관으로서 권리를 되찾아주셨다(שָׁפַט, '샤파트'; 참조. 삼상 24:15[16]; 삼하 18:31)는 말을 전하겠다고 하였다. 물론 반란의 관점에서 보자면, 압살롬은 다윗의 원수였다. 그러나 그는 다윗의 아들이기도 했다. 이 모든 사정을 알고 있던 요압은 20절에서 아히마아스를 만류한다. 지금 죽은 반란군의 수장은 왕의 아들이기 때문에 승전보처럼 전할 수 없다는 뜻이었다. 요압은 처음부터 다윗이 출전할 때 압살롬을 생포하라고 했던 명령을 기억하고 있었으며, 지금의 결과는 의도적으로 그 명령을 어겼음을 내보인 셈이었다. 요압은 왕의 군지휘관으로서 왕의 명령

을 무시하고 독자적인 판단으로 왕자를 죽였기 때문에 공식 전령을 통해서 전달할 사안은 아니라고 판단하였다. 자칫 반란의 제압보다 왕자의 죽음이 더 크게 드러나서 자신들의 승전이 묻혀버릴 수도 있었기 때문이다.

21절에서 요압은 아히마아스 대신에 구스 사람을 전령으로 보낸다. 구약성경에서 구스(כּוּשׁ, '쿠쉬')는 이집트 남부 지역의 누비아와 북부 수단, 에티오피아를 가리키기도 하고(에 1:1; 8:9), 메소포타미아 북부나 남동부 지역을 가리키기도 한다(창 2:13). 여기서는 아마도 누비아나 에티오피아를 가리킬 것이다(참조. Tsumura, *Second Samuel*, 264). 요압은 구스 용병에게 "임금님께 네가 본 것을 일러 드려라"고 명령하였다. 물론 압살롬을 따르던 이스라엘 군대가 패전하고 도망쳐서 완전히 승리한 사실은 다윗이 기다리던 좋은 소식이었다. 그러나 압살롬이 죽었기 때문에 전투가 끝났다는 소식은 다윗에게는 나쁜 소식이 될 것이었다. 그러므로 이 용병을 다윗이 어떻게 처리할지를 보면 요압이 다윗에게 어떻게 나아갈 수 있을지를 판단할 수 있을 것이다. 앞서 사울과 요나단의 죽음을 전했던 아말렉 사람, 또한 이스보셋을 죽였던 레갑과 바아나를 다윗이 죽인 것을 경험하였고, 게다가 자신이 아브넬을 죽였을 때 저주까지 하는 다윗의 모습을 본 요압은 안전장치가 필요했다.

하지만 아히마아스는 22절에서 뜻을 굽히지 않는다. 젊은 혈기의 아히마아스는 구스 사람 뒤라도 쫓아가서 다윗에게 소식을 전하고자 한다. 그러자 요압은 마음속에 담고 있던 말을 아히마아스에게 내놓는다. 곧 아히마아스가 전할 소식은 상 받을 만한 소식이 아니라는 사실이었다. 이 말로 요압이 왜 아히마아스가 아니라 구스 용병을 전령으로 선택했는지가 분명해진다. 그는 공명심에 젖어서 잘못 다윗에게 압살롬의 죽음을 전했다가는 자칫 목숨을 잃을 수도 있다는 염려를 했다. 요압은 그만큼 다윗을 속속들이 잘 알고 있었다. 어쩌면 그래서 압살롬을 죽였을 수도 있다. 다윗은 명분을 중요시하기 때문에, 압살롬을 살려두었다가는 아들이라는 이유로 결국 압살롬에게 왕위를 넘겨줄 것이고, 그러면 다윗 편에 섰던 자신의 안위를 보장할 수 없다고 생각했을 수도 있다.

그러나 23절에서 아히마아스는 요압의 만류에도 뜻을 굽히지 않았다. 요압에게 그는 다소 당혹스러운 인물일 수 있다. 구스 용병은 본 것을 전할 테니, 승전과 압살롬의 죽음만 전할 수 있지만, 아히마아스는 요압이 부하들의 만류에도 불구하고 굳이 직접 압살롬을 죽였다는 사실을 강조해서 전할 수도 있다. 그러면 요압에게는 상황이 매우 불리해질 것이기 때문이다. 결국 아히마아스의 뜻을 꺾지 못한 요압은 그를 전령으로 보낸다. 아히마아스는 요단 평야로 가는 들길(הַכִּכָּר דֶּרֶךְ, '데레크 하키카르'; 직역. "주변의 길")로 달려가서 구스 용병 전령을 앞질러 갔다. 그가 간 이 길은 요단강 주위의 저지대를 일컬으며, 산지의 험로를 거쳐서 마하나임으로 갔던 용병에 비해 거리는 멀지만, 요단 계곡의 좋은 길을 선택하여 더 빨리 갈 수 있었던 것으로 보인다(참조. McCarter, *II Samuel*, 409).

**24-27절: 전령의 도착.** 24절에서 장면은 마하나임의 성문으로 전환된다. 히브리어 본문에서 주어인 다윗이 가장 먼저 언급되는 것은 일반적으로 동사가 먼저 오는 히브리어 구문을 고려할 때, 도치를 통해 그의 모습이 매우 강조되어 있음을 알 수 있다. 다윗은 "두 성문"(הַשְּׁעָרִים שְׁנֵי, '쉬네 하쉐아림') 사이에 있다고 묘사하는데, 여기서 말하는 두 성문이란

외성문과 내성문을 일컫는다(참조. Tsumura, *Second Samuel*, 266). 다윗이 지정된 처소에 있지 않고 성문에 나와 있다는 것은 그의 애타는 기다림을 말해주는 행동이다. 그때 초병이 성벽에 붙어 있는 성문 지붕에 올라가서 눈을 들어 보았다. 본문은 '브힌네'(וְהִנֵּה)로 이어지는데, 이 말은 장면을 전환하며 새로운 등장인물에 주의를 돌린다. 한 사람이 멀리서 혼자서 마하나임 성을 향해 뛰어오고 있다. 이 모습을 본 초병은 25절에서 곧바로 다윗을 향해 외친다. 초병의 보고를 받은 다윗은 혼자 뛰어오고 있다면 "좋은 소식"(בְּשׂוֹרָה, '브소라')을 가지고 올 것이라고 말하였다. 그 말은 한 사람이 오고 있다면, 그는 전령일 테니 분명히 승전의 소식을 들고 올 것이며, 여러 사람이 달려온다면 패잔병일 것이라는 뜻이겠다(참조. Tsumura, *Second Samuel*, 266). 여기서 본문은 갑자기 속도를 늦춘다. 왜냐하면, 전령이 곧바로 도착하는 장면으로 넘어가지 않고, "그는 점점 가까이 오고 있었다"(וַיֵּלֶךְ הָלוֹךְ וְקָרֵב, '바옐레크 할로크 브카레브')라고 해서 그가 점점 가까이 오는 모습을 다시 한번 그리기 때문이다. 이로써 다윗의 긴장감을 독자들이 함께 느끼며 장면에 몰입할 수 있도록 해 주는 효과가 있다.

26절에서 초병은 또 다른 한 사람이 달려오는 모습을 보고서 다윗에게 보고하였다. 이 보고를 받은 다윗은 그 사람도 소식을 가져온다고 예측하였다. 어쨌거나 한 사람씩 온다면 분명히 전령일 것이기 때문이다.

27절에서 앞서 달려오던 사람의 정체가 밝혀진다. 아마도 아직 정확히 얼굴을 분간할 수 있는 거리는 아니었던 듯하다. 흥미롭게도 초병은 "달음질"(מְרוּצַה, '마루차')을 보고 그가 사독의 아들 아히마아스 같다고 알아본다. 본문에서 정확히 밝혀지지 않지만, 앞서 아히마아스가 구스 전령보다 더 먼 길을 뛰어 앞질러 달렸다는 보도를 바탕으로 볼 때, 그는 특별히 잘 달리기로 유명했던 듯하다. 그래서 달리는 모습만으로도 초병이 알아본 것이 아닐까? 아히마아스라는 말을 듣고 다윗은 그가 "좋은 사람"(אִישׁ־טוֹב, '이쉬-토브')이므로 "좋은 소식"(בְּשׂוֹרָה טוֹבָה, '브소라 토바')을 가져온다고 말하였다. 다윗이 아히마아스를 좋은 사람이라고 평가한 것은 앞서 그를 처음부터 전령으로 기용했던 다윗의 정치적인 판단일 수 있다(참조. McCaerter, *II Samuel*, 408). 그러한 배경에서 다윗은 아히마아스가 전령이 되었다는 점은 분명히 승전의 소식일 것으로 추측했을 것이다.

**28-30절: 아히마아스의 보고.** 다윗에게 도착한 아히마아스는 28절에서 먼저 다윗에게 안부를 묻고, 그 앞에 절하며 예를 갖추었다. 그리고 "송축받으실 분, 여호와!"(בָּרוּךְ יְהוָה, '바루크 야훼')로 시작하는 축복의 관용구를 쓴다.[3] 이 말은 곧 자신이 들고 온 소식이 승전임을 말해준다. 그리고 여호와께서 다윗의 대적을 넘겨주셨다(סִגַּר, '시가르'; 참조. 삼상 17:46; 24:18[19]; 26:8)며 승전을 보고한다. 일반적으로 이렇게 승전을 전하면 다윗도 함께 여호와를 송축하며 승전을 축하한다. 그러나 본문은 아히마아스나 독자들의 이런 일반적인 기대를 깨뜨린다.

29절에서 다윗은 승전 축하는커녕 대뜸 압살롬의 안부부터 묻는다. 아히마아스는 다윗의 이 반응에 움찔했을 것이다. 지금까지 승전을 전하고 함께 축하하며 다윗의 눈에 드는 상상만 해온 아히마아스는 압살롬의 안부를 먼저 묻는 다윗의 모습을 보면서 그제야 요압이 왜 자신을 보내지 않으려 했는지를 짐작했을 것이다. 물론 그는 압살롬이 어떻게

---

3.    이 관용구에 대해서는 김정훈, 『구약 주석 어떻게 할 것인가?』, 323-327 참조.

죽었는지를 분명히 알고 있었다. 그러나 지금 자기 입으로 그 소식을 전하기에는 다윗의 분위기가 너무 진지하였기에 얼버무린다. 요압이 자신을 전령으로 보낼 때, "큰 소란"(הֶהָמוֹן הַגָּדוֹל, '헤하몬 하가돌')이 있음을 보았지만 무슨 일인지는 알지 못한다고 말했기 때문이다. 이 말을 들은 다윗은 30절에서 아히마아스에게 물러나 있으라고 명령한다. 다윗은 아히마아스가 얼버무리는 모습을 보면서 벌써 불길한 일이 벌어졌음을 직감한 듯하다. 한 사람이 전령으로 더 오고 있으므로 아히마아스와 더 말하는 것은 무의미하다고 판단하였을 것이다.

**31-32절: 구스 사람 전령의 보고.** 31절에서 본문은 다시금 '브힌네'(וְהִנֵּה)로 시작하여, 새롭게 등장한 구스 사람 전령에게로 주의를 돌린다. 그는 다윗에게 와서 승전의 소식을 전하였다. 그는 다윗에게 앞서 19절에서 아히마아스가 요압에게 했던 말을 그대로 전한다. 아마도 이것이 공식적인 전령의 메시지였던 것으로 보인다. 구스 사람인 이 전령은 사실 요압과 다윗과 압살롬 사이의 미묘한 관계를 아히마아스보다 더 몰랐을 것이다. 그래서 그는 정말 자신이 전해야 할 말을 가감 없이 전했다. 32절에서 다윗은 다시 한번 아히마아스에게 했던 질문을 그대로 다시 한다. 그래서 압살롬의 안부를 물었다. 그러자 전령은 압살롬이 죽었다는 말을 직설적으로 하지 않고, 다윗을 대적하는 자들은 다 압살롬처럼 되기를 바란다고 대답하여 에둘러서 말한다. 물론 이 사람도 다윗의 표정이나 말투에서 압살롬이 죽었다는 직설적인 말을 해서는 안 될 것이라는 분위기를 직감했기 때문이었을 것이다.

**33절[19:1]: 압살롬의 죽음에 대한 다윗의 슬픔.** 전령의 말을 듣자마자 다윗은 감정을 주체하지 못하는 모습을 보인다. 여기서 쓰인 동사 רָגַז('라가즈')는 슬픔, 노여움, 두려움 등의 감정 때문에 몸을 떠는 모습을 그린다. 이 문맥에서는 무엇보다 슬픔의 감정을 표현할 것이다. 그는 감정을 주체하지 못하고 그 자리를 떠나 성문 위에 딸린 방(עֲלִיַּת הַשַּׁעַר, '알리야트 하샤아르')으로 올라가서 울었다. 그리고 "내 아들, 압살롬아!"라는 말을 되풀이하면서, 모든 사람이 듣도록 소리 높여 울었다. 차라리 자신이 죽었더라면 더 좋았겠다고 말해서 자기 비통함을 강조했다. 이는 사실상 반란 제압이 아니라, 왕자의 죽음이 분위기의 핵심이 되는 순간이다.


## 본문의 메시지


⑴ 본문에서는 반란군의 수장 압살롬을 두고 다윗과 요압의 갈등이 벌어진다. 이미 다윗의 군대가 정비하고, 전략을 짠 상태에서 압살롬의 급조된 군대는 승산이 별로 없었다. 그래서 다윗은 자기 군대가 이길 것을 알고서 압살롬의 처분을 자신에게 돌리라고 명령한다. 너그러이 대하라는 말은 즉결 처분하여 죽이지 말고 생포해 오라는 말이었다. 다윗이 이렇게 한 것은 분명히 어느 정도는 아들에 대한 연민의 정이 있었을 것이다. 그러나 다윗은 정치적으로도 압살롬을 살려서 용서해 주는 모습을 보일 필요가 있었다. 그래야 압살롬 편에 섰던 군사들을 수용할 명분이 생기기 때문이었을 것이다. 그래서 그는 모든 군사 앞에서 군지휘관들에게 공공연히 압살롬 생포를 명령했다.

하지만 요압은 생각이 달랐다. 요압은 압살롬의 반역에 초점을 맞춘 것으로 보인다. 다윗의 안위는 곧 자신의 안위와 잇닿아 있으므로, 다윗에게 반역을 일으킨 압살롬은 곧 제거 대상이었던 셈이다. 이는 앞서 아브넬을 제거할 때도 마찬가지였다. 동생 아사헬의 복수가 표면적인 이유였지만, 결국 정적 제거였다. 요압은 압살롬을 정적으로 규정하였으므로, 다윗의 간곡한 명령에도 불구하고 압살롬을 현장에서 즉결 처분으로 살해해 버렸다. 다윗이 거듭 신중한 결정을 내리는 모습을 보이는 것과 마찬가지로 요압은 거듭 단순한 논리로 대적을 없애는 결정을 한다. 그러나 이번에는 상황이 좀 다르다. 다른 사람도 아니고, 왕자를 죽였다. 앞으로 요압의 이 결정이 다윗과 맺는 관계에 어떻게 영향을 미칠지 독자들의 궁금증을 자아낸다.

(2) 요압에게 처참하게 살해당한 압살롬은 숲속에 아무렇게나 매장되었다. 더구나 그 위에 큰 돌무더기를 쌓았는데, 이는 잘못을 저질러 처형당한 사람들에게나 어울리는 매장이었다. 그만큼 압살롬은 요압에게 철저히 유린당했다. 물론 압살롬이 아버지 다윗에게 대항하여 반역을 일으킨 것은 씻을 수 없는 잘못이다. 이것은 모두 왕위를 물려받고자 하는 욕망에서 시작하였다. 그는 다윗의 맏아들이었던 암논을 자기 동생 다말 사건을 빌미로 살해했다. 그리고 그술로 망명을 가서, 또 사면받아 돌아온 뒤에도, 그리고  복권된 뒤에도 오랜 세월 절치부심하며 기회만 노리고 있었다. 압살롬은 이스라엘에서 처음 시작한 왕정에 첫 왕위 계승이라는 영예에 눈이 멀어 아버지를 배반하고, 심지어 아버지의 후궁들과 동침하는 일도 서슴지 않았다. 그런 압살롬의 욕망은 현실적인 모사와 이중 첩자를 구분하지 못하는 실수로 이어졌고, 끝내 반란에 실패하여 처참한 죽음과 매장을 겪게 되었다. 압살롬의 을씨년스러운 돌무

더기 무덤은 어떤 일이든 욕망에 노예가 되어 억지로 이루려 무리수를
두는 사람들을 향해 경종을 울린다.

다른 한편에 요압이 있다. 요압은 지금 과연 어떤 생각을 하고 있을
까? 다윗의 간곡한 명령을 무시해 가면서 압살롬을 제 손으로 죽인 요
압의 속내는 무엇이었을까? 물론 앞서도 언급했듯이 요압은 자기 동생
을 죽인 아브넬에게 복수했을 때, 다윗의 저주를 받으면서 마음에 씻을
수 없는 상처를 입었을 수 있다. 그런데 그것보다 자신의 충실한 부하
우리아를 죽이라는 다윗의 명령을 받았을 때, 그 명령의 정당성에 요압
이 동의했을까? 거기서 다윗을 향한 불만과 그의 지도력에 의구심을 품
지 않았을까? 아마도 요압이 압살롬을 죽였을 때, 자신의 안위를 위한
결정이기도 했지만, 다윗을 향한 반감도 작용했을 것이다.

(3) 사실상 압살롬의 반란군을 제압하는 데는 큰 힘이 들지 않았다. 다윗
의 정예병은 잘 조직되어 있었고, 숙련된 용사들이었던 데 반해, 압살롬
의 군대는 급조되어 조직이나 훈련이 미흡했기 때문이다. 그래서 다윗
의 관심사는 애초에 승전의 여부가 아니었다. 아히마아스가 도착했을
때도, 구스 사람 전령이 도착했을 때도 다윗은 승전에는 별 관심을 보이
지 않았다. 그들이 전령으로 오는 모습에서 벌써 그 사실은 알았기 때문
이다. 그의 유일한 관심은 왕자 압살롬의 안부였다.

왜 다윗이 이토록 압살롬의 안부에 집착하였을까? 그는 벌써 몇 년
동안 압살롬을 보지 않았다. 암논을 죽인 벌로 외국 망명 생활을 하도록
했고, 사면한 뒤에도 그를 보지 않았다. 그렇게 보면 다윗은 압살롬에게
큰 애정을 보였다고 볼 수는 없었다. 그런데 그는 왜 이토록 "공공연하
게" 압살롬의 안부에 집착하고, 압살롬의 사망 소식에 성문 위에서 성

안이 다 울리도록 통곡을 한 것일까? 다윗의 이런 모습은 낯설지 않다. 그는 사울과 요나단이 죽었을 때, 아브넬이 죽었을 때 비슷한 반응을 보였다. 자신에게 정치적으로 대척점에 있는 사람들이 죽었을 때, 쾌재를 부를 수 있는 상황에서 그는 그들을 애도했다. 표면적으로는 그들의 죽음을 안타까워하는 모습이었다. 그러나 다윗은 그런 행보가 정치적으로 해석되는 것을 어쩌면 적극적으로 이용했다는 인상을 지울 수 없다. 그는 자기가 지은 애가를 온 나라에 배포하기까지 했기 때문이다.

이번에는 어떤가? 분명히 아들의 죽음을 안타까워하는 아버지의 모습이 있었을 것이다. 하지만 그렇다고만 하기에 다윗은 지나치게 자기 모습을 드러냈다. 처소에 있어도 되었는데, 굳이 성문 구조물에 있었고, 모든 사람이 보는 데서 압살롬의 안부만 물었으며, 슬픔에 겨웠다면 처소로 가서 울어도 되었는데, 모든 사람이 들을 수 있는 성문 윗방에서 큰 소리로 압살롬을 불렀다. 정치적으로 압살롬의 죽음을 애도하는 다윗의 모습은 두 가지로 해석할 수 있다. 먼저 압살롬의 반란에 가담했던 이들에 대한 화해의 메시지가 될 수 있다. 그리고 두 번째로는 전투 이전에 간곡히 부탁했던 자기 명령을 상기시키는 구실도 한다. 다윗은 아마도 요압이 압살롬을 죽였다는 사실을 대번에 눈치챘을 것이다. 이 순간 어쩌면 다윗과 요압은 정치적으로 영영 결별하였을 수 있다. 이제 요압은 다윗의 부정을 무시한 항명자가 되었다. 요압의 입지는 앞으로 매우 제한될 것이고, 그는 어쩌면 우선 제거 대상이 되었을 수 있다.

# 19장
## 다윗의 예루살렘 귀환

### 우리말로 옮긴 본문

**압살롬의 죽음을 슬퍼하는 다윗**(1-8[2-9]절)

1[2]  요압에게 임금이 울며 압살롬 때문에 슬퍼한다는 말이 전해졌다.

2[3]  그러자 그날의 승리가 온 백성들에게 슬픔이 되어 버렸다. 백성들이 임금이 자기 왕자 때문에 괴로워한다는 말을 그날 들었기 때문이었다.

3[4]  그래서 그날 백성들이 성에 몰래 들어오기를 전쟁에서 도망칠 때 부끄러워하듯 하였다.

4[5]  임금은 얼굴을 가린 채 큰 소리로 부르짖었다. "내 아들, 압살롬아! 압살롬, 내 아들아, 내 아들아!"

5[6]  요압이 집에 있는 임금에게로 들어가서 말하였다. "임금님께서는 오늘 임금님의 목숨과 왕자님들과 공주님들의 목숨, 왕비님

들의 목숨과 후궁들의 목숨을 구해준 임금님의 모든 신하를 부끄럽게 하셨습니다.

6[7]　임금님을 미워하던 이들을 사랑하시고, 임금님을 사랑하던 이들을 미워하시니, 정말로 장군들과 신하들은 이제 아무것도 아니라고 말씀하시는 것입니까? 정말로 오늘에야 제가 압살롬이 살고 저희가 모두 죽었더라면┐ 임금님 보시기에 더 나았겠다는 사실을 알겠습니다.

7[8]　그렇지 않으면 이제 일어나 가셔서 임금님 신하들의 마음을 위로해 주십시오. 여호와를 두고 맹세컨대, 임금님께서 나가지 않으시면 오늘 밤에 한 사람도 남아 있지 않을 것입니다. 그것은 임금님께서 이전부터 여태껏 겪으신 모든 어려움보다 더 나쁠 것입니다.”

8[9]　그리하여 임금이 일어나서 성문 안에 앉았다. 온 백성들에게 임금이 성문 안에 앉아 있다는 소식이 전해지자, 온 백성이 임금 앞으로 나아왔다. 한편 이스라엘은 저마다 자기 장막으로 도망쳤다.

### 다윗의 귀환 준비(9-15[10-16]절)

9[10]　그 뒤에 이스라엘 모든 지파 가운데서 온 백성이 논쟁하게 되었다. “임금님께서 우리를 우리 원수들의 손아귀에서 구해주지 않으셨소? 그리고 그분께서 우리를 블레셋 사람들의 손아귀에서 건져주지 않으셨소? 그런데 이제 압살롬을 피해서 이 땅에서 피해 가 계십니다.

10[11]　그리고 우리가 기름 부어 세운 압살롬은 전쟁터에서 죽어버렸는

데, 여러분은 이제 어째서 임금님을 도로 모셔 오는 일에 잠잠하
고 있는 것입니까?"

**11[12]** 다윗 왕이 제사장 사독과 아비아달에게 사람을 보내서 일렀다.
"당신들은 유다의 장로들에게 이렇게 말해 주시오. '어째서 당신
들은 ˹임금님을 왕궁으로 도로 모시는 일에˺ 뒤처지려 합니까?
온 이스라엘의 말이 임금님의 지금 거처에 이르렀다는 말입니
다.

**12[13]** 여러분은 내 형제입니다. 나와 뼈와 살을 나눈 이들이 여러분입
니다. 그런데 어째서 여러분은 임금을 도로 모시는 일에 뒤처지
려는 것입니까?'

**13[14]** 또 아마사에게는 이렇게 말하시오. '그대는 나와 뼈와 살을 나눈
이가 아니오? 그러니 그대가 앞으로 요압을 대신해서 내 군대
장관이 되지 못한다면 하나님께서 내게 벌을 내리고 또 내리실
것이오.'"

**14[15]** 그리하여 그가 온 유다 사람들의 마음을 한결같이 돌려놓았다.
마침내 그들이 임금에게 사람을 보내서 말을 전했다. "임금님과
임금님의 모든 신하는 돌아오십시오."

**15[16]** 임금이 돌이켜 요단강에 이르자, 유다 사람들이 임금을 맞이해
서 요단강을 건너게 하려고 길갈로 왔다.


## 다윗을 만난 사람들(16-40[17-41]절)

**16[17]** 그때 바후림 출신 베냐민 사람 게라의 아들 시므이가 서둘러 유
다 사람들과 함께 다윗 임금을 맞으러 내려왔다.

**17[18]** 베냐민 사람들 1,000명도 그와 함께하였고, 사울 집안의 시종 시

바가 그의 아들 15명과 종 20명을 데리고 왔다. 요단강을 건너 임금에게 나아왔다.

18[19]  ᶜ그들은 임금에게 좋게 보이려고 왕의 집안사람들이 강 건너는 일을 도왔다. 임금이 요단강을 건넜을 때, 게라의 아들 시므이가 임금 앞에 엎드렸다.

19[20]  그가 임금에게 말하였다. "주군이시여, 잘못을 저지른 저를 생각하지 말아 주십시오. 제 주군이신 임금님께서 예루살렘에서 나오시던 날 임금님의 종이 죄를 저질렀음을 기억하지 말아 주십시오. 임금님의 마음에 두지도 말아 주십시오.

20[21]  제가 죄지었음을 알기에 오늘 저는 온 요셉 집안 가운데 맨 먼저 제 주군이신 임금님을 맞이하러 내려왔습니다."

21[22]  스루야의 아들 아비새가 이 말을 되받아 말하였다. "시므이는 죽어야 하지 않겠습니까? 저자는 여호와께 기름 부음 받은 이를 저주하였습니다."

22[23]  그러나 다윗이 말하였다. "스루야의 아들들이여, 나와 그대들에게 무슨 상관이 있기에 오늘 그대들이 내게 원수가 되겠소? 오늘 이스라엘에서 사람이 죽으면 되겠소? 오늘에야 내가 이스라엘의 임금이 된 것을 알게 되지 않았소?"

23[24]  임금이 시므이에게 말하였다. "그대는 죽지 않을 것이오." 그러고는 임금이 그에게 맹세까지 하였다.

24[25]  사울의 아들 므비보셋이 임금을 맞이하러 내려왔다. 그는 임금이 떠난 날부터 안전하게 돌아온 오늘에 이르기까지 발을 치장하지도 않았고 수염도 깎지 않고 옷도 빨지 않았다.

25[26]  그가 임금을 맞이하러 예루살렘에서 이르렀을 때, 임금이 그에

게 말하였다. "어째서 그대는 나와 함께 가지 않았던 것이오, 므비보셋?"

26[27] 그러자 그가 말하였다. "내 주군이신 임금님, 제 종이 저를 속였습니다. 임금님의 이 종은 다리를 절기 때문에 나귀에 안장을 지워 타고 임금님께 올 생각이었습니다.

27[28] 그런데 그는 제 주군이신 임금님께 이 종을 모함하기까지 하였습니다. 제 주군이신 임금님께서는 하나님의 사자 같으시니, 임금님 보시기에 좋은 대로 하십시오.

28[29] 제 아버지의 집안은 제 주군이신 임금님께 죽은 사람들같이 되지 않았습니까? 그런데도 임금님께서는 이 종을 임금님의 식탁에서 먹게 해 주셨으니 제게 무슨 권리가 더 있어서 임금님께 더 아뢸 수 있겠습니까?"

29[30] 임금이 그에게 말하였다. "그대는 어째서 또다시 그대의 사정을 말하려는 게요? 나는 밭은 그대와 시바가 나누어 가지라고 말하겠소."

30[31] 그러자 므비보셋이 임금에게 말하였다. "제 주군이신 임금님께서 안전하게 왕궁으로 가실 수만 있다면 그가 다 가져도 상관없습니다."

31[32] 길르앗 사람 바르실래가 로글림에서 내려와서, 임금이 요단강을 건너도록 해 주고 요단강에서 왕을 배웅하였다.

32[33] 바르실래는 아주 늙어서 80세나 되는 사람이었다. 그는 큰 부자여서 임금이 마하나임에 머무르는 동안 임금을 돌보아 주었다.

33[34] 임금이 바르실래에게 말하였다. "그대는 나와 함께 건너갑시다. 이제는 내가 예루살렘에서 함께 있으면서 그대를 돌보아 주겠

소.”

**34[35]** 바르실래가 임금에게 말하였다. “제가 살 햇수가 얼마나 된다고 임금님과 함께 예루살렘에 올라가겠습니까?

**35[36]** 저는 이제 80세입니다. 이 종이 먹고 마셔서 그 맛이 좋은지 나쁜지 분간하겠습니까? 그렇다고 음악을 듣는다고 그 소리를 알아듣겠습니까? 그러니 이 종이 어떻게 다시 제 주군이신 임금님께 짐이 되겠습니까?

**36[37]** 다만 이 종은 임금님께서 요단강을 건너시도록 해 드리고자 했을 따름입니다. 그러니 어찌 임금님께서 이런 보상으로 갚아 주시겠습니까?

**37[38]** 그저 이 종은 제 성읍으로 되돌아가서 제 아버지와 제 어머니 묘 곁에 묻히고 싶습니다. 여기 임금님의 종 김함이 제 주군이신 임금님과 함께 건널 터이니 그에게 임금님 보시기에 좋은 대로 해 주십시오.”

**38[39]** 임금이 말하였다. “김함은 나와 함께 건널 것이고, 내가 그에게 그대 보기에 좋은 대로 해 주겠소. 또 그대가 내게 바라는 것은 무엇이든 내가 그대에게 해 주겠소.”

**39[40]** 그리하여 모든 백성이 요단강을 건넜고 왕도 건넜다. 그리고 임금이 바르실래에게 입 맞추고 그에게 축복해 주자, 그는 자기 고장으로 돌아갔다.

**40[41]** 임금이 길갈로 건너갈 때 김함도 그와 함께 건너갔다. 온 유다 백성들과 이스라엘 백성들의 절반도 왕과 함께 건너갔다.

**이스라엘 지파들의 항의(41-43[42-44]절)**

**41[42]** 그런데 모든 이스라엘 사람이 왕에게 와서는 말하였다. "어째서 우리 형제인 유다 사람들이 임금님을 도둑질해서 임금님과 임금님의 집안과 함께 요단강을 건넜습니까?" 그때 다윗의 모든 신하가 다윗과 함께 있었다.

**42[43]** 그러자 모든 유다 사람이 이스라엘 사람들에게 대답하였다. "임금님은 우리와 가까우시기 때문인데, 어째서 이런 일로 당신들이 화를 낸다는 말이오? 우리가 임금님께 얻어먹은 것이라도 있는 줄 아시오? 아니면 그분께서 우리에게 무엇이라도 내어준 줄 아시오?"

**43[44]** 이스라엘 사람들이 유다 사람들에게 대답하였다. "우리에게는 임금님에 대한 권리가 열 몫은 더 있소. 그러니 다윗 임금님께 대한 권리도 우리가 당신들보다 먼저라야 하오. 그런데 어째서 그대들은 우리를 가볍게 여겼소? 또 우리가 먼저 임금님을 도로 모셔 오자고 말을 꺼내지 않았소?" 그러나 유다 사람들의 말이 이스라엘 사람들의 말보다 더 완강하였다.

## 본문 비평

### 6[7]절 ㄱ. (…)라면

마소라 본문의 쓰기 전통(Ketib)은 여기서 부정어 לֹא('로')가 쓰였다. 그러나 그에 대한 읽기 전통(Qere)은 조건문을 이끄는 불변화사 לוֹ('루')를 제안한다. 쿰란 본문(4QSamª)은 여기서 마소라 본문의 읽기 전통을 지지

하며, 칠십인역(ϵi)도 마찬가지다. 마소라 본문의 쓰기 전통은 비의도적인 필사 오류가 전승되었을 것이다.


### 11[12]절 ㄴ-ㄴ. 임금님을 왕궁으로 도로 모시는 일에

칠십인역에는 "왕궁에"에 해당하는 번역이 없는데, 이는 아마도 10[11]절의 마지막 표현에 영향을 받았을 것이다.


### 18[19]절 ㄷ. (-)

18절의 첫 문장의 히브리어 본문은 그 뜻이 분명하지 않다(בְרָה הָעֲבָרָה עָֽז, '브아브라 하아바라', "그리고 그 여울목을 건넜다"[?]). 여기서 칠십인역은 καὶ ἐλειτούργησαν τὴν λειτουργίαν τοῦ διαβιβάσια τὸν βασιλέα('카이 엘레이투르게산 텐 레이투르기안 투 디아비바사이 톤 바실레아'; 직역. "임금을 건너도록 하는 섬기는 일을 하였다")를 앞에 덧붙이는데, 첫 두 낱말을 וְעָבְדוּ הָעֲבָרָה ('브아브두 하아보다')를 번역 대본으로 읽은 번역을 덧붙인 것으로 보인다 (비교. McCarter, *II Samuel*, 416). 이렇게 본문을 읽으면, 시므이와 시바는 다윗 일행이 요단강을 건너는 데 적극적으로 손을 거들었다는 뜻이 된다. 어쨌거나 칠십인역의 번역은 사실상 히브리어 본문에서 쓰인 첫 두 표현의 동사 어근이 עבר('아바르', "건너다")인지 עבד('아바드', "섬기다")인지의 문제에 따라, 이어지는 문장(히브리어 본문의 첫 문장)과 같은 문장의 다른 이해가 겹쳐 번역된 것으로 보인다(참조. *LXXD II*, 885).

본문 주석

**압살롬의 죽음을 슬퍼하는 다윗(1-8[2-9]절)**

**1-3[2-4]절: 진압군의 귀환.** 1절에서 장면은 다시 야전에 있던 요압에게로 전환된다. 구스 사람과 아히마아스를 전령으로 보낸 요압은 아마도 매우 긴장하며 소식을 기다리고 있었을 것이다. 요압이 압살롬을 죽였을 때는 다윗과 극단적인 관계까지 염두에 두었을 것이다. 요압은 압살롬을 죽이는 것으로 자기편에서 다윗을 향한 메시지를 던졌을 수도 있다. 어차피 반란으로 지도력에 큰 타격을 입은 다윗이 군권을 장악한 요압을 무시할 수는 없었을 것이고, 요압은 이 기회에 다윗을 향한 자기 영향력을 확고히 해 두려고 다윗의 명령을 어기고 압살롬을 죽였을 수 있다. 요압의 예상대로라면 다윗이 움츠러들어서 귀환을 촉구했어야 했다. 그런데 정작 전해지는 소식은 다윗이 공공연히 압살롬의 죽음을 슬퍼하며 모든 백성 앞에서 통곡했다는 사실이었다. 2절에서는 다윗이 압살롬의 죽음을 애도한다는 소식이 전해진 야전의 분위기를 전한다. 한마디로 "승리"(תְּשׁוּעָה, '트슈아')가 "슬픔"(אֵבֶל, '에벨')이 되었다. 결국 초점이 반란군 진압에서 왕자의 죽음으로 옮겨졌다. 반란군 진압이 초점이라면 요압은 승리의 주역이 되었겠지만, 압살롬의 죽음이 초점이 되는 순간 압살롬을 죽인 요압의 항명에 대한 책임이 도드라지게 된다. 결국 요압이 다윗에게 던진 승부수가 다윗의 압살롬 애도로 화살이 되어 되돌아온 셈이다. 3절에서는 반란군을 진압한 다윗의 군대가 마하나임으로 귀환하는 장면을 그린다. 이들은 분명히 금의환향할 수 있었다. 그러나 이들은 패잔병처럼 몰래 들어왔다. 만약 승전의 분위기가 고조되었더라면, 요압은 승리의 주역으로 모든 사람의 이목을 끌었을 것이다.

사실 일찍이 아히도벨이 압살롬에게 조언했던 것처럼 요압은 압살롬만 죽여서 동족 사이의 피 흘리는 전투를 최소화했다(17:2). 요압이 다윗의 명령을 어기기는 했지만, 속내야 어떻든 현실적이고 효율적인 전투로 병력 손실도 최소화했다. 그렇다면 반란 진압의 면에서는 요압의 결정은 훌륭했다고 평가할 수 있다. 아마도 요압은 다윗이 이런 명분 앞에서 어쩔 수 없이 자신을 반기게 될 것이라고 기대했을 것이다. 그러나 다윗이 마하나임 온 성에 초상집 분위기를 만들어 놓고 자신의 승전이 전혀 빛나지 않도록 만들어 버리리라고는 상상하지 못했을 것이다. 그런 점에서 다윗은 요압이 상대하기에는 훨씬 더 수가 높았다.

**4-7[5-8]절: 요압이 다윗에게 불만을 토로함.** 4절에서 군사들이 귀환할 때까지 다윗은 얼굴을 가린 채로 큰 소리로 압살롬을 부르고 있었다. 여기서 히브리어 본문은 독자들에게 다윗의 행동을 일컫는 낱말로 이전 다윗의 명령을 생각나게 하는 말놀이(wordplay)를 한다. 다윗은 얼굴을 가렸다(לָאַט, '라아트'). 이 동사의 원래 형태는 לוּט('루트')이다(참조. 삼상 21:9[10]; 사 25:7). 그런데 본문에서는 자음 '알렙'(א)을 굳이 썼다. 이 형태는 동사의 어원과 의미는 유지되지만, 일상적인 변화형은 아니다. 이렇게 하고 나면, 앞서 다윗이 요압과 군대가 출전할 때, 압살롬을 "너그러이 대해 주라"(לָאַט, '르아트')라고 했던 명령의 자음과 같아진다(참조. 18:5). 독자들은 다윗의 슬픔과 이전 명령, 요압의 항명 모두를 이 본문에서 느끼게 되며, 문맥 또한 그 점을 되새겨 준다. 다윗은 압살롬의 죽음 소식을 들은 직후부터 줄곧 "압살롬아"와 "내 아들아"를 되풀이한다. 다윗의 이 말은 모든 사람에게 다윗이 반란군의 수장이 아니라, 왕자임을 되새겨 준다. 이제 요압은 마하나임에서 더는 반란군 진압의 영웅이

아니라, 다윗의 명령을 어기고 왕자 압살롬을 죽인 장본인이 되었다. 여기서 요압이 어떤 말과 행동을 할지는 그의 앞날에 큰 영향을 미칠 것이다. 그런데 다혈질이던 요압은 다윗의 이런 행동을 더는 참지 못하고 항의하기 시작한다. 5절에서 그는 왕에게 나아가서 대뜸 다윗이 자신들을 모든 사람 앞에서 부끄럽게 만들었다(הֹבַשְׁתָּ, '호바쉬타')고 대들었다. 그리고 자신들이 다윗 왕은 물론 왕자와 공주들, 후궁들 모두의 생명, 그러니까 왕실의 존속을 "구원한 모든 신하"(הַמְמַלְּטִים, '하므말팀')라고 강조하였다. 사실 요압의 말은 틀리지 않았다. 왜냐하면, 반란이 일어나면 왕뿐만 아니라 왕실의 모든 가족을 죽이는 것이 관례였기 때문이다 (참조. 왕상 15:29; 16:11-12; 왕하 10:6-7, 17; Long, *1 and 2 Samuel*, 421). 하지만 구원자라는 칭호는 처음부터 요압이 받고 싶었던 대우였다. 이 말에는 왜 자신들의 공로를 치하하는 말은 한마디도 하지 않고, 반란군의 수장이었던 압살롬의 죽음에만 초점을 맞추느냐는 항의가 들어있다. 자기 말에 스스로 흥분한 요압은 6절에서 급기야 하지 말았어야 하는 말실수를 해 버린다. 그는 다윗이 자신을 미워하는 자는 사랑하고 자신을 사랑하는 자는 미워한다고 항의했다. 심지어 반란군을 진압한 지휘관들과 모든 군사를 다윗이 멸시한다고까지 말했다. 요압도 이 말이 지나치며 사실이 아님을 알고 있었지만, 그는 더 나아간다. 심지어 압살롬이 살고 자신들이 다 죽었다면 다윗이 마땅히 여길 뻔했다고 하였다. 요압의 이 말은 왕의 권위를 침해하는 것이어서 신하로서 보일 수 있는 태도가 아니었다. 7절에서 요압은 다윗에게 일어나서 군사들을 위로하라고 종용한다. 심지어 맹세까지 하면서 지금 위로하고 다독이지 않는다면, 당장이라도 다윗에게 반기를 들 수도 있다고 위협까지 한다. 이 말에서 결국 요압은 깊이 있던 속내를 드러내고야 말았다. 군권을 장악하고 있던 자신은 언제든지 다윗의 왕위를 위협할 수 있는 존재이니 제대로 대접하라는 뜻이었기 때문이다. 요압은 다윗을 이렇게 제어할 수 있다고 여겼겠지만, 이 순간 요압은 결정적인 실수를 저질렀다. 반란이 시작된 이상, 다윗과 그를 따르는 사람들은 언제든 다른 반란의 가능성을 염두에 두고 조기에 차단하려 할 것인데, 왕을 위협하는 말을 서슴지 않고 내뱉은 이상 이제 요압은 으뜸 경계 대상이 되었다. 다윗이 요압의 이 말을 끌어내려는 의도를 품고 있었을까?

**8[9]절: 반란 진압 종결.** 요압이 그토록 다그치는데도 다윗은 아무런 말을 하지 않았다. 결정적인 순간에 말을 극도로 아끼는 것도 정치인 다윗의 전형적인 모습이다. 다윗은 아무 말 없이 일단 요압이 시키는 대로 일어나서 성문에 앉았다. 다윗의 이 행동은 이내 군사들에게 퍼졌고, 그들은 왕 앞으로 나아왔다. 본문은 침묵하지만, 다윗은 요압의 말대로 군사들을 위로하였을 것이다. 그러나 다윗과 요압의 갈등은 돌이킬 수 없게 되었다. 이 구절은 압살롬과 함께했던 이스라엘 군대가 "저마다 자기 장막으로" 도망친 것으로 이야기를 매듭짓는다(참조. 삼상 4:10; 삼하 18:17; 왕하 8:21; 14:12).

### 다윗의 귀환 준비(9-15[10-16]절)

**9-10[10-11]절: 이스라엘 지파들의 논의.** 9절은 압살롬이 죽은 뒤에 그 잔당들 사이에서 벌어진 "논쟁"(נָדוֹן, '나돈')을 소개한다. 재판의 배경에서 주로 쓰이는 이 낱말은 본문에서처럼 니팔(Niphal; 수동재귀) 분사형으로는 여기서만 쓰인다. 아마도 어느 한쪽의 판결이 아니라 내부 논쟁을 표현하기 위해서 이 변화형을 쓴 것으로 보인다. 이 본문에서 논쟁하는

사람들은 "온 백성"(כָּל־הָעָם, '콜-하암')과 "이스라엘 모든 지파"(יִשְׂרָאֵל כָּל־שִׁבְטֵי, '콜-쉬브테 이스라엘')로 표현한다. 두 집단의 정체 규명이 본문에서 명확하지 않기 때문에, 후자의 모음을 다르게 읽어서 "이스라엘의 모든 재판관"(כָּל־שֹׁבְטֵי יִשְׂרָאֵל, '콜-쇼브테 이스라엘'), 곧 이스라엘의 장로들로 해석하여, 백성들과 그 지도자들 사이의 논쟁으로 본 견해는 흥미롭다(참조. McCarter, *II Samuel*, 419-420). 그러나 같은 집단을 두 낱말로 분화하고 표현하여 논쟁을 시각화했을 수도 있다. 어쨌거나 이들은 압살롬의 반란에 동참했다가 패배하여 돌아온 이스라엘 백성들을 가리킨다. 이들이 논쟁하는 핵심은 다윗과 맺는 관계였다. 이들은 먼저 다윗이 과거를 다시 되새긴다. 그가 이스라엘을 원수들의 손에서 구원했고, 특히 사사 시대부터 이스라엘의 가장 큰 대적으로서 숙원 과제였던 블레셋의 문제를 해결한 점을 언급하였다. 이 말은 다윗과 대적한 것이 자신들의 실수였음을 인정하는 발언이겠다. 이어서 그들은 다윗의 현재 상태를 분명히 한다. 곧 압살롬을 피해서 자기 땅에서 나가 있다는 말이다. 10절에서 이들은 문제의 본질을 언급한다. 압살롬을 자신들이 왕으로 기름 부어 다스리도록 세웠다고 분명히 말한다. 하지만 자기네 수장이었던 그 압살롬은 이제 죽고 없다. 그래서 이들은 "임금님을 도로 모셔 오는 일"(לְהָשִׁיב אֶת־הַמֶּלֶךְ, '르하쉬브 에트-하멜레크')에 자신들이 잠잠히 있어서는 안 된다고 의견을 모은다. 이 말에서 이들은 다윗을 다시 왕으로 섬기겠다는 의지를 밝힌다. 그러나 이 이면에는 다윗과 관계를 잘 맺어야 자신들의 정치적 입지가 든든해질 것이라는 판단이 있었을 것이다. 왜냐하면, 다윗에게 반기를 든 반란에 연루된 것이 자칫 사울의 잔당으로 낙인찍혀서 영영 정치적으로 소외될 수도 있기 때문이었다.

**11-12[12-13]절: 유다 장로들을 향한 다윗의 지시.** 장면은 11절에서 다시 다윗이 있던 마하나임으로 옮겨진다. 일단 압살롬의 반란은 진압이 되었지만, 왕궁을 떠난 다윗에게는 다시 왕궁으로 돌아갈 명분이 필요하였다. 그래서 다윗은 예루살렘에 있던 자신의 정보원 제사장 사독과 아비아달에게 자기 뜻을 전한다. 그 뜻이란 유다 지파의 장로들에게 전하는 말이었다. 다윗이 전한 말에 따르면, 이스라엘 지파의 백성들이 다윗을 모셔 오자는 논의를 한 일이 벌써 다윗에게 전해진 듯하다. 만약 북쪽 열 지파가 먼저 다윗의 귀환을 추진한다면, 왕실에 대한 그들의 입김이 더 세질 것이다. 더구나 반란의 주동자들이 유다 지파인 상황에서 (15:10) 이는 당연히 왕권의 위축으로 이어질 가능성이 생기게 됨을 뜻한다. 그런 뜻에서 다윗은 유다 지파의 장로들에게 은밀히 그들이 먼저 자신의 귀환에 앞장서서 기세를 잡으라고 권하였다. 그러면서 12절에서 다윗은 유다 지파를 "내 형제, 나와 뼈와 살을 나눈 이들"(עַצְמִי וּבְשָׂרִי […] אֶחָי, '아하이 아츠미 우브사리')이라고 일컬었다. 이는 혈연관계에서 비롯한 친밀함을 일컫는 말로(참조. 삼하 5:1; 창 2:23; 삿 9:2; Anderson, *2 Samuel*, 236) 다윗은 이를 통해 유다 지파를 후원 세력으로 감싸안으려 했다. 물론 이를 통해서 일차적으로 다윗은 예루살렘을 중심으로 한 왕권을 유다 지파의 후원을 힘입어 강화하고, 압살롬의 반란에 동참한 이스라엘 지파들을 견제할 수도 있을 것이다. 그러나 이는 상대적으로 이스라엘 지파들의 정치적 소외감을 부추겨서 분열을 초래하게 될 것이다(참조. 19:40-42[41-43]). 확장해서 보면, 남유다와 북이스라엘 분열로 이어질 본격적인 마찰이 여기서 시작했다고 할 수도 있다.

**13[14]절: 요압 대신 아마사를 군지휘관으로 임명함.** 다윗은 말을 아끼는

사람이지만, 결코 사안을 그냥 넘기지는 않는다. 압살롬의 반란을 진압한 요압은 왕의 명령을 어기고 보란 듯이 압살롬을 죽였다. 그것도 모자라서, 자신의 공이 드러나지 않는다는 이유로 다윗을 위협하기까지 했다. 물론 그 당시에 요압의 말을 따르지 않았다면, 실제로 전투에 나섰던 군사들의 불만을 키우고 자칫 2차 반란으로 이어질 우려도 있었다. 그래서 다윗은 일단 요압의 말에 따라 군사들을 다독거려 주었다. 그러나 이제 어느 정도 분위기도 정리되고, 다시 예루살렘으로 귀환하는 일이 진행되는 상황에서 요압의 기세를 꺾을 필요가 있다는 판단을 한 듯하다. 다윗은 사독과 아비아달에게 아마사를 찾아가라고 명령했다. 아마사는 다윗의 조카였지만, 압살롬의 군지휘관으로 반란에 동참한 인물이다(17:25). 그에게도 "뼈와 살을 나눈 이"(עַצְמִי וּבְשָׂרִי, '아츠미 우브사리')라 일컬으며 인척 관계의 친밀성을 강조하였다. 다윗은 맹세까지 하며 아마사를 요압 대신 군대 장관(שַׂר־צָבָא, '사르-차바')에 임명한다. 독자들에게 다소 의외의 조치이지만, 이는 두 가지 목적이 있었던 것으로 해석할 수 있다. 먼저, 당연히 왕권을 무시하고 선을 넘은 요압을 제거하는 절차였다. 더불어 반란군에 가담한 군사들도 어차피 이스라엘 백성이므로 이런 포용 정책은 군사들을 통합하는 데도 명분이 될 수 있을 것이다(비교. Tsumura, *Second Samuel*, 271).

**14-15[15-16]절: 다윗의 귀환, 길갈에 도착함.** 14절은 "그가 (⋯) 돌려놓았다"(וַיַּט, '바야트')로 시작하는데, 히필(Hiphil; 사역형) 변화형인 이 동사의 주어가 누구인지는 문맥으로 파악해야 한다. 앞선 구절에 다윗과 아마사가 등장하기 때문에, 일단 둘 다 이 동사의 주어일 수 있다. 일부 중세

칠십인역 필사본들은 동사 다음에 '아마사'(+αμεσσα bc₂e₂)를[1] 더하여 주어를 분명히 하는데, 앞선 다윗의 명령에 이은 결과의 문맥으로 볼 때 이 견해가 타당성이 있어 보인다(비교. Anderson, *2 Samuel*, 237). 이렇게 보면, 다윗의 낙점을 받은 아마사가 유다 지파 사람들의 마음을 다윗에게로 돌려놓는 일에 적극 힘썼다고 여길 수 있다. 그리하여 유다 지파 사람들이 다윗에게 예루살렘으로 돌아오라는 요청을 하여 다윗의 계획대로 명분을 더해 주었다. 15절에서 다윗이 예루살렘으로 올라가기 위해서 요단강에 이르자, 유다 지파 사람들이 그를 맞이하기 위해 길갈로 모여들었다. 이곳은 전통적으로 중요한 제의 중심지였다(참조. 수 4:19; 5:10; 삼상 10:8; 11:14; 13:12; 15:21; Tsumura, *Second Samuel*, 272).

### 다윗을 만난 사람들(16-40[17-41]절)

**16-23[17-24]절: 다윗과 시므이, 시바.** 이 단락에서 다윗은 압살롬의 반란을 피해서 떠나던 길에 자신을 저주하던 시므이(16:5-14)를 다시 만난다. 16절에서 다윗이 유다 지파 사람들이 기다리고 있는 길갈로 가기 위해서 요단강을 건너려 할 때, 시므이가 먼저 그를 맞이하기 위해 나왔다. 본문은 "그가 서둘러"(וַיְמַהֵר, '바여마헤르')라는 말로 시작하여 그의 다급한 심리를 묘사한다. 더구나 17절에서 그는 혼자 오지 않고, 자기 지파인 베냐민 사람 1,000명을 데리고 나왔다. 자칫 시므이뿐만 아니라, 그 성읍의 사람들 모두가 위험해질 수 있어서였을 것이다. 본문에서는 시므이와 더불어 시바도 자기 아들 15명과 종 20명을 데리고 요단강을 건너 다윗에게 나왔다고 전한다. 앞으로 밝혀지겠지만, 시바도 다윗의 권력이 끝인 줄 알고 거짓말을 해서 므비보셋의 재산을 빼앗았기 때

---

1.    본문 증거는 **Br.-M. II.-Part I. I and II Samuel**, 174의 본문 비평 장치를 참조하라.

문에(16:1-4) 두려움에 사로잡혀 있었을 것이다. 그리하여 시므이는 다윗 앞에 넙죽 엎드렸다. 그리고 19절에서 그는 자신이 다윗이 예루살렘에서 피난하여 나오던 날 다윗에게 했던 저주를 "죄"(עָוֹן, '아본')라고 말하며, 용서를 구한다. 그리고 20절에서 시므이는 자기가 잘못한 줄을 알아서 "요셉 집안"(בֵּית יוֹסֵף, '베트 요세프') 가운데 가장 먼저 내려와서 다윗을 영접한다고 말한다. 이 표현은 문자적으로 요셉의 아들인 에브라임과 므낫세를 뜻한다(참조. 수 17:17; 18:5; 삿 1:23, 35). 하지만 시므이는 그런 뜻에서 보자면 요셉 족속이 아니라, 요셉의 동생인 베냐민 족속이다. 그러므로 이 문맥에서 화자는 후대 분열 왕국 시대 이후의 용례에 따라 유다 지파와 구분되는 북쪽 이스라엘 지파 전체를 뜻하는 말로 쓴다(참조. 왕상 11:28; 비교. 시 77:15[16]; 80:2; 81:5). 여기서 시므이는 압살롬의 반역에 가담했던 사람들의 논의를 암시하는 것으로 보인다(19:9-10[10-11]).

　　21절에서 앞선 시므이 사건 때와 마찬가지로 아비새가 나선다. 그리고 그때처럼 시므이가 죽어야 한다고 주장한다. 다만 이번에는 좀 더 구체적으로 "여호와께 기름 부음 받은 이"(מְשִׁיחַ יהוה, '므쉬아흐 야훼'), 곧 왕을 저주하였다는 죄목을 명시한다. 하지만 22절에서 다윗은 앞선 사건 때와 마찬가지로 아비새를 만류한다. 그래 봐야 다윗에게나 신하들에게나 당장 이득이 없다고 했던 말도 그대로 되풀이한다(מַה־לִּי וְלָכֶם, '마-리 브라켐'; 직역. "나와 그대들에게 무엇이겠느냐?"). 다만 이 본문에서 다윗은 시므이를 죽이면, 자신과 "원수"(שָׂטָן, '사탄')가[2] 될 수 있다고 덧붙이는데, 그 까닭이 지금 왕권을 확립하러 가는 길이기 때문이라고 말한다.

---

2.　이 낱말은 전쟁이나(삼상 29:4; 왕상 11:14, 23, 25) 법정에서(시 109:6) 어떤 이의 상대, 대적, 원수가 되는 사람을 가리킬 때 쓴다. 물론 초인간적으로 하나님께 인간을 사정없이 탄핵하는 존재(슥 3:1, 2; 욥 1:6-8, 12; 2:1-4, 6)나 인간을 죄를 범하도록 종용하는 존재(대상 21:1)를 가리킬 때도 쓰인다. 참조. 게제니우스, 『사전』, 784.

이 말은 다윗은 아마사까지 품으면서, 압살롬의 반란에 가담했던 이스라엘 지파 사람들을 아울러 왕권을 확립하려 하는데, 괜한 살인으로 구설수에 오르면, 자신에게 해를 입히는 결과가 된다는 뜻이겠다. 그리하여 23절에서 다윗은 시므이에게 죽지 않을 것이라고 맹세한다. 하지만 결국 다윗은 시므이를 가택연금하고 그것을 빌미로 죽게 할 것이다(왕상 2:8-9, 36-46).

**24-30[25-31]절: 다윗과 므비보셋.** 앞서 시바가 가족들과 함께 말없이 나와서 다윗 일행이 요단강을 건너는 일을 도왔다. 그런데 24절에서 뒤늦게 그가 섬기던 사울의 손자, 요나단의 아들 므비보셋이 다윗을 맞으러 나왔다. 본문은 그의 행색을 자세히 묘사한다. 먼저 그는 "발을 치장하지도 않았고"(עָשָׂה רַגְלָיו, '아사 라글라브'; 직역. "자기 발을 [관리]하지") 않았다. 이 표현의 의미를 두고 칠십인역의 추가 본문(ὠνυχίσατο, '오뉘히사토')과 신명기 21장 12절을 근거로 "발톱을 깎다"는 뜻으로 새기기도 하지만(McCarter, 421), 히브리어 본문에 해당하는 번역에서 칠십인역은 이 표현을 "발을 관리하다"(ἐθεράπευσεν τοὺς πόδας αὐτοῦ, '에테라페우센 투스 포다스 아우투')로 이해했다. 더불어 이어지는 표현에서 수염도 깎지 않고, 옷도 빨지 않았다는 표현과 함께 볼 때, 이는 장애인이었던 므비보셋이 보살펴 주는 사람이 없어서 제대로 씻지도 못하고, 매무새를 갖추지도 못한 모습을 묘사하는 것으로 이해할 수 있겠다. 25절에서 히브리어 본문은 므비보셋이 왕을 맞으러 "예루살렘에서 이르렀을 때"(בָּא יְרוּשָׁלַ͏ם, '바 예루샬라임')라고 진술하지만, 아직 배경이 요단강가이므로, 여기서 "예루살렘"은 문맥상 출발점으로 봐야 할 것이다. 다윗은 므비보셋에게 피난길에 왜 그가 동행하지 않았는지 묻는다. 여기서 다윗은 시바가 했

던 말(16:3)의 진위를 므비보셋의 입을 통해 직접 확인하려 했다. 이는 장애인이었던 므비보셋이 왕권을 탐냈다는 시바의 말이 신빙성이 높아 보이지 않았기 때문일 것이다.

26절에서 므비보셋은 원래 나귀에 안장을 지워 타고 다윗과 함께 가려고 했는데, 다리가 불편한 장애인(פִּסֵּחַ, '피세아흐')인 자신을 시바가 속여서(רִמָּנִי, '림마니', "그가 저를 속였습니다") 가지 못했다고 말하였다. 그리고 27절에서는 시바가 자신을 모함했다(וַיְרַגֵּל, '바여라겔')고 잘라 말한다. 이 동사는 비방자로서 여기저기 다니는 행보가 어원을 이룬다. 이 말에서 자신의 관리되지 않은 발과 시바가 모함하러 다윗에게 왔던 발을 대조한다. 이어서 므비보셋은 결과적으로 자신은 다윗과 함께하지 못했으니 "하나님의 사자"(מַלְאַךְ הָאֱלֹהִים, '말르아크 하엘로힘') 같은 다윗의 처분에 맡기겠다고 말한다. 판결의 전권을 가진 왕 다윗을 하나님의 사자라고 일컬은 것은 그의 지혜를 강조하는 뜻으로 새길 수 있다(참조. 삼하 14:17, 20). 28절에서 므비보셋은 자신의 결백을 주장하기 위해서 그간 있었던 일에 대한 자신의 감정을 드러낸다. 곧 이전 왕정의 후손인 자신을 다윗이 살려 준 것만으로도 은총을 입었는데, 다윗은 왕실의 상에서 음식을 먹도록 복권도 해 주었다는 사실이 자신에게는 과분하였으니 이제 더는 다윗에게 부탁할 염치가 없다고 말하였다. 그러자 다윗은 29절에서 지난 일은 더 말할 필요가 없다고 므비보셋을 만류한다. 그리고 시바에게 앞서 다 주었던 재산을 나누라고 말한다.[3] 여기서 다윗이 므비보셋의 말을 믿은 듯하지만, 시바에게도 재산의 반을 준 것은 비록 그가 거짓말은 했지만, 피난 때 이바지한 것도 사실이기 때문에 보상한 것으

---

3. 여기서 쓰인 동사의 완료형은 수행의 의미(performative)를 지녀서 의지를 나타내는 뜻으로 번역할 수 있다(참조. Tsumura, *Second Samuel*, 276).

로 여길 여지가 있다(비교. McCarter, *II Samuel*, 422). 30절에서 므비보셋은 재산을 거절하는데, 이는 아마도 진심이었겠지만, 다윗에게 실망하여서 한 푸념의 말일 수도 있다. 이에 대해 다윗은 답하지 않는다.

**31-40[32-41]절: 다윗과 바르실래.** 31절에서 다윗은 피난길에 만났던 또 다른 인물 바르실래를 만난다. 그는 소비, 마길과 함께 다윗 일행이 마하나임에 이르렀을 때 먹을 것과 마실 것을 제공해 주었었다(17:27-29). 다윗 일행이 요단강을 건너려 할 때 그는 자기 성읍 로글림에서 내려와 다윗을 배웅했다. 32절에서는 바르실래를 조금 더 자세히 소개한다. 먼저, 그는 80세의 매우 늙은 사람이라고 소개한다. 이 정보는 앞으로 이어질 이야기의 중요한 단서가 된다. 그리고 그는 앞서 언급한 것처럼 다윗이 마하나임에 있을 때, 계속해서 다윗을 돌보아 주었다(כִּלְכַּל, '킬칼'; 개역개정. "공궤하였더라"). 그리고 그렇게 다윗을 돌보아 줄 수 있었던 까닭은 그가 매우 큰 "부자"(אִישׁ גָּדוֹל, '이쉬 가돌')였기 때문이라고 밝힌다. 이 표현은 단순히 재물이 많은 사람만을 뜻하지는 않고, 영향력과 명망을 아우르는 말이다(참조. 삼상 25:2; 출 11:3; 레 19:15). 바르실래의 돌봄을 받았던 다윗은 33절에서 자신과 함께 요단강을 건너서 예루살렘으로 가자고 청한다. 그가 자신을 돌보았던 것처럼 이제 자신이 그를 돌보겠다고 말하였다.

하지만 34절에서 바르실래는 자기 "살 햇수"(יְמֵי שְׁנֵי חַיַּי, '여메 쉬네 하야이'; 직역. "제가 살 햇수의 날들")이 얼마 남지 않았다며, 자신의 늙은 나이를 근거로 다윗과 함께 예루살렘에 가는 것을 정중히 거절한다. 35절에서 그는 자기 나이가 80세임을 다시 분명히 한다. 80세는 삶의 낙을 충분히 누린 나이로 여겨졌던 듯하다(참조. 시 90:10). 그래서 바르실래는 일반적으로 누리기를 바라는 삶의 낙으로 음식의 맛, 좋은 노래 감상을 예로 들며 그런 것들을 누리기에 너무 늙었다고 말한다. 여기서 그는 "그 맛이 좋은지 나쁜지"(בֵּין־טוֹב לְרָע, '벤-토브 르라아') 분간할 수 없다고 하는데, 이는 이런 것들의 윤리적 가치 판단이 아니라, 감각적으로 즐겁고 불쾌함의 분간을 일컬을 것이다(참조. Anderson, *2 Samuel*, 239). 그러니 다윗과 함께 간다면, 오히려 짐(מַשָּׂא, '마사')이 될 것이라고 염려한다. 바르실래는 여기서 멈추지 않고, 36절에서 자신은 모든 반란을 제압하고 다시 예루살렘으로 돌아가는 다윗이 요단강을 잘 건너도록 배웅하려는 목적밖에 없다고 밝히며, 그것은 "보상"(הַגְּמוּלָה, '하그물라')을 받고자 함이 아님을 분명히 한다.

37절에서 바르실래는 다윗에게 자신이 고향으로 돌아가서 죽은 뒤 조상의 묘에 묻히도록 허락해 달라고 말한다. 사실 지금까지 다윗이 피난길에 만난 여러 사람 가운데 바르실래는 매우 돋보인다. 모두 정치적 속셈을 가지고 왕을 버리고 다시 들러붙고를 반복하는데, 화자는 바르실래의 이런 순수한 모습을 이야기 가운데 두어 독자들에게 교훈을 주려 하는 듯하다. 바르실래는 자기 대신 다윗에게 "김함"(כִּמְהָם, '킴함')이라는 인물을 천거한다. 이 사람이 누구인지 정확히 알려지지는 않았다. 칠십인역의 많은 필사본과 요세푸스의 『유대 고대사』에서는 이 이름 뒤에 "내 아들"(ὁ υἱός μου, '호 휘오스 무')을 덧붙인다.[4] 아마도 그렇게 볼 수 있을 것이다. 실제로 다윗은 솔로몬에게 남긴 유언에서 바르실래의 아들들을 보살피라고 하였다(참조. 왕상 2:7). 그리고 예레미야 41장 17절에서는 베들레헴 근처에 있는 "게룻김함"(גְּרוּת כִּמְהָם, '그루트 킴함')이라

---

4. M(txt)N rell; *Jos. Ant.* 7. 274; 본문 증거는 Br.-M. *II.-Part I. I and II Samuel*, 177의 본문 비평 장치를 참조하라.

는 지명이 언급되는데, 이곳을 다윗이 바르실래의 아들 김함에게 주었다고 추측하기도 한다(참조. Long, *1 and 2 Samuel*, 426). 어쨌거나 바르실래는 늙은 자기 대신 젊은 다음 세대의 인물에게 자신이 받을 보상을 대신 받도록 하였다. 38절에서 다윗은 바르실래의 요청을 기꺼이 수용하였다.

마침내 39절에서 다윗과 모든 백성, 그리고 바르실래도 요단강을 함께 건넜다. 그리고 두 사람은 서로 입 맞추고 축복한 뒤에 헤어졌다. 바르실래가 자기 성읍으로 돌아가는 것으로 그와 관련된 이야기는 마무리된다. 40절에서는 이 장면에 이어서 다윗이 바르실래가 천거한 김함과 함께 길갈에 도착하였다고 보도한다.[5] 이 도하에는 미리 약속한 대로 온 유다 백성들과 정보를 입수한 이스라엘 백성 절반이 함께했다고 보도한다.

### 이스라엘 지파들의 항의(41-43[42-44]절)

다윗이 유다 지파 사람들과 함께 강을 건너자 41절에서는 드디어 북쪽 이스라엘 지파 사람들의 불만이 터졌다. 본문은 앞선 이야기와 전혀 다른 분위기의 사건이 벌어졌음을 나타내기 위해서 '브힌네'(וְהִנֵּה)로 시작하여 주의를 환기한다. 그들은 다윗 왕을 호위하는 유다 사람들을 "우리 형제"(אָחִינוּ, '아헤누')로 일컬었다. 이들은 이 호칭으로 우선 분위기가 극단으로 가는 것은 회피하려 했을 것이다. 그러나 히브리어 본문에서 그에 앞서는 동사는 "당신을 도둑질했습니다"(גְּנָבוּךָ, '그나부카')로 매우 도발적이다. 이들은 다윗이 이 일을 주도했다는 사실은 알지 못한

---

5. 칠십인역(Χαμααμ)과 달리 히브리어 본문에서는 כִּמְהָן('킴한')으로 쓴다. 아마도 히브리어 본문은 필사 오류의 결과일 것이다.

채 유다 지파에게 책임을 돌리려 했다. 그러자 42절에서 듣고 있던 유다 지파 사람들이 나선다. 이들은 자신들이 왕과 가까운 사이(קָרוֹב, '카로브'; 개역개정. "종친")라서 그리했다고 자신들의 권리를 주장하였다. 그래서 그들은 자발적으로 다윗과 함께 요단강을 건넜으며, 그 대가로 받은 것이 아무것도 없음을 강조했다. 43절에서 이스라엘 사람들은 마침내 속내를 내보인다. 앞서 이들이 다윗을 데려오는 일에 앞장서자고 결의했을 때, 그들의 속내는 직설적으로 드러나지 않고, 문맥에서만 그들의 정치적 입지를 되찾기 위함임을 짐작할 수 있었다(19:9-10[10-11]). 그러나 여기서 이들은 유다 지파는 온 이스라엘에서 한 몫이지만, 자신들은 "열 몫"(עֶשֶׂר יָדוֹת, '에세르-야도트'; 직역. "열 손")이라고 주장한다. 이 말은 아무리 유다 지파가 다윗 왕과 가깝더라도 자신들은 열 배(참조. 창 43:24; 단 1:20)의 세력이라며 으름장을 놓은 것이다. 유다 지파가 다윗과 혈연 관계를 근거로 정치적 우위를 주장하자, 이들은 물리적인 세력을 들고 나온 셈이다. 이들은 유다 지파에 자기네와 다윗 왕을 모셔 오는 일을 의논하지 않았다고 하였는데, 이는 겉으로 드러난 명분일 뿐이다. 이 두 세력은 사실상 주도권 싸움을 벌이고 있다. 여기서 밀려나면 자칫 왕정의 정치적 영향력에서 밀려나서 모든 정책이나 이권에서 소외될 것이라는 위기감이 있었을 것이다. 그런데 결과적으로는 유다 사람들의 말이 이스라엘 사람들의 말보다 "완강했다"(וַיִּקֶשׁ, '바이케쉬'). 당장 반란과 연루되었다는 이유로 한풀 꺾여 있던 이스라엘 사람들이 유다 사람들의 논리를 이기기는 어려웠을 것이다.

## 본문의 메시지

(1) 감정이 정제되지 않은 채 말을 하다 보면, 말이 말을 낳고, 감정이 감정을 부추기는 경우가 있다. 압살롬을 죽이고 다윗에게 승부수를 던졌던 요압은 다윗의 반격에 당황하여 참을성 없이 다윗에게 항의하다 결정적인 실수를 하였다. 요압의 계획대로라면 다윗은 압살롬의 죽음에 움츠러들고, 요압에게 더욱 의지하여야 했다. 그러나 다윗은 그렇게 호락호락하게 요압의 뜻대로 움직이지 않았다. 요압이 도착하기 전에 반란 진압의 성공 분위기를 왕자 죽음의 분위기로 전환해 버렸다. 그래서 요압은 반란군을 제압하고 반란군의 수장이었던 압살롬을 제거하였는데도 죄인이 되어 버렸다. 이에 참지 못한 요압은 끝내 다윗 임금에게 대들었다. 그리고 지금 당장 군인들의 공을 기리고 위로하지 않으면, 반기를 들 수도 있다고 으름장을 놓았다. 사무엘서에서 요압은 성격이 급하고 다혈질인 인물로 그려진다. 이 장면에서도 그는 다윗이 어떤 말을 하기 전에 먼저 흥분하여서 성급하게 속내를 드러내고 말았다. 이제 더는 예전과 같은 관계로 돌아갈 수 없게 되어 버렸다. 요압은 앞으로 계속 자신이 내뱉은 말 때문에 다윗의 눈치를 보아야 할 것이다. 그리고 요압이 다윗에게 항의하던 말을 직접 들었거나 전해 들은 모든 사람이 요압의 행보를 주시할 것이다. 요압은 이제 다윗 왕정에 가장 위협적인 인물이 되어 버렸다. 요압이 선택할 수 있는 일은 죽은 듯이 조용히 살거나 자신이 내뱉은 말대로 다윗에게 정면으로 도전하는 길뿐이다. 한번 내뱉은 말은 절대로 주워 담을 수 없다. 그런 뜻에서 이 장면에서 말을 아끼는 다윗의 모습과 흥분하여 아무 말이나 내뱉은 요압의 모습은 뚜렷이 대조된다. 독자들은 이제 요압이 앞으로 어떻게 처신할지 궁금

해진다.

(2) 본문에서 독자들은 압살롬의 반란에 가담했던 이스라엘 지파와 다윗의 모습을 대조해서 볼 수 있다. 이스라엘 지파 사람들은 많은 수가 압살롬의 편에 서서 다윗에 대항했었다. 압살롬의 반란이 실패한 지금 그들은 정치적으로 위기에 몰리게 되었다. 더구나 자신들의 태도 표명 없이 다윗이 예루살렘에 돌아가서 다시 실권을 되찾게 된다면 상황은 더욱 악화할 것이다. 그래서 그들은 나름 한발 앞서 다윗을 지지하여 예루살렘에 돌아갈 수 있는 명분을 준다면, 앞선 반란 가담의 책임에서 벗어나서 정치적인 영향력을 확보할 수 있다고 판단했다. 그래서 그들은 한목소리로 다윗 편에 서기로 결의했다.

그런데 이런 분위기를 전해 들은 다윗의 생각은 달랐다. 물론 이스라엘 사람들이 자기편에 서서 다시 권력을 회복하는 데 지지해 준다면 분명히 좋은 일이 될 것이다. 그러나 그렇게 그 사람들의 도움을 받은 상황이 된다면, 그들이 정치적으로 왕권에 영향력을 미치려 할 것은 불을 보듯 뻔한 일이 될 것이다. 다윗은 그보다는 확실한 자기 세력을 중심으로 뭉치는 것이 더 중요하다고 판단했다. 그래서 그는 은밀히 유다 지파를 향해 이스라엘 사람들에게 선수를 빼앗기지 말고 "한 혈육"으로 자기를 호위해 달라고 부탁했다. 그리고 이스라엘 사람들과 유다 지파의 표면적 화합을 이루어 주는 연결고리로 아마사를 선택했다. 유다 지파이며 다윗의 조카인 그는 압살롬의 반란에 참여했지만, 사면과 복권은 물론 요압을 대신하는 지위를 보장해 주어서 확실한 자기 사람이 될 수 있었다. 더불어 압살롬의 반란에서 군 지휘관이었던 그를 품어주는 행위는 이스라엘 사람들을 포용하는 중요한 전략이 될 것이며, 요압을 제거하는 첫걸음이 될 것이다. 이처럼 다윗은 치밀하게 다시 권력을 되찾는 일을 준비하였다.

⑶ 본문에서는 귀환하는 길에 다윗이 세 사람을 만난다. 가장 먼저 찾아온 것은 시므이였다. 시므이는 다윗을 찾아와서 먼저 다윗 일행이 요단강 건너는 일을 거들었다. 더구나 그는 혼자 나오지 않고, 베냐민 지파 동족 1,000명을 데리고 왔다. 시므이는 압살롬의 반란이 성공할 것으로 생각하고, 다윗을 배척했었다. 사실상 시므이는 대놓고 다윗을 저주했지만, 다른 사람들은 칼을 들고 다윗을 겨누는 반란에 직접 가담했다. 다윗은 온 이스라엘의 왕으로서 자기 목을 향해 칼을 겨누었던 모든 사람을 품고 왕권을 확립하기로 했다. 그러므로 시므이도 지금 시점에서는 처벌할 수 없었다. 만약 시므이를 처벌한다면, 반란군을 품으려 했다는 다윗의 진의가 의심받고 다시 이스라엘은 분열의 길을 걷게 될 것이다. 그래서 시므이와 베냐민 지파의 사람들은 그 자리에서 용서받을 수 있었다. 이 결정이 정치적 판단이라는 점은 후에 다윗이 결국에는 솔로몬을 통해서 시므이에게 보복한 데서 짐작할 수 있다.

반면에 시바와 므비보셋은 사울의 잔당이라는 점에서는 공통점이 있지만, 조금 다른 차원의 이야기다. 앞선 피난길에서는 시바가 다윗과 이야기를 이어갔다면, 여기서 시바는 침묵하고 므비보셋이 이야기를 이어간다. 시바는 므비보셋을 속이고, 모함해서 재산을 얻었다. 그러나 다윗의 피난길에 결정적인 보급품을 제공해 줌으로써 도움을 주었다. 이 이야기에서 므비보셋은 시바에게 속은 이야기를 다윗에게 전해 주며 누명은 벗었지만, 재산을 다 찾지는 못했다. 왜냐하면 시바가 다윗에게 도움을 준 것도 사실이기 때문이다. 그래서 다윗은 시바와 므비보셋에게 재산을 반으로 나누어 주었다. 여기서 다윗이 므비보셋을 향해 자비를 베푼 것이 요나단과 언약을 지키기 위한 적극적인 마음이 아니었을 가능성을 추측해 볼 수 있다. 그는 다윗에게 위협이 되지 않는 장애인이었기 때문에 그냥 내버려 둔 것이며, 수용하여 관용의 명분을 쌓은 것일 뿐이었다. 그래서 다윗은 여기서 시바와 므비보셋을 동등하게 취급하였고, 므비보셋은 마지막 구절에서 다소 실망한 표현을 했다고 볼 수 있다.

(4) 바르실래와 다윗의 이야기는 정치적 계산과 음모가 가득 찬 이야기 가운데서 매우 돋보인다. 바르실래가 다윗과 이전에 어떤 관계에 있었는지는 전해지지 않는다. 더구나 그는 유다 지파도 아니어서 인척도 아니었다. 하지만 나이 많은 바르실래는 하나님이 기름 부으신 왕에 대해 진심에서 우러나온 호의를 베풀었다. 권력을 잃고 피난길에 오른 다윗에게 위험을 무릅쓰고 도움의 손길을 폈고, 마하나임에 있는 내내 자기 개인 재산을 털어 다윗을 돌보아 주었다. 다윗은 반란이 진압되고 예루살렘에 돌아가는 길까지 배웅 나온 바르실래에게 보답하겠다는 제안을 했다. 물론 바르실래가 80세의 고령이었지만, 다윗의 제안에 따라 노후를 편안히 보낼 수 있었다. 여기서 바르실래의 고귀함은 다시 한번 돋보인다. 그는 다윗의 제안을 정중히 거절한다. 대신 자기 아들로 보이는 김함을 다윗에게 천거한다. 만약 바르실래가 처음부터 자기 아들을 다윗에게 소개할 요량이었다면, 지금 천거할 일이 아니었다. 그러나 그는 다윗의 보답 제안에 자기보다는 더 그것이 필요한 다른 사람, 그리고 다윗에게 조금이라도 더 도움이 될 사람에게 양보하였다. 그리고 자신은 모두 훌훌 털어버리고 고향으로 돌아간다.

지금까지 다윗의 이야기를 이어 나가면서 화자가 소개한 인물 가운데 이처럼 순전하게 이타적인 사람은 없었다. 바르실래는 어쩌면 다윗 왕정 초기 권력을 둘러싼 암투 가운데 보석처럼 빛나는 이야기로 화자가 독자들을 향해 던지는 중요한 메시지를 담고 있는 것으로 보인다.

이타적인 삶은 많은 것을 포기해야 할 수 있다. 바르실래는 반란으로 피난 가는 다윗에게 호의를 베푸는 결정으로 혹시 반란이 성공한다면 목숨이 위험해질 수도 있었다. 그런데도 그는 과감히 다윗을 돕기로 했다. 그리고 다윗의 귀환에 동행한다면, 호의호식하며 여생을 보낼 수 있었다. 하지만 얼마 되지 않는 자기 생애의 안위를 포기하고 다음 세대에게 길을 열어주는 모습을 보였다. 여러모로 바르실래의 모습은 배울 점이 많다.

20장
세바의 반란

우리말로 옮긴 본문

**세바의 반란(1-22절)**

1 거기에 불량배 하나가 나타났는데, 그는 베냐민 사람 비그리의 아들 세바였다. 그가 뿔 나팔을 불며 말하였다. "다윗에게서 우리를 위한 몫은 없다. 이새의 아들에게는 우리를 위한 유산이 없다. 그러니 이스라엘은 저마다 자기 장막으로 돌아가라."

2 모든 이스라엘 사람이 다윗에게서 비그리의 아들 세바를 따라 올라갔다. 하지만 유다 사람들은 요단강에서 예루살렘에 이르기까지 자기네 임금의 편이 되었다.

3 다윗이 예루살렘 왕궁에 이르자, 임금은 궁을 지키라고 남겨 두었던 후궁 열 명을 데려다가 처소에 가두고 먹을 것만 주면서 다시는 그들을 찾아가지 않았다. 그래서 그들은 죽는 날까지 쓸쓸히 생과부로 살았다.

4 임금이 아마사에게 말하였다. "그대는 사흘 안에 유다 사람들을 내게로 부르시오. 그리고 그대도 여기 와 있어야 하오."

5 아마사가 가서 유다 사람들을 불렀다. 그러나 약속한 때보다 늦어졌다.

6 다윗이 아비새에게 말하였다. "이제 비그리의 아들 세바가 우리에게는 압살롬보다 더 나쁠 것이오. 그대는 그대 주군인 나의 신하들을 데리고 그를 뒤쫓아 가시오. 그가 접근하기 어려운 성이라도 찾기라도 한다면, 그는 우리 눈에서 벗어나게 될 것이오."

7 그리하여 요압의 부하들과 그렛 사람들과 블렛 사람들과 모든 용사가 비그리의 아들 세바를 뒤쫓으러 그를 뒤따라 예루살렘을 나섰다.

8 그들이 기브온에 있는 커다란 바위 곁에 있을 때, 아마사가 그들에게로 왔다. 요압은 군복을 입고 허리띠를 두르고 칼집에 꽂은 칼을 허리에 차고 있었다. ⌐그가 나올 때, 칼이 빠져나왔다.⌐

9 요압이 아마사에게 말하였다. "내 형제여, 안녕하신가?" 그리고 요압은 오른손으로 아마사의 수염을 잡고 입 맞추었다.

10 그런데 아마사는 그만 요압의 손에 있던 칼을 주의하지 않았다. 요압이 그 칼로 아마사의 배를 찔렀더니 그의 창자가 땅바닥으로 쏟아져 나왔다. 그래서 그를 다시 찌를 필요도 없이 그는 죽어버렸다. 그런 뒤에 요압과 그의 동생 아비새는 비그리의 아들 세바를 뒤쫓았다.

11 요압의 부하들 가운데 한 사람이 죽은 아마사 곁에 서서 말하였다. "요압을 좋아하는 사람과 다윗을 위하는 사람은 누구든지 요압을 뒤따르시오."

12 아마사는 길 한가운데에서 피투성이가 되어 있었다. 그 사람은 모든

백성이 멈추어 서는 것을 보고 아마사를 길 한가운데에서 들판으로 굴려 치웠다. 그리고 그리로 오는 사람들이 모두 멈추어 서서 보기 때문에 겉옷을 덮었다.

13 아마사의 주검을 길 한가운데에서 치우자, 모든 사람이 요압을 뒤따라 비그리의 아들 세바를 뒤쫓기 위해 지나갔다.

14 한편 세바는 이스라엘 온 지파를 두루 거쳐서 아벨과 벧마아가, 모든 베림 지역으로 향했다. 그러자 사람들이 모여들었고, 그들도 그를 뒤따랐다.

15 요압 일행이 와서 아벨 벧마아가에서 세바를 포위했다. 그들은 성을 향하여 토성을 쌓아 바깥 성벽만큼 높이 올렸다. 요압과 함께한 모든 백성이 성벽을 무너뜨리려고 부수기 시작하였다.

16 그러자 그 성읍 출신에서 지혜로운 여인 하나가 외쳤다. “들어 보시오, 들어 보시오! 요압 장군께 이리 좀 오시라고 전해 주시오. 제가 그분께 말씀 좀 드리겠습니다.”

17 요압이 그 여인에게로 가까이 가니 그 여인이 말하였다. “당신이 요압 장군이시오?” 그러자 그가 대답하였다. “내가 요압이오.” 그 여인이 그에게 말하였다. “이 여종의 말씀을 들어 보십시오.” 그가 말하였다. “내가 듣겠소.”

18 그 여인이 말하였다. “옛적 속담에, ‘아벨에 가서 물어보아야 한다’라고 했습니다. 그리고 사람들은 그렇게 해결하였습니다.

19 저는 이스라엘에서 평화롭고 미쁜 사람들 가운데 하나입니다. 장군님은 이스라엘에서 성읍과 어머니를 멸망시키고자 하십니다. 어째서 여호와께서 유산으로 주신 이곳을 삼키려 하십니까?”

20 요압이 대답하였다. “절대로, 절대로 나는 삼키거나 파괴하려는 것

이 아니오.

21  일이 그런 것이 아니라, 에브라임 산지 출신 비그리의 아들 세바라
는 사람이 제 손을 들어 다윗 임금님을 반역하였소. 그자만 내어 주
시오. 그러면 나는 이 성읍에서 물러가겠소.” 그러자 그 여인이 요압
에게 말하였습니다. “자, 그자의 머리가 성벽에서 당신에게로 내던
져질 것입니다.”

22  그리고 그 여인은 모든 백성에게로 가서, ▫자기 지혜로 설득하여,▫
비그리의 아들 세바의 머리를 베어서 요압에게 던져 주었다. 그래서
요압은 뿔 나팔을 불었고, 사람들은 그 성에서부터 저마다 제 장막
으로 흩어졌다. 그리고 요압은 예루살렘의 왕에게 되돌아갔다.

## 다윗의 관리들(23-26절)

23  요압은 이스라엘 온 군대의 지휘관이 되었고, 여호야다의 아들 브나
야는 그렛 사람과 블렛 사람의 지휘관이 되었다.

24  아도람은 노역자 감독관이 되었고, 아힐룻의 아들 여호사밧은 역사
기록관이 되었다.

25  스와는 서기관이 되었고, 사독과 아비아달은 제사장이 되었다.

26  야일 사람 이라도 다윗의 제사장이 되었다.


## 본문 비평


### 8절 ㄱ-ㄱ. 그가 나올 때, 칼이 빠져나왔다

칠십인역은 우리가 옮긴 마소라 본문(וְהִיא יָצְאָ וַתְּמַפֵּל, ‘브후 야차 바티폴’)

과 달리 καὶ ἡ μάχαιρ ἐξῆλθεν('카이 헤 마하이라 엑스엘텐')로 옮겨서, 주어를 요압이 아니라 칼로 명확히 한다. 더욱이 몇몇 필사본(Codd. BM)은 히브리어의 인칭대명사를 반영한 번역을 덧붙이기도 한다(καὶ αὐτὴ ἐξῆλθεν, '카이 아우테 엑스엘텐'). 그러니 칠십인역은 아마도 동사 변화형으로만 구성되어 주어가 불명확한 히브리어 본문을 수정하였을 것이다.

### 14절 ㄴ. 모여들었고

마소라 본문의 쓰기 전통(Ketib)은 וייקלהו인데, 이는 음위 전환(metathesis)에서 비롯한 필사 오류로 보인다. 읽기 전통(Qere)은 וַיִּקָּהֲלוּ('바이카할루')로 올바르게 수정하였다.

### 18절 ㄷ-ㄷ. 아벨에 가서 (…) 해결하였습니다

칠십인역은 이 문장을 비슷한 두 문장으로 옮겨서 전해 준다. "'이스라엘을 신뢰하는 사람들이 더 물을 것이 있으면 아벨과 단에 가서 물어보아야 한다'라고 했습니다. '아벨에 가서 물어보아야 한다'라고 했습니다. 그리고 사람들은 그렇게 해결하였습니다"(Ἐρωτημένος ἠρωτήθη ἐν τῇ Αβελ καὶ ἐν Δαν εἰ ἐξέλιπον ἃ ἔθεντο οἱ πιστοὶ τοῦ Ισραηλ. ἐρῶντες ἐπερωτήσουσιν ἕνα ἐν Ἀβελ καὶ οὕτως, εἰ ἐξέλιπεν). 이는 사실상 두 가지 본문 전통 가운데 어느 하나를 선택하지 않고, 겹쳐서 전해진 것으로 보인다.

### 22절 ㄹ-ㄹ. 자기 지혜로 설득하여

마소라 본문에는 "자기 지혜로"(בְּחָכְמָתָהּ, '브호크마타흐')만 있다. 그런데 칠십인역은 이 표현 앞에 καὶ ἐλάλησεν πρὸς πᾶσαν τὴν πόλιν('카이 엘랄레센 프로스 파산 텐 폴린', "그리고 그녀가 온 성읍을 향해 말했다")를 더 덧붙였다. 아마도 본문을 분명히 이해하도록 하려는 추가 본문으로 보인다(참조. McCarter, *II Samuel*, 429).

# 본문 주석

## 세바의 반란(1-22절)

**1-2절: 베냐민 지파 세바가 반란을 일으킴.** 1절은 앞 장에서 다윗이 요단 강을 건너서 길갈에 이르렀을 때, 유다 사람들과 이스라엘 사람들 사이의 갈등이 있었던 그 장소(וְשָׁם, '브샴', "그리고 거기서")를 배경으로 한다. 본문은 예기치 않은 한 사람의 등장을 소개하는데, 그를 "불량배"(בְּלִיַּעַל אִישׁ, '이쉬 벨리야알')라고 일컫는다. 이 표현은 문자적으로는 "쓸모없는 사람"을 뜻한다. 하지만, 사무엘서에서 이 표현은 화자의 부정적인 가치 판단이 전제된 사람을 일컬을 때 쓰이며, 특히 정치적인 반대 세력을 가리킨다(참조. 삼상 2:12; 10:27; 25:17). 이 사람은 베냐민 지파 비그리(בִּכְרִי, '비크리')의 아들 세바였다. 사실 베냐민 지파는 어떤 형태로든 사울 잔당의 세력과 가깝다고 여길 수 있다. 그는 뿔 나팔을 불었는데, 이는 군사 행동의 시작을 알린다(참조. 삼상 13:3; 삼하 15:10). 그가 반란의 근거로 내건 명분은 다윗에게서는 "몫"(חֵלֶק, '헬레크')도 "유산"(נַחֲלָה, '나할라')도 기대할 수 없다는 것이었다. 이 말에는 앞선 단락에서 이스라엘 사람들이 유다 사람들에게 했던 말에서 드러난 세력과 영향력의 상실에 대한 실망감이 그대로 배어 있다. 그는 이스라엘은 제각각 장막으로 돌아가라고 외쳤는데, 이는 왕정 이전 개별 지파 연합 체제로 돌아가자는 주장으로

볼 수 있다(참조. Tsumura, *Second Samuel*, 280). 세바가 느닷없이 나팔을 불며 반란을 선동하자, 2절에서 다윗을 따라 예루살렘으로 가던 이스라엘 사람들은 멈추어 세바를 따르기 시작했다. 이는 앞서 유다 사람들과 있었던 갈등이 해결되지 않은 결과이다. 하지만 유다 사람들은 다윗과 함께 예루살렘으로 갔다. 이로써 본격적인 분열이 시작되었다.

**3절: 유폐된 다윗의 후궁들.** 이 구절에서 화자는 이야기 진행을 잠시 멈추고, 다윗이 예루살렘 왕궁에 돌아와서 취한 조치를 전한다. 그는 압살롬의 반란 때 왕궁에 남겨 두었다가 압살롬과 동침하게 된 후궁 10명(15:16; 16:22)을 왕궁에서 내보내고, 관계를 끊었다. 물론 당연한 조치로 생각할 수 있지만, 최종형태의 본문에서 이 구절의 자리를 살펴보면, 세바의 반란과 연관성을 생각할 수밖에 없다. 그렇게 보면, 다윗은 압살롬의 반란에 마침표를 찍고, 그와 연루된 사람들을 처리하는 모습을 보여서, (그 반란에 참여했을) 이스라엘 사람들과 세바와 함께한 반란 세력에 대해 강경한 조처를 할 것이라는 메시지를 주고 있다고 읽을 수도 있겠다.

**4-7절: 아마사의 모병 실패와 요압, 아비새의 출정.** 4절에서 다윗은 요압 대신 군지휘관으로 임명한 아마사를 부른다. 그리고 그에게 3일 안에 유다 군사들을 소집하여 자기 앞에 데려오라고 명령한다. 3일은 불가능하지는 않지만, 군사를 다 소집하기에는 바쁜 일정이었다. 더구나 압살롬의 반란에 연루되었던 아마사가 유다 군사를 소집하는 것이 수월하지는 않을 것이다. 다윗은 그에게 "그대도 여기 와 있어야 하오"(עֲמֹד וְאַתָּה פֹה, '브아타 포 아모드'; 개역개정. "너도 여기 있으라")라고 해서 아마사에게 임무를 회피하지 말라는 경고도 잊지 않았다. 그러나 5절에서 아마

사가 군사를 모으러 갔지만, 약속한 3일 안에 임무를 완수하지 못하고 지체되었다.[1] 아마도 유다 사람들을 설득하는 데 실패한 것으로 추측할 수 있다. 6절에서 다윗은 정해진 시간이 지나자, 아마사를 더 기다리지 않고, 아비새에게 출정을 명령한다. 그는 아비새에게 세바의 반란이 압살롬의 반란보다 더 심각하다는 점을 분명히 한다. 다윗 왕실을 벗어난 반란은 나라를 완전히 분열하여 통일성을 잃게 할 수도 있으므로 당연한 경고다. 다윗이 아마사를 더 기다리지 않은 까닭은 그가 밝히듯, 세바의 반란군이 접근하기 어려운 성(עָרִים בְּצֻרוֹת, '아림 브추로트'), 그러니까 요새 성에 들어가면, 오랜 시간이 걸리는 공성전이 되어 진압이 장기화할 것이기 때문이었다. 7절에서 압살롬을 죽이고 다윗과 갈등을 벌인 뒤 잠잠했던 요압이 다시 등장한다. 요압의 군대와 아비새의 군대, 그리고 다윗의 용병이었던 그렛 사람들과 블렛 사람들이 모두 예루살렘을 떠나 세바를 뒤쫓아 출정했다.

**8-10절: 요압이 아마사를 죽임.** 8절에서 다윗의 군대가 베냐민 땅의 기브온에 있던 "커다란 바위"(הָאֶבֶן גְּדוֹלָה, '하에벤 하그돌라')에 이르렀을 때, 아마사는 의외로 유다 땅이 아니라 그곳에 있었다. 이곳은 아마도 솔로몬이 제사를 지냈던 이야기에서 보듯 큰 산당이 있었던 그곳을 가리킬 것으로 추측할 수 있다(참조. 왕상 3:4; McCarter, *II Samuel*, 429). 본문은 아마사가 왜 유다 땅이 아니라 이곳에 있었는지 설명하지 않는다. 하지만, 아마사는 다윗이 명령한 기한 안에 모병에 실패하였고, 그래서 예루

---

1.  히브리어 본문에서 쓰기 전통의 וייחר와 읽기 전통의 וַיִּחֶר('바요헤르')는 자음 א('알렙')이 빠져 있다. 두 전통 모두 이 자음이 발음되지 않는 데서 비롯한 자음 누락이 전승된 것으로 보인다(참조. Tsumura, *Second Samuel*, 282-283).

살렘으로 돌아가지 않고 이곳에 있었을 수도 있다. 어쨌거나 요압이 그를 보고 다가간다. 그런데 본문의 묘사는 직관적으로 장면을 그리기 수월하지 않다. 본문은 요압의 군복과 무기를 설명한 뒤에 그가 아마사에게 다가갈 때, "그것이 빠져나왔다"(וַתִּפֹּל '바티폴')고 전한다. 이 본문의 해석은 몇 가지 의견으로 나뉜다(비교. Anderson, *2 Samuel*, 240; Long, *1 and 2 Samuel*, 431). 칼이 칼집에서 빠져나와 군복의 주름 사이로 들어가 감춰졌다는 견해, 칼이 땅에 떨어졌지만, 요압이 칼을 하나 더 숨기고 있다는 견해 등이 대표적이다. 두 견해 모두 개연성이 있지만, 더불어 어느 것 하나 명확하지는 않다. 이어지는 본문을 볼 때 후자가 더 자연스러워 보인다. 어쨌거나 9절에서 요압은 사촌 아마사를 향해 "내 형제여"(אָחִי, '아히')라고 부르고, 평화의 인사를 하며 일반적으로 무기를 잡는 오른손으로 아마사의 수염을 잡고 입 맞추려 하여 아마사의 경계심을 누그러뜨렸다. 그래서 10절에서 아마사는 요압이 (아마도 왼손에 쥐고 있었을) 또 다른 칼을 주의해서 보지 못하였다. 그 순간 요압은 칼로 아마사의 배를 찔러 갈라버려서 창자가 쏟아지게 해서 죽였다. 그러고는 아비새와 함께 세바를 계속 추격한다.

**11-13절: 요압이 아마사의 주검을 이용함.** 11절에서 아마도 요압이 남겨두었을 그의 군사 한 명이 피투성이가 되어 쓰러진 아마사의 주검 곁에 서서 다윗의 군사로서 요압을 따를 사람이 누구냐며 외친다. 이는 군 지휘관인 아마사가 죽었으니, 요압의 명령을 따르라는 종용이었다. 12절에서 그는 모든 군사가 목격한 것을 확인한 뒤에 아마사의 주검을 길가로 옮겨 옷으로 덮어 수습하였다. 13절에서 아마사의 주검 수습이 끝나자 이제 모든 군사가 요압을 따르게 되었다.

**14-15절: 아벨 벤마아가 공성전.** 14절에서는 반란을 일으킨 세바에게로 장면이 전환된다. 그는 다윗과 유다 사람들과 결별한 뒤에 북쪽 이스라엘 온 지파(כָּל־שִׁבְטֵי יִשְׂרָאֵל, '콜-쉬브테 이스라엘')를 두루 찾아다니며 세력을 규합했다. 세바의 반란군은 아벨(אָבֵל)과 벤마아가(בֵּית מַעֲכָה), 베림(בֵּרִים) 지역에 도착했다. 이곳은 이스라엘 북부 훌레 호수 북쪽으로 대략 20㎞쯤 떨어진 텔 아빌(Tell Abil) 근처로 여겨지는데, 텔 단(Tell Dan) 바로 동쪽에 자리 잡고 있었다(참조. McCarter, *II Samuel*, 429-430). 특히 베림은 아셀 지파의 후손들이었는데(대상 7:36), 아마도 본문은 이들이 아벨 벤마아가 사람들과 합류했다는 뜻으로 보인다(참조. Tsumura, *Second Samuel*, 285). 사람들이 점점 이곳으로 세바의 세력에 합류하기 시작했다. 다윗이 염려했던 대로 반란 진압은 이제 공성전으로 이어지게 되었다(6절). 어쨌거나 요압의 군대로 이들을 뒤쫓아 왔다. 15절에서 요압의 군대는 아벨 벤마아가로 와서 그곳을 포위했다. 여기서 요압은 고대 공성전의 전형으로 성벽 맞은편에서 토성(סֹלְלָה, '솔를라')을 쌓기 시작했다.[2] 이 토성은 바깥 성벽(חֵיל, '헬')에 맞은편에 성벽 높이만큼 쌓아 올려서 그 위에서 성을 공격하는 형태가 될 것이다.

**16-22절: 아벨 벤마아가 여인의 중재.** 요압의 공성전이 본격적으로 시작되고 성벽이 무너질 위기에 처하자 16절에서 아벨 벤마아가의 협상 담당자가 나선다. 본문에서는 이 사람을 "지혜로운 여인"(אִשָּׁה חֲכָמָה, '이샤 하카마')으로 일컫는다. 여기서 말하는 지혜는 요압이 드고아의 "지혜

---

2. 이런 토성에 대해서는 왕하 19:32; 사 37:33; 렘 6:6; 32:34; 33:4; 겔 4:2; 17:17; 26:8; 단 11:15 참조.

로운" 여인(14:2)을 선택하였던 것처럼 특정 분야의 전문성을 가지고 있
는 사람을 가리키겠다. 여기서는 물론 협상의 전문성을 인정받은 사람
으로 여길 수 있다. 그녀는 요압 군대를 향해 요압과 협상하겠다고 말한
다. 그녀는 "들어 보시오, 들어 보시오"(שִׁמְעוּ שִׁמְעוּ, '쉬므우 쉬므우')라며
두 번이나 말을 되풀이하는데, 이는 상황을 진지하고 다급하게 받아들
이고 있다는 의사를 표현하는 어감을 준다(참조. Tsumura, *Second Samuel*,
287). 17절에서 이 여인은 요압과 직접 대면하여 신분을 확인하고 협상
을 시작한다. 요압은 이 여인의 협상 요청에 응한다. 요압 편에서도 어
차피 여기서 전투를 벌여 봐야 동족끼리 죽고 죽이는 모습이므로 가능
하다면 전투를 피하는 것이 상책이기 때문이다.

18절에서 여인은 속담으로 이야기를 시작한다. 그 속담은 "아벨에
가서 물어보아야 한다"(שָׁאֹל יְשָׁאֲלוּ בְאָבֵל, '샤올 여샤알루 브아벨')는 말이
었다(본문 비평 참조). 이어지는 본문에서는 그런 모든 문제가 이곳에서 마
무리되었다(הֵתַמּוּ, '헤타무')고 말한다. 여인의 말에 있는 이 전통에서 아
벨과 단은 이스라엘에서 문제의 해결을 찾는 협상의 성읍으로 그려진
다. 이 또한 전투가 아니라 협상의 의지를 밝히는 발언이다. 19절에서
이 여인은 자신이 "이스라엘에서 평화롭고 미쁜 사람들"(אֱמוּנֵי יִשְׂרָאֵל
שְׁלֻמֵי, '쉘루메 에무네 이스라엘') 가운데 한 사람이라고 말하는데, 여기서 평
화와 신뢰를 강조하는 것은 지금 벌어지는 반란에 동의하지 않으며, 다
윗 왕조의 통일성을 지향한다는 뜻을 밝힌 셈이다. 그리고 요압이 전투
를 한다면 "이스라엘에서 성읍과 어머니"(עִיר וְאֵם בְּיִשְׂרָאֵל, '이르 브엠 브
이스라엘')를 멸망시키는 것이라고 전한다. 일반적으로 이 표현을 "이스
라엘 가운데 어머니 같은 성읍"(개역개정)으로 옮긴다.[3] 그런데 본문 자체

---

3.    칠십인역은 "이스라엘에서 성읍과 어머니 성읍(=수도)"(πόλιν καὶ μητρόπολιν ἐν

는 그렇게 이해할 수 있는 근거가 없다. 히브리어 본문을 그대로 이해하자면, 요압이 아벨 벧마아가를 멸망시킨다면, 모계 사회인 이스라엘 전통에서 "어머니"로 대표되는 씨족들, 곧 이스라엘 왕정의 근간이 되는 백성들 자체의 연대를 해치는 셈이라는 뜻으로 새길 수 있다. 이런 이해는 이어지는 발언에서 전투가 "여호와께 유산으로 주신"(נַחֲלַת יהוה, '나할라트 야훼') 곧 이스라엘(참조. 신 4:20; 9:26, 29; 시 28:9; 74:2 등)을 삼키는 일이라고 한 데서도 뒷받침된다. 여인의 논리적이고 설득력 있는 말에 요압은 20절에서 부정어를 되풀이하면서(חָלִילָה חָלִילָה, '할릴라 할릴라') 자기 목적이 아벨 벧마아가를 멸망시키려는 것이 아니라고 강조한다. 21절에서 요압은 세바가 반란을 일으켰으므로, 반란의 주모자인 세바만 넘겨주면 떠날 것이라고 약속한다. 여기서 세바를 "에브라임 산지 출신 사람"(אִישׁ מֵהַר אֶפְרַיִם, '이쉬 메하르 에프라임')이라고 일컫는데, 이는 세바의 출신지인 베냐민 땅을 가리킨다. 이렇게 말한 것은 세바가 아벨 벧마아가에서도 외지인이므로 거리를 둘 수 있는 여지가 있도록 하려는 의도를 생각해 볼 수 있다. 요압의 이 제안을 여인도 수용하였다. 그래서 22절에서 그 여인은 이번에는 자기 "지혜"로 아벨 벧마아가의 백성들을 설득하는 중재자 역할을 하였다. 결국 세바를 참수해서 요압에게 내어 주었다. 그러자 요압은 종전의 나팔을 불고, 반란군들은 흩어져서 각기 장막으로 돌아갔다. 이 마지막 표현은 사건의 종결을 뜻하는 관용구다(참조. 삼상 4:10; 삼하 19:9; 왕하 8:21; 14:12). 요압은 다시 예루살렘으로 돌아가서 다윗에게 나아갔다.

---

Ἰσραηλ)으로 옮기는데, 이렇게 이해할 경우, 아벨 벧마아가를 멸망시키면, 결국 수도인 예루살렘의 지도력에도 타격을 받는다는 말이 된다.

**다윗의 관리들(23-26절)**

압살롬과 세바의 반란이 진압되자 다윗은 다시 관리조직을 재정비했다. 23절에서 죽은 아마사를 대신해서 요압이 다시 군대 지휘관으로 임명되었다. 하지만 요압과 다윗의 갈등은 여전히 내재하고 있었다. 결국 이 갈등은 다윗의 노후 마지막에 아도니야의 반란으로 터지게 될 것이다(왕상 1:7). 브나야는 그렛과 블렛 사람 용병들의 관리자로 그대로 유임되었다(8:18). 24절에서 새로 등장하는 아도람(=아도니람)은[4] 이방인들로 이루어졌을 노역자(הַמַּס, '하마스')의 감독관으로 임명되었다(참조. 왕상 9:21=대하 8:8). 그는 앞으로 솔로몬을 거쳐(왕상 4:6; 5:14) 르호보암 시대(대하 10:18)까지 관직에 있었던 것으로 보인다(참조. McCarter, *II Samuel*, 434). 여호사밧은 사관에 그대로 유임되었다. 25절의 서기관 스와(שְׁיָא, '쉬바'[Q])는 스라야의 다른 형태인 것으로 보인다(참조. 8:17; Tsumura, *Second Samuel*, 159). 제사장 사독과 아비아달도 유임되었다. 26절에서 이라(עִירָא)는 다윗의 왕자들이 맡았던 대신에 추가되었다(참조. 8:18).

## 본문의 메시지

(1) 본문에서 요압은 아마사를 잔인하게 살해한다. 그가 아마사를 살해한 까닭은 밝히지 않아 분명하게 알 수는 없다. 그러나 지금까지 요압이 해 왔던 행동을 보면 대강 두 가지로 추측할 수 있다. 사실 다윗은 아마사가 돌아오지 않자, 요압이 아니라 아비새에게 군 지휘권을 맡겼다. 그

---

4. 몇몇 칠십인역 사본과 시리아어 역본에서는 '아도니람'이라고 음역하는데, 아마도 이는 이어지는 열왕기에 나오는 인물과 동일시하기 위함일 것이다.

런데 이 본문에서 요압은 자신이 반란 정벌군의 지휘관을 자처한다. 그러니 아마사를 요압이 죽인 것은 먼저 아마사가 모병의 기한을 지키지도 못했고, 유다 땅을 떠나 베냐민 땅에 있었던 데 대해 스스로 판단하여 처형한 것으로 볼 수 있다. 이는 압살롬을 죽였을 때와 같은 방식이다. 만약 이 이후에 요압이 세바의 반란을 진압하고 나면, 다시 한번 다윗을 압박할 명분이 생길 것이기 때문이다. 또한, 요압의 개인 차원에서 보자면, 자기 모르게 다윗이 임명한 군 지휘관 아마사에 대한 극도의 반감이 작용했을 수도 있다. 그가 아브넬을 죽일 때도 이 두 가지 감정이 마찬가지로 작용했었다. 결국 아마사를 죽임으로써 요압은 다윗 왕국에서 자신이 살아남아서 계속 영향력을 미치고, 더 나아가서 왕권에도 영향을 줄 수 있는 마지막 기회로 세바의 반란 진압을 이용하려 했을 것이다. 그 길에 가장 먼저 제거해야 할 사람은 당연히 공식적인 군 지휘권을 가지고 있던 아마사였다. 아마사가 죽자 그가 부하를 남겨서 군사들에게 선택을 강요한 것을 보면 알 수 있다. 그곳에는 물론 자기 군사들도 있었지만, 아비새의 군사들, 그렛과 블렛의 용병들, 어쩌면 아마사가 모집한 유다 군사들도 있었을 것이다. 이 군사들을 통제하고, 자기 지휘권 아래 두어 세바의 반란을 진압한다면, 이들은 완전히 자기 세력으로 나중에 다윗을 압박하는 수단으로 쓸 수 있으리라는 계산도 했을 것이다.

(2) 세바를 중심으로 한 북쪽 지파의 반란 세력은 이스라엘 북부로 이동해서 아벨 벧마아가 성읍에 들어갔다. 다윗이 염려했던 대로 이제 공성전으로 반란군 세력을 진압해야 하는 상대적으로 어려운 상황에 놓이게 되었다. 진압군의 지휘권을 낚아챈 요압은 아벨 벧마아가의 공성전

을 위해 외성 앞에 토성을 성벽 높이로 쌓았다. 이로써 성벽을 공격하고 성읍 안으로 들어가는 작전이었다. 이제 곧 진압 작전이 시작되려던 순간에 아벨 벧마아가에서 협상 전문 여인이 등장하였다.

이 여인은 협상의 기술, 또는 화술을 뜻할 "지혜" 있는 사람으로 소개된다. 결국 성경에 이름조차 기록되지 못했지만, 이 여인은 진압군의 지휘관 요압에게 매우 논리적으로 평화적인 해결안을 제시하고 설득했다. 그녀는 세바의 반란군 때문에 아벨 벧마아가를 멸망시킨다면, 결국 왕정의 통일성에도 균열이 가서 더 많은 것을 잃을 수 있다고 설득했다. 요압은 이 여인의 설득에 동의하여 세바만 넘겨 달라고 요구했다. 이 여인은 다시 성안에 있는 사람들을 설득하는 과제를 떠안았다. 아마도 그녀가 이렇게 중재 협상을 한 것이 처음은 아닌 듯하며, 더구나 그 일을 아주 잘하는 사람이었던 것으로 보인다. 결국 그녀의 설득을 통해서 세바의 수급을 요압에게 넘겨주는 것으로 동족 간의 전투를 막아냈다. 이렇게 반란 진압에 결정적인 역할을 하고도 이름도 알려지지 않은 채 역사의 뒤안길로 사라진 이 여인은 이야기의 전면에 나서서 온갖 욕심과 속임수와 악행을 서슴지 않는 남성 주인공들보다 독자들에게 훨씬 더 큰 울림을 준다.

**넷째 마당**
**다윗 임금 통치 에필로그(21-24장)**

21장

## 기브온 주민 이야기와 다윗의 용사들

우리말로 옮긴 본문

**기브온 사람들의 소원을 들어준 다윗(1-14절)**

1   다윗 시대에 세 해 동안이나 거듭 흉년이 들었다. 다윗이 여호와 앞에 나아가서 간청하였다. 그러자 여호와께서 말씀하셨다. "사울이 기브온 사람들을 죽였기 때문에 그 피가 사울과 그의 집을 향하고 있다."

2   그리하여 임금이 기브온 사람들을 불러들여 그들에게 말하였다. (그런데 기브온 사람들은 이스라엘 자손들이 아니라 아모리 사람들 가운데 남은 이들이었다. 이스라엘 자손들이 그들에게 맹세했던 것과는 달리 사울이 이스라엘 자손들과 유다를 향한 열성 때문에 그들을 죽이고자 했다.)

3   다윗이 기브온 사람들에게 말하였다. "내가 그대들에게 어찌하면 좋겠소? 또 무엇으로 보상해야 그대들이 여호와의 소유인 이 백성을 위해 복을 빌어 주겠소?"

4 기브온 사람들이 그에게 대답하였다. "우리와 사울이나 그의 집안 사이의 문제는 은금에 있지 않습니다. 또 우리는 이스라엘 가운데 누구도 죽일 생각이 없습니다." 그러자 그가 말하였다. "그러면 그대들은 무엇을 요구하겠소? 내가 그대들에게 해 줄 것이오."

5 그들이 임금에게 말하였다. "그 사람 사울은 우리를 전멸시켜서 이스라엘의 영토 어디든 자리 잡지 못하게 하려고 뿌리 뽑아 버릴 생각을 하였습니다.

6 이제 저희에게 그의 아들들 가운데 일곱 사람을 내어주십시오. 그러면 저희가 여호와께서 선택하신 사울이 살던 기브아에서 그들을 목매달겠습니다." 왕이 말하였다. "내가 내어주겠소."

7 그러나 임금은 사울의 손자이자 요나단의 아들인 므비보셋은 남겨 두었다. 이는 다윗과 사울의 아들 요나단이 여호와를 두고 한 맹세 때문이었다.

8 임금은 아야의 딸 리스바가 사울에게 낳아 준 두 아들 알모니와 므비보셋, 사울의 딸 메랍이 므홀랏 사람 바르실래의 아들 아드리엘에게 낳아 준 다섯 아들을 붙잡아서

9 기브온 사람들의 손에 내어주자, 기브온 사람들은 산 위로 가서 여호와 앞에서 그들을 나무에 매달았다. 그리하여 그들 일곱은 한꺼번에 죽었다. 그들이 죽었을 때는 곡식을 막 거둘 무렵, 곧 보리를 거두기 시작할 때였다.

10 아야의 딸 리스바는 굵은 털실로 짠 천을 가져다가 바위 위에 자기를 위하여 펼쳐 두고 앉아서는, 곡식을 거두기 시작할 무렵부터 하늘에서 비가 시체 위에 내릴 때까지, 낮이면 하늘의 새가 날아와 앉지 못하게 하고, 밤이면 들짐승이 다가오지 못하게 하였다.

11　사울의 첩이자 아야의 딸인 리스바가 그리하고 있다는 소식이 다윗에게 전해졌다.

12　다윗은 가서 사울의 뼈와 그의 아들 요나단의 뼈를 야베스 길르앗의 주민들에게서 가져왔다. (길보아에서 블레셋 사람들이 사울을 죽이던 날, 블레셋 사람들은 사울을 벧산 광장에 매달았는데, 그들이 거기서 그들의 시체를 몰래 가져왔다.)

13　그가 거기서 사울의 뼈와 그의 아들 요나단의 뼈를 가지고 올라오자, 사람들은 매달린 이들의 뼈도 수습하여서,

14　베냐민 땅 셀라에 있는 사울의 아버지 기스의 무덤에 사울의 뼈와 그의 아들 요나단의 뼈를 더불어 묻어주었다. 이 모든 일은 다윗이 명령한 대로 하였다. 그런 뒤에야 하나님께서 그 땅을 위한 기도를 들어주셨다.

## 블레셋의 거인들을 죽인 다윗의 용사들(15-22절)

15　아직 블레셋 사람들과 이스라엘 사이에 전투가 벌어지고 있던 때, 다윗과 그의 신하들이 그와 함께 내려가서 블레셋 사람들과 맞서 싸우는 가운데 다윗이 지쳤다.

16　그때 라파의 후손 가운데 이스비브놉이라는 사람이 무게가 청동 300세겔이나 되는 창을 들고 허리에는 새 칼을 차고 다윗을 죽이겠다며 나섰다.

17　그러자 스루야의 아들 아비새가 그를 도와 그 블레셋 사람을 쳐 죽였다. 그때 다윗의 부하들이 다윗에게 맹세하여 말하였다. "다시는 저희와 함께 전투에 나가지 마십시오. 그래서 이스라엘의 등불을 꺼뜨리지 마십시오."

18 그 뒤에 다시 곱에서 블레셋 사람들과 전투가 벌어졌다. 그때 후사 사람 십브개는 라파의 후손 가운데 삽을 쳐 죽였다.

19 또 곱에서 블레셋 사람과 전투가 벌어졌는데, 베들레헴 사람 야레오르김의 아들 엘하난은 가드 사람 골리앗을 쳐 죽였는데, 골리앗의 창 자루는 베틀 채 같았다.

20 또 가드에서 전투가 벌어졌다. 그때 거인 한 사람이 있었는데, 손가락과 발가락이 저마다 여섯 개씩이어서 모두 스물네 개나 되었다. 그 사람도 라파의 후손이었다.

21 그런데 그가 이스라엘을 조롱하자, 다윗의 형 삼마의 아들 요나단이 그를 쳐 죽였다.

22 이 네 사람은 가드에 살던 라파의 후손이었으며, 다윗과 그의 부하들 손에 쓰러졌다.


# 본문 비평


### 4절 ㄱ. 우리와

마소라 본문의 쓰기 전통(Ketib)은 여기서 לִי('리', "나와")를 쓰는데, 이는 분명히 필사 오류일 것이다. 읽기 전통(Qere)이 לָנוּ('라누', "우리와")로 수정해 준다.


### 6절 ㄴ. 내어주십시오

마소라 본문의 쓰기 전통(Ketib)은 여기서 יִנְתֻן를 쓰는데, 이는 둘째 약자음 '눈'(נ)이 이어지는 '타브'(ת)에 동화되어 중첩되지 않아서 히브리어 정서법에 어긋난다. 읽기 전통(Qere)은 이것을 수동형(יֻתַּן, '유탄')으로 읽으라고 수정 제안을 하는데, 이 자음 본문은 칠십인역 전통(Cod. B)의 지지를 받지만, 능동 지시형 읽기 יִתֵּן('이텐')을 전제한다(δότω). 한편, 쿰란 본문(4QSamª)은 2인칭 복수 명령형 ונתתם('우느타템')을 쓴다. 어느 것이 원래의 본문일지는 판가름하기 쉽지 않다. 다만 복잡한 본문 분화가 이루어진 것만큼은 틀림없다.

<h2 style="text-align:center">본문 주석</h2>

### 기브온 사람들의 소원을 들어준 다윗(1-14절)

이 단락은 바로 앞선 이야기와는 구분되며, 독립적인 전승으로 보아야 한다. 더구나 사건의 시간적 배경도 훨씬 이전으로 거슬러 올라간다. 사무엘하 9장 1절에서 다윗은 사울 집안에 남은 가족의 존재를 물었고, 이때 므비보셋의 존재를 처음 알았는데, 이 본문에서는 므비보셋의 존재를 알고 있음이 전제되므로 적어도 그 이후 어느 때로 여길 수 있다. 그리고 시므이의 비난(16:7-8)이 이 단락에서 전하는 사건을 전제하는 것으로 보이므로, 압살롬의 반란보다는 앞서는 어느 때의 이야기로 사무엘하 21-24장에 있는 여섯 개의 마무리 부록 가운데 첫 이야기다. 앤더슨(Anderson, *2 Samuel*, 248)에 따르면, 이 이야기들은 다음과 같이 교차대칭(chiasmus)을 이룬다.

> A. 사울의 죄와 그에 대한 속죄(21:1-14)
>> B. 용사 목록과 그들의 업적(21:15-22)

C. 다윗의 여호와 찬양(22:1-51)

C′. 다윗을 향한 여호와의 신탁(23:1-7)

B′. 용사 목록과 그들의 업적(23:8-39)

A′. 다윗의 죄와 그에 대한 속죄(24:1-25)

이 이야기에서는 사울의 죄와 그 속죄 이야기를 다루는데, 이는 24장에서 다윗의 죄와 그 속죄 이야기를 다루는 것과 대칭을 이룬다.

**1절: 3년 기근과 그 원인.** 1절은 새로운 이야기를 이끄는 관용구로 시작한다(וַיְהִי, '바예히', "그리로 ~일이 있었다"). 이야기의 핵심은 "흉년"(רָעָב, '라아브')이었다. 여기서 말하는 다윗의 시대는 앞서 언급한 대로 시대를 거슬러 올라가서 다윗이 왕위에 오른 초기였을 것이다. 흉년은 3년 동안 거듭 이어졌다. 이에 "다윗이 여호와 앞에 나아가서 간청하였다"(יהוה וַיְבַקֵּשׁ דָּוִד אֶת־פְּנֵי, '바여바케쉬 다비드 에트-프네 야훼', 직역. "다윗은 여호와의 얼굴을 구했다"). 이 표현은 아마도 성소에 가서 신탁을 구한 제의 행위를 일컬을 것이다(참조. Anderson, *2 Samuel*, 248). 신탁의 결과는 사울이 기브온 사람들을 죽여서 피를 흘렸기 때문이었다. 이 사건은 구체적으로 기록되지 않았지만, 사울이 놉의 제사장들과 그 집안을 죽일 때(삼상 22:18-19), 아마도 '여호와의 제단을 위하여 나무를 패며 물을 긷는 자들'이 되어 있던 기브온 사람들(수 9:23, 27)도 함께 죽였다고 추측하기도 한다(참조. McCarter, *II Samuel*, 441).

**2-3절: 다윗이 기브온 사람들을 부름.** 2절에서 다윗은 기브온 사람들을 불러들여서 진상을 조사하였다. 이어서 화자의 해석이 이어진다. 기브

온 사람들이 이스라엘 백성이 아니라 아모리 사람 중에서 남은 자라고 하는 언급은 여호수아서의 사건을 되새겨 주는 대목이다(수 9:3-27). 이 구절에서 화자는 사울이 기브온 사람을 죽인 까닭이 그가 "이스라엘 자손들과 유다를 향한 열성"이 있었기 때문이라고 밝힌다(בְּקַנֹּאתוֹ, '브카노토'). 이는 일반적인 추측과 달리 사울의 배타적인 민족주의로 원인을 돌리는데, 아마도 화자 시대의 관점에서 비롯한 해석 구절일 것이다(참조. Anderson, *2 Samuel*, 249). 이 말만 놓고 보자면, 사울이 기브온 사람들을 죽인 데 대한 화자의 이중적인 판단으로 보인다. 곧 사무엘서에서 그려지듯 하나님의 뜻과는 상관없이 독자적인 판단으로 살상하는 사울에 대한 반감은 물론, 민족주의에 대한 미묘한 동의도 드러낸다.

3절에서 자초지종을 들은 다윗은 기브온 사람들이 여호와의 기업, 곧 이스라엘 백성들을 위해 복을 빌려면, 그들에게 무엇을 해 주어야 할지를 물었다.

**4-9절: 사울의 후손 처형.** 4절에서 기브온 사람들은 다윗에게 사울과 자신들 사이의 문제는 "은금"(כֶּסֶף וְזָהָב, '케세프 브자하브')에 있지 않다고 대답했다. 이는 제유법으로 물질적인 보상으로는 사울이 저지른 학살에 대해 속죄할 수 없다는 뜻이다. 그들은 자신들에게 사법권이 없음을 이스라엘에서 사람을 죽이는 문제(לְהָמִית בְּיִשְׂרָאֵל, '르하미트 브이스라엘')가 자신들의 권한은 아님으로 말했는데, 이는 기브온 사람들이 사울이 흘린 피에 상응하는 처벌을 바란다는 뜻을 에둘러 한 말이다. 다윗은 기브온 사람들에게 구체적으로 말하라고 명령한다. 이에 기브온 사람들은 5절에서 먼저 사울이 자신들에게 저지른 일을 세 가지로 언급한다. 첫째는 실제로 행한 일인데, 그들을 학살했다(כִּלָּנוּ, '킬라누', "우리를 전멸시켰

다"). 둘째와 셋째는 사울이 행한 학살의 의도였다(דִמָּה־לָנוּ, '디마 라누', "그가 우리를 향해 계획했다"). 곧 이스라엘 땅에서 멸절시켜서, 영토 안에 머물지 못하게 하려는 것이었다. 6절에서 그들은 사울의 이런 행위에 대해 상징적인 처벌을 요구한다. 곧 사울의 자손 일곱 사람을 처벌할 권리를 달라는 것이었다. 그런데 여기서 처벌의 형태를 뜻하는 낱말(יָקַע)은 이 단락(9, 13절)과 민수기 25장 4절에서만 쓰이는데, 그 뜻이 분명하지 않다.[1] 어쨌거나 죽음에 이르는 처벌인 것만은 틀림없다. 사실 이 요구는 아버지의 죄로 아들을 죽여서는 안 된다는 율법 규정에 어긋나는 처벌이다(신 24:16). 다윗이 왜 이런 요구를 수용했는지, 본문은 말하지 않는다. 내심 사울의 모든 씨를 말리는 데 암묵적으로 동의한 것일까? 하지만 7절에서 다윗은 요나단과 한 맹세 때문에 므비보셋은 살려두었다(참조. 삼상 20:14-17). 이는 앞서 말한 대로 9장 1절의 문맥과 잇닿아 있는 시기로 여길 수 있다. 8절에서는 다윗이 기브온 사람들에게 내어준 사울의 후손들 명단을 언급한다. 리스바는 사울의 첩이었으며, 사울이 죽은 뒤에 아브넬과 간통한 인물이다(삼하 3:7). 그의 두 아들 알모니와 요나단의 아들과 이름이 같은 므비보셋과 므홀랏 사람 바르실래의 아들 아드리엘과 결혼한 사울의 딸 메랍(삼상 18:19)이 낳은 다섯 아들을 내어주었다. 이제 사실상 므비보셋을 제외하면 사울의 직계 자손은 모두 제거되는 셈이다. 9절에서 기브온 사람들은 이 일곱 사람을 처형했다(동사에 대해서는 위의 6절 참조). 화자는 이때가 보리 수확의 첫날이라고 밝힌다. 이는 4월 무렵이다(참조. Anderson, *2 Samuel*, 250). 이는 이어지는 사건과 연관된 언급이다.

---

1.   "바깥에 내버려두다", "사지를 찢다", "매달다", "나무 기둥에 꿰찌르다", "관절을 비틀다" 등이 제안된다. 참조. 게제니우스, 『사전』, 318.

**10-14절: 리스바의 애도와 다윗의 사울 장례.** 10절에서 새로운 사건이 펼쳐진다. 두 아들을 잃은 리스바가 처형된 아들과 조카들의 시신 앞 바위 위에 주로 애도 기간에 쓰는 굵은 털실로 짠 천(שַׂק, '사크'; 개역개정. "굵은 베")을 펴고 자리를 잡은 뒤, 낮에는 새를 쫓고 밤에는 들짐승을 쫓으며 지켰다. 시체 위에 비가 내릴 때까지 그리하였는데, 이는 처형당한 시신들의 장례가 치러지지 않았음을 돋보이게 하는 행동이다. 이 사실은 11절에서 다윗에게도 알려졌다. 그러자 다윗은 12절에서 길보아 전투에서 전사한 다윗과 요나단의 유골을 길르앗 야베스에서 가져왔다. 화자는 그곳 사람들이 이들의 시신을 수습했던 일을 되새겨 준다(삼상 31:11-13). 13-14절에서는 사울과 요나단의 유골과 처형된 이들의 시신을 함께 수습하여 사울의 아버지 기스의 무덤에 장사 지냈다고 전한다. 본문은 이 일이 모두 끝나자, 하나님이 기근이 든 땅을 위한 기도를 들어주셨다는 말로 이야기를 끝맺는다.

## 블레셋의 거인들을 죽인 다윗의 용사들(15-22절)

이 단락에서 다루는 블레셋 전투는 다윗이 블레셋을 완전히 정복했다는 8장 1절의 진술 이전 상황으로 거슬러 올라간다. 특히 이 본문에서 언급되는 용사들은 블레셋의 "라파의 후손들"(יְלִדֵי הָרָפָה, '얄르데 하라파')을 물리친 것으로 보도된다(16, 18, 20, 22절). 블레셋 사람들을 향한 이 표현의 의미는 분명하지 않다(참조. 칠십인역 τοῦ Ραφα, '투 라파'로 음역). 일반적으로는 고대의 전설적인 거인족 르바를 일컫는다고 이해했다(참조. 창 14:5; 15:20; 신 2:10-11, 20; 3:13; 수 12:4; 13:12; 17:15 등; Tsumura, *Second Samuel*, 298; Long, *1 and 2 Samuel*, 444; 개역개정. "거인족의 아들"). 하지만, 정작 사무엘서의 블레셋 관련 본문에서는 이런 언급이 등장하지 않는다. 한편, 블레셋 사람들이 그리스가 있는 발칸 반도에서 온 미케네 문명 배경의 해양 민족이라는 점을 고려하면, 이 말 앞에 붙은 자음 '헤'(ה)가 히브리어 정관사가 아니라, 원래 외래어의 요소였으며, 이는 그리스어 ἅρπη('아르페', "끝이 낫처럼 휜 칼")와 연관이 있을 것이라는 추정은 흥미롭다(참조. Anderson, *2 Samuel*, 254). 불가타 역시 이렇게 이해하여 음역했다(Arafa). 이러면 블레셋 사람들이 들었던 칼을 일컫던 외래어가 이들을 일컫는 별칭이 되었을 것이다.

**15-17절: 아비새가 다윗의 목숨을 구함.** 15절은 "아직 전투가 있던 때의 일이다"(וַיְהִי־עוֹד מִלְחָמָה, '바여히-오드 밀하마')로 시작하여,[2] 위에서 언급한 대로 시간을 8장 이전으로 거슬러 올라간다. 본문에서는 다윗과 그의 군사들이 블레셋과 전투를 벌이다가 다윗이 지쳤을 때(וַיָּעַף, '바야아프'; 개역개정. "피곤하매")를 배경으로 언급한다. 16절에서는 다윗의 목숨을 위협했던 블레셋 장수를 묘사한다. 그는 무게가 300세겔인 "놋 창"(קַיִן, '카인')을 들고 있었다. 이 무기의 무게는 골리앗이 들고 있던 것의 절반으로 대략 3.4kg 정도였다(참조. 삼상 17:7). 그리고 이 무기를 일컫는 낱말은 여기서밖에 쓰이지 않아서, 구체적으로 어떤 무기인지 정확하지 않다. 우리말 번역 "창"은 칠십인역(δορύ, '도뤼')의 이해에 영향을 받은 것으로 보인다. 이와 더불어 새것을 허리에 찼다고 표현했는데,[3] 히브리어

---

2. 개역개정은 '블레셋 사람이 다시 이스라엘을 치거늘'로 번역해서 현재의 사건으로 여기도록 했는데, 이러면 8:1의 진술과 모순을 이룬다.

3. 이 또한 "곤봉"(κορύνη, '코뤼네')으로 옮긴 칠십인역에서 보듯 명확하지는 않다. 우리말 성경의 칼은 시리아어 역본과 라틴어 역본인 불가타의 전통(참조. Anderson, *2 Samuel*, 255)에 영향을 받았다.

본문만 놓고 보자면, 특별한 전공을 바탕으로 새로운 띠를 찼다고 이해
할 수도 있다(참조. 18:11). 어쨌거나 이렇게 무장한 블레셋 용사 이스비브
놉(יִשְׁבִּי בְּנֹב[Q])이 다윗을 죽이려 했다. 이때 17절에서 요압의 동생이자
다윗의 용사인 스루야의 아들 아비새가 이스비브놉을 죽이고 다윗을
구했다. 그러자 다윗을 따르는 사람들이 이제 왕인 다윗은 전쟁터에 나
가지 말라고 간언하였다. 자칫 "이스라엘의 등불"(נֵר יִשְׂרָאֵל, '네르 이스라
엘'; 참조. 왕상 11:36; 15:4; 왕하 8:19; 대하 21:7; 비교. 시 132:7)이 꺼져서 왕조가 무
너질 수 있다는 우려였다. 이 사건은 아마도 11장 1절에서 다윗이 출전
하지 않고 왕궁에 머물러 있었던 배경이 될 것이다.

**18절: 십브개의 활약.** 이 구절에서는 이전 사건 이후에 일어나는 새로운
사건을 이끄는 관용구(וַיְהִי אַחֲרֵי־כֵן, '바여히 아하레-켄')로 시작한다(참조.
삼상 24:5[6]; 삼하 2:1; 8:1; 13:1). 이어서 나오는 עוֹד('오드')는 여기서는 사건
의 지속을 뜻하던 15절에서와 달리 사건의 반복으로 이해해야 한다. 이
구절에서는 "곱"(גוֹב)의 전투를 언급한다. 이곳이 어딘지는 정확히 알려
지지 않아서 정확히 알 수 없지만, 블레셋과 이스라엘이 주로 전투를 벌
이던 쉐펠라 지역의 한 곳을 일컬을 것이다.[4] 이 전투에서 후사(הַחֻשָׁתִי,
'하후샤티') 사람 십브개(סִבְּכַי, '십브카이')가 라피 사람 삽(סַף)을 죽였다. 후
사는 베들레헴에서 남쪽으로 대략 6.5㎞ 정도 떨어진 곳에 있다(참조. 대
상 20:4; McCarter, *II Samuel*, 450).

---

4. 예전에는 게셀이나 가드 등이 제안되었고(참조. McCarter, *II Samuel*, 448), 최근에
　　는 엘라 골짜기에서 발견된 키르베트 케이야파(Khirbet Qeiyafa)로 주장되기도 하
　　지만, 명확하지는 않다(비교. Tsumura, *Second Samuel*, 298; Long, *1 and 2 Samuel*,
　　445).

**19절: 엘하난의 활약.** 이 구절에서는 앞선 구절과 같은 장소에서 있었던 또 다른 전투를 배경으로 한다. 이 본문은 히브리어 본문의 관점에서나 전승의 관점에서 해결해야 할 문제점이 있다. 먼저 이 본문에서는 베들레헴 사람(בֵּית הַלַּחְמִי, '베트 하라흐미'; 이런 형태는 참조. 삼상 16:1; 17:58)[5] 야레오르김(יַעְרֵי אֹרְגִים)의 아들 엘하난이 "골리앗"(גָּלְיָת, '골르야트')을 죽였다. 그런데 이는 전승 관점에서 다윗이 골리앗을 죽였다는 사무엘상 17장과 모순을 이루는 것으로 보인다. 그래서 후대의 평행본문인 역대상 20장 5절에서는 본문을 수정하고 조금 달리 끊어서, 야이르(יָעִיר[Q])의 아들 엘하난이 "골리앗의 아우"(אֲחִי גָלְיָת, '아히 골르야트') '라흐미'(לַחְמִי)를 죽였다고 조정했다. 개역개정은 사무엘서의 이 본문을 역대기의 조정에 따랐다. 하지만 굳이 "골리앗"을 한 사람의 이름으로 볼 필요는 없다. 이 당시 블레셋에 흔하던 인명이거나 "라파의 후손"처럼 블레셋 용사를 으레 부르던 이름으로 볼 수도 있다(참조. Tsumura, *Second Samuel*, 299). 골리앗의 창 자루가 베틀 채 같았다는 진술은 사무엘상 17장의 진술과 같다. 이 진술 때문에 역대상은 본문을 수정한 듯하지만, 일반적인 과장법으로 보아야 할 것이다.

**20-21절: 요나단의 활약.** 20절에서는 또 다른 블레셋 전투를 언급하는데, 이번에는 배경이 가드이다.[6] 이 구절에서는 "거인"(מָדֹון[K]/מָדִין[Q] אִישׁ; '이쉬 마돈'[K]/'마딘'[Q])으로 옮겨진 블레셋 사람이 소개되는데, 이

---

5.  칠십인역. βαιθλεεμίτης ('바이트레에미테스', "베들레헴 사람"). 히브리어 명사 לֶחֶם('레헴', "빵")은 접미어가 붙으면 본문과 같은 모음으로 읽는다. 이 형태에 정관사가 붙어 있다.
6.  삼상 17:52에서 이스라엘 군대와 블레셋 사이의 전투가 블레셋의 성읍 가드와 에그론까지 이르렀다는 정보를 바탕으로 볼 때, 충분히 가능한 진술이다.

표현의 뜻은 분명하지 않다. 하지만, 전투에서 일대일 전투를 하는 사람을 일컫는 또 다른 말로 여길 수 있다(참조. 렘 15:10; 잠 26:21; McCarter, *II Samuel*, 449). 어쨌거나 이 사람은 손가락과 발가락을 여섯 개씩 가졌다고 표현하는데, 이는 다른 블레셋 용사들의 특별한 무기처럼 특별한 전투력을 강조하려는 진술이다. 21절에서는 그 사람을 다윗의 셋째 형 삼마(삼상 16:9)의 아들 요나단이 죽였다고 전한다. 그는 다윗의 조카로 달리 이야기가 기록되지 않았지만, 30 용사 가운데 한 사람이다(23:32)

**22절: 마무리.** 마지막 구절은 이 단락에서 소개한 아비새, 십브개, 엘하난, 요나단 4명을 다시 언급하며 이들이 "라파의 후손"과 그 군사들을 물리쳤다고 진술하며 마무리한다.

## 본문의 메시지

⑴ 본문에서 전하는 기브온 주민의 이야기는 사실 독자적으로 전해지던 민담이 사무엘서 화자에게 수용되어 다윗 이야기 마지막 부록 가운데 하나로 들어온 듯하다. 정확하게 언급되지 않은 사건이 이 본문에 전제가 되는데, 아마도 사울이 놉의 제사장들을 학살할 때, 그 성소에서 일을 돕던 기브온 사람들도 함께 학살된 사건일 것이다. 어쨌거나 본문의 이야기에서는 그 사건과 다윗 시대에 들었던 3년 기근을 연관 짓는다. 본문에서는 기브온 사람들이 상징적으로 사울의 후손 7명을 처형하고, 다윗이 사울과 요나단, 처형된 7명의 후손의 장례를 치르자, 기근이 해결되었다고 전한다. 자칫 이 본문은 인신 제사가 기근의 해결에 결정

적인 요소로 오해될 여지가 있다.

본문에서는 화자가 강조하는 점을 읽을 수 있다. 첫째로 사울의 부당한 악행이다. 기브온 사람들이 아무리 이방인이고 하층민이어도, 이스라엘 백성들은 여호수아 시대 때부터 언약을 맺어 그들을 해치지 않기로 하였다. 그러나 사울은 독자적인 판단으로 그들이 이방 하층민이라는 이유로 없애버리려는 결정을 서슴지 않고 했다. 아무리 그럴듯한 명분이라도, 타인을 까닭 없이 해치는 행위는 분명히 거부되어야 함을 본문은 분명히 전해 준다. 둘째로 속죄와 긍휼이다. 다윗이 사울의 죄 없는 손자들을 기브온 사람들에게 내준 것은 율법에도 어긋날 뿐만 아니라, 그의 정치적 야욕도 드러나는 대목이기는 하다. 더구나 이 결정을 하는 데 다윗은 하나님께 여쭙지 않았다. 다윗의 이런 모습은 분명히 부정적이다. 사실 이렇게 해서 기근이 멈추지 않았다는 데서 이것이 증명된다. 결국 기근은 다윗이 또다시 억울하게 죽은 이들의 시신과 사울, 요나단의 시신을 장례 치른 뒤에야 멈추었다. 하나님의 긍휼은 그분 뜻에 맞는 진정한 속죄에야 비로소 경험할 수 있음을 분명히 알 수 있는 대목이다.

더구나 억울하게 처형된 사울의 손자들과 사울과 요나단의 장례는 어쨌거나 화해의 모습을 보여준다. 오늘날 현대 독자들에게는 어떻게 읽어도 낯선 이야기이지만, 본문의 화자는 속죄와 긍휼의 행위가 하나님의 응답을 끌어냈다는 메시지를 본문에서 전해 준다.

(2) 본문의 두 번째 이야기는 사무엘하 23장 8절 이하에서 언급하는 다윗의 용사들 목록과 더불어 다윗의 가장 큰 업적인 블레셋 문제 해결에 조력한 사람들의 공적을 기린다. 다윗은 노련한 정치인이어서, 때로는

냉혹하고 심지어 교활하다고 여길 정도로 정적들을 제거하기도 했다. 또한, 충성스러운 부하의 아내와 간통을 저지르고 그 사건을 덮으려고 그 부하를 죽음으로 내모는 죄도 지었다. 더욱이 앞선 장에서 언급하듯, 사울의 마지막 후손에게도 아무런 자비를 베풀지 않고 제거하는 데 동의했다. 그런 다윗도 다윗이다. 그러나 사무엘서를 마무리하는 화자는 다윗의 또 다른 모습도 분명히 전해 준다. 본문에서는 독자들에게 다윗이 분명히 이스라엘의 오랜 바람이었던 블레셋 정복을 이룬 사람임을 다시 한번 강조한다. 공과를 되도록 공정하게 전하여서 독자들에게 균형감 있는 판단을 하도록 도와준다.

그런데 화자는 앞선 본문에서는 다윗의 공적을 서술하였다면, 여기서는 다윗을 묵묵히 도와준 용사들의 업적을 부록으로 전한다. 이로써 다윗이 위대한 지도자였지만, 그를 도와주었던 용사들이 없었더라면 불가능하였을 것이라는 메시지를 암묵적으로, 그러나 분명히 전해 준다.

세상에서는 으뜸의 역할을 했던 지도자만 기억하는 것이 보통이다. 그러나 화자는 다윗의 지도력과 한계를 고스란히 전해 주는 동시에, 다윗에게 결정적인 도움을 주었던 수많은 사람의 공도 잊지 않도록 해 준다. 이는 이 세상이 돌아가는 데 대부분을 이루는 보통 사람들에게 자신이 하는 일이 무엇이든 최선을 다하면, 비록 세상은 잊더라도 하나님 앞에서는 잊히지 않음을 분명히 해 주는 대목이다. 이 메시지는 이 본문을 읽었던 첫 독자는 물론 오늘 우리에게도 면면히 이어오는 중요한 교훈이다.

22장
다윗의 감사 찬송

우리말로 옮긴 본문

1 다윗은 여호와께서 모든 원수의 손아귀와 사울의 손아귀에서 그를
구해주시던 날 이 노래로 여호와께 아뢰었다.

2 그가 말하기를,

"여호와께서는 제 반석, 제 요새, 제 구원자이시고,

3 제 하나님, 제가 피할 바위,

제 방패, 제 구원의 뿔, 제 산성, 제 피난처,

폭력에서 저를 구하시는 구원자이십니다.

4 찬양받으실 분, 여호와께 내가 부르짖으니

내 원수들에게서 구원받습니다.

5 정말로 죽음의 파도가 나를 둘러싸고

파멸의 강이 나를 덮치며

6 스올의 줄이 나를 에워싸고

나와 맞서는 것은 죽음의 덫입니다.

7  내가 당한 고난 가운데서 여호와께 부르짖고 내 하나님께 부르짖으니

그분께서 그분의 성전에서 내 목소리를 들으셨습니다.

내 부르짖음이 그분의 귀에 다다랐습니다.

8  땅이 떨리고 흔들리며, 하늘의 기초가 뒤틀립니다.

그것들이 떨리는 것은 그분께서 노하셨기 때문입니다.

9  그분의 코에서는 연기가 피어오르고, 그분의 입에서 불이 나와 집어

삼킵니다.

그분에게서 숯불이 타오릅니다.

10  그분께서 하늘을 가르고 내려오실 때

먹구름이 그분의 발밑에 깔렸습니다.

11  그분께서 그룹을 타고 날아오실 때,

바람 날개 위에 나타나셨습니다.

12  그분께서는 어둠을 둘러 장막으로 삼으시고,

비구름과ㄱ 짙은 구름으로 그리하셨습니다.

13  그분 앞의 밝은 빛 때문에

숯불이 타오릅니다.

14  여호와께서 하늘로부터 우렛소리를 내시니,

가장 높으신 분께서 당신의 목소리를 내시는 것입니다.

15  그분께서 화살을 쏘아서 그들을 흩으시니,

번개로 그들을 어지럽히시는 것입니다.

16  바다 밑바닥이 드러나고 땅의 기초가 나타나니,

이는 여호와의 꾸짖음 때문이고, 그분 분노의 숨결 때문입니다.

17  그분께서 위에서 손을 내밀어 나를 잡아 주시고,

깊은 물에서 나를 건져내셨습니다.

18　그분께서 나를 힘센 원수들에게서 구해주시고,

나를 미워하는 이들에게서 그리하셨습니다.

정말로 그들은 나보다 더 강합니다.

19　그분께서 재앙의 날에 나를 만나주시니

여호와께서는 내게 의지하는 지팡이가 되십니다.

20　그분께서 나를 넓은 데로 나오게 하시고

나를 구해주셨으니, 이는 내가 그분 마음에 들었기 때문입니다.

21　여호와께서는 내 의로움에 따라 나를 대하시고,

내 손의 깨끗함에 따라 내게 되갚으십니다.

22　이는 내가 여호와의 길을 지키고,

내 하나님에게서 어긋나지 않았기 때문이며,

23　이는 그분의 모든 법도를 내 앞에 두고,

그분의 규례에서 내가 벗어나지 않았기 때문입니다.

24　나는 그분께 한결같았고

나 자신을 죄악에서 지켜왔습니다.

25　그러니 여호와께서 내게 내 의로움에 따라 되갚으시고,

그분 눈앞에서 ㄴ내 깨끗함에 따라ㄱ 그리하십니다.

26　당신께서는 신실한 이에게는 신실하게 대하시고,

한결같은 용사에게는 한결같으십니다.

27　당신께서는 깨끗한 이에게는 깨끗하게 보이시지만,

그릇된 이에게는 비뚤어지게 보이십니다.

28　당신께서는 가난한 백성을 구하시지만,

교만한 이를 보고는 끌어내리십니다.

29 여호와여, 정말로 당신께서는 내 등불이십니다.

　　그러니 여호와께서 내 어둠을 밝히십니다.

30 당신을 의지하여 분명히 저는 적진으로 내달릴 수도 있고,

　　내 하나님을 의지하여 저는 성벽도 뛰어넘을 수 있습니다.

31 하나님, 그분의 길은 한결같고,

　　여호와의 말씀은 순전하시니

　　　그분께서는 당신께 피하는 모든 이들에게 방패이십니다.

32 그러니 여호와 말고 누가 하나님이겠습니까?

　　우리 하나님 말고 누가 반석이겠습니까?

33 하나님께서는˹ 견고한 ˺나의 요새이시며,˺

　　내 길을 한결같이 자유롭게 해 주셨습니다.

34 그분은 내 발을 암사슴 같게 만드시는 분,

　　그리하여 나를 높은 자리에 세우십니다.

35 그분은 전투하는 법을 내 손에 가르치시는 분,

　　그리하여 내 팔이 청동 활을 당깁니다.

36 당신께서는 제게 당신 구원의 방패를 주시니,

　　당신의 응답하심이 저를 크게 하였습니다.

37 제가 내딛는 발길을 넓히시니,

　　내 발목이 미끄러지지 않습니다.

38 저는 제 원수들을 뒤쫓아 무찌르고

　　그들을 끝장내 버릴 때까지 돌아오지 않았습니다.

39 제가 그들을 끝장내 버리고 쳐부수니 그들은 일어나지 못합니다.

　　그들은 제 발아래 쓰러져 버립니다.

40 당신께서 전투를 치를 수 있도록 든든히 허리띠를 채우시고,

당신께서 나를 대적해 일어나는 이들을 내 아래로 굴복시키십니다.

41 그리고 당신께서 내 원수들이 등을 내게 보이며 달아나게 하시니

저도 나를 미워하는 이들을 없애버렸습니다.

42 그들은 이리저리 살펴보지만, 구원자가 없습니다.

여호와를 향해 보지만 그분께서는 그들에게 응답하지 않으십니다.

43 그래서 저는 그들을 땅의ᵐ 먼지처럼 으깨버리고,

길거리의 진흙처럼 으스러뜨리고 짓밟아 버립니다.

44 그리고 당신께서 제 백성들의 다툼에서 저를 건지시고,

저를 이방 민족들의 우두머리로 지켜 주십니다.

제가 알지 못하던 백성이 저를 섬깁니다.

45 이방 자손들이 제게 얼렁거리고,

소문만 듣고서도, 제게 순종합니다.

46 이방 자손들이 시찾게 되어

자기네 요새에서 떨며 나옵니다.

47 여호와는 살아계십니다! 제 반석이시여, 송축받으소서!

제 구원의 반석이시여 높임을 받으소서!

48 하나님, 당신은 저를 위해 복수해 주시는 분,

백성들을 제 아래로 끌어내리시는 분.

49 제 원수들에게서 저를 이끌어 내시는 분,

그러니 당신께서 저를 대적해 일어나는 이들로부터 저를 높여 주시고

폭력을 일삼는 이로부터 저를 건져 주십니다.

50 그러므로 여호와여, 제가 이방 민족들 가운데서 당신을 찬송하고,

당신의 이름을 기립니다.

51    그분은 당신께서 세우신 임금에게 큰 구원을 베푸시는 분,

　　　당신께 기름 부음 받은 이, 다윗과 그 후손에게 영원토록 신의를

　　　행하시는 분."


# 본문 비평[1]


### 12절 ㄱ. 비구름과

칠십인역은 마소라 본문(חַשְׁרַת־מָיִם, '하쉬라트-마임', "물덩이")과 달리 σκότος ὑδάτων('스코토스 휘다톤', "물의 어둠")으로 옮기는데, 이는 מָיִם־חֶשְׁכַת('헤쉬카트-마임')을 전제하여 시편 18편 12절의 영향을 받은 것으로 보인다.


### 25절 ㄴ-ㄴ. 내 깨끗함에 따라

여기서 칠십인역은 마소라 본문(כְּבֹרִי, '크보리')과 달리 καὶ κατὰ τήν καθαριότητα τῶν χειρῶν μου('카이 카타 텐 카타리오테타 톤 케이론 무', "그리고 제 손의 깨끗함에 따라")로 옮기는데, 이 또한 시편 18편 24절의 영향(יָדַי כְּבֹר, '크보르 야디')을 받은 것으로 보인다.


### 33절 ㄷ. 하나님께서는

사무엘서 본문의 칠십인역은 마소라 본문(הָאֵל, '하엘')과 달리 ὁ ἰσχυρὸς ('호 이스퀴로스', "힘이신 분")로 옮기는데, 이는 הֶחָיִל('하하일')을 대본으로 전제할 것이다(참조. LXXD II, 891). 이는 비슷한 발음 때문에 생겨난 이형일

---

1.    시편 18편과 비교하려면, 필자가 쓴 『시편 렉시오 디비나 1』, 167-174을 함께 보라.

수 있다.

### 33절 ㄹ-ㄹ. 나의 요새이시며

쿰란 본문(4QSamª)은 마소라 본문(מָעוּזִּי, '마우지'; LXX ὁ κραταιῶν με, '호 크라타이온 메')과 달리 **מאזרני**('므아즈레니')를 전하는데, 이는 시편 18편 33절의 영향을 받은 본문이겠다.

### 43절 ㅁ. 땅의

마소라 본문(כַּעֲפַר־אָרֶץ, '카아파르-아레츠', "땅의 [먼지처럼]")과 달리 쿰란 본문(4QSamª)은 ל[פני ארח('리]프네 오라흐', "길 앞의")을 제공한다. 그런가 하면 안티오키아 본문(boc₂e₂)은 ἐπὶ πρόσωποὺυ ἀνέμοῦων('에피 프로소폰/푸아네무/몬', "바람 앞의")으로 옮기는데, 이 번역은 시편 18편 42절의 영향을 받은 것으로 보인다. 쿰란 본문은 그 밖의 또 다른 본문 전통을 반영하겠다.

## 본문 주석

앞서 다윗의 블레셋 정복에 도움을 주었던 용사들의 업적을 기리며, 다윗의 공을 간접적으로 치하했다면, 이 장에서는 다윗의 신앙을 간접적으로 보여주는 찬송 시편을 길게 전해준다. 이 시편은 대개 시편 18편과 일치한다.[2] 물론 본문을 자세히 들여다보면, 세세한 차이점들도 많이 눈

---

2. 본문이 거의 일치하기에 아래의 주석은 졸저, 김정훈, 『시편 렉시오 디비나 2』, 102-111의 시편 18편 주석을 바탕으로 수정·보완했음을 밝힌다.

에 드러난다. 우리는 이 본문을 시편으로 보고 주석할 것이다. 하지만 사무엘서의 자리에서는 분명히 지금까지 다윗이 모든 정치적 행보에서 보여준 모습에도 불구하고, 하나님을 향한 신앙이 그 기본이 되었음을 분명히 해 주는 화자의 의도를 느끼며 다윗의 모습을 그리게 될 것이다.

**1절: 표제.** 다윗이 사울을 포함한 모든 대적에서 구원받은 때를 사실상 구체화하기는 어렵다. 다만 표제와 더불어 이 시문이 51절에서 "임금"과 "기름 부음 받은 이", "다윗과 그 후손"을 언급한다는 점에서 다윗 왕조의 건립 이후를 생각할 수 있으며, 왕실과 관련한 승전 축제를 배경으로 생각해 볼 수 있다(삼하 6장). 본문에서는 원수의 "손아귀"(מִכַּף, '미카프')와 사울의 "손아귀"(מִכַּף, '미카프')가 같은 낱말로 표현되었는데, 시편 18편의 표제에서는 둘째 표현이 다른 낱말로 변형되었다(מִיַּד, '미야드'). 아마도 문학적 단조로움을 피하려는 의도로 시편에서 수정된 듯하다.

**2-7절: 성전에서 들으시는 하나님.** 시로 보자면 2절에서 본문이 "그리고 그가 말하였다"(וַיֹּאמַר, '바요마르')로 시작하는 것은 낯설다. 하지만, 이 구절은 표제 구실을 하는 1절과 이어지는 시편을 이어주는 구실을 한다. 2-4절은 전체 시편을 도입하는 찬송이다. 2절의 첫 찬송은 여호와를 몇 가지 상징어로 비유한다.[3]

---

3. 시편 22편에서는 이 상징어 앞에 "제가 당신을 사랑합니다, 여호와, 저의 힘이시여!"라는 다윗의 고백이 추가되어 있다. 여기서 "사랑합니다"(אֶרְחָמְךָ, '에르하므카')는 칼(Qal)형으로 이 활용형은 구약성경에서 여기서만 쓰인다(참조. 게제니우스, 『사전』, 757). 그래서 이를 "사랑합니다"로 이해하는 것은 칠십인역 번역의 전통이다(ἀγαπήσω σε, '아가페소 세'). 이런 까닭에 어떤 이들은 더 자주 쓰이는 표현(참

사무엘서의 2-3절에서 쓰이는 상징들, "반석", "요새", "피할 바위", "방패", "뿔", "산성", "피난처"는 모두 이어지는 "저를 구하시는 구원자"(מְפַלְטִי, '므팔르티')에서 요약하듯 전쟁을 배경으로 승전과 관련이 있다. 그러므로 이 상징어들은 이 시편의 전반적인 분위기가 승전임을 말해 준다. 4절은 1절의 신앙 고백과 짝을 이루어 분사형(מְהֻלָּל, '므훌랄', "찬양받으실 분")으로 하나님을 찬양한다. 그런 뒤에 그분께 기도하여 응답받은 경험을 서술하는데, 이는 이어지는 구절들에 나오는 상황을 이끈다.

4-6절은 본문에서 직관적으로 감지할 수 있는 대로, 탄원의 상황을 전제한다. 4-5절은 모두 죽음의 심상을 드러내는데, "죽음의 파도", "스올의 줄들"은 재난과 사냥의 심상을, "파멸의 강"(נַחֲלֵי בְלִיַּעַל, '나할레 블리야알')은 파괴적인 성격을 강조한다. 더불어 사무엘서의 배경에서는 거듭 다윗의 지도력에 반기를 들었던 세력을 생각나게 한다(참조. 삼하 16:7; 20:1; Tsumura, 305).

7절에서는 4절에서 고백한 기도와 응답의 경험을 다시금 서술한다. 특히 기도자의 상황을 "고난"(צַר, '차르')으로 표현하는데, 이는 어원상 공간적 의미에서의 비좁음을 뜻한다. 다윗의 생애를 돌이켜 보자면, 사울에게 쫓기던 때, 블레셋에서 망명하던 시절, 압살롬의 반란, 세바의 반란, 요압과의 갈등 등을 떠올릴 수 있겠다. 이는 20절의 구원 심상과 이어진다(참조. 아래 해당 구절 본문 해설).

---

조. 출 15:2; 사 25:1; 시 30:1[2]; 34:4; 99:5, 9; 107:32; 118:28; 145:1)인 אֲרוֹמִמְךָ ('아로미므카', "제가 당신을 높입니다")로 본문을 고치기도 한다(참조. Kraus, *Psalmen 1-59*, 287). 시편에서는 하나님을 "힘"(חֶזְקִי, '헤제크')으로 요약해서 표현한다. 어쨌거나 시편의 이 추가 본문은 시편의 독자들을 위한 고백 권유의 역할을 한다고 볼 수 있다.

**8-16절: 하나님의 임재하심.** 이 단락에서는 강력한 심상의 신 현현 묘사가 등장한다. 이 신화적 요소로 하나님의 임재하심을 묘사하는 것은 옛 이스라엘의 이웃 나라들의 신화에 영향을 받았을 것이며, 구약성경에서 자주 찾아볼 수 있는 언어 형태다(참조. 삿 5:4 이하; 신 33:2-3; 사 30:27 이하; 합 3:4 이하; 시 97:2 이하). 여기서 언급하는 것들은 인간 세계를 압도하는 자연 현상들이다. 이것이 신인동형론(anthropomorphology)의 관점에서 하나님의 모습에 빗대어진다. 8절은 우선 바브-연속법 미완료형(*Waw-Consecutivum*)으로 시작하는데, 이는 7절에서 기도자가 한 기도의 응답이 이 신 현현 묘사임을 강조한다. 이 구절에서 묘사하는 자연 현상은 지진이다(참조. 암 1:1; 슥 14:5). 지진을 여기서는 하나님의 진노하심으로 이해한다. 9절에서 묘사하는 현상은 지진의 원인인 화산 폭발인 것으로 보인다(참조. 출 19:18). 화산재의 분출은 하나님의 코에서 올라오는 것으로, 용암이 흘러내려 산에 화재가 일어나는 모습은 하나님의 입에서 나오는 불로 해석하여, 그분의 임재를 상징한다(참조. 출 24:17; 신 4:24; 사 30:27; Anderson, *2 Samuel*, 263).

10절에서는 화산재가 하늘을 뒤덮어 온 세상이 어두워진 모습을 하나님이 내려오셔서 하늘을 뒤덮으신 것으로, 그래서 화산재 구름은 그분의 발인 것으로 이해한다. 여기서 쓰인 "내려오다"(יָרַד, '야라드')라는 동사는 전통적으로 하나님의 임재에 쓰이는 전문용어다(참조. 창 11:5, 7; 18:21; 출 3:8; 19:11, 18, 20; 34:5). 11절에서는 하나님이 그룹(כְּרוּב, '크루브')을 타고 하늘 위에 떠다니시는 모습으로 그렸는데, 이는 하나님의 법궤 전승과 관련이 있는 전통적인 신 현현의 심상이다(참조. 삼상 4:4; 시 80:1 등). 12절에서는 10절의 하늘을 뒤덮은 화산재의 심상을 이어간다.

13-14절은 마침내 화산의 대폭발을 생각나게 하는 묘사가 등장한다. 밝은 빛은 화산 폭발의 순간을 생각할 수 있고, 우박과 숯불로 표현한 것은 용암의 파편이 사방으로 날아가는 모습을 생각나게 하는데, 14절에서도 되풀이하여 강조한다. 화산의 폭발음은 하나님의 목소리에 비유한다. 이 모든 비유는 15절에서 대적을 패전하게 하는 전쟁의 심상과 결합하여 본문의 승전 분위기를 내준다. 16절에서는 화산에서 흘러내린 용암의 열기로 시냇물이 말라버린 모습을 떠올려 준다. 이토록 사람들의 통제를 벗어난 자연 현상은 대적을 향한 하나님의 분노를 눈에 보이듯 묘사해 준다.

이 단락의 신 현현 묘사는 사무엘서의 맥락에서 종교적 차원의 신 현현으로 보기는 어렵다. 이것이 이 본문이 시편의 자리에서 하는 역할과 결정적으로 차이 나는 점으로 볼 수 있다. 사무엘서의 맥락에서는 다윗이 지향했던 거룩한 전쟁(Holy War)의 배경에서 전쟁의 승리를 주도하시는 하나님의 모습으로 새길 수 있다(참조. Tsumura, *Second Samuel*, 307)

**17-20절: 하나님의 구원.** 이 단락에서는 앞선 단락의 초자연적 권능을 보여주신 하나님이 다윗을 향해 보여주신 구체적인 구원을 서술한다. 17전반절은 앞선 하나님 임재와 기도자의 개인적 상황을 이어주는 구절로, 높은 데서 하나님이 손을 뻗어 붙잡으신다고 표현한다. 17후반절은 하나님의 손이 "깊은 물"(מַיִם רַבִּים, '마임 라빔')에 빠진 기도자를 건져 내신다고 표현하는데, 이는 신화적 언어로서 물은 혼돈을 상징하는 전통적 심상이다(참조. 시 29:3: 32:6; 93:4; Tsumura, *Second Samuel*, 311-312). 18절에서는 대적이 기도자보다 더 강하다고 서술하여 하나님이 개입하셔야 하는 까닭, 그리고 승전이 오로지 하나님의 역사하심 때문이었음을 고

백하는 셈이다. 이는 사무엘서에서 다윗이 전쟁에 임하는 모습에서 거룩한 전쟁을 강조하였던 것과 잇닿아 있다. 더불어 이 시편이 다윗의 종교적인 모습을 강조하는 목적과도 어울린다.

19절에서는 그런 생각을 이어 여호와가 기도자의 "의지하는 지팡이"(מִשְׁעָן, '미쉬안'; 개역개정. "의지")시라고 고백한다. 이 낱말은 이곳과 평행 본문인 시편 18편 18[19]절에서만 쓰인다. 이 낱말의 어원을 이루는 동사 שׁעַן('샤안')이 "기대다, 의지하다" 등을 뜻하며, 칠십인역이 ἐπιστήριγμα('에피스테리그마', "지지")로 옮긴 점을 고려하면, 그 뜻을 미루어 짐작할 수 있다.

20절에서 기도자는 하나님의 구원을 "넓은 데"(מֶרְחָב, '메르하브')로 이끄심으로 표현한다. 이 표현은 앞선 7절에서 서술한 "고난"(צַר, '차르')의 어원적 의미와 대조되는 심상이다(참조. 시 31:8[9]; 118:5). 기도자는 자신이 구원받은 것은 하나님이 자신을 기뻐하시기 때문이라고 고백한다. 여기서 독자들은 본문에서 전제하는 다윗의 모습이 어떻기에 하나님이 기뻐하실까 하는 질문을 하게 되는데, 그것이 이어지는 단락의 주제다.

**21-25절: 깨끗한 삶.** 이 단락에서는 앞서 말한 대로 기도자가 어떻게 하나님의 기쁨이 되었는지를 두 가지로 서술하는데, 그것은 깨끗한 삶의 모습(21-25절)과 말씀을 향한 온전한 신뢰(26-28절)이다. 승전가에서 전쟁의 능력이 아니라 하나님과 맺는 관계를 먼저 서술하는 점이 이 시편에서 전하는 중요한 메시지로 볼 수 있는 대목이다.

기도자는 21절에서 본문의 화자인 다윗은 자기 삶을 "의로움"(צֶדֶק, '체데크')으로 규정한다. 이 낱말은 합법성이 바탕을 이루는데, 후반절에서는 그것을 좀 더 구체화해서 "내 손의 깨끗함"(בֹּר יָדַי, '보르 야다이')으로 표현한다. 여기서 말하는 깨끗함이란 윤리적이고 제의적인 차원을 아우른다고 볼 수 있다(참조. 욥 22:30). 이 구절은 25절에서도 거의 같은 형태로 되풀한다.

22-23절은 전반절의 긍정문과 후반절의 부정문으로 평행을 이룬다. "참으로"(כִּי, '키')로 시작하는 두 긍정문에서는 "여호와의 길", 곧 "그분의 법도"(מִשְׁפָּטָיו, '미쉬파타브')가 삶의 규범이 되었음을 강조한다. 그리고 후반절의 두 부정문은 하나님의 말씀을 떠나 "벗어나지"(רָשַׁע, '라샤') 않았으며, "그분의 규례"(חֻקֹּתָיו, '후코타브')를 물리치지 않았다고 단언한다. 이 두 구절에서 나온 길, 법도, 규례의 세 개념은 말씀과 동의어다(참조. 시 119편). 그러므로 이 구절에서 화자인 다윗은 자기 삶이 하나님의 말씀 안에서 깨끗했음을 강조한다.

24절에서는 하나님과 함께하는 자기 삶을 "한결같았"(תָּמִים, '타밈')다라고 표현한다. 이 낱말은 온전성을 말하기도 하지만 많은 경우에 희생 제물의 흠 없음을 뜻하기도 한다(참조. 출 12:5; 29:1; 레 1:3, 10; 3:1, 6 등 다수; 게제니우스, 『사전』, 881). 그러므로 앞서 말한 깨끗함이 윤리적이고 제의적, 곧 종교적 차원을 아우른다는 뜻을 강화해 준다. 사실 사무엘서에서 그리는 다윗의 삶이 이 낱말처럼 완전하지는 않았다. 그러므로 자기 삶의 모습을 서술하는 뜻의 말이 아니라, 삶의 지향점을 일컫겠다. 다윗이 비록 여러 차례 실수와 죄를 저질렀지만, 그 근본에 하나님을 향해, 그분 앞에서 온전해지려 노력하였음을 변호함으로써 사무엘서 마지막 부록 부분의 이 자리에서 본문이 주는 의미를 형성한다.

**26-27절: 말씀을 향한 온전한 신뢰.** 26-27절은 관계성을 전제하는 낱말

을 쓴 말놀이(wordplay)로 하나님과 사람의 올바른 관계를 강조한다. 26 전반절에서는 חֶסֶד('헤세드')가 중심에 있다. 이 낱말은 사람들 사이에도 쓰이고, 하나님과 사람들 사이에도 쓰인다. 이 낱말의 개념을 우리말에서 굳이 찾자면, "도리"가 가장 가까울 것이다. 올바른 관계를 유지하기 위한 제각각의 위치에서 내보여야할 올바른 도리를 뜻한다는 말이다. 이 구절에서 하나님은 그분께 "헤세드"를 보이는 חָסִיד('하시드', "경건한 이")에게 '헤세드'를 보여주신다(תִּתְחַסָּד, '티트하사드'). 후반절에서는 앞선 24절에서 쓰인 תָּמִים('타밈')을 쓴다. 하나님께 "한결같은" 사람에게 "한결같으심"을 보이신다(תִּתַּמָּם, '티타맘'). 하나님의 완전하심은 그분의 전능하심과 무한하심을 뜻한다. 이는 그분의 말씀(참조. 시 19:7[8])과 역사하심(참조. 시 32:4)을 다 아우른다(더 많은 용례는 게제니우스, 『사전』, 881 참조). 27 전반절에서는 니팔(Niphal) 분사형을 써서 "깨끗한 이"(נָבָר, '나바르')에게 하나님은 좀 더 강조된 의미가 있는 히트파엘(Hithpael) 활용형으로 깨끗함을 보이신다(תִּתְבָּרָר, '티트바라르'). 이로써 앞서 21절에서 말한 "손의 깨끗함"도 사람들이 주체가 아니라 하나님이 주체이심을 보여준다. 27 후반절에서는 지금까지와는 달리 비뚤어진 이에게는 엉클어짐을 보이신다고 하여 대적을 향한 심판을 강조한다.

이 단락에서 찬송하는 하나님의 본성에 따르자면, 다윗은 결코 하나님의 자비하심과 깨끗하심을 경험할 수 없을 것이다. 그는 왕위에 오르는 길에 정적들이 제거되는 일을 지켜보았고, 자신에게 '헤세드'로 충성을 다하는 신하에게 '헤세드'를 보이지 않았다. 간통으로 하나님 앞에서 깨끗하지도 않았다. 그러니 이 시문을 다윗의 과거에 율법 규정처럼 적용하기는 어렵다. 그런데도 다윗의 찬양으로 들어가 있는 것은 앞선 단락과 마찬가지로 지향점을 나타내는 뜻으로 여길 수 있다.

**28-31절: 등불과 방패이신 여호와.** 28-30절은 모두 "참으로"(כִּי, '키')로 시작한다. 28절은 하나님 앞에서 겸손하게 그분과 맺는 관계를 올바르게 이어가지만, 가시적이고 유한한 가치 세계에서 상대적 빈곤에 시달리는 "가난한 백성"(עַם־עָנִי, '암 아니')을 구원하시지만, 교만한 사람은 낮추신다고 하여 구원과 심판을 뚜렷이 보여준다. 이 진술은 전반적으로 사무엘상 2장 7-8절 한나의 노래 전승과 연관된 약자 보호 사상이다. 29절에서는 기도자와 하나님의 관계를 집중한다. 하나님은 기도자의 삶 가운데 있는 어둠을 밝히는 빛이시다. 이 표현은 31절을 바탕으로 보았을 때, 하나님의 말씀을 떠올려 준다(참조. 시 119:105). 30절은 앞 구절의 빛의 또 다른 그림을 떠올려 준다. 곧 한밤중에 성벽을 공격할 때, 공격 신호를 알리며 대적의 성을 공격하는 불화살을 떠올릴 수 있다.

31절에서는 이 단락을 요약하며 말씀과 전쟁의 두 심상을 합쳐준다. 앞서 24, 26절에서 말한 "한결같음"과 22절에서 말한 "그분의 길"이 "여호와의 말씀"(אִמְרַת־יהוה, '이므라트-야훼')임을 분명히 밝혀준다. 그리고 그 말씀에 피하는 모든 이에게 "방패"(מָגֵן, '마겐')라고 하여서 30절의 전쟁 심상을 이어간다. 더불어 이어지는 단락에서 본격적으로 펼쳐질 전쟁의 심상을 내다본다.

**32-46절: 승리를 이끄시는 하나님.** 승전을 거둔 임금을 위한 제왕 시편답게 이 단락에서는 임금을 화자로 해서 자신의 승전을 이루신 하나님의 능력을 찬양한다. 먼저 32절은 이 승전 찬송을 열면서 수사의문문(rhetorical question)으로 시작한다. 오로지 여호와만이 대적의 공격을 피할 수 있는 반석(צוּר, '추르')이심을 고백하는 구절이다(참조. 시 89:26[27];

94:22; 95:1 등). 이것은 앞선 3절을 되새기는 동시에, 이 단락의 문맥에서는 사무엘서에 전해진 다윗 전통처럼 "전쟁은 하나님께 속한 것"(לְחָמָה לַיהוה הַמִּ, '라야훼 하밀하마'; 삼상 17:47)이라는 거룩한 전쟁(Holy War) 사상이 전제되어 있다. 더불어 사무엘상 2장 2절 한나의 노래 구절과도 전승 관점에서 잇닿아 있다.

33-36절에서는 전쟁 준비 과정을 생각해 볼 수 있다. 임금은 출전을 위해 갑옷에 띠를 메는데, 그 띠를 메어 주며 결전의 힘을 북돋아 주는 분은 다름 아닌 하나님이시다. 전쟁에서 승리하는 데 필요한 민첩함(34절)과 무기를 다루는 능숙함(35절), 그리고 적의 공격을 막아주는 방패(36절)를 가능하게 해 주시는 분도 다름 아닌 하나님이시다. 여기서 그려지는 하나님의 모습은 마치 왕자를 교육하는 선왕의 모습 같다. 그리고 36후반절은 임금의 위대함이 하나님의 낮추심에 있다고 고백하는데, 이 표현은 17절을 되새겨 준다. 이 또한 전쟁의 승패는 하나님께 달려 있다는 사상이 전제된다.

37-43절은 전쟁의 과정을 승전 서사시처럼 묘사한다. 37-39절에서 임금의 공격에 대적은 벌써 퇴각한다. 그리고 임금은 퇴각하는 적군을 용맹스럽게 뒤쫓아서 괴멸시킨다. 그런데 이 공격의 첫 문장에서 주어가 하나님이시다. 그런 뒤에 1인칭 주어가 이어진다. 여기서도 거룩한 전쟁 사상을 엿볼 수 있겠다. 40-43절은 패전한 적군을 전멸시키는 모습을 보여준다. 40절의 첫 문장은 33절을 다시금 되새겨서 주어를 하나님께 돌린다. 그리고 43절까지 이어지는 본문에서 그리듯 한 명도 남기지 않는 철저한 응징의 밑바탕에는 "진멸"(חָרַם, '헤렘'; 참조. 신 7:26; 13:12-18; 수 6:17; 7:1, 11-13, 15; 대상 2:7 등; 게제니우스, 『사전』, 262)의 사상이 있을 것이다. 이 본문에서 그리는 그림은 하나님의 도우심으로 출전한 임금의 승

전과 처절한 패배 앞에서 아무리 부르짖어도 응답이 없는 대적들의 모습(42절)이다. 이로써 여호와 유일신 사상도 함께 강조된다.

44-46절은 전쟁이 끝난 뒤 임금이 "이방 민족들의 우두머리"(גּוֹיִם רֹאשׁ, '로쉬 고임')로 등극하는 장면을 그린다. 그리하여 전혀 모르던 이방 백성들도 임금을 떨며 섬긴다. 이는 '여호와께 기름 부음 받은 이의 세계 통치' 사상으로 시편 2편의 제왕 시편에서 전하는 사상과도 잇닿아 있다(Kraus, *Psalmen 1-59*, 294 참조).

**47-51절: 반석이신 하나님.** 이 단락은 승전을 이루신 하나님을 향한 감사로 긴 승전 서사시를 마무리한다. 47절을 여는 "여호와는 살아계십니다"(חַי־יְהוָה, '하이 야훼')라는 표현은 아마도 앞서 8-16절에서 고백한 하나님의 초자연적인 임재 묘사를 되새길 것이다. 또한 이어지는 "반석"도 앞서 나온 3절과 32절을 이어간다. 48절에서는 그간 이 승전 서사시의 전제였던 거룩한 전쟁(Holy War) 사상을 다시금 떠올려 준다. 곧 "복수"(נְקָמוֹת, '느카모트')의 주권은 하나님께 있으며, 백성들을 굴복하는 분도 하나님이시다(참조. 시 94:1; 149:1). 여기서 사무엘서의 독자들은 아직 해결되지 않은 다윗과 요압의 갈등을 떠올리게 된다. 요압은 아브넬이 자기 동생 아사헬을 죽였다는 이유로 곧바로 그를 죽였고, 압살롬의 반란 이후에 아마사가 자기가 차지하고 있던 군지휘관 자리를 꿰차자, 그를 죽여버렸다. 요압은 끝끝내 자기 손으로 복수를 하는 인물로 그려진다. 반면에 사무엘서의 화자는 다윗이 자신을 대적하는 사람에 대한 복수의 기회가 있을 때, 줄곧 침묵하는 모습을 강조해서 보여주었는데, 이 고백으로 다윗의 그런 모습의 종교성을 강조한다. 49절에서는 하나님이 기도자를 원수들, 자신에게 맞선 이들보다 더 높이셨다고 고백하는

데, 이는 18절에서 그들이 자신보다 더 강하다고 했던 탄원과 대조된다. 50절은 "그러므로"(עַל־כֵּן, '알-켄')로 시작하여, 승전 서사시의 모든 내용을 아울러 마무리한다. 감사와 찬송의 서원이 그것이다.

51절에서는 화자가 바뀐다. 이는 제의에서 공동체의 찬송을 추측하게 한다. 여기서는 임금을 위대하게 하고 인자하심(חֶסֶד, '헤세드')을 베푸신 하나님을 분사형으로 찬양한다. 특히 임금을 "당신께 기름 부음 받은 이"(מְשִׁיחוֹ, '므쉬호'; 참조. 삼상 2:10; 12:3, 5; 시 2:2; 20:6[7]; 28:8 등)로 표현하는 것은 왕권의 불가침성(unantastbar)을 강조한다(참조. Kraus, *Psalmen 1-59*, 295). 그리고 다윗 왕조의 영원성을 언급하는데, 이는 사무엘서의 다윗 언약 전통과 잇닿아 있다고 볼 수 있다(참조. 삼하 7장).


## 본문의 메시지


⑴ 이 시편은 다윗의 승전가다. 따라서 본문 첫머리에서 다윗이 모든 대적의 손에서 벗어났을 때 한 기도임을 밝힌다. 그래서 이 시편을 읽는 이는 자연스레 다윗의 생애를 이 시편에 투영하게 된다. 온갖 전투를 경험한 용사 다윗을 뚜렷이 보여주는 듯 시편의 첫 부분에서 하나님을 전쟁에서 이기게 해 주는 여러 보호 장치들로 묘사한다. 그래서 그 어떤 고난이 있고, 수많은 대적에 둘러싸이더라도 하나님을 향한 신뢰를 저버리지 않겠노라고 거듭 다짐한다. 그런데 7절에서는 그렇게 미쁘신 하나님의 응답이 "성전"에서 이루어짐을 강조한다. 물론 다윗의 시대에 성전이 없었으므로, 후대의 성장 본문으로 여길 수 있지만, 여기서 하나님의 임재 경험 가운데 예배가 얼마나 중요한지를 깨닫는다.

하나님이 임재하시는 모습은 어떨까? 옛 이스라엘 사람들은 제어하기 어려운 자연 현상들을 보면서 하나님의 임재를 상상했다. 그래서 환난 가운데 도움이 되어주시고, 대적에 둘러싸였을 때 구원자가 되시는 하나님의 임재하심을 본문 8절부터 16절에서는 화산이 폭발하는 모습을 빗대어 그려준다. 그렇다고 그런 자연 현상이 곧 하나님의 임재를 뜻하는 것은 아니다. 그만큼 위엄이 있고, 능력이 있는 분이라는 사실을 눈에 보이게 그려주는 것이다. 다윗에게 그 하나님은 모든 전쟁을 거룩한 전쟁으로 승리하게 해 주신 분이다. 본문에서는 바로 이 점을 강조한다. 다윗의 승전에 앞서 그를 승전하게 해 주신 여호와를 찬양한다. 이는 앞선 장에서 다윗의 승리를 조력했던 장수들의 업적을 기리는 것과 맥을 같이 한다.

⑵ 이 세상에 실수하지 않는 사람은 없다. 이 시편의 배경으로 언급되는 다윗의 삶 가운데서도 수많은 실수와 잘못을 찾아볼 수 있다. 그런데도 다윗은 늘 다시금 하나님께 자기 잘못을 고백하고 용서받으며 하나님 앞에서 깨끗한 삶을 지향점으로 삼고 살아갔다. 본문에서도 그러한 점은 계속 강조된다. 하나님 앞에서 한결같음을 유지하기 위해 죄악에서 자신을 지켰다고 고백한다. 그래서 하나님은 시편 기도자의 깨끗함 그대로 갚아주신다는 것이다. 우리네 삶이 하나님 앞에서 완벽하게 깨끗할 수 있겠는가? 우리는 거듭 죄악으로 더럽혀진다. 그 더러움을 거듭 하나님 앞에서 고백하고, 하나님께서 문질러 닦아 깨끗게 해 주시는 경험을 해야 한다. 그것이 하나님 앞에서 깨끗한 삶의 비결이다.

히브리적 사고의 핵심은 관계성이다. 26-27절 본문에서는 그 관계성이 아주 잘 드러난다. 사람들 사이에서 내보이는 경건, 온전함, 깨끗함에 따라 하나님께서도 그 사람에게 갚아주신다. 이것이 공로주의를 뜻한다고 이해한다면 잘못이다. 히브리식 관계성의 사고를 알지 못하는 일이기 때문이다. 경건, 온전함, 깨끗함은 사람들 사이에서, 하나님과 맺는 관계에서 모두 이루어질 때 그 개념이 온전해진다는 뜻이다. 더불어 29절 본문에서 하나님의 구원은 빛과 같다고 고백한다. 세상 사람들에게서 소외된다고 하더라도 이 관계성을 유지하려는 사람들에게는 하나님께서 구원의 빛을 밝게 비추실 것이다. 이렇게 관계성에 충실한 삶의 길은 그분의 말씀에서 깨달을 수 있고, 그 말씀이 삶의 길에 구원을 보증하는 방패가 될 것이다.

(3) 장편 서사시 본문 말씀의 처음(3절), 가운데(32절), 그리고 마지막 부분(44절)에서 하나님을 반석이라고 고백한다. 그리고 반석이라는 상징이 하나님의 어떤 속성을 가리키는지를 제각각 상술한다. 시편 기도자가 대적들을 상대할 능력을 키워주시고 그들을 굴복시키도록 도와주시는 분임을 말하기도 하고, 한 걸음 더 나아가서 온 세상이 그분의 이름을 높이며 찬송케 해 주시는 분임을 고백하며 그분을 찬송하라고 권고한다. 여기서 반석이라는 상징어는 견고함과 영원함을 뜻한다고 볼 수 있겠다. 더불어 대적의 공격을 막아주는 방어선의 뜻도 있겠다. 다윗의 삶을 성공적이었다고 평가하는 궁극적 기준도 다윗이 하나님을 반석으로 삼고 그분께 모든 것을 내맡기고 그분에게서 모든 일의 결정을 찾았다는 데 있지 않겠는가? 그것은 오늘 우리에게도 마찬가지로 적용되는 원리다.

더불어 이 긴 서사시는 사무엘하 마지막 일련의 부록들 가운데 다윗의 종교성을 강조한다. 이는 이어지는 본문에서 다윗의 유언(23:1-7)과

짝을 이루어 다윗의 신앙심을 돋보이게 해 주는 구실을 한다. 사무엘서에서 강조하는 다윗은 양면적이다. 신앙에 바탕을 두고 인내하고 하나님의 음성에 귀 기울이는 모습과 더불어, 그렇게 속마음을 드러내지 않으면서 정치적 입지를 굳혀나가는 노련한 정치인의 모습도 보여준다. 정치인으로서 다윗은 여러 정적 제거를 용인하고, 때로는 적극적으로 제거하도록 다른 사람을 부추기기도 했다. 이런 모습은 다윗의 비신앙적인 모습을 고스란히 드러내는데, 부록에서도 맨 바깥 대칭 본문(21:1-14; 24:1-25)에서 드러내 보여준다. 이 서사시는 그와 대조되는 다윗의 신앙적인 모습을 강조하면서, 독자들에게 자신을 들여다보는 계기를 마련해준다.

## 23장
## 다윗의 유언과 다윗의 용사들

우리말로 옮긴 본문

**다윗의 유언(1-7절)**

1  이것은 다윗의 마지막 말이다.

"이새의 아들 다윗의 말이며, 높이 일으켜진 사람, 야곱의 하나님께 기름 부음 받은 이, 이스라엘의 노래들을 잘하는 이의 말입니다.

2  여호와의 영이 나를 통하여 이르셨고, 그분의 말씀이 내 혀에 있습니다.

3  이스라엘의 하나님께서 내게 말씀하셨고, 내게 이스라엘의 반석께서 이르셨습니다. '사람을 의롭게 다스리는 이, 하나님을 경외함으로 다스리는 이는

4  해 뜨는 아침의 빛 같고, 구름 한 점 없는 아침, 비 온 뒤 비치는 햇살을 머금은 땅 위의 풀 같다.'

5  정말로 내 집안이 하나님 앞에서 그렇지 않습니까? 그분께서 나와

영원한 언약을 맺으셨고, 모두 갖추어지고 지켜졌습니다. 그러니 내 모든 구원과 내 기쁨이 어찌 움트지 않겠습니까?

6  그러나 사악한 이는 가시덤불처럼 모조리 내버려져서, 분명히 아무도 손에 움켜쥘 수 없을 것입니다.

7  게다가 그들을 만지려는 사람은 쇠꼬챙이나 창 자루를 가져야 할 것입니다. 이는 그들을 그 자리에서 불에 살라 버릴 것이기 때문입니다.”

### 다윗의 용사들(8-39절)

8  이것은 다윗에게 속한 용사들의 이름이다: 다그몬 사람 요셉밧세벳은 세 용사ᄀ 가운데 우두머리였다. 그는 에센 사람 아디노라고도 불렸는데, 단번에 800명을 쳐 죽였다.

9  그다음은 아호아 사람 도도의 아들 엘르아살로 다윗과 함께한 세 용사 가운데 한 사람이었다. 그들이 블레셋 사람들을 조롱하여 블레셋 사람들이 전투를 벌이려고 모여들자, 이스라엘 사람들이 산지로 물러나 올라갔다.

10  그러자 그가 일어나서 블레셋 사람들을 쳐 죽였는데, 그의 손에 힘이 빠져 칼에서 손을 떼기 어려울 정도가 될 때까지 계속하였다. 그리하여 그날 여호와께서 큰 구원을 베푸셨다. 그제야 백성들이 그의 뒤를 따라 되돌아와서는 전리품만 챙길 뿐이었다.

11  그다음은 하랄 사람 아게의 아들 삼마이다. 블레셋 사람들이 레히로 모여들었을 때, 그곳에는 콩을 가득 심은 밭이 있었다. 그런데 백성들이 블레셋 사람들 앞에서 달아나 버렸다.

12  하지만 삼마가 밭 한가운데 버티고 서서 그 밭을 구해내고, 블레셋

사람들을 쳐 죽였다. 그리하여 여호와께서 큰 구원을 베푸셨다.

13 우두머리 서른 명 가운데 세 사람이 내려가서, 곡식 거둘 무렵 아둘람 굴에 있는 다윗에게 이르렀다. 그때는 블레셋 사람들이 르바임 골짜기에 진을 치고 있었다.

14 그때 다윗은 산성에 있었고 블레셋 사람들의 수비대는 그때 베들레헴에 있었다.

15 다윗이 간청하며 말하였다. "누가 베들레헴 성문 곁에 있는 우물에서 마실 물을 가져다줄 수 있겠는가?"

16 그러자 세 용사가 블레셋 진영을 뚫고 들어가서, 베들레헴 성문 곁에 있는 우물에서 물을 길어 올려서 다윗에게 가져왔다. 그런데 다윗은 물을 마시기를 마다하고 그 물을 여호와께 부어드렸다.

17 그리고 말하였다. "내가 물을 마시는 것을 여호와께서 허락하지 않으신다. 이것은 목숨을 걸고 갔던 사람들의 피가 아닌가!" 그러면서 물 마시기를 마다하였다. 세 용사가 이 일을 하였다.

18 스루야의 아들 요압의 동생 아비새는 `30인 부대의 우두머리였다.` 그는 자기 창을 휘둘러 300명을 죽이고, 그 세 사람과 더불어 명성을 얻었다.

19 30명보다 더 존귀해져서 그들의 지휘관이 되었지만, 그 세 사람에 미치지는 못하였다.

20 여호야다의 아들 브나야는 갑스엘 출신 용사로 많은 전공을 세웠다. 그는 모압 사람 아리엘의 두 아들을 쳐 죽였고, 눈 내리는 날 물웅덩이로 내려가서 사자를 쳐 죽였다.

21 또 그는 고급 관리로 보이는 이집트 사람 하나를 쳐 죽였는데, 그 이집트 사람은 손에 창을 들고 있었고 브나야는 막대기를 들고 그에

게로 내려갔다. 그러고는 그 이집트 사람의 손에서 창을 빼앗아서 그 창으로 그를 죽였다.

22 여호야다의 아들 브나야가 이 일을 하여서 그 세 용사와 더불어 명성을 얻었다.

23 30명보다는 더 존귀해져서 그들의 지휘관이 되었지만, 그 세 사람에 미치지는 못하였다. 다윗이 그를 자기 경호원으로 삼았다.

24 30인 부대는 요압의 동생 아사헬, 베들레헴 사람 도도의 아들 엘하난,

25 하롯 사람 삼마, 하롯 사람 엘리가,

26 발디 사람 헬레스와 드고아 사람 익게스의 아들 이라,

27 아나돗 사람 아비에셀, 후사 사람 므분내,

28 아호아 사람 살몬, 느도바 사람 마하래,

29 느도바 사람 바아나의 아들 헬렙, 베냐민 자손들이 살던 기브아 사람 리배의 아들 잇대,

30 비라돈 사람 브나야, 가아스 계곡 출신 힛대,

31 아르바 사람 아비알본, 바르훔 사람 아스마    ,

32 사알본 사람 야센의 아들 엘리아바와 요나단,

33 하랄 사람 삼마, 아랄 사람 사랄의 아들 아히암,

34 마아가 사람의 후손 아하스배의 아들 엘리벨렛, 길로 사람 아히도벨의 아들 엘리암,

35 갈멜 사람 헤스래, 아랍 사람 바아래,

36 소바 사람 나단의 아들 이갈, 갓 사람 바니,

37 암몬 사람 셀렉, 스루야의 아들 요압의 무기병인 브에롯 사람 나하래,

38 이델 사람 이라, 이델 사람 가렙,

**39** 헷 사람 우리아였다. 모두 합쳐서 37명이었다.


## 본문 비평

### 8절 ㄱ. 세 용사

여기서 히브리어 본문은 논란의 여지가 있다. 여기서는 "셋째의 지휘관 [?]"(רֹאשׁ הַשָּׁלִשִׁי, '로쉬 하샬리쉬')로 애매하게 표현되어 있다. 반면에 평행 본문인 역대상 11장 11절의 읽기 전통(Qere)은 "용사들의 지휘관"(רֹאשׁ הַשָּׁלִשִׁים, '로쉬 하샬리쉼')으로 읽는다. 전통적으로 이 낱말은 병거의 지휘관을 뜻하는 것으로 여긴다(참조. Tsumura, *Second Samuel*, 329). 하지만, 9절의 "세 용사"(שְׁלֹשָׁה גִבֹּרִים, '쉘로샤 깁보림')와 18절의 읽기 전통(Qere)은 본문의 히브리어가 훼손되었을 가능성을 열어준다. 우리는 9절의 전통과 18절의 읽기 전통에 따라 본문을 수정해서 읽는다(הַשְּׁלֹשָׁה [גִבֹּרִים] רֹאשׁ, '로쉬 하쉘로샤 [깁보림]').


### 18절 ㄴ-ㄴ. 30인 부대의 우두머리였다

본문은 아비새의 직위에 대해 쓰기 전통(Ketib)과 읽기 전통(Qere)이 다르다. 읽기 전통에 따르면(הַשְּׁלֹשָׁה, '하쉘로샤'), 개역개정의 번역처럼 아비새는 또 다른 3인 영웅의 우두머리다. 그러나 이 진술이 뜻하는 바는 명확하지 않다. 그래서 많은 주석자가 쓰기 전통(הַשְּׁלֹשִׁי)이 더 오래된 본문이며 그것은 "30"(הַשְּׁלֹשִׁים, '하쉘로쉼')을 잘못 베껴 쓴 결과가 전승된 것으로 본다(참조. McCarter, *II Samuel*, 491).

# 본문 주석

## 다윗의 유언(1-7절)

이 단락은 앞선 다윗의 서사시(22장)와 대칭을 이루어 신앙에 바탕을 둔 왕 다윗의 모습을 마무리한다. 1절은 "이것은 다윗의 마지막 말이다"(וְאֵלֶּה דִּבְרֵי דָוִד הָאַחֲרֹנִים, '브엘레 디브레 다비드 하아하로님')로 시작한다. 그러니 이 단락은 다윗의 유언이다. 사무엘서 마지막의 부록에서 앞선 22장의 찬송 시편과 짝을 이루어 다윗의 신앙적인 측면을 강조하기 위해 이 자리에 들어온 것은 틀림없어 보인다. 이어지는 유언은 "말"(נְאֻם, '느움')로 시작하며, 다윗을 소개하는데, 사람이 주체가 되는 이런 형태는 구약성경에서 발람의 신탁에서 찾아볼 수 있다(참조. 민 24:3, 15; 잠 30:1; 31:1; Anderson, *2 Samuel*, 268). 그러니 이 단락은 유언 형태로 다윗이 전한 예언적 신탁으로 이해할 만하다. 그렇다면 앞선 단락에서는 다윗을 예배자로, 이 단락에서는 예언자로 그려서 그의 신앙을 드러내려 한 화자의 의도를 읽을 수 있다. 어쨌거나 이 낱말은 이 구절에서 두 번 등장한다. 첫째 말(נְאֻם, '느움')에서는 다윗을 "이새의 아들"로 소개한다. 이것은 인간 다윗의 출신을 언급하는데, 두 번째 말(נְאֻם, '느움')에서는 그와 대조되는 임금 다윗에 대한 일련의 호칭들이 이어진다. 이들은 베들레헴 이새의 막내아들이었던 다윗이 온 이스라엘의 왕으로 등극한 모든 과정을 되새겨 준다. "높이 일으켜진 사람"(הַגֶּבֶר הֻקַם, '하게베르 후캄')는 다윗의 왕위 등극을 일컫겠다. 이어지는 "야곱의 하나님께 기름 부음 받은 이"는 사무엘에게 하나님의 선택받은 왕으로 기름 부음 받음을 되새기면서, 이스라엘의 합법적인 임금 다윗의 지위를 드러낸다. 이어지는 "이스라엘의 노래들을 잘하는 이"(נְעִים זְמִרוֹת יִשְׂרָאֵל, '느임 즈미로트 이스라엘')라는 칭호는 앞선 22장의 찬송 서사시를 전제하는 표현이 겠다.

2절에서는 다윗에게 신탁을 전하는 분이 "여호와의 영"(רוּחַ יְהוָה, '루아흐 야훼')이라고 표현한다.[1] 그분이 자기 입술에 말씀을 주셨다는 후반절과 더불어 이 표현은 다윗이 자신을 진정한 예언자로 강조하는 것으로 여길 수 있다(참조. 마 22:43; 행 1:16; 4:25; 히 4:7; Tsumura, *Second Samuel*, 325). 다윗이 자기 말에 신적 권위를 부여하는 표현은 3절에서 계속 이어진다. 그런데 "이스라엘의 하나님께서 말씀하신다"는 말은 청중을 향한 신탁 전달에 초점을 맞춘 일반적인 신탁 전달 관용구(messenger formula; '코 아마르 야훼', "여호와께서 이같이 말씀하신다")와는 조금 다르다. 게다가 이어지는 평행 구절이 "내게"(לִ֔י, '리')로 시작하여 자신을 향한 계시에 초점을 맞추어 자기 권위에 무게를 두는 점은 흥미롭다. 여기서 신탁계시자는 "이스라엘의 반석"으로 표현되는데, 이는 다시금 앞선 22장의 서사시와 연결점이 된다(22:3, 32, 44).

이어서 직접화법으로 이어지는 본문은 하나님의 계시 형태로 다윗을 두 가지 형태의 "통치자"(מוֹשֵׁל, '모쉘')로 부른다. 그 통치는 의로움(צַדִּיק, '차디크')과 하나님 경외(יִרְאַת אֱלֹהִים, '이르아트 엘로힘')로 이루어진다. 이것은 신정 정치를 이끄는 이스라엘 왕의 정체성 규명이다(참조. Long, *1 and 2 Samuel*, 459). 3절에서 하나님께서 선택하여 세우신 임금 다윗 자신에 대한 묘사를 더 이어간다. 이 구절은 3가지 직유법(simile)의 비유로 이루어져 있다. 첫째 비유는 돋는 해의 아침 빛이다. 이것은 이전의

---

1. 사실 문법적으로 볼 때, 본문은 어색하다. 연계 상태에 있는 명사(*nomen rectum*)인 여성명사 영(רוּחַ, '루아흐')이 문장의 주어인데, 동사는 3인칭 남성단수형(דִּבֶּר, '디베르')이 쓰였기 때문이다. 아마도 이는 절대 상태에서 꾸미는(*nomen regens*) 남성명사 "여호와" 때문으로 여길 수 있다(Anderson, *2 Samuel*, 268).

혼란한 시대를 청산하고 굳건한 왕조를 세운 다윗의 모습을 기린다. 둘째 비유는 구름 없는 아침인데, 왕정이 세워지기까지 수많은 정적과 반란들이 다 제압되고 안정된 왕국의 상태를 이룬 다윗의 모습을 보여준다. 이 점에서 셋째 비유는 종합적인 성격이 있다. 비 내린 후에 비치는 빛을 받아서 땅에서 움트는 풀(דֶשֶׁא, '데쉐')은 제각각 다윗을 온 이스라엘의 왕으로 세우신 하나님의 은총과 역경을 이겨낸 다윗의 모습을 그린다.

유언 형태의 신탁은 5절에서 이제 왕조를 이어갈 후손들에게로 확장된다. 본문은 "정말로 내 집안이 하나님 앞에서 그렇지 않습니까?"라는 수사의문문(rhetorical question)으로 시작하여 이를 강조한다. 그 근거로 "영원한 언약"(בְּרִית עוֹלָם, '브리트 올람')을 든다. 이 언약은 7장의 언약을 일컬을 것이다(참조. 시 89:19-37; 132:12; 사 55:3; 렘 33:17; 대하 13:5; 21:7 등; Tsumura, *Second Samuel*, 327). 이 언약의 핵심은 영원한 왕조의 약속이므로 앞선 수사의문문에 대한 대답으로 여길 수 있겠다. 이제 이 언약으로 왕조의 모든 것(כֹּל, '콜')이 든든히 갖추어지게 되었다. 이것은 왕조의 신학적 기반과 정치적 안정 모두를 뜻하겠다. 본문에서는 이로써 다윗의 모든 구원과 소원이 다 이루어질 것이라고 확신한다.

6-7절은 왕조에 반기를 드는 사람들에 대한 경고로 끝맺는다. 그런 사람들을 먼저 "사악한 이"(בְּלִיַּעַל, '블리야알', "쓸모없는 자")라고 일컫는데, 이 낱말의 용례를 보면 이해할 수 있겠다(참조. 삼하 16:7; 20:1; Tsumura, *Second Samuel*, 305). 여기서도 "가시덤불"의 비유를 쓴다. 이 표현의 심상은 쓸모는 없으면서 공격성을 가진 존재를 뜻하겠다. 7절에서는 그런 세력의 말로를 말해 준다. 가시나무는 재목으로 쓸모가 없어서, 버려질 뿐인데 그냥 손으로는 잡을 수 없다. 그래서 "쇠꼬챙이나 창 자루"(חֲנִית

בַּרְזֶל וָעֵץ, '바르젤 브에츠 하니트')로 잡아야 한다. 이 표현은 반란을 도모하는 이들의 공격성을 뜻한다. 결국 가시나무가 땔감으로밖에 쓸 수 없듯이 반란 도모자들도 지금까지 그랬듯, 앞으로도 진압될 뿐이라는 경고다.

**다윗의 용사들(8-39절)**

**8-12절: 다윗의 용사들.** 이 단락부터 23장 끝까지는 앞선 21장 15-22절과 짝을 이루어 다윗의 용사들 목록을 전해 준다. 여기서는 더 확장되어 있다. 먼저 이 단락에서는 다윗과 함께한 세 용사를 언급한다. 먼저 8절은 전체 다윗의 용사들 명단(אֵלֶּה שְׁמוֹת הַגִּבֹּרִים אֲשֶׁר לְדָוִד, '엘레 쉐모트 하깁보림 아쉐르 르다비드', "이것은 다윗에게 속한 용사들의 이름이다")이 시작됨을 알린다. 그리고 세 용사(본문 비평 참조)의 우두머리로 한꺼번에 800명을 죽인 다그몬 사람 요셉밧세벳을 소개하는데, 그의 이름은 에센 사람 아디노라고도 알려졌다. 아마도 이 사람은 원래 시대와 화자의 시대에 달리 알려졌을 수 있겠다(참조. Tsumura, *Second Samuel*, 330). 9-10절에서는 엘르아살이라는 사람이 세 용사 가운데 둘째로 소개된다. 그는 블레셋과 벌인 전투에서 전세가 불리해도 끝까지 싸워서 거룩한 전쟁(Holy War)의 승리를 맛보게 한 인물로 소개한다. 11-12절에서는 셋째 용사로 삼마가 소개되는데, 그 또한 이스라엘 군대가 블레셋에게 패배하여 전세가 불리할 때, 끝까지 싸워서 거룩한 전쟁의 승리를 맛보았다고 전한다. 그러니 여기서 소개되는 세 인물은 모두 다윗이 추구한 거룩한 전쟁에 동참하여, 여호와께서 주시는 승리를 맛보았다는 점이 강조된다.

**13-17절: 30용사 가운데 세 용사의 활약.** 13절의 읽기 전통(Qere)에 따르

면, 이 단락은 독자적으로 전승된 것으로 보이는 "우두머리 서른 명 가운데 세 사람"(שְׁלֹשָׁה מֵהַשְּׁלֹשִׁים רֹאשׁ, '쉘로샤 메하쉘로쉼[=LXX] 로쉬'; [30?, Ketib])의 이야기를 전한다. 이야기는 다윗이 왕위에 오르기 전으로 거슬러 올라가는데, 이름이 밝혀지지 않은 이 사람들이 곡식 벨 무렵에 아둘람 굴(베들레헴 서쪽 19㎞쯤)에 있던 다윗에게 갔다. 이 무렵에는 비가 내리지 않는 건조한 때라 다윗이 물을 구할 수 없다는 배경을 알려준다. 이때 블레셋 군대는 베들레헴 바로 인근의 르바임에 진 치고 있었다. 두 정보는 다윗이 사울에게 쫓기던 때인지(참조. 삼상 22:1), 통치 초기의 일인지(삼하 5:18) 시간적 배경이 불분명하다. 어쨌거나 14-15절에서 다윗은 비가 오지 않아 마실 물이 부족하여 물을 구해 올 사람을 자원받았다. 우물은 베들레헴 성문 곁에 있었는데, 이곳은 블레셋 진영을 돌파해야 이를 수 있었다. 이때 16절에서 이 세 사람이 자원해서 블레셋 진영을 돌파하여 베들레헴 성문 곁에 있던 우물물을 길어 왔다. 그런데 의외로 다윗은 기꺼이 그 물을 마시지 않고, 여호와께 부어 드렸다. 그리고 17절에서 다윗은 자신이 그 물을 마시지 않은 까닭을 기도 형식으로 밝힌다. 곧 세 용사가 목숨 걸고 떠온 물이므로 그들의 피와 마찬가지라 차마 마시지 못하겠다는 말이었다. 본문은 "세 용사가 이 일을 하였다"라는 말로 이야기를 끝맺는다.

**18-19절: 아비새의 활약.** 이 단락에서는 요압의 동생이자 끝까지 다윗을 호위하던 용사 아비새의 일화를 전한다. 18절에서 아비새의 이야기(본문 비평 참조)는 창으로 300명을 물리친 전공을 든다. 그래서 그가 "그 세 사람"의 이름에 들 수 있었다고 했는데, 아마도 이는 앞서 언급한 세 용사를 가리킬 것이며, 아비새가 그들만큼 용맹스러웠다는 표현일 것이다.

19절에서는 30명(참조. 18, 23절; 비교. 개역개정. "세 사람"[=MT])보다 더 존귀해졌다(נִכְבָּד, '니크바드')고 말하는데, 이는 다윗을 호위하던 일을 가리킬 것이다. 하지만 "그 세 사람"에게 미치지는 못했다고 전한다. 이는 앞서 언급한 세 용사를 일컬을 것이다.

**20-23절: 브나야의 활약.** 여기서 소개되는 브나야는 그렛과 블렛 용병들의 지휘관이었으며(삼하 8:18; 20:23), 나중에 솔로몬이 즉위하고 요압이 제거된 뒤에는 그를 대신해서 군사령관이 될 것이다(왕상 2:35; Tsumura, *Second Samuel*, 333). 20절에서 브나야는 "많은 전공을 세운 이"רַב־פְּעָלִים בֶּן־אִישׁ־חַיִל, '벤-이쉬-하일[Q] 라브-프알림')로 소개된다. 그는 '아리엘'(אֲרִאֵל)의 아들 둘을 죽였다고 전한다. '아리엘'은 고유명사일 수도 있고, 어원에 따라 "사자 신"(אֲרִי אֵל, '아리 엘')을 모시는 용사 둘을 죽였다고 이해할 수도 있다. 이어지는 이야기에서 눈 내릴 때 구덩이에 가서 사자 한 마리를 쳐 죽였다는 진술도 적군의 사자 신상을 뜻할 수 있다(참조. Anderson, *2 Samuel*, 276). 21절에서는 이집트 용사를 죽인 이야기도 전해진다. 이런 전공은 그가 일대일 전투에 능했음을 말해 준다. 22-23절은 아비새의 경우와 마찬가지의 진술을 한다. 다만 22절에서 "브나야가 이 일을 하여서"는 비록 구절의 맨 앞에 있지만, 앞서 세 용사의 이야기 때(17절)와 마찬가지로 이야기를 마무리하는 구실을 한다. 또한, 마지막에 다윗이 그를 시위대 대장으로 삼았다는 정보를 제공한다. 이는 앞서 말한 대로 그가 다윗의 호위 부대였던 그렛과 블렛 용병들의 지휘관이었음을 말한다.

**24-39절: 다윗의 30 용사.** 이 단락에서는 앞서 언급한 개별 지휘관들의

하위 지휘관들인 30 용사들(שָׁלִשִׁים, '쉘리쉼')을 언급한다. 그런데 이들 명단에 든 사람들의 구성은 출신지별로 나뉘어 있음을 알 수 있다.[2]

24-29전반절까지는 다윗의 고향에서 가장 가까운 베들레헴 출신의 용사들이 등장한다(요압의 동생 아사헬, 베들레헴 사람 엘하난[24], 하롯 사람 삼훗과 엘리가[25], 발디 사람 헬레스와 드고아 사람 이라[26], 아나돗 사람 아비에셀과 후사 사람 므분내[27], 아호아 사람 살몬과 느도바 사람 마하래[28], 느도바 사람 헬렙[29전]). 이어서 29후반절-32절까지는 베냐민 출신과 에브라임 출신의 용사들이 나열된다(기브아 사람 잇대[29후], 비라돈 사람 브나야, 가아스 사람 힛대[30], 아르바 사람 아비알본과 바르훔 사람 아스마웻[31], 사알본 사람 야센의 아들 엘리아바와 요나단[32]). 이어서 33-35절에서는 유다 남쪽 지방 사람들이 언급된다(하랄 사람 삼마와 아랄 사람 아히암[33], 마아가 사람 엘리벨렛과 길로 사람 엘리암[34], 갈멜[3] 사람 헤스래와 아랍[4] 사람 바아래[35]). 그리고 36-39절에서는 외국 용병들이 언급된다(소바 사람 이갈과 갓 사람 바니[36], 암몬 사람 셀렉과 브에롯 사람 나하래[5][37], 이델 사람 이라와 가렙[38], 헷 사람 우리아[39]).

39절 마지막 마무리 본문에서는 용사들의 수가 모두 합해서 37명이라고 전하는데, 이것이 어떤 계산에서 그리되었는지는 분명하지 않다. 왜냐하면, 앞서 언급한 세 용사 외에, 30 용사 가운데 또 다른 세 명의

---

2.    이런 관찰은 참조. 『취리히성경해설』, 505.
3.    유다의 헤브론 남부에 있는 지명으로 나발과 연관하여 언급되었던 지명이다(참조. 삼상 25:5).
4.    여기서 말하는 "아랍"(עֲרָב, '아라브')은 유다 산지 남부의 성읍(참조. 수 15:52)으로 아라비아를 일컫는 말(עֲרָב, '아라브'; 참조. 사 13:20; 21:13; 렘 3:2; 대하 9:14; 17:11; 21:16; 26:7; 느 2:19 등)과는 구분해야 한다.
5.    이 사람은 요압의 무기 든 사람으로 소개된다. 그런데 본문에서 "무기 든 사람"(נֹשֵׂא כֵלָיו, '노세[Q] 클레')을 빼면, "스루야의 아들 요압"만 남아서 요압도 목록에 들어갈 수 있는 여지가 있다.

이야기에서 아비새와 브나야의 이야기가 소개되기 때문이다. 이 다섯 명과 이어지는 30 용사를 합치면, 35명이다. 36절에서 히브리어 본문에 있는 "갓 사람 바니"의 이름 "바니"에 해당하는 말이 칠십인역에서는 없어서 이 구절은 한 명만 언급한다. 그리하여 칠십인역과 달리 히브리어 본문에서 2명을 언급하는 것을 고려하더라도 36명이다. 이에 대해 학자들은 37절의 요압을 목록에 넣어야 한다고 보거나(참조. 위의 각주 162; Tsumura, *Second Samuel*, 339; Long, *1 and 2 Samuel*, 464-466), 맨 마지막 우리아 다음에 역대상 11장 41절에 등장하는 "알래의 아들 사밧"이 목록에 빠졌다고 제안하기도 한다(참조. Anderson, *2 Samuel*, 277). 하지만, 이런 주장은 30명이 아니라, 31명을 나열하게 되어 마찬가지로 어렵다. 어떤 가설이든 이 문제에 만족할 만한 답은 찾기 쉽지 않을 듯하다.

## 본문의 메시지

(1) 다윗의 유언을 전하는 본문은 다윗을 예언자로 묘사한다. 앞선 장에서 다윗을 찬송하는 예배자로 묘사했던 것과 더불어 이스라엘의 왕으로서 이상적인 신앙인의 모습을 강조한다. 하나님을 찬송하는 예배자요, 신탁을 전하는 예배자로 묘사하는 것은 신앙의 근본을 독자들에게 전해 주려는 화자의 구성 의도다. 예배자는 하나님이 베푸신 말씀과 구원, 그분의 임재에 민감하게 반응하며, 그분께 영광을 돌리는 그분 백성의 본분이다. 왕으로서 예배자인 모습을 강조하였던 것은 하나님의 백성을 올바르게 그분의 뜻대로 인도하고 다스리는 본질적인 자질이다.

한편, 직접 예언자라는 말이 나오지는 않지만, 유언에서 다윗은 하나님이 영을 통해 자신에게 직접 말씀하셔서 그 말씀을 그대로 전한다는 말을 거듭 강조하며 독자들에게 자연스레 예언자인 그의 모습을 그리게 해 준다. 예언자 다윗에게 전해진 신탁의 본질은 두 가지다. 첫째, 이상적인 임금의 자질을 갖춘 다윗의 모습이다. 그는 온갖 시련과 역경을 딛고 하나님께 기름 부음을 받은 왕이 되었다. 비 온 뒤에 햇빛을 받아 뿌리를 내리고 싹을 피우는 새 풀처럼 다윗은 하나님의 은총 가운데 그분께서 기름 부으신 왕이다. 그런 다윗은 하나님의 정의와 그분을 경외함으로 백성을 다스리는 왕이다. 이런 왕의 모습은 곧 백성들과 독자들에게 귀감이 된다. 둘째, 다윗 왕조의 합법성 강조이다. 이 유언에서 핵심은 다윗과 맺은 하나님의 영원한 언약이다. 이는 곧 다윗 왕조의 영원성을 뜻한다. 실제로 이후 역사에서 거듭 정변을 겪은 북이스라엘과 달리 남유다는 왕조를 계속 유지하였으며, 멸망 이후에도 그 왕조 회복의 염원을 계속 이어갔다.

(2) 앞서 21장 15-22절에서 나열한 다윗의 용사들 목록과 짝을 이루며 이 본문에서도 다윗의 용사들 목록과 그들이 이룬 전공을 일부 소개한다. 30 용사 가운데 세 사람의 이야기에서 보듯, 이 용사들은 다윗이 블레셋을 물리치고 왕조를 굳건히 세우는 데 목숨도 아끼지 않았던 사람들이다. 다윗 왕이 목마를 것을 염려하여 목숨을 걸고 적진에 뛰어들어 물을 길어 온 이야기에서 절정에 이른다. 물론 이 이야기도 앞선 용사 목록과 마찬가지로 다윗의 왕조 건립이 혼자만의 힘으로 이루어지지 않았음을 강조한다. 군 지휘관들에게서부터 이름이 올라가지 못한 용사들에 이르기까지 그 모든 사람의 헌신을 바탕으로 한다. 사무엘서 전반에 걸친 역사 서술에서 보듯, 역사는 으뜸의 인물만 기억하고 공을 그

에게로 돌린다. 하지만 하나님은 사람들의 기억에 남지 않았더라도 한 사람 한 사람의 헌신을 다 기억하시며, 헌신하는 일 자체에 신앙의 의미가 있다. 아비새와 브나야의 이야기에서 보듯, 그들이 거룩한 전쟁의 주도권을 가지신 하나님을 신뢰하고 끝까지 전투에 임했을 때, 여호와께서 이루시는 승전의 역사를 경험할 수 있었다. 화자는 이 부록을 통해 독자들에게 그 교훈을 주고 있을 것이다.

　더불어 모든 용사의 목록에서 요압이 빠져 있는 것이 특별히 눈에 띈다. 요압은 다윗이 사울에게 쫓기던 때부터 왕조를 이루기까지 궂은 일을 도맡아 왔다. 그러나 그가 왜 다윗의 용사 목록에 들지 못했을까? 다윗에게 항명하고 왕권을 위협하였으며, 결국 열왕기가 시작하자마자 아도니야의 반란에 동참했기 때문이다. 그러나 이 본문에 든 사람들과 요압의 차이가 무엇일지 독자들은 주목하게 된다. 이 목록에 든 사람들은 자기 이름이 드러나지 않더라도 맡은 일을 묵묵히 해 왔다. 그러나 요압은 자신의 전공을 드러내려는 욕심을 점점 더 부렸던 모습을 또렷이 기억한다. 그러니 화자는 의도적으로 다윗의 용사들과 요압의 대조를 통해서 독자들에게 교훈을 주려고 하는 듯하다.

# 24장
# 다윗의 인구 조사

## 우리말로 옮긴 본문

1 여호와께서 다시 이스라엘에 노하셔서, 그들을 치시려고 다윗을 부추겨 말씀하셨다. "가서 이스라엘과 유다의 인구를 조사하거라."

2 그리하여 왕이 함께 있던 군사령관 요압에게 말하였다. "단에서부터 브엘세바까지 이스라엘 온 지파를 두루 다녀서 백성들을 조사하시오. 백성들의 수를 내가 알아야 하겠소."

3 요압이 임금에게 말하였다. "임금님의 하나님 여호와께서 몇백 배의 백성들을 더해 주시기를 바라며, 제 주군이신 임금님 눈으로 보실 수 있기를 바랍니다. 하지만 제 주군이신 임금님께서는 왜 이런 일을 하려 하시는지요?"

4 그러나 임금의 말이 요압과 군대 지휘관들보다 완고해서, 요압과 군대 지휘관들이 이스라엘 백성들을 조사하려고 임금 앞에서 물러 나왔다.

5 그들은 요단강을 건너서 갓 계곡 안에 있어서, 야셀을 향한 성읍 오른쪽 아로엘에 진을 치고,

6 길르앗과 닷딤홋시 땅으로 가고, 단으로 향하는 이욘으로 가서는 시돈으로 돌아가서,

7 두로의 요새와 히위 사람들과 가나안 사람들의 성읍으로 갔다. 그리고 그들은 유다 네게브 지역을 향하여 브엘세바로 나갔다.

8 그들이 온 땅을 두루 다녀서 9개월 20일 만에 예루살렘에 이르렀다.

9 그리하여 요압이 조사한 백성의 수를 임금에게 보고하였다. 이스라엘에서 칼을 뽑을 수 있는 용사는 800,000명이었고, 유다 사람으로는 500,000명이었다.

10 인구 조사를 한 뒤에 다윗의 마음이 찔려서, 여호와께 아뢰었다. "제가 이 일을 저질러 큰 죄를 지었습니다. 그러니 이제 여호와께서는 당신 종의 죄악을 용서해 주십시오. 제가 매우 어리석었습니다."

11 다윗이 아침에 일어났을 때, 여호와의 말씀이 다윗의 선견자인 예언자 갓에게 내렸다. 그분께서 말씀하시기를,

12 "가서 다윗에게 이르거라. '여호와께서 이렇게 말씀하십니다. 내가 네게 세 가지 벌을 보이겠다. 너를 위해 그 가운데서 하나를 택하거라. 그러면 내가 네게 시행하겠다.'"

13 갓이 다윗에게 가서 그에게 전해 주었다. "임금님의 땅에 7년 동안 기근이 드는 것이 낫겠습니까? 아니면 임금님이 적들에게 석 달 동안 쫓겨나서 그가 임금님을 뒤쫓는 것이 낫겠습니까? 아니면 사흘 동안 임금님의 땅에 흑사병이 도는 것이 낫겠습니까? 저를 보내신 분께 제가 뭐라고 말씀을 드릴지 임금님께서는 생각해 보고 알려 주십시오."

14 그러자 다윗이 갓에게 말하였다. "내게 너무 괴로운 일이오. 여호와의 자비는 크시니 우리가 그분 손에 내맡깁시다. 내가 사람의 손에 내맡기지는 않겠소."

15 그리하여 여호와께서 이스라엘에 그날 아침부터 ˪정해진 때까지˹ 이스라엘에 전염병을 내리셨다. 단에서부터 브엘세바까지 70,000명이 죽었다.

16 천사가 그 손을 예루살렘으로 들어 파멸시키려 하자, 여호와께서 재앙 내리신 것을 후회하시고, 백성들을 파멸하는 그 천사에게 말씀하셨다. "충분하다. 이제 네 손을 거두거라." 그때 여호와의 천사는 여부스 사람 아라우나의˹ 타작마당 곁에 있었다.

17 다윗이 백성들을 파멸하는 천사를 보고 여호와께 말씀드렸다. "저는 죄를 지었고, 저는 엇나갔습니다. 하지만 이 양 떼는 무슨 일을 저질렀단 말입니까? 부디 당신 손을 저와 제 아버지의 집에만 두십시오."

18 그날 갓이 다윗에게 와서 말하였다. "올라가서 여부스 사람 아라우나의˹ 타작마당에 여호와를 위해 제단을 쌓으십시오."

19 다윗은 여호와께서 명령하신 대로 갓의 말에 따라 올라갔다.

20 아라우나가˹ 내려다보고 있다가 다윗과 그의 신하들이 자기에게로 건너오는 것을 보았다. 그러자 아라우나가˹ 나가서 땅바닥에 엎드려 임금에게 절하였다.˺

21 그리고 아라우나가˹ 말하였다. "내 주군이신 임금님께서 어쩐 일로 이 종에게 오셨습니까?" 다윗이 말하였다. "그대에게서 타작마당을 사서, 여호와를 위하여 제단을 짓기 위해서요. 그러면 백성들에게 미친 재앙이 그칠 것이오."

22 아라우나가ᵈ 다윗에게 말하였다. "내 주군이신 임금님 보시기에 좋으신 대로 가져다가 드리십시오. 보십시오. 번제로 드릴 소도 있고, 땔감으로 쓸 타작 도구와 소의 멍에가 있습니다.

23 임금님, 이 모두를 아라우나가ᵈ 임금님께 드립니다." 그리고 아라우나가ᵈ 또 왕에게 말하였다. "임금님의 하나님 여호와께서 임금님을 기쁘게 받아주실 것입니다."

24 왕이 아라우나에게ᵈ 말하였다. "아니오. 내가 정녕 그대에게 값을 주고 그것을 살 것이오. 값을 치르지 않고서는 내가 내 하나님 여호와께 번제를 드리지 않을 것이오." 그리하여 다윗이 은 50세겔을 주고 타작마당과 소를 샀다.

25 그리고 다윗이 거기에다 여호와를 위하여 제단을 짓고, 번제와 화목제를 드렸다. 그러자 여호와께서 그 땅을 위한 기도를 들어주셔서, 이스라엘에 미친 재앙이 그쳤다.

# 본문 비평

## 6절 ㄱ-ㄱ. 단으로 향하는 이욘

여기서 마소라 본문은 דָּנָה יַעַן('다나 야안', 개역개정. "다냐안")을 전한다. 여기서 "야안"은 헤르몬산 끝자락의 단에서 북쪽으로 10㎞ 정도 떨어진 "이욘"(עִיּוֹן; 왕상 15:20; 왕하 15:29; 대하 16:4)의 음위 전환(metathesis) 필사 오류가 전해진 것으로 볼 수 있다(참조. 게제니우스, 『사전』, 584; Tsumura, *Second Samuel*, 342).

**15절 ㄴ-ㄴ. 정해진 때까지**

여기서 마소라 본문은 וְעַד־עֵת מוֹעֵד('브아드-에트 모에드')를 전한다. 그런데 칠십인역은 ἕως ὥρας ἀρίστου('헤오스 호라스 아리스투', "식사 시간까지")로 옮겼다. 이는 עַד־עֵת סֹעֵד('아드-에트 소에드')를 번역 대본으로 전제하는 것으로 보인다. 이런 견해는 히브리어 본문과 차이 나는 칠십인역의 추정 대본의 낱말이 원래는 "뒷받침, 원조" 등을 뜻하지만, 음식과 관련해서 쓰이는 용례(참조. 창 18:5; 삿 19:5, 8; 왕상 13:7)가 있다는 데 바탕을 둔 견해다(참조. McCarter, *II Samuel*, 511). 하지만, 칠십인역의 번역을 히브리어 본문보다 더 오래된 전통으로 볼 만한 개연성이 크지는 않다. 따라서, 우리는 히브리어 본문을 그대로 둔다.

**16절 등 ㄷ. 아라우나**

히브리어 성경의 읽기 전통(Qere)과 달리 칠십인역(Ορνα), 역대기 평행 본문(대상 21:15; אָרְנָן, '오르난')은 쓰기 전통(Ketib)의 본문(אורנה, '오르나')을 지지한다. 그렇다고 해서 이것이 더 오래되었다고 볼 수는 없으나, 마소라 본문의 쓰기 전통이 모두 필사 오류이고, 읽기 전통은 그 수정일 뿐이라는 것은 아님을 알 수 있다. 곧 이 전통들은 더러 다른 본문 전통을 반영할 수도 있다.

**20절 ㄹ. (-)**

쿰란 본문(4QSamᵃ)은 여기서 그들이 굵은 베를 두르고 있었으며, 아라우나는 타작마당에 있었다고 좀 더 자세히 설명한다(...] וארנא דש חטים במקשים [... ). 오늘날까지 남아 전승된 이 본문은 적어도 역대기의 평행 본문(대상 21:16)에서 다윗이 장로들과 굵은 베를 두르고 회개했다는 진술과 조화를 이루어 후대의 추가 본문으로 여길 수 있다.


## 본문 주석


**1절: 다윗의 인구조사 명령.** 본문은 여호와께서 이스라엘에 노하기를 '다시 하셨다'(יֹסֶף, '바요세프')로 시작한다. 지금까지 관찰한 부록의 대칭 관계 관점에서 볼 때, "다시"는 아마도 21장 1-14절에서 사울이 흘린 기브온 사람들의 피 때문에 이스라엘에 들었던 흉년의 이야기를 가리킬 것이다(McCarter, *II Samuel*, 509 참조). 그 노여움으로 여호와께서는 다윗을 부추겨(וַיָּסֶת, '바야세트'), 인구 조사를 하도록 하셨다고 전하는데, 이렇게 볼 때 여호와의 노하심은 인구 조사(מִנְה, '므네')에 대한 반감이 있던 화자의 사건 후(*ex eventu*) 해설적 판단으로 볼 수도 있겠다. 역대기 평행 본문(대상 21:1)에서는 "사탄이 일어나 이스라엘을 대적하려고"로 새롭게 해석했는데, 이는 신정론(theodicy)의 관점에서 한 수정으로 볼 수 있겠다. 고대 사회에서 인구 조사는 세금 징수와 군대 조직 편성의 목적이 있었다(참조. McCarter, *II Samuel*, 514). 그런 뜻에서 신정 체제에서 다윗이 부와 군사력을 스스로 파악하고 통제하는 것은 당연히 하나님 보시기에는 악하다.


**2-4절: 요압의 반대.** 2절에서 다윗은 요압에게 인구 조사를 명령하였다. 여기서 "이스라엘 온 지파"와 대조제유법(merism)으로 쓴 "단에서 브엘세바까지"는 결국 '한 사람도 빠짐없이'를 뜻하는 말이다. 그런데 3절에서 요압은 다윗의 의견에 반대한다. 다윗이 인구 조사를 하려 하는 것은

여호와의 주권을 인정하지 않음이라는 뜻을 내비치는 말이다. 역대기 평행 본문(대상 21:3)에서는 다윗의 명령을 두고 이스라엘이 죄를 짓게 하는 것이라고 표현해서, 좀 더 적극적으로 요압의 속마음을 내보인다. 그러나 4절에서 다윗의 말은 요압과 군대 사령관들을 강요했다(וַיֶּחֱזַק, '바예흐자크'). 결국 요압과 군대 사령관들은 다윗의 명령에 복종하여 인구 조사를 위해 물러났다.

**5-9절: 인구 조사와 보고.** 역대기 평행 본문에서 짧게 요약한 것과 달리(대상 21:5-6), 이 본문에서는 인구조사관들의 여정을 상세히 전해 준다. 5절에서 인구조사관들은 요단강을 건너서 동편 "갓 계곡"(הַנַּחַל הַגָּד, '하나할 하가드', "와디 가드") 한가운데 있던 성읍 아로엘에서 시작해서 야셀로 이동하면서 인구조사를 했다. 이곳은 사해 동부 아르논강 유역의 와디 지역으로 볼 수 있어서(참조. 신 2:36; 수 13:9, 16), 그리고 야셀은 암몬 국경을 마주하고 있는 곳으로 여길 수 있어서(참조. 수 21:39; 대상 6:81; Tsumura, *Second Samuel*, 342). 6절에서 이들은 요단 동편의 북쪽으로 더 이동해서 길르앗 땅을 지났다. 그리고 "닷딤홋시"(תַּחְתִּים חָדְשִׁי, '타흐팀 호드쉬')를 거쳤는데, 이곳은 위치가 분명히 알려지지 않았다. 그다음 이들의 기착지는 "단으로 [향하는] 이욘"이다(본문 비평 참조). 이들은 여기서 방향을 선회해서 시돈으로 돌아 남쪽으로 향했다. 7절은 시돈 아래 두로를 거치고, 히위 사람들과 가나안 사람들의 성읍을 지났다고 말한다. 아마도 이런 가나안 원주민들의 성읍 사이사이에 이스라엘 백성들이 정착하고 있었던 것으로 보인다. 결국 이들은 유다 남단의 브엘세바까지 이르렀으니, 이스라엘 땅을 반시계 방향으로 한 바퀴 돈 셈이다. 이는 다윗이 2절에서 "이스라엘 온 지파" 가운데로 두루 다니라는 명령의 수행이다.

그리고 실제로 단과 브엘세바에 이르기까지 다 방문하였으니 "단에서 브엘세바까지"라는 명령도 모두 수행했다.

8절에서 본문은 이들이 온 땅을 두루 다니며 인구 조사를 시행한 날 수가 9개월 20일이 걸렸다고 전한다. 이어서 9절에서는 인구 조사의 결과 보고가 이어지는데, 이스라엘에서 "칼을 뽑을 수 있는 용사"(חֶרֶב אִישׁ־חַיִל שֹׁלֵף, '이쉬-하일 숄레프 헤레브')가 80만 명이고, "유다 사람"(אִישׁ יְהוּדָה, '이쉬 예후다')은 50만 명이었다. 사실상 북쪽 이스라엘 지파 사람들의 총수와 유다 한 지파의 수로는 현실적이지 않다. 그래서인지 역대기 평행 본문에서는 각각 110만 명과 47만 명으로 좀 더 현실적인 수를 제시한다. 또한 요압이 다윗 왕의 명령을 끝내 마땅치 않게 여겨서 레위 지파와 베냐민 지파는 인구 조사에서 빼서 축소 보고했다고 전한다(대상 21:5-6). 여기서 당대의 실제 인구수를 고려할 때, 실제로 군사 수로는 너무 많아서 수사 "1,000"에 해당하는 אֶלֶף('엘레프')가 군사 단위를 뜻할 것이라며 축소하는 논의는 두고서라도(참조. McCarter, *II Samuel*, 510 등), 유다와 북이스라엘의 비율이 맞지 않는다. 그래서 유다는 모든 남자를 다 조사하고, 이스라엘에서는 본문처럼 전쟁에 나설 수 있는 사람만 조사했을 것이라는 견해도 눈여겨볼 만하다(참조. 대상 21:5; 『취리히성경해설』, 506).

**10절: 다윗의 후회.** 다윗은 인구 조사의 보고를 받고서 뒤늦게 마음에 자책했다. 그래서 회개하고 하나님께 죄를 고백하였다. 이 진술은 역대기 평행 본문에서는 빠져 있다. 이는 이른바 신명기계 역사서에서 주로 강조하는 범죄와 회개의 도식 관점에서, 바벨론 포로기의 고난에 빠진 첫 독자를 향한 회개를 촉구하는 화자의 의도로도 읽을 수 있겠다.

**11-14절: 갓의 신탁과 다윗의 선택.** 11절에서 먼저 여호와의 신탁이 임한다.[1] 신탁을 받은 사람은 "예언자"(נָבִיא, '나비')이자 "다윗의 선견자"(דָּוִד הַחֹזֶה, '호제 다비드')인 갓(참조. 삼상 22:5)이었다. 이렇게 명칭이 두 개 쓰인 것은 예언자라는 화자 당대의 용어로 더 오래된 용어인 선견자를 설명하려는 의도였을 수 있다(참조. Tsumura, *Second Samuel*, 344). 12-13절에서 갓이 다윗에게 전해야 할 신탁은 징벌의 선택이었다. 곧 왕국에 7년 기근, 다윗이 원수에게 석 달 쫓김, 그리고 왕국에 사흘 전염병이었다. 이 셋은 모두 재앙의 대표적인 상징이다.[2] 이에 대해 다윗은 14절에서 선택이 "내게 너무 괴로운 일이오"(צַר־לִי מְאֹד, '차르-리 므오드')라고 말하면서 선택의 어려움을 말했다. 다윗이 정확히 무엇을 선택했는지는 분명하지 않다. 다만 여호와의 손에 맡기자는 결정을 했으며, 사람의 손에 빠지지 않게 하자는 말에서 원수에게 쫓기는 것을 거부한 것은 분명하다. 그리고 하나님의 긍휼을 언급한 데서 그가 7년 기근도 선택하지 않았음을 추정할 수 있다.

**15절: 전염병.** 다윗은 명확하게 벌을 선택하지 않았다. 그러나 암시적으로는 사흘 전염병(דֶּבֶר, '데베르')을 선택하였는데, 그날 아침부터 여호와께서 정하신 때까지(וְעַד־עֵת מוֹעֵד, '브아드-에트 모에드'; 본문 비평 참조), 아마도 사흘 동안 온 땅에 전염병이 돌았다. 이 기간에 "단에서부터 브엘세바까지", 그러니까 온 땅에서 전염병으로 죽은 사람이 70,000명이었다.

---

1. 역대기 평행 본문(대상 21:7)에서 인구조사 이후에 곧바로 하나님이 이스라엘을 치셨다고 보도한다.
2. 참조. 신 28:21-26; 32:24-25; 왕상 8:37; 대하 20:9; 사 51:19; 겔 6:11-12; Long, *1 and 2 Samuel*, 470.

**16-17절: 다윗의 중보기도.** 16절에서 하나님의 심판을 수행하는 "천사"(הַמַּלְאָךְ, '하말르아크')가 등장한다. 하나님이 인간들에게 하시려는 일을 대신하는 대리인으로서 이 낱말은 구약성경에서 종종 찾아볼 수 있다.[3] 천사는 손을 들어 예루살렘에 전염병의 재앙을 내리려 하였다. 본문은 이때 여호와께서 재앙 내리신 것을 후회하셨다(וַיִּנָּחֶם, '바인나헴')고 전한다. 하나님의 후회는 회개를 바탕에 둔 심판의 철회 문맥에서 주로 쓰이지만(참조. 렘 36:3, 13, 19; 욜 2:14; 욘 3:9; 시 106:45), 사울의 경우에서 보듯 반대의 문맥에서도 쓰인다(참조. 삼상 15:29). 그래서 여호와께서는 천사에게 재앙의 손을 거두라고 명령하셨다. 이때 그 천사는 여부스 사람 아라우나(אֲרַוְנָה, '아라브나'[Q]; 본문 비평 참조)의 타작마당(גֹּרֶן, '고렌')에 서 있었다.

17절에서 이 장면을 다윗이 목격한다. 이 본문에서는 다윗이 이 모습을 보고 하나님께 회개 기도하는 것으로 묘사하는 반면에, 역대기 평행 본문(대상 21:16)에서는 다윗과 장로들이 함께 회개 기도하는 것으로 묘사한다. 어쨌거나 이 회개 기도에서 다윗은 자신이 죄를 지었는데, 떼(צֹאן, '촌')로 비유한 이스라엘 백성들이 고통받는 것에 대해 탄원한다. 그러면서 차라리 자신과 자기 집안에 재앙을 내리라고 기도한다. 사실 이 기도는 앞선 단락에서 선견자 갓의 선택 요구에 대해 했던 말과 모순을 이룬다(참조. 14절). 백성들의 고통을 보면서 마음이 바뀌었는지, 둘 가운데 하나가 진심이 아닌지에 대해 본문은 분명히 밝히지 않는다.

---

3.    보기. 창 28:12; 48:16; 출 14:19; 23:20; 33:2; 민 20:16; 22:22; 왕상 19:5; 왕하 19:35; 시 34:7[8]; 35:5 등.

**18-19절: 제단을 쌓으라는 갓의 조언.** 18절에서는 다윗이 중보기도를 한 날에 다시금 갓이 다윗을 찾아왔다고 전한다. 아마도 그는 여호와의 신탁을 받아 왔을 것이다. 그는 천사가 예루살렘을 치려고 손을 들었던 곳, 그리고 하나님이 심판을 철회하신 곳인 여부스 사람 아라우나의 타작마당에서 여호와께 제단(מִזְבֵּחַ, '미즈베아흐')을 쌓으라고 권한다. 구약성경에서 타작마당은 종종 신 현현(삿 6:37)이나 하나님의 신탁을 받는 곳(삼상 14:2,[4] 18-19; 비교. 왕상 22:10의 "광장")으로 쓰인다(참조. McCarter, *II Samuel*, 511). 그래서 타작마당에 제단을 쌓으라는 갓의 조언은 낯설지 않았을 것이다. 19절에서 갓의 조언을 들은 다윗은 두말하지 않고 아라우나의 타작마당으로 길을 나섰다.

**20-25절: 아라우나의 타작마당.** 20절에서 장면은 아라우나의 시선으로 바뀐다. 아라우나는 다윗과 그의 신하들이 자기에게로 건너오고 있는 모습을 내려다보았다. 보통 타작마당은 겨를 바람에 날려 보내기 수월하도록 높은 지대에 있었으며, 실제로 후대에 성전이 지어진 이곳(대하 3:1)은 다윗성보다 대략 400m 정도 올라간 산꼭대기에 있었다(참조. Tsumura, *Second Samuel*, 349). 그는 다윗 왕을 알아보고 땅에 엎드려 절하며 예를 갖추었다.

21절에서 아라우나는 다윗 왕이 자기 타작마당에 온 까닭을 물었는데, 아마도 그는 재앙을 예루살렘에 실행하려던 천사를 보지 못한 듯하다. 다윗은 이스라엘 땅에 임한 재앙을 멈추게 하려고 아라우나의 땅을 사서(לִקְנוֹת, '리크노트') 제단을 쌓으려 한다고 말하였다.

---

4. 이 구절의 "미그론에서"(בְּמִגְרן, '바미그란')를 "타작마당에서부터"(מִגֹּרֶן, '미고렌')로 보기도 한다. 참조. McCarter, *I Samuel*, 238-239.

다윗의 이 말에 대해 아라우나는 22절에서 "내 주군이신 임금님 보시기에 좋으신 대로"(הַטּוֹב בְּעֵינָיו, '하토브 브에나브'[Q]) 올라가서 취하라고 말하였다. 이는 아라우나는 왕에게 땅을 파는 것이 아니라 헌납하겠다는 의사를 밝힌 셈이다. 그는 한 걸음 더 나아가서, 번제를 드릴 소를 제공하는 것은 물론, 타작 도구(מֹרִגִּים, '모리김')와 소의 멍에(כְּלֵי הַבָּקָר, '클레 하바카르')를 땔감으로 쓰라고 권한다. 23절에서 그는 "임금님, 이 모든 것들을 아라우나가 임금님께 드립니다"(נָתַן אֲרַוְנָה הַמֶּלֶךְ לַמֶּלֶךְ הַכֹּל, '하콜 나탄 아라브나 하멜레크 라멜레크')라고 자신을 3인칭으로 일컬으면서 완료형으로 말했다. 이는 문법적으로 수행의 완료형(performative perfect)이라 부르는데, 아라우나의 의지를 강하게 표현하는 어법이다(참조. Tsumura, *Second Samuel*, 349). 다른 한편으로 그는 다윗에게 기쁘게 받으라고 권한다.

24절에서 다윗은 땅과 번제에 필요한 것을 헌납받기를 거부하고 구매하겠다는 의사를 거듭 밝히는데, 아라우나와 다윗이 땅을 두고 하는 이 대화는 아브라함이 죽은 아내 사라를 위해 헷 족속에게 매장지를 구매하던 일을 생각나게 한다(창 23:3-20). 이를 두고 고대 토지 구매의 전형적인 흥정 단계를 보여준다고 볼 수 있을지는 의문이다(이런 견해는 Anderson, *2 Samuel*, 287 참조). 달리 보자면, 아라우나는 왕에 대한 예의를 갖추는 것이고, 다윗은 재앙 이후 드리는 제사라 거듭 조심하는 모습이라고도 볼 수 있을 것이다. 어쨌거나 다윗은 결국 아라우나의 타작마당과 소를 은 50세겔에 샀다. 여기서 역대기 평행 본문(대상 21:25)은 다윗이 타작마당만 금 600세겔을 주고 매입했다고 전한다. 이렇게 볼 때, 금이든 은이든 50세겔은 한 지파를 위한 값으로 볼 수 있다는 중세 유대 전통의 해석은 흥미롭다(참조. Rashi; Anderson, *2 Samuel*, 287).

타작마당을 매입한 다윗은 25절에서 마침내 그곳에 제단을 쌓고 번제(עֹלוֹת, '올로트')는 물론 화목제(שְׁלָמִים, '쉘라밈')도 드렸다. 역대기 평행 본문(대상 21:26-27)에서는 여호와께서 하늘에서부터 번제단 위에 불을 내리시고, 천사에게 명령하여 재앙의 칼을 거두게 하셨다고 표현한다. 이는 아마도 솔로몬이 성전을 지을 이곳(대하 3:1)을 신성시하던 전통이 배경이 될 것이다. 어쨌거나 그제야 여호와께서 땅을 위한 다윗의 기도를 들으시고 이스라엘에 내리는 재앙도 그쳤다고 말하며 사무엘서는 대단원의 막을 내린다.

## 본문의 메시지

⑴ 사무엘서를 마무리하는 마지막 이야기는 다윗의 범죄와 회개 이야기이다. 이 이야기는 사무엘서의 마지막 부록(21-24장)에서 첫 부분인 21장 1-14절의 기근 이야기와 평행을 이룬다. 이로써 화자는 독자들에게 하나님을 전적으로 신뢰하지 않았던 다윗의 민낯을 고스란히 드러내 보여준다. 앞선 이야기에서는 다윗이 기근을 맞닥뜨려서 죄 없는 사울 후손을 기브온 사람들에게 내주어서 또 다른 피를 흘리게 하고, 그들과 사울의 시신을 수습하여 장례 치른 뒤에야 용서받았던 이야기를 전했다. 이 본문에서는 다윗의 인구 조사를 죄로 판정한다. 고대 사회에서 인구 조사는 세금 징수, 군대 조직 편성과 관련이 있었다. 이는 곧 왕권 강화와도 직결되어 있었다. 그러나 이스라엘 왕정의 시작에서 임금은 하나님이 기름 부으시고 그분의 통치를 대리하는 사람이었다. 그러니 전쟁이든 왕국의 번영이든 먼저 하나님께 의뢰하고 의지하는 것이 우

선이었다. 그러나 이 본문에서 다윗은 그런 과정을 거치지 않았다. 이런 점에서 21장의 이야기와 맞닿아 있다. 21장에서도 어찌해야 할지 하나님께 여쭙지 않고 먼저 다윗이 스스로 판단했기 때문이다. 이 본문에서도 다윗은 아무런 기도나 신탁 없이 인구 조사를 명령했다. 신하들의 만류에도 다윗은 완강하게 이 정책을 밀어붙였다. 이 정책은 왕정의 안정을 위해서는 당연하다고 여길 수 있다. 그러나 지금까지 전쟁에서도 정책에서도 하나님의 뜻을 우선에 두려고 하며, 신앙에 기초를 두려는 다윗의 모습과는 사뭇 다르다. 이 본문도 결국 독자들에게 다윗의 양면적인 모습을 통해서 자기 내면을 들여다보고 반성하라는 메시지를 전해 준다.

(2) 본문은 다윗의 인구 조사로 내려진 하나님의 재앙이 어떻게 그쳤는지를 전해 준다. 이는 앞서 21장에서 다윗이 억울하게 죽은 사울의 후손들과 사울, 요나단의 시신을 장례 치러 주자 기근이 그쳤던 이야기와 평행을 이룬다. 더불어 이 이야기는 다윗이 하나님을 전적으로 의지하지 않고 실행했던 인구 조사가 빚은 전염병의 재앙이 그치게 되었던 장소가 강조된다. 이곳은 장차 다윗을 이어 왕위에 오를 솔로몬이 성전을 지을 거룩한 곳이었다(대하 3:1). 물론 사무엘서와 열왕기의 화자는 당대에 이 사실을 잘 알고 있었을 것이므로 굳이 밝히지 않는다(참조. Tsumura, *Second Samuel*, 349). 하지만 역대기 시대에는 그 사실을 밝혀야 독자들이 알 수 있을 정도로 세월이 흘렀다. 어쨌거나 이곳이 다윗이 회개하여 재앙이 멈춘 곳이고 바로 그곳에 성전이 지어졌다는 사실은 사무엘서의 첫 독자들에게는 귀한 교훈이 되었을 것이다. 이른바 신명기계 역사서는 바벨론 포로기 후반부에 마지막으로 다듬었을 것으로 알려져 있다.

그래서 죄의 고백과 회개, 하나님의 징벌과 용서, 구원의 도식이 중요한 역사 서술의 사관이자 신학이었다. 그런 관점에서 사무엘서의 마지막 이야기의 주제가 회개와 용서라는 사실은 매우 큰 의미가 있다. 당대의 독자들에게는 죄 고백과 회개를 촉구하며, 그것을 통해서 용서와 구원의 희망을 갖도록 해 주는 효과가 분명히 있었을 것이다. 더구나 그 용서와 구원의 핵심이 성전 건축이라는 점은 바벨론 군대가 파괴한 성전의 재건을 꿈꾸었을 포로기 유배민들에게는 핵심적인 희망을 품게 하였을 것이다. 회개와 용서, 구원의 메시지로 사무엘서가 끝맺는 것은 첫 독자에게서부터 시작해서 오늘날에 이르기까지 면면히 이어온다.

## 1. 본문 및 편집본

대한성서공회 편, 『성경전서 개역한글판』 (서울: 대한성서공회, 1956).

대한성서공회 편, 『공동번역 성서』 (서울: 대한성서공회, 1977, ²1999).

대한성서공회 편, 『성경전서 표준새번역』 (서울: 대한성서공회, 1993,
　　²2001).

대한성서공회 편, 『성경전서 개역개정판』 (서울: 대한성서공회, 1998,
　　⁴2005).

천주교중앙협의회 편, 『성경』 (서울: 천주교중앙협의회, 2005).

대한성서공회 편역, 『취리히성경해설 성경전서 개역개정판』 (서울: 대한
　　성서공회, 2021).

Abegg Jr., M. et al., *The Dead Sea Scrolls Bible* (New York: Harper Collins,
　　1999).

*Biblioteca apostolicae vaticanae codex vaticanus graecus 1209. bibliorum
　　sacrorum graecorum codex vaticanus* B (Rome: Instituto Poligrafico e

Zecca dello Stato, 1999).

Barthélemy, D./J. T. Milik (eds.), *Qumran Cave 1* (DJD I; Oxford: Clarendon Press, 1955).

Brooke, A. E. und N. McLean, *The Old Testament in Greek. According to the Text of Codex Vaticanus, supplemented from othe uncial Manuscripts; with a critical Apparatus containing the Variants of the chief ancient Authorities for the Text of the Septuagint. Volume II. The Historical Books. Part I. I and II Samuel* (Cambridge: Cambridge University Press, 1927).

Cross F. M., et al. (eds.), *Qumran Cave 4 XII. 1-2 Samuel* (DJD XVII; Oxford: Clarendon Press, 2005).

Elliger K./W. Rudolph (eds.), *Biblia Hebraica Stuttgartensia* (Stuttgart: Deutsche Bibelgesellschaft, 1967-1977; $^5$1997) = 『슈투트가르트 히브리어 구약성서. 한국어 서문판』 (서울: 대한성서공회, 2008)[BHS].

Fernández Marcos, N. und J. R. Busto Saiz, *El texto antioqueno de la Biblia griega I, 1-2 Samuel* (TECC 50; Madrid: CSIC 1989).

Freedman, David N./Astrid B. Beck/James A. Sanders (eds.), *The Leningrad Codex. A Facsimile Edition* (Grand Rapids: Eerdmans, 1998).

Karrer, M und W. Kraus (eds.), *Septuaginta Deutsch. Bd. 1: Das griechische alte Testament in deutscher Übersetzung; Bd. 2: Erläuterungen zum griechischen Alten Testament in deutscher Übersetzung* (Stuttgart: Deutsche Bibelgesellschaft, 2009, 2011).

Kenyon, F. G./H. J. M. Milne, *The Codex Alexandrinus – in reduced photographic facsimile* (5 vols.; London, 1909-1957).

Kim, Jong-Hoon, *Die hebräischen und griechischen Textformen der Samuel- und Königebücher. Studien zur Textgeschichte ausgehend von 2 Sam 15,1-19,9* (BZAW 394; Berlin/Ner York: Walter de Gruyter, 2009).

Kittel, R./P. Kahle (eds.), *Biblia Hebraica* (Stuttgart: Württembergische Bibelanstalt, 1929-1937).

Tompson, E. M., *Facsimile of the Codex Alexandrinus* (4 vols.; London, 1879-1883).

Rahlfs A. (ed.), *Septuaginta Id est vetus testamentum Graece iuxta LXX interpretes* (Würtemberg: Würtembergische Bibelanstalt, 1935); Rahlfs-Hanhart, *Septuaginta. Editio altera* (Stuttgart: Deutsche Bibelgesellschaft, 2006).

Ulrich, E. (ed.), *The Biblical Qumran Scrolls. Transcriptions and Textual Variants* (S.VT 134; Leiden/Boston: Brill, 2010).

## 2. 사전류

Abegg, Martin G. et al. (eds.), *Dead Sea Scrolls Concordance, Vol. 3: The Biblical Texts from the Judaean Desert* (Leiden: Brill, 2009).

Bauer, W., *Wörterbuch zum Neuen Testament* (Berlin/New York: Walter de Gruyter, [6]1988).

Gesenius, W./F. Buhl (ed.), *Hebräisches Aramäisches Handwörterbuch über das Alte Testament* (Leipzig: F. C. W. Vogel, [17]1921)= 이정의 옮김, 『게제니우스 히브리어 아람어 사전』 (서울: 생명의 말씀사, 2007).

Gesenius, W./H. Donner (ed.), *Hebräisches Aramäisches Handwörterbuch über das Alte Testament* (Berlin: Springer, [18]2013).

Hatch, E./H. A. Redpath (eds.), *A Concordance to the Septuagint and the other Greek Versions of the OT* (including the Apocryphal Books, Oxford, 1897-1906; Grand Rapids: Baker, [2]1998).

Hoftijzer, J./K. Jongeling, *Dictionary of the North-West Semitic Inscriptions* (Leiden/New York/Köln: E.J.Brill, 1995).

Koehler, L./W. Baugartner, *Hebräisches und Aramäisches Lexikon zum Alten Testament* (5 Bände; Leiden: Brill, 1967-1995 = 2004년에 2권으로 묶여나옴; *HALAT*) = trans. and ed. M. E. J. Richardson, *Hebrew Aramaic Lexicon of the Old Testament* (2 vols.; Leiden: Brill, 2001; *HALOT*).

Muraoka, T., *A Greek-English Lexicon of the Septuagint* (Louvain et al.: Peeters, 2009).

Tov, E. (ed.), *The Text from the Judaean Desert: Indices and an Introduction to the Discoveries in the Judaean Desert Series* (DJD XXXIX; Oxford: Clarendon Press, 2002).

## 3. 주석 및 단행본

Ackroyd, P. R., *The First Book of Samuel* (CBC; Cambridge: Cambridge University Press, 1971).

Anderson, A. A., *2 Samuel* (WBC 11; Grand Rapids: Zondervan, [2]2000).

Baldwin, J. G., *1-2 Samuel* (TOTC; Leicester InterVarsity, 1988).

Dietrich, W., Samuel. *1 Sam 1-12* (BKAT VIII/1; Neukirchener Verlag:

Neukirchen, 2011).

________, Samuel. *1 Sam 13-26* (BKAT VIII/2; Neukirchen-Vluyn: Neukirchener Theologie, 2015).

________, Samuel. *1 Sam 27-2 Sam 8* (BKAT VIII/3; Göttingen: Vandenhoeck & Ruprecht, 2019).

Fitzmyer, J. A., *A Guide to the Dead Sea Scrolls and Related Literature* (Grand Rapids: Eerdmans, 2008).

Gordon, R. P., *I & II Samuel* (Exeter: Paternoster, 1986).

Johnsen, Bo, *Die hexaplarische Rezension des 1. Samuelbuches der Septuaginta* (Lund: CWK Gleerup, 1963).

Klein, R. W., *1 Samuel* (WBC 10; Grand Rapids: Zondervan, $^2$2000).

Long, V. Philips, *1 and 2 Samuel* (TOCT; Downers Grove: IVP, 2020).

McCarter, P. Kyle, *I Samuel* (AB 8; New York et al.: Doubleday, 1980).

________, *II Samuel* (AB 9; Doubleday & Company, Inc.: Garden City, 1984).

Muraoka, T., *A Syntax of Septuagint Greek* (Leuven et al.: Peeters, 2016).

Shanks, Hershel (ed.), *Understanding the Dead Sea Scrolls: A Reader from the Biblical Archeology Review* (New York: Random House, 1993).

Stoebe, H. J., *Das erste Buch Samuelis* (Gütersloh: Gütersloher Verlagshaus Gerd Mohn, 1973).

Thenius, O., *Die Bücher Samuelis* (Leipzig: Hirzel, 1842/Max Löhr $^3$1898).

Tov, E., *Scribal Practices and Approaches Reflected in the Texts Found in the Judean Desert* (Leiden/Boston: Brill, 2004).

Tsumura, David T., *The First Book of Samuel* (NICOT; Grand Rapids/

Cambridge: Eerdmans, 2007).

______, *The Second Book of Samuel* (NICOT; Grand Rapids: Eerdmans, 2019).

Wellhausen, J., *Der Text der Bücher Samuelis Untersucht* (Göttingen: Vandenhoeck & Ruprecht, 1871).

김정훈, 『칠십인역 입문: 본문의 역사와 연구의 실제』 (유대·그리스도교 고전 입문 총서 I-1; 서울: 바오로딸, 2009).

______, 『구약주석 어떻게 할 것인가?』 (서울: 새물결플러스, 2018).

______, 『시편 렉시오 디비나 1, 2』 (서울: 새물결플러스, 2021).

## 4. 웹사이트

- 디지털 쿰란 문헌(http://www.deadseascrolls.org.il/home).
- 바티칸 사본(http://digi.vatlib.it/view/MSS_Vat.gr.1209)
- 알렉산드리아 사본(https://archive.org/details/CodexAlexandrinus)
- 시나이 사본(http://www.codex-sinaiticus.org)
- 사마리아 오경 필사본(http://cudl.lib.cam.ac.uk/view/MS-ADD-01846/)
- 알렙포 사본(http://aleppocodex.org/)
- 레닌그라드 사본(https://openlibrary.org/works/OL16105687W/The_Leningrad_Codex_(Codex_Leningradensis)